北京大学中国古文献研究中心集刊

第二十八辑

北京大学中国古文献研究中心　编

北京大学出版社

PEKING UNIVERSITY PRESS

图书在版编目 (CIP) 数据

北京大学中国古文献研究中心集刊 . 第二十八辑 / 北京大学中国古文献研究中心编 . —北京：北京大学出版社，2024.6
ISBN 978-7-301-35092-8

Ⅰ.①北… Ⅱ.①北… Ⅲ.① 古文献学—研究—中国—丛刊 Ⅳ.① G256.1-55

中国国家版本馆 CIP 数据核字 (2024) 第 108131 号

书　　　名	北京大学中国古文献研究中心集刊　第二十八辑
	BEIJING DAXUE ZHONGGUO GUWENXIAN YANJIU ZHONGXIN JIKAN DI-ERSHIBA JI
著作责任者	北京大学中国古文献研究中心　编
责任编辑	王　应
标准书号	ISBN 978-7-301-35092-8
出版发行	北京大学出版社
地　　　址	北京市海淀区成府路 205 号　100871
网　　　址	http://www.pup.cn　　新浪微博 : @ 北京大学出版社
电子邮箱	编辑部 dj@pup.cn　　总编室 zpup@pup.cn
电　　　话	邮购部 010-62752015　发行部 010-62750672　编辑部 010-62756449
印　刷　者	北京虎彩文化传播有限公司
经　销　者	新华书店
	787 毫米 ×1092 毫米　16 开本　25.75 印张　456 千字
	2024 年 6 月第 1 版　2024 年 6 月第 1 次印刷
定　　　价	90.00 元

目　录

说"爻"

王精松*

【内容提要】 古文字中的"爻"有两类不同的形体来源。其中牙喉音的"爻"系"效"字的减省截取形体,代表了{教}或{学}的音义。唇音的"爻"为"杂色"之{驳}的表意字,在楚文字系统中多被用为声符,两类形体均与"卦爻"无关。《说文》中训为"象《易》六爻头交"的"爻"字当是汉人对"肴"重新分析后创造的新字。先秦时期已有"卦爻"之{爻}的概念,最初指卦位数字。战国至秦汉时期其含义逐渐演变为阴阳符号。《说文》所说的"六爻头交"当指早期的"∧"或"∧∧"一类的卦爻形体。

【关键词】 爻 驳 截取分化 同形字 数字卦 阴爻

(一)引言

"爻"是《周易》中的常见词,对中国古代思想产生了重大影响。《说文》卷三记载:

> 爻,交也。象《易》六爻头交也。①

段注提到:

> 《系辞》曰:"爻也者,效天下之动者也。"②

不少清代学者将着眼点放在对"爻"所从之"乂"含义的解释上,如王筠认为:

> 爻以变而占,变则交,乂以象之,两乂象贞悔。③

还有学者将"乂"与"五"字联系起来,如朱骏声认为:

---

* 本文作者为清华大学出土文献研究与保护中心博士研究生。
① 〔汉〕许慎撰,〔宋〕徐铉校定《说文解字》,北京:中华书局,2013年,第64页。
② 〔汉〕许慎撰,〔清〕段玉裁注《说文解字注》,上海:上海古籍出版社,1988年,第128页。
③ 〔清〕王筠撰《说文句读》,北京:中国书店,1983年,第461页。

按,乂,古文"五",二五天地之数,会意。①

总体而言,清人往往拘泥于传统易学,在此基础上对"爻"字构形进行解释。仔细推敲其中的逻辑,会发现不无疑问。首先,从卜筮体系看,《周易》往往为三爻或六爻,"爻"字本身重"乂",不合于三、六之数。吴大澂在解释父乙角的"爻"字时提到:

古"爻"字六画相交不省。②

足见吴氏认为四画相交的"爻"形乃"爻"之省简,但此说仍很可疑。

另一个问题是,《说文》释义为"六爻头交也",前引学者如段玉裁、王筠、朱骏声等都没有对"头交"作出明确解释。目前所见似乎只有徐灏认为此处有讹误:

交者,交错之义,六爻为重体,故作重乂象之,头交疑当作相交。③

"头"与"相"二字无论字形或读音都相去甚远,并不具备讹误条件,徐灏此说显然有误。近代以来仍有学者同意清人看法,如孙海波认为:

(爻)象六爻交错之形。④

《古文字谱系疏证》则认为"爻"就是古人占卜算筹交错的象形:

爻,象算筹排列交迭之形。按古盛行卜筮,演习占著为学习之重要内容,故学、教等字由此派生。又算筹排列则有交错之状,故肴、殽、咎、牧、驳等字均含有交错之意。⑤

亦有学者主张脱离传统易学体系分析字形,如朱芳圃认为:

重乂为爻。字之结构,与重火为炎,重木为林相同。盖象织文之交错,甲文𠀎从此,是其证矣。孳乳为殽,《说文》殳部:"殽,相杂错也。从殳,肴声。"⑥

高鸿缙持类似观点,认为"爻为假象,象其交也"。⑦ 上引两种看法主要以

---

① 〔清〕朱骏声撰《说文通训定声》,武汉:武汉市古籍书店影印,1983年,第301页。
② 〔清〕吴大澂、丁佛言、强运开《说文古籀补三种》,北京:中华书局,2011年,第22页。
③ 丁福保编纂《说文解字诂林》,北京:中华书局,2014年,第3761页。
④ 孙海波《甲骨金文研究》,转引自《古文字诂林(第三册)》,上海:上海教育出版社,2000年,第767页。其他学者如吴其芬、高田忠周等观点近似,参见《古文字诂林》第三册,上海:上海教育出版社,2000年,第766—767页。
⑤ 黄德宽主编《古文字谱系疏证》,北京:商务印书馆,2007年,第775页。
⑥ 朱芳圃《殷周文字释丛》,北京:中华书局,1962年,第124—128页。
⑦ 高鸿缙《中国字例》,转引自《金文诂林(第三卷)》,香港:香港中文大学,1974年,第2072页。

"爻""交""殽"古音接近为立足点,认为"乂"系相交之形,重"乂"有交错、杂错的含义,与《周易》和卜筮没有关系。

还有学者继承了朱骏声的思路,将"乂"与"五"联系起来,如马叙伦认为:

> 乆乂一字,此柧之初文,象形。爻柧双声,故转注为柧也。[1]

今按,"爻"与"柧"古音韵部有宵、鱼之隔,不能通转。马叙伦认为"爻""柧"双声、互相转注的观点显然是错误的。季旭昇则认为:

> (爻)甲骨文从重乂,乂应该是五的初文,表示交午之义。爻从重乂,义与乂同。[2]

事实上,除去同"五"字的联系外,季氏的看法同上引朱芳圃、高鸿缙没有本质区别。值得一提的是,季氏特别引用早期数字卦材料来否定"爻"字构形同卜筮的联系:

> 《易》起于数,自商迄汉,易卦的呈现极为明显,都是由数字组成的。因此我们无法理解《说文》此字的释形是怎么来的。[3]

今按,季氏的看法极有道理。"爻"字在甲骨文中已出现。从考古材料看,早期卜筮所用材料确实以数字卦为主[4]。目前所见最早可同《周易》卦名、爻辞对应的器物是两周之际的鼎卦戈,其上仍为数字卦爻[5]。具体问题我们放在最后一节讨论,此处只需说明"爻"字形体确实很难同早期卜筮联系起来即可。

值得注意的是,《说文》系统中明确从"爻"的有"薒""嫛""延""榃""驳""肴""較""㸚"八字。下面的章节将会指出,"驳""肴""較""㸚"四字各有来源,不能直接分析为从"爻"。除去这四字后,我们来看剩下的情况:

"薒"字为"蕁"之异体,两字在典籍中往往互作无别。早期出土文献尚未见到从"爻"、"寻"声之字。秦汉文字的"寻"形作"▨""▨"[6],当亦有从双手"又"形的写法,如"▨"(马王堆帛书方 84.14)"▨"(马王堆帛书方 278.34)",这种双手"又"形极可能讹为"爻"形,则"薒"字声符很可能就是不同"寻"字异体

---

① 马叙伦《说文解字六书疏证》,上海:上海书店,1985 年,第 168 页。

② 季旭昇主编《说文新证》,台北:艺文印书馆,2014 年,第 257 页。

③ 同上书,第 257 页。

④ 关于数字卦的问题,可参见张政烺《张政烺文集·论易丛稿》中的相关论述,北京:中华书局,2012 年。由于本文后面章节要详细讨论相关问题,故此处文献引用从略。

⑤ 董珊《论新见鼎卦戈》,《出土文献与古文字研究》第四辑,上海:上海古籍出版社,2011 年,第 68—88 页。

⑥ 以上选取字形均摘自李鹏辉《汉印文字资料整理与相关问题研究》,合肥:安徽大学博士学位论文,2017 年,第 308 页。

的杂糅写法。《说文》中"寻"字篆形作""，严格隶定作"𢑓"，季旭昇认为此处的"彡"形为饰笔或声符①。按照我们的分析，"𢑓"字的"彡"形很可能就是在"爻"形的基础上讹变而来。因此"薅"字的来源当与"爻"无关。

"毃""棥"二字从"爻"都是讹变的结果，这一点不烦赘述。②

"䟱"字的问题稍有些麻烦，《说文》卷二记载：

> 䟱，通也。从爻、从疋，疋亦声。③

段玉裁已指出，"䟱"与"疏"音义全同④，在传世文献中可互作。"䟱"从"爻"并不容易理解，睡虎地秦简《封诊式》简 91 的"疏"字作""，其右侧的"㐬"形讹变得非常厉害，我很怀疑这类写法被时人误分析为从"疋"、从"爻"之字，从而讹变为"䟱"⑤。如果上述推测可信，此处的"爻"形也就失去了构形意义。

《说文》还有从二"爻"的"㸚"字，典籍罕见。从"㸚"之字有"尔""爽"⑥，从早期来源看似乎都与"爻"无关。

更奇怪的是，独用的"爻"字在秦汉出土文献中也极少见到。秦陶文中有""形⑦，旧多释为"爻"，但此处可能为人名或地名，辞例并不明晰。

而秦汉文献中往往以其他字形记录"卦爻"之{爻}。如马王堆帛书以"肴""教""效"形来记录"卦爻"之{爻}：

> 《系辞》：六肴（爻）之动，三极之道也。（3 下＋4 上）⑧
> 《系辞》：所乐而玩，教（爻）之辞也。（4 上）
> 《系辞》：系辞焉以断其吉凶，是故谓之效（爻）。

将时间上溯会发现，战国时期的《筮法》也没有"爻"字：

---

① 季旭昇主编《说文新证》，第 235 页。

② "毃"字由金文的""形发展而来，其右侧的"攴"形后讹变为"爻"，参见《说文新证》，第 103 页。"棥"即"樊"之异体，从古文字材料看，其字中部所从为"𠬞"，后讹变为"爻"，参见李守奎《〈楚居〉中的樊字及出土楚文献中与樊相关文例的释读》，《文物》2011 年第 3 期，第 75—78、98 页。

③ 〔汉〕许慎撰，〔宋〕徐铉校定《说文解字》，第 42 页。

④ 〔汉〕许慎撰，〔清〕段玉裁注《说文解字注》，第 85 页。

⑤ 王子杨先生认为，左部的"爻"形可能来源于"绨绤"之"绤"的表意初文""，粗葛布较精葛布，自然粗疏，用作"䟱"的意符似也合适。沈奇石亦持类似意见，我认为这一看法也有一定道理，附记于此。

⑥ 战国文字中的"爽"首见于清华简《五纪》简 46，作""形，构形不明，但从写法看与"爻"无关。

⑦ 单晓伟编著《秦文字字形表》，上海：上海古籍出版社，2017 年，第 138 页。

⑧ 除所讨论文字外，所引马王堆帛书释文均采用宽式隶定，释文参见：裘锡圭主编《长沙马王堆汉墓简帛集成》，北京：中华书局，2014 年。

《筮法一》：三吉同凶，恶肴处之，今焉死。（简 13＋14）

整理者将"肴"读作"爻"，认为"第三卦例'恶爻'当指左下卦中的'五'、'九'而言"[1]，其说可从。整篇《筮法》都以"肴"形记录{爻}，同马王堆帛书《系辞》的情况有些接近。

再来看东汉的情况：

熹平石经《易·说卦》：□□□刚柔而生肴，和顺于道德而理于义。[2]

博陵太守孔彪碑（171 年）：《易》建八卦，揆肴毄辞，述而不作，彭祖赋诗。

两处"肴"形无疑都记录了{爻}。

魏晋时期"爻"字少见。唐武周神功二年（698）的盖畅墓志记载"学洞六爻，文该四始，起家进士"，此处"六爻"当即《周易》"六爻"。开成石经（837 年）亦明确以"爻"形记录"卦爻"之{爻}。可见辞例明确的"爻"字直到唐代才出现。

综上所述，"爻"字本身的构形尚未解决；在忽略"驳""肴""較""爭"四字的情况下，《说文》中没有明确来自"爻"旁之字。在秦汉出土文献中则尚未见到辞例明确独用的"爻"字。以上情况都让我们怀疑"爻"字是否具有承担构件的资格。再进一步讲，秦汉文字系统中是否有"爻"字也成了问题。

为解决上述问题，下面几节我们将注意力集中在先秦文字系统中，看能否为这个问题的破解提供线索。

（二）商代、西周时期的"爻"及从"爻"之字

先来分析甲骨文中的情况，"爻"字用法根据辞例可分为如下几类：

A.（1）庚寅卜，贞：翌辛卯王㒼爻，不雨。八月。

《合集》00006，宾三）

（2）丙寅卜，贞：翌丁卯王其爻，不遘雨。一

《合集》12570，宾三）

（3）鼎（贞）：不其㒼爻。一

《合集》18808，宾出）

（4）㒼…爻…

《合集》24909，出一）

此类内容同歌舞有关，可统称为"歌舞类卜辞"。已有不少学者对此进行

---

① 李学勤主编《清华大学藏战国竹简（肆）》，上海：中西书局，2013 年，第 79 页。
② 参见马衡《汉石经集存》，上海：上海书店出版社，2014 年，第 27 页。

研究①,本文不再赘述。从所处类组及"祭""不遘雨"等关键词用法看,上述三条卜辞归到歌舞类中是没有问题的。《合集》24428的内容可能也与此有关:

　　己亥〔卜〕,贞:今…其祭…雨。之…

(《合集》24428,出一)

　　参考歌舞类卜辞格式,似可补充作"己亥〔卜〕,鼎(贞):今〔日王〕其祭,〔不遘〕雨。之[日允不?]…"

　　从内容看,A类用法正好可以同下面两条卜辞对比:

　　(1)庚寅卜,争贞:王其🀫,不遘〔雨〕。一

(《合集》39822,宾三)

　　(2)癸□〔卜〕,🀫〔贞〕:…王…🀫…遘…　一

(《合集》05423,宾三)

　　这两条卜辞均属宾三组,从文辞看同上引A类行文非常接近,其中《合集》05423的贞人名"🀫"同《合集》12570的"🀫"可能也为一人,归入歌舞类卜辞是没有问题的。同A类"祭"相对的动词作"🀫""🀫"形,正为"学"字写法。王子杨将《合集》00006的"祭"径读为"学"②,并引《合集》18704内容为证:

　　甲戌卜:翌乙〔亥王〕学,卒,不[遘雨]。允不。③

(《合集》18704,师宾间)

　　今按,《合集》18704内容残损,但上述A类用法中的"祭"读为"学"应该是没有问题的。《英藏》01999有如下一版卜辞:

　　丙…多万…入祭,若。

(《英藏》01999,出组)

　　裘锡圭认为此处的"祭"似当读为"学"④,卜辞中常见"万其学"等表述,我

　　① 参见宋镇豪《殷墟甲骨文中的乐器与音乐歌舞》,《夏商社会生活史》,北京:中国社会科学出版社,1994年,第514—517页;何景成《试论殷墟甲骨卜辞与乐舞有关的"益"字》,《出土文献》第十四辑,上海:中西书局,2019年,第1—9页;王子杨《揭示若干组商代的乐歌乐舞——从甲骨卜辞"武汤"说起》,《史语所集刊》第90本第四分,第635—679页等文献。
　　② 王子杨《揭示若干组商代的乐歌乐舞——从甲骨卜辞"武汤"说起》。
　　③ 卜辞内容从王子杨文补。
　　④ 裘锡圭《甲骨文中的几种乐器名称——释"庸"、"丰"、"鼗",附:释"万"》,《裘锡圭学术文集(第1卷)》,上海:复旦大学出版社,2012年,第36—50页。

认为其说可从。

　　B.(1)业于爻戍。

(《合集》16999,典宾)

　　(2)…爻戍…

(《合集》03512,典宾)

　　同类卜辞较多,行文简略起见,不再一一具引。卜辞中还有祭祀对象"学戍",孙海波已指出,"爻用为学,爻戍即学戍"[1]。

　　C.(1)…皿(向)[2]己未𠬝𪍐刍𣦠(逸)[3]自爻围…

(《合集》00138,典宾)

　　(2)□戍𪍐刍𣦠(逸)自爻围六人。八月。

(《合集》00139 正,典宾)

　　裘锡圭已指出此处"爻"为地名,可能是说"爻"地刍奴的逃亡[4]。《合集》05617有"教"地:

　　平(呼)多🅂(束?)尹𣦃(次)于教。一

(《合集》05617,典宾)

　　《合集》05617时代较早,从内容看"教"地有军队驻扎,或许与00138、00139为一地。

　　"爻"在甲骨文中还有一些零散用法,在此一并罗列:

　　(1)…爻入…

(《合集》09268 正,典宾)

　　(2)鼎(贞):…若爻。
　　帝弗若爻。

(《合集》14196+《续》6.18.4[5],典宾)

---

①　中国社会科学院考古研究所编辑《甲骨文编》,北京:中华书局,1965年,第155页。

②　释读参见裘锡圭《释殷虚卜辞中的"𡿧"、"𡿧"等字》,裘锡圭学术文集(第1卷)》,第391—403页。

③　释读参见赵平安《战国文字的"逺"与甲骨文"𣦠"为一字说》,《古文字研究》第二十二辑,北京:中华书局,2000年,第275—277页;王子杨《说甲骨文中的"逸"字》,《故宫博物院院刊》2011年第11期,第41—49,157页。

④　裘锡圭《甲骨卜辞中关于俘虏和奴隶逃亡的史料》,《裘锡圭学术文集(第5卷)》,上海:复旦大学出版社,2012年,第3—14页。

⑤　牛海茹缀合,参见牛海茹、孔德超《甲骨文有关"帝"的新材料——兼论卜辞中的"帝若爻"、"帝弗若爻"》,《故宫博物院院刊》,2019年第12期,第12—20、108页。

（1）为甲桥刻辞，从体例看，此处的"爻"当为人名①。（2）为对贞卜辞，牛海茹、孔德超认为此处的"爻"为名词，指爻族②。我们认为此处应该存疑，不能排除此处"爻"为动词的可能。

甲骨文中还有独用的"乂"形：

（1）贞王▨（兽一狩）于▨。

（《合集》10969 正，典宾）

（2）癸巳贞：有▨伐于伊，其▨大乙肜。

（《合集》32103＋32228③，历二）

上引卜辞（1）的"▨"当为地名，系商王游猎地点，可能与《合集》00138、00139 的"爻"未必为一地。（2）的"▨"为动词，彭裕商指出，《屯南》488 有"遘上甲肜"的辞例，因此"▨"当看作"遘"之省形④。上述两例"乂"形均与"爻"无关。前面提到，《说文》卷十四有：

五，五行也。从二，阴阳在天地间交午也。凡五之属皆从五。乂，古文五省。⑤

不少学者据此将"爻"字之"乂"与"五"联系起来，甚至认为"乂"即"五"之初文。从甲骨文写法看，"五"字形体实际上相当固定，作"▨（《合集》20045）""▨（《合集》00137 正）""▨（《合集》28324）"诸形，都与"乂"写法不同。目前可确定甲骨文中"乂"形记录｛五｝的情况仅有一例：

癸巳卜，王其令乂族戌舀伐，▨（捷⑥）。

（《合集》28054，无名组）

同为无名组的《合集》28053 辞例作"王惠次（？）令五族戌戡"，两相参照，可知《合集》28054 的"乂族"即"五族"。但这种情况非常罕见，更像是省写。张富

①　方稚松《殷墟甲骨文记事五种刻辞研究》，北京：线装书局，2009 年，第 92 页。

②　牛海茹、孔德超《甲骨文有关"帝"的新材料——兼论卜辞中的"帝若爻"、"帝弗若爻"》。

③　蔡哲茂缀合，参见蔡哲茂编《甲骨缀合集》，台北：乐学总经销，1999 年，第 136 页。

④　彭裕商《也论历组卜辞的时代》，《述古集》，成都：巴蜀书社，2016 年，第 1—25 页。

⑤　〔汉〕许慎撰，〔宋〕徐铉校定《说文解字》，第 64 页。

⑥　"▨"字讨论文章较多，目前其字含义已较为明确，相关参考文献不再一一具引。最新研究成果可参见谢明文《霸伯盘铭文补释》，谢明文《商周文字论集》，上海：上海古籍出版社，2017 年，第 283—297 页。

海已指出《说文》"五"字古文当来源于战国陶文的"▨（《陶汇》3.662）"一类形体①，这是战国文字剧烈省变之后的结果，并没有很早的来源。从上面的情况看，不仅甲骨文中"爻"与"乂"没有关系，"乂"本身与"五"的字形联系也是战国文字演变的结果。

可注意的是，在甲骨文中还有一类记录{驳}的"爻"形：

（1）王弜…爻马…无疾。

（《合集》13705，师宾间）

（2）屯黄牡。

爻幽牡。

（《合集》41692＋《史购》252②）

王子杨将（1）的"爻"读为"驳"③，邬可晶认为此处"爻马"乃"驳"上下异构。④ 林宏明认为（2）中的"屯"当读为"纯"⑤，同"纯"相对，可知"爻"当毫无疑问读为"驳"，意为杂色。蒋玉斌指出，《合集》36836＋《合集》29417 中有"王辵 馬于麖驳"表述，"麖驳"正当为"麖地的驳马"⑥。考虑到（2）中的"爻"当定语，我倾向于认为（1）仍当读为"爻（驳）马"。

这一类"爻"的形体确定无疑可记录{驳}，我们认为其来源与前面讨论读为"学"或"教"的"爻"形不同，具体如何分析详后。为了区别，我们将前引记录{学}或{教}的"爻"形标记为"爻1"，这类记录{驳}的字形标记为"爻2"。

以上是甲骨文中"爻"字的大致使用情况，现在来看金文：

商周金文中有不少旧释为"爻"的族徽文字：

◩（《集成》01212）　◪（《集成》03163）　◪（《集成》03181）

此族徽又有从三"乂"的异体写法：

▩（《集成》01560）　✕（《集成》02139）　◪（《集成》03195）

山东滕县井亭煤矿出土的爻父丁觯（《集成》06263）作""形，同地出土的

　① 张富海《汉人所谓古文之研究》，北京：线装书局，2007年，第177页。

　② 王子杨缀合，参见《甲骨拼合五集》，北京：学苑出版社，2019年，第1054号。

　③ 王子杨《甲骨文字形类组差异现象研究》，上海：中西书局：2013年，第111页。

　④ 邬可晶《出土〈诗经〉文献所见异文选释》，《出土文献与古文字研究》第十辑，上海：上海古籍出版社，2022年，第137—158页。

　⑤ 林宏明《甲骨考释二题》，转引自《甲骨拼合五集》第288页。

　⑥ 蒋玉斌《释甲骨文中有关车马的几个字词》，《中国书法》2015年第101期，第137—140页。

爻觚（《集成》06798）则作"▓"，足见上引字形可看作一字异体。丁山认为"爻"即"崤"，爻族地望在春秋战国的崤函之间[①]；王恩田认为"爻"即卜辞中的"攸"地[②]；张俊成则认为山东滕州与爻族有很大联系[③]。今按，前面讨论甲骨文中的"爻"字写法很固定，目前尚未见到从三"乂"的形体，因此这一族徽究竟能否被确切释为"爻"也当存疑。在同意释"爻"的前提下，此族的地望与前面讨论的《合集》00138、00139 的"爻"地关系也不明。

伯晨鼎（集成 02816）中有过去认为所谓的"爻"字：

　　锡汝秬鬯一卣，玄衮衣、幽夫（？）、赤舄、驹车、画呻（绅？）、帻 𤕝 、虎帻……

"𤕝"字从辞例上看没有问题当读为"较"。但字形上同"爻"并不密合，试比较"爻（《合集》13750）"，标准的"爻"字下方不应该有平直的两笔。张亚初将这个字隶作"学"[④]，从字形看，确实同甲骨文中一类"学"字写法非常接近：

　　𤕝（《合集》08304）　　𤕝（《花东》334）　　𤕝（《花东》336）

如果上述推测可信，则此处实际上当释为"学"，读为"较"。"学""较"的古音极近，通假例证较多，此处不烦赘述[⑤]。西周金文中还有从"爻"的"較"字：

　　▓（《集成》09898）　　▓（《集成》02841）　　▓（《集成》04326）

彔伯𣪠簋盖（《集成》04302）中相关字形则写作"▓"，从"效"声。"效"当即《说文》"教"字古文"𢾃"的变体[⑥]。从写法看，"較"形的关键在于"车"形绘制出完整的车辕，这挤占了右侧声符的空间，因而只能将表音的"爻"形挪至右上角位置上。彔伯𣪠簋盖的写法则省略了车辕，只留下最基本的双轮，则以"效"作为声符更利于文字结构的稳定。这说明在当时文字使用者的认知中，"爻"与"效"是完全可以相互替换的。"较"字不见于先秦，在出土文献中始见于肩

①　丁山《甲骨文所见氏族及其制度》，北京：中华书局，1988 年，第 71 页。
②　王恩田《人方位置与征人方路线新证》，《胡厚宣先生纪念文集》，北京：科学出版社，1998 年，第 104—116 页。
③　张俊成《甲骨文金文中所见商代爻族》，《殷都学刊》2009 年第 4 期，第 9—12 页。
④　张亚初《殷周金文集成引得》，北京：中华书局，2001 年，第 1423 页。
⑤　参见《古字通假会典》"爻"字声系下，山东：齐鲁书社，1989 年，第 792 页。
⑥　〔汉〕许慎撰，〔宋〕徐铉校定《说文解字》，第 42 页。

水金关汉简72EJC:291-0016①,年代约在西汉中晚期。以此来看,其字实为"較"的后出异体。

西周金文中还有一些用作人名的从"爻"之字。如斁孟征盨(《集成》04421)有"🐾"字,可隶定作"斁",其形亦见于春秋的鲁酉子安母簠②。《说文》卷十有"�"字:

　　　　鷀,解廌属。从廌、爻声。阙。③

不知与"斁"有无关系。我们将在下文指出,"孝"形正承袭"教"形省简而来。如果"鷀""斁"确为一字,则又为"爻"与"教"在构字部件中相互替换提供了新的证据。

西周金文中还有"覤(覤公簋④)"字,朱凤瀚指出其字"在以往金文中未见,不能确识"⑤,此处存疑待考。

(三)东周时期的"爻"及从"爻"之字

事实上,从西周开始,独用的"爻"字就极为罕见。目前所见两周时期的相关材料仅有马童盖弓帽一例(《集成》12032):

　　　　廿年曲阳竹以(🦴)※马童。

"※"即"爻"字。王何立事戈(《集成》11329)的铭文可与此对照:

　　　　王何立事,得工、冶丛(?)所教马童为。⑥

显然,马童盖弓帽"※"字就当读为"教"⑦。仔细看前引马童盖弓帽的铭文可发现,其"爻"字书写的位置相当狭小,很像是不得已的简略写法。

现在来讨论东周文字中"孝"和"肴"的来源问题。

《说文》卷十四:

　　　　孝,放也。从子、爻声。⑧

---

① 韩鹏飞《〈肩水金关汉简(肆·伍)〉文字整理与释文校订》,长春:吉林大学硕士学位论文,2019年,第1314页。

② 枣庄市政协台港澳侨民族宗教委员会、枣庄市博物馆编著《小邾国遗珍》,北京:中国文史出版社,2006年,第42页。

③ 〔汉〕许慎撰,〔宋〕徐铉校定《说文解字》,第201页。

④ 朱凤瀚《覤公簋与唐伯侯于晋》,《考古》2007年第3期,第64—69页。

⑤ 同上。

⑥ 释文参见董珊《战国题铭与工官制度》,北京:北京大学博士学位论文,2002年。

⑦ 董珊《战国题铭与工官制度》;郭永秉《战国工官属吏中的成童——再谈三晋铭刻中所见"孺子"的身份》,《岭南学报》2018年第2期,第109—128页等。

⑧ 〔汉〕许慎撰,〔宋〕徐铉校定《说文解字》,第311页。

段玉裁认为：

> 许曰：放，逐也。仿，相似也。㸯训放者，谓随之依之也。今人则专用
> 仿矣。①

可见段玉裁认为"㸯"为"效仿"义。从东周文字用例看，"㸯"形所记录的词往往是{教}或{学}。为了更好地说明这个问题，下面我们将楚文字中记录{教}和{学}的形体都罗列出来（表1、表2）：

{教}：

表1

字形	〔字形图〕	〔字形图〕	〔字形图〕	〔字形图〕
代表词	{教}	{教}	{教}	{教}
出处	上博简《颜渊问与孔子》10	上博简《性情论》12	上博简《从政》甲1	郭店简《唐虞之道》4
字形	〔字形图〕	〔字形图〕	〔字形图〕	〔字形图〕
代表词	{教}	{教？}	{教}	{教}
出处	郭店简《语丛一》43	信阳简1.32	清华简《治邦之道》08	上博简《从政》甲3

{学}：

表2

字形	〔字形图〕	〔字形图〕	〔字形图〕	〔字形图〕
代表词	{学}	{学}	{学？}	{学}
出处	上博简《仲弓》23	上博简《孔子见季桓子》16	清华简《摄命》15	郭店简《老子》乙本3
字形	〔字形图〕			
代表词	{学}			
出处	清华简《管仲》2			

---

① 〔汉〕许慎撰，〔清〕段玉裁注《说文解字注》，第743页。

如果以字形上是否带"臼"作为分类标准,上引字形可以分为两类:

A. [字形图]、[字形图]、[字形图]、[字形图]、[字形图]、[字形图]、[字形图]、[字形图]

B. [字形图]、[字形图]、[字形图]、[字形图]

显然,A类写法与"教"字更为接近,B类写法与"学"更为接近。从两表内容看,在楚文字实际用例中A类写法代表{教}较多,B类写法代表{学}较多。但两者仍有交织,如上引"[字形图]"形就可同时代表两词,这反映了"教"与"学"间的密切关系①。

试比较西周金文"学"字"[字形图](大盂鼎,《集成》2837)"的写法,可知B类形体无非就是在此基础上省去了"爻"旁、"宀"旁,或者将"爻"形简化为"丨"的结果。

A类形体则有些麻烦,最完整的写法如"[字形图]""[字形图]"与后代通行的"教"字基本一致;信阳简1.32的"[字形图]"形当是出于讹变的结果;郭店简《唐虞之道》4的"[字形图]"则正与《说文》"教"字古文重合,以上释读均应问题不大。但如何分析"[字形图]"字形体则学界颇有分歧。《说文新证》同意《说文》的解释,认为其字从"子"、"爻"声②。《古文字谱系疏证》则认为"战国文字攵旁或同义更换成殳旁,抑或省去攵旁而简写作[字形图],遂为小篆孝字所本"③。

我认为后一种看法更为合理。"孝"字始见于春秋时期的郑太子之孙与兵壶,辞例作:

　　　　亟于后民,永宝孝之。④

王人聪将其读作"永宝教之"⑤,文从字顺。其盖铭并未铸全,目前可见部

---

①　"教"与"学"是毫无疑问的同源词,两者在文献中经常通假,参见《古字通假会典》"爻"字声系下,第792页。王力《同源字典》(北京:商务印书馆,1982年)第300页已指出这一点。于邶《说文识墨》中干脆认为"教""学""孝""敩","实止一字",其观点虽不能说完全准确,但确实很好地表达了"教"与"学"的密切关系。还必须指出的是,上引两者交织的情况并不只局限于"孝"的情况,但以"孝"最为典型,其他例证不再赘述。

②　季旭昇主编《说文新证》,第247页。

③　黄德宽主编《古文字谱系疏证》,第770页。

④　拓本见王人聪《郑太子之孙与兵壶考释》,《古文字研究》第二十四辑,北京:中华书局,2002年,第233—239页。

⑤　同上。

分与器铭大致相同,但对应处作"永宝教之"。显然对当时人而言,"孝"与"教"是一字异体,"孝"就是"教"省去"攵"旁的写法①。

再来看"教""𧮫"两个字形。"𧮫"字在楚简中多见,可隶定为"𧭲"。何琳仪已经指出,其字"从言,效声"②。考虑到"言"和"子"在教育意义上的共通性,将"𧭲"看作"教"字异体是完全没有问题的。再比照前面的"孝"形产生途径,可知所谓的"教"形实际上就是在"𧮫"的基础上省去"攵"形而来③。确定了这一点,"𧭲"字的构型即可分析,其形当是在"教"形基础上,将"言"挪至左边,再加上"口"旁表意。同我们后面提到的唇音宵部的"𫯝"字声符并不一致。

其次是楚文字中的"肴"字。其字形与后世通行写法完全相同,作"肴(上博简《竞公虐》简 9)""肴(安大简《诗经》简 74)"形。《说文》卷四:

肴,啖也。从肉,爻声。④

从表面上看,将楚文字中的写法看作"爻"声是最直接的,此前的研究者正是按照这种思路分析的⑤。但仔细想来,问题并没有这么简单。沈子它簋中(《集成》04330)有"𣪠"字,辞例作:

我孙克有型,𣪠懿父乃是子。

"𣪠"字可对应《说文》中的"敩"字,董珊将此处读作"学"⑥,其说可从。"敩"当分析为从"子","㕮"声。"敩"实际上是"教"与"学"的杂糅形体。郭店简《语丛一》简 62 有"𡥈"字,魏宜辉释为"教学"合文⑦,其说可从。从字形看,

---

① 上引王文中已经指明了这一点。

② 何琳仪《战国古文字典》,北京:中华书局,1998 年,第 285 页。《古文字谱系疏证》持类似看法。

③ 《古文字谱系疏证》已指出了这一点。

④ 〔汉〕许慎撰,〔宋〕徐铉校定《说文解字》,第 83 页。

⑤ 笔者目力所见的工具书在这一点上几乎没有分歧,可参见《古文字诂林(第四册)》,上海:上海教育出版社,2000 年,第 465 页;徐在国《上博楚简文字声系(一~八)》,合肥:安徽大学出版社,2013 年,第 910 页等文献。

⑥ 董珊《它簋盖铭文新释——西周凡国铜器的重新发现》,《出土文献与古文字研究》第六辑,上海:上海古籍出版社,2015 年,第 163—178 页。

⑦ 魏宜辉《楚系简帛文字形体讹变分析》,南京:南京大学博士学位论文,2003 年,第 21 页。

"![字]"实际就是承袭金文"![字]"形演变而来。晋公盘(《铭续》三卷 308 页)中也有类似字形：

　　![字]戜百繺，广辟四方。

吴镇烽认为，"![字]"字从月(肉)，"敃"声，即"肴"字异体①。结合上面的分析看，这种看法最合理。管文韬将此句读为"教威百蛮"②，可从。"![字]"很容易同楚文字中的"肴"联系起来，其形如"教"字演变省去"攵"旁，再如上引"学"字演变省去"宀"形，剩下就是楚文字中的"![字]"了。晋公盘时代在春秋时期，正为这样的演变提供了关键环节。

总结上面的内容，楚简中旧认为从"爻"声的"![字]""![字]""![字]"形体，实际上都是承袭"![字]""![字]""![字]"一类写法省并而来，当分析为"效"或"敃"省声。"![字]"形则由"![字]"改造而来。也就是说，在楚文字系统中并不存在真正的从"爻 1"得声之字。

但楚文字系统中确实有从"爻 2"得声之字(表 3)：

表 3

字形	![字]	![字]	![字]	![字]
代表词	{貌}	{貌}	{貌?③}	{貌?④}
出处	郭店简《五行》32	清华简《治邦之道》17	上博简《孔子见季桓子》8	上博简《孔子见季桓子》7

---

① 吴镇烽《晋公盘与晋公盨铭文对读》，复旦大学出土文献与古文字研究中心网站，http://www.fdgwz.org.cn/Web/Show/2297，2024 年 3 月 1 日。

② 管文韬《试论晋公盘铭文及相关问题》，《青铜器与金文》第三辑，上海：上海古籍出版社，2019 年，第 94—122 页。

③ 按此字语境不明，暂从陈剑《〈上博六·孔子见季桓子〉重编新释》，氏著《战国竹书论集》，上海：上海古籍出版社，2013 年，第 283—317 页一文释。

④ 从何有祖《读〈上博六〉札记》，武汉大学简帛网，http://www.bsm.org.cn/? chujian/4809.html 年一文释。2024 年 3 月 1 日。

续表

字形				
代表词	{驳①}	{驳}	{暴②}	{庙③}
出处	新蔡简甲 3.153	包山简 234	上博简《昭王与龚之脽》9	清华简《五纪》45

从写法上看,此类字形的搭配构件相当灵活,由于所代表的词都是唇音宵部,可知此类"爻"当看作声符。清华简《系年》有如下字形:

惠公既入,乃▨秦公弗叙(简 34)。

整理者认为此字由商周的"保"字演变而来,读为"背"④。不少学者同意这种看法,同时认为"爻"为后加声符⑤。邬可晶同意此字与"保"的联系,认为其下之"爻"形由甲骨文中表绳索的"褓"形演变而来,这其中也有"爻""保"音近的因素⑥。从字形看,如果认为上引"▨""▨""▨""▨"形从"爻 1"声的话,则楚文字中的"爻"同时有牙喉音和唇音两读。赵彤认为是楚方言的特殊音变现象:

这种现象出现在鱼、幽、宵等韵部,主要元音都是后元音,我们因此我们提出如下假设:* $^{*}K^{w}\rightarrow$ $^{*}P-/\_V[+back]$。⑦

---

① 新蔡乙 4.46 又有"▨"字,表示词也应是{驳},但图版漫漶难以清楚分析,似当隶为"驳"。

② 此字当分析为从"爻"声,其释读参见陈剑《上博竹书〈昭王与龚之脽〉和〈東大王泊旱〉读后记》,氏著《战国竹书论集》,第125—133 页。楚简中的"暴"字有的形体作"▨",郭店简《性自命出》64",有的学者认为其上为"爻"形表声,这可佐证陈剑的看法。

③ 释为"庙"是整理者的意见,参见黄德宽主编《清华大学藏战国竹简(拾壹)》,上海:中西书局,2021 年,第 106 页。《五纪》此段内容同宗庙祭祀有密切关系,结合语境看,我们认为这一看法应该是正确的。

④ 李学勤主编《清华大学藏战国竹简(贰)》,上海:中西书局,2011 年,第 151 页。

⑤ 清华大学出土文献读书会《〈清华大学藏战国竹简(贰)〉研读札记》,复旦大学出土文献与古文字研究中心网站,http://www.fdgwz.org.cn/Web/Show/1760,2024 年 3 月 1 日;颜世铉《清华简〈系年〉札记二则》,《简帛》第七辑,上海:上海古籍出版社,2012 年,第 57—63 页。

⑥ 武汉大学简帛网"简帛论坛"《关于"保/爻"读为"负"》,http://www.bsm.org.cn/forum/forum.php? mod=viewthread&tid=2876&highlight2 楼,2024 年 3 月 1 日。

⑦ 赵彤《战国楚方言音系》,北京:中国戏剧出版社,2006 年,第 54—55 页。

郭永秉也同意这种看法①,但通语中后元音前的圆唇舌根音在楚方言中是否都对应唇音,此事仍有疑问。按照我们的看法,楚文字系统中所谓牙喉音的"爻 1"字,正由"效"或"畋"省声而来,与唇音的"爻 2"字偶然同形,遂致混同。"爻 2"系音读在秦汉文字系统中几乎消失,只保留在"驳"字的声符上。

上述看法的意义在于,理清了楚文字系统中旧认为两类"爻"字的不同来源,我们可以据此解决不少实际问题:

安大简《诗经》中有如下内容:

参差荇菜,左右教汉之。窈窕淑女,钟鼓乐之。(安大简《诗经》3)

"教汉"当隶定为"教",今本《关雎》作"左右芼之"。整理者认为:"(教、芼)二字韵部相同,声纽有关,当为通假关系。"②也有学者持不同意见,如王宁认为"芼"本作"秏",即"薅"之假借字,"秏""教""薅"音近可通③。也有学者主张安大简《诗经》与今本《关雎》相关字形所记录的并非一词,"教"当即《广雅》之"效",读为"效"④。华学诚也同意区别看待"教"与"芼","左右教之"即实施教化之意,与今本《关雎》含义不同⑤。

可注意到的是,"芼"从"毛"得声,与"苗""暴""貌"古音可通。《山海经·海外南经》:"三苗国,一曰三毛国。"《诗·大雅》"听我藐藐","藐",《尚书大传·洪范五行志》引作"眊"⑥。也就是说,"芼"字同唇音的"爻"古音极近。我们可推想,战国时期的《诗经》文本可能存在写法类似于"𣪊"或"𢼊"的形体,部分人将其转写作"教";另一部分人则转写作"芼"。由于"教""芼"都是宵部字,本身并不影响押韵,所以两种理解都不存在明显的问题,遂使这种差异保留至今。这可在文字学层面解释异文的产生。至于哪种理解更符合《关雎》的创作本意,还有待进一步研究。

蔡侯产剑(《集成》11062、11063)有如下字形:

蔡侯产作威。

---

① 郭永秉《谈谈战国文字中可能与"庖"有关的资料》,氏著《古文字与古文献研究论集续编》,上海:上海古籍出版社,2015 年,第 31—59 页。

② 黄德宽、徐在国主编《安徽大学藏战国竹简(壹)》,上海:中西书局,2019 年,第 71 页。

③ 武汉大学简帛网,"简帛论坛"《安大简〈诗经〉初读》90 楼。

④ 武汉大学简帛网,"简帛论坛"《安大简〈诗经〉初读》140 楼,同时此处引邬可晶看法,认为"教"读为"效",理解为"致""献"。

⑤ 华学诚《浅议异文、通假与经典化——以毛诗〈关雎〉"芼"安大简作"教"为例》,《语文研究》2020 年第 3 期,第 1—5 页。

⑥ 参见《古字通假会典》"毛"字声系下,第 821 页。

"▨"字系鸟虫书形体，可隶定为"戔"，此字旧多释为"教"，但"威教"一词出现较晚，最早见于《后汉书·列女传》"孤之威教，欲令四海风靡"。且被用为名词，与此处语境不完全密合。按照上面的分析，"戔"形本身并不能看出由"效"省变而来的痕迹，因此最合理的看法仍是分析为从"爻2"声，读为"保"。上引上博简《昭王与龚之脽》简9的"▨"字上半部分正与此处写法全同，可以佐证我们的观点①。

清华简《四告》简44也有相关字形：

唯上帝命其孚于若，小子畏恤大敬，不得咎差，佐我家（？），非▨非述。

整理者将"非▨非述"读为"非淯非遂"。② 此处是说小子承受天命，不敢有差错，"非▨非述"句的含义应与"不得咎差"接近。"▨"字当分析为从唇音"爻"声，颇疑当读为"非暴非怵"，意思即"既不暴虐，亦不怵惕（恐吓民众）"。

楚文字中还有一些辞例不是非常明确的字形，在此我们不再讨论③。

（四）"爻1""爻2"的来源与"教"字的构形

现在我们可以讨论第一节提出的问题了。先来整理一下目前关于"爻1""爻2"已知的结论：

首先是"爻1"：

1.除甲骨文外，先秦文字系统中独用的"爻1"极少，仅见于战国时期的马童盖弓帽，独用的"爻"形代表的词是｛学｝或｛教｝。

2.在金文和楚文字系统中，"爻"和"效"作构件时可以相互替换。楚文字中旧认为从"爻"声的牙喉音系字，都是"效"或"敎"省声。

3.秦汉文字中没有独用的"爻"字，《说文》系统中除去"肴""较""孝"外，亦没有真正从"爻1"的构件。而"肴""较""孝"的"爻"旁都是由"效"或"敎"省简

---

① 楚简中还有几处"戔"字，如上博简《周易》22，上博简《用曰》简6等，学界一般从秦桦林说读为"卫"，认为系"岁"字讹变而来。如果排除讹变的因素，仅从字形上看，实际上都应该跟蔡侯产剑联系起来，读为"保"一类的词。我在同贾连翔先生交流时，贾连翔先生向我指出，他早已持类似看法，因附记于此。

② 黄德宽主编《清华大学藏战国竹简（拾）》，上海：中西书局，2020年，第123页。

③ 如九店简A20的"凡盍日，利以制衣裳、▨▨"，"▨"当隶定作"壹"，"▨▨"究竟如何解释，众说纷纭。由于图版漫漶，此处只能存疑以俟后考。又如上博简《竞建内之》简10有"▨"字，此篇的编联问题甚为复杂，很多句意也不好理解，我们只能存疑。

而成。

再来看"爻 2"：

1."爻 2"在甲骨文中可独用代表{驳}。

2.在楚文字中从"爻 2"的字形基本都是唇音宵部字，以"爻 2"为声符的字形代表的词有{貌}、{暴}、{庙}、{驳}等，可知楚文字中"爻 2"是纯声符。这同楚文字中的从"爻 1"之字基本代表{教}不同。

3."爻 2"在秦汉文字系统中难觅踪影，只保留在了"驳"字中。

我们认为，"爻 1"和"爻 2"本是不同来源，不必强行牵合在一起。"爻 2"为独体象形字，正系"杂色"之{驳}的表意初文，以双"乂"会意。这一形体在楚文字系统中可能已被时人忘却了构形含义，只有读音保留下来，作为声符广泛使用。

"爻 1"的情况则有些复杂，"爻 1"在甲骨材料外几乎没有独用的情况，所代表的词也都不出{学}、{教}范畴，在《说文》系统中也不是真正的能产构件。基于这些理由，我认为先秦文字系统中的"爻 1"其实是一个截取分化字。关于截取分化，刘钊在《古文字构形学》中如此定义：

> 简省分化，是指一个文字形体的一部分借用为另一个文字形体，同时接受"母字"的读音作为记录语言的符号。或者说是一个文字的形体截取下来部分构形因素来充当另一个文字形体的一种文字分化现象。
>
> ……简省分化是文字表音化倾向趋于强烈的表现。分化出的新字无所谓"本形本义"，其形体只是"母字"的一部分，其读音则来源自"母字"。
>
> 分化出的新字有的虽然被《说文》列为部首，但在实际文字系统中，却从不单独使用，而仅仅作为一个表音的偏旁与其他形体组合成复合形体使用。[1]

今按，这一定义大致是准确的，分化的新字继承了母字读音，有的在《说文》中被列为部首。有的分化出来的形体是可以独立使用的，典型例子如裘锡圭所讨论的"囧"字：

> ……如果真是这样，"囧"字就应是由这种"盍"字割裂出来的一个字，就跟 ∮（易）是由 ▽（益）割裂出来的一个字一样。[2]

"囧"在甲骨文中可单独使用，但在此后的文字系统中则非常罕见。《说

① 刘钊《古文字构形学》，福州：福建人民出版社，2006 年，第 118 页。

② 裘锡圭《释殷虚卜辞中的"𩵋"、"𩵋"等字》。今按，此处提到的"易"与"益"的关系很复杂。"易"未必是"益"的割取分化字，参见谢明文《甲骨文旧释"益"之字新释——兼"易"字新探》，《中国国家博物馆馆刊》2019 年 12 月，第 7—21 页。

文》中收录的"囧"字,恐怕是许慎对"朙"一类形体重新分析的结果。

　　"爻1"字的情况正与此相似,其形体当从"效"上截取分化而来。为了说明这一点,我们需要先解释"教"字构形。

《说文》卷三:

　　　　教,上所施,下所效也。从攴,从孝,凡教之属皆从教。𡥈,古文教。斆,亦古文教。①

　　先说"𡥈"形,其右旁即古文"言"字,当隶定为"𧩙"。对比前面讨论的"𡥈""斆"形可知,"𡥈"实际上就是杂糅了"孝""斆"的形体。

　　《说文》将"教"看作会意字,但有不少学者认为其字从"爻"或"孝"声②。我认为"教"当分析为从"子"、"效"声之字。"效"字从甲骨至战国文字均有出现,作"𡙇"(《合集》28008)"𡙇"(《集成》10176)"𡙇"(郭店简《唐虞之道》简4)"诸形,当看作独用字形,系"效法"之{效}的表义初文,效、教、学诸字无论读音还是含义均有相通之处,属于同源字没有问题③。从写法看,"效"字从"爻",从"攴",正象以"攴(某种工具)"使下面的"乂(抽象指代符号)"模仿上面"乂"。类似构形如"则"字,完整写法作"𣃁"(《集成》04208)"形,从二鼎、从刀。孙常叙认为,"上一鼎是所比照的器样,下一鼎是比照器样仿制出来的模型母胎。从刀,表示对它按照器样进行整形和雕饰"。④ "则""效"也含义接近,《诗·小雅·鹿鸣》"视民不恌,君子是效是则",正是"则""效"同义连用的例证。

　　按照上面的分析,"效"为"效"之表义初文,则"教"当分析为从"子"、"效(效)"声的形声字,正是"教子"之{教}的专字。"爻1"由"效"或"教"中截取而出,所代表的词仍是{教}或{效}⑤。作为截取文字,"爻1"本身没有独立音义,

────────

① 〔汉〕许慎撰,〔宋〕徐铉校定《说文解字》,第64页。

② 参见《古文字诂林(第三册)》,第715—716页。

③ 王力《同源字典》,第300页。

④ 孙常叙《则、法度量则、则誓三事试解》,《孙常叙古文字学论集》,上海:上海古籍出版社,2016年,页297—313。

⑤ 事实上,如果仔细看甲骨文中的"爻1"形体,其中{效}的意味仍很浓重:

　　𡙇,《合集》00138 𡙇,《合集》00139 正 𡙇,《合集》09268

　　𡙇,《合集》24909 𡙇,《合集》18808

从上面字形可以看出,甲骨中大部分的"爻"上下两"乂"都保持了形体一致,这显然是刻意为之的写法,我们甚至可以说"效""爻"都是"效"字的表义初文。但考虑到"爻1"在后来的文字系统中绝少独用的情况,还是将"爻1"看作由"效""教"截省形体更为稳妥。

这可以解释独用的"爻 1"在甲骨材料外极罕见的现象。

表面上看,楚文字系统中两类不同的"爻"形用法同甲骨文类似,但通过上文分析,楚文字系统中从"爻 1"声的字,其声符都是由"敎"或"敚"省声而来,而"爻 2"的音读则承自甲骨文的"爻(駮)"。足见楚文字系统的情况仍与甲骨文系统不同,这种偶然重合正体现了文字演变的复杂性。

那么,《说文》中的"爻"字究竟是如何产生的呢?下面尝试对这个问题做出解答:

《说文解字叙》中提到时人认为"马头人为长,人持十为斗,虫者屈中也",这种分析固然与造字本意相去甚远,但客观说明了两汉时期确实存在对文字重新分析的现象,独立"爻"字的产生也应是当时重新分析文字的结果。可注意的是,"爻"字中古属于匣母肴韵平声二等开口,与"肴"字完全同音,反而同"敎""学"中古读音有一定距离。再联想到前面提到的东汉时期多以"肴"形代表"卦爻"之{爻}的现象,可猜想两汉时人很可能对"肴"进行了重新分析,在其上部割裂出了新字"爻",并将其含义同"卦爻"联系起来,其字后又被许慎收入《说文》,最终流传至今①。

行文至此,本文开头提到的大部分问题都得到了解决。但《说文》中"六爻头交也"的表述仍然没有确切解释。最后一部分我们将围绕这个问题提出看法。

(五)"爻"的含义变迁与《说文》"头交"的解释

最容易想到的解释是许慎所说即甲骨文中"▨""▨"一类形体,其"乂"形交汇点位于头部。但这种写法在甲骨文中并不多见,从商代至东汉几乎一千五百年,其字形很难保留下来。因此需要从易学发展的角度对这个问题进行考察。

我们都知道,商周时代筮占的主要形式是数字卦。其以数字方式呈现内容,目前在商代至战国的甲骨、青铜器、陶片、竹简上均有发现②。数字卦上的

---

① 这一看法将"爻"字构形与"卦爻"的联系彻底分开。承蒙匿名审稿专家指正,今本《周易》均以"爻"形代表{爻},而考虑到卦序编排等方面的内容,今本《周易》的成书年代未必晚于马王堆帛书。这一意见很正确,因此需要对矛盾稍作解释:前已指出,秦汉时期的出土材料均未以"爻"形表示"卦爻"之{爻},尤其是为了正定六书文字、代表官方正体的熹平石经也以"肴"形表示{爻}。因而我们推测,《周易》文本在秦汉时期也应是符合这一现象的。今本《周易》以"爻"表示{爻}可能后起(除前引唐代盖畅墓志外,敦煌晚唐文献《周易正义》亦以"爻"表示"卦爻"之{爻})。以此来看,这种用字习惯至晚在唐代已经确立,能否上推至六朝尚有疑问),未必能够反映秦汉时期的用字习惯。

② 贾连翔在《出土数字卦文献辑释》(上海:中西书局,2021 年)一书中对相关材料已有最新汇集,读者可以参见。

数字数量以三或六个为主,同后来的易占体系基本一致。但也有个别例外,如《合集》29074上有"六七七六"四个数字。

张政烺为数字卦的释读做出了开创性贡献,他将这些数字组材料判断为筮数和易卦,并提出"奇数变为阳爻、偶数变为阴爻"的原则,同时认为易卦来源于筮数,阴阳爻画则来源于数字[①]。这一观点给学界带来了重要影响,不少学者接受了他的看法,并在此基础上进行研究。亦有学者对张说提出质疑和批评。贾连翔和丁四新已对相关问题进行综述[②],读者可以参见。为行文简略,本文只选取同"爻"有关的内容进行讨论。

张氏认为后世的阴阳二爻,阳爻来自"一",阴爻则是从"六"变"⅃L",再变成"——"[③]。李零在张说的基础上,指出双古堆汉简《周易》的阴爻比马王堆帛书《周易》更明显是用"八"字表示,因此认为阳爻来自"一",阴爻源于"八"[④]。

上面的观点带来了两个问题,首先,数字卦是否与易占的卦画有传承关系。有的学者对此持保留态度,如邢文肯定了数字卦与《周易》的密切联系,但认为数字卦包含了很多三《易》之外的内容,不能完全以《周易》之学解读数字卦的内容[⑤]。李宗焜则根据楚简同时出现数占和易占两种材料等证据,认为数字卦与易卦本来就是两个不同的系统,两者之间并不存在一脉相承的联系。

2011年,董珊公布了昼锦堂收藏的一件铭文有数字卦的铜戈,经鉴定后,董氏认为此戈器、铭均不伪。戈铭作:

　　一六一一六,曰:鼎(鼎)止(趾)真(颠);鼎(鼎)黄耳,莫止(趾)。五六一一五八,戊。

按照张政烺提出的原则进行阴阳爻转化,正好可得到《周易》"鼎"卦,经过对比,戈铭可同今本《周易》"鼎"卦爻辞对应。据此董氏认为吴勇、宋华强等学者提出的"阴阳爻(卦画)是根据奇、偶性质对筮数的抽象提炼"的观点是正确可从的[⑥]。

2013年,清华大学公布了战国楚竹书《筮法》篇[⑦],为这一问题的解决提供

　　① 张政烺的相关思想主要集中于前引《张政烺文集·论易丛稿》中的《试释周初青铜器铭文中的易卦》《帛书〈六十四卦〉跋》《易辨——近几年根据考古材料探讨〈周易〉问题的综述》《殷墟甲骨文中所见的一种筮卦》四篇文章中,读者可以参见。

　　② 贾连翔《出土数字卦材料研究综述》,《中国史研究动态》2014年第4期,第39—43页。丁四新《数字卦研究的阶段、贡献及其终结》,《周易研究》2018年第5期,第43—51页。

　　③ 张政烺《帛书〈六十四卦〉跋》。

　　④ 李零《中国方术正考》,北京:中华书局,2006年,第184页。

　　⑤ 邢文《数字卦与〈周易〉形成的若干问题》,《台大中文学报》2007年第27期,第1—32页。

　　⑥ 参见董珊《论新见鼎卦戈》;吴勇《从竹简看所谓数字卦问题》,《周易研究》2006年第4期,第43—48页;宋华强《新蔡葛陵楚简初探》,武汉:武汉大学出版社,2010年,第185—313页。

　　⑦ 李学勤主编《清华大学藏战国竹简(肆)》,上海:中西书局,2013年。

了更为关键的证据。《筮法》有"爻象"一节,解释了各种爻象的含义:

凡爻象:

八象为风,为水,为言,为飞鸟,为肿胀,为鱼,为权重(?),才上为轨(?),下为汰。

五象为天,为日,为贵人,为兵,为血,为车,为方,为忧惧,为饥。

九象为大兽,为木,为备戒,为首,为足,为蛇,为它,为曲,为抉,为弓、琥、璜。

四之象为地,为圆,为鼓,为珥,为环,为踵,为雪,为露,为霰。

李学勤据此确定楚简中的数字卦并非卦画①。马楠、廖明春都指出《筮法》数字"七"一律写作"一"字形②。刘光胜认为,清华简《筮法》是数字爻向符号爻转变的重要阶段,体现出筮数由八、五、九、四向六、一(七)集中的趋势③。丁四新则认为易卦及数字卦都源自揲蓍法,《周易》经文易卦即以一(七)、八两个数字为卦爻画;秦简《归藏》和清华简《别卦》则以一(七)、六两个数字为卦爻画④。今按,虽仍有部分反对意见⑤,但大部分学者都同意筮占体系经历了由数字爻向抽象符号爻演变的过程。正如贾连翔概括的:

时间越早,数字卦与易学的界限越模糊,这也正能反映了易学从以数字卦为代表的筮占中逐渐脱胎的状况。⑥

第二个问题是,如果我们同意这种演变趋势,那么由数字到抽象符号的演变完成于何时呢?

前引张政烺观点认为这种转变以马王堆帛书乃至东汉熹平石经的写法为标志。韩自强认为直到汉初《周易》卦爻画仍是数字,而不是阴阳符号性质⑦。丁四新则指出,马王堆帛书《衷》篇云"曲句焉柔、正直焉刚",可见帛书作者以爻形(阴爻"⅃L",阳爻"一")来理解卦爻画,因此西汉初年已经不用数字的角度理解了。同时清华简《筮法·得》有"作于阳,入于阴"的说法,《筮法》篇中六、一(七)是卦爻画本体,表示天爻和地爻,四、五、八、九只能用作爻或变爻看

---

① 李学勤《清华简〈筮法〉与数字卦问题》,《文物》2013 年第 8 期,第 66—69 页。

② 马楠《清华简〈筮法〉二题》,《深圳大学学报(人文社会科学版)》2014 年第 1 期,第 64—65 页;廖名春《清华简〈筮法〉篇与〈说卦传〉》,《文物》2013 年第 8 期,第 70—72 页。

③ 刘光胜《从清华简〈筮法〉看早期易学转进》,《历史研究》2015 年第 5 期,第 76—91 页。

④ 丁四新《从出土材料论〈周易〉卦爻画的性质和来源》,《哲学门》2015 年第 1 期,第 1—25 页。

⑤ 如梁韦弦《有关清华简〈筮法〉的几个问题》,《周易研究》2014 年第 4 期,第 15—23 页;张朋《再论清华简〈筮法〉与数字卦诸问题》,《中州学刊》2016 年第 10 期,第 102—107 页;陈建仁《"数字卦"考辨》,《社会科学论坛》2015 年第 3 期,第 93—97 页。

⑥ 贾连翔《出土数字卦文献辑释》,第 204 页。

⑦ 韩自强《阜阳汉简〈周易〉研究》,上海:上海古籍出版社,2004 年,第 90、95 页。

待,因此战国中期六、一(七)已经基本完成了阴阳化①。

事实上,如果忽略汉代阴阳爻的来源问题,丁四新同前引刘光胜的观点基本一致。马王堆帛书《衷》篇的表述说明了至晚在西汉初期卦画已经成为主流理解方式。考虑到战国中期的上博简《周易》内容已基本可以同今本《周易》对应,再加上《筮法》篇中的具体体现,我认为这一转变过程基本可以确定在战国中晚期。这种转换并不是一蹴而就的,楚竹书中就很明显存在两种方式并用的现象②,这反映了思想转型过程的复杂性。有的学者据此主张将数占和易占彻底分开,其实没有必要。

以上我们大致梳理了先秦时期筮占体系的演变脉络。其总体趋势是,数字爻逐渐被淘汰,阴阳符号爻则演变为主流理解方式。丁四新对此有很好的概括:

> ……六爻均由数字构成,应是常识。所谓爻画,不仅对经文易卦而言,筮卦亦有爻画。卦爻画又称刚爻柔爻,或阴爻阳爻,这是人们赋予爻画以哲学含义的新名称。大概在东汉时期,爻画进一步简化为横画断连的形式。可能从那时起,《周易》卦爻画源于筮数的常识就渐被遗忘而变得日益模糊。③

可补充的是,虽然《周易》卦爻画源于筮数的常识逐渐被人遗忘,但数字仍以特定的形式保留在了易占体系中,如《系辞》提到的"大衍之数"④。

那么,"卦爻"之{爻}究竟是什么含义呢?

马明宗认为,从清华简《筮法》看,"肴"有混杂义,特指非常见、可以变动的筮数,即"四""五""八""九",《周易》中的"爻"亦含义类似,指可以变动的"六"和"九"⑤。我认为这一看法不可从,已有学者统计指出,"六""一(七)"在殷周筮占中出现频率最高⑥。《筮法·爻象》一节解释了"八""五""九""四"等数字的内涵却没有提到"六""一(七)",其原因当正如丁四新所说,以"六""一(七)"象天地,用为经爻⑦。这样的话"六""一(七)"实际上是常爻,"四""五""八""九"为变爻。而《周易》中的"六"和"九"又是承袭《筮法》的"六""一(七)"这种常爻而来,显然不可能具有变动的意思。

---

① 丁四新《从出土材料论〈周易〉卦爻画的性质和来源》。

② 如葛陵新蔡简有了数字爻,上博简则有易占内容,可以同今本《周易》对应。

③ 丁四新《数字卦研究的阶段、贡献及其终结》,《周易研究》2018 年第 5 期。

④ 值得一提的是,包括丁四新在内的不少学者直接将大衍之数、揲蓍法同数字卦对接了起来,由于材料的局限性,我对这一问题仍然持保留态度。

⑤ 马明宗《清华简〈筮法〉与"爻"的本义——兼论〈周易〉的"象"和〈筮法〉的"屯"》,《出土文献》2021 年第 2 期,第 41—51,155 页。

⑥ 宋华强《新蔡葛陵楚简初探》。

⑦ 丁四新《从出土材料论〈周易〉卦爻画的性质和来源》。

马氏看法的另一个问题是,清华简《筮法》中"爻"的观念已相当成熟了,因此要探求"爻"的本义不能局限在这一篇中。结合早期的数字卦材料,我认为"卦爻"之{爻}的最初含义就是组成卦的数字。无论"八""五""九""四"还是"六""一(七)"都可称为"爻",只是在《筮法》体系中各个数字的地位已经有了差异。伴随着数字爻的进一步发展,数字概念被逐渐淘汰,{爻}的含义也就发生了变化,《汉语大词典》中这样解释:

> 爻,《周易》中组成卦的符号。"—"为阳爻,"— —"为阴爻。①

这显然是根据符号爻的观念进行解释,并非"卦爻"之{爻}的最初含义。从上面的梳理看,"卦爻"之{爻}的概念显然在殷商数字卦时期就已存在,最初所指可能就是组成卦的数字。就造字者而言,表示成卦数字的{爻}很难象形成字,因而只能求助于音近假借。我们在第一节提到马王堆帛书以"肴""教""效"多种形体来记录{爻},恐怕正是这种困境的反映。

回到《说文》"象《易》六爻头交也"的表述,我们首先想到的是,《说文》系统同《周易》有着极为密切的联系,张政烺通过考证指出:

> 许慎作《说文解字》,亦仿乎《易》,无论其欲理群类,达神旨,演赞其志,知化穷冥,即以形式论之,牵强附会,以足五百四十部首,乃取六与九之成数。②

可见要探求"头交"的含义,只能从两汉时期的易学上寻找线索。我们注意到虽然熹平石经及后世文献都以"—"代表阳爻,"— —"代表阴爻,但具体仍有不同的表现形式(表4):

表4

材料	清华简《筮法》③	上博楚简④	王家台秦简⑤	马王堆帛书⑥	阜阳汉简⑦
阴爻	∧	八	∧	八	八
阳爻	—	—	—	—	—

---

① 罗竹风主编《汉语大词典》,北京:汉语大词典出版社,1993年,第643页。
② 张政烺《六书古义》,《张政烺文史论集》,北京:中华书局,2004年,第215—237页。
③ 严格来讲,清华简《筮法》不属于易占体系,但是在《地支与爻》一节,整理者提到简文一般以"延""—"形表示阴、阳爻,因此亦记在表格中,供读者参考。参见李学勤主编《清华大学藏战国竹简(肆)》,第109页。
④ 马承源主编《上海博物馆藏战国楚竹书(叁)》,上海:上海古籍出版社,2003年。
⑤ 王明钦《试论〈归藏〉的几个问题》,《一剑集》,北京:中国妇女出版社,1996年,第101—112页。
⑥ 裘锡圭主编《长沙马王堆汉墓简帛集成》,北京:中华书局,2014年。
⑦ 韩自强《阜阳汉简〈周易〉研究》,上海:上海古籍出版社,2004年。

　　前面已经提到,阴、阳爻究竟来源于哪些数字的问题学界尚有争议。丁四新认为"∧"来自"六","ノヽ"则来自"八"。考虑到"六"与"八"形体的接近,我认为最直接的看法仍当像张政烺所说,认为"ノヽ"由"∧"演变而来。保守一点讲,我们可以认为在秦汉的易占体系中至少是存在"∧""ノヽ"及"——"三种表示阴爻的方式。

　　《说文》"六爻头交也"的训释,很容易让人联想到上面的"ノヽ""∧"两类形体,尤其是"∧"形完全符合"头交"的定义。

　　从记载看,两汉时的官方秘府是保留了不少早期《易》文献的,《汉书·艺文志》记:

　　　　……而民间有费、高二家之说。刘向以中古文《易经》校施、孟、梁丘经,或脱去"无咎""悔亡",唯费氏经与古文同。

　　这里提到"中古文《易》",当指西汉官府所藏的古文《易》。宣帝时又有河内女子所得《易》,《论衡·正说》记载:

　　　　孝宣皇帝之时,河内女子发老屋,得逸《易》、《礼》、《尚书》各一篇,奏之。宣帝下示博士,然后《易》、《礼》、《尚书》各益一篇,而《尚书》二十九篇始定矣。

　　李学勤认为河内女子所得是秦以前写本,其文字类似于西晋发现的汲冢竹书[①]。两汉时期还有费、高两家古文《易》,《汉书·儒林传》记:

　　　　费直字长翁,东莱人也。治《易》为郎,至单父令。长于卦筮,亡章句,徒以象象系辞十篇文言解说上下经。

　　《隋书·经籍志》记:

　　　　汉初又有东莱费直传易,其本皆古字,号曰古文易。

　　联系前引《汉书·艺文志》的内容,费氏《易》中当也保留了不少早期内容。许慎之子许冲在《上安帝书》中提到:

　　　　先帝诏侍中贾逵修理旧文。臣父从逵受古学,作《说文解字》十五卷。前以诏书校东观,教小黄门孟生、李喜等。

　　许慎"以诏书校东观",说明他有机会接触到秘府藏书。又提到许慎师从

---

　　① 李学勤《周易溯源》,成都:巴蜀书社,2005 年,第 175 页。

贾逵学习古文,从记载看贾逵确实治《易》,著有《贾逵易义》《周易贾氏义》等作品①,可惜今已亡佚。东汉时期还有陈元、郑众、马融等传费氏《易》,马融还为费氏《易》作传②。我们可以合理推测,许慎接触到了不少古文《易》的材料,其中部分内容保留了"$\bigwedge$"或"$\diagup\diagdown$"这样的早期形体。

按照这种思路,"象《易》六爻头交也"就有两种可能的解释,一种是许慎认为"爻"字的形体就像易学六爻中"阴爻"的"$\bigwedge$"或"$\diagup\diagdown$"形;另一种是这句话当断作"象《易》'六'爻头交也",即许慎仍知道"$\bigwedge$"形代表了"六",因而认为"爻"的形体与"六"接近,这正符合《说文》的"尚六"思想。两者可能未详孰是,只能先存疑待考。

附记:本文初稿撰写于 2022 年 5 月。后发现邬可晶先生在《出土文献〈诗经〉文献所见异文选释》(《出土文献与古文字研究(第十辑)》)一文对安大简《诗经》"左右教之"句的异文问题亦提出类似意见,可谓闭门造车,出门合辙。笔者同邬可晶先生的论证思路不尽相同,因此相关章节不废,以俟读者批评。本文初稿完成后,得到黄德宽、王子杨、董珊、颜世铉、贾连翔、邬可晶、刘晓晗、沈奇石、王翙诸位师友的批评指正,使我避免不少错误,在此谨致谢忱!

---

① 孙启治、陈建华《中国古佚书辑本目录解题》,上海:上海古籍出版社,2009 年,第 5 页。
② 《后汉书·儒林传》记:"建武中,范升传孟氏易,以授杨政,而陈元、郑众皆传费氏易,其后马融亦为其传。融授郑玄,玄作易注,荀爽又作易传,自是费氏兴,而京氏遂衰。"

颜李学派经学的内在理路[*]
——以易学为中心的考察

种 方^{**}

【内容提要】 颜李学派在经学领域,含有一条隐伏的发展脉络:由李塨参考毛奇龄的易学,树立起"以经解经"的经学原则,并进行解经实践,到程廷祚进一步运用此原则,创造出新的经学理论和经解,如八卦虚象与新的爻位说等。由原则到理论,再到具体经解,全面形成了颇具独创性的颜李学派经学。梳理出这一条发展脉络,展示李塨形成"以经解经"的内、外因,以及程廷祚运用"以经解经"的发展和成果,对于揭示颜李学派思想的全貌至关重要。

【关键词】 李塨 程廷祚 颜李 经学

一 李塨选择"以经解经"的外在原因

李塨因身为颜李学派之"李"而为人所知。颜李学派一向被人归类为实用主义者,提倡躬行,人们想当然地认为他们在经学研究方面并没有太大成就。实际上,虽然颜元确实不关注经学研究,但是李塨并非如此。冯调赞在《李塨年谱》中,说他"从来称道学者不谙经术,能干济者不究身心,先生兼综条贯,一源共委,于先圣明亲至善之道,备体诸身,如有用者,举而措之耳。"①这虽然是后学之过褒,但是对他能够兼顾道学与经术的这一点评价,正是实情。

李塨在《诗经传注题辞》中说:

> 予自弱冠庭训外,从颜习斋先生游,为明德亲民之学,其明德功课,则日记、年谱所载是也。其亲民条件,则《瘳忘编》《阅史郄视》,今大半汇之

* 本文系国家社科基金后期资助项目"毛奇龄及清初以经解经派易学研究(项目号21FZXB016)"阶段性成果。

** 本文作者为天津师范大学文学院讲师。

① 详见〔清〕冯辰、刘调赞撰,陈祖武点校《李塨年谱》卷五,北京:中华书局,1988年,第210页。

《平书订》者也,而无暇治经义。经义大率阅宋儒所注今世通行者,即间及《十三经注疏》以及汉儒诸书,匆匆未深考也。迫年几四十,始遇毛河右先生,以学乐余力受其经学,后复益之王草堂、阎百诗、万季野,皆学穷二酉,助我不逮。然取其经义,犹以证吾道德经济。如《大学辨业》《圣经学规》,则用以明道;宗庙、田赋诸考,用以论治,尚无遑为传注计也。至于五十始衰,自知德之将耄,功之不建矣。于是始为《周易传注》,续之《四书传注》成。①

这是他人生经历的简略自述,从该文中可以知道,李塨早年跟随颜元学习。颜元闭门自修,并没有传播自己思想的计划,而李塨则广交名士,致力于扩散颜李学派的影响,这才使颜李学派发扬光大,颜李后学的主要人物王昆绳、恽鹤生、程廷祚,都由李塨结纳而来。这也使得李塨早期专心于颜李学派事业,无暇治经。四十余岁之后,李塨与毛奇龄相识,最初本为学乐而拜师,又受到他经学的感召,于是一并学经。后来在经学上,李塨又受益于王复礼、阎若璩、万斯同,胡渭亦与李塨有过密切的学术交往,但这些人对李塨的影响,远远不及毛奇龄之深。

李塨的经学观,同时受到颜元与毛奇龄两方的影响。

毛奇龄的经学观念可用"以经解经"四字概括,在为朱彝尊所作的《经义考序》中,毛奇龄首先集中笔力批判宋儒,接着表达自己的经学观点,提出"以经解经"的概念:"独是予之为经,必以经解经而不自为说,苟说经而坐与经忤,则虽合汉唐宋诸儒并为其说,而予所不许。"②即解释经文的时候应该紧扣本文的意思来进行理解,不能自己创造与经文不符的说法,甚至于,即使某个说法汉、唐、宋诸儒都同意,但与经不符,他也不会采用。

毛奇龄继续说:

> 是必以此经质彼经而两无可解,夫然后旁及儒说。然且儒说之中汉取十三而宋取十一,此非左汉而右宋也。汉儒信经,必以经为义,凡所立说,惟恐其义之稍违乎经。而宋人不然。③

只有在经书中都找不到解释依据的时候,才能有选择地参考后世儒说,而且汉取十分之三,宋取十分之一,剩下的十分之六,显然就是仅仅以经解经的部分。毛奇龄还辩解说,弃宋取汉并非他主观的选择,而是客观现实决定的。因为汉人信经,解经时以经义为出发点,每提出一个说法,都担心有违经义,因此说法

①　〔清〕李塨《恕谷后集》卷十一,《丛书集成初编》影印畿辅丛书本,北京:中华书局,1983 年,第136 页。
②　〔清〕毛奇龄《西河文集》卷五十二《经义考序》,清康熙李塨刻《西河合集》本。
③　同上。

更合理，而宋人则不然，他们先定下想说的意思，然后取经文以合于己说，因此总是不合经文本义。

至于颜元，他虽然不治经，但是他对汉、宋均不取，坚持回归经典文本的态度，却与毛奇龄不谋而合。颜元曾说：

> 汉唐章句、魏晋清谈，虚浮日盛，而尧舜周孔之学，所以实位天地、育万物者，不见于天下。以致佛老昌炽，大道沦亡。①

对汉唐魏晋的学术一概否定。他又说：

> 至宋而程朱出，乃动谈性命，相推发先儒所未发。以仆观之，何曾出《中庸》分毫。但见支离分裂，参杂于释老，徒令异端轻视吾道耳。若是者何也？以程朱失尧舜以来学教之成法也。②

对程朱的不满，更胜过对汉唐魏晋的不满，说他们之说并不出《中庸》所已言，而且支离杂异端。究其原因，还在于失尧舜以来成法。归根究底，颜元讲习六艺四德，虽然走出来的路子与毛奇龄不同，但是他们都以圣人经书为基础，试图在汉儒章句、宋人义理，尤其是后者之外，走出一条新路。颜李学派的哲学思想，注定李塨会选择接受毛奇龄"以经解经"的经学理论。

因此李塨受到颜元与毛奇龄在哲学、经学两方面的同时影响，讲学言理均以"圣经"为准地，动辄唐、虞、周、孔，且多以"圣"字称之，如"圣经""圣学""圣门"之类，而对经书之后的一切学问都不取。如他言宋儒体用说：

> 伏羲以至孔孟，言道已尽。后学宜世世守之，不可别立名目，一立辄误。如宋人道分体用，其一也。以内为体，外为用；自治为立体，及人为致用；明明德立全体，亲民致大用。然质之圣经，不如此离析也。③

圣人言道已经穷尽了，后人只能世世代代遵守圣人之说。又如他论宋人静坐以存心立本，反对之根据乃是"考之古经无是也"④，一句"非经"，在他眼中即为铁证。

在具体经学阐释过程中，李塨也遵循这个原则，如在《周易传注》凡例中，他就卦变问题列出了《周易》经传中可考的几种情况，作为自己可以接受的理论：

> 卦爻义即经而可见者，本爻不变之义，一也。爻变则三画卦变，二也。

① 〔清〕戴望著，刘公纯标点《颜氏学记》卷一《与太仓陆道威书》，北京：中华书局，1958年，第10页。
② 〔清〕戴望著，刘公纯标点《颜氏学记》卷一《上征君孙钟元先生书》，第6页。
③ 〔清〕李塨《恕谷后集》卷十三《论宋人分体用之讹》，《丛书集成初编》影印畿辅丛书本，第164页。
④ 〔清〕李塨《恕谷后集》卷十三，第163页。

（如师初六变则下卦为兑，知庄子解师初六曰"川壅为泽"。）六画卦亦变，
三也。（如师初六变则卦为临，知庄子解曰"不行之谓临"，并非占而爻变
始论变也，蔡墨谓乾之姤、乾之同人皆同此。）比爻，四也。（相连爻也，《系
辞传》言"近"者是也。）两互成一卦，五也。（如泰二互为归妹是也。）对易，
六也。（如乾、坤、颐、大过等卦，是即《文言》所谓"六爻发挥旁通情也"。）
反易，七也。（如鼎与革反易，故初六有"颠趾"象，下巽反兑有"得妾"象。）
重易，八也。（如履与夬因重相易，则九五有夬象。）伏羲画卦以交易。（一
索、再索、三索，即爻变也。）成六十四卦以重易，文王序卦则以对易、反易。
似体，九也。（如颐似离而称"龟"，大壮似兑而称"羊"类。前儒亦名"大
体""厚体"。如上经终坎、离，其前为颐、大过，下经终既济、未济，其前为
中孚、小过，皆大离、大坎象也，或谓大体不可取，则噬嗑似颐。《彖传》曰
"颐中有物"，岂圣言不可遵耶。）①

这一段中的内容，为了证明它们都是经文中可以见到的，每列出一条，李塨就
会用小字夹注说明其在《周易》中的根据。

其中对易、反易和重易三条，均可在毛奇龄的五易说理论中找到对应。李
塨的对易讲六画卦的阴变阳、阳变阴，接近于毛奇龄的对易。反易与毛奇龄之
反易毫无区别，指一卦之由初到上爻的位置反过来，初爻变成上爻，二爻变成
五爻，三爻变成四爻……直至上爻变为初爻，所形成的新卦。重易则是毛奇龄
的交易，指将形成六画卦的两个三画卦位置互换。这三条明显承袭自毛奇龄，
但是李塨对毛奇龄易说并非全盘照搬，在毛奇龄的五易说中，还有对易与推易
两种，在李塨看来属于过度阐释，于经文中找不到根据，因此被舍弃，前三易则
能够找到依据，因此被李塨继承下来。可见李塨经学在崇信毛奇龄的同时，更
将自己心目中"以经解经"的取舍标准放在师法之上。

二　程廷祚探索"以经解经"的内在理路

如果说李塨选择用毛奇龄"以经解经"说来构建颜李学派经学理论，是内
外因共同影响、而外因作用更大的结果，那么程廷祚独具一格的"以经解经"新
路径，则主要形成于他本人对颜李学派学术宗旨之内在理路的解读。

程廷祚初名默，字启生，号绵庄，晚年自号清溪居士。据胡适所作的程廷
祚年谱《颜李学派的程廷祚》记载，康熙三十年（1691），程廷祚生于现在的南京
市江宁区上元县。他在举业上很不顺利，应常科、乾隆元年（1736）的博学宏

---

① 〔清〕李塨《周易传注》凡例，《影印文渊阁四库全书》，台北：台湾商务印书馆，1986 年，47—5。

词、乾隆十六年的经明行修,全部失败,终老于家,卒于乾隆三十二年。

　　程廷祚二十来岁时,向李塨写了一封信,表达了自己的愿学之意。在程廷祚的年谱中收录了李塨的回信,信中说时已年迈的李塨,收到信时已是程廷祚寄信多年以后,仍然为自己学派后继有人而感到非常激动,将程廷祚之信“再三读不自休”①。

　　虽然入了颜李学派门墙,但据年谱记载,程廷祚于雍正二年(1724)、四年,两次来到北京交游后,就转为保守,不敢着力宣传颜李思想,因此受到派中一些人的指责,说他“不以颜李之书示人”②。程廷祚在《与宣城袁蕙缵书》里解释了这样做的原因:自己在北京期间听人议论颜李,说他们“共诋程朱”。这种指责在当时很危险,因官方以程朱理学为正统,文字狱频发,程朱学的忠实拥趸方苞尚且因《南山集》而入狱,反对程朱的人就更加危险了,因此程廷祚不敢出头:

　　　　闻共诋程朱之说,不可不为大惧也。某之惧怕,非敢不自立而甘于徇俗也。《易》称时义之大,故君子时然后言。《论语》又曰知者不失人,亦不失言。当举世未能信从之日,而强聒不舍,必有加以非圣之谤而害其道者,不可之大者也。当举世未能信从之日,忽有闻而爱慕之者,而亦不与之言,是咎在失人,而坐视其道之终晦,亦不可也。③

也就是说,共诋程朱的指责非常危险,自己并不是害怕招祸,只是时机不好,这时候没有人会接受颜李之学,对着不会信的人,努力宣传也没有什么用,因此韬晦才是上策。但如果有人心慕颜李之学,也不可不与其交流而坐视颜李之道消亡,这表明自己并未真正放弃信奉与宣传颜李之学。从此以后,他就更加专心于经学,尤其是易学领域,虽然思想上没有完全抛弃颜李,却对门派本身的发展再没有什么贡献,颜李学派之后继无力,与他的消沉关系很大,但从经学理论上来讲,他与李塨一脉相承,且走上了独具特色的道路。

　　程廷祚在《论语说》和《易通》中,都提出过“以经解经”的观念。《论语·雍也》中有“中人以上,可以语上也;中人以下,不可以语上也”一句,后人多以语上的内容为形而上的性与天道之类,中人之下无法理解,因此不可语,程廷祚却不这么认为,他在颜李学派的影响下,认为这里所说都是诗书礼乐、文行忠信之类的实学,并且联系《论语》上文之“知之者不如好之者,好之者不如乐之者”进行解释,认为知之者不如好之者与中人以下不可语上同义,好之者不如

　　　　① 胡适《颜李学派的程廷祚》,《北京图书馆藏珍本年谱丛刊》,北京:北京图书馆出版社,第94册,1999年,第250—251页。

　　　　② 同上书,第258页。

　　　　③ 同上书,第259页。

乐之者则与中人以上可以语上同义：

> 按此章与前章相属，亦有互为发明之理。学者之于道也，由知而好，由好而乐，境以递进也。然知者或终于不好，好者或终于不乐，则质之相悬，有不一者矣。夫游于圣人之门而观诗书道德之富，虽中材未有不好而不徒知之而已者，进而深造自得，方可云乐。准以此章，则乐之者中人以上之事，知之者中人以下之事。中人则皆可以言好，然孔门若冉有之自画、子夏之交战，犹未得为好之至者，而况于乐乎？中人以上可以语上与好之者不如乐之者，其义一也。

引上下文互证之后，程廷祚不由得发出感慨，说：

> 以此参证，益知语上之非高谈性天，而以经解经，十当得其八九矣。①

虽然句子不长，但是表达了两重意思，首先"语上"一章果然并非高谈性与天道之语，即否定宋学之说而肯定颜李哲学，其次感慨以经解经的方法更能得到经书的正确解释。

而在《易通》之《周易正解》的随记部分，程廷祚又就《周易》特殊的"以经解经"进行了说明：

> 六经唯《易》为绝学，以后儒不知以经解经而自解也。且《诗》《书》孔子不为作传，而于《易》作之，不欲遗后人以所难也。然则易道无由入，十翼其易之门乎！廷祚之于易，全体大例求之《系辞传》，象爻之义求之《彖》《象》二传，不敢自立一解，不敢漫用后儒一说。②

程廷祚甚至将《周易》成为绝学的原因，都归因于后儒不能"以经解经"。特别是，《周易》与他经不同，有孔子亲自作传，这正是孔子怕后人被《周易》所难的苦心孤诣之处。所以入《易》道就应该从十翼入手。程廷祚因此表示，自己从来不敢按照个人想法创立任何一种解释，也不敢随便使用后儒的任何一种说法，一切以经文中的记载为准。

对比之下，可以发现他对《周易》之"以经解经"的表述，比对《论语》之"以经解经"的表述，还要严格得多，《论语》只说"十之八九"，《周易》则几乎是一丝一毫也不敢违背"以经解经"。

在经学领域，他对宋学的驳斥仍然不遗余力，关于这一点，有必要举一例以作证明。《与荆溪任丈钓台论易图书》是程廷祚一篇专门驳斥宋人易图的文

---

① 〔清〕程廷祚《论语说》卷二，《续修四库全书》，上海：上海古籍出版社，2002 年，第 153 册，第 469 页。

② 〔清〕程廷祚《易通·易学要论卷下·周易正解随记》其二，《续修四库全书》，上海：上海古籍出版社，2002 年，第 20 册，第 438 页。

章,其中有不少激烈言辞,如:

> 伏羲画卦,文王系辞,孔子尝明言之矣,而未尝言二圣人有此数图也,今则公然曰此伏羲之图、此文王之图,其载于何书何传?于何人果有以见其为羲、文所手授否?先天、后天之名,果有以见其为羲、文所自定义否?①

其中连用好几个反问句,反对之意表达得非常明显。但在最后,似乎是为自己反驳宋学过于激烈感到不安,程廷祚解释说:

> 圣人已往,道在六经,经之所有不可削,经之所无不可增。某愚昧无能仰窥万一,然有所疑,不敢不质于康成、公彦之前。②

语气十分自谦,表示自己只是为了维护经书之道,一以经书为准,增、削均不肯。言下之意,是说自己反对宋儒并非专门针对他们,只是出于维护"圣经"的责任感。同时牵扯到汉唐注疏,举郑玄、贾公彦为例,表示自己对汉学,也是同样态度,足称小心翼翼。

因此可以说,程廷祚在以经解经的道路上,比李塨走得更远。李塨尚且服膺毛奇龄经说,常以毛说为准的,而程廷祚则纯粹地以经解经,坚持孔孟以后,一切不信。

三　程廷祚创造的颜李学派易学理论

破而后立,程廷祚一概摒弃了汉、宋解易之法之后,需要重新架构他的易学体系。他继承了汉代以来一些符合他心目中"以经解经"标准的解易理论,同时也以不合经文为由舍弃了一些,并根据经文创造了一些独特的新理论,如他对八卦取象与爻位的看法。

取象说是历来易学家解易的重要方式,它被程廷祚改头换面,不复"取象"之意。《大象传》以乾为天、坤为地、震为雷、巽为风、坎为水、离为火、艮为山、兑为泽的八卦基本取象为基础,结合各卦上下体的关系,解释六十四卦之义。但程廷祚将这一套八卦取象完全废而不用,认为八卦真正的象应该是《说卦传》中的"乾,健也。坤,顺也。震,动也。巽,入也。坎,陷也。离,丽也。艮,止也。兑,说也"。

《易学要论》中之《论八卦之义(尽于)健顺动入陷丽止说》一篇,就是专为此问题而作的,而《大易择言》中也专门在《说卦传》的相关内容下进行了辨析,这里引一段《易学要论》专篇之说,以见程廷祚的看法:

---

① 〔清〕程廷祚《青溪集》,《金陵丛书》本,卷九。
② 同上。

> 八卦之取象于天地雷风水火山泽也,举成象成形之大者尔。上古圣
> 人盖观于阴阳之阖辟,而得健顺动入陷丽止说八者之用,于是画卦。即天
> 地雷风水火山泽亦八者之所为,而八者不尽于天地雷风水火山泽,故有谓
> 八卦为取象于彼者,误也。①

也就是说,天地雷风水火山泽并非错的取象,只是健顺动入陷丽止说之象才是
八卦的根本,天地雷风水火山泽只是健顺动入陷丽止说的一种体现而已。

> 且八卦之象,《说卦》所称至为繁赜,其曰乾健以至兑说,则明以一义
> 尽一卦而若不复有他说者,其故亦可思矣。夫八卦者具于天地雷风水火
> 山泽未有之先,而行于天地雷风水火山泽既有之后。圣人假于数以别其
> 用,理莫精焉,道莫大焉,是岂有形之物可得而尽者哉?②

这其实相当于将八卦之实象,义理化为无形虚象。程廷祚正是有意识要这样
做的,他认为八卦产生于天地雷风水火山泽这些自然意象之前,那么这些自然
意象也就不可能是八卦真正所代表的内容。毕竟八卦之象如此广大,天地雷
风等有形之物不可能穷尽其意义,且《说卦》中在天地雷风等之外又列出了八
卦的很多自然意象,这更说明八卦之道只有义理之象可以穷尽。

另外,程廷祚认为只有《大象传》使用天地雷风水火山泽之象,《象传》中就
很少使用,反而使用健顺动入陷丽止说更多。他作了统计,六十四卦中乾、坤
二卦《象传》都用健与顺义,其他六十二卦中,只有十五卦中的《象传》用到了
《大象》中的这八个象,但仍以健顺动为主,另有十卦的《象传》既不用“天地风
雷”之象又不用“健顺动入”之象,其他三十七卦则都以健顺动入之类为主:

> 天地雷风诸象,《大象传》专取之,《象辞传》不重也。按《象辞传》于乾
> 虽未言健,然统天变化,皆健之意也。坤则直言顺矣。其六十二卦之中,
> 如屯之雷雨,蒙之山下有险,泰、否之天地,噬嗑之电雷,坎之水流,恒之雷
> 风,晋、明夷之地上地中,暌之火泽,益之木道,井之巽木上水,革之水火相
> 息,鼎之以木巽火,涣之乘木有功,兼用《大象》之象者仅十五卦,而犹以健
> 顺动入诸义为主。他如谦、颐、家人、损、姤、震、巽、小过、既济、未济,不言
> 健顺动入,亦不用《大象》之象者凡十卦。而其余诸卦,则无非健顺动入诸
> 义也。以此观之,易之所重在此而不在彼可知矣。则凡求卦爻之说者,宜
> 在此而不宜在彼亦可知矣。③

程廷祚又根据八卦的真象,总结出了各个卦的阴阳属性,他说:

---

① 〔清〕程廷祚《易通·易学要论》卷上,第394页。
② 同上。
③ 详见〔清〕程廷祚《易通·易学要论》卷上,第395页。

　　　　乾，健，举而克胜，行而不息也。震，动，忽然而动，动而不已也。坎，
　　陷，陷于其中，陷而不陷也。艮，止，当止则止，一止即止也。坤，顺，顺承
　　于阳也。巽，入，与阳无违也。离，丽，倚附于阳也。兑，说，有欲于阳也。
　　凡阳卦俱有二义，阴卦惟有一义，阳大而阴小也。①

　　属于阳的乾、震、坎、艮，不但比另四个阴卦大，且都有双重含义，也更富有哲理
性。属于阴的四卦，意思只有一种且都依附于阳卦而生。

　　其实，程廷祚之所以规定八卦之阴阳定位，是为了否定爻的阴阳定位。一
般的当位说认为爻位中初、三、五为阳位，二、四、六为阴位，阳爻在阳位与阴爻
在阴位才属正当，程廷祚对此表示，"卦曰阴阳，爻曰刚柔，位曰贵贱"②，阴阳只
是卦的问题，爻没有阴阳之分，只有刚柔之分：

　　　　《传》曰观变于阴阳而立卦，其在经卦则乾震坎艮谓之阳卦，坤巽离兑
　　谓之阴卦。卦至六画，则内外之经卦有阴者有阳者，有皆阴皆阳者。阴卦
　　则爻之奇者多，阳卦则爻之耦者多。非卦曷有爻？非爻曷有位？《说卦
　　传》之意，言由卦有阴阳故爻有柔刚，而六位成焉，非以六位为有阴阳也。③

爻既然没有阴阳，阴阳当位说也就无法成立了。

　　同时，阳与阴的定位，在程廷祚眼中，注定不变，不能互相转化，不仅阴阳
卦如此，刚柔爻也如此，所以他不认可大部分卦变理论。《左传》中记录了一些
占筮的例子，其中多有"某卦之某卦"的情况，朱熹等人用占筮过程中的阴阳老
少之变来解释，即老阳、老阴变为阴、阳，少阳、少阴则不变，程廷祚却不同意，
他说：

　　　　六爻之外而又有所谓变者，自筮家之言之卦始，而《大传》本无其说。
　　言之卦者必曰阳变为阴、阴变为阳，夫阴阳有盈虚消长，而不闻其互相为
　　变。阴阳之不能互相为变，观于天地男女可见矣。且阳之于阴，贵其能
　　统，阴之于阳，贵其能承，其各有定分如此，非唯不能变，尤无取乎变也，求
　　之天下无其理，求之大易无其象，而谓卜筮有之，可乎？④

程廷祚认为，阴阳有消长却没有互相变化，这一点，不但从天地男女之现实中
可以看出来，而且《周易》中也并未说过阴阳互变的内容，既然经文中都没有提
到阴阳互变，又怎么能说卜筮中有呢。

　　但是，《周易》中也有提到"变"的字句，程廷祚需要给它们找到合理的

---

①　〔清〕程廷祚《易通·易学要论》卷上，第 395 页。
②　同上书，第 409 页。
③　同上。
④　〔清〕程廷祚《易通·占法订误·之卦》，第 623—624 页。

解释：

> 《传》曰：爻者，言乎变者也。又曰：刚柔相推而生变化。画有奇耦九六，而上下进退于初二三四五上之际，所谓六爻发挥者，易之变唯在于此，而无复遗义矣。①

他在《大易择言》中也说："变化者，进退之象也。"②因此《传》中所言各种变化，指的都是一卦六爻间的进退关系，对于进退，《周易正解》和《大易择言》中又都说：

> 进退者，言刚进而柔退，则吉与悔之数多。柔进而刚退，则凶与吝之数多也。③

进退就是六爻中固定的位置关系，并非变化的位置关系，这一点从《大易择言》中讲进退时所举的例子就可以看出：

> 卦爻中或刚在初柔在上，或柔在二刚在五。六十四卦之中，无一同者。所谓相推，所谓变化，其说尽于此矣。④

"或刚在初柔在上，或柔在二刚在五"，这两个例子都只说刚柔爻间的固定位置关系而已。

解决了《周易》原文的问题，还有《左传》等书中记载的"某卦之某卦"之占筮实例需要作出解释。程廷祚说：

> 凡物有所求而后动，阳动则求阴，阴动则求阳，故筮者于爻之阴阳，彼此互用以为识别，而所取仍在本卦。⑤

阴阳之间有所求即所谓"动"，但并非真地动了，更没有阴阳互变。而筮者为了识别有所求之动爻，用"某卦之某卦"之说，但所取的内容还是本卦，亦非其所之的卦。

试想如果阴阳爻根本不会互相转化，那么任何卦变，都牵涉到阴阳变化，就都不能成立。因此意料之中的，程廷祚不仅不接受之卦说，对互体说也嗤之以鼻，在《论之卦》一篇中，将互体和卦变一起批评：

> 至于互体之穿凿傅会，亦始于筮家推广断法，而后儒不察，承用于笺

---

① 〔清〕程廷祚《易通·占法订误·之卦》，第624页。
② 〔清〕程廷祚《大易择言》卷三十四，《影印文渊阁四库全书》，52—939。
③ 〔清〕程廷祚《易通·周易正解》卷六，第562页。《大易择言》之文与《易通》几无差别，详见〔清〕程廷祚《大易择言》卷三十四，《影印文渊阁四库全书》，52—939。
④ 〔清〕程廷祚《大易择言》卷三十四，52—939。
⑤ 〔清〕程廷祚《易通·占法订误·之卦》，第624页。

疏之中，芜秽圣经，其害与卦变俱烈，可不连类并及辞而辟之哉！①

　　既不用取象说，又不用当位说，这注定使程廷祚的易解与前人易解显著不同。但是为了解释象爻辞，总得有一种较为系统化的理论支持，于是他创造了自己独特的爻位说系统。

　　一般来说，讲爻位的理论，都以《系辞传》中的"二与四同功而异位，其善不同。二多誉，四多惧。近也，柔之为道，不利远者，其要无咎，其用柔中也。三与五同功而异位。三多凶，五多功，贵贱之等也。其柔危，其刚胜邪"为根据，这一段讲了二与四爻、三与五爻之间同中有异的关系，似乎非常符合当位说的意思。

　　程廷祚却不认为这是在说当位说的问题，专门作《论旧说爻位分阴阳》《论旧说当位不当位》等篇，讨论爻位阴阳与当位的问题。他认为，首先从理论上来说，爻位阴阳对应关系有破绽：

　　　　若论中爻，二、四，阴也，而一誉一惧，三、五，阳也，而一凶一功。所以同为阴阳而遽有分别者，义安在乎？况阳贵而阴贱，三与五同为阳，而《传》何以云贵贱之等邪？②

他反问说，二、四和三、五，既然爻位的阴阳属性相同，又为什么还会有誉惧、凶功的区别呢？阳贵阴贱，三与五同为阳，为什么《传》中又说贵贱不同呢？可见当位说和《系辞传》中的记载并不能完全相合。

　　他还举既济、未济这一组与当位说相反的经典例子，来反对当位说：

　　　　按《既济》坎上离下，《未济》离上坎下，《传》一则曰位当，一则曰位不当者，皆谓卦体刚柔上下之位，非言爻位也。知旧说爻位分阴阳之误，则知其言当位与不当位之误矣。在《既济》九三一爻于例正为刚之失位，上六一爻又象辞之所谓终乱者，而何当位之有？在《未济》九二一爻于例正为刚中，六五一爻亦为柔中，以九居上，验之他卦，又多吉利，而何不当位之有？③

《既济》坎上离下，《未济》离上坎下，《既济》九三和上六都应该是当位之爻，但爻辞的说法都不好，《未济》九二和六五则本属失位之爻，卦中却多是吉言。所以程廷祚认为，所谓当位，所指并非爻位之当，而是上下卦体之当与不当。前文讲八卦阴阳时曾讲到，程廷祚判定坎为阳卦，离为阴卦，那么《既济》阳上阴下，符合阴阳排列的正确规律，因此是好卦，而《未济》阴上阳下，阴压制着阳，

---

①　〔清〕程廷祚《易通·占法订误·之卦》，第 625 页。
②　〔清〕程廷祚《易通·易学要论》卷上，第 408 页。
③　同上书，第 410 页。

所以不好。

程廷祚反对前人爻位说之后,就解释了自己对《系辞传》"二与四同功而异位"一段的重新解读:

> 同功者,同刚同柔也。言同刚同柔,而二与四之位一异,则其所得之善不同,誉与惧皆善也。善虽不同,而皆能之,以其所居之位卑近,而易免于不善也。中四爻,二得下之中为卑,三在下卦之上则高矣,五得上之中而又高,四居上卦之下则亦卑矣,故二四皆曰近也。刚而居于二、四,固易免于不善矣,而不止于此,以刚之为道可近而可远者也,若柔之为道则有异焉。五高而非柔位,三在下卦之上,皆所谓远而不利于柔者,惟利于二与四。而要其归于无咎,则惟有柔中矣。①

所谓同功,其实是假设二爻刚柔相同之义。假如二与四刚柔相同、三与五刚柔相同,由于它们爻位不同,就导致了誉惧、凶功的不同。同时这四爻,二为下卦之中,四为上卦之下,都是卑位,三为下卦之上,五为上卦之中,都是高位。柔爻居高位,则有所不利,因此只有在卑位最好,而刚爻不论是在高位还是卑位,都不一定有所不利。

程廷祚还有一篇《论六位之等差》,其中总结了几条爻位判断标准。第一,"《易》之卦象,在内者曰下卦,在外者曰上卦,则下卦贱而上卦贵也"②,下卦中的初二三爻贱于上卦中的四五六爻;第二,"二五得中者贵于余爻……二贱于五也",二五爻得中位,比别爻更贵,二则贱于五;第三,"四处上卦之下则贱,而三处其下,则尤贱,故三之贱不独贱于五也",也就是说,四是贱位,但三贱于四,更贱于五;第四,"上居上而初居下,亦一贵一贱也",因此上爻贵初爻贱。

接着他又从六爻三才的角度来分析:

> 盖初、二属地道,万物莫不起于下,故初是始。物又莫不附地以生,故二最安。三、四属人道,人道有上下,三在下则贱,四在上之下则危。五与上属天道,五最尊而贵,上则事之。③

初是开始,二最安稳,三贱,四危,五最尊贵,上则事五。

根据程廷祚的论述,我们可以给他眼中六爻的贵贱顺序排列如下:五贵于二、二贵于上、上贵于初、初贵于四、四贵于三。地位不同之外,六爻也还有各自的特殊意思。程廷祚就根据他所总结出来的爻位理论,来解释《周易》爻辞,具体说法自然和前人多有异同。

① 〔清〕程廷祚《易通·易学要论》卷上,第408—409页。
② 同上书,第401页。
③ 同上。

如履卦九四"履虎尾，愬愬，终吉"，程廷祚在爻辞下说：

> 九四知世变之多端，而战兢危惧，以防其隙，有履虎尾愬愬之象。其始也虽若局蹐而不宁，其终也不至于乍陷于不测。君子知其吉矣。（按独于三、四言虎尾者，凶惧之地也。）①

这一段解释，利用了"四多惧"的爻位特点解释爻辞，但除此之外，阐发的重点更在于常怀警惕的益处。

从"以经解经"的角度来评判，"履虎尾，愬愬，终吉"，有先恐惧而后吉之意，但并没有所谓"知世变之多端……以防其隙"的意思。所以程廷祚的解释，虽然抛开前人非以经解经的解易理论，但其实又从义理阐述的角度超出了经文所要表达的意思。所以说，"以经解经"理论看似简单，实则非常难做到，像程廷祚这样，严格地尽弃前人解易理论，自己重新"以经解经"，仍然难免个人理解所造成的过度阐释。

从李塨到程廷祚，标示着颜李学派在易学方面的发展与成熟。李塨在颜李学派哲学思想背景的指引下，由外部找到了毛奇龄这一位在经学上较为契合的学习对象。他的经学主要以继承为主，延续了毛奇龄"以经解经"的大原则，以及在这原则下产生的大部分经解，虽有扬弃，但终究未能在理论与实践层面有所创新。直到程廷祚，他的"以经解经"原则继承自李塨，但他以此为指导思想，在经学尤其是易学领域，创造了与众不同的经解，并且在经学体系上也有所开拓。这种开拓以颜李学派的哲学思想、以李塨所定的经学基调为其双重基础，完全符合颜李思想的内在理路，可以被定义为颜李学派在经学领域的成果，值得仔细揣摩，以期加深对颜李学派的认识。

---

① 〔清〕程廷祚《易通·周易正解》卷一，第458页。

论林之奇《尚书全解》对《尚书》小序、名篇方式的阐释

张　彧[*]

【内容提要】　宋人林之奇《尚书全解》是重要的《尚书》学著作。林之奇在学术史上最早提出了《尚书》小序成于历代史官之手,非孔子所作,启发了朱熹对小序的进一步怀疑。此外,林之奇还阐释了小序的特点、与经文的关系,驳正了前人的穿凿之说。林之奇以为《尚书》名篇乃历代史官以其意标志其所传简册,非成于一人之手。根据林之奇的阐释,我们可以将《尚书》的名篇方式归纳为撮字名篇、因人名篇、因事名篇、因简编之分而名篇四种。林之奇对《尚书》小序、名篇方式的探索在《尚书》学史上具有承前启后的重要意义。

【关键词】　《尚书全解》　《尚书》小序　《尚书》名篇　《尚书》学史

林之奇(1113—1176),字少颖,号拙斋,世称三山先生,福州侯官(今福建福州)人,是南宋前期较有影响的学者。高宗绍兴二十一年(1151)进士,官至校书郎。师从吕本中,朱熹尝见之,晚年以著述授徒为业,著有《尚书全解》四十卷、《周礼说》(或名《周礼讲义》)四十九卷、《春秋说》(或名《春秋通解》)、《论语讲义》十二卷、《孟子讲义》七卷、《杨子讲义》二卷、《拙斋文集》二十卷。除《尚书全解》《拙斋文集》外,其余均佚。

《尚书全解》是林之奇唯一存世的经学著作,该书除对《尚书》经文重新作注,还对《尚书》的小序、篇名、序次多有阐释,是林之奇《尚书》学的重要创获,然而目前学界对此关注并不多。刘起釪、程元敏两位先生的两部《尚书学史》对该书均有讨论,并作了简要的论述。林登昱的《林之奇〈尚书全解〉研究》①,旨在对《尚书全解》作全面研究,涉及《尚书全解》成书、撰写背景、思想内涵、地位与得失诸方面,然而对林之奇关于《尚书》小序、篇名、序次的阐释关注比较少。有鉴于此,本文拟在前人研究的基础上,全面探讨林之奇对《尚书》小序、

---

* 本文作者为同济大学人文学院中文系助理教授。

① 林登昱《林之奇〈尚书全解〉研究》,台湾中正大学中国文学研究所硕士学位论文,1994 年。

篇名、序次等问题的阐释及其学术史意义,以弥补相关研究的未尽之处。

为了更好地探讨这些问题,我们首先来看一下林之奇对《尚书》成书的看法。关于《尚书》的成书,历来有不同的看法,可谓聚讼纷纭。其中,孔子编纂说非常盛行,如班固《汉书·艺文志》云:“《易》曰:‘河出图,雒出书,圣人则之。’故《书》之所起远矣,至孔子纂焉,上断于尧,下讫于秦,凡百篇,而为之序,言其作意。”①此说影响甚巨,陆德明亦认为“《书》者,本王之号令,右史所记,孔子删录”②。林之奇则认为《尚书》为历代史官记录、整理、保存,孔子并未直接写作《尚书》,也是收集、整理,比如:

> 孔子既取周太史所藏,断自《尧典》,至于《吕刑》,定为万世之训,而于列国复得誓、命三篇,遂从而附益于其后。③

“既取周太史所藏”表明各篇为周代史官旧有,其篇目没有变动,《吕刑》之后的大事如宣王中兴等不见载于《尚书》,是因为周室经历了幽、厉之乱,简编多亡佚,《吕刑》之下《文侯之命》《费誓》《秦誓》三篇,则是孔子在周游列国时得到的。

与前人相比,林之奇的观点更加深入、明确。首先,林之奇明确提出《尚书》由历代史官整理,最后由周代史官保存,在其之前解《尚书》者鲜有此论。直到今天,学界才对今传二十九篇《尚书》的成书时间有个大致的推断,如程元敏先生云:“今传二十九篇《尚书》,悉周世史官著成,而其中太半出西周史官载笔。……《尚书》多当时档案(今传廿九篇,十七篇属之),均为作册、内史、太史及其他史官秉君命笔成;他篇(今考得十二篇)意者亦为后世史官述古之作。”④可见,林之奇关于《尚书》成于历代史官的说法即便放在今天也是成立的。其次,突出了孔子收集《尚书》文献之功。其实,古书多以单篇别行,篇名本身就是书名,《尚书》也是如此,其成书经历了一个极其复杂且多元的过程,从殷周到两汉时期,它一直处在一个不断增删和整理的过程之中。孔子编定形成的《尚书》文本也不是唯一的,孔子之后有更多的编定不同的《尚书》文本出现,都是有可能的。刘起釪先生曾表示墨家也把《书》篇作为主要读本并大加利用,提出“对于《书》的搜集编排不止儒家一家,其他诸子也在搜集编排,有的或且过之”⑤。下面,我们来讨论林之奇对《尚书》小序、名篇方式的阐释及其学术史意义。

---

①　〔汉〕班固《汉书》卷三〇《艺文志第十》,北京:中华书局,1962年,第1706页。

②　〔唐〕陆德明《经典释文》卷四《尚书音义下》,上海:上海古籍出版社,2013年,第9页。

③　〔宋〕林之奇《尚书全解》卷四〇《文侯之命》,济南:山东友谊出版社,1992年,第2309页。

④　程元敏《尚书学史》,上海:华东师范大学出版社,2013年,第8—10页。

⑤　刘起釪《尚书学史(订补修订本)》,北京:中华书局,2017年,第11页。

一　《尚书全解》对《尚书》小序的阐释

《尚书》有大序、小序,在唐代孔颖达奉敕所撰《尚书正义》前,有伪托孔安国所作的一篇序言,通常称为大序,伪托者又把自东汉以来马融、郑玄所作注而辑为一篇的所谓"百篇《书序》"分别引之冠于各篇之首,通常称为小序。真的百篇《书序》出自孔壁之中,《史记》对其多有引用。今传本小序虽然为伪作,但也具有较高的文献价值。关于小序作者、特点、与经文的关系等问题,林之奇多有述及,这其中也牵涉到《尚书》各篇的成书问题,我们首先来讨论这些问题。

(一)小序的作者及成书时间

关于小序的作者问题,林之奇之前的学者多认为是孔子所作。如班固云:"《易》曰:'河出图,洛出书,圣人则之。'故《书》之所起远矣,至孔子纂焉,上断于尧,下迄于秦,凡百篇,而为之序,言其作意。"[①]其说或来自《史记》。《史记·三代世表》云:"孔子因史文次《春秋》,纪元年,正时日月,盖其详哉。至于序《尚书》则略,无年月;或颇有,然多阙,不可录。故疑则传疑,盖其慎也。"[②]其《孔子世家》云:"追迹三代之礼,序《书传》,上纪唐虞之际,下至秦缪,编次其事。"[③]司马迁只是说孔子序《尚书》。班固或据以为《史记》"序"为"作序"之义,明确指出了是孔子作《书序》。之后的马融、郑玄、王肃诸儒都遵从此说。《汉书》以降,很多人将《史记》"序《书传》"的"序"字,解释为序跋之序。到了北宋,苏轼仍以为小序为孔子所作,比如"孔子叙《禹贡》曰'禹别九州,随山浚川'"[④],"孔子叙书其篇曰'羲和湎淫,废时乱日'者言其罪止于此也"[⑤],等等。

到了南宋,林之奇首先怀疑这种说法,比如:"《书》之百篇皆有序,汉儒例以为孔子作,而某窃以为历代史官第相传授,以为《书》之总目,至孔子因而次序之,非尽出于孔子之手者。"[⑥]又如:"《书序》本自为一篇,盖是历代史官相传以为书之总目,吾夫子因而讨论是正之,以与五十八篇共垂于不朽。"[⑦]可见,林之奇认为《书序》非孔子作,乃孔子之前的历代史官递相所作,杂出于

① 〔汉〕班固《汉书》卷三〇《艺文志第十》,第1706页。
② 〔汉〕司马迁《史记》卷一三《三代世表第一》,北京:中华书局,2014年,第623页。
③ 〔汉〕司马迁《史记》卷一三《三代世表第一》,第2344页。
④ 〔宋〕苏轼《书传》卷五,《儒藏(精华编)一三》,北京:北京大学出版社,2014年,第191页。
⑤ 〔宋〕苏轼《书传》卷六,《儒藏(精华编)一三》,第200页。
⑥ 〔宋〕林之奇《尚书全解》卷二一《高宗肜日》,第1093—1094页。
⑦ 〔宋〕林之奇《尚书全解》卷一四《汤誓》,第713页。

众人之手,而孔子对于小序,只是"讨论是正""次序",即在前代史官的基础上重新编次。《史记》"序尚书"之"序",非作序之义,乃编次之义。崔适云:"此'序'字与'追迹'之'迹'、'上纪'之'纪',对文同义,下复总括之曰'编次',皆谓之次序之'序',非序跋之'序'也。"①此说甚是。因此,林之奇的看法是正确的。

　　除了在总体上提出质疑,林之奇还举出具体例子来阐释自己的观点,如《君奭》篇小序为"召公为保,周公为师,相成王为左右。召公不说,周公作《君奭》",林之奇云:

　　　　此篇序正与《汤誓》《大诰》同,所作之故,惟见于序,而于篇首未尝及之。世皆以序为出于孔子之手,如此等序,使其无所传记,孔子生于数百载之下,何由逆知其故乎? 故某以为必是历代史官递相传授,以为《书》之总目,孔子因而次第之也。②

《君奭》小序的内容补充了经文所无之史事,林之奇以为必作于孔子之前,如果没有史官的传录,孔子于百代之下是无法以其意而臆度之并作序的。由此推之,《书序》乃杂出于众史官之手,孔子只是重新整理、编序而已。

　　林之奇的怀疑精神值得肯定,但《书序》是否为孔子之前史官所作仍值得商榷。对此,前人有不同看法,如朱熹云:"某看得《书》小序不是孔子自作,只是周秦间低手人作。"③认为是战国时人所作。屈万里先生云:"至于《书序》著成的年代,大抵不能早于战国末叶。盖《毛诗》之《序》,其著成时代,不得前乎毛公,《周易·序卦》之著成,亦不能前乎战国晚年。《书序》盖亦此种风气下之产物,观乎《汤征》及《太甲》两序,皆袭《孟子》为说,则其著成时代,不得上至战国中叶,可以断言。"④屈万里先生认为小序作于战国时期,或是。《说命》小序云:"高宗梦得说,使百工营求诸野,得诸傅岩,作《说命》三篇。"⑤战国中晚期的清华简有《傅说之命》篇,其篇题与今本《书序》不同,可见清华简抄写时《书序》或还未成书,可为朱子与屈万里先生观点之一证。然而,考虑到古书成书与流传的复杂性,清华简抄写者或许未见到《书序》,林之奇推断《书序》的制作时间在孔子之前也具有合理性,这与战国时人对《书序》做了进一步的整理、编纂并不矛盾。

────────────

　　① 崔适撰,张烈点校《史记探源》,北京:中华书局,2013 年,第 12 页。
　　② 〔宋〕林之奇《尚书全解》卷三三《君奭》,第 1871 页。
　　③ 〔宋〕黎靖德编,王星贤点校《朱子语类》卷七八《尚书一·纲领》,北京:中华书局,1986 年,第 1983 页。
　　④ 屈万里《尚书释义·绪论》,台北:中国文化大学出版部,1984 年,第 5 页。
　　⑤ 〔汉〕孔安国传,〔唐〕孔颖达疏《尚书正义》卷一〇《说命上》,〔清〕阮元校刻《十三经注疏》,北京:中华书局,2009 年,第 1 册,第 369 页。

　　林之奇对《书序》作者的怀疑,可以置于整个宋代疑古惑经的背景下来考察,王应麟云:"自庆历后,诸儒发明经旨,非前人所及。然排《系辞》,毁《周礼》,疑《孟子》,讥《书》之《胤征》《顾命》,黜《诗》之序,不难于议经,况传注乎?"①以《诗序》为例,汉唐学者多以为《诗》之小序为子夏所作,而苏辙《诗集传》认为《诗》之小序非一人之作,疑为毛公之学而卫宏所集录,提倡《诗序》不可信。② 程颐虽然尊信《诗序》,相信大序为孔子所作,但也怀疑小序的作者:"序中分明言'国史明乎得失之迹',盖国史得诗于采诗之官,故知其得失之迹。如非国史,则何以知其所美所刺之人? 使当时无小序,虽圣人亦辨不得。"③认为《诗》之小序为史官所作。林之奇对《书序》的怀疑,显然受到北宋庆历以后学术风气的影响。

　　关于《尚书》大序的作者问题,陆德明以为是孔安国作,林之奇亦以为是孔安国作,并未提出质疑,只是遵循前人的观点。《尚书》大序为魏晋间人伪作,前人辨之已明,此不赘述。但宋人怀疑《书》之小序非孔子所作者,林之奇为最早。林之奇对小序作者问题的观点较苏轼等前儒进步,又下启朱熹。朱熹对孔传本《尚书》的怀疑是全面的,除了怀疑小序外,又认为孔《传》及大序为魏晋间人作④,较林之奇更为进步。朱熹尝访福州,与林之奇讨论《尚书》学,《朱子语类》中说解《尚书》部分多引用林说,并评价称:"林书尽有好处。"⑤朱熹曾与林之奇交游,又读过《尚书全解》,他怀疑孔《传》及大小序的论断当在一定程度上受到林之奇的启发。

(二)小序的特点

　　关于小序自身的特点,林之奇也多有关注。下面,笔者归纳林之奇的相关观点并逐一评述。

　　第一,小序本自为一篇,孔安国分之冠各篇首。其说云:

> 《书序》本自为一篇,如司马迁之《史记》,班固之《汉书》,每篇皆撮其大者,叙以数句,亦自为一篇,不以冠于诸篇之首,及孔安国,以其序所以为作者之意,昭然义见,宜相附近,故引之各冠其篇首。⑥

孔安国《尚书序》云:"书序,序所以为作者之意,昭然义见,宜相附近,故引之各

　　① 〔宋〕王应麟《困学纪闻》卷八,北京:商务印书馆,1959 年,第 774 页。
　　② 〔宋〕苏辙《诗集传》卷一,《儒藏(精华编)二四》,北京:北京大学出版社,2008 年,第 200 页。
　　③ 〔宋〕程颢、〔宋〕程颐撰,王孝鱼点校《二程集·遗书》卷一八《伊川先生语四》,北京:中华书局,2004 年,第 229 页。
　　④ 〔宋〕黎靖德编,王星贤点校《朱子语类》卷七八《尚书一·纲领》,第 1984 页。
　　⑤ 同上书,第 1988 页。
　　⑥ 〔宋〕林之奇《尚书全解》卷三三《蔡仲之命》,第 1905 页。

冠其篇首。"①林之奇赞同《尚书序》里的说法,认为是孔安国将其拆分放在各篇之首。如《尧典》之序有"昔在帝尧"四字,林之奇认为"昔"为句首发语词,这是小序本自为一篇的表现。② 小序当出于孔壁,《汉书·艺文志》著录为"《尚书》古文经四十六卷",班氏自注云:"为五十七篇。"③王先谦云:"云'四十六卷'者,据《艺文志》云孔安国所得壁中古文,以考伏生二十九篇,得多十六篇,共四十五卷。《释文》云马、郑之徒百篇之序总为一卷。以一加四十五是四十六卷也。马、郑序总一卷,盖本孔壁之旧。"④是知孔壁本《书序》亦未分之冠于篇首。至于今文《尚书》,也未有此做法,汉石经残石于《秦誓》之后,有《书序》七行,存《尧典》《汤誓》等七篇之残序,可证之。⑤ 至于分其序冠于篇首,当是作伪者所为,孔安国是否将其移于各篇之首,今不得知。

　　第二,《尚书》有些篇共用一序,如两篇共序,三篇共序,原因是"其书之所由作则一"⑥,即由数篇所作的宗旨相同决定的。如《大禹谟》《皋陶谟》《益稷》三篇共序,为"皋陶矢厥谟,禹成厥功,帝舜申之,作《大禹》《皋陶谟》《益稷》",林之奇云:"《大禹》《皋陶谟》《益稷》三篇其序之,所以总言三篇之意也。"⑦认为这三篇共用的小序能够总括各篇的大意。

　　第三,小序的文字有详有略。如"咎单作《明居》""周公作《立政》""伊尹作《咸有一德》",与诸序相比最为简省,但有的小序却较长。究其原因,是因为小序非成于一人之手,乃历代史官相传《尚书》总目,故各篇书序之详略不同。⑧此说甚是,小序经过了历代史官的摘要、剪裁,故有详有略。

　　第四,"某人作某篇"是小序一种固定的行文方式,虽然该篇经过了后代史官的编纂,加入了叙述的成分,但该篇的语言、事迹的主体仍然是"某人",故将该篇的作者归为"某人"也是合理的。比如《金縢》篇首叙述武王有疾,周公筑坛以代死于三王,既卜而吉,随后武王痊愈,又载武王离世而群叔流言,周公居东都而伐管、蔡,而成王犹有疑心,后遭风雷之变而启金縢之书,始知周公之心果忠于王室,迎周公于东以归,有较多的叙述性文字。林之奇云:

　　　　此篇主于记事而作,出于史官之手,而其序乃曰"周公作《金縢》",与夫"周公作《无逸》""周公作《立政》"之言曾无少异者,盖《书序》之体,固有

---

　　① 〔汉〕孔安国传,〔唐〕孔颖达疏《尚书正义》卷一《尚书序》,〔清〕阮元校刻《十三经注疏》,第1册,第242页。
　　② 〔宋〕林之奇《尚书全解》卷一《尧典》,第29页。
　　③ 〔汉〕班固《汉书》卷三○《艺文志第十》,第1705页。
　　④ 〔清〕王先谦撰,何晋点校《尚书孔传参正》卷一《序例》,北京:中华书局,2011年,第3页。
　　⑤ 马衡《汉石经集存》,上海:中西书局,2021年,第24b页。
　　⑥ 〔宋〕林之奇《尚书全解》卷二八《康诰》,第1520页。
　　⑦ 〔宋〕林之奇《尚书全解》卷四《大禹谟》,第205页。
　　⑧ 〔宋〕林之奇《尚书全解》卷一七《咸有一德》,第897页。

某篇虽非某人之所作,而所载之本末皆其人之事迹、语言,则虽谓其人作之,可也。①

所言甚是,《金縢》《无逸》《立政》等篇,虽然有一些记事的成分,且经过了史官的加工、润色,但其言语、事迹的主体仍是周公,因此即便说是由周公作,也是合乎情理的。

(三)小序与经文的关系

除了阐释小序作者及特点等问题,林之奇还深入阐释小序与《尚书》经文的关系。首先是小序与《尚书》篇首叙事文字的关系。根据林之奇的论述,我们可以归纳为四种类型:第一,篇首不言所叙之事,而小序言及,如《汤誓》《大诰》《康诰》等篇,这种类型最为得体②;第二,篇首言及所叙之事,小序亦言及,如《五子之歌》《旅獒》等篇,这种类型则显得赘余③;第三,篇首言及所叙之事,而小序不言,如《咸有一德》《无逸》《立政》等篇④;第四,篇首不言所作之事,小序亦不言,如《君奭》等篇⑤。

其次是小序是否完全符合《尚书》篇旨。林之奇反复论述,大部分小序并不能反映每篇之大义,其依据有二:第一,《尚书》各篇并非孔子所作,孔子只是对其删取,保留了史官所作之原貌,其内容并不蕴含微言大义;第二,小序也非孔子所作,而是成于历代史官之手,孔子仅对其编次、讨论。但小序的创作具有随意性,因此只有部分小序能够反映篇旨,比如:

> 《书序》之作亦与篇名相类,盖是史官随其旨意,各自立言,而不可以一概论也,故有包括一篇之义而尽于数言者,如《尧典》《武成》之类是也。⑥

林之奇注意到了这一点,但这种情况只是少数。

由于大部分小序无关本篇之义,如果深求小序之义就会陷于穿凿。对此,林之奇多作批评,并指出穿凿为说的原因。第一,是认为小序尽出于孔子之手,所以认为小序也具有《春秋》笔法。如苏轼在《书传》的撰写中,多次运用《春秋》笔法来解释经文,如解《洪范》篇小序"杀受,立武庚",篇内殊无此意,而孔子言之,明箕子让位之德,因为武王分封殷后,必先以箕子为首、微子次之,

---

① 〔宋〕林之奇《尚书全解》卷二六《金縢》,第 1415 页。
② 〔宋〕林之奇《尚书全解》卷一二《五子之歌》,第 656 页。
③ 同上。
④ 〔宋〕林之奇《尚书全解》卷三二《无逸》,第 1812 页。
⑤ 〔宋〕林之奇《尚书全解》卷三三《君奭》,第 1871 页。
⑥ 〔宋〕林之奇《尚书全解》卷二四《洪范》,第 1248 页。

一定是两个人辞让才卒立武庚,箕子只传道而不仕,因此武王对他"师而不臣"①。对此,林之奇驳正云:

> 说者往往以谓《书》之序尽出于夫子之手,必欲以《春秋》褒贬之义而求之,故苏氏曰……,此其论箕子之出处,以谓"传道则可,仕则不可",固为尽善,以谓出于夫子序《书》之意,则失之凿矣。②

林之奇认为,小序有出于史官一时之意,而史有文质、辞有详略,有些小序仅叙述其所作之由,而不及篇中之义,如果以为小序尽出于孔子之手,在其间较量轻重同异,就会不胜其凿。孔子整理《春秋》时曾以其义作褒贬,因此从《春秋》叙事中可以看出孔子的立场与爱憎,这就是传统所说的"微言大义"。苏轼以为小序为孔子作,以褒贬之义阐释小序,可能是囿于孔子作《春秋》寓以微言大义,故以小序亦具有微言大义。然而小序并非孔子所作,因此并不具有《春秋》笔法。

第二,这是由不明小序的体例特点造成的。如论《汤誓》之序云:

> "伊尹相汤伐桀,升自陑,遂与桀战于鸣条之野",篇内全无此意,盖以上篇之序曰"伊尹去亳适夏,既丑有夏,复归于亳",故此序与上文相接。而"伊尹相汤伐桀",亦犹《洪范》篇上承《泰誓》《牧誓》《武成》之序,……凡此皆是史官载记一时之事迹,首尾相因之辞,皆是史官序事之体。而说者乃以若此类者,皆圣人之深旨,至欲以《春秋》褒贬之义而求之,皆过论也。③

小序本为一篇,经过拆分后冠于各篇之首,相邻的两篇经文小序之间的关系较为密切,可以构成上下文关系。但有的小序只是接续上篇的小序,或较为简略,而与本篇之义关系不大,如果认为是圣人之论而以《春秋》褒贬之义求之,就会失于偏颇。

二 《尚书全解》对《尚书》名篇方式的阐释

随着历代史官及学者的不断删要或增补,我们可以看到传世《尚书》的每篇都有篇名。根据程元敏先生的统计,存目的《尚书》共有"一百零八目一百廿七篇"④。关于《尚书》之名篇方式,林之奇多有探讨,他总的看法是:"《书》之名

---

① 〔宋〕苏轼《书传》卷一〇,《儒藏(精华编)一三》,第 240 页。
② 〔宋〕林之奇《尚书全解》卷二四《洪范》,第 1250—1251 页。
③ 〔宋〕林之奇《尚书全解》卷一四《汤誓》,第 713—714 页。
④ 程元敏《尚书学史》,第 141 页。

篇非成于一人之手,盖历代史官各以其意标志其所传之简册,以为别异,非如《春秋》之书尽出于夫子之所删定而可以一例通之。"①《书》之名篇成于众手,这一看法无疑具有先见之明。古书以单篇别行,如清华简已公布的《尚书》类文献有《尹至》《尹诰》《程寤》《保训》《耆夜》《周武王有疾周公所自以代王之志》(即《金縢》)、《皇门》、《祭公之顾命》(即《祭公》)、《傅说之命》(即《说命》)、《厚父》、《封许之命》、《命训》等篇②,原带篇题的有《金縢》《祭公》《说命》《厚父》《封许之命》五篇,其中《金縢》《祭公》《说命》三篇与传世本的篇名不同,《金縢》《说命》之篇题与简文出自同一人手抄,《祭公》《厚父》《封许之命》三篇的篇题与简文的笔迹并不一致,如《封许之命》第二简上有"命"字作"命",第三、五、八简的"命"字笔势均同③,而简背题名"封许之命"的"命"作"命"④,"卩"的笔势与简文有明显不同,有可能只是笔意断连之差别,但也有可能为后人或阅读者所加。从出土《尚书》类文献与传世本同篇异名及篇名后题的现象可知林之奇"《书》之名篇非成于一人之手"之正确性。根据林之奇的阐述,我们将《尚书》的名篇方式归纳为以下四种。

(一)撮字名篇

林之奇认为,史官不同的名篇标准形成了不同体例的篇名,但撮取篇中之字为篇名是《尚书》名篇的主要方式,他在《高宗肜日》《咸有一德》《武成》《旅獒》《梓材》《多士》《无逸》《立政》各篇题下均有述及,如《武成》篇有"越三日,柴望,大告武成"之言,故史官编序之时撮取"武成"二字以志其篇⑤,《旅獒》篇有"西旅底贡厥獒"之语,故以"旅獒"二字名篇⑥,又如《梓材》篇因篇中有"梓材"之语而名篇⑦。此外,依照此种方式名篇的还有《洪范》《金縢》《大诰》《多方》等篇。

林之奇屡次阐述,史官取篇中之字命名,只是以之为简编之别,非有深义于其间,不必皆深求其义,否则就会失于穿凿。比如论《梓材》篇云:

> 其篇名以梓材者,汉孔氏曰:"告康叔以为政之道,亦如梓人之治材。"此非也,此篇引喻以告康叔者有三,稽田也,作室家也,作梓材也,苟其名

---

① 〔宋〕林之奇《尚书全解》卷二四《洪范》,第 1247 页。
② 按:括号里的篇名为整理者拟定。
③ 清华大学出土文献研究与保护中心编《清华大学藏战国竹简(五)》,上海:中西书局,2015 年,第 4 页。
④ 清华大学出土文献研究与保护中心编《清华大学藏战国竹简(五)》,第 5 页。
⑤ 〔宋〕林之奇《尚书全解》卷二三《武成》,第 1211 页。
⑥ 〔宋〕林之奇《尚书全解》卷二六《旅獒》,第 1392 页。
⑦ 〔宋〕林之奇《尚书全解》卷二九《梓材》,第 1646 页。

篇之义有取于此,不应舍其二而取其一也。……此盖为先儒解纷耳,审如此言,则《书》之名篇不应其破碎穿凿至于此甚也。予尝因《梓材》之名篇,然后知《书》之篇名徒以志简编之别,非有他义也。使有其义,则何以三者同喻,舍其二而独取其一哉?……《梓材》之所陈者,其大指在于匡瑕含垢,以安反侧,若作特其篇中之一义耳,而以《梓材》名篇。此皆出于史官偶然一时之意而已矣,奚必欲以义而求之哉?①

林之奇不厌其烦地列举出孔《传》、《史记》、孔颖达《正义》等对《梓材》名篇的过分解读,因为成王告诫康叔以"稽田""作室家""作梓材"这三者为喻,之所以舍其二而取其一,是史官随意为之,不应求之以深义。又如《多士》篇"'多士'亦是撮篇中之'尔殷遗多士'之言,而以二字为此简编之别"②,也不当深求其义。林之奇认为,由于名篇方式具有随意性,因此有的篇名不能够反映篇旨,如果以此来解释篇旨,就会陷入穿凿,之所以出现这些拘泥的说法,是因为前儒多以小序为孔子所作,故认为其篇名亦蕴含大义。但是,我们无法否定,有些摘篇中之字以名篇的篇目,它们还是能够部分反映全篇之旨要的,如《梓材》《无逸》《立政》等篇。

(二)因人名篇

先秦文献多以人名为书名,如《孟子》《墨子》《庄子》等皆是如此。《尚书》各篇中,除撮取篇中之字名篇的,还有因所陈言之对象名篇,比如《康诰》篇,林之奇云:

> 上篇既以康叔加"康"字于"诰"字之上,以志其篇,使此篇亦以康叔之故,而以康叔名之,则何以为简册之别哉?……或取其所告之人,或取其所述之事,皆其一时史官之旨而已矣,非有他义也。③

《康诰》是以周公所陈言对象康叔"康"字加其体"诰"字命名的,属于"取其所告之人",所言甚是。这种命名方式,实际上是该篇陈言者或者陈言对象与该篇的书体组合而成的,可以看作一种偏正式的词语,如《汤誓》为"汤"加"誓"体,《傅说之命》为"傅说"加"命"体。以这种方式名篇的篇目还有《尧典》《皋陶谟》《汤誓》《召诰》《君奭》《文侯之命》等篇,又如清华简中的《尹诰》《厚父》《傅说之命》《祭公之顾命》等篇。

---

①　〔宋〕林之奇《尚书全解》卷二九《梓材》,第 1646—1647 页。
②　〔宋〕林之奇《尚书全解》卷三二《多士》,第 1790 页。
③　〔宋〕林之奇《尚书全解》卷二九《酒诰》,第 1597—1598 页。

(三)因事名篇

所谓因事名篇，即"取其所述之事"，这种方式揭示了该篇所作背景或缘由。比如《酒诰》篇，林之奇以为："惟此篇之所言者，殷民嗜酒之俗不可以不革，故以'酒诰'名其篇也。"①该篇首尾数百言，无非是周公以酒为戒，要求康叔在卫国禁止臣民过分饮酒，因此以"酒诰"名篇。又如，《顾命》篇所作缘由是"盖将以天下之大器，祖宗积累艰难之业传之于其子，则夫将死丁宁之言，召公卿而下托以幼孤"②。这种名篇方式与第一种不太好区分。林之奇以为，撮字名篇出于史官"一时之旨意"从文中摘录③，具有随意性，而因事名篇则是史官根据主观意识归纳。以这种方式名篇的篇目还有《甘誓》《牧誓》《洛诰》《费誓》《秦誓》等篇，又如清华简中《程寤》《皇门》《封门之许》等篇。清华简《金縢》篇名，是整理者因其内容与今传本《尚书》的《金縢》篇大致相合而拟定，其实在第十四简的简背题有"周武王有疾周公所自以代王之志"④，很明显这种名篇方式是"因事名篇"。

(四)因简编之分而名篇

此外，林之奇还讨论因简编之分而命名的名篇方式。有两种表现形式，第一种是共序的诸篇各自名篇，有不同的篇名，如《大禹谟》《皋陶谟》《益稷》三篇，《康诰》《酒诰》《梓材》三篇共序，但有各自的篇名。究其原因，是"出于一时史官各自以其意题其简编，以为别异耳，非有深义于其间也"⑤。如关于《康诰》《酒诰》《梓材》三篇，林之奇云：

> 此三篇之诰康叔，盖俱是四方之民、五服之君咸造于洛邑，周公慰劳而诰戒之时所作也，其时既同，则因其言之不同而分之。……惟其所诰之言不同，故因而分之以为简册之别，此皆出于史官一时之意，而不可以一概论也。⑥

此三篇之小序为"成王既伐管叔、蔡叔，以殷余民封康叔，作《康诰》《酒诰》《梓材》"，林之奇以为此三篇皆是周公诰康叔之辞，史官完全可以将其命名为《康诰上》《康诰中》《康诰下》三篇，但这三篇所诰之言还是有差异的，因此根据内

---

① 〔宋〕林之奇《尚书全解》卷二九《酒诰》，第1598页。
② 〔宋〕林之奇《尚书全解》卷三七《顾命》，第2105页。
③ 同上书，第2107页。
④ 清华大学出土文献研究与保护中心编《清华大学藏战国竹简(一)》，上海：中西书局，2010年，第84页。
⑤ 〔宋〕林之奇《尚书全解》卷一六《太甲上》，第827页。
⑥ 〔宋〕林之奇《尚书全解》卷二八《康诰》，第1521页。

容来分别名篇。实际上,《康诰》《酒诰》《梓材》三篇或本为一篇,《韩非子·说林篇》云:"《康诰》曰:'毋彝酒。'彝酒者,常酒也。"①皮锡瑞据此云:"三篇实同一篇。韩非在焚书之前,其说当可据。"②是也。"毋彝酒"是今传本《酒诰》之经文,而《韩非子》所据本属《康诰》,或许当时《康诰》《酒诰》《梓材》本为一篇,史官还未将其各自名篇。

第二种是将某篇分为上、中、下三篇命名。林之奇以为:

> 古者简册以竹为之,编次而成篇。一篇之所编,不可以多也。故其文之多者,或析而为二,或析而为三,以便于习读。析而为二者,则于篇名之下,加"上""下"二字以别,若《礼记·曲礼》《檀弓》《杂记》、《孟子·梁惠王》《公孙丑》等篇是也。析而为三者,则有上、中、下之别,如经所载《太甲》《盘庚》《说命》《泰誓》是也。其所以析之为二、为三者,本于简册之繁多,其势不可合而为一,故出于不得已而然也。至于后世,既以纸易简册,则其一篇所载,足以容古者百馀简之所书,而世之文人不悟夫古人分篇之意,独有泥于简册之制者。③

林之奇举例说明《尚书》及其他古书的分篇现象,并探究造成这种现象的原因。这是由古书形制造成的,由于古书内容有长有短,如果某篇内容过多而简册有限,一卷无法承载一篇的内容,就不得已而分为若干篇。如《说命》三篇,林之奇以为商高宗与傅说反复商较议论为治之道与学问之大方,因为"其文烦多",故其简册分为上、中、下三篇④。关于竹简之形制,李零先生认为:"古人所说的'卷'和'篇'概念不完全一样。'篇'是按内容起讫为长短,而'卷'则是竹简编联成册的一种长度规格。古人著书,可以一篇一卷(长篇还可以再分上下),也可以数篇合钞,本无所谓长短。"⑤又云:"向、歆校书,这个问题就很突出,长则一书数卷,短则数书一卷,卷与卷的分量比较接近,才便于上架皮藏。'批量化'导致'规格化'。"⑥此说甚是。篇是内容,卷是形式,内容有多寡,先秦古书本无所谓长短,可以一篇一卷,可以数篇共卷,而不必拆分,到了汉代,古书形制发生了变化,将内容较多的一篇分为数篇数卷。我们知道,孔壁古文《尚书》有四十五卷,共五十八篇,其篇目尚见于《尧典》篇孔颖达正义所引用郑注《书序》,其中《九共》九篇共卷。汉儒欧阳生将《盘庚》分为三篇,郑玄将《泰誓》分

---

① 〔清〕王先慎撰,钟哲点校《韩非子集解》卷二二《说林上》,北京:中华书局,1998 年,第 176 页。
② 〔清〕皮锡瑞撰,盛冬铃、陈抗点校《今文尚书考证》卷一五,北京:中华书局,1989 年,第 323 页。
③ 〔宋〕林之奇《尚书全解》卷一六《太甲上》,第 825—826 页。
④ 〔宋〕林之奇《尚书全解》卷二〇《说命上》,第 1021 页。
⑤ 李零《简帛古书与学术源流》,北京:生活·读书·新知三联书店,2009 年,第 130 页。
⑥ 李零《简帛古书与学术源流》,第 130 页。

为三篇,是将内容较多的一篇拆分为三篇。伪古文《尚书》则将《尧典》分出《舜典》,《皋陶谟》分出《益稷》,《盘庚》分为上、中、下三篇,《顾命》分出《康王之诰》,比今文《尚书》多出的二十五篇中,《太甲》《说命》《泰誓》亦分为上中下三篇。因此,林之奇所言篇名有"上""中""下"或是汉代及以后的现象。又比如,今存汉石经残石仅于上篇及中篇之末,各空一格,并加圆点,各以识别,虽篇题未标上、中、下,但形式上的确划分为了三篇。清华简《傅说之命》三篇互相连属,每一篇最后一支简的简背都题有"傅说之命"四字[1],而未有"上""中""下"三字,或许可以证明这种命名方式晚出。

对于林之奇《尚书》之名篇成于史官之手的观点,程元敏先生以为:"《尚书》标识篇名,亦始于《左传》,成文于战国初叶,其后诸家或依前籍,或自以己意定篇名,亦迄楚汉之起皆然,众篇名均非史官标识,林说失之。"[2]又认为以至于秦末汉初《尚书》传本各篇目终于固定。[3] 程元敏先生没有利用到清华简《尚书》类文献,清华简《尚书》的某些篇是自带篇题的,我们无法否定其出于史官之手的可能性,即传抄者沿袭了史官所定篇名。《尚书》各篇的定名,是一个复杂而又漫长的过程,或出于史官所作,或出于抄写者为之,或出于后人统一命名。林之奇以为《尚书》的名篇均出于史官之手,虽或失之,但也得其一端,不能全面否定。早在宋代的林之奇能够探索《尚书》名篇的来源及其方式,是难能可贵的。

三　结语

下面,我们来总结一下林之奇对《尚书》成书、小序、名篇总的看法,即《尚书》各篇由历代史官整理,最后由周代史官保存,孔子只是序次、整理,小序也为历代史官所作,非成于一人之手,孔子未作小序,小序不具有褒贬大义,各篇的命名也来源于历代史官,也非成于一人之手。虽然有些观点承袭汉唐旧说,但无疑有很大的进步。林之奇之所以如此关注《尚书》小序、名篇等问题,或许与其师承有关。林之奇学于吕本中,吕氏家族作为著名的理学家族,与其他的理学家相比,他们更重视史学,并以史学传家,林之奇本人的史学造诣亦十分深厚,因此能够从史料形成方式的角度来关注《尚书》,并提出自己的看法。林之奇屡次提到史官在《尚书》小序来源、各篇命名中的角色与作用,体现了他独特的史学视角。清华简《尚书》类文献的出土,在一定程度上印证了林之奇观

---

① 清华大学出土文献研究与保护中心编《清华大学藏战国竹简(三)》,上海:中西书局,2012年,第34、42、51页。

② 程元敏《尚书学史》,第40页。

③ 同上书,第43页。

点的合理性。林之奇对《尚书》小序、名篇的探索在《尚书》学史上是承前启后的,对当今《尚书》学的研究仍然具有重要意义。本文疏漏之处在所难免,祈请方家不吝赐教。

《毛诗正义》经注疏合刻中的据
经注改疏现象探研

黄冬萍[*]

【内容提要】 据经注改疏,指五经正义在经注疏合刊的过程中,刊刻者据经注文本改定疏文文本的现象。将杏雨书屋所藏南宋单疏本《毛诗正义》与足利学校所藏南宋刘叔刚刻《附释音毛诗注疏》对比,并参照《毛诗正义》合刻之前的经注本以及部分宋以前经典所征引《毛诗》经注的异文,会发现合刻本和单疏本《毛诗正义》之间的部分异文是据经注改疏而致。合刻本据经注改动疏文带来的异文体现在正文和出文两个方面,这类异文用字常有较早版本依据,前人关于《毛诗正义》疏文与经注用字体例不同之说并非完全适用;与据经注改疏相关的异文数量不多,且多不影响文义,可为重新评价十行本版本价值提供线索。这类改动也造成了某些讹误,部分讹误以及后世文本的演变或可反映刊刻者对经义理解的差异。循此思路,可以发现据经注改疏现象也存在于他经正义经注疏合刻的过程中。

【关键词】 《毛诗正义》 单疏本 经注疏合刻 据经注改疏

《毛诗正义》凡四十卷,成书于唐贞观十四年(640),起初名为"义赞",贞观十六年(642)复诏审定,赐名"正义",以钞本流传。宋初才有官方刻本。此后由于战乱,北宋刻板基本全失。南宋绍兴九年(1139),绍兴府以北宋刻本直接覆刻,世称"绍兴九年绍兴府覆刻北宋国子监刊本"[①]。因其不含经注,后世称"单疏本"。光宗时,儒家经书出现了新的形态,即注疏合刻本。《毛诗正义》最早的经注疏合刻本是绍熙三年(1192)黄唐在"两浙东路常平茶盐

---

* 本文作者为北京大学中国古文献研究中心、北京大学中文系中国古典文献学专业博士生。

① 《毛诗正义》合刻本出世后,中土的单疏本就逐渐湮灭,但有三十三卷的单疏本《毛诗正义》在日本保存下来。单疏本在日本辗转流传后,为竹添光鸿(井井居士)所得,后藏于其学生内藤湖南的恭仁山庄文库,后又收至杏雨书屋,所以又叫"内藤湖南本"或"杏雨书屋本",本文概以"单疏本"称之。

司"供职时刊刻的,但已经失传①。今天能看到的最早合刻本,是南宋中后期建阳书商刘叔刚的坊刻《附释音毛诗注疏》,这是明、清《毛诗正义》通行版本的祖本②。

　　据经注改疏指的是五经正义在经注疏合刻的过程中,刊刻者据经注文本改定疏文文本的现象。这种现象主要出现在疏文引述或串讲经注的内容之中。经注疏合刻时,刊刻者所用的经本与孔颖达作疏时所用不同,当刊刻者发现疏文内容与经注不一致之处时,对疏文文字的选择多受其所用的经注文本的影响。宋代经注疏合刻本与单疏本的部分异文确实与受经注文本影响而改定疏文文本有关。《毛诗正义》单疏本是群经单疏本的代表,十行本则是群经注疏合刻本的代表,二者部分异文正可反映此种情况。虽然《毛诗正义》单疏本不包含经注内容,其所据底本以及孔颖达编撰疏文时所据经注底本亦无从得知;但我们可以从宋代其他《毛诗》经注本、宋代以前各种经典所征引的《毛诗》经注的异文,来窥探孔氏作疏时经注本可能的面貌。单疏本与十行本这一类异文,实际上体现了《毛诗》经注本本身的异文。

　　对于据经注改疏现象,卢文弨、阮元、李慧玲、李霖、顾永新先生等皆有论述。卢文弨云:"陆氏所见与贾、孔诸人所见本不尽同。今取陆氏书附于注疏本中,非强彼以就此,即强此以就彼,欲省两读,翻致两伤。"③阮元《毛诗注疏校勘记》于"诂训传"一条下言《正义》原书与经注别行,后来合并实始于南宋绍兴间三山黄唐所编汇,此本又在其后,事载《左传考文》。其所用经注本非正义之经注也,故经注与正义时有相抵牾者;而考以《集注》本、定本、俗本、《释文》本、唐石经本,亦未有全然相合者也,乃彼时行世别有此本耳"④。李霖也指出:"十行本或改疏文以从经注,或改经注以就疏文,强作牵合,篡乱二本,

　　① 日本东京博物馆藏有《毛诗·韩奕》经注和正义抄本,程苏东提到:"这是目前仅存的唯一一部经文、毛传、郑笺、《正义》《经典释文》合钞本,其基本体例虽然与后来的注疏合刻本有较大区别,但显然已经包含了注疏合刻本的全部要素,而它的钞撰时代,至晚不得迟于晚唐时期,远早于注疏合刻的南宋绍兴年间。此外,这一钞卷对于《正义》《释文》都进行了精心、系统的删略与改笔,可以看到'钞者'是如何尝试改造《正义》,并使《释文》融入这一新的文本系统。"参见程苏东《东京国立博物馆藏唐人〈毛诗并毛诗正义大雅残卷〉正名及考论》,《"中央研究院"历史语言研究所集刊》第 88 本第 2 分,2017 年,第 207 页。

　　② 本文所据为《毛诗注疏》,汲古书院昭和四十九年(1974)版。下文"合刻本""十行本"均指此本。本段参见黄冬萍、刘华阳《从出文看〈毛诗正义〉单疏本到十行本的演变》,《天一阁文丛》第十八辑,杭州:浙江古籍出版社,2021 年,第 24 页。

　　③ 〔清〕卢文弨著,王文锦点校《抱经堂文集》,北京:中华书局,1990 年,第 24 页。

　　④ 〔清〕阮元等撰,袁媛整理《十三经注疏校勘记·毛诗注疏校勘记》卷二,北京:北京大学出版社,2014 年,第 4 页。

使疏文用字不可究诘。"①顾永新先生从题名、卷数、疏文位置和标识起止语以及附释文方式等方面考察了正经注疏早期合刻的过程,然而由于《毛诗正义》八行本的缺失,顾永新先生从卷数分合、标识起止语等异同说明《毛诗正义》十行本是以经注本为基础加入疏文重构而成②。卢文弨、李霖等的论述不仅包括依据经注改动疏文,还包括依据疏文改动原经注文本。后者反映的是经注疏合刻对经注文本的影响。合刻本中经注与疏文文本差异之处可能是以上任意一种情况。本文侧重从宋十行本《毛诗正义》的用字习惯、宋及以前《毛诗》经注文本的不同面貌以及刊刻者的心理等方面,论证部分异文是据经注改疏而非据疏文改经注所致。目前学界对经注疏合刻带来的弊端已有一定研究,但具体到《毛诗正义》,据经注改疏现象到底有多少、对经注疏的影响到底有多大,则须依靠全面校勘文本。

本文在全面校勘《毛诗正义》单疏本与十行本的基础上③,穷尽搜罗单疏本与十行本的异文,发现单疏本与十行本部分异文确与据经注改疏有关,这类异文体现在正文和出文两个方面④。将相关异文所涉经注文本内容,核以唐开成石经本、敦煌本、宋巾箱本、纂图互注本、魏了翁《毛诗要义》,可还原孔氏作疏时所用经注本的面貌,从更微观的视角考察《毛诗正义》经注疏合刻的过程。需要说明的是,本文仅是采用了杏雨书屋所藏单疏本《毛诗正义》与足利学校所藏合刻本《毛诗正义》探讨"据经注改疏"现象,它们分别是现存最早的单疏本、合刻本;"改疏"并不意味前者是后者唯一的文本来源⑤。

---

　　① 李霖《宋本群经义疏的编校与刊印》,北京:中华书局,2019 年,第 330 页。李霖从单疏本的体例考察十行本改动之处,如认为《郑风·山有扶苏》一篇中,单疏本"凡述毛意皆作'乔'(如'毛以为山上有乔高之松木'),述郑意用'槁'(如'郑以为山上有枯槁之松木'),称经文用'桥'(如'传以'桥''松'共文,嫌为一木,故云'松,木'以明'桥'非木也')",故十行本"将单疏本'桥'字皆改从经注作'乔','槁'改作'乔'不通,则或存其旧,或误为'桥'"。李氏所言单疏本用字之例是。单疏本称经文用'桥',当是孔氏撰疏所用经文本作"桥"。《毛诗》经文作"桥"之例亦有证。如敦煌 P.2529 号《毛诗》写卷《山有扶苏》即作"山有桥松"。阮校云:"唐石经、小字本、相台本'乔'作'桥'。"见李霖《宋本群经义疏的编校与刊印》,第 330 页;张涌泉主编《敦煌经部文献合集》第 2 册,北京:中华书局,2008 年,第 450 页;〔清〕阮元等撰,袁媛整理《十三经注疏校勘记·毛诗注疏校勘记》卷二,第 107 页。

　　② 顾永新《正经注疏合刻早期进程蠡测——以题名更易和内容构成为中心》,《文史》2020 年第 2 辑。

　　③ 本文所用《毛诗正义》十行本为汲古书院昭和四十九年(1974)影印日本足利学校所藏南宋刘叔刚所刻《附释音毛诗注疏》,简称"十行本"。《毛诗正义》单疏本为人民文学出版社 2012 年影印日本杏雨书屋所藏《南宋刊单疏本毛诗正义》,简称"单疏本"。

　　④ 所谓出文,即《五经正义》的疏文为了标明所疏内容,在每一段疏文前添加的"某某至某某"等格式的语句。关于《毛诗正义》合刻过程中在出文方面据经注改疏的情况,笔者曾在研究《毛诗正义》单疏本与十行本出文差异时详细论述,参见黄冬萍、刘华阳《从出文看〈毛诗正义〉单疏本到十行本的演变》。

　　⑤ 笔者在硕士期间曾将《毛诗正义》单疏本与十行本逐字对比,发现单疏本与十行本的异文涉及大量与串讲词"曰""云""言"有关的异文,这部分异文的突出特点是没有是非之分,这类两可的(转下页)

一　据经注改疏现象与经注疏的地位

通校《毛诗正义》单疏本与十行本，我们发现十行本用字具有趋简的特点，如大量使用笔画较少的"属""盖"等俗字，"庿""礼"等异体字，或兼采古今字等①。这类异文确实与十行本作为坊刻本选字随意有关，但是否所有的用字都是"用字随意"，还可以进一步探究。先看《缁衣》疏文的用字情况：

> 《缁衣》"缁衣之宜兮，敝予又改为兮"，疏："毛以为……此衣若**敝**，我愿王家又复改而为之兮。""郑以为，国人爱美武公，缁衣若**獘**，我愿为君改作兮。""《考工记》言……宜衣此衣，**敝**则更愿王为之，令常衣此服。"②

"此衣若敝""缁衣若獘""敝则更愿王为之"之"敝""獘"皆指衣坏，即经文之"缁衣之宜兮，敝予又改为兮"。表示"衣败"之义，"敝"（㡀）为本字，"獘"（弊）为借字。《说文》："敝，帗也。一曰败衣。"③《玉篇》："㡀，败衣也，与敝同。"④朱骏声："（獘）假借又为'敝'，《晋语》'今吾司寇之刀锯日弊'，注：'败也。'"⑤"弊"则为"獘"之后起字，专表"利弊"。《说文·犬部》："獘，顿仆也。"⑥段玉裁注："獘本因犬仆制字。……俗又引伸为利弊字。遂改其字作弊。"⑦

毛传、郑笺解"敝"无异议⑧。为何十行本疏文用字不一？单疏本此三处皆

（接上页）异文，很可能表明十行本的疏文另有来源，因此认为日本足利学校所藏十行本《毛诗正义》疏文的来源或并非杏雨书屋所藏南宋刊单疏本。见黄冬萍《〈毛诗正义〉单疏本与十行本比较研究》，中国社会科学院研究生院硕士学位论文，2021年，第320页。

　　①　十行本在用字方面的具体表现为：第一，从总体上来说，十行本倾向于选择笔画较少的字形。十行本用古字、俗字及其他异体字的用字现象，都能体现这一点。第二，有些异体字并没有明显的繁简差别，十行本与单疏本的用字差异更多的是反映了某些写本时代的特征，以及坊刻本用字随意和多用俗字的特点。第三，十行本与单疏本的用字差异也反映出十行本会有意识地规范、统一用字。见黄冬萍《〈毛诗正义〉单疏本与十行本比较研究》，第238页。

　　②　本文《毛诗》经、注、疏引文原文皆以《毛诗正义》十行本为底本。此后论述时，单疏本、敦煌本、宋刻经注本等异文，则以校语形式冠于引文之后。

　　③　〔汉〕许慎撰，〔宋〕徐铉校定《说文解字》，北京：中华书局，2013年，第158页。

　　④　《宋本玉篇》，张氏泽存堂本，北京：中国书店，1983年，第297页。

　　⑤　〔清〕朱骏声《说文通训定声》，武汉：武汉古籍书店，1983年，第589页。

　　⑥　〔汉〕许慎撰，〔宋〕徐铉校定《说文解字》，第204页。

　　⑦　〔清〕段玉裁《说文解字注》，上海：上海古籍出版社，1988年，第476页。

　　⑧　之所以要强调毛传、郑笺对经文的解释无异议，是因为若传、笺理解不一，则疏文可能在阐释传、笺时分别采用符合传笺原意的字形。如《豳风》疏文引用《金縢》"我之弗辟，无以告我先王"，《豳风·七月》疏提到毛郑解字之异："古者避、辟（扶亦反）、譬、僻皆同作'辟'字，而借声为义。郑读辟为避，故为此说。案《鸱鸮》之传言'宁亡二子'，则毛无避居之义，故毛读辟为辟。"基于此，单疏本述毛意、述郑意时用字容有不同，合刻本的用字差异则须从这方面考虑。

作"獘",用字统一。为何单疏本与十行本又有如此差异？核宋刊巾箱本、纂图互注本经文用字与十行本同作"敝"。开成石经亦作"敝"。敦煌 P. 2529 号《毛诗》写卷《缁衣》经文三处则皆作"弊"①。陆德明《释文》亦云："敝，本又作弊。"②山井鼎《考文》云："古本敝作弊。"③《文选》卷十潘岳《西征赋》以及注引《毛诗》皆作"獘"④。《北堂书钞》卷五十二"国人美德"、《太平御览》六百九十引《诗》并作弊⑤。由此可知，唐代以前《毛诗》或有作"獘（弊）"之本。单疏本作"獘"，可能孔氏作疏时所见《缁衣》经文即作"獘"。十行本疏文作"敝"，则可能由于其经文作"敝"。单疏本《郑谱》《左传》每言'獘邑'者，十行本与单疏本同作"獘"。可知，十行本并没有刻意统一借字为本字，《缁衣》疏改"獘"为"敝"可能是受合刻本经文影响所致。

李霖对单疏本与十行本"弊"的用字作过总结："经注敝字，单疏刊本于《郑风·缁衣》疏文用獘字，于《豳风·鸱鸮》疏文用弊字，十行本多改从经注本作敝字。"⑥单疏本与十行本獘、敝、弊三字的使用有两个特点。第一，十行本经注文多作敝，如《敝笱》篇题、《鸱鸮》毛传"翛翛，敝也"等。单疏本则多作"獘"。第二，单疏本作"獘"，十行本亦有作"弊"之例。前揭弊为利弊之义，是獘的引申义。十行本表"獘败"亦作"弊"。举证如下。可见二字通用⑦。总之，十行本在"獘""敝""弊"的用字上，部分受了经注影响。

单疏本作獘，十行本作敝之例如：

> 《**敝**笱》序疏："《**敝**笱》三章章四句至'患焉'。正义曰：作《**敝**笱》诗者，刺文姜也。"

校：开成石经、敦煌 P. 2529 号《毛诗》写卷、宋刊巾箱本、纂图互注本篇题与经文同作"敝"。单疏本"作《敝笱》诗者"之"敝"作"獘"。

按：单疏本疏文作"獘"，与篇首出文"《敝笱》三章章四句至'患焉'"用字不

---

① 张涌泉主编《敦煌经部文献合集》第 2 册，第 448 页。

② 〔唐〕陆德明《经典释文》卷五《毛诗音义上》，北京图书馆藏宋刻本，上海：上海古籍出版社，1985 年，第 247 页。

③ ［日］山井鼎辑、物观等补遗《七经孟子考文并补遗·毛诗》卷四，上海：商务印书馆，1936 年，第 275 页。

④ 〔梁〕萧统编，〔唐〕李善注《文选》卷十，胡刻本，北京：中华书局，1977 年（据胡刻本）影印，第 153 页；〔梁〕萧统编，〔唐〕李善、吕延济、刘良、张铣、吕向、李周翰注《六臣注文选》卷十，《四部丛刊》影宋建州本，北京：中华书局，1987 年，第 196 页。

⑤ 〔唐〕虞世南辑《北堂书钞》卷五十二，孔氏三十有三万卷堂影宋本，《续修四库全书》第 1212 册，上海：上海古籍出版社，2002 年，第 236 页；〔宋〕李昉等《太平御览》卷六九〇，北京：中华书局，1960 年，第 3080 页。

⑥ 李霖《宋本群经义疏的编校与刊印》，第 330 页。

⑦ 单疏本作"獘"而十行本作"弊"之例，与经注文的影响无关，故略去不论。

同,或如李霖所言"出文用经注古字,撰疏人语一般用今字"①。或因孔疏所用经注本本作"獘"。《释文》:"敝,本又作弊。"《太平御览》八百三十四、九百四十引《诗》并作"弊"②。可见《毛诗》经文或作"弊"。"弊"为后起俗写,"獘"亦"敝"之借字。前揭《缁衣》经文或作"獘",此《獘笱》之经文作"獘"亦有可能。若此,则此处异文亦可反映单疏本所据经注本用字与十行本所据不同。十行本"作《獘笱》诗者"之"獘"作"敝",显然是十行本受其经文以及篇首出文的影响所致。

亦有单疏本作"弊"而十行本受经注影响作"敝"之处:

《豳风·鸱鸮》"予尾翛翛",毛传"翛翛,敝也",郑笺"手口既病,羽尾又杀敝",疏:"毛以为,鸱鸮言作巢之苦,予羽谯谯然而杀,予尾消消而敝,手口既病,羽尾杀敝,乃有此室巢。……郑杀、弊尽同,但所喻者别。传谯谯杀消消敝。……以此言鸟之羽尾疲劳之状,故知为杀敝也。"

校:单疏本划线三处皆作"弊"。宋刊巾箱本、纂图互注本传、笺同作"敝"。敦煌 S.1442《毛诗传笺》写卷皆作"弊"③。《敦煌经部文献合集》此二处校记云:"'弊','敝'之后起增旁字。"④

按:单疏本划线疏文三处皆作"弊",而出文"传谯谯杀消消敝"却作"敝",或撰疏人语用今字,但敦煌本经注有作"弊"之处,故不排除孔氏所据经注本本作"弊"的可能。十行本传、笺原文皆作"敝",疏文除"郑杀弊尽同"一处外皆作"敝",作"敝"是受十行本经注影响。

当然,十行本亦有未受经注影响而与单疏本同作"獘"之例:

《齐风·南山》疏:"笺'襄公'至'去之'。正义曰:以《獘笱》《猗嗟》之序,知襄公所淫之妹,文姜是也。"

单疏本同作"獘笱"。

由"敝""弊"之异文可见,十行本存在受其所据经注文本而改动疏文用字的现象,对比唐写本、宋以前《毛诗》经注引文、《经典释文》所载异文与宋代以后的经注本可证。

由上可知,《毛诗正义》在经注疏合刻的过程中,确实存在据经注改疏的现象。经注疏合刻过程中,刊刻者对三者地位认识有所不同。在南宋刊刻者心中,三者地位是经大于传、注,传、注大于疏的。经注疏的地位与各自产生的年

---

① 李霖《宋本群经义疏的编校与刊印》,第 329 页。
② 李昉等《太平御览》,卷八百三十四,第 4 册第 3725 页,卷九百四十第 4 册,第 4178 页。
③ 张涌泉主编《敦煌经部文献合集》第 2 册,第 744 页。
④ 同上书,第 782 页。

代、经学发展的历程息息相关。依照顾永新先生的观点,正经注疏分为一次、二次、三次、四次文献,二次文献是汉、魏晋古注,三次文献则是从南北朝直至唐宋由一次、二次文献衍生出来的①。对于《毛诗》经注疏,经文是一次文献,毛传、郑笺是二次文献,而《毛诗正义》则是三次文献。经文在古人心中地位很高,中唐以降至宋,学者疑经惑传,最终目的也都是为了更接近古人、更准确地追求经文原意。传、注是汉魏晋人对经文的一次注释,距离经文产生的时代比正义更近,在某种程度上或许更接近经文原意。正义则是唐人糅合旧疏的产物,不仅编撰过程导致"彼此互异""曲徇注文""杂引谶纬"②,为后人诟病,产生时代去古更远,虽有后人所谓"疏不破注"原则,但其经典性仍然弱于经注。经注疏合刻,很大程度上是为了方便阅读③。将三者合刻,无论是以经注为本附入疏文,还是以疏文为本附入经注,都会遇到经注和疏文用字、说法等有差异之处。为便阅读、文从字顺,刊刻者倾向于对文本作出一些改动。而在改动的过程中,刊刻者对经注的尊重仍然远在疏文之上。日本学者冈村繁曾在总论《论语》研究史时提到:"虽然说经文和注疏合刻在同一部书中,但并不意味着两者轻重一致。对于注疏可以展开自由的批判,也可以加以攻击,并另外树立异说,允许主张独自的解释。但是对于经文,根本是不容置疑的,因为经文是真理的记载,对于它的内容只能从头至尾地笃信。然而对此也还是有一定程度容喙之可能,那就是缘于经文存在异本之时,就可以采用比较思索的方法,即校勘上的'自由'。另外一点,即使是在无法阅读的情况下,也不容怀疑本文的脱误。例如,《春秋》经的本文,庄公二十四年(前670)条末尾,仅以'郭公'二字结束。但即便如此,也不允许根据己意订正出版经书本文。"④总之,在宋代刊刻者心中经、注、疏的地位是由高到低的,即使清代学者也是这样认为的⑤。

---

① 顾永新《经学文献的衍生和通俗化》,北京:北京大学出版社,2014年,第2—4页。

② 〔清〕皮锡瑞著,周予同注释《经学历史》,北京:中华书局,2004年,第141页。

③ 李慧玲在考察《毛诗注疏》经、注、疏和《释文》合并的过程时,认为经注疏合刊是为了省去"两读""三读"的麻烦,方便读者。顾永新先生提到:"在经注本和单疏本先后刊行之后的相当长时间内,二者一直各自别行,经注本兼有经、注文,而单疏本不具经注,读者须将两本对照阅读,翻检颇为不便,于是才产生了经注和疏萃于一书、便于阅读的构想。"其实古书的发展一直都存在方便阅读的目的,早期经与注的合并即如此,《毛诗正义》于"郑氏笺"下即云"及马融为周礼之注,乃云欲省学者两读,故具载本文"。见李慧玲《阮刻〈毛诗注疏〉研究》,上海:华东师范大学出版社,2022年,第5页。顾永新《正经注疏合刻早期进程蠡测——以题名更易和内容构成为中心》,《文史》2020年第2辑,第60页。

④ 〔日〕宫崎市定著,童岭译《〈论语〉研究史》,载《秦汉魏晋南北朝经籍考》,上海:中西书局,2017年,第5页。

⑤ 如段玉裁云:"六经,犹日月星辰也。无日月星辰则无寒暑昏明,无《六经》则无人道。为传注以阐明六经,犹羲、和测日月星辰,敬授民时也。"见〔清〕段玉裁《十三经注疏释文校勘记序》,《经韵楼集》卷一,上海:上海古籍出版社,2008年,第1页。

二　《毛诗正义》据经注改疏现象与疏文用字体例

　　《毛诗正义》在经历经注疏合刻之后,疏文用字与单疏本不同之处并非一例。对此,前人或以为《正义》用字本与经注不同,如阮元于《汝坟》"无得逃避若其避之"之下言"辟、避,古今字,易而说之也"①,李慧玲以为"'易而说之'就是注文用古字,《正义》为了使人容易明白,就把古字改作对应的今字"②。李霖也提到"按照宋刊单疏本的体例,出文用经注古字,撰疏人语一般改用今字"③。《毛诗正义》成书于写本时代,写本时代的文献或用字不定、多俗别字、异文纷繁④,在这种氛围的浸染下,作为官方教科书的《毛诗正义》虽然用字更为规范,仍然会多用今字、俗字;即使南宋刊单疏本是覆刻经历官方校勘的北宋单疏本而成,依然保留写本时代的痕迹⑤。从写本时代文献本身的特征来看,疏文若用今字,并非一定是撰疏人有意为之。且单疏本确有与唐写本、宋以前引《毛诗》经注用字相合之例,如:

　　　　《大雅·公刘》"笃公刘,于京斯依,跄跄济济,俾筵俾几",郑笺"其既成也,与群臣士大夫饮酒以乐之",疏:"言公刘筑室既成,与群臣饮酒以乐之。"

　　校:单疏本"与群臣饮酒以乐之"之"乐"作"落"。

　　按:阮校云:"闽本、明监本、毛本'乐'作'落'。案:所改是也。"⑥注文"饮酒以乐之",阮校云:"闽本、明监本、毛本同。小字本、相台本'乐'作'落'。《考文》古本同。案:《正义》云'则有落之之礼',又云'落室之礼',是其本作'落'字。《释文》不为'乐'字作音,其本或与《正义》本同。合并时所取经注本字作'乐',与《斯干》注同,不合于此《正义》也。"⑦可知,阮校以为郑笺本作"饮酒以落之",此处当言"落室之礼",而非"使群臣欢乐"之义,故疏文当作"落"。阮氏所言《释文》不为'乐'字作音,其本或与《正义》本同",说明单疏本作"落",是因其所据经注本本作"落"。十行本作"乐",与十行本本身注文一致。因此,单疏本与十行本此处异文,反映了二者所据经注本本不同。

---

　　① 〔清〕阮元等撰,袁媛整理《十三经注疏校勘记·毛诗注疏校勘记》卷一,第24页。
　　② 李慧玲《阮刻〈毛诗注疏〉研究》,第182页。
　　③ 李霖《宋本群经义疏的编校与刊印》,第329页。
　　④ 张涌泉《敦煌写本文献学》,兰州:甘肃教育出版社,2013年,第66页。
　　⑤ 例如《毛诗正义》单疏本与十行本皆有"谓"与"为"、"配"与"妃"通用等例,此即刻本时代保留一定的写本特征之例。见黄冬萍《〈毛诗正义〉单疏本与十行本比较研究》,第216、227页。
　　⑥ 〔清〕阮元等撰,袁媛整理《十三经注疏校勘记·毛诗注疏校勘记》卷六,第418页。
　　⑦ 同上书,第417、418页。

以此例之，以下情况可能都与经注本用字不同有关：

《郑风·蘀兮》经"蘀兮蘀兮，风其吹女。叔兮伯兮，倡予和女"，疏："诗人谓此蘀兮蘀兮，汝虽将坠于地，必待风其吹女，然后乃落。"

校：单疏本"必待风其吹女"之"女"作"汝"。开成石经[①]、宋刊巾箱本、纂图互注本经文与十行本同作"女"。敦煌 P.2529《毛诗》写卷《蘀兮》作"风其吹汝"[②]。

按："必待风其吹女"系串讲经文"风其吹女"一句。十行本本段孔疏他处皆与单疏本同作汝，故此处"汝"作"女"当是十行本受自身经文影响所致。单疏本疏文作汝，似孔疏所据经文本作"汝"。除敦煌写本外，《列女传·鲁公乘姒》《白氏六帖事类集》引《诗》皆作"风其吹汝"[③]。是《蘀兮》经文确有作"汝"之本。

《大雅·桑柔》"捋采其刘，瘼此下民"，毛传"刘，爆烁而希也"，郑笺"及已捋采之，则叶爆烁而疏，人息其下，则病于爆烁"，疏："及其捋而采之，其枝之叶刘然爆**烁**而稀疏。传'旬言'至'瘼病'。……《释诂》云：'苪刘，爆**烁**也。'舍人曰：'苪刘，爆**烁**之意也。木枝叶稀疏不均为爆**烁**。'郭璞曰：'谓树木叶缺落，荫疏爆**烁**也。'刘者，叶之稀疏爆**烁**之意，故云'爆**烁**而稀也'。笺'柔之'至'之德'。……爆**烁**谓过蚕之后。均得其所，谓俱蒙荫覆。病于爆**烁**，谓苦于炎热也。"

校：以上 9 处"爆烁"，单疏本皆作"爆乐"。宋刊巾箱本、纂图互注本毛传、郑笺与十行本同作"烁"。

按："爆烁"为双音连绵词，指"枝叶稀疏不均貌"[④]，亦作"暴乐"。浦镗云："爆烁，《释诂》作暴乐。"[⑤]《尔雅·释诂》："苪刘，暴乐也。"[⑥]亦有作"爆烁"者，《尔雅释文》云"暴，本又作爆。乐，本又作烁"[⑦]可证。可知"爆烁"或"暴乐"记录连绵词的语音，字形加"火"旁与否皆可通用。

① 按：此处为明人补板。

② 张涌泉主编《敦煌经部文献合集》第 2 册，第 450 页。

③ 《刘向古列女传》卷三，《四部丛刊初编》影印观古堂藏明刊本，商务印书馆，1922 年，第 20 页；《白氏六帖事类集》，日本静嘉文库藏宋本。

④ 《汉语大词典》第 7 卷，上海：汉语大词典出版社，1991 年，第 311 页。

⑤ 〔清〕沈廷芳《十三经注疏正字》，《景印文渊阁四库全书》第 192 册，台北：台湾商务印书馆，1983 年，第 256 页。按：《正字》作者有浦镗作、沈廷芳作、浦镗与沈廷芳二人合撰三种说法。李慧玲、胡双宝对此皆有较为详细的考证，认为《十三经注疏正字》是浦镗之作。见李慧玲《阮刻〈毛诗注疏〉研究》，第 252—263 页；胡双宝《读儒三记》，《儒家典籍与思想研究》第六辑，北京：北京大学出版社，2014 年，第 4—10 页。笔者同意李、胡二者的看法，引用此书时概以"浦镗云""浦校"称之。

⑥ 〔清〕郝懿行《尔雅义疏》，北京：中华书局，2017 年，第 188 页。

⑦ 〔唐〕陆德明《经典释文》卷二十九《尔雅音义上》，第 1604 页。

单疏本于该词用"爆乐"记之,十行本一律作"爆烁",或因受经注影响而改字。十行《桑柔》"捋采其刘"下毛传云"刘,爆烁而希也",郑笺"及已捋采之,则叶爆烁而疏,人息其下,则病于爆烁",皆作"爆烁"。则十行本疏文作"爆烁",与其注文用字一致。单疏本作"爆乐",或其所据注文本作"爆乐"。《释文》:"爆,本又作暴,同音剥,下同。烁,本又作乐,或作落,同音洛。"可见《桑柔》传笺或本有作"暴乐"之本。单疏本与十行本此处用字差异,反映了二者所据经注本本不相同。

　　《大雅·韩奕》"朕命不易,**榦**不庭方,以佐戎辟",郑笺"作桢榦而正之",疏:"以此为桢**榦**,有违道不直之方。……以其命之,使'**榦**不庭方'。"

　　校:单疏本两处"榦"皆作"幹"。开成石经、纂图互注本经文与十行本同作榦。宋刊巾箱本作"榦"。敦煌 P.3383《毛诗音》写卷作"幹"①。

　　按《说文·木部》:"榦,筑墙耑木也。从木倝声。臣铉等曰:今别作幹,非是。"②段注亦云:"榦俗作幹。"③可知,在表示筑墙两边的木头时,本字为"榦"。"幹"为"榦"之俗写。

　　单疏本疏解和引用经文时作"幹",或其所据经注本即作"幹"。除敦煌 P.3383《毛诗音》写卷作"幹",唐权德舆之墓志铭引此句亦作"幹不庭方"④。可见宋代以前,《韩奕》经文有作"幹"之版本。故单疏本与十行本此处"幹""榦"之异文,是二者所据经注本不同所致。十行本受其经注影响而作"榦",非刻意使用正字。十行本《文王》"维周之桢",毛传"桢,幹也",疏文所有"幹"字皆与单疏本同作"幹",更说明十行本用字受其经注影响。

　　《大雅·公刘》"相其阴阳,观其流泉",郑笺"相其阴阳寒**煖**所宜",疏:"相寒**煖**,视浸润。"

　　校:单疏本"煖"作"暖"。宋刊巾箱本、纂图互注本郑笺与十行本同作煖。

　　按:"煖"与"暖"本为两字,后来变成记录同一个词的异体字。《说文》"煖,温也",读"况袁切",即"暄"字。《说文》另有"煗"字,亦训"温也",音乃管切,后字废而不行,其音义由新造的从日爱声的"暖"字记录。"煖(况袁切)"所记词被"暄"字记录后,"煖"字并入"煗/暖"字,记录"暖"一词。从《经典释文》的注音情况来看,这个过程至迟在隋初已经完成,此时"暖""煖"二字皆可表示"暖"(乃管切)一词。

———————————

①　张涌泉主编《敦煌经部文献合集》第 9 册,第 4565 页。
②　〔汉〕许慎撰,〔宋〕徐铉校定《说文解字》,第 115 页。
③　〔清〕段玉裁《说文解字注》,第 253 页。
④　〔唐〕权德舆撰,郭广伟校点《权德舆诗文集》,上海:上海古籍出版社,2008 年,第 192 页。

十行本疏文作"燠",与郑笺一致。单疏本则作"暖",可能因为单疏本所据郑笺本作"暖"。因为《唐风·无衣》中"不如子之衣,安且燠兮",十行本毛传作:"燠,暖也。"对应的疏文出文则作"燠"。另,法藏敦煌《毛诗》写卷 P. 2529 载《无衣》毛传正作"燠,暖也"①。金少华即认为:"(陆德明《经典释文》)《无衣》仅注上声一音,其所见毛传作'暖'的可能性尚不可排除。"②同理,《公刘》此处,单疏本所据郑笺亦可能本作"暖"。故此处异文,是单疏本与十行本所据经注本不同而产生的。

> 《大雅·生民》"不拆不副,无灾无害",毛传"生则拆**副**灾害其母,横逆人道",疏:"'诞弥'至'生子'。……其生之时,不拆割,不**副**裂其母,故其母无灾殃。"

校:单疏本"不副裂其母"之"副"作"堛"。

> 疏:"传'言易'至'人道'。……在母腹则病,其生则又坼**堛**灾害其母,以横逆人道。今后稷之生,能无坼**堛**灾害,故美之也。……坼**堛**皆裂也。《礼记》曰:'为天子削瓜者**堛**之。'是**堛**为裂也。坼**堛**灾害其母,皆谓当产之时。……剖背而出,则坼**堛**灾害不为恶矣。"

校:此七处"堛",单疏本同作"堛"。

浦镗云:"'言易至人道。……其生则又拆堛灾害其母',堛当作副,下同。"③阮校:"'则又坼堛灾害其母'。案:经、注作'副',《正义》作'堛'。'副''堛'古今字,易而说之也。例见前。○按:旧挍非。'堛'不与'副'为古今字。此乃蒙上文'坼人'从土而转写误耳。"④

按:诚如阮校所言,"堛"与"副"不为古今字;然单疏本此篇疏文皆作"堛",似乎并非蒙"土"而转写误,而可能是单疏本所据经注本本作"堛"。敦煌 S. 6346《毛诗》写卷此处《生民》经文正作"不坼不堛"⑤,可见唐代《毛诗》确有作"堛"之本。扬雄《蜀王本纪》曰:"禹母吞珠孕禹,坼堛而生。"⑥可见在论禹母感生之事时,"坼堛"一词较早出现。孔疏多作"堛",盖因其所据经文即作"堛";十行本同作"堛"之处,是未受十行本所据经注本影响。

又:

---

① 张涌泉主编《敦煌经部文献合集》第 2 册,第 462 页。
② 金少华《李善注引〈毛诗〉考异十则》,《国学研究》第四十四卷,北京:中华书局,2020 年,第 57 页。
③ 〔清〕沈廷芳《十三经注疏正字》,第 240 页。
④ 〔清〕阮元等撰,袁媛整理《十三经注疏校勘记·毛诗注疏校勘记》卷六,第 392 页。
⑤ 张涌泉主编《敦煌经部文献合集》第 2 册,第 558、575 页。
⑥ 〔宋〕李昉等《太平御览》卷八十二,第 381 页。

《鲁颂·閟宫》"赫赫姜嫄,其德不回。上帝是依,无灾无害,弥月不迟",郑笺"其任之又无灾害,不坼不副",疏:"《生民》言'不坼不**副**,无灾无害',文在'先生如达'之下……未生其不坼不**副**,唯谓生时不尔。此笺云'其任之又无灾害,不坼不**副**'。灾害谓怀任时,坼**副**谓生时也。"

校:此四处"副",单疏本皆同作"副"。

按:上揭《生民》疏八处,十行本除有一处作"副",其余与单疏本同作"埠"。此《閟宫》疏,十行本亦与单疏本同作"副",可证阮校于《生民》处言"'埠'与'副'为古今字而蒙上文'坼人'从土而转写误"之说似不妥。单疏本"埠""副"之异,反映二字在"分裂"一义上自唐以来即通用。十行本此处皆作"副",应是受《生民》经文作"副"之影响。

通过以上分析,可知《毛诗正义》合刻本据经注改疏的异文有如下特点:一是部分据经注改疏的异文之间有古今字的关系,例如汝和女、暖和煖等①。二是合刻本据经注改疏的对象既包括本篇经文,也包括毛传、郑笺,还包括其他篇目的经文(如《鲁颂·閟宫》合刻本作"副"之例)。三是这类异文对文意影响不大,一般不影响经义的理解。

由上可知,《毛诗正义》单疏本与十行本疏文用字不同之处,皆可从唐写本《毛诗》经注、宋以前引文中寻找版本依据。本文所举诸例,并非疏文与经、注用字之例不同。所谓"易而说之"之例,亦不完全妥帖。

三 《毛诗正义》合刻本与据经注改疏有关的讹误

《毛诗正义》在合刻的过程中,确因据经注改疏而产生的异文已如上述,数量不多。这类异文主要在《毛诗正义》引述或串讲经注之处,通常不影响文意,也易辨认。但在某些与《毛诗》经注用字相近的文句中,合刻本也会据经注中的相似内容改动疏文,这就难免造成讹误。为避免遗漏,将可能是因据经注改疏而造成的讹误一并列出。

1.《郑风·大叔于田》"抑縱送忌",毛传"发矢曰縱,從禽曰送",疏:"'叔于'至'送忌'。……抑者,此叔能縱矢以射禽矣,又能**縱**送以逐禽矣。"

---

① 《毛诗正义》十行本在用字方面,有着趋简的取向,例如大量使用笔画较少的属、盖等俗字,庙、礼等异体字,且兼有采用古字和今字的情况。鉴于此,确认哪些异文确实受经注影响有一定难度。在通校单疏本与十行本本之后,我们仍能发现部分古今字异文确实与经注用字有一定关系。从异文情况来看,十行本单纯使用笔画较少的俗字、古字时,一般与经注文本内容无关。而与据经注改疏有关的异文,则直接引用或串讲经、注文,且所涉及经注用字容有不同。

校：单疏本"又能縱送以逐禽矣"之"縱"作"從"。

按：十行本"從"作"縱"，疑受经文"抑縱送忌"影响。"縱""送"二字，毛传曰："发矢曰縱，從禽曰送。"而本篇所涉及的经、传和疏文中，单疏本和十行本唯一的区别是"又能從送以逐禽矣"一句。依据毛传解释：縱，是发矢，即放箭；送，是從送，即追逐，这里指"追禽"。因此，单疏本"又能從送以逐禽"的"從"是没问题的。十行本此处"從送"作"縱送"，首先可能是紧接的上句"抑者，此叔能縱矢以射禽矣"的影响，也可能受经文"縱送"一语（实为两词）的影响。无论如何，此处作"縱"是不对的。

2.《小雅·四月》序"在位贪残，下国构祸，怨乱并兴焉"，疏："'我日构祸'，是下国构祸也。'民莫不谷'，是怨**亂**也。'乱离瘼矣'，是乱事也。言怨亂并兴者，王政残虐，诸侯构祸，是亂也。"

校：单疏本"是怨乱也"之"亂"作"辭"。浦镗云："亂当辭字误。"①

按：浦校是，此处当从单疏本作"辭"。孔氏疏解诗序，常将经文内容与诗序对应，如此处点明"废为残贼"对应"在位贪残"，"我日构祸"对应"下国构祸"。而"怨亂并兴"一句，孔疏以为包含"怨"与"亂"两件事："民莫不谷"是"怨"；"亂离瘼矣"是"亂"。若"民莫不谷"后面对应"怨亂"，则"怨亂"已包含"亂"，不当复言"'亂离瘼矣'是亂事"。故此处当作"怨辭"。"辭"与"亂"形近，十行本中亦有误"亂"为"辭"之例，如：

《大雅·韩奕》疏："传'奕奕'至'侯伯'。正义曰：言宣王平大**辭**者，本其命诸侯所由耳。不以平乱比治水也。"

校：单疏本"言宣王平大辞者"之"辭"作"亂"。

此例作"大辭"不通，十行本作"辭"确为形近之讹。

因此，十行本作"怨亂"，或亦受下文"亂离瘼矣""怨亂并兴"之影响。"怨亂并兴"即孔疏引诗序原文。故就"怨亂"一词本身来说，亦不排除十行本受序文"怨亂并兴"影响的可能性。

3.《豳风·鸱鸮》"恩斯勤斯，鬻子之闵斯"，郑笺"鸱鸮之意，殷勤于此稚子，当哀闵之。此取鸱鸮子者，言稚子也"，疏："笺云'言取鸱鸮子者，**惜**稚子也'，则稚子谓巢下之民。"

校：单疏本"惜稚子也"之"惜"作"恒"。阮校："'言'当作'此'，'惜'当作'指'。"②十行本郑笺"此取鸱鸮子者，言稚子也"，敦煌 S.2049《毛诗》写卷作

---

① 〔清〕沈廷芳《十三经注疏正字》，第204页。
② 〔清〕阮元等撰，袁媛整理《十三经注疏校勘记·毛诗注疏校勘记》，第184、185页。

"取鸱鸮子者,恒于稺(稚)子也"①,宋巾箱本作"此取鸱鸮子者,恒稚子也"②。

　　按:《鸱鸮》一诗,毛、郑对于诗旨的解释不一致。

　　诗序以《鸱鸮》为周公向成王表明为何要灭三监之诗,即正义所言"经四章,皆言不得不诛管、蔡之意"。首章"鸱鸮鸱鸮。既取我子,无毁我室",毛传以为鸱鸮是周公自比,"取我子"即周公诛管蔡之行径,鸱鸮爱子,即周公惜管、蔡二子;然二子流言,作乱于国内,危及周室,周公不得不诛杀,即所谓"无毁我室"。首章末二句"恩斯勤斯,鬻子之闵斯",毛传云"恩,爱""闵,病也",孔疏以毛意为爱惜管蔡,但二子流言而病成王,故不得不诛二子,则毛意以稚子为成王。或以毛传此二句释周公殷勤爱惜成王是由于为主少国疑以致病困③,亦通。

　　郑笺则以《鸱鸮》为周公将欲摄政,因管蔡流言而避居东都,成王罪周公属党,周公作诗言属党先祖之功,请求成王不杀属臣或为属臣保留官位土地等,即正义所谓"四章皆言不宜诛杀属臣之意"。首章上三句,郑笺以鸱鸮为周公自拟诸臣之父祖(即周王室世臣)口吻,"取我子"即成王罪周公属臣,鸱鸮爱子即属臣之先祖爱属臣,室即诸臣父祖之土地。首章末二句"恩斯勤斯,鬻子之闵斯",郑笺云:"鸱鸮之意,殷勤于此,稚子当哀闵之。此取鸱鸮子者,言稚子也。以喻诸臣之先臣,亦殷勤于此,成王亦宜哀悯之。"据笺第一、三句,则笺以稚子为成王,闵为怜悯之意,言周公诸臣之先臣殷勤于巢室,成王(稚子)既已取鸱鸮之子,更当怜悯之(即为属臣保留土地、官位)。

　　然此章孔疏云:"恩之言殷也,以鸱鸮之意殷勤于稚子,喻诸臣之先臣亦殷勤于成王。假言鸱鸮之意,爱惜巢室,亦假言诸臣之先臣爱惜土地。皆假为之辞,非实有言也。笺云'言取鸱鸮子者,惜稚子也',则稚子谓巢下之民。《金滕》注云:'鬻子斥成王。'斥者,经解喻尊,犹言昊天斥王也。"疏文首句言诸臣先臣殷勤于成王,即以"恩斯勤斯"为恩、勤成王;二句以鸱鸮爱惜巢室喻诸臣之先臣爱惜土地,与郑笺诗旨合。又笺言"以喻诸臣之先臣,亦殷勤于此,成王亦宜哀悯之",则孔疏"笺云'言取鸱鸮子者,惜稚子也',则稚子谓巢下之民"理当为阐明成王宜哀悯诸臣之先臣,为其保留官位土地之意。

　　疏言"稚子谓巢下之民",依下章"今女下民,或敢侮予"之笺:"我至苦矣,今女我巢下之民,宁有敢侮慢欲毁之者乎? 意欲恚怒之,以喻诸臣之先臣固定此官位、土地,亦不欲见其绝夺","巢下之民"或即指成王。若此,则郑笺"取鸱鸮子者,恒于稚子也",可作二解:一、郑笺以取鸱鸮子即成王罪周公属臣,"恒

　　①　张涌泉主编《敦煌经部文献合集》第2册,第743页。
　　②　《宋本毛诗诂训传》卷八,北京:国家图书馆出版社,2017年,第9页。
　　③　胡承珙云:"言所以殷殷爱惜于王室者,为主少国疑,遭三监之变,足以病我孺子王故也。"参见〔清〕胡承珙撰,郭全芝校点《毛诗后笺》,合肥:黄山书社,1999年,第699页。

于稚子"即周公因二子使成王病困而伐二子,巩固周室,衷心于成王,笺不易传。二、笺"取鸱鸮子"为成王取周公属党,"恒于稚子"谓周公意欲成王(不剥夺诸臣之官位土地)对待诸臣之先臣如初,"巢下之民"可视为诸臣。以上二解或不合郑笺诗旨,或不合"稚子谓巢下之民"即指成王之意。

总之,此处郑笺原本矛盾,疏文亦不可通。而后世郑笺,似以敦煌本最接近本来面貌,至少最接近《正义》成书时所见郑笺原貌。单疏本疏文作"恒稚子"可证。巾箱本"恒"下无"于"字,并不影响文意。至宋十行本、纂图互注本作"言稚子也",句意变成"取鸱鸮子者"为"稚子",与"恒于稚子也"之意迥然不同,十行本疏文作"惜稚子",更不通。阮校又改"惜"作"指",则去古益远。此例可说明合刻本仅见注疏之不同而未细究注文之意,亦未考虑注疏观点矛盾之处,妄改疏文,确实不妥。

综上,《毛诗正义》在经注疏合刻的过程中,确有因经注文本而导致的讹误,但例证不多。"縱"与"從"、"辭"与"亂"两组异文,确实涉及经、注文本,但也不排除异文文字讹混的因素。"惜稚子"一例,则与《鸱鸮》经义理解不同有关,比单纯受经注文本文字影响更复杂。

从《毛诗正义》合刻本受经注影响而产生的讹误来看,我们可以对十行本版本价值进行再评价。前人多以十行本作为坊刻本,"错讹累累",价值不高。但实际并非如此。在穷尽搜罗《毛诗正义》单疏本与十行本的异文、逐一分析之后,所找到的较为确切与"据经注改疏"有关的异文只有以上数条,说明《毛诗正义》在合刻的过程中,因据经注改疏而导致合刻本疏文与单疏本疏文的差异并不多。在字际关系上,据经注改疏所涉及的异文,或为异体字,或为古今字,这类异文并不影响文意。即使因受经注影响而产生讹误,通过仔细分析上下文,仍可判断是非,况如"亂""辭"一类讹误,即使没有经注文本影响,也易讹混。较为复杂、牵涉经义理解的异文(如"恒于稚子"一条)并不多。因此,以据经注改疏角度,可不必言十行本错讹累累。

四　他经《正义》在经注疏合刻过程中的据经注改疏现象

以上通过勾稽《毛诗》的宋刻经注本、唐写本以及宋以前引文的异文,分析了《毛诗正义》在经注疏合刻过程中的据经注改疏现象。循此思路,我们发现,他经《正义》中也有此现象,如《周易正义》①。以八行本《周易注疏》为底本,校

①　本文有关《周易正义》的异文成果借鉴了《周易经传注疏校勘》项目内容,谨向项目主持人顾永新先生及项目组全体成员表示感谢。项目总体设想及《乾卦》校勘记参见顾永新《〈周易·乾卦〉经传注疏校勘记》,《版本目录学研究(第八辑)》,北京:北京大学出版社,2018年,第245—308页。

以敦煌本、单疏本、十行本,亦可发现《周易正义》在经注疏合刻中产生的据经注改疏现象①。

　　1.《大畜》卦象辞"**煇**光日新其德",注"夫能**煇**光日新其德者,唯刚健笃实也",疏:"'**煇**光日新其德'者,以其刚健笃实之故,故能**煇**耀光荣,日日增新其德。……何能久有**煇**光日新其德乎?"

　　校:疏文三处"煇",单疏本、京大本、京文研本、元印十行本皆作"辉"。开成石经经文与底本同,左侧"火"旁有磨改痕迹。《周易要义》、敦煌本、抚本、天禄本、建本经注文同作"煇",林家古本经、注煇皆作辉,元印十行本注同底本作煇、经文作辉。

　　按:《说文·火部》:"煇,光也。"②段注:"暉者,日之光。煇者,火之光……俗作辉。"③《说文》有"煇"无"辉",故段氏言辉为俗字。然《五经文字·火部》:"煇,虚归反,又音辉,见《礼记》。"④此大畜卦《释文》亦云"音辉"⑤。开成石经此处经文初刻从光,磨改从火。且《干禄字书·平声》:"辉暉,上通下正。"⑥可知至少在唐代文献中,煇、辉通用。

　　从《周易》经传注疏各个版本异同来看,作"煇"者有唐代开成石经、敦煌本、宋代经注本、宋代经注附释文本,经注疏合刻本之八行本从之;作"辉"者有日系经注古本即林家古本、元印十行本系统;日系单疏本、宋刻单疏本亦作辉。由此可知,疏文作"煇"者,经注本有之;疏文作"辉"者,经注亦有之。从唐写本、日系古本的情况来看,敦煌本既作"煇",我们可以据此推测孔疏形成之际经、注本作"煇",八行本与之同;而作"辉"之十行本是合刻之际据其所本经注文字改动疏文所致。虽然林家古本作辉,与十行本系统经注疏一致,或许也可认为十行本之经注更接近孔疏形成之际的经注面貌。但可能性更小,一则敦

---

　　① 本节所涉及《周易》经传注疏版本情况如下:底本即日本足利学校遗迹图书馆藏南宋初两浙东路茶盐司刻宋印八行本《周易注疏》(汲古书院 1973 年影印本,简称八行本)。白文本有唐代白文本之开成石经(简称开成石经)。经注本有敦煌写本(简称敦煌本)、南宋淳熙抚州公使库刻递修本《周易注》(简称抚本)、清宫天禄琳琅旧藏南宋刻本《周易注》(简称天禄本),日本国立公文书馆藏林罗山旧藏室町钞本《周易注》(简称林家古本)。经注附释文本有国图藏南宋初建阳坊刻本《周易注》(《中华再造善本》影印本,简称建本)。单疏本有国图藏南宋刻递修本《周易正义》十四卷(简称单疏本)、日系旧钞本之京都大学附属图书馆清家文库藏古钞本《周易注》(简称京大本)。十行本有美国柏克莱加州大学东亚图书馆藏刘承幹嘉业堂旧藏元刻元印十行本《周易兼义》(中华书局 2014 年影印本,简称元印十行本)。

　　② 〔汉〕许慎撰,〔宋〕徐铉校定《说文解字》,第 208 页。

　　③ 〔清〕段玉裁《说文解字注》,第 485 页。

　　④ 〔唐〕张参《五经文字》卷中,《丛书集成初编》第 1064 册,上海:商务印书馆,1936 年,第 53 页。

　　⑤ 〔唐〕陆德明《经典释文》卷二《周易音义》,第 92 页。

　　⑥ 〔唐〕颜元孙《干禄字书》,《丛书集成初编》第 1064 册,上海:商务印书馆,1936 年,第 7 页。

煌本为唐写本无疑,而林家古本更多是受中国宋刻本影响①;二则八行本比十行本合刻较早,前者经注作煇,与敦煌本同,没有改动疏文的可能性更大。

　　2.大畜卦九二爻辞"舆说輹",注"遇斯而进,故舆说輹也",疏:"若遇斯而进,则舆说其輻,车破败也。……此舆说輻,亦假象以明人事也。"

　　校:单疏本、广大本、京大本、京文研本同,元印十行本疏文"輻"作"輹"。敦煌本、其余参校诸本经注皆与底本同作"輹"。

　　按:"輹""輻"二字,历来聚讼甚多。刘兆轩结合已知的出土文献和现代考古学证据,认为"輻"当为"輹"字之误。刘氏提到:"輹的上下两端以榫卯结构固定,非常牢固。在明白了輹的结构之后,便不难理解项安世所说的'輻无说理,必轮破毂裂而后脱也'。"②王化平则从义理的角度,结合高亨的观点,认为"既然'壮于大舆之輹'中的'輹'当读作'輻'",那么"舆说輹"中的"輹"字也当作同解。项安世等认为轮輻没有可脱之理,这其实是臆测。而清人不加深思,以为宋人项安世之说与汉易契合,所以沿袭其说",认为帛书的抄写者将"舆说輹"理解为车舆与伏兔脱离是误解③。两方各执一词,从《周易》早期版本的情况看,刘文可备一说。

　　此条敦煌本、各经注本皆作"輹",单疏本、八行本系统疏文作"輻",与经注本不同;而十行本系统却作"輹",与自身经注用字一致。此亦可证十行本系统在经注疏合刻的过程中兼顾了自身经注用字而改动疏文用字。

　　由以上两条可知,《周易正义》在经注疏合刻过程中,亦有据经注改疏而产生的异文。《周易》经注本、八行本、十行本系统完备,又有较多日系古钞本等,通过校勘,或能更直观反映此问题。

小　结

　　本文通过探讨《毛诗正义》单疏本和合刻本的部分异文,参照敦煌写卷以及历代文献引用《毛诗》内容,还原了部分《正义》形成之际的经注本面貌,确认了《毛诗正义》在合刻的过程中确实存在据经注改疏的现象,为《毛诗正义》合刻过程的微观层面提供了新的信息。通过分析,我们得出以下结论:第一是据

---

　　①　顾永新先生校勘《周易》经注本乾坤两卦并分析所得异文,认为林家古本等几个日系古钞本与建本、纂图互注本具有比较近的亲缘关系。本条大畜卦象辞、王弼注,纂图互注本亦作煇,亦可证顾先生观点。见顾永新《日系古钞、古活字〈周易〉经注本研究》,《国学研究》第四十六卷,北京:中华书局,2021 年,第 33 页。
　　②　刘兆轩《"舆说輻"小议》,《中国典籍与文化》2021 年第 2 期,第 115 页。
　　③　王化平《释〈易经〉中的"輻"与"輹"——兼及〈左传〉"车说其輹"》,《廊坊师范学院学报(社会科学版)》2018 年第 1 期,第 82、83 页。

经注改疏现象确实存在,这反映了刊刻者心中经大于注大于疏的认识。第二是单疏本与十行本疏文用字不同之处,经注确实有不同版本可对应,因此疏文用字与经注不同之说并非完全适用。第三是这类异文数量不多,且对文意影响不大。因此《毛诗正义》十行本版本尚可,不必言其"错讹累累"。异文之间有古今字的关系,所涉经注既有本篇经注也有他篇经文。第四是合刻本也有据经注改疏而产生讹误之处,但例证不多;偶有影响经义理解的讹误,这类讹误所涉及的经注文本演变体现了对经义理解的分歧。文章最后尝试用对比经注本的方法探索了《周易正义》合刻中的类似现象,发现据经注改疏确实不仅存在《毛诗正义》合刻过程中,且目前所校两例显示,异文对文本的影响同样不大,不须言其非黑即白。

黄侃手批《毛诗》符识释例

梁　涛[*]

【内容提要】　手批《白文十三经》是黄侃传世的重要经学作品,其中,他对《毛诗》一经共用二十二种符号进行朱墨批识。朱点主要处理了白文的断句、音节停顿和章句划分,以及文字的声调、形体和讹脱衍倒等问题。墨点则涉及文法和经义等深层次内容,如文法连读与区分、倒装、反问、起兴,以及郑笺改字、毛郑异义、毛诗学他说等。如此精细而严整的批点,是建立在对注疏的研读与笃守之上的,黄侃手批《毛诗》的特色即是贯彻"传、笺、疏"的师说与家法。黄侃对经史正文进行如此细致不苟的笺识,与他"一切学问自章句始"的学术方法和"所贵乎学者在于发明"的学术主张关系紧密。

【关键词】　黄侃　《白文十三经》　《毛诗》　符识　发明之学

黄侃手批《白文十三经》一书,享誉学林已久。书中符识众多,分为朱墨两类,各经具体情况又多有不同。黄侃曾有《手批白文十三经提要》略述纲领,1983年上海古籍出版社影印时,黄焯又曾"就可逆知其用意者,加以说明",附有《符识说明》(以下简称《说明》)一篇。[①]　但是,还有不少符号阙而不说,阻碍了我们理解这些标识背后丰富的含义,认识这部书的价值。近年,有学者对《左传》单经进行了研究,将全部十余种符号做出解释,展现出了一张庞大的左氏学知识网络,使我们认识到黄侃手批《左传》层次之丰富。[②]　对于《毛诗》一经,也有学者的研究涉及《说明》以外的一两种符号(详下),但尚未有如《左传》一样的全面阐释。笔者钻仰黄批《毛诗》,得出朱批符识九种,墨批符识十三种,总数较《左传》多出一倍,其中有同有异,谨一一为之条列,并就具体情况详为举例说明。

---

　*　本文作者为中国人民大学国学院中国古典文献学专业2023级博士研究生。

　①　《黄侃手批白文十三经》,上海:上海古籍出版社,1983年。按:1980年台北石门图书公司影印出版潘重规编《黄季刚先生遗书》,其中,第九、十册为《圈点十三经白文》。这是黄批首次公开面世,但此本不是二色套印,且没有《符识说明》等介绍。参见程千帆《黄先生遗著目录补》,程千帆、唐文编《量守庐学记》,北京:生活·读书·新知三联书店,2006年,第185页。

　②　参见方韬、刘丽群《黄侃手批〈左传〉初探》,《文史》2017年第3辑,第261—288页。

其中,有些符识偶有例外用法(如朱批第 2 条、墨批第 3 条),部分例外集中在前面部分(如墨批第 5 条),又有同一情况用了其他符号(如朱批第 3 条),以及偶见疏于标识,未能覆盖全部情况(如墨批第 8 条、第 10 条)等例外。此类均不多见,当是原"手批文本"不可避免的特性,并非黄侃有意立"变例",以下各随文加以阐述。

一　朱批符识

据《黄侃日记》等材料可知,黄侃手批《毛诗》,朱笔、墨笔分别进行。[①] 朱墨批所标识的问题范围不同,"朱点主要解决的是经传文本问题,墨书则侧重于经说注疏问题"[②]。具体就《毛诗》而言,朱批主要处理的是白文的文本问题,如断句、音节停顿,以及文字的声调、字形、讹脱衍倒等。此类大体均见于黄焯《说明》,以下有需调整及补充者,随文加以解说。

1. 凡于句子右旁加圈(○)者,表示音节句读。

黄侃提出《诗》有音节句与文法句之别,"表示音节的段落,就是所谓音节句读",因为"句读的标志有时不能完全按照文义而定,不过是在朗读时有节奏的停顿罢了"。黄焯举例说,《邶风·柏舟》"微我无酒,以敖以游",毛《传》云"非我无酒可以敖游忘忧也"。据此从文义的角度看,这八个字只能作一句;而从音节上看,则应分成两句,"酒"和"游"正好谐韵。[③]

2. 凡于句中加点(、)者,表示音节停顿,或表文意划分。

此条需稍加述说,黄焯只提到"偶于句中加点(、),以示顿或逗"[④]。如《诗序》"情动于中而形于言""不知手之舞之足之蹈之也",黄侃在"情动于中"和"不知手之舞之"之下加点。此类虽最为常见,但句中加点,还偶尔表示划分文意段落。如《诗序》从"关雎后妃之德也"至"是谓四始诗之至也",除在句子右旁加圈进行断句外,还在有的圈下句中位置加点。[⑤] 按孔颖达《正义》云:"诸序皆一篇之义,但诗理深广,此为篇端,故以诗之大纲并举于此。今分为十五节。"所谓"诗之大纲",即至《诗序》"是谓四始诗之至也"为止,《正义》云"序说

　　① 黄侃《寄勤闲室日记(辛未十月)》"十三日辛巳"(1931 年 11 月 22 日),云:"朱笔点《毛诗》竟,黑笔至《生民之什》。"(《黄侃日记》,南京:江苏教育出版社,2001 年,第 737 页)按:此次批点虽然是过录,但透露出的区别当然一致。又据前后相关日记,可知他经亦与此同。

　　② 方韬、刘丽群《黄侃手批〈左传〉初探》,《文史》2017 年第 3 辑,第 266 页。

　　③ 参见黄焯、王庆元《略谈黄季刚先生对〈十三经〉白文的断句》,《中华文史论丛》1982 年第 3 辑,第 221 页。

　　④ 黄焯《黄侃手批白文十三经·符识说明》(以下简称《符识说明》),第 1 页。

　　⑤ 《黄侃手批白文十三经·毛诗》(以下简称《手批毛诗》),第 1—2 页。

诗理既尽,故言此以终之"是也。① 其下,乃分说二南、关雎,并无加点。今检黄侃所分,即按文意将"大纲"分为十五个小节,于各节尾句下居中加点。

3.凡于字之四角加缺口小圈(缺口朝向字心,有时无缺口或用圆点)者,表示四声调。

黄侃说:"古用轻重音以表意义之所在,是为四声之起原。"②声调标识的具体方法和历史,黄焯没有多加解释,在古人盖为常识。今于此稍作说明,这种通过在汉字的四角标圈或标点以注明声调的方法,叫作"圈发",又有"点发"等称呼。圈发的起源未能确知,其基本方法据张守节《史记正义》说,"若发平声,每从寅起"。汉字的左下角附近即"寅"所在,顺时针得上、去、入。圈发不仅在馆阁校书中使用,见于陈骙《南宋馆阁录》之"校雠式",而且今存的不少宋版经书中都有圈发,《九经三传沿革例》中对此也多有叙述。③ 其中,用小圆点的例子,如《鲁颂·泮水》"其马蹻蹻",两"蹻"字的左上角各加圆点。按陆德明《释文》云"蹻,居表反",是"蹻"为上声。④

4.凡于字心加圆点(·)者,表示与《说文》收字有异。

黄焯《说明》对此点的解释是,"表此字真书体制与篆文有异,或古本与今本不同"。⑤ 所指篆文,即《说文解字》中此字的篆形。据学者对手批《左传》的研究,这一符号还标记《说文》未收之字。⑥ 其实,《毛诗》也有同样的情况。如《大雅·抑》"白圭之玷,尚可磨也,斯言之玷,不可为也",上、下两"玷"及"磨"字的字心均加圆点。⑦ 按"玷"字不见于《说文》,"磨"字,《说文》作"䃺",云"从石、靡声"。⑧ 因此,这一符号标识《说文》未收之字及与其字形不同者,本例以"与《说文》收字有异"统称。至于黄焯说"古本与今本不同",此点未见于《毛诗》。手批《毛诗》标识古本异文,另有墨笔符号,详见下文。

5.凡于字上加叉(×)者,表示讹误或衍文,所改之字书于相应书眉。

6.凡于字之右上角加反斜杠(\)者,表示此上有脱文,脱文内容书于相应书眉。

7.凡于两字间加乙(形如"己")者,表示前后倒文。

---

① 《毛诗正义》卷一之一,〔清〕阮元校刻《十三经注疏(附校勘记)》,北京:中华书局,1980年影印本,第269页下、272页下。

② 黄侃讲,黄焯记《声韵学笔记》,《黄侃国学讲义录》,北京:中华书局,2006年,第136页。

③ 参见杨建忠、贾芹《谈古书中的"点发"》,《古汉语研究》2006年第3期,第86—87页。

④ 《手批毛诗》,第141页;《毛诗正义》卷二〇之一,第611页中。

⑤ 黄焯《符识说明》,第2页。

⑥ 方韬、刘丽群《黄侃手批〈左传〉初探》,《文史》2017年第3辑,第271—272页。

⑦ 《手批毛诗》,第121页。

⑧ 《说文解字》卷九下《石》,北京:中华书局,1963年影印本,第195页。按《说文》卷四下《刀》,有"刮"字,引《诗》曰:白圭之刮,第92页。

手批《白文十三经》底本即 1914 年商务印书馆据阮刻本摘出经文铅印,其中文字的讹脱衍倒,有阮刻本原误和排印时新增之误。就《毛诗》而言,以前者为多。如《郑风·山有扶苏》"山有乔松","乔"上加叉,相应书眉写"桥"字,按阮刻本正文亦作"乔",《校勘记》考得当从唐石经等作"桥";又《齐风·甫田》"总角丱兮"之"丱"打叉,书眉写"卝"字,检阮刻本亦作"丱",《校勘记》云:唐石经作"卝"是,详张参《五经文字》。[①] 可见,此均依《校勘记》改,但不详记所据。又《小雅·隰桑》"中心藏之"之"藏"打叉,书眉写"臧"字,又下双行小字记"石经改"。[②] 按《校勘记》云:"唐石经初刻同,后磨改'藏'作'臧'。"[③]所谓"石经改",并不是要注明依据,而是补充开成石经先后文字不同的信息。

此外,脱文如《大雅·思齐》"故言五章,章六句,三章章四句",《校勘记》云"章六句"之上脱"二章"两字,故黄侃于此"章六句"之"章"字右上角加反斜杠,书眉相应位置写"二章"及反斜杠符号。[④] 又有整段的脱文,如《魏风》尾题全无,《校勘记》"魏国七篇十八章百二十八句"下,云"十行本脱此一行,各本皆有"。黄侃据之在《魏风》末尾直接题上脱文,但"百二十八句"写作"百三十句"。[⑤] 计《魏风》各篇总句数确为百二十八句,"百三十句"其原不详。

因排印造成的新误,如《魏风·园有桃》"不知我者","知我"二字打叉,阮刻本原作"不我知者",故书眉写"我知"二字。又《唐风·羔裘》"裘羔豹袪","裘羔"倒文,两字之间用"乙"进行乙正。[⑥] 这是同一种情况,分别用了不同的符号。

8.凡于句下加方框(□)者,表示应空格,进行分章。

9.凡于句间加短线(一)者,表示不当空格,前后为一章。

黄焯对这两点的说明是,"表空格"和"表上下文相连"。至于背后的原因,其实和章句相关联。如《鲁颂·闷宫》"王曰叔父,建尔元子,俾侯于鲁,大启尔宇,为周室辅"五句,当属第三章章首,而非第二章章尾。所以,黄侃在二章末句"克咸厥功"下,加空格表示分章。又在"为周室辅"下原空格处加短线,表示与其下共为第三章。[⑦] 原书致误之由,在于误解《闷宫》章句:"闷宫八章。二章章十七句,一章十二句,一章三十八句,二章章八句,二章章十句。"白文《毛诗》底本原分章句,据此以为第二章有十七句。按《正义》云:"闷宫八章。首章十

---

① 《手批毛诗》,第 36、42 页;《毛诗正义》卷四之三、五之二,第 343 页下、356 页上。

② 《手批毛诗》,第 104 页。

③ 《毛诗正义》卷一五之二,第 497 页下。

④ 《手批毛诗》,第 111 页。

⑤ 《手批毛诗》,第 46 页,《毛诗正义》卷五之三,第 360 页中。

⑥ 《手批毛诗》,第 44 页、49 页。

⑦ 同上书,第 142 页。

七句,二章十二句,三章三十八句,四章十七句,五章、六章章八句,七章、八章章十句。"①可知,《闷宫》章句并非按次序叙述每章的句数,第二章实为十二句,故而有五句之差。

二　墨批符识

墨批主要涉及《毛诗》的文法及经义。如黄侃特倡《诗经》有音节与文法句读之分,他对文法句及其内部字词的文法关系,都进行了深密的分析和标识。此外,还对倒装、代述、反问、起兴等进行了专门的标记。在《毛诗》经义方面,对郑笺改字、毛郑分章不同、毛郑异义,以及毛诗学的他说,也都各有符号进行表示。与黄侃对《左传》杜氏学多有批评,而致力于钩沉贾、服等旧注不同,②他笃守毛诗学,并未标识三家诗说及他书所见之异说,限制在对毛诗学者如王肃等人经说的标记上。

此外,需要说明的是,由于经说复杂,我们虽然能依据广泛的资料,逆推黄侃各种符号的含义。但是,当遇到一个符号对应多种材料时,我们有时不能确定黄侃的明确所指。也有某些个别特例,我们不能确定是无意造成的,还是另有原因。所以,我们一方面比较谨慎地判断黄侃的原意,并继续阅读和思索;另一方面,我们也要接受一个手批文本必然有的某些不合规律性。

1.凡于上下词、句之左下角与左上角施短线(一)者,表示在文法上需连读。

2.凡于上下词、句之间加点(、)者,表示在文法上需区分。

以上两条关系紧密,又可细分为四小点。

其一,上下句之间施短线,表示文法连读,此点见于黄焯《说明》。黄侃说手批《毛诗》"句读分文法及音节两种"③,此外,在《文心雕龙札记》中曾专门"论句读有系于音节与系于文义之异"。他说:"诗之分句,但取声气可稽,不问义完与否","学者目治之时,宜知文法之句读,口治之时,宜知音节之句读。文法之句虽长,有时不能中断,盖既成一辞,即无从中截削之理"。其所举例证有《鄘风·定之方中》"树之榛栗,椅桐梓漆",《豳风·七月》"十月纳禾稼,黍稷重穋,禾麻菽麦",乃至如《大雅·韩奕》"王锡韩侯,淑旂绥章,簟茀错衡,玄衮赤舄,钩膺镂钖,鞹鞃浅幭,鞗革金厄"凡二十八字,自文法言皆一句也。④

其二,除了在音节句之间施短线以连接成文法句外,黄侃还在字词与字词

---

①　《毛诗正义》卷二〇之二,第 614 页下。

②　参见方韬、刘丽群《黄侃手批〈左传〉初探》,《文史》2017 年第 3 辑,第 283—287 页。

③　黄侃《手批白文十三经提要·毛诗》(以下简称《手批毛诗提要》),第 3 页。

④　黄侃《文心雕龙札记·章句》,北京:中华书局,2006 年,第 160、161 页。

之间加短线。正如研究者所说,这是为了标出"一个短句中有些容易被人们误解的语法结构"。①　具体来说,是指那些在文法的连续性上容易被忽视的字词组合,因此黄侃也用短线表示它们在文法上是连续的。如《小雅·六月》"王于出征,以匡王国",在"于"与"出"之间加短线。郑《笺》云:"于,曰;匡,正也。王曰:今女出征狎狁,以正王国之封畿。"《正义》曰:"毛以为(下略)王于是出行征伐,以匡正王之国也。"又曰:"郑以王不自亲征,吉甫述王之辞,故言'王曰';毛氏于《诗》言'于'者多为於、为往,所以为王自征耳。"②黄侃此据毛义标识,又各于两句末尾左旁加圆点,表示毛郑异义,参见下文第 11 条。

其三,有些句子中的字词组合在文法上需作区分,黄侃在它们中间使用点进行标识。黄侃的学生武酉山在听课日记中,曾记下《商颂·玄鸟》的一个例子,黄侃说"天命玄鸟,降而生商",按文义当于"天命"绝句,"玄鸟降"绝句,"而生商"绝句。③　今检其手批《毛诗》,即在此三处下加点,又于"鸟"和"降"之间施短线。④　又如《大雅·文王》"穆穆文王,于缉熙敬止",在"穆穆""于""缉熙"之下加点。⑤　按《传》:"穆穆,美也。缉熙,光明也。"《笺》:"穆穆乎文王,有天子之容;于美乎,又能敬其光明之德。"可知,"穆穆""于""缉熙"等在文法上各成一体。又《大明》"挚仲氏任",黄侃于"挚""仲"之下加点。⑥　毛《传》云"挚国任姓之中女也",郑《笺》云"挚国中女曰大任",《正义》曰:"言有挚国之中女,其氏姓曰任。"又曰:"以文势累之,任姓,仲字,故知挚为国也。"⑦依注疏之意,则"挚"指国名,"仲"为字,"氏姓曰任"。"氏"当与下"任"字为义,不应理解为"仲氏"。黄侃通过这一标记,使得这类容易为人混淆的文法都明朗起来了。

其四,加点区分文法也在句子与句子之间使用。黄侃标识文法句,既通过在音节句之间施短线以连接成文法句,也采用在文法句的始末加点直接进行区别,两者可以同时使用而后者更普遍。如上文《文心雕龙札记》所举《鄘风·定之方中》,手批《毛诗》在"树之榛栗"与"椅桐梓漆"之间施短线,又各在二句的始末加点;《七月》"十月纳禾稼,黍稷重穋,禾麻菽麦"三个音节句中间则并未加短线,而是在"十月纳禾稼"及"禾麻菽麦"的首尾各加点。⑧

由上可知,黄侃不仅在句子之间加短线(—),也在字词之间使用,而短线均表示文法上的连续性;同时,点(、)也在词句中共同使用,均表示文法上的区

---

①　参见罗邦柱《黄侃与经书》,《五邑大学学报(综合版)》1989 年第 3 卷第 1.2 期,第 40 页。

②　《手批毛诗》,第 74 页;《毛诗正义》卷十之二,第 424 页中一下。

③　武酉山《追悼黄季刚师》,日记在 1932 年 7 月 13 日,见《量守庐学记》,第 98 页。

④　《手批毛诗》,第 144 页。

⑤　同上书,第 107 页。

⑥　同上书,第 108 页。

⑦　《毛诗正义》卷一六之二,第 507 页上。

⑧　《手批毛诗》,第 22、62 页。

分性。黄侃通过对《毛诗》全文施加这两类符号,不仅使得诗句与诗句之间的文法关系十分明晰,而且句子内部字词组合的文法情况也得到细节处理。黄侃曾推荐弟子们先读《毛诗注疏》,他说:"《诗疏》,一可以得名物训诂,二可通文法(较读近人《马氏文通》高百倍矣)。"①这话与他对《毛诗》文法句读之细密正相辉映。

黄批《毛诗》的文法句读层次精细,有时需注意到两种符号同时在句子与字词中复合叠加。黄侃曾讲道:"《诗》《书》用字及文法之构造,与他经不同","《诗经》最难句读,《书经》最难解释"。② 如《周颂·般》"隋山乔岳,允犹翕河",《传》:"堕山,山之隋隋小者也。翕,合也。"《笺》:"乔,高。犹,图也。""小山及高岳,皆信案山川之图而次序祭之。河言合者,河自大陆之北敷为九,祭者合为一。"③黄侃说,在文法上"隋山乔岳允犹"六字宜为一句,"翕河"二字宜为一句。④ 所以,他把上下两个音节句用短线连接起来,又分别在"犹"和"河"字下加点,使之分成两个小的文法句,这是在句子层面的使用。此外,上句"隋山""乔岳""允"和下句"翕"之下加点,表示文法句内部字词的区分。为了避免混淆,句子层次的"点"偏右下角,用粗形顿点;而字词间的"点"位置在正中,用小圆点。又在"允"与"犹"、"翕"与"河"之间用短线连接,表示出它们在短语层面又是一体的。⑤

3. 凡于字词间用弧线(形似"(")相连者,表示倒装,或表《传》《笺》补足经意。

4. 凡于上句右上角与下句左下角分加引号(「」)者,表示此为诗人代述之词。

5. 凡于句尾右旁加斜线(/)者,表示反问句,或表设问句。

以上均详见黄焯《说明》,这三类符号也可属文法句读的范围。黄侃说:"《尚书》《仪礼》两经,向来号称难读,《诗经》四字句多,人皆以为易读。其实,《诗经》句读,在音节和文义两方面应该区别开来。"⑥可见黄侃的句读并没有停留在明白易晓的四字一读的音节上,而是通过使用多种文法句读,揭示出《诗

---

① 黄侃讲,黄席群、闵孝吉记《量守庐讲学二记》,张晖编《量守庐学记续编》,北京:生活·读书·新知三联书店,2006年,第10页。

② 黄侃讲,黄焯记《黄先生语录》,《量守庐学记续编》,第8页;武酉山《追悼黄季刚师》,《量守庐学记》,第98页。

③ 《毛诗正义》卷一九之四,第605页中。

④ 黄焯《季刚先生生平及其著述》,《量守庐学记》,第31页。

⑤ 《手批毛诗》,第139页。

⑥ 黄焯《季刚先生生平及其著述》,《量守庐学记》,第30—31页。

经》复杂难懂的文法构造。①

其中,第五条涉及《诗》的"不"字句,即关于"反问"的问题,清代以来争议尤多。《诗经》中的有些"不"字,王引之、俞樾等认为用作语词,而非反问。近人又指出,"不"的用法,有本义"蓓蕾"、有引申义"大"(与"丕"通)、有否定副词,一共三类。② 但是,黄侃标识反问句的原则,据黄焯解释说:"系依毛传、郑笺或孔疏而定。"③所以,这些被重新认定作语词、本义、引申义、否定副词等的"不"字句,依然据注疏标为反问句。

此外,对于个别传笺异义的句子,也同样进行"反问"的标记。如《小雅·常棣》"常棣之华,鄂不韡韡",《传》云:"鄂犹鄂鄂然,言外发也。韡韡,光明也。"《笺》云:"承华者曰鄂。不当作柎,柎,鄂足也。鄂足得华之光明,则韡韡然盛。"《正义》曰:"毛以为:常棣之木华鄂鄂然外发之时,岂不韡韡而光明乎?""郑以为:华下有鄂,鄂下有柎,言常棣之华与鄂、柎韡韡然甚光明也。"是毛《传》以"鄂不韡韡"为反问句,而郑易"不"为实词"柎"。④ 黄批则仍据《传》,于句末"韡"字右旁加斜线。

最后,还有一些例外需要注意,"句尾右旁加斜线"在《毛诗》的起始部分,也曾标记过"设问句"。如《召南·采蘩》《采苹》中的"于以"等句,句尾右旁加斜线,但均非反问句。大概由于此类设问句与文义无关,故此后黄侃不再标识。

6.凡于句子右旁加长线(——)者,表示兴义。

此点已见黄焯《说明》,黄侃也提到:"诗文赋、比易知,兴理难识,故毛《传》特发'兴也'之辞,然亦多省略。是编于毛所见称或未明言,均为推迹标明。"⑤那么,对于毛传所未明言的兴义,黄侃是如何推迹的呢?黄侃《文心雕龙札记·比兴》说:"孟子云:学诗者以意逆志。此说施之说解已具之后,诚为谠言,若乃兴义深婉,不明诗人本所以作,而辄事探求,则穿凿之弊固将滋多于此矣。"⑥可见黄侃充分认识到探求兴义需要审慎,因此,他应该主要依据郑笺来补足"毛未明言"之兴。

---

① 按:其句例,又可参蒋重母对《大雅·思齐》"古之人无斁,誉髦斯士"一句的分析,氏著《论语法理论在古籍阅读中的重要作用》,《苏州科技学院学报(社会科学版)》2010年第1期,第54页。
② 参见黄德宽《〈诗经〉"不"字疑义》,《安徽大学学报(哲学社会科学版)》1985年第4期,第78—82页。
③ 黄焯《符识说明》,第5页。
④ 《手批毛诗》,第67页;《毛诗正义》卷九之二,第408页上。
⑤ 黄侃《手批毛诗提要》,第3页。黄侃《文心雕龙札记·比兴》也说:"毛《传》特言'兴也',为其理隐故也。"第212页。
⑥ 黄侃《文心雕龙札记·比兴》,第211页。

如《小雅·四月》"四月维夏,六月徂暑",黄侃于两句右旁加长线。[①] 毛《传》:"徂,往也。六月火星中,暑盛而往矣。"郑《笺》:"徂犹始也。四月立夏矣,至六月乃始盛暑。兴人为恶亦有渐,非一朝一夕。"[②] 黄侃《诗经序传笺略例》将此例视作"传不言兴笺言兴"[③],可知其据郑《笺》标识。

7. 凡于句子左下角加横斜线(近"/"角度偏小)者,表示"故言"所分章句。

其例如"《关雎》五章,章四句;故言三章,一章四句,二章章八句"。所以,黄侃据"故言"在第一章第四句"君子好逑"句尾、第二章第八句"辗转反侧"句尾、第三章第八句"钟鼓乐之"句尾的左下角均加斜线,以示分章不同。[④] 据《释文》说:"五章是郑所分,故言以下是毛公本意,后放此。"[⑤]分章的不同,实际涉及毛、郑对整个诗篇的结构认识差异,已有学者对毛、郑分章的经学内涵进行了阐发。[⑥] 黄侃对章句的关注,不可等闲视之。

8. 凡于篇题正上施圈(○)者,表示"刺诗"。

《毛诗》有风、雅、颂,风雅又分正风、正雅与变风、变雅。变风、变雅即有美刺之别。黄侃于篇题正上加圈之诗,全属变风、变雅中的"刺诗"。因此,三"颂"与周南、召南(正风),以及《鹿鸣》至《菁菁者莪》(正小雅)、《文王》至《卷阿》(正大雅)之诗,都没有施圈。此外,"美诗"如豳变风七首全、变大雅《云汉》至《常武》,也都不加圈。而有圈者无一例外为"刺诗",然而,变风与变小雅中还有不少刺诗未标识。

如《齐风·东方之日》:"刺衰也。君臣失道,男女淫奔,不能以礼化也。"又《东方未明》:"刺无节也。朝廷兴居无节,号令不时,挈壶氏不能掌其职焉。"[⑦] 两诗均为刺诗,而《东方之日》篇题则没有标记。变小雅如《沔水》"规宣王也"、《鹤鸣》"诲宣王也",而后者不加圈;又《祈父》"刺宣王也"、《黄鸟》"刺宣王也",二者全同而后者也不加圈。[⑧] 可见,篇题施圈虽全为刺诗,但其中或许还有进一步的筛选条件需要探索。

9. 凡于字之右旁加实心小三角(似"◀")者,表示郑《笺》改字。

此类如《关雎》"君子好逑","逑"字右旁加实心小三角。郑《笺》:"怨耦曰仇。"《校勘记》曰:"凡笺于经字以为假借者,多不言'读为',而显其为假借有二

---

① 《手批毛诗》,第 91 页。
② 《毛诗正义》卷一三之一,第 462 页中。
③ 黄侃遗著《诗经序传笺略例》,《兰州大学学报(社会科学版)》1982 年第 3 期,第 78 页。
④ 《手批毛诗》,第 2 页。
⑤ 《毛诗正义》卷一之一,第 274 页中。
⑥ 参见李霖对《大雅·思齐》毛郑分章之异的讨论,氏著《从〈大雅·思齐〉看郑玄解〈诗〉的原则》,《中国经学》第十五辑,桂林:广西师范大学出版社,2015 年,第 57—82 页。
⑦ 《手批毛诗》,第 41 页。
⑧ 同上书,第 78、79 页。

例焉。一则仍用经字,但于训诂中显之。……一则于训释中竟改其字以显之,如此经之'逑',笺则曰'怨耦曰仇',以'逑'为'仇'之假借。"①按《诗序》"哀窈窕,思贤才,而无伤善之心焉",《笺》云"无伤善之心,谓'好逑'也",是郑所见经文作"逑"而非"仇",于训释中径改其字。

然如《邶风·谷风》"泾以渭浊,湜湜其止",《笺》云"小渚曰沚";《北风》"其虚其邪,既亟只且",《笺》云"邪读如徐"。② 此类均没有实心小三角符号,未审其由。或者虽属郑笺易字,而与毛传并不相关,故不为之标识乎? 如上举二例,《传》均无明说。而《召南·野外有死麕》"白茅纯束",《传》曰"纯束犹包之也",《笺》云"纯读如屯";《郑风·大叔于田》"叔善射忌",《传》曰"忌,辞也",《笺》云"忌读如'彼己之子'之己",则皆有相应的符号标记。此类毛均不破字,而郑笺申《传》,显明假借。③

10. 凡于字之右旁加空心小三角(似"◁")者,表示此字有异文。

此点已见黄焯《说明》,黄侃也说"异文、旧说,均加符识"④。而且,所校异文均非后世版刻异文。

其一,据古本标识。如《周南·葛覃》序:"葛覃,后妃之本也。后妃在父母家,则志在于女功之事,躬俭节用,服澣濯之衣,尊敬师傅,则可以归安父母,化天下以妇道也。"黄侃于覃、母、澣、化四字的右旁均加空心小三角。⑤ 按《释文》:"覃,本亦作蕈";"澣,本又作浣"。《正义》云:定本"后妃在父母家"无"之"字,"化天下以妇道"无"成"字。⑥ 是定本"母"下无之字,"化"下无成字。又《周颂·我将》"既右飨之",右、飨二字右旁均加空心小三角,按山井鼎《诗经考文》云:"古本'右飨'作'佑享'。"⑦

其二,据经书、小学、史部、集部等文献所引标记。以《小雅·鹿鸣》为例⑧,如"君子是则是傚",《左传·昭公七年》引《诗》曰:君子是则是效,蔡邕《郭有道碑》等同;"呦呦鹿鸣",《说文》:呦,鹿声也,或作欧,又《玉篇·口部》:《诗》云呦呦鹿鸣,呦亦作欧;"嘉宾式燕以敖",《列女传》引《诗》曰:嘉宾式燕以乐;"吹笙鼓簧",《白氏六帖》引《诗》曰:吹笙鼓篁;"视民不恌"之"恌",张衡《东京赋》:示

---

① 《毛诗正义》卷一之一,第275页下。
② 《手批毛诗》,第15页、18页。参见〔清〕陈乔枞《毛诗郑笺改字说》,〔清〕王先谦编《皇清经解续编》卷一六〇,南京:凤凰出版社,2005年影印本,第5766页下、5767页上。
③ 《手批毛诗》,第10、33页。参见〔清〕陈乔枞《毛诗郑笺改字说》,《皇清经解续编》卷一六〇,第5766页中、5768页上。
④ 《手批毛诗提要》,第3页。
⑤ 《手批毛诗》,第2页。
⑥ 《毛诗正义》卷一之二,第276页中。
⑦ 参见〔清〕陈乔枞《四家诗异文考》,《皇清经解续编》卷一六一,第5852页下。
⑧ 《手批毛诗》,第66页。

民不偷，又《说文》:《诗》曰视民不佻，《玉篇·人部》引同。① 黄侃在这些异文的右旁均加空心小三角。

其三，今文三家《诗》所产生的异文。如《召南·摽有梅》诗题之"梅"，《释文》云:"梅，木名也，《韩诗》作楳。"又《大雅·生民》"荓厥丰草"之"荓"，《释文》云:"荓音拂，《韩诗》作拂。"这些例子都不存在古本或他书所引有异文，可知是据《韩诗》标识。② 由于《齐诗》早亡，《鲁诗》不过江东，故所标多为《韩诗》异文。③

其四，疑似遗漏的异文。如段玉裁《诗经小学》引《玉篇》曰:"关关，和鸣也，或为咽。"④黄侃于《关雎》中全无标识，缘由不详。黄侃《广韵校录》中则以此异文为别字，云"'关'之别，实'咽'之别"。⑤ 又《大雅·大明》"倪天之妹"无标记，倪，《释文》云《韩诗》作磬"，《正义》亦曰"此倪字，《韩诗》文作磬"。⑥

11. 凡于字、句之左旁加圆点(·)者，表示毛、郑异义。

此条黄焯《说明》已言及，同时认为也表示"毛、郑异字"，举例"好逑"之"逑"，郑作"仇"。⑦ 此说非是，已辨于上。前辈学者云，"经字之形，毛、郑不容有异"⑧，是也。黄侃亦不立"毛、郑异字"之说，故本文不采黄焯此言。又，毛、郑异义往往涉及《诗序》和诗篇结构等深层问题，与本篇主旨关涉不大，故以下从略。

按《关雎》"窈窕淑女，君子好逑"，黄侃于"女""好逑"三字之左旁均加圆点。⑨ 毛《传》曰:"言后妃有关雎之德，是幽闲贞专之善女，宜为君子之好匹。"郑《笺》云:"怨耦曰仇。言后妃之德和谐，则幽闲处深宫贞专之善女，能为君子和好众妾之怨者。言皆化后妃之德，不嫉妒，谓三夫人以下。"《释文》云:"好，毛如字，郑呼报反。"⑩毛郑"好逑"异义为人熟知。至于"窈窕淑女"，毛公指为"后妃"，而郑玄以为"谓三夫人以下"。毛说后妃"是幽闲贞专之善女"，而郑易为"则"，是毛、郑异义也。

又"参差荇菜，左右流之。窈窕淑女，寤寐求之"，黄侃于"菜""左右"、上

---

① 参见〔清〕陈乔枞《四家诗异文考》,《皇清经解续编》卷一六一，第5813页上、中。
② 同上书，第5784页下、5841页上。
③ 参见吴承仕撰，秦青点校《经典释文序录疏证》，北京:中华书局，1984年，第90—91页。
④ 〔清〕段玉裁《诗经小学》,《诗经小学二种》，桂林:广西师范大学出版社，2019年影印本，第5页。
⑤ 黄侃《广韵校录》，北京:中华书局，2006年，第324页。
⑥ 《毛诗正义》卷一六之二，第507页中。
⑦ 黄焯《符识说明》，第5—6页。
⑧ 《毛诗注疏校勘记》卷四之三"山有乔松"条，《十三经注疏(附校勘记)》，第343页下。
⑨ 《手批毛诗》，第2页。
⑩ 《毛诗正义》卷一之一，第273页中。

"之"、下"之"左旁均加圆点。① 按《传》:"后妃有关雎之德,乃能共荇菜、备庶物,以事宗庙也。"《笺》:"左右,助也。言后妃将共荇菜之菹,必有助而求之者,言三夫人、九嫔以下,皆乐后妃之事。"《释文》:"左右,王申毛如字,郑上音佐、下音佑。"②"左右"异义已详,以下先说"参差荇菜,左右流之"。

《正义》云:"毛以为……后妃言:此参差然不齐之荇菜,须嫔妾左右佐助而求之。由此之故,思求淑女窈窕然幽闲贞专之善女,后妃寤寐之时常求之也。○郑以为……后妃将共参差之荇菜以事宗庙之时,则嫔御之等皆竞佐助后妃而求之,言皆乐后妃之事。既言乐助后妃,然后倒本其事。后妃今日所以得佐助者,由此幽闲之善女未得之时,后妃于觉寐之中常求之,欲与之共己职事,故得之也。"③黄侃曰:"雎鸠、荇菜,《传》意皆为发兴之词。"然黄侃于"荇菜"句未标兴义,焯又言"《笺》以采荇菜为实事",此说是也。④ 按黄侃于"参差荇菜,左右流之"上下句角加引号(「」),可知其认同《正义》所说,毛以此两句为诗人代后妃所述之词。而郑玄以为"言后妃将共荇菜之菹,必有助而求之者",是描述之词,即黄焯所谓"实事",而非假设之词。

上章"窈窕淑女,君子好逑",毛、郑于"窈窕淑女"异义,故黄侃为之标明。此"窈窕淑女",毛、郑均理解作"嫔妾""嫔御"之等,因此黄侃不标。由上引《正义》可知,毛以上二句与下二句为递进关系("由此之故"),而郑以为"既言乐助后妃,然后倒本其事",是毛、郑异义也。因此,在各自的结尾处,上下两"之"左旁施加圆点。

综上可见,毛、郑异义实际可分为两类情况,即具体的字词与整体的诗句。前者如"好逑"和"左右",黄侃直接在相应字词的左旁正中加圆点;后者如"窈窕淑女""参差荇菜,左右流之",此类则在诗句句尾的左下角加圆点,表示不是句尾一字有异义,而是整体诗句异义。因此,"字之左旁加圆点",根据毛、郑异义的具体类型,又小有不同。不过,由于一字的空间有限以及手批的误差,左下与正中的区别有时并不明显,终究应据异义的具体实情,来理解符号的所指。

12. 凡于字、句之右旁加圆点(·)者,表示毛诗学他说。

黄侃《手批毛诗提要》说:"异文、旧说,均加符识。"可知,他所作的标识中应有专门针对"旧说"的符号。那么,他所指的"旧说"具体内涵是什么呢?据研究者分析,黄侃对于《左传》异说的标识,分成三传解说的异义、见于他书的

---

① 《手批毛诗》,第 2 页。
② 《毛诗正义》卷一之一,第 273 页下。
③ 同上书,第 274 页上。
④ 黄焯《诗疏平议》,武汉:武汉大学出版社,2013 年,第 13 页。

异说及左氏汉师旧说三类,且分别使用了不同的符号来表示。① 但是,对于《毛诗》的异义,虽然也可以分出好几类来,然而黄侃基本限定在对王肃经说的标识。此外,还标有小部分马融、孙毓等人的诗说。马融、王肃均注《毛诗》,孙毓有《毛诗异同评》,三家皆属毛诗学。② 更值得注意的是,我们还没有看到黄侃对于"三家诗说"及"他书异说"的标识。

其一,黄侃所标他说基本属于王肃。可以《秦风》为例证。③《秦风》一共十篇,其中,字句右旁加圆点的诗篇有七首,全部是关于王肃的经说。如《车邻》序:"车邻,美秦仲也。秦仲始大,有车马礼乐侍御之好焉。"黄侃在"大"及"焉"字的右旁加圆点,《正义》引"王肃云:秦为附庸,世处西戎。秦仲修德,为宣王大夫,遂诛西戎,是以始大。"又《释文》:"'始大'绝句,或连下句,非。"《驷驖》"公之媚子,从公于狩","子"字右旁加圆点,《正义》曰:"谓之'媚子'者,王肃云:卿大夫称子。"《小戎》"小戎俴收","收"字右旁加圆点,《释文》:"小戎,王云:驾两马者。"《蒹葭》"所谓伊人,在水一方","方"字右旁加圆点,《传》:"伊,维也。一方难至矣。"《正义》引"王肃云:维得人之道,乃在水之一方,一方难至矣。水以喻礼乐,能用礼,则至于道也"。《晨风》"山有苞栎,隰有六驳","驳"字右旁加圆点,《传》:"栎,木也。驳如马,倨牙,食虎豹。"《正义》引"王肃云:言六,据所见而言也。倨牙者,盖谓其牙倨曲也。言山有木、隰有兽,喻国君宜有贤也"。《无衣》"岂曰无衣,与子同袍。王于兴师,修我戈矛,与子同仇","袍""师"二字右旁加圆点,《正义》引"王肃云:岂谓子无衣乎?乐有是袍与子为朋友同共弊之。以兴上与百姓同欲,则百姓乐致其死,如朋友乐同衣袍也"。又引"王肃云:疾其好攻战,不由王命,故思王兴师"。《权舆》"于我乎,夏屋渠渠,今也每食无余","余"字右旁加圆点,《正义》引"王肃云:屋则立之于先君,食则受之于今君,故居大屋而食无余"④。惟有《小戎》"龙盾之合",《传》云:"龙盾,画龙其盾也。合,合而载之。"《正义》亦引"王肃云:合而载之,以为车蔽也"⑤。黄侃于"龙盾之合"全句无任何墨笔标识,也许正因为王说乃解《传》文,而非直接针对经文吧。

其二,标识马融、孙毓等人的诗说。《黄侃日记》曾提到,《白文十三经》"此书予用功甚苦,当时读《注疏》《释文》,所见皆标记于此册之上"⑥,可知黄侃的

① 方韬、刘丽群《黄侃手批〈左传〉初探》,《文史》2017 年第 3 辑,第 278—283 页。
② 参见吴承仕《经典释文序录疏证》,第 91—92 页。
③《手批毛诗》,第 51—55 页。按:笔者此外全篇核对之《王风》《郑风》《小雅·鹿鸣之什》,情况与之相同。
④《毛诗正义》卷六之三、六之四,第 368 页下—374 页下。
⑤《毛诗正义》卷六之三,第 370 页下。参见〔清〕黄奭辑《毛诗王肃注》,古风主编《经学辑佚文献汇编》第 9 册,北京:国家图书馆出版社,2010 年,第 105 页下。
⑥ 黄侃《戊辰十一月日记》"二十七日壬子"(1929 年 1 月 7 日),《黄侃日记》,第 396 页。

批点一般是在阅读《正义》和《释文》等后进行的。如《周南·关雎》"窈窕淑女,琴瑟友之","之"字右旁加圆点,《正义》云:"毛氏于《序》不破'哀'字,则此诗所言思求淑女而未得也。若得,则设琴瑟钟鼓以乐此淑女。故孙毓述毛云:思淑女之未得,以礼乐友乐之。"①所标经说应属孙毓。又《卫风·硕人》"施罛濊濊,鱣鲔发发","濊""发"二字右旁各加空心小三角,此下又各加圆点。② 我们知道前者是异文的符号。按毛《传》:"濊,施之水中",又"发发,盛貌";《释文》曰"濊,呼活反,马云:大鱼网,目大豁豁也",又"发,补末反,马云:鱼著网,尾发发然"。③ 是马融有他说。

其三,清代三家诗的辑佚成果突出,陈乔枞、王先谦等集其大成,但对于他们的辑佚方法和可靠性,学者多有不同意见。④ 然如《释文》等所明引为三家诗说者,则基本属众所公认。但是,黄侃标记他说,严守毛诗家法,不见其标识三家诗说。此外,如《左传》《礼记》《孟子》《史记》《汉书》等所见他说,以及所见经师旧说,也不在标记范围之内。

前者如《大雅·荡》"天不湎尔以酒,不义从式",《笺》云:"天不同女颜色以酒,有沉湎于酒者,是乃过也,不宜从而法行之。"《正义》曰:"《酒诰》注云:饮酒齐色曰湎。然则湎者,颜色湎然齐一之辞,故云'天不同汝颜色',亦谓湎为同色也。"而《释文》引"《韩诗》云:饮酒闭门不出客曰湎"⑤。是《韩诗》有异说,然而此句并无标识。⑥ 又《周颂·丝衣》"鼐鼎及鼒",此句右旁均不加圆点。⑦ 毛《传》云"大鼎谓之鼐",然《说文》引"《鲁诗》说鼐,小鼎",与毛说正相反。⑧

后者如《礼记·坊记》:"子云:利禄先死者而后生者,则民不偝;先亡者而后存者,则民可以托。《诗》云:先君之思,以畜寡人。"郑注云:"此卫夫人定姜之诗也。定姜无子,立庶子衎,是为献公。畜,孝也。献公无礼于定姜,定姜作诗,言献公当思先君定公,以孝于寡人。"《释文》:畜,"《毛诗》作勖。定姜之诗,此是《鲁诗》,《毛诗》为庄姜"。《正义》:"与《诗》注不同者,案《郑志》(曰)答炅

---

① 《毛诗正义》卷一之一,第274页中。参见〔清〕马国翰辑《毛诗异同评》,《经学辑佚文献汇编》第9册,第218页。

② 《手批毛诗》,第25页。

③ 《毛诗正义》卷一之二,第278页下。

④ 参见李霖《论陈乔枞与王先谦三家诗学之体系》,《儒家典籍与思想研究》第二辑,北京:北京大学出版社,2010年,第95—113页;虞万里《从熹平残石和竹简〈缁衣〉看清人四家〈诗〉研究》,《榆枋斋学林》,上海:华东师范大学出版社,2012年,第119—154页。按:黄侃《读通纬日记》己巳(1929年)八月十八日,云:"阅《三家诗疏》,非良书也。"(《黄侃日记》,第560页)不知与他对三家诗辑佚学的认识是否相关。

⑤ 《毛诗正义》卷一八之一,第553页中、下。

⑥ 《手批毛诗》,第120页。

⑦ 同上书,第138页。

⑧ 参见马宗霍《说文解字引经考》,台北:台湾学生书局,1971年,第644—645页。

模云：注《记》时（孰）就卢君，后得毛《传》，乃改之。"按此《邶风·燕燕》篇，《序》言"卫庄姜送归妾也"，《正义》亦引"《郑志》答炅模云：为《记》注时就卢君，先师亦然，后乃得毛公《传》，（记）〔既〕古书，义又〔且〕〔宜〕。然《记》注已行，不复改之"①。可见《燕燕》一篇，涉及《礼记》、《鲁诗》、卢植（卢君）、张恭祖（先师）等他说。② 但是，此句的墨批只在上下句之间施短线，以及"勖"字右旁加空心小三角，表示连读和异文。③

以上所举例子虽然十分有限，但就诸家所辑各类确属三家诗说者，及其广泛引及之群书所见诗说，与黄批《毛诗》相参验，所遇均无符号标识。而就《正义》《释文》所引之王肃等毛诗学经说，可以发现黄侃于字句右旁加圆点的诗句，与之若合符节。黄侃曾讲道："治经之法，先须专主一家之说，不宜旁骛诸家。继须兼通众家之说，而无所是非。"④从他对《毛诗》异说的标记来看，黄侃应是专守《毛诗》的，他所标"众家之说"也在毛诗学的范围以内。这与他的左氏学受之于刘师培，与刘之先祖《春秋左氏传旧注疏证》相似⑤，尽力收集贾、服等旧注及他书所引经说不同。

13. 凡于篇题相应书脚标"某之某"者，表示阮刻本系统所分卷次。

单经注本《毛诗》、单疏本《毛诗正义》、十行本《附释音毛诗注疏》，及魏了翁《毛诗要义》等，所分卷数各不同。⑥ 此据阮刻本标识，即十行本所分。

三　手批《毛诗》与黄侃学术

黄侃手批《毛诗》的重点在墨批符识，其中的精核又集中于文法和经义。我们知道，黄侃是在阅读《毛诗注疏》的过程中标识《白文十三经·毛诗》的，呈现给读者的是"经文"，而其依据则是《注疏》中的"传、笺、疏"等。手批《毛诗》的特色就是，"治经须先明家法，明家法自读唐人义疏始"⑦。无论是文法的句读、代述、反问、兴义等，还是郑笺改字、毛郑异义、毛诗学他说等经义，黄侃都

---

① 《礼记正义》卷五一，《十三经注疏（附校勘记）》，第1619页中—下；《毛诗正义》卷二之一，第298页下。按：二书《正义》所引《郑志》，文字均有误，据相应《校勘记》改，第1623页下、301页上。

② 参见〔清〕钱东垣校订《郑志》卷上，《丛书集成初编》第54册，北京：中华书局，2011年影印本，第26页。卢植《礼记注》，参见吴承仕《经典释文序录疏证》，第110—111页。

③ 《手批毛诗》，第12页。

④ 黄侃讲，黄焯记《黄先生语录》，《量守庐学记续编》，第6页。

⑤ 参见刘文淇《致沈钦韩书》，中国科学院历史研究所第一、二所资料室整理《春秋左氏传旧注疏证》附录一，北京：科学出版社，1959年。

⑥ 参见李霖《宋本群经义疏的编校与刊印》相应章节，北京：中华书局，2019年。《毛诗要义》见《续修四库全书》第56册《经部·诗类》，上海：上海古籍出版社，2002年。

⑦ 黄侃讲，黄焯记《黄先生语录》，《量守庐学记续编》，第8页。

贯彻治经宜先主一家之说,而家法、师说即在注疏中。所以,黄焯说:"他解释经义和为群经断句是以汉唐传注、正义为主要依据。"①以下我们就"文法句读均依注疏训诂"一点,对手批《毛诗》的特色稍加详论。

　　黄侃说:"古人训诂之作,即为欲通句读,盖一字之义不憭,即一句之义不明,此所以先训故于句读也。"②手批《毛诗》中所作的文法连读或区别,即建立于传、笺的训诂,或《正义》对它的引发之上。清人常以其小学训诂,批评汉儒对经文的训诂非"经之本义",甚至增字解经。③而黄侃认为"小学之训诂贵圆,而经学之训诂贵专。一则可因文义之联缀而曲畅旁通;一则宜依文立义而法有专守故尔"。例如毛《传》释"祁祁"一词,于《豳风·七月》"采蘩祁祁"训为众多,于《大雅·韩奕》"祁祁如云"训盛貌,而于《采蘩》之"被之祁祁"则训舒迟,盖皆由曲顾经义为说也。④所谓"经学之训诂贵专"即"宜依文立义而法有专守",传、笺专守的法是经义,所作的训诂性质则是经学的。在经义的结构之下,依文立义。⑤我们今天要读懂经学意义上的《毛诗》,其具体方法,黄侃说:"小学训诂宜自本文求之,而经文则自注疏求之。"⑥

　　据注疏得经学之训诂,依经学之训诂进行句读,即黄侃对师说与家法的理解。黄侃向问学的弟子们说:"《毛诗》分经、传、笺、疏四种。若单就本文任意解说,可人持一说,人生一意。……诗所以可以言,盖在立言有法,非任性言之也。毛传之价值等于《左传》、《公羊传》。夹衣不可无里,则经不可无传也明矣。郑笺亦不易明,有看似易知,而实不易知者。注⑦之妙用,在不肯放过一字、放过一事;虽有纰缪,亦必究其致缪之原。……至若今古文虽同时,却不可通。故治经必须笃守师说,虽文义了然,若无师说,亦必谬误。先之以训诂,继之以文义,文义既清,而后比较其说,观其会通。"⑧所强调的仍然是当据传、笺、疏以解经文,不可混淆今古文的师说,专主一家之训诂文义而后会通众说。

　　黄侃在写给弟子的信中,即提到一则《尚书》的句读之例。他说,《洛诰》

<hr>

　　①　黄焯、王庆元《略谈黄季刚先生对〈十三经〉白文的断句》,第220页。
　　②　黄焯撰集《训诂学笔记》,《黄侃国学讲义录》,第276页。
　　③　参见黄焯撰集《训诂学笔记》,《黄侃国学讲义录》,第268页。黄侃认为,"不增字解经,可以药唐宋以后诸儒之病,而不可以律汉儒。盖古人言辞质朴,有时非增字解之,不足以宣言意"。
　　④　参见黄焯撰集《训诂学笔记》,《黄侃国学讲义录》,第269—270页。
　　⑤　乔秀岩《郑学第一原理》提出,郑玄解经的方法是"结构取义",他说:"清人先确定实词词义,据以调整对经文结构及虚词的解释",而"郑玄先确认经文上下结构以及显示经文结构的虚词,据以调整实词词义"。参见[日]乔秀岩、叶纯芳《学术史读书记》,北京:生活·读书·新知三联书店,2019年,第128页。
　　⑥　黄侃讲,黄席群、闵孝吉记《量守庐讲学二记》,《量守庐学记续编》,第14页。
　　⑦　按:"注"字,疑作"疏"为是。又,黄侃说:"注疏之妙,在不放过经文一字。"见黄侃讲,黄焯记《黄先生语录》,《量守庐学记续编》,第10页。
　　⑧　黄侃讲,黄席群、闵孝吉记《量守庐讲学二记》,《量守庐学记续编》,第13页。

"今王即命（逗）曰（逗）记功（句）宗以功（逗）作元祀（句）"，"此在丛书本《尚书》断句尚不误，而侃前竟误读以'记功宗'为句。虽有所本，要不合于注疏也"。①因此，黄焯说手批《白文十三经》"于《周易》断句一依王注之说"，"于《尚书》句读，一以伪孔义为主。《毛诗》句读，则以毛传郑笺之义为据，《三礼》一依郑玄注，《左氏传》则唯杜预注是遵，《尔雅》则全依郭璞注"。②

　　黄侃手批白文《毛诗》，符识共计约二十二种，涉及问题广泛而区别严整。尤其在文法和经义方面，揭示出许多容易被忽视的细节，而批识从头贯尾将之展露殆尽。对于研究者来说，就像是一部分类索引，而初学者可以此为指南，获得阅读《注疏》和《释文》的方法。治经须先明家法，明家法自读唐人义疏始。《毛诗正义》底蕴深厚而内容繁复，黄侃精研数过，他据注疏对《毛诗》的文法及经学问题所作的标识，能够提点我们在阅读时如何关注和思考。黄侃弟子陆宗达说："看到这些符号，我就像回到季刚先生身边，仍在听他教授经学和小学。看到这些符号，我就像看到了季刚先生精密的思想。"③

　　一切学问自章句始，是黄侃学术方法的重要特色。④但对于其具体内涵和内在思路，我们所知不多，而此书则是这一方法的具体实践。黄焯云，先生"尝说：'学问文章宜以章句为始基；研究章句，就是研究小学。'他圈点《十三经》（白文本），除断句外，还加上许多符号，表明文内有多种不同的意义"。⑤经黄侃手批过的典籍，数量非常多，如《说文解字》《广韵》《尔雅义疏》《文选》等，为人所传知。其符识之多，与手批《毛诗》类似，甚者达四十余种。⑥因此，从黄侃手批本来看，所谓"章句"概念至为广泛，往往是以符号语言精读文献，涉及该学问的方方面面。章太炎言其"为学务精习，诵四史及群经义疏皆十余周，有所得，辄笺识其端，朱墨重沓，或涂剟至不可识"。⑦浏览黄侃的撰作计划"治尔雅之程序"，即可知与他批识书籍的方法相似度极高。⑧1934年夏，弟子们问学黄侃，其中也提到"用功之法，每人至少应圈点书籍五部"。⑨

　　黄侃如此强调在"读书"上下重功夫，实与他的学术主张关系极密。日本

① 黄焯《黄侃手批白文十三经·前言》，第5页。
② 同上书，第2页。
③ 陆宗达《季刚先生与〈手批白文十三经〉》，《黄侃纪念文集》，武汉：湖北人民出版社，1989年，第45页。
④ 黄侃《文心雕龙札记·章句》云："一切文辞学术，皆以章句为始基。"第153页。类似提法，又见其弟子黄焯、徐复等所述，《量守庐学记》，第30、136页。
⑤ 黄焯《季刚先生生平及其著述》，《量守庐学记》，第30页。
⑥ 参见黄焯《黄季刚先生遗著目录》，《量守庐学记》，第179—181页、183—184页。据黄焯说："《说文》中所施符识，用朱笔者有十余种，用墨笔者三十五种。"第180页。
⑦ 章太炎《黄季刚墓志铭》，《量守庐学记》，第2页。
⑧ 参见黄焯撰集《训诂学笔记》，《黄侃国学讲录》，第312—313页。
⑨ 黄侃讲，黄席群、闵孝吉记《量守庐讲学二记》，《量守庐学记续编》，第11页。

学者吉川幸次郎回忆对黄侃的拜访时,曾说:"从气象来看,他就是一位会思考、会读书的人,不是注重于书以外的资料,而是在书本之内认真用功的人。"并提及一句很有印象的话,即"中国学问的方法,不在于发现,而在于发明"。①这句富有个人学术见解的话,又叫"所贵乎学者,在乎发明,不在乎发见。今发见之学行,而发明之学替矣"。② 这其实是就当时的学术主流而提出的。黄侃曾因看王国维的《尚书》研究,写过一段牵涉面颇广的日记,对我们认识这一问题很有帮助。

黄侃1928年6月18日的日记说:"国维少不好读注疏,中年乃治经,仓皇立说,挟其辩给,以眩耀后生,非独一事之误而已。始西域出汉晋简纸,鸣沙石室发得臧书,洹上掊获龟甲有文字,清亡而内阁档案散落于外,诸言小学、校勘、地理、近世史事者,以为忽得异境,可陵傲前人,辐凑于斯,而国维幸得先见。罗振玉且著书且行贾,兼收浮誉利实,国维之助为多焉。要之,经史正文忽略不讲,而希冀发见新知以掩前古儒先,自矜曰:我不为古人奴,六经注我。此近日风气所趋,世或以整理国故之名予之,悬牛头,卖马脯,举秀才,不识书,信在于今矣。"③这段日记涉及的话题,可以简要分成三点:学术声誉与学术积淀、新资料与经史正文、发见新知与发明国故。

日记提到20世纪的四大重要资料发现,这些新资料本身均具有巨大的学术价值,王国维以二重证据法迅速获得突出成果,这种被称为"倾向资料主义"的罗王之学④,成为风气所趋并拥有广泛的学术声誉。黄侃主张学问须专精厉意积以岁年而得之,不可趋时或挟势力以行。他虽然也关注和阅读新资料,但始终以经史正文为本位,认为"凡新发见之物,必可助长旧学,但未能推翻旧学"⑤。新资料于发见之学是主导性的,常常超越和掩盖学者自身,并以拓展新知为主,而非对国故的发明。发明之学,当沉潜于经史正文,日积月累以得学问,"所谓扎硬寨、打死仗乃其正途,亦必如此,方有真知灼见"⑥。吉川氏即说,"发明"要求"对重要的书踏踏实实地用功细读,去发掘出其中的某种东西"。⑦

因为新资料本身的价值,及其不断的出现,必然使"发见之学"保持学术的主流地位。发见之学对新资料、新成果、新知识的要求,留给学术积淀的时间以及发明之学的空间越发狭窄。陈寅恪对学术潮流问题十分敏锐,他说:"一

①　[日]吉川幸次郎著,钱婉约译《我的留学记》,北京:光明日报出版社,1999年,第79页。
②　黄侃讲,黄焯记《黄先生语录》,《量守庐学记续编》,第2页。
③　黄侃《阅严辑全文日记》卷二(戊辰五月),《黄侃日记》,第302页。参见司马朝军、王文晖《黄侃年谱》,武汉:湖北人民出版社,2005年,第253—254页。按:"臧书"即"藏书",黄侃用古字。
④　[日]吉川幸次郎《我的留学记》,第79页。
⑤　黄侃讲,黄焯记《黄先生语录》,《量守庐学记续编》,第3页。
⑥　同上。
⑦　[日]吉川幸次郎《我的留学记》,第79页。

时代之学术,必有新材料与新问题。取用此材料,以研求问题,则为时代学术之新潮流。治学之士,得预于此潮流者,谓之预流。其未得预者,谓之未入流。此古今学术史之通义。"①这的确是学术潮流的客观事实,它更多地为材料与问题所左右,"预流"之学者得其借力,"未入流"的学者则被边缘化。同时,我们要注意到一种二律背反的事实,即时代的学术主流虽总是唯一的,但学术自身本是多元的。② 因此,非主流的学者不可避免地需要承受这种二律背反。黄侃对此也有自觉的意识,而他做出的选择是"学术废兴亦各有时,惟在学者不娴娴而已"③。这与陈氏所提倡的"独立之精神、自由之思想"却相契合。

吉川幸次郎拜访黄侃时,曾见到他正在批点的《周礼正义》,感叹于"第一次看到读书如此精细的学者"④。阅读黄侃手批《白文十三经》等书,我们也很感慨并好奇。因此,以上就黄侃的学术方法和学术主张稍加详论。这提醒我们在阅览此书时,不仅在《毛诗》学上可以得到指引和启发,也有黄侃笃守不移的学术精神供读者采择。而且,阅读并发掘手批《毛诗》的价值,也需要读者沉潜于读书,去细绎注疏,致力于发明经学固有的结构与家法。这或许需要以黄侃读书之法读其书吧。

(本文曾得到匿名评审专家详尽的审稿意见,受益良多,谨此致谢! 限于个人学力,不逮厚意之处,以及所有不足乃至错误,则全属笔者之责。)

附表

今将黄焯《手批白文十三经·符识说明》(简称《说明》)与本文所作《释例》,择要列两表格,以便参考比对。黄侃曾有《手批白文十三经提要》略述纲领,录其《毛诗》部分全文于此:"句读分文法及音节两种。异文、旧说,均加符识。诗文赋、比易知,兴理难识,故毛《传》特发'兴也'之辞,然亦多省略。是编于毛所见称或未明言,均为推迹标明。末计字数,引郑畋老曰'三万九千二百二十四字',欧阳公'读书法'作三十四字。"又下表"朱批符识"第 4 条、"墨批符识"第 1 条,"今释"中采择前人之说,用方括号"[]"标识,详见正文。

---

① 陈寅恪《陈垣敦煌劫余录序》,《金明馆丛稿二编》,北京:生活·读书·新知三联书店,2009 年第 2 版,第 266 页。
② 按:王国维主张"学无新旧、无中西、无有用无用",这一理性认识,并不能主导学术潮流与风气的客观规律,它始终只是个人的理想与坚持。参见氏著《国学丛刊序》,赵万里校辑《观堂别集》卷四,《王国维遗书》第 3 册,上海:上海书店,1983 年影印本,第 202—208 页。
③ 黄侃讲,黄焯记《黄先生语录》,《量守庐学记续编》,第 1 页。
④ [日]吉川幸次郎《我的留学记》,第 108 页。

表 1　朱批符识

	符识	位置	《说明》	今释
1	圈（○）	句旁	表断句。	句旁，在句子右旁；表音节句读。
2	点（、）	句中	表顿或逗。	表音节停顿； 或表文意划分，见《诗大序》。
3	半圈	字之四角	表四声。	半圈缺口朝向字心，有时无缺口；又或用圆点。
4	圆点（·）	字上	表此字真书体制与篆文有异，或古本与今本不同。	［又表《说文》未收之字］； 又"古本与今本不同"不应入此，见"墨批符识"第 10 条。
5	叉（×）	字上	表讹误或为衍文，并将所改之字录于书眉或字旁。	所改之字均录于书眉； 此分阮刻本原误与排印时新增之误；
6	反斜杠（＼）	字之右上方	表据别本补字，所补之字于书眉上注明。	所改依阮刻《校勘记》，但不详言所据，或记"石经改"者，谓唐开成石经初刻、后刻不同；
7	乙（形如"己"）	句中	表原为倒文，现予对调。	又倒文或用叉（×）。
8	方框（□）	句下	表空格	表空格，需分章。
9	短线（—）	两段文字之间	表上下文相连	表不当空格，并前后为一章。

表 2　墨批符识

	符识	位置	《说明》	今释
1	短线（—）	上句左下角与下句左上角	表上下句于文法需连读。	［又用于上下词之左下角与左上角］。
2	点（、）	句中	表顿或逗。	表文法区分，用于上下词、句之间。
3	弧线（形似"("）	上下两字	表倒装句，或表传笺补足经意。	同。

	符识	位置	《说明》	今释
4	引号（「」）	上下句角	表此类句为诗人代所咏之人述之之词。	同。
5	斜线（/）	句旁	表反问词，此系依毛传、郑笺或孔疏而定。	句旁，在句尾右旁；此不论毛、郑义异，均作标记；或表设问句，见《召南》。
6	长线（——）	句右旁	表兴义。	此系依毛传、郑笺标识。
7	横斜线（近"/"角度偏小）	句左下角	无	表"故言"所分章句。
8	圈（○）	篇题正上	无	表刺诗。
9	实心小三角（似"◀"）	字右旁	无	表郑笺改字。
10	空心小三角（似"◁"）	字旁	表此字有异文。	字旁，在字右旁；异文来源有三：古本（刻本以前）、他书所引、三家《诗》，又偶有遗漏。
11	圆点（·）	字左旁	表郑笺与毛传义异或字异。	经字之形，毛、郑不容有异，黄侃亦不立"毛、郑异字"之说；又毛、郑义分具体字词与整体诗句，故句之左旁也有此例。
12	圆点（·）	字句右旁	无	表毛诗学他说。
13	某之某	篇题书脚	无	表阮刻本所分卷次。

日本足利学校藏八行本《礼记正义》抄补卷底本考

——兼论元刊明修十行本《附释音礼记注疏》的修补

陈 伟*

【内容提要】 2021 年北京大学出版社影印日本足利学校所藏珍稀汉籍十四种,其中八行本《礼记正义》则属首次彩印,该书有八卷抄补内容更是首次面世。在将抄补卷与三种十行本《附释音礼记注疏》相应内容进行对校之后,可以认定抄补卷之底本当是元十行本《礼记注疏》。另有两页抄补内容,其底本则是足利学校所藏《礼记》古写本。通过文本对校,还可以发现元刊明修十行本《礼记注疏》经历了多次补版,虽然各个时期的补版文字皆有对有错,但整体而言,正德时期的补版讹误较多,嘉靖时期的补版质量最优。

【关键词】《礼记正义》 八行本 十行本 抄补 修补

南宋两浙东路常平茶盐司所刻诸经,以其半页八行,故称"八行本",又因其治所及刊刻之地绍兴旧称越州,故又有"越州本"之称。八行本是经注疏的首次合刻,在经书版本中占有极其重要的地位,是校勘经注及孔疏的最佳版本。今《周易》《尚书》《周礼》《礼记》《左传》《论语》《孟子》皆有八行本传世,但或完或阙,星散于中国大陆、台湾地区及日本。其中日本足利学校遗迹图书馆藏有《周易注疏》《尚书正义》《礼记正义》三部八行本。本文仅举《礼记正义》而言,主要对其抄补卷之底本进行考察,并在此过程中论及元刊明修十行本《附释音礼记注疏》的修补情况。

一 八行本《礼记正义》流传概况

南宋绍熙三年(1192)两浙东路茶盐司刊刻八行本《礼记正义》七十卷,今存两部并残卷若干。其中日本足利学校藏本(以下简称"足利本")存六十二

---

* 本文作者为河南大学文学院讲师。

卷,涩江全善、森立之《经籍访古志》著录此本,称:"卷三十三至四十缺逸,丰后僧一华以附释音本钞补。"①但翻检全书,可知其他卷亦有少量抄补页。足利本《礼记正义》每册前钤有"松竹清风"朱白文长方印,天头横书"此书不许出学校阃外""足利学校之公用也"等字样,各卷之末往往有"上杉安房守藤原宪实寄进"并花押,书末有绍熙三年(1192)黄唐题识及校正官衔名。黄唐之题识意义重大,澄清了经注疏萃为一编始于何时之公案。足利本卷五十五第八页版心下方镌有"庆元己未岁雕换"字样,可知此本并非绍熙三年(1192)初刻初印本,当是庆元五年(1199)以后的补刊重印本。足利本卷九、卷十、卷十七、卷三十一、卷三十二、卷四十三、卷四十五、卷四十六、卷四十七、卷五十一、卷五十七、卷五十八、卷六十四、卷六十六及卷六十八有少量朱笔校改,但抄补卷的朱笔校改现象则比较多。从笔迹来看,校改者与抄补者绝非同一人。2021年北京大学出版社《日本足利学校藏国宝及珍稀汉籍十四种》据以彩印,这是足利本《礼记正义》的首次彩印,共计六册,原书信息皆得呈现,甚益学林,笔者之考察即据此彩印本。

今国家图书馆亦藏有八行本《礼记正义》一部,七十卷全,间有阙页,但其刷印时间晚于足利本。"此本刻工有茅文龙、蒋佛老、陈琇、郑闰、何㞶、何庆、张阿狗、俞声等,皆元时杭州地区补版工人,证明元时曾修过版,此本亦即元时印本。"②国图藏本先后经孙承泽、季振宜、惠栋、吴用仪、孔继涵、盛昱、完颜景贤、袁克文、潘明训递藏,有惠栋、李盛铎、袁克文跋。此本归于潘明训后,1927年董康曾以珂罗版影印,同时又以木板影刻,2003年《中华再造善本》再据潘氏旧藏本影印。2014年北京大学出版社则将足利学校藏本(据胶卷)与董康珂罗版合印,上栏为足利本,下栏为珂罗版,但是此次合印并未呈现足利本中的抄补卷。八行本《礼记正义》另有残卷六部,乔秀岩先生在《影印南宋越刊八行本礼记正义编后记》中对其存卷及馆藏地点已作详细交代,兹不赘言。另据乔秀岩先生考证,虽然以上六部残卷馆藏于六处,"盖皆原属一帙,为晋府旧藏内阁大库本",并指出"此残部为明印本,时间晚于潘氏旧藏本",但"夹杂较早版片之印叶"。③

① 〔日〕涩江全善、森立之等撰,杜泽逊、班龙门点校《经籍访古志》,上海:上海古籍出版社,2017年,第36页。
② 中华再造善本工程编纂出版委员会《中华再造善本续编总目提要》(唐宋编),北京:国家图书馆出版社,2013年,第62页。
③ 参见乔秀岩《影印南宋越刊八行本礼记正义编后记》,见《影印南宋越刊八行本礼记正义》,北京:北京大学出版社,2014年,第1712—1714页。

二　足利学校藏八行本《礼记正义》抄补卷底本考

足利学校藏八行本《礼记正义》的抄补可以分成两种情况,其中卷三十三至卷四十为僧人一华所抄。除此之外,卷四十七第十七页及卷六十二第七页亦是补抄。从墨色、笔迹来看,这两页抄补当是同一人所为,但究竟出自谁手已不可考,不过其字体之工整远甚一华。下文笔者就两类抄补分别进行考察。

(一)卷四十七与卷六十二抄补页底本考

将潘氏旧藏八行本《礼记正义》与足利本抄补的这两页进行对比可以发现,所抄仅限于经注,而略去疏文。为明晰这两页的抄补底本,笔者将其与宋余仁仲本、宋抚州公使库本、宋蜀大字本、日本庆长元和间古活字印本、明嘉靖《三礼》本及清乾隆间翻刻相台岳氏本等诸多经注本的《礼记》进行了对校,发现皆有异文,当非抄补页之所据。但在核对山井鼎的校勘记之后,笔者发现抄补页之文字多与山井鼎所谓之"古本"相同,山井鼎校勘记如下:

> (1)"沿犹因述也",[古本]作"沿犹因也述也",足利本同。①
>
> (2)"名因其得天下之功"下,[古本]有"也"字,"名"[古本]作"各",足利本同。②
>
> (3)"乃後亲进为君言也","後"[古本]作"后","也"上[古本]有"之"字。③
>
> (4)"死而不负"下、"不信曰诬"下[古本]共有"也"字。④

以上四条校勘记所言之"古本",其文字与抄补页文字完全相同,而上述所列诸多经注本《礼记》此处文字则与抄补页不可尽合,故可以初步认定,这两页应当是据"古本"所抄。需要说明的是,山井鼎关于《礼记》的校勘,共有六条校记涉及这两张抄补页,另外两条是:

> (5)"与其数"下、"有功报焉"下、"教人者"下[古本]共有"也"字。⑤
>
> (6)"为事在其时也","为"[古本]作"奉",足利本作"举"。⑥

---

① [日]山井鼎撰,[日]物观补遗《七经孟子考文补遗·礼记》卷三十七,北京:国家图书馆出版社,2016年,第604页。

② [日]山井鼎撰,[日]物观补遗《七经孟子考文补遗·礼记》卷三十七,第604页。

③ [日]山井鼎撰,[日]物观补遗《七经孟子考文补遗·礼记》卷五十四,第671页。

④ 同上。

⑤ [日]山井鼎撰,[日]物观补遗《七经孟子考文补遗·礼记》卷三十七,第604页。

⑥ 同上书,第604页。

其中第五条校勘记称"有功报焉"下、"教人者"下，古本亦有"也"字，但是抄补页此二处之下并无"也"字，阮元《礼记注疏校勘记》"言顺天地之气与其数"条引卢文弨之语曰："足利古本'数'下有'也'字，《史记集解》同。"①此处仅言"数"下有"也"字，而并未提及另外二处亦有"也"字，故可能是抄者脱漏，或是山井鼎误校。第六条校勘记称"为"古本作"奉"，但抄补页则作"举"，有可能是形近而讹。不过就总体情况来看，抄补页文字与山井鼎所谓之"古本"是最接近的。山井鼎指称各本有特定词例，如所谓"足利本"即足利学校所印行之活字本，而所谓"古本"则是足利学校所藏之古写本。山井鼎在《七经孟子考文凡例》中称："有曰古本者，亦足利学所藏书写本也……《礼记》一通，十本……皆此方古博士家所传也。所以识者，其《礼记》书尾犹存永和年中清原良贤句读旧跋。"②另《足利学校贵重书目录》确实著录有"《礼记》，全十册，古写本，郑玄注"，③与山井鼎所言相合，且此本为经注本，这也正好解释了为何这两张抄补页没有疏文的现象。综上而言，这两张抄补页的底本应该就是足利学校所藏之古写本，而这个古写本出自清原家，或是据清原家藏本转抄，之后流入足利学校。八行本与该古写本皆是足利学校所藏，因此得以抄补，亦合情理。

（二）一华抄补卷底本考

八行本《礼记正义》原七十卷，足利本存六十二卷，涩江全善、森立之《经籍访古志》著录，称所阙卷三十三至卷四十为僧人一华补抄。长泽规矩也《足利学校贵重特别书目解题》亦称："卷三十三至四十，僧人一华据附释音本补抄……一华，文明、永禄间（原注：一四六九～一五六九）丰后万寿寺僧。"④足利本所阙的八卷内容，在附释音本为卷二十四至卷三十（共七卷），但抄补者为凑足七十卷之总数，又补抄了附释音本卷三十一《明堂位》的内容，因此在足利本中《明堂位》一卷重复。涩江全善和长泽规矩也都提到一华是据附释音本所抄，兹核校其行款和内容可知一华所据为十行附释音本。日本文明、永禄间相当于中国明朝成化五年（1469）至隆庆三年（1569），这一时期存在的十行附释音本有宋十行本、元十行本、元刊明正德修补十行本、元刊明正德嘉靖修补十行本。意欲明晰一华所据究竟为何种十行本，惟有通过文本校勘的方式进行验证。今宋十行本已不存，幸有清乾隆六十年（1795）和珅翻刻宋十行本可用，以下简称"和本"，今所据为日本内阁文库藏本。元十行本亦不存，则无从校

---

① 〔清〕阮元《礼记注疏校勘记》卷三十七，清嘉庆阮氏文选楼刻本，第6页。
② ［日］山井鼎撰，［日］物观补遗《七经孟子考文补遗》，第8页。
③ 足利学校遗迹图书馆《足利学校贵重书目录》，日本大正十四年（1925），第19页。
④ 转引自乔秀岩《影印南宋越刊八行本礼记正义编后记》，见《影印南宋越刊八行本礼记正义》，第1734页。

勘。元刊明正德修补十行本今存多部,兹采用日本静嘉堂文库藏本,以下简称
"静本"。元刊明正德嘉靖修补十行本今亦存多部,兹用刘盼遂旧藏本,今藏北
京市文物局,2006 年北京图书馆出版社《中华再造善本》影印北京市文物局藏
《十三经注疏》收入其中,为第 47—64 册,今据此本,以下简称"刘本"。

一华共抄补八卷,限于篇幅,难以尽校,兹仅以卷三十四(即十行附释音本
卷二十五)为例进行校勘。其中三种十行本多用正字,而抄补卷多用异体,如
郑(郑)、禮(礼)、與(与)、體(躰)、無(无)、廟(庙)、獻(献)、聲(声)、辭(辞)、靈
(灵)、學(斈或学)、號(号)、萬(万)、爾(尔)、澤(泽)、國(国)、龍(竜)、龜(亀)、
擇(択)、舉(举)、屬(属)、應(应)、雖(虽)、盡(尽)、稱(称)、邇(迩)、時(时)、德
(悳)等,诸如此类,不再出校。另摘句以抄补本为据,皆在第三册,出校文字以
下划线标识,"校改"为抄补卷中朱笔校改,校勘记见表1:

表 1

序号	位置	摘句	和本	静本	刘本	校改
1	499 页十行释文	繁,步于反		于	于	
2	500 页一行释文	燜,本又作膶	閭			
3	500 页六行疏	指其尊极清虚之体			青	
4	500 页九行疏	大微宫有五帝坐星			尾	
5	500 页十行疏	黑帝曰汁光纪			□大	
6	501 页二行疏	谓大皥炎帝黄帝五人之帝属			傳	
7	501 页三行疏	而郑氏以为二者			三	
8	501 页三行疏	是王不同	玉			玉
9	501 页九行疏	戴冕璪十有二旒			三	
10	502 页二行疏	后稷配天,见于周颂			道	
11	502 页五行疏	天有六天,岁有六祭	八			
12	502 页六行疏	崔氏以雪为常祭			雩	
13	502 页七行疏	郊祀裘冕,送逆尸	迎		迎	
14	502 页九行疏	其玉圆丘用苍璧			冬至	
15	502 页九行疏	西方用白琥			號	
16	503 页二行疏	其祭大之器则用陶匏	天		天	天
17	503 页六行疏	但不知之近者	远			
18	503 页九行疏	孝经纬云祭帝于南郊就阳位			二	
19	504 页四行疏	以武三配五人神	王	王	王	王

续表

序号	位置	摘句	和本	静本	刘本	校改
20	504 页五行疏	文上既尔	王		王	王
21	504 页七行疏	六变以降其神		祭	祭	
22	504 页八行疏	次则以豆荐丘腥	血	白	白	
23	504 页十行疏	大事于七庙,备五齐三酒	太			
24	505 页一行疏	是为二献也		三	三	
25	505 页一行疏	次尸食之讫		户		
26	505 页二行疏	王酌朝践之泛齐		乏		
27	505 页三行疏	其尸酢王以清酒		渚	渚	
28	505 页七行疏	皇氏以圆丘之癸	祭	祭	祭	
29	506 页三行疏	能氏云	熊	熊	熊	熊
30	506 页四行疏	然此郊特牲以下		■		
31	506 页九行疏	后稷贬于天		大		
32	506 页十行疏	熊氏云谓祭日月以下		不	不	
33	507 页一行疏	凡小祭祀,奉牛牲		生		
34	507 页一行疏	六宗五狱四渎之牛角尺	嶽			
35	507 页三行疏	故收人云	牧	牧	牧	
36	507 页四行疏	帝牛稷牛		皆		
37	507 页四行疏	牲与天同色也		□□		
38	507 页四行疏	其四月大雩		雲		
39	507 页六行疏	用玄牡者		牲		
40	507 页六行疏	各用当方之色		川		
41	507 页八行疏	凡外望毁事,用龙可也		有		
42	507 页八行疏	其常祀之牲则皆用	用牡			
43	507 页九行疏	稷是源隰之神	原		原	
44	508 页七行疏	熊氏云,大牢者		犬		
45	508 页八行疏	皇氏云,此直云大牢者		墨		
46	508 页八行疏	则总包饔饩飧积之等		■		
47	508 页八行疏	则总包饔饩飧积之等		食	食	
48	508 页九行疏	释郊所以用特牲		菜	菜	

续表

序号	位置	摘句	和本	静本	刘本	校改
49	509 页一行疏	不取大牢之意		太		
50	509 页二行疏	此易渐卦九三交辞云	爻		爻	
51	509 页三行疏	坎为文夫	丈			丈
52	509 页五行疏	故止一就也		二	二	
53	509 页七行疏	是节级相降以二		三	三	
54	509 页十行疏	小记,鼺辜为始	祀	祀	祀	
55	510 页二行疏	用血是贵血而不重味		□	贵	
56	510 页四行疏	王礼再裸而酢		玉		
57	510 页十行疏	虽设大牢之馔		■	礼	
58	511 页四行注	宾为苟敬			尊	
59	511 页六行疏	王君飨宾	主			主
60	511 页七行疏	故知诸侯相飨中	也			也
61	512 页一行疏	此谓诸侯遗卿来聘	遣	遣	遣	遣
62	512 页二行疏	虽是诸应合三重之席	侯		侯	侯
63	512 页三行疏	注三献至单也		二		
64	512 页三行疏	三献,卿大夫者		■		
65	512 页四行疏	君霸国之卿	若			若
66	512 页四行疏	君霸国之卿		■	大	大
67	512 页五行疏	杜元年凯云	凯注		凯注	凯注
68	512 页六行疏	宾为苟敬者			尊	
69	512 页六行疏	宾为苟敬			尊	
70	512 页七行疏	人臣不敢亵顿尊者		烦	烦	烦
71	512 页八行疏	言苟敬者			尊	
72	512 页八行疏	则燕时宾为苟敬			尊	
73	512 页九行疏	飨燕之,宾为苟敬			尊	
74	512 页九行疏	不为苟敬也			尊	
75	512 页十行疏	乃命宰夫为主人		■	大	
76	513 页四行疏	俎礼不具耳	但			
77	513 页五行疏	主夫为主人	宰			宰

序号	位置	摘句	和本	静本	刘本	校改
78	513 页十行注	此裼当为襦字之误也		宇		
79	515 页四行疏	凡大合乐，必遂养老		人		
80	515 页六行疏	熊氏云	能			
81	516 页六行疏	又少年陈五鼎	牢		牢	
82	516 页八行疏	司马以一俎羞羊肉湆		音	音	
83	516 页八行疏	益肉之俎也			成	
84	517 页四行释文	娄，力住反，本又作屡			屡	
85	518 页一行疏	主人饮毕，酌以酬宾			爵	
86	518 页三行疏	宾受爵，请旅大夫			於	
87	518 页八行疏	今奏此肆夏大乐者			飨道	
88	518 页八行疏	示主人和易			奏	
89	518 页九行疏	乃至主人献宾			爵	
90	519 页二行疏	或可飨时王君亲酬宾	主			主
91	519 页八行疏	凡合乐，升於升歌一等	降			
92	519 页八行疏	凡合乐，升於升歌一等		二	二	
93	519 页八行疏	王享燕元臣			正	
94	519 页十行疏	则天子飨燕侯伯子男			享	
95	520 页一行疏	案乡酒礼及燕礼	饮酒			饮酒
96	520 页五行疏	二是主人主酢饮毕乐阕也	受			受
97	520 页六行疏	将旅酬之时乐阕也			酢	
98	520 页七行疏	不得并数奠酬升歌乐阕也			爵	
99	520 页八行疏	独夏文在上			又	
100	520 页八行疏	天子燕飨己之臣子			享	
101	520 页十行疏	解所以不升笙之义也	堂			
102	520 页十行疏	匏，笙也	笙		笙	笙
103	522 页五行疏	王以表德	玉			玉
104	522 页五行疏	今将王加于束帛	玉			玉
105	523 页四行疏	元侯相语，亦得用之	飨			
106	523 页八行释文	使，色吏反		使	使	

续表

序号	位置	摘句	和本	静本	刘本	校改
107	524页九行注	公之弟公子庆父	庄公			庄公
108	525页八行疏	公子友如陈葬源仲	原			
109	525页八行疏	公病,问候于牙	後		後	後
110	525页十行疏	乡者牙曰,庆父材		才	才	
111	526页二行疏	共仲使卜齮贼公于武闱		■		
112	527页一行疏	懿王大子燮立		■		
113	527页七行注	天子外屏,诸侯内屏		■		
114	527页九行释文	於反爵焉		旅	旅	
115	528页五行疏	又诸侯祭用时玉牲	王			王
116	528页六行疏	宣八年万人去籥		夫		
117	528页六行疏	但不不得朱干设锡	不			
118	528页七行疏	今乃乘殷之大路		合	合	
119	528页九行疏	其祭统明堂所云皆天子礼乐		大		
120	529页一行疏	谓用金琢傅其盾背		使		傅
121	529页三行疏	蔽内外为敬也		丙蔽	丙蔽	
122	529页四行疏	坫在其南			尊	
123	529页四行疏	坫在其南		两		
124	529页六行疏	引管氏树塞门者		官		
125	529页七行疏	或云大夫以帷,士以帘		上		
126	529页七行疏	反爵之坫也者		及		
127	529页九行疏	则尊于两楹间		■		
128	529页十行疏	彼注云,其献酬之礼		故	故	
129	530页一行疏	反此虚爵於坫上		坫		
130	530页三行疏	义有疑,故具存焉		■		
131	530页四行疏	绡黼为领		绣	绣	
132	530页四行疏	云绣,读为绡		谓	谓	
133	530页五行疏	绡,绮属		■		
134	530页五行疏	故以绡为绡也	绣			绣
135	530页五行疏	谓於绡上而刺黼文也		不		

续表

序号	位置	摘句	和本	静本	刘本	校改
136	530 页九行疏	今为四命,得者素衣	著		著	著
137	530 页九行疏	但以绡黼丹朱		祖	祖	
138	530 页时行疏	故唐诗扬之水刺晋昭公微弱		時		
139	531 页三行疏	吴子寿梦卒		■		
140	531 页四行疏	北邑有宗庙先君之主曰都	凡	此	凡	凡
141	531 页七行疏	准礼,公子得祖先君		稷		
142	531 页八行疏	许慎谨案		贞		
143	531 页九行疏	与许慎同也		氏	氏	
144	532 页二行疏	天子继世而立		无		
145	532 页三行疏	所取法象		能	能	
146	532 页四行疏	故所尊之贤不过取二代而已		■		
147	532 页七行疏	恪者,敬也		格		
148	532 页八行疏	何得比夏阴之后		北		
149	532 页八行疏	左氏兼论三恪		格		
150	532 页八行疏	周之三恪越少昊高辛		格	格	
151	532 页十行经	故古者寓公不断世	继	继	继	
152	533 页五行疏	此一节论大夫君辟正君之事	臣			
153	533 页六行疏	不令稽首		下	下	
154	533 页十行注	小臣掌三公及孤卿之复逆也		孤	孤	
155	533 页十行疏	大夫至己也	夫			
156	534 页二行疏	皆无大夫之文		又		
157	534 页四行释文	欧,又作驱	殴			
158	534 页四行释文	欧,又作驱,同,起居反		文 君	文 君	
159	534 页五行注	神依仁也	人		人	人
160	534 页六行疏	裼是强鬼之名		君		
161	534 页六行疏	谓乡人驱逐此强鬼		遂		
162	534 页六行疏	于时驱逐此强鬼		以	以	
163	534 页十行释文	悦,始锐反		如	如	
164	535 页二行疏	故多善其两事相应		各	各	

续表

序号	位置	摘句	和本	静本	刘本	校改
165	535页六行疏	与男子出生县弧相以	似	似	似	似
166	535页十行疏	凡祭,必散七日	散齐			散齐
167	535页十行疏	不乐不吊		事	事	
168	536页三行注	绎又于其堂		室	室	
169	536页四行疏	朝市宜於市之东偏		徧	徧	
170	536页六行疏	今乃于庙门外东方		尸	尸	
171	536页七行疏	谓市内近东也		道	道	
172	536页八行疏	下文索祝祭于祊		祭	祀	
173	536页九行疏	又释宫云,闬谓之门		■■■		
174	536页九行疏	閟谓之门			门閟	
175	536页九行疏	孙炎云,谓庙门外		■■		
176	536页九行疏	礼器云		■诗		
177	536页九行疏	为祊于外	乎	乎	乎	
178	536页十行疏	以西是鬼神之位		■		
179	536页十行疏	绎是接尸之称		■		
180	537页一行疏	而大名曰绎者			犬	
181	537页二行疏	释天云	之	者	者	
182	537页二行疏	诗丝衣云		时		
183	537页三行疏	仪礼有司彻是上大夫傧尸也		■		
184	537页四行疏	旨酒思柔		其	其	
185	537页四行疏	在祭之明日		其	其	
186	537页六行疏	日侧而市以下		圆		
187	537页六行疏	皆周礼司市文		居凡	居凡	
188	537页六行疏	谓商贾家在於市城		旅	旅	
189	537页六行疏	贩夫贩妇朝资夕卖		败		
190	537页七行疏	皆言为主者		■		
191	537页八行疏	日昃,昳中也		如■		
192	537页九行释文	庸本亦作塘		■		
193	538页一行释文	大,音大	太			

序号	位置	摘句	和本	静本	刘本	校改
194	538 页九行注	丘,十六井也		并		
195	538 页九行注	或谓之乘		故	故	
196	539 页四行疏	甲是旬日之初始		月	月	
197	539 页四行疏	风雨至则万物生		期		
198	539 页七行疏	故呼其社为薄社也		殷都	殷都	
199	539 页十行疏	地须财财	产	产	产	
200	540 页五行疏	社事,祭社祀也	事			
201	540 页八行疏	唯祭社而使丘乘共于粢盛也		其	其	
202	540 页十行疏	结美报也			报结	
203	540 页十行疏	结美报也		结		
204	540 页十行疏	而丘乘共粢盛而反始	是			
205	541 页二行疏	以社为五土揔神		之	之	
206	541 页二行疏	稷有播种之功		播五谷	播五谷	
207	541 页三行疏	郑必以为此说者		论	论	
208	541 页三行疏	社祭土而主阴气		祭社	祭社	
209	541 页四行疏	别名曰稷		则	则	
210	541 页五行疏	祀社于国		祀		
211	541 页六行疏	故须云定位,躰有形	地		国	地
212	541 页七行疏	体有形		君	君	
213	541 页七行疏	大裘而冕		衮	衮	
214	541 页八行疏	又唯天子今庶民祭社	令		令	令
215	541 页九行疏	天子祭社		社稷	社稷	
216	542 页一行疏	尊卑既别		所	所	
217	542 页二行疏	尊卑不甚县绝		尽	尽	
218	542 页二行疏	孝经有配天明文		言	言	
219	542 页七行疏	名同而无异也	实			
220	541 页九行疏	各割其方色土与之		者	者	
221	542 页十行疏	则东方青南方赤之等是也		类	类	
222	542 页十行疏	其天子诸侯阶有二社者	皆	■	皆	

续表

序号	位置	摘句	和本	静本	刘本	校改
223	542 页十行疏	王为群姓立社		■		
224	543 页四行疏	则亳社在东也			邑	
225	544 页行一疏	故上师云	士	二	土	
226	544 页三行疏	稷坛在社坛西，俱北向			○	
227	544 页五行疏	封五土以为社			王	
228	544 页五行疏	故知社是上公			土	
229	544 页六行疏	玄驳之云			郑	
230	544 页六行疏	但言上公			伯 土	
231	544 页六行疏	岂上公也			土	
232	544 页七行疏	今孝经说			合	
233	544 页九行疏	宗伯以血祭祭社稷五祀五岳			岳四渎	
234	544 页九行疏	社稷之神若是句龙柱弃			社	
235	544 页十行疏	五变而致介物及土示	土		土	
236	544 页十行疏	土示，五土之揔神	土 土		土 土	
237	544 页十行疏	即谓社也			礼	
238	545 页二行疏	公卿大夫采地		郑		
239	545 页二行疏	此卿大夫祭社			公	公
240	545 页三行疏	丘乘是采地井田之制		并		
241	545 页四行疏	於祭酺，党祭禜	族			
242	545 页五行疏	但此文主于社		祭	祭	
243	546 页六行注	失五而获	伍			
244	546 页七行释文	守，手又反		于乎	守乎	
245	546 页十行疏	当为仲春也		□		
246	546 页十行疏	谓既焚之后		□		
247	547 页五行疏	求欲服其士卒之志		彼与	彼与	
248	547 页六行疏	言失伍得禽		但		
249	547 页六行疏	犹于犯命			为	为
250	547 页六行疏	以祭则受福者		则		
251	547 页七行疏	郑人铸刑书	刑	鉰	刑	

续表

序号	位置	摘句	和本	静本	刘本	校改
252	547 页八行疏	注历至误也		利	利	
253	547 页九行疏	谓士卒至前表而坐		■	列	列
254	547 页十行疏	未知春时亦然以否	与否	以蔡	以蔡	
255	547 页十行疏	云言祭社		春	春	
256	547 页十行疏	礼连前经祭社之事		祭	祭	
257	548 页一行疏	而民乃用火者		及	及	
258	548 页一行疏	案司爟云		懂	懂	
259	548 页四行疏	此一节明天子巡守祭天之礼	□			

将三种十行附释音本与抄补卷分别进行对校之后,可以发现上述所校一卷之中,和本与抄补卷共有异文 71 条,静本与抄补卷共有异文 157 条,刘本与抄补卷共有异文 150 条。上文虽仅校一卷,但窥斑见豹,可以推知,其他抄补卷的异文情况当大致如此。山井鼎《七经孟子考文补遗·礼记》称:"足利学宋板正义本三十三卷至四十卷中间八卷缺矣,今据其本卷首所记自上杉宪实寄置于本学之时既为尔也,其后有人补写足之,其标题曰'附释音礼记注疏卷第三十三',则与正德本稍相肖矣,而今正德本作卷第二十四,与嘉、万诸本无以异也。盖彼亦逐宋板卷数而妄改所据之本也,其说亦见于《明堂位》篇首,今比校之,讹谬相仍,固不足征也。"[①]山井鼎据其标题而称"与正德本稍相肖矣",山井鼎所谓的"正德本"即元刊明正德修补十行本,笔者所校之静本即修补至正德时期,二者是同一版本。从校勘结果来看,静本与抄补卷之间的异文是最多的,同时静本还存在大量墨钉,而抄补卷相应位置则皆有文字,按照抄配的惯例,补上墨钉处的文字是正常现象,但是以上所补文字应该也不是据正德本补充的,因为校勘结果表明,其所补之字绝大多数都是正确的,这与二者在其他地方存在大量异文是相矛盾的,因此笔者推测抄补卷之底本绝不是正德本。刘本则是在静本的基础上又进行了修补,其补版已至嘉靖时期,从上表校勘记可知,其对静本文字有所校订,但同时也增加了新的异文,因此抄补卷的底本也不可能是刘本。

上述校勘成果表明,抄补卷与和本的文字更接近。和本乃是据宋十行本翻刻而来,当然不排除其翻刻过程中有改字或误刻的现象,但总体应该差别不大,因此我们可以初步判断抄补卷文字更接近于宋十行本,但并不能藉此认定

---

① ［日］山井鼎撰,［日］物观补遗《七经孟子考文补遗·礼记》卷二十四,第 554 页。

一华抄补所据之底本就是宋十行本。因为笔者在将静本与抄补卷进行对校的过程中发现,十行本卷二十五共计二十五页,其中静本有七页为元代版面,分别是第一至三页、第九至十一页以及第二十三页。而这七页之中,其与抄补卷仅有七处异文,即上表中的第1、19、21、22、82、92、225七条校记,而且分析这七条校记还可以发现,其出现异文主要是因为字形相近,如"干"作"于"、"丘"作"白"、"潜"作"音"、"一"作"二"、"上"作"二"等。因此,笔者认为一华抄补所据之底本为元十行本的可能性较大。为了验证这种猜想,笔者翻检静本,另找出卷二十四第十七页;卷二十六第十七页、二十六页、二十八页、二十九页;卷二十七第三页、十页、十一页、十七页、十八页;卷三十第十一页、十二页、二十七页,共计十三页元代版面,将其与抄补卷相应页面进行对校,发现仅有异文10处(按:元代版面多有漫漶,这里仅校其字迹清晰处),摘句仍以抄补卷为据,胪举于下:

(1)第三册496页五行释文:跛,彼义皮。"皮",静本作"反"。

(2)第三册496页七行注:堂事俟尸。"尸",静本作"户"。

(3)第三册585页六行疏:此皆约士冠礼文。"士",静本作"上"。

(4)第三册608页五行疏:宾主之礼。"主",静本作"王"。

(5)第三册609页六行疏:引周礼醴齐缩酌者。"约",静本作"酌"。

(6)第三册632页五行疏:言此妻汝虽疏薄。"此",静本作"也"。

(7)第三册647页六行疏:注菱芰至次录。"菱",静本作"葰"。

(8)第四册118页六行疏:节者,以王为之。"王",静本作"玉"。

(9)第四册118页七行疏:故合云三也。"三",静本作"二"。

(10)第四册119页六行疏:谓士往诣卿。"诣",静本作"注"。

综上可知,二十页元代版面共有异文十七处,这个异文比例非常之低,而且这十条校记同前文七条一样,其出现异文皆是因为字形相近,抄写致讹,实属难免。因此我们有理由相信一华当是据元十行本《附释音礼记注疏》补足八行本《礼记正义》之阙卷。今查《足利学校贵重书目录》并未著录元十行本《礼记注疏》,因此一华所据之元十行本应该不是足利学校所藏。今虽未闻有元十行本《礼记注疏》传世,但可见一华抄补时尚存。

三　元刊明修十行本《附释音礼记注疏》的修补

元刊明修十行《十三经注疏》的补版情况十分复杂,但学者们已经厘清,如杨新勋《元十行本〈十三经注疏〉明修丛考——以〈论语注疏解经〉为中心》、李振聚《毛诗注疏版本研究》等文章皆对各个时期的补版特征有所总结。大致而言,元代版面一般是左右双边,双顺黑鱼尾,白口,每版左上角或有书耳,版心上方刻大小字数,版心下方大多镌有刻工名。明初补版则是左右双边或四周单边,单黑鱼尾或三黑鱼尾,上下黑口,字体往往比较拙劣。正德时期的补版,其版心上方镌有"正德六年刊"或"正德十二年"的标志。嘉靖初期的补版,版心上方镌有"怀浙胡校""闽何校""侯番刘""府舒校"等字样,版心中间或镌"林重校""运蔡重校"等标识,版心下方镌刻工名。具体到元刊明修十行本《礼记注疏》卷二十五,虽然静本版心中间的补版标志被贴补,但通过分析其版式、字体,并将其与刘本进行对比,仍然可以判定出其补版页面。此卷共有二十五页,兹将静本与刘本该卷的版面情况列举于下,见表2:

表 2

页码	静本	刘本
1—3;10—11;23	元版	嘉靖补版
4—5	正德六年补版	正德六年补版
6—8;12—15	明初补版	明初补版
9	元版	元版明修
16—22;24—25	正德十二年补版	正德十二年补版

尽管元十行本与和本都是据宋十行本翻刻而来,但二者在文字方面存在较大差异。如抄补卷中有诸多朱笔校改,其改正之字多与和本相同,表一之中共罗列朱笔校改 36 处,其中有 30 处同于和本。也就是说,和珅翻刻本非常忠实于宋十行本。宋十行本今已不存,其文字面貌则有赖和本得以留存。有鉴于此,笔者在分析各时期补版的文字改动情况时,往往与和本进行比较。在对校的过程中,笔者主要采用参校其他版本(如潘氏旧藏八行本、李元阳本、北监本、汲古阁本、武英殿本、阮元本)并结合前人校勘成果(如阮元《十三经注疏校勘记》,以下简称"阮元《校记》"、浦镗《十三经注疏正字》,《四库全书》误作沈廷芳撰,以下简称"浦镗《正字》")的方式对出校文字略作判断,限于篇幅,每种类型各举二至三例。

(一)元代版面对宋本文字的改动

(1)503 页第六行疏:但不知之近者。"之",和本作"远"。阮元《校记》:"但不知远近者。惠栋校宋本作'远',此本'远'误'之',闽、监、毛本同。"[1]浦镗《正字》:"但不知远近。下'者'字疑衍,'远'误'之'。"[2]

---

① 〔清〕阮元《礼记注疏校勘记》卷二十五,第 1 页。

② 〔清〕浦镗《十三经注疏正字》卷五十,影印文渊阁《四库全书》本第 192 册,台北:台湾商务印书馆,1986 年,第 661 页。

(2)504页第十行疏:大事于七庙备五齐三酒。"七",和本作"太"。阮元《校记》:"大事于大庙备五齐。惠栋校宋本作'大',卫氏《集说》同,此本'大'误'七',闽、监、毛本同。"①浦镗《正字》:"大事于太庙。'太'误'七'。"②

(3)515页第六行疏:熊氏云。"熊",和本作"能"。

笔者按:第一条校勘记中阮元所称的"此本",阮氏以为是宋十行本有明代补版,实则是元刊明正德修补本,与笔者所用之静本属同一版本。阮元与浦镗的校记皆表明当以"远"字是。第二条校勘记表明当以"太"字为是,虽然惠栋校宋本作"大",但"大""太"相通。以上两处,静本则分别作"之"与"七",此二处讹误在静本中皆是元代版面,可见属元版误改宋版。第三条校记中的"熊氏"即熊安生,和本作"能"显然是形近而讹,可能是和本沿袭宋十行本之误,也可能是和本翻刻之误,若是沿袭之误,则说明静本进行了改正,此处在静本中亦是元代版面,也就是说元代版面也有改正讹字的现象。

(二)明初补版的文字改动

(1)512页第三行疏:注三献至单也。"三",静本作"二"。

(2)524页第九行注:公之弟公子庆父。"公"上和本有"庄"字。阮元《校记》:"庄公之弟。各本有'庄'字,此本'庄'字脱。"③

(3)527页第九行释文:于反爵焉。"于",静本、刘本作"旅"。

笔者按:第一条校记中"注三献至单也"是疏文之前的起讫语,摘自"三献,卿大夫来聘",而静本则作"二",当属误改。第二条校记中,静本、刘本此处皆脱"庄"字。第三条校记出自陆德明《经典释文》,笔者以宋刻本《经典释文》核之,原文乃是"旅反爵焉"④,可见静本、刘本所改正确。以上三条校记皆出自明初补版,前两条属误改,而后一条所改正确,也就是说,明初补版的改字有对有错。

(三)正德补版的文字改动

(1)507页第八行疏:其常祀之牲则皆用。"用"下和本有"牲"字。阮元《校记》:"其常祀之牲则皆用牲。惠栋校宋本有'牲',此本'牲'字脱,闽、监、毛本同。"⑤浦镗《正字》:"则皆用牲。脱'牲'字。"⑥

---

① 〔清〕阮元《礼记注疏校勘记》卷二十五,第2页。
② 〔清〕浦镗《十三经注疏正字》卷五十,第661页。
③ 〔清〕阮元《礼记注疏校勘记》卷二十五,第7页。
④ 〔唐〕陆德明《经典释文》卷十二,上海:上海古籍出版社,2017年,第724页。
⑤ 〔清〕阮元《礼记注疏校勘记》卷二十五,第2页。
⑥ 〔清〕浦镗《十三经注疏正字》卷五十,第661页。

(2)532页第八行疏:周之三恪越少昊高辛。"恪",静本、刘本作"格"。

(3)530页第四行疏:绡黼为领。"绡",静本、刘本作"绣"。

笔者按:第一条校记中,阮元与浦镗的校勘表明"用"下当有"牡"字,但静本与刘本皆脱漏,此属正德六年补版之讹。第二条校记中当以"恪"字为是,因为前面疏文引《古春秋左氏说》有"封黄帝、尧、舜之后谓之三恪"之言,而静本、刘本作"格",显然误也,此为正德十二年补版之讹。第三条校记中,抄补卷与和本皆作"绡",但静本、刘本作"绣",笔者又参校了潘氏八行本、李元阳本、北监本、汲古阁本、武英殿本,发现皆作"绣",此处在静本与刘本中亦为正德十二年补版,但静本、刘本所改正确。虽然正德时期的补版文字有对有错,但就总体情况而言,其讹误之多远甚其他时期的补版,而且正德六年与正德十二年的补版中都存在大量墨钉,其补版质量相当一般。

(四)嘉靖补版的文字改动

(1)504页第七行疏:六变以降其神。"降",静本、刘本作"祭"。阮元《校记》:"六变以降其神。惠栋校宋本作'降',卫氏《集说》同,此本'降'误'祭',闽、监、毛本同。"[①]浦镗《正字》:"六变以降其神。'降'误'祭'。"[②]

(2)519页第八行疏:凡合乐升于升歌一等。"乐"下"升",和本作"降";"一",静本、刘本作"二"。阮元《校记》:"凡合乐降于升歌一等。惠栋校宋本作'降',卫氏《集说》同,此本'降'误'升',闽、监、毛本同。"[③]浦镗《正字》:"降于升歌一等。'降'误'升'。"[④]

(3)544页第十行疏:士示,五士之搊神。二"士",和本、刘本皆作"土"。

笔者按:由阮元与浦镗的校勘可知,第一条校记中静本、刘本误"降"为"祭"。第二条校记中,静本与刘本则出现两处讹误,分析校记可知,当分别以"降"字、"一"字为是。以上两条校记中的讹误在静本是元版,在刘本则是嘉靖补版,当是刘本沿袭静本之讹。第三条校记中,两个"士"字,和本皆作"土",静本为元版皆作"士",刘本为嘉靖补版,又改作"土",笔者再核于潘氏本、李元阳本、北监本、汲古阁本、武英殿本、阮本,发现皆同于刘本,所改正确。由此可见嘉靖时期的补版也是有对有错。

(五)嘉靖补版修订各时期补版文字

笔者在将三种十行本进行对校的过程中发现,嘉靖时期的补版又新增了

---

① 〔清〕阮元《礼记注疏校勘记》卷二十五,第1页。

② 〔清〕浦镗《十三经注疏正字》卷五十,第661页。

③ 〔清〕阮元《礼记注疏校勘记》卷二十五,第5页。

④ 〔清〕浦镗《十三经注疏正字》卷五十,第662页。

一些讹字,这是其不足之处,但是嘉靖补版对之前各个时期的补版又都进行过
文字修订。例如 509 页第二行疏"此《易》渐卦九三交辞云",其中"交"当作
"爻",和本不误,静本、刘本此页皆为明初补版,但是静本误,刘本不误,显然是
刘本在嘉靖补版时对其进行了修订。又如 507 页第八行疏"凡外望毁事,用龙
可也","龙"字和本不误,静本误作"有",至刘本时则又改为"龙"字。此处在静
本与刘本中都是正德六年的补版,但刘本不误,应该也是嘉靖补版时的修订。
并不仅限于此,对于元版以及正德十二年补版中出现的误字,嘉靖时期的补版
也作过修订。除文字修订之外,嘉靖时期的补版还补足了大量墨钉处的文字,
如卷二十五第四页是正德六年补版、第七页是明初补版、第十九页是正德十二
年补版,以上版面在静本中都有大量墨钉,但是在刘本中,墨钉处已全部补足
文字,且其所补文字多与和本相合。可见嘉靖时期除重新刻印了一部分版面
之外,对之前各个时期的版面都有校改。

结　语

　　八行本诸经出于官刻,质量精良,又是经注疏的首次合刻,其在版本学、校
勘学以及经学史上都占据重要地位。日本足利学校所藏八行本《礼记正义》又
较国家图书馆藏本为早,其文献价值不言而喻。通过前文的考察,可知日本足
利学校所藏八行本《礼记正义》原是上杉宪实所藏,寄置足利学校之后又经抄
补成为全帙。该书的抄补存在两种情况,所阙八卷是由僧人一华所抄,其所据
底本为元十行本《附释音礼记注疏》。此外,另有两张抄补页,虽然抄手不可
考,但其所据之底本为足利学校所藏古写本《礼记》当无疑义。在以对校的方
式考察抄补页底本的过程中,笔者发现尽管元十行本与和珅本都是自宋十行
本翻刻而来,但是和珅翻刻本极其忠实于宋十行本,其质量明显高出元十行
本,在如今宋十行本不存的情况下,和珅翻刻本的价值亦不可低估。现在流传
的元刊明修十行本《礼记注疏》经历过明初、正德六年、正德十二年以及嘉靖初
期四次补版。所补之版面文字情况比较复杂,若以和珅翻刻本为参照,则可以
发现各个时期的补版都有更改宋十行本文字的现象,但所改有对有错。总体
而言,正德时期的补版质量较差,嘉靖时期的补版质量较优。

王欣夫所见惠栋《十三经注疏》批校本及其特殊价值[*]

樊　宁^{**}

【内容提要】　著名文献学家王欣夫曾得见多种惠栋《十三经注疏》批校本，由于批校语数量极多，且大部分内容惠栋著作并未收录，故王欣夫辑成《松崖读书记》，惜没有刊行于世，至今鲜为人知。通过勾稽相关史料可梳理出这些批校本的来源与递藏始末。借助这些批校本，不仅可以了解惠栋早年的治学特点及后来转变，明晰其汉学思想的演进轨迹，还能深入考察其家学传承关系，对吴派学术的源头问题作进一步探究。批校本中还存留诸多惠栋晚年的批校语，能够全面真实反映出惠栋晚年的思想状态，为重新评估惠栋的经学贡献与地位提供更多材料。

【关键词】　王欣夫　惠栋　批校本　十三经注疏

惠栋作为清代学术吴派的创始者，首举汉学大旗，以尊古崇汉、精研训诂为治学宗旨，引领一代学术风尚，对后世产生了深远影响。然目前学界仍无人全面整理惠栋的所有著述，至今未见材料穷尽式著作《惠栋全集》或《东吴三惠全集》出版，导致仅能依据几种常见的传世著作进行研究，如《易汉学》《周易述》《古文尚书考》《九经古义》《春秋左传补注》等，材料十分有限。究其缘由，惠栋的著述与戴震、钱大昕、段玉裁等人情况不同，其批校本、稿抄本数量占比最多，基本都没有刊刻，尤其是批校本中保存了大量极为重要的批校语，至今鲜为人知。

据漆永祥介绍，民国时期著名文献学家王欣夫曾得见多种惠栋《十三经注疏》批校本，不仅批校语数量极多，而且大部分内容惠栋著作并未收录，故王欣夫辑成《松崖读书记》，然没有刊行，仅存二册残卷。① 笔者经多方查询，有幸于湖北省图书馆发现清人张尔耆过录的惠栋《十三经注疏》批校本，鉴于迄今无

---

　*　本文系 2022 年国家社科基金青年项目"稀见惠栋《十三经注疏》批校本整理及其汉学思想新探"（项目号 22CZW036）阶段性成果之一。

　**　本文作者为华中师范大学历史文献学研究所讲师。

　①　漆永祥《王欣夫先生〈松崖读书记〉蠡测》，《图书与情报》2004 年第 6 期，第 50—54 页。

人专门探讨,这些惠栋批校本的珍贵价值似乎尚未被认识,故本文不揣梼昧,详加考述,以就正于方家时彦。

一　王欣夫所见惠栋《十三经注疏》批校本递藏考略

王欣夫所见的惠栋《十三经注疏》批校本源自何处?据《蛾术轩箧存善本书录》有云:

> 《夬斋杂著》不分卷,清娄县张尔耆撰。夬斋家富藏书,师姚春木而友韩渌卿。余尤爱读其手校群经注疏跋,所据皆吾乡红豆惠氏父子点勘本,源出沈沃田,而吴铭茶、榷堂诸人临本,藏韩氏读有用书斋。韩书散出,余目睹之。其《周礼》《公羊》《谷梁》三经归故友叶揆初先生景葵,曾从借录,并辑入《松崖读书记》。而夬斋临本全帙,则先十年入沪市,为一汪姓所得。前年徐君行可来晤,云近于北京收得,载归武昌矣。①

由上,王欣夫详细介绍了惠栋《十三经注疏》批校本的来源与流传情况,指出沈大成②曾过录一套惠栋《十三经注疏》批校本,又经其学生吴铭茶、吴榷堂兄弟临录,后归清末著名藏书家韩应陛③收藏,张尔耆④与韩应陛为好友关系,故得以借阅抄录一套。韩应陛逝后,所藏之书散出,叶景葵收购其中三种惠栋批校本(《周礼》《公羊传》《穀梁传》),王欣夫曾从借录,辑入《松崖读书记》。而张尔耆的一套过录本,先后辗转上海与北京,终被徐行可⑤购得,带到武昌,后捐赠并深藏湖北省图书馆,《中国古籍总目》与《中国古籍善本书目》都没有著录,至今不为人知。

沈大成过录的惠栋《十三经注疏》批校本又源自何处?查阅相关材料,清儒王昶《惠先生栋墓志铭》有云:

> 余弱冠游诸公间,因得问业于先生。及丙子(1756)、丁丑(1757),先

①　王欣夫撰,鲍正鹄、徐鹏整理《蛾术轩箧存善本书录》庚辛稿卷四,上海:上海古籍出版社,2002年,第307页。

②　沈大成(1700—1771),字学子,号沃田,清松江府华亭县(今上海市松江区)人,以诗、古文辞知名江左,藏书万卷,曾与著名学者惠栋、戴震交游,以精通经学闻名于世,世称"沃田先生"。

③　韩应陛(1815—1860),字鸣唐,号渌卿,清松江府娄县(今上海市松江区)人,道光二十四年(1844)举人,官至内阁中书。韩氏藏书宏富,所藏多为明清学者如文征明、赵琦美、毛晋、何焯、惠栋、钱大昕、卢文弨、段玉裁等批校题跋本,其中百余得自黄丕烈、汪士钟旧藏,著有《读有用书斋杂著》二卷。

④　张尔耆(1815—1889),字符瑞,号夬斋、伊卿,清松江府娄县(今上海市松江区)人,诸生,出生于诗书门第,家富藏书,仰承家学,幼好铅椠,世称夬斋主人。

⑤　徐行可(1890—1959),原名忠恕,以字行,武昌人,湖北省著名藏书家,藏书约十万册,其中古籍善本、稿本、批校本近万册,不乏海内孤本,后捐赠湖北省图书馆。

生与余又同客卢运使见曾所，益得尽读先生所著，尝与华亭沈上舍大成手抄而校正之，故知先生之学之根柢，莫余为详。①

据此，沈大成与惠栋曾同客扬州卢见曾幕府，往来论学，其间临录惠栋《十三经注疏》批校本。

王欣夫辑录的《松崖读书记》今日虽然不可见，但《蛾术轩箧存善本书录》记载了所涉 30 种书籍目录，如下：

> 卷一至卷二《京氏易传》《李氏易传》《周易义海撮要》，卷三至卷六《毛诗》《韩诗外传》，卷七《周礼》，卷八《礼记》《大戴礼记》，卷九《春秋公羊传》《春秋穀梁传》，卷十《尔雅郑氏注》《尔雅》《经典释文》《广韵》《熊氏经说》，卷十一至卷十四《汉书》，卷十五《后汉书》，卷十六《逸周书》《穆天子传》《水经注》，卷十七《管子》《孔子家语》，卷十八《荀子》，卷十九《吕氏春秋》，卷二十《韩非子》《春秋繁露》，卷二十一《淮南子》《论衡》《蔡中郎集》，卷二十二《渔洋山人精华录笺注》。②

笔者曾阅览复旦大学图书馆藏王欣夫辑《松崖读书记》残稿二册，书中仅录有惠栋《毛诗注疏》批校语，共 185 条。

综上，就惠栋《十三经注疏》批校本而言，王欣夫辑录了惠栋《周礼注疏》《春秋公羊传注疏》《春秋穀梁传注疏》《毛诗注疏》《礼记注疏》《尔雅注疏》批校本。前三种惠栋批校本与张尔耆过录本同源，皆出自沈大成过录本，而后三种惠栋批校本，王欣夫辑录的是什么版本？与张尔耆过录本是否一致？

首先，关于惠栋《毛诗注疏》批校本。《蛾术轩箧存善本书录》有云：

> 《毛诗正义》惠氏校本录存不分卷。……菊裳先生据吾乡贞丰里陶氏所藏定宇父子校明北监本，择录其校语之精者成一册。……昔年余遍求惠校本，辑《松崖读书记》，曾从江苏第二图书馆馆长陶小泚惟坻乞借是书，未几小泚物故，载经丧乱，其本遂不知流落何所矣。③

由上，叶昌炽④曾从陶仲平处得见惠栋《毛诗注疏》批校本，并精选部分批校语辑录，王欣夫又从江苏第二图书馆馆长陶小泚处借得叶昌炽辑录本，抄入《松崖读书记》。惜陶氏藏本与叶氏辑录本今皆不可见，仅存王欣夫抄录本，颇为珍贵。而翻阅湖北省图书馆藏张尔耆过录的惠栋《毛诗注疏》批校本，卷首有

---

① 〔清〕王昶《惠先生栋墓志铭》，载钱仪吉、缪荃孙《清代碑传全集》，上海：上海古籍出版社，2018年，第 675 页。

② 王欣夫撰，鲍正鹄、徐鹏整理《蛾术轩箧存善本书录》甲辰稿卷三，第 1317 页。

③ 王欣夫撰，鲍正鹄、徐鹏整理《蛾术轩箧存善本书录》甲辰稿卷一，第 1117—1118 页。

④ 叶昌炽（1849—1917），字兰裳、菊裳，号缘督庐主人，晚清著名金石学家、文献学家、收藏家。

题跋曰：

> 红豆斋惠氏传本，云间后学沈大成录于广陵客馆。道光戊申（1848）夏五，伊卿张尔耆重录。

据此，张尔耆明言抄录所据本为沈大成过录本，仅就书中的惠栋批校语数量而言，张尔耆过录本远远超过叶昌炽辑录本，可见两个文本来源并不相同。①
其次，关于惠栋《礼记注疏》批校本。《蛾术轩箧存善本书录》"《礼记注疏》六十三卷三十册，清乾隆六十年乙卯长白和珅覆宋刻本，娄县姚椿临元和惠栋校并跋"提要云：

> 松崖父子手校《十三经注疏》，多用毛氏汲古阁本，后来过录者亦皆用汲本。今传世者大都出自沈沃田，王史亭即从沃田借校，而姚春木又出史亭本，惟此改用和刻，故文字之异无多。而松崖又以明刻校过，识语数百条，皆考订精密。②

由上，沈大成过录的惠栋《礼记注疏》批校本曾被翰林院编修王史亭借录，姚椿又据王史亭本抄录，王欣夫所见即姚椿过录本，可见此本与张尔耆过录本同源，皆来自沈大成过录本。姚椿过录本今藏复旦大学图书馆，仅残存43卷（卷21—63），经笔者核对，二本内容基本相同。
再者，关于惠栋《尔雅注疏》批校本。《蛾术轩箧存善本书录》"《尔雅注疏》十一卷六册，清同治间覆刻汲古阁本，吴县王欣夫属友临元和惠栋、华亭沈大成、金山王嘉曾校"提要云：

> 嘉业堂书库有校本，佚其姓名，余审为我乡惠松崖校本。卷八有"成案"一条，沈沃田大成也。卷十有"嘉案"一条，王史亭嘉曾也。皆松江人。沃田与松崖为至交，同在扬州盐政幕，曾遍录惠校，自校则加名为别。又每录陆氏《音义》于首，则此本凡《音义》皆沃田所增。史亭又从沃田本转录。余藏姚春木临惠校《礼记注疏》，亦有沈、王案语，盖同出一源。……余辑《松崖读书记》，因属友照临而审定之。③

此《尔雅注疏》批校本与上文《礼记注疏》批校本情况相同，都是源自沈大成过录本，后被王史亭借阅临录，该本今藏上海图书馆。
此外，还有惠栋《春秋左传注疏》批校本。《蛾术轩箧存善本书录》有云：

---

① 详细情况可参考拙作《清儒惠栋汉学思想的演进理路——以其〈诗经〉学为考察中心》，《浙江大学学报（人文社会科学版）》2022年第5期，第56—71页。
② 王欣夫著，鲍正鹄、徐鹏整理《蛾术轩箧存善本书录》甲辰稿卷一，第1130页。
③ 王欣夫著，鲍正鹄、徐鹏整理《蛾术轩箧存善本书录》癸卯稿卷一，第801—803页。

> 所见张夬斋临《左传注疏》较刻本《左传补注》增至数倍……①

据此句，王欣夫曾见张尔耆过录的惠栋《春秋左传注疏》批校本，然上文《松崖读书记》所涉的 30 种书籍目录里却没有提到《春秋左传》，由此产生一个疑问：王欣夫到底有没有辑录惠栋《春秋左传注疏》批校本？笔者最近见到一份新材料，复旦大学图书馆有一部王欣夫收藏的清人陈树华《春秋经传集解考正》稿抄本，行款为半叶十行，行二十字，书前有王欣夫跋文云：

> 吾乡陈氏《春秋经传集解考正》曾见传抄数本，脱讹满纸，不可卒读。间有书贾得一抄本，匆匆照抄数部，略不一校，以未刻稿蕲售善价，卒亦幸赖以稍广其传。此本抄手较旧首有"邵二云印"，眉上行间补正不少，又有孙渊如、洪稚存附签，知犹出自原稿，虽亦脱讹满纸，然较坊抄本为可信矣。所引惠定宇校注语，系据蒋氏赐书楼所藏惠栋手阅本。今校贷园丛书本《左传补注》，溢出四十七条，录成一卷，入余所辑《松崖读书记》。昔见涵芬楼《四部丛刊四编》拟目有此书，卢抱经校本，必甚精，惜未能印出也。一九五三年六月二十五日王欣夫识。

据上，王欣夫在《松崖读书记》辑录了惠栋《春秋左传注疏》批校语，转抄自陈树华《春秋经传集解考正》。翻阅陈氏《春秋经传集解考正》卷首《论例》云：

> 又于蒋氏元泰贮书楼借金氏凤翔校本，并红豆斋惠氏栋手校本，与岳本及元明诸刻本互勘……②

由此，陈氏《春秋经传集解考正》确实征引了不少惠栋《春秋左传注疏》批校本内容。通过详加比勘，笔者发现陈氏征引的惠栋之说，除去见于惠栋《春秋左传补注》一书外，其余条目都与张尔耆过录的惠栋《春秋左传注疏》批校本内容相同，如隐公元年"若阙地及泉"条、庄公六年"齐人来归卫俘"条、宣公十六年"成周宣榭火"条等，可见王欣夫虽然曾见张尔耆过录的惠栋《春秋左传注疏》批校本，但没有辑录，《松崖读书记》中辑录的惠栋《春秋左传注疏》批校语实转抄自陈树华《春秋经传集解考正》。

　　以上考述了王欣夫所见的惠栋《十三经注疏》批校本的递藏流传情况，除了《毛诗注疏》《春秋左传注疏》批校本与张尔耆过录本来源不同外，其余《周礼注疏》《春秋公羊传注疏》《春秋穀梁传注疏》《礼记注疏》《尔雅注疏》批校本皆与张尔耆过录本同源，来自沈大成过录本。

---

　　①　王欣夫撰，鲍正鹄、徐鹏整理《蛾术轩箧存善本书录》甲辰稿卷三，第 1320 页。
　　②　〔清〕陈树华《春秋经传集解考正》，《续修四库全书》第 142 册，上海：上海古籍出版社，2002 年，第 16 页。

二　张尔耆过录的惠栋《十三经注疏》批校本题跋辑考

　　湖北省图书馆藏张尔耆过录的惠栋《十三经注疏》批校本,共有 8 种,依次是《尚书注疏》《毛诗注疏》《周礼注疏》《仪礼注疏》《礼记注疏》《春秋左传注疏》《春秋公羊传注疏》《春秋穀梁传注疏》,底本皆是明末毛氏汲古阁本《十三经注疏》,卷首各有一篇张尔耆跋文,后钤"尔耆""夬斋"朱文方印。翻阅这些批校本,张尔耆过录的惠栋批校语不仅数量多,而且内容丰富,涉及版本异文、名物礼制考证、地名沿革辨析等,学术价值非常重要,尤其是张尔耆的 8 篇跋文,蕴含丰富的学术信息,以下依次辑录,并稍作分析。

　　《毛诗注疏》批校本跋文:

　　　　红豆斋惠氏传本,云间后学沈大成录于广陵客馆。道光戊申(1848)夏五,伊卿张尔耆重录。

此跋文介绍了沈大成曾过录惠栋《毛诗注疏》批校本,道光二十八年(1848)夏张尔耆又据沈大成本重录,此本为今日仅存之本,殊为珍贵。

　　《周礼注疏》批校本跋文:

　　　　红豆斋校《周礼注疏》,吾家所藏者为沈氏传校本,其原委芸阁先生记之矣。书中句读未甚分明,讹字错简未尽订正,每当披卷绅绎,窃以未睹原书为憾。去夏,偶见武英殿刊本,较他本为完善,爰取两本细为校勘,朱墨悉依原书,其依殿本校正者,即以朱笔注于板心之上,其义可两存,未敢遽易者,另签俟考。殿本每卷后有《考证》,数条足资发明者,亦另纸录出,校成阅时已八月矣。中间疾病淹滞,俗尘倥偬,并以燕儿夭殇,阁笔累月,岁月如驰,学业不进,良可慨也,道光己酉(1849)春二月,南村病子张尔耆识于愈寓斋。是年三月,更取《校勘记》覆校以绿笔别之,南村病子又记。

张尔耆指出其所藏惠栋《周礼注疏》批校本来自沈大成传校本,存在一些文字错讹,故另寻版本较好的清武英殿本《周礼注疏》相互校勘,并依原书悉数过录惠栋朱墨批校语,最后又以阮元《周礼注疏校勘记》覆校,至道光二十九年(1849)完成。由此可见,该书批校语较为复杂,包括过录的惠栋批校语和张尔耆新增的批校语两部分,凡于板心用朱笔云"殿本作某",或绿笔云"《校勘记》云云",皆是张尔耆后增校语。此外,上文提到的叶景葵收购的韩应陛旧藏惠栋《周礼注疏》批校本亦存世,藏于上海图书馆,书中无张尔耆后增校语,因此可将二书结合参看,更有助于辨识惠栋批校语。

　　《仪礼注疏》批校本跋文:

　　　　《仪礼》一书,讹谬相沿,较他经为尤甚。此本为红豆斋惠氏校本,篇
　　　中脱文衍句亦往往有之,其为传写者所误遗,或原书本未订正,皆不可得
　　　而考矣。余校是书,朱墨仍惠氏本,其由武英殿本校正者,以朱笔识出,著
　　　其字于板心,上下音义有讹脱者,悉依《释文》补正。校毕,更取阮芸台相
　　　国所著《校勘记》覆加核对,别以绿笔。大约经注以唐石经及宋严州单注
　　　本为主,疏则以宋单疏本及魏氏《要义》为主,或与他本有异同者,皆有识
　　　别,前人诸说义有可采者,条录于上,阮相国有言曰"虽未克尽得郑、贾面
　　　目,亦庶还唐、宋之旧",观余窃有取于是焉。道光己酉(1849)夏五,南村
　　　病子张尔耆识于愈寓斋。

据此跋文,可看出张尔耆对毛氏汲古阁刻本的不满,指责多脱文衍句,因此张尔
耆一边过录惠栋朱墨批校语,一边据清武英殿本(朱笔于板心)、《经典释文》
等书籍校正毛本讹误,又取阮元《仪礼注疏校勘记》覆加核对(绿笔),从中转引
一些有可采之处的前人校勘观点。由此,张尔耆在惠栋批校语的基础上,增加
了许多新的内容,使用时应注意区分其校语的复杂性。

《礼记注疏》批校本跋文:

　　　惠氏校《礼记注疏》,余家藏有二本:一为沈学子先生大成所录,一为
　　　朱秋厓先生邦衡所录。沈本较朱本为详,然辗转传写,亦不能无阙误处。
　　　己酉(1849)冬日,依沈本校录一过,更取阮芸台相国所刊《校勘记》覆加补
　　　葺,而惠栋原本庶几完善。《校勘记》中多征引近人诸说,择其可采者别以
　　　绿笔书之,用知经学湛深,非淹贯博通,不得妄参臆说也。朱本录有惠栋
　　　跋及自述校书缘起,并录于此,伊卿耆识。

此跋文介绍了张尔耆藏有两种清人过录的惠栋《礼记注疏》批校本,同时指出
沈大成过录本比朱邦衡过录本更为详细,故据沈大成本抄录,又取阮元《礼记
注疏校勘记》覆加修补,并转引其中的前人校勘意见(绿笔),最后提到朱邦衡
过录本保存了惠栋跋文与自述校书缘起,张尔耆亦过录于书前。上文指出王
欣夫所见的惠栋《礼记注疏》批校本是姚椿过录本,与张尔耆过录本同源,皆出
自沈大成过录本,鉴于二本分别流传,因此可将二本结合参阅,有助于更为准
确地辨识惠栋批校语。

《春秋左传注疏》批校本跋文:

　　　《春秋正义》校本,惠栋九经之一。自吾乡沈沃田先生传校后,流传颇
　　　广。我家所藏者,乃吴铭茶学士手录,学士为沃田先生门人。前四卷犹有
　　　绿笔,为先生手书,疑为传校之最初本。咸丰纪元(1851)辛亥六月重录是
　　　本,病辍者累月,至此始毕,是岁为闰八月,计时已八阅月矣,读书无间之
　　　难盖如此。十二月小除日伊卿张尔耆识。

此跋文记录了张尔耆家藏惠栋《春秋左传注疏》批校本来自吴铭荼手录本，吴铭荼手录本又出自沈大成临录本，张尔耆于咸丰元年（1851）重新过录。跋文中称"前四卷犹有绿笔，为先生手书"，翻阅该书内容，确实有多处绿笔批校语，全都作"成按"，当为沈大成增入的个人校语，亦可见张尔耆据实过录，保留原书原貌，值得信赖。

《春秋公羊传注疏》批校本跋文：

> 惠校《公羊注疏》为吴榷堂主政重录，朱墨笔一依惠栋，间有绿笔作"成案"者，则沃田沈氏所加。是书惠栋凡三四校，当自精审，然读之犹有疑似之处，视它经为疏，岂传校者所脱漏耶！咸丰二年（1852）三月伊卿张尔耆录毕书此。十一月取阮芸台相国《校勘记》覆校一过，又订正十之二三，并附齐召南、段玉裁、卢文弨、孙志祖、浦镗、严杰诸家之说以备参考。

据上文，惠栋《春秋公羊传注疏》批校本亦来自沈大成、吴榷堂临录本，张尔耆于咸丰二年（1852）据实抄录惠栋朱墨笔批校语，别用绿笔增入沈大成按语，又据阮元《春秋公羊传注疏校勘记》覆校，并附加多位著名学者的观点，以备参考。《中国古籍总目》记载上海图书馆亦藏有一部惠栋《春秋公羊传注疏》校跋本，即上文提到的叶景葵收购的韩应陛旧藏本，书中无张尔耆后增校语，因此可资互参。

《春秋穀梁传注疏》批校本跋文：

> 此依元和惠氏本重录，案阮芸台相国《校勘记》有何煌跋云"此卷先命奴子罗中郎用南监本逐字比校"。迄今取惠栋本与《校勘记》中所谓何校本者相勘，其订正处悉合，是惠氏本出长洲何氏无疑也，见有一二脱落处，今以蓝笔补之。南监本当是十行本。卷中所谓抄本者，即单疏本也。咸丰二年（1852）四月伊卿张尔耆记。

上述跋文先说明张尔耆依据沈大成本重录，后与阮元《春秋穀梁传注疏校勘记》中的何煌校语相互对照，发现不少订正处都相合，由此得出惠栋批校本参引了何煌批校本，遗漏处用蓝笔补入。叶景葵收购的韩应陛旧藏本亦藏于上海图书馆，书中无张尔耆后增校语，可资互参。

《尚书注疏》批校本跋文：

> 元和惠氏九经校本最为精审，吾乡吴铭荼、榷堂先生从学子沈先生受其书，独阙《尚书》未录。道光戊子（1828），先大夫购得是书，因假姚子枢世丈旧录王史亭先生本补成之，亦红豆斋本也，于是惠氏九经始称完璧。耆少好铅椠，窃见先大夫得一未见书，爱玩不释，凡抄校善本尤为宝贵，每欲录一副本，以永先泽，而宿疾淹滞，因循未果。年来始读惠氏书，惠氏学

宗汉儒,于宋儒之书不免诋斥过当,然其考订详核,自不可废,爰取汲古阁本依录一过,更以故相国阮文达公《校勘记》一一比较,觉原录本辗转传写,舛误犹多。乌得惠氏原书而正之时,粤匪南犯,避地昆山之藤寮,校《尚书》毕,记其始末如此,咸丰三年(1853)四月伊卿张尔耆谨识。是书原录者纯用朱笔,耆所补校以墨笔别之,朱笔中有"某人云"及"《校勘记》云云"者,已非惠栋原文,大约子枢世丈所增录耳。是书自《盘庚中》篇首叶以上有杜林者为之句读,用笔草率且讹字多臆改,然观其点勘之处,颇有条理,今姑存之,读者自能分别也。

此跋文内容较多,张尔耆父亲张允垂曾于道光年间购得惠栋《尚书注疏》批校本,又借得姚子枢(椿)临录的王史亭藏惠栋红豆斋本(此本与上文《礼记注疏》《尔雅注疏》情况一样,极有可能亦源自沈大成过录本),二本互相补充。张尔耆过录时保留原录者朱笔之迹,并取阮元《尚书注疏校勘记》一一比较,补校之语以墨笔别之。此外,张尔耆指出原录者朱笔中的一部分内容已非惠栋原文,猜测是姚椿增录,可见该批校本更为复杂,需仔细考察其中校语来源。

综上,张尔耆分别记述了 8 种惠栋《十三经注疏》批校本的详细情况。从中可知,此 8 种惠栋《十三经注疏》批校本都源自沈大成临录本。张尔耆除依照原书据实过录惠栋批校语外,还鉴于沈氏传录本存在一些讹误,又参考阮元《十三经注疏校勘记》、《经典释文》等书籍校正,并从《十三经注疏校勘记》中转引齐召南、段玉裁、卢文弨、孙志祖诸家之说以备参考。尤其值得称赞的是,张尔耆并没有将这些不同类型的批校语全部统一使用单一笔色书写,而是分别使用不同笔色,如惠栋批校语依照原书朱墨笔过录,沈大成增入的按语亦据原文绿笔抄录,张尔耆增补的内容或以蓝笔、或以墨笔、或明确强调用朱笔书写于板心之上等,并标注来源,如"殿本作某""《校勘记》云云",以便于后人识别,颇为便利,可见张尔耆的良苦用心,使这些珍贵古籍流传于世。

三　惠栋《十三经注疏》批校本的特殊学术价值

张尔耆过录的惠栋《十三经注疏》批校本具有十分重要的学术价值,可总结为以下三个方面。

第一,目前学界关于惠栋经学的研究成果数量极多,大部分都侧重探讨惠栋汉学思想的特质及其表现,然这种思想不可能凭空产生,而应有一逐渐形成之过程。由于至今仍无人全面整理惠栋的所有著述,材料十分有限,故研究者极少涉及该问题,对惠栋早年的思想状态模糊不清,泛泛而谈。惠栋《十三经注疏》批校本保存了大量惠栋早年的批校语,通过与其《九经古义》《春秋左传补注》等著作对勘,可厘清每种批校本与刻本之间的复杂关系,详细考述惠栋的撰作与修订过程,并在此基础上,追根溯源,探析惠栋早年的治学状态、特点及后来的转变,明晰其汉学思想的演进轨迹。

例如笔者通过详细比较惠栋《春秋左传注疏》批校本与《春秋左传补注》刻本的内容异同,得以探析《春秋左传补注》的成书过程。书前序文指出惠栋曾祖父惠有声已对杜预的注解持批评态度,作《补注》一卷。惠栋"少习是书,长闻庭训",自幼就对杜注之失有所认识,指出其有两大不足,"虽根本前修而不著其说"与"解经颇多违误",可见惠栋自幼承袭家学,治《左传》主纠杜注之失。翻阅批校本,惠栋广引众籍诸说以纠杜注之失,不仅引用了三十多种唐以前典籍,还择引一些唐宋以降之书,甚至不乏肯定之处,如襄公十九年"诸子",惠栋云"杜亦用服注,此当从明儒傅逊说,以诸子为内官也"。据上可知惠栋批校语的特点:博采众籍,不分时代,旁搜广摭,无所专主,较少裁断,尚缺乏详细严谨的分析考释,体现出未经深入阐述的杂乱,故批校本似是惠栋早岁初治《左传》所得的零言碎语,可见惠栋早岁的《左传》学思想并不是专崇汉学,而是以无所专主、汉宋兼采为主。随后惠栋又用了数年时间进行大量删增修订,而经此一过程,其《左传》学思想倾向发生了巨大变化,主要表现为两个方面:一是对唐宋以降诸儒之说由信奉转向怀疑、否定与批驳。如惠栋早岁并不知道《古文尚书》及孔传是伪书,尚加以引用,如隐公八年"因生以赐姓",惠栋云:

> 王充曰:"因其所生赐之姓也。若夏吞薏苡而生,则姓苡氏;商吞燕子而生,则姓子氏;周履大人迹,则姓姬氏。"孔安国云:"谓有德之人生此地,以此地名赐之姓以显之。"

然《春秋左传补注》刻本此处已删伪孔传,且进一步指出《古文尚书》是"伪古文",如襄公二十五年"书曰慎始而敬终",《春秋左传补注》刻本作:

> 案《周书·常训解》云:"慎微以始而敬终,乃不困。"《正义》以《蔡仲之命》云云证之,此晋时伪古文,袭《左传》而为之者也。徐干《中论》引《书》云:"慎始而敬终,以不困。"

二是有意识地汇集汉儒古注以辨字审音。如襄公二十九年"则明主也",惠栋云:

> 《史记》作"盟主"。栋案"盟"字亦有作"明",《毛诗·黄鸟》曰"此邦之人,不可与明",笺云"明,当为盟"。《释名》:"盟,明也,告其事于神明也。"

《春秋左传补注》刻本增补作:

> 《史记》作"盟主"。案古"盟"字从囧,贾侍中说"读与明同",古文从明,或作盟字,省为囧,贾逵传《古文春秋》必得其实。《啸堂集古录》载《齐侯镈钟》曰"继命于外内之事,中敦盟刑","盟刑"即"明刑"也。《毛诗·黄

鸟》曰"此邦之人,不可与明",笺云"明,当为盟"。《释名》:"盟,明也,告其事于神明也。"

惠栋初疑"盟"作"明"字,意见未定。后《春秋左传补注》刻本经考寻"盟"的古文从囧,或作明,并引贾逵之说与青铜铭文为证,确信"盟"与"明"二字相通,"贾逵传《古文春秋》必得其实"显现出惠栋思想的汉学化倾向。由上,通过对惠栋批校本的考察,可还原惠栋撰述《春秋左传补注》的全过程,明晰其《左传》学思想历经"无所专主、汉宋兼采"与"独尊汉学"两个阶段,从而深化、补充学界既有研究成果。

　　第二,惠栋以尊古崇汉为治学宗旨,这种思想的形成与其家学传统关系密切。此种说法源自惠栋本人,其著作中常言"四世传经",但由于没有相关材料可以使用,至今不甚清晰。惠栋《十三经注疏》批校本中保存了诸多惠周惕、惠士奇的批校语,可见批校时间跨度相当长,为我们探讨惠栋家学的传承提供了宝贵材料。笔者通过考察,认为主要表现有二:一是惠栋多在惠周惕、惠士奇批校语的基础上加以增补,继承家学观点,甚至有些条目是直录他们的批校语却没有注明。二是继承"以礼说经"的家学传统,如隐公元年"赠死不及尸吊生不及哀",惠栋批校本作:

> 朴庵子惠子(即惠有声,字朴庵,笔者注)曰:"荀卿云'货财曰赙,舆马曰赗,衣死也。送死不及柩尸,吊生不及悲哀,非礼也。赠吊及事,礼之大也'。荀卿所称乃时王之礼,故《左氏》依以为说。杜元凯遂借以文其短丧之说,诞之甚! 妄之甚!"
>
> 家君曰:"杜预'既葬称君'之说,至此而辞穷矣。"

惠栋亦云:

> 《左传》不用服虔而用杜预,此孔颖达、颜师古之无识。杜预创"短丧之说"以媚时君,《春秋》之罪人也。[1]

该条惠有声、惠士奇、惠栋一再驳斥杜预短丧之说,言辞相当激烈。惠栋"以礼说经"有助于辨明《春秋》的书法义例,受到后世学者如戴震、刘文淇、沈钦韩的高度称赞。戴震曾云:"松崖先生之为经也,欲学者事于汉经师之古训,以博稽三古典章制度,由是推求理义,确有据依"。[2] 家学相承是清代学术主要传授体系之一,培养了大批饱学之士,取得不少超越前代的成就,而惠栋家学尤为典型,惠栋批校本保存了家族几代人的批校语,使我们对清代学术思想的生成、

---

① 〔清〕惠栋《九曜斋笔记》卷二,清光绪贵池刘世珩《聚学轩丛书》本。
② 〔清〕戴震《题惠定宇先生授经图》,《戴东原文集》,合肥:黄山书社,2008 年,第 285 页。

演进与传承有了更多认识,有助于深化清代学术史的研究。

第三,赵四方曾考察指出:"及至乾隆七年后,惠栋改《九经会最》为《九经古义》,并未删去考稽晚出《古文尚书》的相关文字,此可证《九经古义》未经惠栋晚岁改定。又如前所述,《九经古义》刻本常称引'某某经考',据内容可知,'某某经考'即指今本'某某经古义',各篇篇名已改而书中所引篇名仍旧,此又可证《九经古义》未经惠栋最终修订。"①笔者也发现《春秋左传补注》刻本也有相同情况,且所据底本是一个辗转传抄之本,来源模糊不清,极可能不是惠栋的最终修订本,故仅依据《九经古义》《左传补注》刻本来探究惠栋的汉学思想并不全面。王欣夫指出惠栋在完成《九经古义》《左传补注》之后的时间里,继续坚持批校《十三经注疏》,将所得记录在书中,正是其晚年论定之说,堪称精华,由此王欣夫辑录《松崖读书记》,惜仅剩残卷。笔者再次辑录惠栋《十三经注疏》批校本中惠栋的晚年批校语,深入挖掘学术价值,更能全面真实反映出惠栋晚年成熟的汉学思想,有助于重新评估惠栋经学的水平、贡献及对后世影响。

如成公十三年"能者养之以福",《春秋左传补注》刻本无此条,惠栋批校本云:

> 唐石经及宋淳化本皆云"能者养之以福"。案杜注云"养威仪以致福",则当如《汉书》所引作"养以之福",下《传》云"败以取祸",文正相对。今作"养之以福",此石经之陋也。

惠栋在版本异文的基础上,增加《汉书》引文,并从杜预注解及词句对照上进行剖析,最终认为作"养以之福"更符合文意,同时指责唐石经之谬。又如襄公十一年"书曰居安思危",《春秋左传补注》刻本作:

> 案《周书·程典》曰"于安思危,于始思终,于迩思备,于远思近,于老思行。不备,无违严戒。"

惠栋批校本此处作:

> 《周书·程典》作"于安思危"。《楚策》虞卿谓春申君曰"臣闻之《春秋》'于安思危'",所谓《春秋》即《左传》也。虞卿传《左氏春秋》于铎椒,转授荀卿。然则《左传》"居安"当作"于安"也。

《春秋左传补注》刻本仅罗列《逸周书》引文,而惠栋批校本则进一步考稽《战国策·楚策》及《左传》传授世系,确信"居安"当作"于安",可知此条应该是惠栋

---

① 赵四方《〈九经古义〉与惠栋汉学思想的形成——以该书撰写过程为中心》,《学术月刊》2016年第3期,第134页。

晚年的批校语。

结　语

王欣夫当年所见的惠栋《十三经注疏》批校本保存了大量惠栋早年、晚年的思想痕迹,学术价值尤为重要。笔者经多方查找,终于发现这批稀见材料今日尚存,藏于湖北省图书馆。惠栋《十三经注疏》批校本具有十分重要的研究价值:首先,通过对勘惠栋批校本与《九经古义》《左传补注》的内容,可厘清每种批校本与刻本之间的复杂关系,详细考述惠栋的撰作与修订过程,并在此基础上,追根溯源,探析惠栋早年的治学状态、特点及后来的转变,明晰其汉学思想的演进轨迹。其次,利用这些批校本中保存的惠周惕、惠士奇校语来分析惠栋的家学传承关系,可探究吴派的学术源头问题。最后,通过辑录批校本中惠栋晚年的批校语,能够全面真实地反映出惠栋晚年成熟的汉学思想,纠正、补充目前仅依靠惠栋中年著作所得的片面认识,有助于重新评估惠栋经学的水平、贡献及对后世影响。由此可见,这些惠栋《十三经注疏》批校本有很高的学术思想史意义,值得进一步研究。

张衡修《东观汉记》辨正

张子薇[*]

【内容提要】《玉海·艺文》称张衡参与修撰《汉记》，造成学界对张衡修《东观汉记》的误判。本文通过考辨张衡的仕宦经历，结合东汉社会的时代环境及史官职责的变化轨迹，指出张衡并未参与《东观汉记》的修撰，这与他晚年曾入东观阅览典籍与校书并不矛盾。实际上，张衡与《东观汉记》之关联性把握，一方面成为考察东汉文人政治生态的路径之一，可以窥见皇帝与外戚、宦官之间关系的演进；另一方面，张衡处在文、史分流的特殊时期，著作东观的经历带来其思想的博通及异曲新声的发现，对于推动学术与文化的发展具有重要的作用。

【关键词】《东观汉记》 太史令 张衡

《东观汉记》简称《汉记》，为了区分于荀悦《汉纪》等，冠以修撰地名"东观"，其后学者大抵沿用，保留至今。东观是我国早期的一座国家图书馆，"是时学者称东观为老氏藏室，道家蓬莱山"（《后汉书·窦章传》)，对于史料的整理保存及文化事业的发展颇具贡献。关于《东观汉记》的研究，学界多以目录校勘、史料文献价值、与《后汉书》的对比为主要研究手段。在这些成果中，吴树平《东观汉记校注》泽被学林，沾溉后世。近年来，不少高校及科研院所的文史类硕博论文选题，围绕《东观汉记》发散开来，一方面从史学角度入手，客观考证作者的家世背景、时代环境及修史动因等；另一方面结合文学自觉的眼光及博通的社会风尚，探究东汉文人作品的形成要素与取资来源。东观修史的学者可以凭借特有的阅读机会，以及学习历代珍贵文献的条件，逐渐成为写文作赋的行家。以刘珍为例，张峰屹先生《东汉文学思想史》附录作品有《建武已来名臣传》《赞贾逵诗》；再如刘騊駼作品有《玄根赋》《郡太守箴》《名臣传》、五言诗残句；李尤作品有《德阳殿赋》《东观赋》《平乐观赋》《辟雍赋》《函谷关赋》《怀戎赋》《七叹》《百二十铭》《和帝哀策》《九曲

＊ 本文作者为吉林大学文学院中国古代文学专业博士研究生。

歌》《武功歌》①，作品数量可观，离不开作者的史学涵养。其中若要讨论东汉时期重要的辞赋大家，张衡始终是学界绕不开的话题。经孙文青先生分析，张衡"一共经过八种官职，计太史主簿 8 年，郎中 2 年，侍郎 1 年，太史令(天文台长)前后 14 年，公车司马令(总收发)5 年，侍中 3 年，河间相 3 年，尚书 1 年，其中太史令任 14 年，时间最长，其成就也最大"②。由此可知，张衡的司史历程与文学生成之间存在互动影响。姚振宗《后汉艺文志》引《玉海》云："安帝永初、永宁间刘珍、刘騊駼、张衡、李尤等撰集为《汉记》。"③然而《后汉书》张衡本传却不载此事，究其历史真相张衡是否参与修撰《东观汉记》，这个问题值得我们进一步深思。

刘跃进先生在《秦汉文学编年史》中指出"张衡亦被请参论东观校书事"④，认为张衡参与东观校书。陈君先生在《东汉社会变迁与文学演进》一书中，通过"艺文机构与文学创作"章节的梳理，概括出东汉艺文机构的人员构成："在兰台、东观、鸿都门学三个艺文机构中，兰台文人主要兴盛于东汉，鸿都门学则在东汉后期昙花一现，而东观的繁荣时间最长，绵亘安、顺、冲、质、桓、灵、献七朝。著作东观者人数众多，马融、张衡、蔡邕等一代通才均有著作东观的经历。"⑤今参稽以上诸说，我们认为东观与张衡存在相关性的一面。宦海浮沉，张衡经历了汉章、和、殇、安、顺帝五个朝代，并且两次担任太史令，理应有机会进入东观参与事务。东汉太史令较之西汉，已经发生很大变化。修史的责任首先是兰台，后是东观。那么，张衡在其中扮演什么角色？东观的两大职能，分别是校书与修史，张衡是二者兼有之，还是只参与其中一项？个中问题亟须我们继续深入挖掘与辨析。对此笔者不揣谫陋，粗陈己见，以求教于方家。

一　东汉修史传统及史官职责之存在样态

刘熙《释名》曰："观者，于上观望也。"⑥许慎《说文解字》亦曰："观四方而高

---

① 据《后汉书》《华阳国志》《论衡》《史通》等史籍载著作东观的文人，主要有班固、傅毅、崔骃、杨终、黄香、李尤、刘騊駼、刘珍、边韶、高彪、李胜、朱穆、曹寿、马融、王逸、崔寔、延笃、蔡邕等。以上诸人，据张峰屹先生考证，曹寿、李胜二人并无文学作品存世，其余或多或少皆有一定数量。详见张峰屹《东汉文学思想史》，上海：上海古籍出版社，2021 年，第 490—505 页。

② 孙文青《张衡年谱》，上海：商务印书馆，1935 年，第 9 页。

③ 〔清〕姚振宗《后汉艺文志》，《续修四库全书》第 914 册，上海：上海古籍出版社，1996 年，第 264 页。

④ 刘跃进《秦汉文学编年史》，北京：商务印书馆，2006 年，第 476 页。

⑤ 陈君《东汉社会变迁与文学演进》，北京：中国社会科学出版社，2021 年，第 142 页。

⑥ 任继昉《释名汇校》，济南：齐鲁书社，2006 年，第 301 页。

者也……传意高而不四方者则谓之观、谓之阙也。"①李尤《东观赋》以东观为中心,从自然位置过渡到人文环境,进行全方位的描摹,"东观之艺,孽孽洋洋。上承重阁,下属周廊。步西蕃以徙倚,好绿树之成行。历东崖之敞座,庇蔽蔕之甘棠。前望云台,后匝德阳。道无隐而不显,书无阙而不陈。览三代而采宜,包郁郁之周文"②。按照建筑坐北朝南的一般原则,可知东观南为云台,北为德阳殿。云台,是图画东汉开国功臣二十八将之所,德阳殿也是当时南北宫最为高大的宫殿之一。东观作为追慕周代礼乐文化的象征,其和谐的自然环境以及浓厚的学术氛围,同时具备读书讲经与校书修史的条件。

东汉开国伊始,光武帝刘秀致力于创造文武兼修的盛世图景,营造东观也被纳入其事业版图。据《后汉书·儒林传》载:"初,光武迁还洛阳,其经牒秘书载之二千余两,自此以后,参倍于前。及董卓移都之际,吏民扰乱,自辟雍、东观、兰台、石室、宣明、鸿都诸藏典策文章,竞共剖散。"③这一重视和保存历史文献的传统早已有之。《书于竹帛·中国文字记录发展的因素》一文指出:"公元前2世纪(西汉王朝时期),儒家思想大行,导致古籍在重重天灾人祸之后得以复兴。为了书籍的保存,中央管制的皇家图书馆因而建立,图书馆学亦因书籍数量的激增而萌芽。自此之后,劫余的古籍,大多经过历代学者的搜辑和校订而继续流行。"④光武以后,明帝朝开始校书与修史的工作。《后汉书·班彪传》载:"(显宗)召诣校书部。除兰台令史,与前睢阳令陈宗、长陵令尹敏、司隶从事孟异共成《世祖本纪》。迁为郎,典校秘书。"⑤后来的《东观汉记》就是在《世祖本纪》基础之上完成的。由上可知,兰台、石室,较晚一些的东观都是用来储藏图书的地方,拥有大量的典籍文献资料。《后汉书·王允传》载"及董卓迁都关中,允悉收敛兰台、石室图书秘纬要者以从"⑥,亦可证图书藏于东观这一事实。

值得我们关注的是,刘秀起家一个重要的依靠来源是地方豪强大族,他采取了联姻的办法,这就为以后的外戚政治埋下了隐患。东汉初几大家族有窦氏、马氏、伏氏、邓氏等⑦。《东观汉记》对于他们家族成员的描述不吝笔墨。以窦氏和马氏两大家族为例,谱系分别为:窦融、窦固、窦宪、窦章;马援、马廖、马

①　〔汉〕许慎撰,〔清〕段玉裁注《说文解字注》,上海:上海古籍出版社,1981年,第585页。
②　〔清〕严可均《全上古三代秦汉三国六朝文》,北京:中华书局,1958年,第747页。
③　〔南朝宋〕范晔撰,〔唐〕李贤等注《后汉书》,北京:中华书局,1965年,第2548页。
④　钱存训《书于竹帛》,上海:上海书店出版社,2006年,第142页。
⑤　〔南朝宋〕范晔撰,〔唐〕李贤等注《后汉书》,第1334页。
⑥　同上书,第2174页。
⑦　钟书林先生在《〈后汉书〉文学初探》一书中指出:"东汉政治的症结,在于太后的临朝监政,是它直接引发了宦官之祸与外戚之横。"北京:中国社会科学出版社,2010年,第43页。此外东汉四姓樊、郭、阴、马,在《东观汉记》中有很多篇幅撰述,是其重点载录的对象。

防、马光、马客卿、马严、马融、马棱。与此相关,张衡首次以天子近臣、为王代言的郎中身份进入中央,正是太后邓氏政由己出、主持修史的时期。实质而言,张衡在安帝时期未能顺利经刘珍举荐,进入东观修撰《汉记》,成为帝后两党矛盾牵扯的牺牲品。由于殇帝、安帝即位时年龄较小,当时的实际大权掌握在邓太后手中。自元兴元年(105)和帝驾崩,再经延平元年(106)殇帝去世,邓太后临朝称制达 16 年之久,直至永宁二年(121)病逝。《后汉书·和熹皇后纪》载:"及殇帝崩,太后定策立安帝,犹临朝政。"①又据《五行志》言:"邓太后摄政专事,讫建光中,太后崩,安帝乃得制政。"②同时邓太后自身也有很高的经史修养。因此当时发布的官员校书修史诏书,多出自邓太后之意。史载"太后自入宫掖,从曹大家受经书,兼天文、算数。昼省王政,夜则诵读,而患其谬误,惧乖典章,乃博选诸儒刘珍等及博士、议郎、四府掾史五十余人,诣东观雠校传记。事毕奏御,赐葛布各有差。又诏中官近臣于东观受读经传,以教授宫人,左右习诵,朝夕济济"③。这一时期的东观校书与修史活动,大多是由邓太后组织进行的。修史之事与其说是一种学术文化活动,毋宁说是对汉王朝中兴的寄托,代表统治阶级的政治理想,暗含为王代言的深意。张衡对邓氏集团的态度是"累召不应"(《后汉书·张衡传》)。加之张衡固执守拙的性格,也使得他远离统治上层核心。与此相反的是,拥有外戚势力的支持,窦章入东观为校书郎可谓顺理成章。《后汉书·窦章传》载:"太仆邓康闻其名,请欲与交,章不肯往,康以此益重焉。……康遂荐章入东观为校书郎。"④邓康,大将军邓禹孙。"(邓)康以邓太后久临朝政,宗门盛满,数上书长乐宫谏争"⑤。反观张衡,其"五不性格",即"累召不应""无骄尚""不好交接""举孝廉不行""公府不就",决定其仕途走向的"不我知者,以为失志"(《应间》)。张衡于安帝元初二年(115)初迁为太史令,此后的官职变迁依次为延光元年(122)转任公车司马令,顺帝永建二年(127)复职太史令,阳嘉三年(134)迁侍中,永和元年(136)出为河间相⑥。他两次被赋予太史令的职官,却没有机会修史。此时东汉一代的太史令职责,较之西汉已经发生了很大变化。职责范围大致为:

> 掌天时、星历。凡岁将终,奏新年历。凡国祭祀、丧、娶之事,掌奏良日及时节禁忌。凡国有瑞应,灾异,掌记之。……掌守明堂、灵台。灵台

① 〔南朝宋〕范晔撰,〔唐〕李贤等注《后汉书》,第 423 页。
② 同上书,第 3328 页。
③ 同上书,第 424 页。
④ 同上书,第 821—822 页。
⑤ 同上书,第 606 页。
⑥ 参见张震泽校注《张衡诗文集校注》,上海:上海古籍出版社,2009 年,第 383—386 页。

掌候日月星气,皆属太史。①

即太史令的职责是在每年的年末,向皇帝汇报下一年的祭祀、丧娶等大事合宜的日子,类似我们今天的黄历,为皇帝提供便利。据《汉旧仪补遗》载:"太史令凡岁将终,奏新年历,凡国祭祀丧娶之事,掌奏良日及时节禁忌。"②《后汉书·律历志》云:"尚书郎张衡、周兴皆能历,数难诵、丰,或不对,或言失误。衡、兴参案仪注,考往校今,以为《九道法》最密。"③历法与历史往往息息相关,一方面,史官通过观测、占卜等方式,洞察国家大事发生与走向,另一方面他们依靠经验,通过对月令的熟悉,提前知晓时节的禁忌,并及时上奏皇帝。这种形势下,史官职责的演变与存在样态被蒙上神学的面纱,结合东汉谶纬之风盛行的局面,便如司马迁认为的"文史星历,近乎卜祝之间"(《报任少卿书》),寓皇权于数术,实质是神学政治的外化表现。《史通·史官建置》称:"司马迁既殁,后之续《史记》者,若褚先生、刘向、冯商、扬雄之徒,并以别职来知史务。于是太史之署,非复记言之司。故张衡、单飏、王立、高堂隆等,其当官见称,唯知占候而已。"④由此可知太史令在东汉主要承担的不是修史工作,这一任务落到了东观校书郎的身上。

饶有趣味的是,东观内并没有明确的食禄职位,参与修史的人也并未被授予职官,只是有"著作东观"的名号而已。比较有代表性的是陈振孙《直斋书录解题·传记类》在"东观汉纪十卷"提要道:"汉谒者仆射刘珍、校书郎刘驹骎等撰。"⑤也就是说,刘珍的官位是谒者仆射,这决定着他的食禄来源。"著作东观"是他的兼职身份,不存在官位之说。朱焕尧先生曾言:

> 计后汉在官撰书著作之士今可知者凡四十人。当其受命之际,大率为郎官大夫。此等文儒侍从之臣。本无常职。惟诏命之所使。使在东观著作校书,而非其本职即应如是。⑥

直至魏晋,著作郎成为官名,专门负责修撰国史。《宋书》载:"汉东京图籍在东观,故使名儒硕学,著作东观,撰述国史。著作之名,自此始也。"⑦《晋书·职官志》接续道:"汉东京图籍在东观,故使名儒著作东观,有其名,尚未有官。

①　〔南朝宋〕范晔撰,〔唐〕李贤等注《后汉书》,第3572页。

②　〔清〕孙星衍等辑,周天游点校《汉官六种》,北京:中华书局,1990年,第88页。

③　〔南朝宋〕范晔撰,〔唐〕李贤等注《后汉书》,第3034页。

④　〔唐〕刘知几著,〔清〕浦起龙通释,王煦华整理《史通通释》,上海:上海古籍出版社,2009年,第284页。

⑤　〔南宋〕陈振孙撰,徐小蛮、顾美华点校《直斋书录解题》,上海:上海古籍出版社,2015年,第194页。

⑥　朱焕尧《后汉东观考》,《国史馆馆刊》1948第1卷第4期,第23页。

⑦　〔梁〕沈约《宋书》,北京:中华书局,1974年,第1246页。

魏明帝太和中,诏置著作郎,于此始有其官。"①作为修史的地点,东观修史的文人在此处享有修史的名号而无实权,且需要承担本职内的工作,很大程度上仅作为迁官之途,比较典型的是刘珍,"永宁元年,太后又诏珍与刘𬴃骏作建武已来名臣传,迁侍中、越骑校尉"②。此外李尤的迁官经历也值得我们关注。其于"和帝时,侍中贾逵荐尤有相如、杨雄之风,召诣东观,受诏作赋,拜兰台令史。稍迁,安帝时为谏议大夫,受诏与谒者仆射刘珍等俱撰《汉记》"③。据此可知东观类似官员"中转站"及历练场所。

修史由官方指派,御用性质得到进一步强化,东观在其中扮演了重要的角色。张衡一方面出于自身不与后党合作的态度,另一方面他的人格里潜藏着坚定维护历史纯洁性的抗争精神,而未能参与修史工作。外戚势力过于强大,以及张衡担任太史令期间,被限定做的工作关乎占卜与问天,很大程度上决定"(刘)珍请衡参论东观,不过仅为一种追求;并未实行"④。与此同时,尽可能地还原张衡与《东观汉记》的修撰背后遮蔽的历史真相,还需我们结合张衡详细的生平履历和《东观汉记》具体的成书过程来讨论。

二　《东观汉记》修撰过程与张衡人生之走向

《四库全书总目》将《东观汉记》的修撰分为"初创""初续""再续""三续"如下过程(表1):

表1

阶段	修撰过程
初创	明帝始诏班固与睢阳令陈宗、长陵令尹敏、司隶从事孟异共成《世祖本纪》。因又撰功臣、平林、新市、公孙述事作《列传》《载记》二十八篇。
初续	安帝诏史官谒者仆射刘珍、谏议大夫李尤杂作《纪》《表》《名臣》《节士》《儒林》《外戚》诸传,起建武,讫永初。
再续	侍中伏无忌与谏议大夫黄景作《诸王》《王子》《功臣恩泽侯表》,与《单于》《西羌传》《地理志》。大中大夫边韶、大军营司马崔寔、议郎朱穆、曹寿杂作《孝穆崇》二皇及《顺烈皇后传》。 又增《外戚传》入安思等后。《儒林传》入崔篆诸人。寔、寿又与议郎延笃杂作《百官表》、顺帝功臣《孙程》《郭愿》《郑众》《蔡伦》等传凡百十有四篇,号曰《汉记》。

① 〔唐〕房玄龄等《晋书》,北京:中华书局,1974年,第735页。
② 〔南朝宋〕范晔撰,〔唐〕李贤等注《后汉书》,第2617页。
③ 同上书,第2616页。
④ 孙文青《张衡年谱》,第56页。

续表

阶段	修撰过程
三续	熹平中,光禄大夫马日磾、议郎蔡邕、杨彪、卢植著作《东观》,接续纪传之可成者。而邕别有《朝会》《车服》二志。 邕在东观,与卢植、韩说等撰补《后汉记》,所作《灵纪》及《十意》,又补诸《列传》四十二篇。 刘洪与蔡邕共述《律历纪》。 胡广博综旧仪,蔡邕因以为志。 蔡邕引中兴以来所修者为《祭祀志》。

　　由上表我们可以知道《东观汉记》的修撰,始于汉明帝,截至献帝,可考的编撰人员依次为:班固、陈宗、尹敏、孟异、刘珍、李尤、伏无忌、黄景、边韶、崔寔、朱穆、曹寿、延笃、马日磾、蔡邕、杨彪、卢植、韩说、刘洪、胡广计二十人[①]。通过打捞历史我们发现:

　　(1)在"初创"时期,除上述撰修人员以外,还有刘复、贾逵、杜抚、马严诸人。《后汉书》卷十四称:"初,临邑侯(刘)复好学,能文章。永平中,每有讲学事,辄令复典掌焉。与班固、贾逵共述汉史。"[②]又据《史通》卷九称:"及与陈宗、尹敏、杜抚、马严撰《中兴纪传》,其文曾不足观,岂拘于时乎?"[③]

　　(2)在"再续"时期,增补进撰修人员邓嗣。详见于《后汉书·邓嗣传》载:"永寿中,(邓嗣)与伏无忌、延笃著作东观。"[④]

　　(3)在"三续"时期,除却以上人员,《后汉书·律历志下》注引蔡邕上奏云:"天诱其衷,得备著作郎,建言十志皆当撰录,(邕)遂与议郎张华等分受之,其难者皆以付臣。"[⑤]修撰《东观汉记》的队伍增进张华一员。

　　四库馆臣评价《东观汉记》"虽残珪断璧,零落不完,而古泽斑斓,罔非瑰宝"[⑥]。值得注意的是,《东观汉记》虽曾与《史记》《汉书》并称"三史",却在范晔《后汉书》问世之后浸微。这一现象还要从《东观汉记》自身史料零落、成于众人之手,思想价值不如《后汉书》等方面寻找原因。然而《东观汉记》较之《后汉书》毕竟在前,从年代上来说更为可信。《文心雕龙·史传》云:"至于《后汉》纪传,发

---

　　①　《四库全书》在"东观汉记"条目列陈修撰人员名单时并未提到张衡,按《后汉书》《史通》辑佚刘复、贾逵、杜抚、马严、邓嗣、张华六人,即可知见《东观汉记》的修撰人员共计二十六人。

　　②　〔南朝宋〕范晔撰,〔唐〕李贤等注《后汉书》,第 558 页。

　　③　〔唐〕刘知几著,〔清〕浦起龙通释,王煦华整理《史通通释》,第 233 页。

　　④　〔南朝宋〕范晔撰,〔唐〕李贤等注《后汉书》,第 618 页。

　　⑤　同上书,第 3083 页。

　　⑥　〔清〕永瑢等撰《四库全书总目》,北京:中华书局,1965 年,第 446 页。

源《东观》。"①业已提及。陈振孙《直斋书录解题》亦将《东观汉记》归为较早的传记类史籍之列。刘知几《史通》云:"中兴之史,出自东观。"②本朝人修"当代史"的优势在于熟稔程度,这是不得不承认的事实。王立群先生在《历史建构与文学阐释——以〈史记·司马相如列传〉为中心》一文中指出:"'历史'一词的建构实际上包含着四个层次:一是'真实的历史',二是'记录的历史',三是'传播的历史',四是'接受的历史'。"③一般来说,时间距离越近,讹变的概率就越小,《东观汉记》可与范晔《后汉书》互参。以张顺预起义之事为例,《东观汉记》记载道:"诸李遂与南阳府掾史张顺等连谋。上深念良久,天变已成,遂市兵弩,绛衣赤帻。"④再如著名的赵勤高风亮节的"高谈阔论"典故,亦来源于《东观汉记》:

> 赵勤,字孟卿,南阳棘人。明达好学,介然特立。太守骆珍召署曹吏至掾、督邮,太守桓虞下车,叶令雍霸及新野令皆不遵法,乃复勤督邮。到叶,见霸,不问县事,但高谈清论以激厉之,霸即陈责解印绶去。勤还入新野界,令闻霸已去,遣吏奏记陈罪,复还印绶去。⑤(《列传·赵勤传》)

以上记载于《东观汉记》的事迹,《后汉书》全无记载。从这个意义上说,以往我们对《东观汉记》具有"浓烈的御用色彩"这一认识有待省思。查考其他存在的合理性,如思想价值也成为不能忽略的部分,很大程度上能够反映时人的价值追求与精神风貌。作为官修史书"《东观汉记》的价值,主要在于拥有大量的原始资料和私人难以掌握的各种资料",以至于"其后在三国、两晋、南朝时期,私人撰述东汉史书者多达十家以上,其资料来源多取之于此书"⑥,为后世史家带来诸多便宜。此外我们可以对照一下修撰《东观汉记》时,张衡的经历(表2):

表2

时间	事例	《后汉书·张衡传》原文
安帝永初四年(110)	谒者仆射刘珍及五经博士校书东观,刘珍请衡参论东观,不果。	永初中,谒者仆射刘珍、校书郎刘騊駼等著作东观,撰集《汉记》,因定汉家礼仪,上言请衡参论其事。会并卒,而衡常叹息,欲终成之。

① 〔南朝梁〕刘勰著,范文澜注《文心雕龙注》,北京:人民文学出版社,1958年,第285页。
② 〔唐〕刘知几著,〔清〕浦起龙通释,王煦华整理《史通通释》,第183页。
③ 王立群《历史建构与文学阐释——以〈史记·司马相如列传〉为中心》,《文学遗产》2011年第6期,第153页。
④ 〔东汉〕刘珍等撰,吴树平校注《东观汉记校注》,北京:中华书局,2008年,第3页。
⑤ 〔东汉〕刘珍等撰,吴树平校注《东观汉记校注》,第510页。
⑥ 杨翼骧、叶振华《唐末以前官修史书要录》,《史学史研究》1991年第4期,第29页。

续表

时间	事例	《后汉书·张衡传》原文
安帝永初六年(112)	同刘珍等参论汉家礼仪。	不载。
安帝永宁元年(120)	(张衡)为太史令。刘珍等作《建武以来名臣传》。	不载。
顺帝永建元年丙寅(126)	(张衡)复转太史令。……刘珍等《东观汉记》垂成,与刘騊骎、李尤并卒。	不载。
顺帝阳嘉三年(134)	(张衡)上书请专事东观收检遗文。上表求合正三史。	及为侍中,上疏请得专事东观,收捡遗文,毕力补缀。……书数上,竟不听。及后之著述,多不详典,时人追恨之。

表中有几条线索交叉重合,我们查考张衡与刘珍的交情与重合之经历。《后汉书·王符传》称:"与马融、窦章、张衡、崔瑗等友善。"①张衡作《与崔瑗书》,又崔瑗有《河间相张平子碑》,两人互为知己。可见张衡与以上诸人如王符、崔瑗交情颇深,然史书中张衡与刘珍的交往事迹阙如。史书记载关于刘珍、李尤修撰《东观汉记》前后时间上的矛盾,透露着邓太后垂老仍不忘颁诏修史,以及范晔出于省文的原则而模糊的两处关键的信息。

其一,永初与永宁年间邓太后相继命刘珍、李尤等人修史。《后汉书·张衡传》中的"(永初中珍等)会并卒",容易让人理解为刘珍病逝于永初(107—113)。然按《后汉书·文苑传》"永宁中,邓太后召毅及騊骎入东观,与谒者仆射刘珍著《中兴以下名臣列士传》"②。也就是说,刘珍、李尤二人并未卒于永初年间,这显然不像《后汉书·张衡传》中说的那样。不惟如此,他们再次参加了永宁(120—121)年中邓太后再诏修撰史书,直到顺帝年间去世。

其二,范晔记载"会并卒"的文字出入问题,与其省文原则与习惯有关。安帝即位时十三岁,永初中他已接近成年,试图摆脱邓太后的控制,邓太后授意之下进行的刘珍、李尤等修撰国史任务,被迫中止的原因令人深思。范晔并未深究,遂找了个"刘珍等并卒"而退出的理由,为后世留下无尽的遐想空间。孙文青先生指出:"'(邓太后)乃博选诸儒刘珍等,及博士、议郎五十余人,诣东观雠校传记',参与其事者乃诸儒及博士、议郎;衡以不曾就所谓孝廉、郎官,又不应邓骘召;此次虽有刘珍之请,故不曾被邀也。"①由此我们认为,张衡没有办法进入修史的核心层与其不应邓骘召,非孝廉郎官身份密切相关。等到后来邓太后病故,张衡又在公车司马与太史令诸任上,加之无人举荐,修撰《东观汉记》的愿望再次落空。

可以推知的是,张衡与刘珍的关系应是非常和谐的。非但如此,史料记载二人皆为南阳人。史载"刘珍字秋孙,一名宝,南阳蔡阳人也"②。基于此,刘珍出于乡贤和赏识张衡的角度,不遗余力地举荐。张衡仕宦章、和、殇、安、顺帝朝,宦海浮沉。这一时期正好是《东观汉记》及"著作东观"的黄金时期。张衡年轻时游三辅,在地方南阳任主簿。直至三十四岁官拜郎中,辗转经历尚书侍郎、太史令、公车司马职务,五十岁再迁为太史令,五十七岁任侍中,两年以后赴地方任河间相,张衡的一生围绕京师洛阳如同心圆般运转,积极入世。不过在人生的后期发生转变,倾向道家的清净无为。其《应间》语"不耻禄之不夥,而耻智之不博",余英时先生在《士与中国文化》中考察道:"一方面中国的'道'以人间秩序为中心,直接与政治权威打交道;另一方面,'道'又不具备任何客观的外在形式,'弘道'的担子完全落到了知识分子个人的身上。在'势'的重大压力之下,知识分子只有转而走'内圣'一条路,以自己的内在道德修养来作'道'的保证。"③中国知识分子的儒、道思想传统,在汉代经历了重要的蜕变。这一时期学术与政治、文学与历史之关联性减弱,尤其是东汉中后期士人更加注重气节与个性,张衡就是其中的典型代表。他说"余去史官五载而复还,非进取之势也。唯衡内识利钝,操心不改"(《应间》),人生起落使得张衡心态超脱,其志向也就偏向于道家,随性而自然。其中反映出东汉文人所处高压的政治环境,为他们本能脱离经、史的桎梏提供了间隙与可能性。

三 张衡的史学修养与文学生成之互动影响

四部图书分类法之前,史家与文学家往往同出一途,以司马迁、班固为突出代表。至于魏晋六朝,史部从六艺中脱离出来蔚为大观,但在东汉时期,史馆的建立与史官的职责发生错位,史的地位发生失坠,沦为"变相的帝王起居注"。正如刘知几在《史通·忤时》中提到:

---

① 孙文青《张衡年谱》,第56页。
② 〔南朝宋〕范晔撰,〔唐〕李贤等注《后汉书》,第2617页。
③ 余英时《士与中国文化》,上海:上海人民出版社,2003年,第7页。

古之国史,皆出自一家,如鲁、汉之丘明、子长,晋、齐之董狐、南史,咸能立言不朽,藏诸名山。未闻藉以众功,方云绝笔。唯后汉东观,大集群儒,著述无主,条章靡立。由是伯度讥其不实,公理以为可焚,张、蔡二子纠之于当代,傅、范两家嗤之于后叶。①

其中的"张、蔡二子"谓张衡与蔡邕。张衡曾上疏指出司马迁、班固所叙与史籍不合者十余条,特意对《东观汉记》《史记》《汉书》等史籍进行纠偏。《东观汉记》成于众人之手,目录所载突出贡献者刘珍又是宗室子弟,表面上是修国史,实质而言是对一家一姓事迹的抉取,站在维护刘姓王朝利益的立场。从这个角度上说,张衡能够对其纠谬也就不足为怪。

唐代史家刘知几揭示出张衡文胜于史的特点,《史通》谈及"文之于史,较然异辙。故以张衡之文,而不闲于史;以陈寿之史,而不习于文"②。刘知几得出"张衡长于文"的结论,而他对张衡的史才表示了怀疑。基于以上的分析,我们可以进行如下合理的推论。《后汉书》张衡本传载其"善属文",对比同时代的司马迁、班固,张衡没有留下史学巨著,这一点确实值得思考。张衡只是有心于《东观汉记》的修撰,实际是否具备修史的能力,我们今天没有足够的文献资料作为支撑,已不得而知。孙文青先生赞同刘知几的判断,他认为"衡于史学见解,远不如其文学之瑰丽,技艺之奇伟。无怪其书数上不听也"③。诚然,史稍逊文的张衡,其修史志向对于文学书写的影响,主要表征为以史入赋(文),即运用以史为鉴的手法进行赋的创作。除此之外,赋中出现大量历史神话、当代英雄人物的铺叙,很大程度上也来源于张衡的史学修养。

刘跃进先生《回归与超越:漫议中国文学研究中的历史感问题》一文中指出:"中国古代并没有现代意义上的专业作家,他们大都在统治集团内部供职,当然官位各不相同。"④文士们日常接触皆为文学运笔的来源,而心态的转变,尤其是这种求而不得的心态,在张衡这里实现了思想的逆转。灵感的喷薄尽在史笔之外,内蕴文学作品之中,恰恰实现文学独立自主精神的回归。业已提到的"著作东观"诸人:如班固、傅毅、崔骃、杨终、黄香、李尤、刘騊駼、刘珍、边韶、高彪、朱穆、曹寿、马融、王逸、崔寔、延笃、蔡邕等,除却他们文学上的创作,学术方面的著作依然值得我们关注。例如班固的《汉书》,马融注六经及《老子》《列女传》《淮南子》等,王逸撰《楚辞章句》,崔寔著《政论》《四民月令》。此

① 〔唐〕刘知几著,〔清〕浦起龙通释,王煦华整理《史通通释》,第554页。
② 同上书,第232页。
③ 孙文青《张衡年谱》,第105页。
④ 刘跃进《回归与超越:漫议中国文学研究中的历史感问题》,《杭州师范学院学报(社会科学版)》2006年第1期,第44页。

外,东观内设有讲部,名师大儒如马融等人在其中传授弟子生员。这对于当时的学术交流与校书修史活动带来了巨大的影响。东观作为我国早期典籍事业的源头之一,对于古文献的整理保存、学术文化的发展颇具贡献。迄至三国,朝廷依然保留东观修史的传统,但是这时的东观之职上升为名副其实的官位,以俸禄生存资料的形式存在。陈寿《三国志》记载道:

> (华核)后迁东观令,领右国史,核上疏辞让。(孙)皓答曰:"得表,以东观儒林之府,当讲校文艺,处定疑难,汉时皆名学硕儒乃任其职,乞更选英贤。闻之,以卿研精坟典,博览多闻,可谓悦礼乐敦诗书者也。当飞翰骋藻,光赞时事,以越扬、班、张、蔡之畴,怪乃谦光,厚自菲薄,宜勉修所职,以迈先贤,勿复纷纷。"①

可以看出,三国时期的东观接续了儒家的礼乐教化。汉代以来由名学硕儒充任东观,形成彬彬之盛的文化景观。三国时期,君主在选人任职东观时尤其谨慎。上述材料提到,孙皓在与华核的回答中涉及扬雄、班固、张衡和蔡邕四人的史才,作为勉励当朝士子踵武前贤的论据。至于张衡、蔡邕的时代,汉帝国已经山河日下,修史更多只是勉强维持传统,而史家个人的挣扎在现实中显得微不足道。这时南朝范晔所撰《后汉书》,较之《东观汉记》后来居上。东观的存在价值亟待我们深入地探讨与研究,而张衡与《东观汉记》发生的联系仅是冰山一角,还有许多生发的问题值得我们反复琢磨与思考。

张衡学习型人格的终生实践,具体表现为早年"入京师,观太学,遂通五经,贯六艺",中、晚年醉心于文理与数术。自身又无固定师从,更多出于公心与道德追求。纵观张衡仕宦的动态过程,他在安帝朝被宗室子弟刘珍赏识,曾有机会修史东观,然因邓氏势力太过强大未果。"后迁侍中,帝引在帷幄,讽议左右。尝问衡天下所疾恶者。宦官惧其毁己,皆共目之,衡乃诡对而出。阉竖恐终为其患,遂共谗之。衡常思图身之事,以为吉凶倚伏,幽微难明,乃作《思玄赋》,以宣寄情志。"②可以看出张衡的经历类似屈原。只不过层累的士人心态教会了张衡出处行藏,不必死谏,更不必自沉。从士人与中央的关系来说,张衡的处理显得明智,保护自身而远离祸患。相较屈原的精神追求,他远行的背影更符合世情。对此,许结先生总结道:"正因为张衡居侍中常在帝座之侧参议政事,也就必然引起当时操弄权柄的最腐败的政治集团宦官之怀疑与排斥,加上东汉中官居内而侍中'有事乃入,毕即出'的制度,其日久中谗势不可免,于是在尽职与生存之间,张氏陷入矛盾与苦闷,最终选择了屈势以求生的

---

① 〔晋〕陈寿《三国志》,北京:中华书局,1959年,第1468页。
② 〔南朝宋〕范晔撰,〔唐〕李贤等注《后汉书》,第1914页。

悲哀之途。"①从这个意义上说,东观实则是披着艺文机构面纱的强权政治的产物。直至代表外戚势力的邓太后逝世,张衡已经步入晚年,为阉党患,修史的想法显得苍白而有心无力。张震泽先生认为"张衡不顾久处机密,上书请求专事东观收检遗文,补缀汉记,定汉家礼仪。顺帝不听,遂出为河间相。这件事的细节,史书未载,想来也是宦官惧其留朝不利,遂加以排挤的结果"②。《全汉文》载张衡《求合正三史表》云:

> 臣仰干史职,敢徼官守,窃贪成训,自忘顽愚。愿得专于东观,毕力于纪记,竭思于补阙,俾有汉休烈,比久长于天地,并光明于日月,昭示万嗣,永永不朽也。③

余嘉锡先生按:"'臣仰干史职'者,谓太史令耳,非谓史官之职。及至元嘉中伏无忌等奉诏撰集,则衡死已久矣,(衡卒于永和四年,下距元嘉凡六年)《玉海》之说非也。"④至此,可以考证张衡晚年曾凭借职务之便入东观阅读与校书,然《玉海》称其撰集《汉记》此说不实。《后汉书》张衡本传载"聊朝隐乎柱史"是其余生追求。回溯张衡"早年就到京师'观太学,通六经,贯六艺',中年后还抽时间还家专力读书三年,老年后还一意想到那时的国家图书馆东观去工作,但不幸这个愿望始终未能实现"⑤。他在《灵宪》中自白:"臣求其旧文,连年不得,在东观,以治律未竟,未及成书。案略求索,窃不自量,卒欲寝伏仪下,思惟精意,案度成数,扶以文义,润以道术,著成篇章。"无独有偶,相较同时期的文人,作为与其存在交往的王符与崔瑗,前者一生未仕,著作校书乡里;后者身居下僚,抑郁不得志。张衡在政治的高度打压之下,难以阻挡的是自主抒情的文学洪流,倒逼张衡生出归隐的念头,这也代表了这一时期部分士人的政治选择与精神转向。

由上述各端言之,学术活动关乎政治。在早期的文、史格局之下,无论史家还是文人,一方面他们自觉承担继承绝学的重任,对于文献资料的整理与保存、体例内容的探索方面具有开拓性的建设。在此基础之上,他们进行文学内心书写的突破与尝试,形成主流文化之外的跫然新声如桓谭《新论》、王充《论衡》、张衡《思玄》《归田》等,叩开后世文学自觉时代的众多法门。

---

① 许结《张衡评传》,南京:南京大学出版社,1999年,第60页。
② 〔汉〕张衡著,张震泽校注《张衡诗文集校注》,第3页。
③ 〔清〕严可均校辑《全上古三代秦汉三国六朝文》,北京:中华书局出版社,1958年,第771页。
④ 余嘉锡《四库提要辨证》,长沙:湖南教育出版社,2009年,第213页。
⑤ 孙文青《张衡年谱》,第9页。

结　语

　　研究东汉的政治生态、史学背景与文学风貌，《东观汉记》是重要的文献资料。在这一过程中，张衡与《东观汉记》的关系值得我们关注。本文通过对史上张衡修《东观汉记》诸说的分析，及其生平与仕宦脉络的整理，特别是张衡文学与史才互动生成的爬梳，可知《玉海》称张衡修《东观汉记》存在不实之处。得出张衡曾入东观校书整理旧籍，然没有机会修史的说法更为恰当，这对于东汉政治文化生态的研究颇具意义。有学者指出"先秦史官文化的鉴古意识、规谏意识对于后世赋的文化精神带来了不容忽视的影响"①。发展至汉代，东观作为艺文生发的机构，文人在这里失意或得意，史官传统渗透文学，进而进行文学的探索与尝试，如张衡《二京赋》便是以"西京奢侈，东京处约"为鉴，文学性地批判当时社会浮华与奢靡的风气。在这种情形之下，东观俨然成为窥视汉帝国政治与学术生态的镜面，具有十分重要的意义。同理，张衡作为文学家与科学家的身份是后代形成的共同认知，道与技是张衡毕生的价值追求，与此相对应的是，知识型人格与实践性原则在张衡这里互为补充，这也是张衡之所以成为张衡的关键一步。

---

　　①　侯立兵《汉魏六朝赋多维研究》，北京：人民出版社，2007年，第34页。

《隋书·经籍志》"旧录"新证
——从文本的缀合性出发

张洵洵[*]

【内容提要】 以中古史书的缀合特性作为《隋志》研究的切入点,将史臣脞录众"旧录"的工作视作文本的再生产过程。在此基础上对《隋志》文本进行分类,其中驳杂性文本受史臣笔削程度最小,可看作保存"旧录"的重镇;另外,截取多个条目甚至保留完整部类亦是《隋志》文本缀合工作的必经之路。以此为基本原理,发掘叙录标注话语这种分布广泛且形式多样的驳杂性文本保留"旧录"的特质,可知《隋志》"录一卷"标注话语主要袭自《七录》,少部分可能为史臣新撰条目;集部别集类整体主要缀合四种旧簿成篇,即《隋大业正御书目录》《七录》《七录》之后、《正御书目录》之前的某一目录,以及某个隋目;子部医方家下篇可能主要钞自两种隋目。在《隋志》研究中引入文本缀合原理可拓宽目录书研究视野,亦是深入理解南北朝官修簿录特质以及《隋志》于目录学史之重大意义的凭借。

【关键词】 《隋书·经籍志》 文本缀合 旧录 叙录标注话语

关于《隋志》的讨论,自刘知几"加阔眉以半额者"之讥以来便从未消歇[①],然无论是宋明时期常见的分类不考、诠汇未工之评[②],还是乾嘉以降,学者关于"见存""梁有"这两个密切相关的重要话语的考论[③],其实都在指向同一个事

---

* 本文作者为南京大学文学院博士研究生。

① 刘知几《史通·书志篇》论艺文志云:"前志已录,而后志仍书。篇目如旧,频烦互出。何异以水济水,谁能饮之者乎?"又谓《隋志》:"骋其繁富,百倍前修。非唯循覆车而重轨,亦复加阔眉以半额者矣。"

② 郑樵《通志·艺文略·编次之讹论十五篇》谓《隋志》"分类不考,故亦有重复者";高似孙《子略》谓其"甚淆杂,乏诠汇之工";焦竑《国史经籍志·纠谬·隋经籍志》、钱大昕《廿二史考异》接续这一命题,间或对相关条目予以纠正;后来姚振宗在《隋书经籍志考证》中又对钱大昕等人的考证成果多有订补。

③ 朱彝尊《经义考》云"至《隋书》始勒成经籍志,附著《七录》之目于下,经典藉是略存"。则以"梁""梁有"条目为《七录》书,钱大昕《廿二史考异》则明言"《志》所云梁者,阮氏书也"。姚振宗《隋书经籍志考证》主张"梁""梁有"或不单指《七录》。

实,即《隋志》具有多个著录来源。针对这一目录学命题,前人通过沿袭钱大昕、姚振宗等考据家所创立的研究方法继续发挥,基本已达成共识。然而,在承认《隋志》多重史源的基础上,是否能够深入辨识"旧录"种类及时代断限,则仍有继续探讨及开拓的空间。本文拟在学界前辈既有研究的基础上,聚焦《隋志》文本形成过程、文本分类等问题,借此寻求辨识"旧录"内容的新路径,并管窥《隋志》对于中古时期目录学观念转变的独特意义。

一　原理的引入:中古史书对旧史的缀合与改造

中古史部普遍脞录旧史成书。如房玄龄等修《晋书》以齐人臧荣绪所撰《晋书》为蓝本,兼采众本晋史及杂史、别传而成;沈约《宋书》在宋臣何承天、徐爰等人旧著的基础上修订而成,徐爰《宋书》则在裴松之、苏宝生所述宋史的基础上编成;李大师、李延寿父子所撰《南史》《北史》乃增删宋、齐、梁、陈、魏、北齐、周、隋八代史书而成,而后八书亦多是损益旧史而成。这些新史并非机械地剪裁众史成书,而是在撰者著述思想的指导下形成新文本。

进一步而言,研究古典文献的缀合性不仅要弄清多重史源,还包括探讨著述章节,或所谓完整语义片段的问题。前人对此已有发明,然时代集中于上古。如对于简帛时代的著述,夏含夷找出了马王堆本《易经》与传世本《易经》之间的章节对应关系,鲍则岳则以郭店楚简本《老子》与传世本作对比、以郭店楚简本《缁衣》与传世本《礼记·缁衣》作对比,认为简本与传世本之间的"同"主要表现在短章内部,而"异"表现在不同章节的编排,进而得出中国早期文本多缀合"文本模块"成书的结论①。撰述时代稍作后移,学界也有相关研究,如程苏东《失控的文本与失语的文学批评》一文探讨了司马迁撰写《史记》的过程中,对不同叙事板块的弥合情况,同样强调具有独立语义的"章"乃是最为活跃的文本单元②。

这一原理用于中古写卷时代,尤其是成于众手、史源多样的著述之中仍具特殊意义。囿于本文讨论的主题,这里仅举唐修《晋书》的两个例子,以说明史臣对旧史章节或完整语义片段的攫取,并在此基础上,探究史臣对既有史料的创造性解读与编排。

---

① [美]鲍则岳(William G. Boltz)撰,沈佳楠译《早期中国文本的缀合性》,《中外论坛》2023 年第 2 期,第 131—153 页。

② 程苏东《失控的文本与失语的文学批评——以〈史记〉及其研究史为例》,《中国社会科学》2017 年第 1 期,第 164—184、208 页。

(一)郗鉴吐哺

　　郗公值永嘉丧乱,在乡里甚穷馁。乡人以公名德,传共饴之。公常携兄
子迈及外生周翼二小儿往食。乡人曰:"各自饥困,以君之贤,欲共济君耳。
恐不能兼有所存。"公于是独往食,辄含饭着两颊边,还,吐与二儿。后并得
存,同过江。郗公亡,翼为剡县,解职归,席苫于公灵床头,心丧终三年。①

——《世说新语·德行篇》

　　这是《世说新语》传世本第一篇二十三章,写郗鉴外甥周翼心念吐哺之恩,
为郗鉴守丧。但《晋书》史臣认为这样的叙述还不足以动人,特意在《晋书》之
中不仅增添了关于兄子郗迈后来归属的史料,还增饰了周翼的心理活动,进而
强化郗鉴吐哺与后文周翼解职守丧二事之间的因果关系:

　　初,鉴值永嘉丧乱,在乡里甚穷馁。乡人以鉴名德,传共饴之。时兄
子迈、外甥周翼并小,常携之就食。乡人曰:"各自饥困,以君贤,欲共相济
耳,恐不能兼有所存。"鉴于是独往,食讫,以饭着两颊边,还吐与二儿。后
并得存,同过江。迈位至护军,翼为剡县令。鉴之薨也,翼追抚育之恩,解
职而归,席苫心丧三年。②

——《晋书·郗鉴传》

(二)邓攸弃子

　　除了踵事增华以强化原文叙事张力,史臣在解析史料的过程中也可能打
破原文逻辑,生成新的叙事。下文举邓攸弃己子、救兄子的记载,看史臣如何
创造性地解构旧史。关于此事件始末,唐修《晋书》记载如下:

　　石勒过泗水,攸乃斫坏车,以牛马负妻子而逃。又遇贼,掠其牛马,步
走。担其儿及其弟子绥,度不能两全。乃谓其妻曰:"吾弟早亡,唯有一
息,理不可绝,止应自弃我儿耳,幸而得存,我后当有子。"妻泣而从之,乃
弃之。其子朝弃而暮及,明日,攸系之于树而去。

　　(中略)③

　　攸弃子之后,妻不复孕。过江,纳妾,甚宠之。讯其家属,说是北人遭
乱,忆父母姓名,乃攸之甥。攸素有德行,闻之感恨,遂不复畜妾,卒以无嗣。

---

　　①　〔南朝宋〕刘义庆著,徐震堮校笺《世说新语校笺·德行篇》,北京:中华书局,1984 年,第 14 页。
　　②　〔唐〕房玄龄等《晋书》卷六十七《列传第三十七·郗鉴》,北京:中华书局,2012 年,第 1801 页。
　　③　此处插入邓攸离弃石勒后,入新郑投李矩,又渡江归晋的叙事板块,独立于邓攸弃子之事以
外,故从略。

时人义而哀之,为之语曰:"天道无知,使邓伯道无儿。"弟子绥服攸丧三年。①

——《晋书·邓攸传》

从《晋书》叙述来看,邓攸弃子救人的善举,加之不再聘妾的决定,共同导致后嗣无人的后果。然细审其理,恐有逻辑不通之处:后嗣无人与不再蓄妾,二者并无必然联系,亦与此妾甚被宠之殊遇存在矛盾。

按今存此事最初见载于《世说新语》:

> 邓攸始避难,于道中弃己子,全弟子。既过江,取一妾,甚宠爱。历年后,讯其所由,妾具说是北人遭乱,忆父母姓名,乃攸之甥也。攸素有德业,言行无玷,闻之哀恨终身,遂不复畜妾。②

——《世说新语·德行篇》

这是《世说新语》传世本第一篇二十七章,《晋书·邓攸传》叙写攸不复聘妾部分的史料盖源于此,但与《晋书》不同的是,《世说新语》在这里并未提到"不复蓄妾"导致"卒以无嗣"的后果。

事实上,唐以前人们普遍认为是邓攸弃子救人这件事直接断绝了其血脉:

> 邓攸既弃子,遂无复继嗣,为有识伤惜。③

——《世说新语注》引《晋阳秋》

> 邓攸逃奔石勒,负其妻子而去。担其儿及其弟子绥。度不能两全,遂弃其巳子,卒以无嗣。绥服攸丧三年。④

——《太平御览》引臧荣绪《晋书》

《晋书·邓攸传》弃子救孤部分所据旧史已佚,然自以上平行史料的叙事仍可看出,在《晋书》蓝本之中,"卒以无嗣"这一话语很可能也是隶属于邓攸弃子这一章节的。唐代史臣乃将《世说新语》所载邓攸因惭而不复蓄妾的完整史料片段,插入邓攸弃子而"卒以无嗣"的故事脉络中,进而构成以弃子救人、不复蓄妾为因,卒以无嗣为果的叙事逻辑,体现了史臣对前代史料章节的创造性理解和利用。

此外,《晋书·邓攸传》此段记载还存在另一逻辑不通之处,乃史料弥合未周所致,亦可反映中古史书的缀合特性。"时人义而哀之,为之语曰:'天道无知,使邓伯道无儿。'"这句话出现在《晋书·邓攸传》"弟子绥服攸丧三年"一句

---

① 〔唐〕房玄龄等《晋书》卷九十《列传第六十良吏·邓攸》,第 2339 页。
② 〔南朝宋〕刘义庆著,徐震堮校笺《世说新语校笺·德行篇》,第 15 页。
③ 同上书,第 268 页。
④ 〔宋〕李昉《太平御览》卷五百十二《宗亲部二》,《四部丛刊三编》本,上海:商务印书馆,1936 年,第 6 叶 a。

前略觉突兀,似乎邓绥为伯父守丧的动因是迫于时人舆论,而非感于邓攸本人厚恩。对比记载相关史实的平行史料,如臧荣绪《晋书》"度不能两全,遂弃其已子,卒以无嗣。绥服攸丧三年",可知"时人义而哀之,为之语曰:'天道无知,使邓伯道无儿'",亦为某一旧史之完整语段,被《晋书》史臣直接缀入蓝本"卒以无嗣"一语之后。

如上所述,此二则《晋书》记载皆由一个或多个完整的叙事板块构成,尤其是《邓攸传》所载邓攸弃子之事,虽看似错综复杂,然根据部分旧史佚文,以及新史逻辑未周之处,仍可窥见史臣对旧史完整叙事章节的缀合及拼接情况:

史料 A(叙写邓攸弃子经过)
插入邓攸投李矩,至江东为吴郡守、会稽守的叙述
史料 A(攸弃子之后,妻不复孕)
史料 B(叙写邓攸过江纳妾,乃为其甥,遂不复蓄妾)
史料 A(卒以无嗣)
史料 C(记录时人关于邓攸行善而无嗣的议论)
史料 A(邓攸弟子绥服攸丧三年)

图1　《晋书》邓攸弃子救人事所据史料的缀合情况

二　《隋志》的文本分类与驳杂性文本的寻找

(一)论《隋志》的丛编性质及其文本分类

唐贞观年间所修《隋志》之总叙谓史臣"今考见存,分为四部","其旧录所取、文义浅俗、无益教理者,并删去之;其旧录所遗、辞义可采、有所弘益者,咸附入之"。"见存"指贞观见存之书,相对地,"旧录"指前代簿录。《隋志》所据"旧录"不止一种,除个别学者有异议外[①],基本可看作学界共识;唐人刘知几就

---

① 张固也先生以张玄弼墓志铭载其贞观初年校书得"五十五部,册四家"为据,断定"旧录"指"魏徵编撰的唐贞观初年的藏书目录",且进一步认为《隋志》所据目录只有该贞观目及《七录》两种,故"反映梁和唐初的藏书情况"。见张固也《〈隋书经籍志〉所据"旧录"新探》,《古籍整理研究》1998第3期,第10—13、9页。对此,马楠认为《隋志》在贞观十七年魏征去世前就已基本定型,所谓"贞观目"只是《隋志》成书的一个阶段。见马楠《〈隋书经籍志〉著录撰人衔名来源考述》,《清华大学学报(哲学社会科学版)》2017年第6期,第110—134、196页。马楠所言甚是。事实上,以前代目录考校新朝图书乃各代成例,如东晋之初,著作郎李充以荀勖《晋中经簿》典理见存,隋代牛弘上表请开献书之路,则谓其御书单本"比梁之旧目"。若诚如张固也先生所言,则《隋志》史臣以贞观"旧录"校贞观见存图书,不免自相矛盾,可见"旧录"必是隋及隋以前的目录书。另外,"旧录"亦不止两种,详后文。

已指出《隋志》"乃广包众作勒成一志"①;清人姚振宗虽混淆了"旧录"与"见存"二者概念,但认为《隋志》胫录众家目录成书,与刘知几等人的观点基本一致②;现代目录学家余嘉锡③、王重民④等都主张《隋志》的蓝本是《正御书目录》,却也并没有将"旧录"限定为《正御书目录》一种;来新夏亦谓《隋志》"主要依据隋唐时国家藏书,并参考它以前的有关目录书而编成的"⑤。

由此可见,与《晋书·郗鉴传》《邓攸传》等中古史纪、传部分类似,《隋志》亦具有缀合成书的特性。直接对应隋代旧藏的《正御书目录》和反映梁、陈、齐、周、隋五代前著述之盛的《七录》,此二种"旧录"是《隋志》的两大主要著录来源。除此之外,《隋志》馆臣还选择性地从其他旧录摘抄条目,如经部《春秋》家"《春秋三家经本训诂》十二卷"下注云:"宋有三家经二卷,亡。"⑥子部道家"《文子》十二卷"下注云:"《七略》有九篇。"⑦

然而,这样的实名征引实属罕见。原因在于,与群书对中古传记史料的大量保存不同,南北朝目录书之中,只有极少数具有寻常史家眼中的史料价值,它们承载撰者生平资料,是类似于传记史料的传录体、叙录体目录书,如宋王俭《七志》、梁阮孝绪《七录》,四部典籍对其稍有征引。但此期出现更多的是直接用于点对藏书的四部登书簿,这些缺乏叙事要素的断烂篇章,在中古时代很难受到史家的重视,而在目录学理论兴起、学者开始摘取前人目录书以撰写解题的宋代,它们却已散佚殆尽,难以征引⑧。因此,即使《隋志》出现特殊的文本内容,若不明确注明出处,后人也很难直接判断其史源,这也是"旧录"难以细考的缘由所在。

除了采撷多种来路不明的"旧录",《隋志》文本也包含了史臣作为钞撰者的创造,即《隋志》总叙所谓"远览马《史》、班《书》,近观王、阮《志》《录》,挹其风

---

① 〔唐〕刘知几撰,〔清〕浦起龙释,王煦华整理《史通通释》卷三《书志》,上海:上海古籍出版社,2009年,第56页。

② 姚振宗认为《隋志》著录之书"非一一见其书",以此认为"见存"指的是唐初见存的隋人官私书目,且谓"见存书目不一家,如牛弘王劭之所撰,及本志簿录篇所载《开皇八年书目》《香厨四部目录》《大业正御书目》之类皆是也"。见《隋书经籍志考证·叙录》《后序》。姚振宗实是将"旧录"的涵义强加至"见存"之上,故而亦从未解释"旧录"是何义。稍后余嘉锡在《目录学发微》中提到:"唐初平王世充,载(隋藏正御本三万七千余卷)以入都,多没于河,独得其录。其后修《五代史》,因就加增损,以为《隋书经籍志》。"其实已经暗示了《隋志》著录的就是唐人所收隋正御本书,只是删去了"文义浅俗、无益教理者"而已。见余嘉锡《目录学发微·目录学源流下中·晋至隋》,北京:中华书局,2018年,第120页。

③ 余嘉锡《目录学发微·目录学源流下中·晋至隋》,第121页

④ 王重民《中国目录学史论丛》,北京:中华书局,1984年,第90页。

⑤ 来新夏《古典目录学(修订本)》,北京:中华书局,2013年,第144页。

⑥ 〔清〕姚振宗《隋书经籍志考证》卷六《经部六》,《快阁师石山房丛书》本。

⑦ 马楠《〈隋书经籍志〉著录撰人衔名来源考述》,《清华大学学报(哲学社会科学版)》2017年第6期,第110—134、196页。

⑧ 宋以后公私目录之中,收录南北朝旧录的只有《遂初堂书目》,著录了"梁阮孝绪《七录》"。

流体制,削其净杂鄙俚,离其疏远,合其近密"。可见与许多中古史文献一样,《隋志》文本的形成不是一步到位的,且每一次折旧成新的过程,都会有新的知识内容进入文本之中:

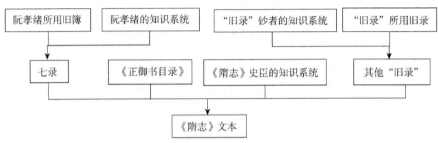

图 2　《隋志》文本形成过程①

　　如上图所示,就目录书这类文献来看,文本的最终面貌取决于原始文本和钞纂者(编目者)的知识系统,原始文本即编目者所见旧目,编目者知识系统分为两个部分,一是现存藏书,一是现实制度。至于编目者所寓目之原始文本与编目者带入的新知识内容对新目录书之影响孰大,则由目录本身的性质即编纂方式决定。对官修藏书目而言,最终文本受到编目者知识系统的影响更大,如《正御书目录》,其直接反映现实藏书,即炀帝宫中及秘书内外阁所贮三万余卷典籍,又如阮孝绪为撰成《七录》而求得的诸旧簿,其对应的是"王公缙绅之馆"及宫中所储典籍。而对于丛编性质的目录书,如《七录》和《隋志》而言,由于其皆缀合旧目成书②,因此既受到旧目文本特征的影响,也受到编目者自身知识结构的影响。由于受到钞者即《隋志》史臣的笔削程度不同,《隋志》之中不同文本内容所呈现的文本形态亦不尽相同,大致分作三类。

1. 均一性文本

　　《隋志》中,这类文本内容呈现出一致性,它们都更契合钞者自身知识结构③。如"尚书仆射"一职,《通典·职官典》载"齐梁旧制,右仆射迁左仆射,左仆射美迁令,其仆射处于中,陈亦然,后魏二仆射左居上",北齐仆射"左纠弹,

---

①　这一思路在程苏东《写钞本时代异质性文本的发现与研究》(《北京大学学报(哲学社会科学版)》2016 年第 2 期)一文启发下形成,谨致谢忱。

②　《七录序》:"凡自宋齐已来王公搢绅之馆,苟能蓄聚坟籍,必思致其名簿。凡在所遇,若见若闻,校之官目,多所遗漏。遂总集众家,更为新录。"《隋志》总叙:"今考见存,分为四部,合条为一万四千四百六十六部,有八万九千六百六十六卷。其旧录所取,文义浅俗,无益教理者,并删去之;其旧录所遗,辞义可采,有所弘益者,咸附入之。"

③　唐代史学家刘知几已注意到典籍中某类信息合于史官知识而可能有悖于记载时代的情况,其谓"张僧繇画《群公祖二疏》,而兵士有着芒屩者;阎立本画《明君入匈奴》,而妇人有着帷帽者。夫芒屩出于水乡,非京华所有;帷帽创于隋代,非汉宫所作"。见〔后晋〕刘昫等《旧唐书》卷一百二《列传五十二·刘知几》,北京:中华书局,2013 年。

而右不纠弹"①。可见在南北朝各期，左仆射官阶或地位通常高于右仆射。如北齐开国功臣段荣次子段孝言成功构陷祖珽后，除尚书右仆射，寻迁左仆射。②在《隋志》中，一般都以"仆射"这一笼统的称谓指代"右仆射"，如集部别集类著录"《梁尚书仆射范云集》十一卷"③，史部正史类《宋书》一百卷，梁尚书仆射沈约撰"④；而左仆射则以"左"书之，如经部《易》家"《周易义疏》十六卷，陈尚书左仆射周弘正撰""《梁尚书左仆射王暕集》二十一卷"。

以左仆射指称左仆射，而仆射指称右仆射，这对清晰对立的名物，显是《隋志》史臣精心修订的结果。

2. 相对均一性文本

这类文本内容在某个特定范围内呈现出均一性，在此范围内，相应文本内容是符合钞者逻辑的，此以帝王名讳最为典型。《隋志》避唐帝讳最为严格，"渊"一律写作"深"，如集部别集类载《宋给事中丘深之集》七卷，《梁西昌侯萧深藻集》四卷，"民"字不偏讳，故或避或不避，如子部农家载《四人月令》一卷、经部《春秋》家载曹耽音、尚书左人郎荀讷等音《春秋左氏传》四卷，而史部杂传类载张显撰《逸民传》七卷，子部农家载贾思勰撰《齐民要术》十卷⑤；隋帝名号极少避讳，徐广、广陵、《广雅》等多直书无隐，徐广称字写作"徐野民"者仅一例；南北朝帝号则一律不避。

这一情况，主要是南北朝之后避讳逐渐趋严造成的⑥。

3. 驳杂性文本

这类文本内容内部具有不同的表达方式，既可能符合历史逻辑，也可能符合簿录钞者时代的知识结构，高似孙所云"志甚淆杂，乏诠汇之工"⑦很大程度上即指此类文本。东汉以来，太常、光禄勋、卫尉、太仆、廷尉、大鸿胪、宗正、大司农、少府等九卿之名逐渐固定，最终于梁天监年间有了较大变革。《隋书·百官志》记载，"诸卿梁初犹依宋齐，皆无卿名"，至天监七年（508）方有

① 〔唐〕杜佑《通典》卷二十二《职官四》，清乾隆二十年武英殿刻本，第10叶a。
② 〔唐〕李百药《北齐书》卷十六《列传第八·段荣》，北京：中华书局，2013年，第208页。
③ 范云于天监元年官尚书省右仆射。见〔唐〕姚思廉《梁书》卷十三《范云传》，北京：中华书局，2013年，第231页。
④ 梁台初建，沈约为尚书省右仆射。见〔唐〕姚思廉《梁书》卷十三《沈约传》，第235页。
⑤ 贞观十五年诏修《五代史志》，而《隋志》避唐高祖讳甚严，避太宗讳甚宽，这并不能说明《隋志》史臣不重本朝名讳。按《通典·礼典》载太宗武德年间初居东宫时曾下令："依礼，二名义不偏讳。尼父达圣，非无前旨。近代以来，曲为节制。两字兼避，废阙以多，率意而行，有违经语。今其官号、人名及公私文籍，有世及民两字不连读者，并不须讳避。"《隋志》避太宗讳次数未若单名的高祖讳远甚，盖由于此。
⑥ 如陈垣《史讳举例》所断言："南北朝避讳，实无定制，宽严随人意而异。故矛盾之事，并见于一时。入隋则讳禁稍严，渐开唐人风气矣。"
⑦ 〔宋〕高似孙撰，司马朝军校释《子略校释·子略目》，济南：山东人民出版社，2018年，第148页。

"十二卿"①。然而,《隋志》中不乏作者官衔缀以"卿"字的梁前著述,即不符合历史逻辑而符合钞者逻辑,如经部《诗》家"《毛诗谱》三卷,吴太常卿徐整撰"、史部杂传类"《至人高士传赞》二卷,晋廷尉卿孙绰撰";另外,未缀以"卿"者亦复不少,即符合历史逻辑,如经部《论语》家"《论语旨序》三卷,晋卫尉缪播撰"、集部别集类"《魏光禄勋高堂隆集》六卷"等。

总的来说,在《隋志》之中,某类文本内容越是受到史臣的重视,其均一性便越显著。史臣认为撰述人官职之显隐于其著述流传会有较大影响,因此以"仆射"指称"右仆射",这一文本内容最终具有较强的均一性。史臣的避讳重心在唐而不在六朝,对后者亦不尽回改,因此帝讳这类文本在《隋志》中呈现出一定程度的均一性,这样一来,南北朝帝王名讳文本遵循各"旧录"文本,唐帝名讳方受史臣意识的影响。对于梁前九卿之衔名,是仿照梁前旧例,还是遵循今世典制缀以"卿"名,抑或沿袭"旧录"之成法,史臣认为三者皆不影响后人对条目的理解,无须为此订立修改条例②,最终的结果,便是梁前九卿著述之撰者衔名呈现出较显著的驳杂性。

(二)作为辨识"旧录"方法的驳杂性文本的寻找

没有经过史臣刻意改订的驳杂性文本,实为保留"旧录"的重镇。

学界在辨识《隋志》"旧录"时,曾瞩目于文献重出、部类重出,然而这些都是史臣缀合、删订工作下的漏网之鱼,实属于均一性文本中的特例。《隋志》著录典籍,通计亡书共4000余部,而《隋志》中重出文献仅有零散的10余条③;部类重出主要出现在子部五行家及医方家,而掌管其他部类史臣的文献分类工作则较为审慎,鲜有部类重出。因此,爬梳、寻找《隋志》中的驳杂文本,或可作

---

① 〔唐〕魏徵等《隋书》卷二十六《百官上》,北京:中华书局,2011年,第724页。

② 不过,由于"卿"字有无的重要性远不及帝王名讳,未必比后者更能引起史臣的关注,因此保留旧簿原貌或许才是《隋志》史臣的普遍做法。

③ 郑樵《通志·艺文略》、钱大昕《廿二史考异》、姚振宗《隋书经籍志考证》等著述对《隋志》文献重出各有考察,若剔除其中卷数不同、题名不同等纠结不清的情况,文献重出共计18例:晋裴秀客京相璠《春秋土地名》三卷在经部《春秋》家与史部地理类互出,《周易玄品》二卷在经部《易》家与子部五行家互出,李梡《战国春秋》二十卷在史部古史类与史部霸史类互出,《新旧历》四卷、王延秀《感应传》八卷在史部杂传类与子部杂家类互出,《女鉴》一卷、《妇人训诫集》十一卷、曹大家女诫》一卷、冯少胄《娣姒训》一卷、《贞顺志》一卷在子部儒家类与集部总集类互出,裴子野《众僧传》二十卷、虞孝敬《高僧传》六卷在史部杂传类与子部杂家类互出,《正流论》一卷在史部簿录类与集部总集类互出,(梁有)服虔《汉议驳》二卷重出于经部春秋家,赵歐《甲寅元历序》一卷重出于子部五行家,(梁有)《晋歌章》十卷、《颂集》二十卷、王僧绰《木连理颂》二卷重出于集部总集类。另外,子部医方家内部重出《黄帝素问》八卷、《明堂孔穴图》三卷、《杂散方》八卷、姚大夫(姚僧垣)《集验方》十二卷、徐文伯《乐方》二卷、《神枕方》一卷、《彭祖养性经》一卷、《神仙服食经》十卷、《服食诸杂方》二卷等9例,数量稍多,多是由其所据"旧录"之特殊性所致,详后文。

为揭示"旧录"具体情况及时代特征的重要凭借。

上节提到的梁前九卿衔名虽是驳杂文本,然由于其呈现出带"卿"或不带"卿"的二元对立特征,内容单一,加之《隋志》文本形成过程较为复杂,故难以作为辨识"旧录"的依据。

具体而言,那些缀以"卿"字的九卿衔名,虽皆是《隋志》所据"旧录"在追述前代著述者官衔时融入的新知识,但无法确定改订行为发生在哪一步;而那些不缀"卿"字的衔名,可能是后世目录书所保留的写本题名的最初形态,也可能是旧目有所改订,而新目又进行了回改。钱大昕在谈到梁前著述人官衔缀以"卿"字的现象时,认为其"皆史臣不谙官制,以意增之"[①],不仅忽略了《隋志》文本的丛编性质,实际也夸大了《隋志》史臣对此类文本的重视程度。

有鉴于此,作为辨识"旧录"方法的驳杂文本,至少应具备两个构成要素:一是具有多种书写方式,不像或书或不书的"卿"字,因过于单调而缺乏特殊性;一是这类文本须留存于数量可观的条目中。

作为记载附文本情况的叙录标注语便可充作辨识"旧录"的依据。

由写卷本身的形制特征决定,中古时期诞生了一种全新的附文本——书籍叙录[②]。所谓"附文本",即作为一部典籍的重要组成部分,而又常独立于正文存在。如唐释道宣《广弘明集》载阮孝绪著述,有"《文字集略》一帙三卷,序录一卷""《正史删繁》十四帙一百三十五卷,序录一卷"[③];又如梁释慧皎《高僧传·序录》自谓"故述六代贤异,止为十三卷,并序录,合为十四轴,号曰《高僧传》"[④]。

在《隋志》之中,它们亦游离于正文之外单独著录:

> 梁《河图洛书》二十四卷,目录一卷。——经部纬书类
>
> 《三国志》六十五卷。叙录一卷——史部正史类
>
> 《曾子》二卷,目一卷。——子部儒家
>
> 《徐勉后集》十六卷。并序录。——集部别集类

就文献物质层面来看,叙录常作为一独立卷轴存在,保存不当则易丢失。《隋志》也记录了这一现象:

> 《后汉尚书右丞潘勖集》二卷。梁有录一卷,亡。
>
> 《后汉丞相仓曹属阮瑀集》五卷。梁有录一卷,亡。

---

① 〔清〕钱大昕《廿二史考异·隋书卷二·经籍志一》,南京:凤凰出版社,2016年,第653页。

② 关于书籍叙录及其他外围文本在中古时代作为附文本载入《隋志》的文献学事实,前人已作发覆,见李成晴《中古时期文集"录一卷"文本体例的演变》(《中国史研究》2020年第4期),为论述凝练起见,本文使用其提出的"附文本"这一概念。

③ 〔唐〕释道宣《广弘明集》卷三《七录序》,《影印宋碛砂藏经》第476册,第24页。

④ 〔梁〕释慧皎著,汤用彤校注《高僧传》卷十四《序录》,北京:中华书局,1992年,第525页。

《魏太子文学徐幹集》五卷。梁有录一卷,亡。

《隋志》四部之中,附载叙录的书籍很多。且史志成于众手,魏徵、李延寿等并未将这类附文本的著录细则纳入修纂工作中,分修各部类的史臣辄按自己的方式处理,使得相应文本面貌呈现出较强的驳杂性。

一方面,对于叙录标注语,四部之间存在保留或不保留的差异,经部中最为罕见,只有"梁《河图洛书》二十四卷,目录一卷"一例,其次是史部,而子部医方家和集部别集类最为密集,这可能与四部分纂者决策的差异有关,自此也可见出史臣对《七略别录》各部类委以专人之法的继承。另一方面,通览《隋志》,可发现其保留的叙录标注语具有多样性,这与此期其他典籍的处理方式相同,如《史通·序例篇》述及萧子显《南齐书》,有"序录"①;又如《北齐阳休之序录》述及当世所行陶集,则以"序目"指称叙录,其中二本,一本为"六卷并序目",另一本为"统所撰八卷,合序目、传、诔"②。

下表所列是《隋志》一书对四部典籍叙录的标注情况。

表 1　《隋志》叙录标注语分布情况表

标注形式	涵盖部类
目一卷	史部刑法类,子部儒家、道家、法家、墨家、杂家,通共 10 种书
	子部医方家,通共 8 种书
录一卷	主要集中在集部别集类梁前部分,自"(梁)又有《贾谊集》四卷,《晁错集》三卷,《汉弘农都尉枚乘集》二卷,录各一卷,亡"条起,迄"《宋太尉袁淑集》十一卷,并目录。梁十卷,录一卷"止。
	史部仪注类一种,史部刑法类一种,史部地理类三种,子部儒家三种,杂家二种,子部五行家一种,医方家二种。
并目录	主要集中在集部别集类晋、宋部分,自"《晋伏滔集》十一卷,并目录"起,迄"《宋大司马录事颜测集》,并目录"止。
并录	主要集中在集部别集类齐、梁、陈部分,自"《齐侍中袁彖集》五卷,并录"起,迄"《陈光禄卿陆瑜集》十一卷,并录"止。
其他	经部纬书类"梁《河图洛书》二十四卷,目录一卷",史部正史类《三国志》六十五卷,叙录一卷",集部别集类"《徐勉后集》十六卷,并序录"。③

---

① 〔唐〕刘知几撰,〔清〕浦起龙释,王煦华整理《史通通释》,上海:上海古籍出版社,2009 年,第81 页。

② 〔晋〕陶潜《陶渊明集》附《北齐杨仆射休之序录》,中国国家图书馆藏宋刻递修本。

③ 这类零散的个案或为史臣自典籍直接过录,或为旧录标注叙录的变例。然数量甚微,无法成为探讨"旧录"的方法,暂不作讨论。

　　如上表所列,叙录在中古时期已成为载籍的重要组分,四部书籍都可包含叙录,且写定方式在《隋志》各部类中往往不同,有"目一卷""录一卷""并目录""并录""目录一卷""叙录一卷""并序录"等①,这些未被史臣着意修订过的驳杂文本内容可能反映了不同"旧录"对典籍叙录的标注。

　　此外,自上表亦可见出,相同的标注语往往聚合于同一部类,这种情况一方面反映了同一史臣,或说承担同一部类、遵循同一规范的史臣对标注语或保留或不保留的一贯处理方式,另一方面也说明《隋志》史臣在钞撮"旧录"时会尽量摘取某一部类完整片段②,这与中古史传记部分剪裁完整章节或语义片段以缝合成篇的编纂方法极其类似,可视作此原理在史志目录文本生产中的变式。

三　从驳杂性文本的聚合特征看《隋志》"录一卷"的两大著录来源

　　史臣对叙录标注语往往未予修订,使其成为《隋志》中的驳杂性文本,鉴于《七录》在《隋志》编纂活动中所具有的特殊作用,因此对于其在《隋志》中留存的驳杂性文本的探讨,是无法回避的文献学话题。通过考察《隋志》史臣引用《七录》的一般方式"梁"或"梁有",以及标注话语"录一卷"在《隋志》各部类中的聚合情况,推测绝大部分"录一卷"标注话语袭自《七录》,少量为史臣效仿《七录》的新撰成果。

　　《隋书·经籍志》引《七录》旧文甚丰,多以"梁有""梁"等开头③,附注于《隋志》正文,其中多含"录一卷"文句:

---

　　①　另外,"《鲁连子》五卷,录一卷"以大字标注叙录,与《隋志》全书标注语以双行小字过录的惯有方式不同,史臣对序录标注语这类文本之忽视程度可见一斑。

　　②　除了叙录标注语的聚合,某些部类《七录》注文数量繁多、细类驳杂的现象也可印证这一假设。如子部医方家《陶氏效验方》下附注的《七录》书包含三个小类,《疗目方》《甘濬之疗耳眼方》等属经方,《杂戎狄方》《摩诃出胡国方》等属蕃方,《范晔上香方》《杂香膏方》等属香方;又如子部五行家《杂占梦书》下附注两个《七录》细目,《师旷占》《东方朔》《黄帝太一杂占》《和苑鸟鸣书》《王乔解鸟语经》《啸书》《耳鸣书》《目眴书》等属杂占,《董仲舒请祷图》属请祷致福。这说明史臣宁以引来姚振宗等后人"率意牵合"之讥为代价,也要尽可能多地截取《七录》旧文。

　　③　姚振宗《隋书经籍志考证》主张"梁有"不单指《七录》,其主要依据有二,一是子部纵横类附注"梁有《补阙子》十卷、《湘东鸿烈》十卷,并元帝撰,亡",此与《七录序》所云子部纵横类"二种五卷"相悖,二是《隋志》有重出文献。对于第一点,殷炳艳、张固也《〈隋书·经籍志〉之"梁有"新考》以《隋志》与《七录》分类不同加以解释,认为《补阙子》《湘东鸿烈》二书,《七录》当著录于杂家。见殷炳艳、张固也《〈隋书·经籍志〉之"梁有"新考》,《古典文献研究》2010 年总第 9 辑,第 446—460 页。本文支持张固也这一看法,原因在于:《七录》系入《隋志》正文的体例本身不纯,时有类目不辨的情况出现,如子部五行类"《杂占梦书》一卷"下包含杂占与请祷致福两个小类。对于这类舛讹,其实姚振宗也有所察觉,故其在《隋书经籍志考证》后叙中指出"注文不与本文相维系,率意比附"。正文下附注类目杂出是史(转下页)

《论衡》二十九卷，后汉征士王充撰。梁有《洞序》九卷，录一卷，应奉撰，亡。

《汉司空荀爽集》一卷。梁三卷，录一卷。

《宋会稽太守张畅集》十二卷，残缺。梁十四卷，录一卷。又有宋司空何尚之集十卷，亡。

事实上，若对《隋志》相关内容做一统计，可发现包含"录几卷"的条目338例（包括5例"录二卷"及以上者），其中311例都是与上述引文类似的"梁"或"梁有"条目，明系来源于《七录》。

另外，我们发现，即使今存于《隋志》外的《七录》佚文仅寥寥二十余条，却也可见数条"录一卷"残语：

《京房章句》十二卷。《七录》云：十卷，录一卷目①。

《刘表章句》五卷。《中经簿》云：注《易》十卷。《七录》云：九卷，录一卷。②

——《经典释文·序录》

总之，从"录一卷"话语与"梁"及"梁有"条目的重合，以及其他典籍对《七录》的实名征引来看，"录一卷"书籍叙录标注语当是《七录》旧例③。

另外，其余未标"梁""梁有"的27条目大概主要有两个著录来源，其中《七录》亦占主要部分。下表是这27条"录一卷"条目的分布情况。

表2　《隋志》中未标"梁"或"梁有"而附注"录一卷"的条目分布情况

涵盖部类	条目
史部仪注类	《赵李家仪》十卷，录一卷，李叔撰

（接上页）臣没有注意到《七录》细目导致的，况且《七录》之子兵录纵横部本身与杂部相邻，故附注也会出现交错情况，将杂部中的《补阙子》《湘东鸿烈》附于《隋志》纵横家应源于此，这实际上也是姚氏所谓注文与正文"率意比附"的一种表现。对于第二点，应将《隋书经籍志考证》所举的"重出"之例作分类讨论。若题名差异较大，或者卷数不同，如子部医方家《陶隐居本草》十卷之于《太清草木集要》二卷，《徐叔向解寒食散方》六卷之于"梁有《徐叔向解散消息节度》八卷"，则并非同一书籍，因此不当目为"重出"；至于剩下的真正意义上的"梁有"重出文献，其多为《七录》注文的重复，张固也认为乃是史官抄录同一书目（《七录》）所导致的误重，所言极是，有学者认为史臣不应疏忽及此，事实上《隋志》编修人员粗疏之处不止于此，上述《七录》注文与本文率意比附即是一例，《隋志》史臣以《七录》文附入正文时，将同一文献系于不同正文条目只是一种相对草率的处理方式，详后文。

① 此处"目"盖为衍字。
② 〔唐〕陆德明撰，张一弓点校《经典释文·序录》，上海：上海古籍出版社，2012年，第7页。
③ 经部纬书类著录"（梁）《河图洛书》二十四卷，目录一卷"，《七录》叙录标注语不以"录一卷"者仅此一例，盖阮氏偶尔删订未及，但此特例究不足以推翻《七录》以"录一卷"标注典籍叙录的常例。

涵盖部类	条目
史部刑法类	《梁令》三十卷,录一卷
史部地理类	《地理书》一百四十九卷,录一卷 《京师寺塔记》十卷,录一卷,刘璆撰 《江表行记塔记》十卷,录一卷,刘璆撰
子部儒家	《鲁连子》五卷,录一卷,鲁连,齐人,不仕,称为先生 《贾子》十卷,录一卷,汉梁太傅贾谊撰 《新序》三十卷,录一卷,刘向撰
子部杂家	《风俗通义》三十一卷,录一卷,应劭撰,梁三十卷 《仲长子昌言》十二卷,录一卷,汉尚书郎仲长统撰
子部五行家	《光明符》十二卷,录一卷,梁简文帝撰
子部医方家	《范阳东方》一百五卷,录一卷,范汪撰,梁一百七十六卷 《依本草录药性》三卷,录一卷
集部别集类	《后汉刘珍集》二卷,录一卷 《魏太子文学刘桢集》四卷,录一卷 《晋征仕皇甫谧集》二卷,录一卷 《晋处士杨泉集》二卷,录一卷 《晋司空张华集》十卷,录一卷 《晋散骑常侍王佑集》三卷,录一卷 《晋侍中嵇绍集》二卷,录一卷 《晋太尉郗鉴集》十卷,录一卷 《晋李颙集》十卷,录一卷 《晋苻坚丞相王猛集》九卷,录一卷 《晋湘东太守庾肃之集》十卷,录一卷 《晋司徒王谧集》十卷,录一卷 《晋秘书监滕演集》十卷,录一卷 《宋长沙王道怜集》十卷,录一卷

　　上节对《隋志》史官钞撮旧簿时,截取某一部类完整片段、多个条目的习见做法进行归纳。而当回到上表所有未标"梁"或"梁有"而附注"录一卷"的条目,可发现其中相当一部分仍是以多个条目聚合的方式出现,佐以对其撰者姓名、官衔著录情况的考察,推测上表"录一卷"条目可能存在两个主要著录来源。

　　首先,上表中的集部别集类条目盖钞自《七录》。这些条目多为晋宋别集,且具有明显的聚合特征,著录方式与上文提到的 311 条标注"梁"或"梁有"的《七录》条目往往无异。此类条目或因《隋志》蓝本《大业目》失载、残缺不全等原因①,故《隋志》史臣直接将其编排于《隋志》正文②。

　　其次是史部仪注类、刑法类、地理类,子部儒家、杂家、五行家、医方家所收条目,其分布颇为零散,很可能是《隋志》史臣草草补撰的结果,亦即《隋志》总叙所谓"其旧录所遗、辞义可采、有所弘益者,咸附入之"者。此类条目总体特征是或不题撰人,如《梁令》《依本草录药性》,或撰者不注朝代与官衔,如《赵李家仪》《京师寺塔记》《江表行记塔记》《新序》《风俗通义》《范阳东方》③。此皆与《七录》的叙录体例不同。其余注明撰者身份的极少数条目,如《鲁连子》条下注"鲁连,齐人,不仕,称为先生",《贾子》条下注"汉梁太傅贾谊撰",《仲长子昌言》条下"汉尚书郎仲长统撰",皆为通行典籍之习见典故。其中鲁连为高蹈之齐人见载于《战国策·赵策》,汉文帝拜贾谊为梁怀王太傅则载于《史记·屈原贾生列传》,又《后汉书·仲长统传》载:"尚书令荀彧闻统名奇之,举为尚书郎。"此数条盖为史臣自史传中撷取。

　　如上所述,《隋志》中"录一卷"标注语(无论注明"梁""梁有"或不注明)大多袭自阮孝绪《七录》,史臣裁取后者别集部分,缝合于集部别集类中。其中《正御书目录》包含的部分附注于正文下,成为标注"梁"与"梁有"的"录一卷"条目,数目颇为可观;《正御书目录》失载的部分则直接以正文形式填补,成为表 2 所列的别集类条目。史、子二部"录一卷"条目分布较为零散,似未明显表现出保留旧目片段的特征,它们可能是《隋志》史臣过录"见存"图书,并据史传补入撰者资料的成果。其实,从其他典籍征引的《七录》佚文来看,"录一卷"这一附文本标注语在经部、史部、子部未必就不存在,只是分纂各部的史臣对附文本保留程度的不同,使得"录一卷"话语在集部别集类留存甚富,而《隋志》史部仪注类、刑法类、地理类,子部儒家、杂家、五行家、医方家等部类载录的极其零散的"录一卷"叙录标注话语,则更可能是负责相关部类的个别史臣自浩繁

　　① 《正御书目录》载往长安的过程中遭遇水厄,其"为所渐濡,时有残缺"。
　　② 按《七录》条目之著录于正文者,其实还有很多,如子部纵横家类著录的《鬼谷子》二种即为《七录序目·子兵录纵横部》所载的两种图书。另外,《隋志》中凡注文曰"梁又有"者,其正文很可能钞自《七录》,如经部《礼》家著录"《集注丧服经传二卷》,宋丞相谘议参军蔡超宗注,梁又有《丧服经传》一卷,宋征士刘道拔注,亡。"《丧服义疏》二卷,梁步兵校尉五经博士贺瑒撰。梁又有《丧服经义疏》五卷,齐散骑郎司马瓛撰;《丧服经义疏》二卷,齐给事中楼幼瑜撰;《丧服经传义疏》一卷,刘瓛撰;《丧服经传义疏》一卷,齐征士沈麟士撰。"注文之标为"梁又有",以正文著录本为梁有之书也。除此之外,《隋志》之中甚至有《七录》亡书直接次于正文中的例子,如经部礼类著录"《丧服经传义疏》一卷,梁尚书左丞何佟之撰,亡",此当为史臣一时疏忽所致。
　　③ 马楠《〈隋书经籍志〉著录撰人衔名来源考述》论述过《隋志》史臣直接据见存书籍过录衔名的情形,指出其多不著撰人、但题"某氏"撰、直题"无名""亡名",要之史臣著录旧簿阙无的"见存"书籍时,往往因史料缺乏、勾稽烦难,而对撰者信息做模糊处理。

的《七录》文本中习得而来。

然而，《七录》"录一卷"标注语的最终史源仍无法考量。在《七录序》中，阮氏自叙其致力于搜集王公解绅所聚坟籍之名簿，并校以官簿。而据图 2 所描绘的目录书文本形成过程，我们也仅能推测《七录》的文本面貌大致来源于两方面，一是《齐永明元年秘阁四部目录》《梁文德殿四部目录》《梁东宫四部目录》等旧簿[①]，一是阮孝绪自身知识系统。

不可否认，《文德殿目录》《东宫目录》等旧簿的编纂官都可能制定修纂条例，从而将"录一卷"作为典籍叙录的标注话语固定下来，然阮氏普通四年肇撰《七录》，直至大同二年逝世方告休止[②]，未必不因远鉴于司马良史"犹有捃拾之责"，而在对所见闻的四万余卷典籍进行"讨论研核，标判宗旨"时，也重视叙录标注语这一广泛应用于当时公私簿录的著录信息。

总之，《七录》"录一卷"对典籍叙录的标注方式或为阮氏自创，或钞自《文德殿目录》《东宫目录》等旧簿。囿于文献无征，我们无法确定这一特殊文本内容的来源，而这一困境亦是由中古史文本的缀合特质，以及图 2 所揭示的丛编类目录书文本形成过程的复杂性所造成的。

四　自《隋志》集部别集类所载驳杂性文本的断层特征论其主要史源

将表 1 所列《隋志》叙录标注语中的集部别集类部分抽离出来，可以看到标注"录一卷"的条目自"（梁）又有《贾谊集》四卷，《晁错集》三卷，《汉弘农都尉枚乘集》二卷，录各一卷，亡"条起，迄《宋太尉袁淑集》十一卷，并目录。梁十卷，录一卷"止，标注"并目录"的条目自"《晋伏滔集》十一卷，并目录"起，迄"《宋大司马录事颜测集》，并目录"止，标注"并录"的条目自"《齐侍中袁彖集》五卷，并录"起，迄"《陈光禄卿陆瑜集》十一卷，并录"止。

首先可以发现，集部别集类中的叙录标注语类型明显比其他部类更丰富，这一现象反映了六朝时期文人别集的勃兴。

---

① 《梁东宫四部目录》，《广弘明集》所引《七录序》未载，而《隋志》著录，署名刘遵。考《梁书·刘遵传》，刘遵于中大通二年除中庶子，大同元年卒官，《东宫目录》当为此期编目成果，所以《隋志》将其列于天监四年所撰《文德殿目录》之后，有一定历史依据，且《东宫目录》撰成之时距阮氏易箦，即《七录》停撰之时尚有至少六年，故《东宫目录》当为阮氏参考簿录之一。

② 见张固也《阮孝绪〈七录〉成书年代考》，载氏著《古典目录学研究》，武汉：华东师范大学出版社，2014 年，第 50 页。

别集文献在魏晋后代有新撰,更新较快①,比较《七录》《隋志》二目所收别集类文献,可知自大同二年(536)至贞观十五年(641)短短百年之内,文人别集便增加 134 部。而其他部类文献在南北朝时期的生成、亡佚情况则有所不同,其文献数量变化往往不太明显:

如《七录·经典录·易部》收书 74 种,《隋志·经部·易家》收书 69 种;《七录·经典录·礼部》收书 140 种,《隋志·礼家》收书 136 种;《七录·记传录·霸史部》收书 27 种,《隋志·史部·伪史类》收书 26 种;《七录·纪传录·谱系类》收书 41 种,《隋志·史部·谱状类》收书 42 种;《七录·子兵录·儒部》收书 62 种,《隋志·子部·儒家》收书 66 种;《七录·子兵录·法家》收书 6 种,《隋志·子部·法家》收书 6 种。

与此比较,别集一类乃是各目录书差别最著者,后代别集为前代目录所不载者甚多。正因如此,《隋志》集部别集类典籍须征引足够的目录书才能反映此期著述情况,其叙录标注语的类型自然也多于其他部类。

其次,如上所述,文人别集在六朝时期大量涌现,使得《隋志》别集类叙录标注语类型更为丰富,而与此相关,此部类标注语呈现出明显的时代断层特征。

首先出现的标注语是《七录》所载"录一卷",对此前文已述,"录一卷"条目容纳了大部分梁前别集;然后是"并目录",这一部分包括晋、宋别集,相比"录一卷"而言,此部分条目明显减少;最后是"并录",涵盖齐、梁、周、陈四代,所涉条目亦不多。这三种驳杂性文本在别集类条目中迭代出现,且层次较为分明,显然是缀合完整"旧录"片段成篇的结果,据此可以推测其分别钞自三种书目,可命名为目录Ⅰ、目录Ⅱ、目录Ⅲ。根据三种目录在《隋志》中的出现顺序,推测目录Ⅰ(即《七录》)时代最早,目录Ⅱ时代较晚,目录Ⅲ撰成时间最晚。

集部别集类虽包含明显的时代断层,但目录Ⅰ、目录Ⅱ、目录Ⅲ三者之旧文在《隋志》中也会出现重叠,其中可以辨识的重叠部分,即是某些保留多种叙录标注话语的条目。如"《晋伏滔集》十一卷。并目录。梁五卷,录一卷"就包含"录一卷"和"并目录"两种叙录标注话语,其中"十一卷,并目录"钞自目录Ⅱ,"五卷,录一卷"则钞自目录Ⅰ。表3将三种目录书的重叠部分全部钞出,对于同一种别集书,凡后一目录所著卷数少于前一目录者标为"↓",不变者标

---

① 章学诚《文史通义》曰:"集部著录,实仿于萧梁,而古学源流至此为一变。"(见〔清〕章学诚撰,叶瑛校注《文史通义校注》卷二《文集》,北京:中华书局,1983 年,第 297 页。)《四库全书总目·集部总叙》谓别集"至于六朝,始自编次"。(见《钦定四库全书总目(整理本)》别集类叙,北京:中华书局,1997年,第 1981 页)是之谓也。

为"一",增加者标为"↑"。通过观察其不同目录书所载同种文献卷数上的变化①,可以看到在新目与旧簿更替的一段时间里,别集文献已出现了不同程度的流散,此可作为对《隋志》别集文献所据"旧录"进行断代的补充依据。

表 3　《隋志》别集类所据三种"旧录"卷数对照表

别集题名	目录Ⅰ(对应"录一卷")著录卷数	目录Ⅱ(对应"并目录")著录卷数	目录Ⅲ(对应"并录")著录卷数	卷数变化
晋伏滔集	6	10		↑
晋聘士殷叔献集	3	3		—
晋太子前率徐邈集	20	8		↓
晋给事中徐干集	20	20		—
晋司徒王珣集	10	10		—
晋荆州刺史殷仲堪集	10	11		↑
宋侍中孔宁子集	15	10		↓
宋太常卿孔琳之集	10	8		↓
宋太常卿蔡廓集	10	8		↓
宋太尉袁淑集	10	10		—
宋东中郎长史孙缅集	11	7		↓
宋司徒袁粲集	9	10		↑
梁国子博士丘迟集	11		9	↓

上表列出 13 种别集文献,当它们同时被目录Ⅰ(《七录》),目录Ⅱ、目录Ⅲ中两种或之一著录,卷数便会有明显变化。其中减少者居多,占 6 例,其原因

---

①　按:在《隋志》中,"录一卷"与"并目录""并录"意义可能不同,"录一卷"表示正文条目所标卷数为别集正文的卷数,不包含序录一卷,而"并目录""并录"则表示序录一卷已计算在正文条目所标卷数之中。这一点可以从《旧唐志》的著录情况来佐证,《隋志》别集类所载卷数皆不包含序录一卷,故《隋志》标注"录一卷"文献,《旧唐志》直接抄录其正文条目所标卷数,如《隋志》"后汉刘珍集二卷,录一卷",《旧唐志》著录为"刘珍集二卷",《隋志》"后汉左中郎将蔡邕集"十二卷梁有二十卷,录一卷",《旧唐志》著录为"《蔡邕集》二十卷";而对于附注"并目录""并录"的别集,《旧唐志》则将其正文条目所计卷数减去一卷,如《隋志》"《晋太子前率徐邈集》九卷,并目录",《旧唐志》著录为"《徐邈集》八卷",《隋志》"《宋中书郎袁伯文集》十一卷,并目录",《旧唐志》著录为"《袁伯文集》十卷",《隋志》"《梁雍州刺史张缵集》十一卷,并录",《旧唐志》著录为"《张缵集》十卷",《隋志》"《后周开府仪同庾信集》二十一卷,并录",《旧唐志》著录为"《庾信集》二十卷"。表中所取卷数数据统一采用《旧唐志》的著录方式,不计序录一卷而只计别集正文卷数。

在于,别集在流传过程中呈现出卷数渐少的自然趋势,朝廷搜求佚书、私人校补文集等活动可以在一定程度上使卷数增加或维持不变,但多数情况下不能彻底扭转这一规律,故前代目录书著录同种别集的卷数一般多于后代目录书。因此推测目录Ⅱ撰成时间晚于《七录》,如《隋志》著录的《魏阙书目录》《陈秘阁图书法书目录》《陈天嘉六年寿安殿四部目录》《陈德教殿四部目录》《陈承香殿五经史记目录》等,都有可能,但应该不会太晚。

目录Ⅲ的成书时代当比目录Ⅱ更晚。从《隋志》保留的"并录"这种叙录标注话语的时间跨度看,目录Ⅲ著录了齐、梁、后周、陈四代别集。齐禅位于梁,陈又代梁,隋主先代北周,后伐陈,陈朝所庋典籍最终尽为隋臣裴矩、高颎所收①,故齐、梁、周、陈四代藏书尽归于隋,目录Ⅲ应为隋朝簿录。

如上所述,自"录一卷""并目录""并录"这三种驳杂性文本内容的断层分布与重叠情况可以推测,《隋志》集部别集类盖钞自四种"旧录"。一是作为《隋志》蓝本的《正御书目录》,二是代表六朝藏书高峰的《七录》,其余二种则分别以"并目录""并录"标注叙录,修撰时间在《七录》《正御书目录》之间,且"并录"可能指向一部不同于《正御书目录》的隋目。

目录Ⅱ、目录Ⅲ所涉条目皆远少于目录Ⅰ(《七录》),原因在于二者皆非《隋志》的主要参考目录,而仅作为史臣用以补充《正御书目录》及《七录》遗漏的参考。《隋志》过录的《七录》别集虽说涵盖两汉、魏、晋、宋、齐五代,然实则以《后汉京兆延笃集》至《宋太尉袁淑集》这部分最为密集,大致跨越东汉桓、灵时期至刘宋文帝、孝武时期。面对此种缺憾,《隋志》史臣决定截取目录Ⅱ、目录Ⅲ中的相关片段进行弥补。目录Ⅱ中的东晋至刘宋末别集可补充《七录》阙无之处,隋簿目录Ⅲ至少收录了齐、梁、后周、陈等朝别集文献,则可补足《七录》不及收录之书。

五 从一种特殊的驳杂文本探论《隋志》 子部医方家下篇史源

参考姚振宗《隋书经籍志考证》的意见,《隋志》子部医方家首先从整体上可分为上、下两篇。上篇正文条目较少,未有叙录标注语留存,似以《七录》附注《正御书目录》而成,对此本文不作细论。下篇则只有正文而未有附注,此部分所保留的典籍叙录标注语数量仅次于集部别集类,仅"目一卷"一种形式,计8条。然医方家下篇的著录情况颇为复杂,似不能将"目一卷"视作单纯的均一

---

① 《隋书·裴矩传》载隋军破丹阳后,杨广"令矩与高颎收陈图籍"。见〔唐〕魏徵等《隋书》卷六十七,北京:中华书局,2011年,第1577页。

性文本。

姚振宗《隋书经籍志考证》谓"（医方家）下篇似杂采太医署、尚食局诸官府所有簿籍以充数，犹经部《乐》家取太乐署部籍以充类其间"①。对于经部《乐》家的著录来源，姚振宗提出"广收博采并取太常寺乐署所有簿籍以充数，多且十倍，盖据隋代书目所载也"②，事实上，经部《乐》家钞自隋目这一论断用于子部医方家亦可。

细察医方家下篇，其自医经、经方类后重出医经、经方、马经、香方、食经等五个完整的小类，若将这五个细目剔除，则可得到一个类目完整的旧簿。可见医方家下篇很可能是钞自两种旧簿，姑且命为目录 A、目录 B，如表 4 所示。

表 4　《隋志》医方家下篇所出类目表

目录	类目
目录 A 上	医经、经方
目录 B	医经、经方、马经、香方、食经
目录 A 下	马经、香方、食经、神仙、房中

目录 A 及目录 B 很可能修于隋代，这一点可从三个方面来看。

其一，下篇与上篇所载图书的撰述时代接近。

前文已述，上篇正文主要参考《隋志》蓝本《正御书目录》，故其中包含隋人著述，如释道洪③所撰《寒食散对疗》一卷。下篇同样著录了不少北朝、隋代著述，如李密《药录》④、后齐李思祖《药方》、姚僧垣《集验方》⑤、《王世荣单方》⑥、许澄《备急草要方》⑦、《释道洪方》、释昙鸾《疗百病杂丸方》、释昙鸾《论气治疗方》⑧、

---

① 〔清〕姚振宗《隋书经籍志考证》卷三十七《子部十四》，《快阁师石山房丛书》本。

② 〔清〕姚振宗《隋书经籍志考证》卷五《经部五》，《快阁师石山房丛书》本。

③ 释道洪"年在十三，以开皇六年出家，事京邑大德昙延法师"。见〔唐〕释道宣《续高僧传》卷十五《释道洪传》，北京：中国书店，2018 年，第 247 页。

④ 《北齐书·李元忠传》载元忠族弟李密"性方直，有行检。因母患积年，得名医治疗，不愈。乃精习经方，洞晓针药，母疾积除，当世皆服其名解，由是亦以医术知名"。见〔唐〕李百药《北齐书》卷二十二，北京：中华书局，2013 年，第 316 页。

⑤ 《周书》载僧垣父菩提为梁高平令，"尝婴疾历年，乃留心医药"，僧垣"幼通洽，居丧尽礼，年二十四，即传家业"，荆州破，周太祖数次遣使，乃入周。见〔唐〕令狐德棻《周书》卷四十七《艺术传·姚僧垣》，北京：中华书局，2013 年，第 839 页。

⑥ 《魏书》载王显字世荣，少以医术自通。见〔北齐〕魏收《魏书》卷九十一《术艺传·王显》，北京：中华书局，2013 年，第 1968 页。

⑦ 《北史》载许智藏、许澄父子"俱以艺术名重于周隋二代"。见〔唐〕李延寿《北史》卷九十《术艺传·许智藏》，北京：中华书局，2012 年，第 2982 页。

⑧ 《续高僧传·释昙鸾》称其为魏主所重，"号为神鸾"，"以魏兴和四年，因疾卒于平遥山寺，春秋六十有七"。见〔唐〕释道宣《续高僧传》卷六《释昙鸾传》，第 88 页。

宋候《经心录方》①、萧吉《帝王养生要方》②。可知上、下篇所据"旧录"修撰时代相近。

其二，从"目一卷"这一特殊的驳杂性文本出发，可知子部医方家下篇与史部刑法类，子部儒家、道家、法家、墨家、杂家所载部分图书所据"旧录"一致，且后者所据为隋目。

据表1，医方家下篇目录A、目录B以"目一卷"标注叙录，这一点与史部刑法类，子部儒家、道家、法家、墨家、杂家部分条目一致，知其可能具有相同的著录来源。

又"目一卷"所指为隋目，这一点可从两方面来看。一方面，考史部刑法类，子部儒家、道家、法家、墨家、杂家标注"目一卷"的图书，其中多含隋人或北朝人著述，如史部刑法类《北齐律》十二卷，目一卷"《隋开皇令》三十卷，目一卷"，又如子部道家著录由陈入隋之士张讥所撰"《游玄桂林》二十一卷，目一卷"。另一方面，相对《七录》而言，"目一卷"对应典籍卷数亦存在减少趋势，如子部道家著录"《庄子》三十卷，目一卷，晋太傅主簿郭象注，梁《七录》三十三卷"。可知以"目一卷"为叙录标注话语的目录书确晚于《七录》，盖为隋人所撰。

下篇所据的两种隋目皆以"目一卷"标注典籍叙录，这种形式相同的特殊驳杂性文本的出现，盖是《开皇四年四部目录》《开皇八年四部书目录》《开皇二十年书目》《香厨四部目录》诸隋簿成书时代相近，史官旧例相沿所致。

其三，与其他部类相比，医方家下篇与上篇重出文献甚多，如《黄帝素问》八卷、《杂散方》八卷、姚大夫（姚僧垣）《集验方》十二卷、徐文伯《乐方》二卷、《彭祖养性经》一卷、《神仙服食经》十卷、《服食诸杂方》二卷等，此当是下篇所据目录书与上篇正文所据《正御书目录》修撰时代相近所致。

按《隋志》文献重出可归纳为三种形式：一是将一条《七录》文拆开，散入不同正文条目下，如集部别集类中，将二十四卷本《王韶之集》属于"《宋太常卿蔡廓集》九卷"下，将十九卷本《王韶之集》属于"《宋大中大夫裴松之集》十三卷"下；二是将相同的《七录》文属于不同条目，如子部医方家中，既以"《神枕方》一卷"附于"陶氏效验方"六卷"下，又将其附于"《墨子枕内五行纪要》一卷"下；三是正文重出之例，如《周易玄品》既见于经部《易》家，又见于子部五行家。第一种重出文献卷数不同，称不上严格意义的重出，盖是史臣为了使《七录》附注

---

① 据姚振宗考证，宋候当为宋侠之误，《旧唐书》称其为北齐东平王文学孝正之子，故为北齐人，而仕隋、唐两朝，所撰《经心录》十卷行于代。见〔后晋〕刘昫《旧唐书》卷一百九十一《方伎传·宋侠》，北京：中华书局，2013年，第5090页。

② 《北史·艺术传》载萧吉历仕梁、魏、周、隋四朝，有《帝王养生方》二卷等著述，并行于时。见〔唐〕李延寿《北史》卷八十九《艺术传》，北京：中华书局，2012年，第2955页。

分配更加均匀而有意为之。第二种情况应是由于史臣对相应《七录》书所属细类没有正确认识,故胸无定见,以上述《神枕方》一卷为例,由于其在《七录》中与五卷本《陶氏效验方》等文献相邻,因此被一并注于"《陶氏效验方》六卷"下,又因与《墨子枕内纪要》题名相似,故亦被附入其下。第三种重出案例无关《七录》的剪裁方式,更可能是同一文献在不同目录书中所属类目不同所致,以《周易玄品》为例,由于经部《易》家最易与子部五行、阴阳家相混淆①,在不同目录书中所属部类往往不同,因此重出于《隋志》经部《易》家及子部五行家。且《隋志》子部五行家下小类重复甚多,如式经、遁甲、元辰、灾祥等小类前后重出,显然是脞存众多"旧录"成书的结果。故《隋志》五行家本身比其他部类更易出现文献重出之例,这也是姚振宗《隋书经籍志考证》认为"子部五行一类尤繁杂无头绪""四部之中唯此类最难措手"的原因。

　　医方家与五行家类似,其亦由多本目录撮录成文,同样易出现正文重出之例。但现实情况是,医方家正文重复著录者较五行家多得多,如医方家上篇正文载《杂散方》八卷、《姚大夫集验方》十二卷、《彭祖养性经》一卷、《神仙服食经》十卷、《服食诸杂方》二卷,下篇亦载,且其中大部分条目的题名、卷数完全一致。如果说五行家中《周易玄品》等文献重出源于其在各目录书中分属不同部类,相隔较远,故删订未及,那么医方家以同类之书而重出甚多,史臣似难辞疏忽之咎。然而,既然下篇与上篇所据皆为隋目,其修撰时间十分接近,那么相比其他目录书而言,完全重合的条目自然会更多,则删订未完、文献频繁重出亦不足为奇。

　　综上所述,《隋志》子部医方家下篇盖以两种隋目缀合成篇,其"目一卷"的叙录标注话语却出人意料地相同,为了利用这一特殊的驳杂性文本辨析《隋志》"旧录",我们参考了其他因素,如类目重出、文献重出,以及相关条目的撰者年代等。

六　结语

　　以传统文献学方法对《隋志》"旧录"的数量、时代等方面进行探索,是钱大昕、姚振宗等清代学者留给后世学林的宝贵财富。为了更好地接续《隋志》研究这一重要的目录学命题,本文尝试将《隋志》修撰纳入中古文献撰述的整体视野,并从文本生成的角度出发,重视作为抄撰者的史臣在这一过程中的作用。

　　首先,以《晋书》郗鉴吐哺、邓攸弃子二事为例,通过考察中古史官对前代

---

① 〔清〕章学诚撰,叶瑛校注《文史通义校注·附校雠通义》卷一《互著》,第967页。

史料完整语义片段的撷取、编排及弥合，可以看到，即使在书写材料、文本内容发生一定程度改变的写本时代，古典文献缀合成书的原理也从未失效，这给我们以同样的方式看待《隋志》的修纂工作提供了范式与参照。从文本缀合的视角探讨《隋志》，至少可以得到两个方面的启发。

其一，作为钞者的史臣在缀合旧簿的工作中，以统筹者所定条例或自身意念为准则，对旧簿文本进行一定程度的改订，从而使新的知识内容进入《隋志》蓝本。

由于分修各部的史臣对《隋志》蓝本及其他旧录的改订程度或有不同，因此形成了保留旧簿文本内容最少的均一性文本、保留旧簿文本较少的相对均一性文本，以及保留旧簿内容最多的驳杂性文本。通过瞩目叙录标注语这类驳杂性文本，本文首先尝试对《隋志》"录一卷"的两个著录来源进行探讨，认为其绝大多数袭自《七录》，而少量"录一卷"条目可能是史臣据藏本过录的，它们在《隋志》中较为分散，且撰者及官衔著录极为草率、模糊。紧接着，对集部别集类、子部医方家脞录"旧录"的情况进行了整体探讨。由于六朝文人别集撰述的兴盛，集部别集类保留的具有驳杂性的叙录标注话语较多，且呈现明显的断层特征。据此推测集部别集类可能缀合四种"旧录"成篇，即作为《隋志》蓝本的《正御书目录》、作为《正御书目录》重要补充的《七录》，以及其余二种充当补足性文本成分的旧簿，其中一本撰述时代在梁至隋之间，另一本是时代更晚的隋朝簿录。子部医方家下篇保留了两种书写形式完全一致的叙录标注话语，但结合医方家下篇部类重出情况，以及其他部类具有同种标注话语条目的撰述时代来看，推测下篇可能缀合两种隋目成篇。

其二，中古史文本的抄撰者往往撷取完整章节或语义片段构建新文本，这一编纂方式可能在《隋志》史臣手中得到变通应用，他们会尽量过录旧簿中的多个条目，甚至照搬整个部类。这一做法会深刻影响《隋志》的文本面貌，即使得具有同一著录来源的"旧录"成群出现，从而留下聚合成丛的叙录标注语。

而且，从文献、文本返回目录学史，《隋志》或可看做目录书从登簿之学转向后世所谓"考镜源流，辨章学术"之功能的一个重要契机。

《隋志》各部所留存的诸多叙录标注话语，在一定程度上反映了南北朝官修"旧录"皆为四部登记簿的本质，这类目录书可能更加重视文献的物质性①，会对作为独立卷轴的写本叙录作细致登记。而《隋志》挹王、阮之"风流体制"，

---

① 此外，中古著述对文献物质性的重视还表现在以"轴"代"卷"，如梁释慧皎《高僧传》卷十四《序录》云："故述六代贤异，止为十三卷，并序录合十四轴，号曰高僧传。"或著录卷数的同时标明秩数，如唐玄奘《大唐西域记》书前敬播之序云："无劳握椠，已详油素，名为《大唐西域记》，一帙十二卷。"

侧重于以各部类叙言建构古今学术演进过程,对典籍叙录这类附文本的著录则不甚属意,故于众"旧录"所录"录一卷""并目录""并录""目一卷"等语亦不作更改。《隋志》之后,叙录标注语再也没有在各公私书目中大量出现过,这可能也与后世对目录学认知和把握的总体转向有关。

　　本文撰写过程中,蒙南京大学文学院卞东波老师、北京大学中文系杜以恒老师提出宝贵意见,在此谨致谢忱。

新刊墓志集新见唐人著述辑考

冯　雷*

【内容提要】　《旧唐书·经籍志》及《新唐书·艺文志》均不能反映有唐一代著述的全貌，而唐人墓志所见唐人著述则能够对其起到补阙、纠谬的作用。新近出版的《洛阳流散唐代墓志汇编续集》等6部墓志集所收录的唐人墓志中有一些未见著录的唐人著述，今据之新辑唐人著述22种，并对每种新辑著述及其撰者略作考证，以期为《旧唐书·经籍志》及《新唐书·艺文志》"增砖添瓦"。

【关键词】　唐人著述　唐人墓志　新刊墓志集　《旧唐书·经籍志》《新唐书·艺文志》

　　《旧唐书·经籍志》"据开元经籍为之志"[①]，开元以后产出的唐人著述[②]则不予收录。《新唐书·艺文志》"在《旧唐书·经籍志》所记开元时藏书的基础上，增补两万余卷唐人著述……但中晚唐的史料散佚比较严重，所以《新志》著录这一时期的书也缺漏较多"[③]。由此可见，无论是《旧唐书·经籍志》，抑或是《新唐书·艺文志》，均不能反映唐人著述的全貌。唐人墓志在交代志主姓名、籍贯、世系、婚媾、仕宦、卒葬等信息的同时，有时也会交代志主的著述情况。唐人墓志所记载的这些唐人著述，能够对《旧唐书·经籍志》及《新唐书·艺文志》起到补阙、纠谬的作用。学界对唐人墓志中的这些唐人著述做了颇有成效的辑考工作，取得了一系列丰硕的研究成果[④]。前贤辑考唐人著述所依据的唐

---

　　*　本文作者为泰山学院历史学院讲师、安徽大学历史学院博士后。
　　①　〔后晋〕刘昫等撰《旧唐书》卷四六《经籍上》，北京：中华书局，1975年，第1966页。
　　②　本文所谓的"唐人著述"，既包括唐人所著或所编的书籍，也包括唐人所著的单篇诗歌和文章。
　　③　荣新江《学术训练与学术规范：中国古代史研究入门（第2版）》，北京：北京大学出版社，2022年，第6页。
　　④　(1)程章灿《唐代墓志中所见隋唐经籍辑考》，《文献》1996年第1期，第139—157页。(2)张固也《〈唐代墓志中所见隋唐经籍辑考〉补正》，《文献》1996年第4期，第151页。(3)陈尚君《石刻所见唐人著述辑考》，中国文物研究所编《出土文献研究》第4辑，北京：中华书局，1998年，第126—138页。(4)潘明福《唐代墓志中新见唐人著述辑考》，《文献》2006年第2期，第95—100页。(5)韩震军《唐代墓志中新见隋唐人著述辑考》，《中国典籍与文化》2008年第3期，第46—51页。(6)程章灿《唐代墓志中所见隋唐经籍续考》，程章灿《古刻新诠》，北京：中华书局，2009年，第109—114页。(7)韩震军（转下页）

人墓志资料来源截止于《文物》2016 年第 7 期上刊载的《西安曲江缪家寨唐代杨筹墓发掘简报》[1]。笔者在校读唐人墓志时发现,新近出版的《洛阳流散唐代墓志汇编续集》(2018 年 10 月)、《陕西省考古研究院新入藏墓志》(2019 年 4 月)、《西南大学新藏石刻拓本汇释》(2019 年 11 月)、《秦晋豫新出墓志蒐佚三编》(2020 年 6 月)、《洛阳市文物考古研究院藏石集粹·墓志篇》(2020 年 9 月)、《洛阳新获墓志百品》(2020 年 10 月)这 6 部墓志集所收录的唐人墓志中有一些未见著录的唐人著述。本文专就此进行辑考,敬待学贤教正。

薛玄育:《综要》二百卷

永隆二年(681)《唐故国子学生薛君(玄育)墓志》:"年十六,为国子学生。寻以叔父武安公获罪自解,即缘家祸,无复世情。于是划迹指俗,潜心味道。总四彻之灵篇,究六艺之能事。既事寡地闲,居幽志远,乃驰骋流略,稽合异同,撰《综要》一部二百卷。"[2]

按:薛玄育,两《唐书》无传,生平仅见此志。据是志:薛玄育,字道茂,河东汾阴人,"桂苑滋芳,蓝田孕宝,体仁义于丹穴,表通理于黄中。……学不为禄,德以润身,去诱慕于贞情,任穷达于冥理。畜鸡种黍,欲寡自得,忘贫息交,绝游知希,岂不为贵,清赢有素。气候乖摄,以永隆元年十一月六日,卒于幽州之别墅,年卅有七。粤以二年二月六日,归葬于雍州长安县高阳原先君之旧兆"。《综要》属类书,志文赞曰,"区分类聚,事义判于条流;因枝振叶,名目穷于称谓。温故知新,事逸功倍"。唐人编纂的类书有《艺文类聚》《初学记》《白氏六帖事类集》等。《综要》,不见于《旧唐书·经籍志》及《新唐书·艺文志》。其虽已佚,但是其曾经的存在使唐代类书家族又添新成员。

郑童寿:与叔妹诗

垂拱四年(688)《大唐故朝散大夫梓州郪县令李府君夫人郑氏(童寿)墓志

(接上页)《新见唐代墓志中隋唐人经籍辑考》,中国唐代文学学会、西北大学文学院、广西师范大学出版社主编《唐代文学研究》第 13 辑,桂林:广西师范大学出版社,2010 年,第 1072—1081 页。(8)牛红广《新出土唐代墓志所见唐人著述辑考》,《图书馆杂志》2011 年第 10 期,第 87—90、112 页。(9)黄清发《石刻新见唐人著述辑补》,上海社会科学院《传统中国研究集刊》编辑委员会编《传统中国研究集刊》第 9、10 合辑,上海:上海人民出版社,2012 年,第 319—330 页。(10)刘本才《隋唐墓志新见隋唐经籍辑考》,《图书馆杂志》2013 年第 7 期,第 96—100 页。(11)高慎涛《新出墓志所见唐人著述辑考》,《图书馆杂志》2014 年第 8 期,第 95—101 页。(12)霍建军《石刻文献中新见的唐人著述辑考》,杜文玉主编《唐史论丛》第 19 辑,西安:三秦出版社,2014 年,第 178—182 页。(13)黄清发《石刻新见唐人著述再补》,虞万里主编《经学文献研究集刊》第 14 辑,上海:上海书店出版社,2015 年,第 220—230 页。(14)李建华《洛阳新出唐代墓志所见唐代经籍辑考》,《图书馆杂志》2018 年第 10 期,第 116—121 页。(15)胡可先《出土墓志所载唐诗考述》,《文献》2019 年第 5 期,第 120—135 页。(16)霍建军《唐代墓志中新见的唐人著述辑考》,陈尚君主编《中国文学研究》第 33 辑,上海:复旦大学出版社,2020 年,第 62—66 页。

①　参见胡可先《出土墓志所载唐诗考述》之"《杨筹墓志》"部分(《文献》2019 年第 5 期,第 129 页)。

②　齐运通主编《洛阳新获墓志百品》,北京:国家图书馆出版社,2020 年,第 92 页。

铭并序》:"叔妹适清河崔元友,自居三蜀,遥隔两乡。斐然思之,赋诗言志。词意双美,气韵俱清。寔曰名篇,文多不载。"①

按:郑童寿,荥阳开封人,两《唐书》无传,家世生平具此志。据是志可知:其"学贯诗书","思若有神,文同宿构","道光流芳,高咏动于诗人;才挟芳椒,逸韵谐于颂典"。仪凤二年(677)四月十日终于京师长兴里第,春秋五十三,垂拱四年十二月六日祔葬于夫君李重旧茔。其因思念叔妹而赋之诗,《全唐诗》未收,《全唐诗补编》亦未载录,当已佚。

窦孝寿:集三十卷

延载元年(694)《朝请大夫行越州余姚县令窦君(孝寿)墓志铭并序》:"弦歌表化,岩壑从游。风月缘情,雄词艳发。登临动咏,逸气交驰。生唯五百年,集成三十卷。弓商足用,六律奔命于词场;江汉应机,百川潮宗于笔海。"②

按:窦孝寿,字遐福,扶风平陵人,两《唐书》无传,家世生平仅见此志。志文交代了窦氏曾祖、祖、父三代的基本情况,其"曾祖、祖、父,两《唐书》均有载,与墓志所记有同有异,异者多史传之误"③。窦氏累官周王府参军,延州司户,昆山、余姚二县令。延载元年六月卒,葬期、葬地不详。近年西安郊区出土了其兄弟窦孝忠的墓志④。窦氏集,《旧唐书·经籍志》及《新唐书·艺文志》未载录,今已佚。

卢璥:《润州记》,《书仪》

久视元年(700)《大周魏州司马范阳卢君(璥)志石文》:"君尝撰《润州记》及《书仪》并行于世。稽覈遗诰,甄综士则,成一家之言。"⑤

按:卢璥,两《唐书》无传,生平事迹散见于《旧唐书》卷九四、《新唐书》卷一二三其子卢藏用的本传及《新唐书》卷七三上《宰相世系三上》中,然载之未详。是志对其生平事迹则记之较详:卢璥,字子瑜,范阳人。初以弘文馆胄子擢甲科,授随州司仓。后历官杭州司功及魏州司马等。春秋六十一卒于魏州官舍,久视元年十月五日与夫人李氏合葬于邙山南原。卢氏曾任润州句容令,《润州记》可能撰于此时。唐代纂修地记之风颇盛,见于《新唐书·艺文志》的就有邓行俨《东都记》三十卷、邓世隆《东都记》三十卷、韦机《东都记》二十卷、韦述《两京新记》五卷、李仁实《戎州记》一卷、刘公锐《邺城新记》三卷、卢求《成都记》五卷、吴从政《襄沔记》三卷、林谞《闽中记》十卷等⑥。书仪是写信的范本,唐人所

---

①　齐运通主编《洛阳新获墓志百品》,第108页。

②　毛远明、李海峰编著《西南大学新藏石刻拓本汇释》图版卷,北京:中华书局,2019年,第144页。

③　毛远明、李海峰编著《西南大学新藏石刻拓本汇释》释文卷之《窦孝寿墓志》"解题",第157页。

④　毛远明编著《西南大学新藏墓志集释》上册,南京:凤凰出版社,2018年,第319页。

⑤　毛阳光主编《洛阳流散唐代墓志汇编续集》上册,北京:国家图书馆出版社,2018年,第110页。

⑥　〔宋〕欧阳修、宋祁撰《新唐书》卷五八《艺文二》,北京:中华书局,1975年,第1506—1507页。

撰书仪见于《新唐书·艺文志》的有裴矩、虞世南《大唐书仪》十卷、裴茝《书仪》三卷、郑余庆《书仪》二卷、裴度《书仪》二卷、杜有晋《书仪》二卷等①。敦煌文书中亦有唐人所撰书仪,如 P.3637《书仪》一卷②及 S.1725《大唐吉凶书仪》③等。卢氏所撰《润州记》及《书仪》,《旧唐书·经籍志》《新唐书·艺文志》均未著录,可补其阙。

司马偲著述;司马志寂:《高栖集》数卷

景龙二年(708)《唐故刑部侍郎鸿胪卿司马府君(逸客)墓志文并序》:"大父偲,字含章。有经史盛才,□下偶俗,复擅《幽兰》《白雪》之操也。与河南令令狐德棻友善,而物疏道规。贞观五年,辟授义乌尉,又转华阴主簿。临人行简,著述尤多。天丧斯文,复终于位。昭考志寂,字同玄。有先人之风,盖轻王佐,重天爵也。就拜其职,机疏不从。有《高栖集》数卷,行于好事也。"④

按:司马偲、司马志寂父子,两《唐书》均无传,事迹仅见此志。司马偲"著述尤多",司马志寂亦"有《高栖集》数卷",然《旧唐书·经籍志》及《新唐书·艺文志》均不见载,今已佚。

何彦先:《帝国秘录》十卷,《政论》二卷,文集二十卷

景龙三年(709)《周故地官侍郎上柱国何公(彦先)墓志铭并序》:"至于算皇王之理,画军国之宜,开四始之英,漱六经之润者,皆见公所著《帝国秘录》十卷、《三国战策》十二卷、《政论》两卷、文集廿卷。"⑤

按:何彦先,两《唐书》无传,事迹散见于《大唐新语》卷二、卷四及《新唐书》卷一一二《王义方传》后,然皆为只言片语,失之简略。是志载之较详:何彦先,字元茂,庐江灊人。年十七师事东海王义方,此可从《大唐新语》卷二、卷四及《新唐书》卷一一二《王义方传》传后附载得到证实。上元二年(675)制举及第,释褐秘书省校书郎。此后历仕洛州阳城县主簿及地官侍郎等。长安三年(703)九月二十五日卒于京师宣阳里第,景龙三年(709)八月十八日与夫人裴氏合祔于洛州偃师县石桥之东北原。上揭何彦先著述,《三国战策》见载于《册府元龟》卷五五六《国史部·采撰第二》:"何彦先为地官侍郎,撰《三国战策》十

　　① 〔宋〕欧阳修、宋祁撰《新唐书》卷五八《艺文二》,第 1491、1493 页。
　　② 上海古籍出版社、法国国家图书馆编《法藏敦煌西域文献》第二十六卷,上海:上海古籍出版社,2002 年,第 179—185 页。
　　③ 中国社会科学院历史研究所、中国敦煌吐鲁番学会敦煌古文献编辑委员会、英国国家图书馆、伦敦大学亚非学院合编《英藏敦煌文献(汉文佛经以外部份)》第三卷,成都:四川人民出版社,1990 年,第 126—133 页。
　　④ 洛阳市文物考古研究院编《洛阳市文物考古研究院藏石集粹·墓志篇》,郑州:中州古籍出版社,2020 年,第 120 页。
　　⑤ 毛阳光主编《洛阳流散唐代墓志汇编续集》上册,第 130 页。

二卷行于代。"①《帝国秘录》《政论》及其文集,《旧唐书·经籍志》及《新唐书·艺文志》均未著录,今已佚。

丁元裕:集两轴

开元九年(721)《大唐故使持节集州诸军事集州刺史上柱国清河丁公(元裕)志石文并序》:"〔开元〕七年,升集州刺史。公被之以宽简,示之以清平。未劝而群物钦风,不严而下人知惧。泽及枯肆,惠覃旱苗。比虎豹为灾,族行他境。户口逃者,纷归旧庐。公初之官,至于利州传舍,题绝句云:'闻道巴賨地,由来猛兽多。待余为政日,方遣渡江河。'逮乎下车,果如所述,巴蜀之地,到今称之。……公虽能文,鄙而鲜作,故有集两轴,以贻于后。"②

按:丁元裕,两《唐书》无传,生平事迹具此志。据是志可知:丁元裕,字俭,清河人也。以书直身份入仕,历任左内率府录事参军及集州刺史等职。开元八年十一月一日薨于凤州黄花县旅次,春秋五十六,翌年二月二十五日葬于长安县凤栖原。丁氏五言绝句,赵力光《新出唐丁元裕墓志研究》③及胡可先《出土墓志所载唐诗考述》④已有解析和考证,可参看。丁氏集,不见于《旧唐书·经籍志》及《新唐书·艺文志》,今已佚。

王日机:注《史记》及《文选》

开元九年《唐故徐州蕲县主簿王公(弘业)墓志铭并序》:"仪凤中,有河间王先生日机尝注《史记》及《文选》,公居许西偏而事之,习《左氏传》《毛诗》、应邵《汉书》、陈寿《三国志》,几星霜八换而洞穿焉。"⑤

按:王日机,两《唐书》无传,生平事迹所知仅上揭。《新唐书·艺文志》所载唐代《史记》注本及撰者有:"许子儒注《史记》一百三十卷又《音》三卷,刘伯庄《史记音义》二十卷……王元感注《史记》一百三十卷,徐坚注《史记》一百三十卷,李镇注《史记》一百三十卷……陈伯宣注《史记》一百三十卷……司马贞《史记索隐》三十卷……张守节《史记正义》三十卷。"⑥《新唐书·艺文志》所载唐代《文选》注本及撰者有:"李善注《文选》六十卷,公孙罗注《文选》六十卷又《音义》十卷……五臣注《文选》三十卷,曹宪《文选音义》……许淹《文选音》十

①　〔宋〕王钦若等编《宋本册府元龟》卷五五六《国史部·采撰第二》,北京:中华书局,1989年,第1572页。

②　毛远明、李海峰编著《西南大学新藏石刻拓本汇释》图版卷,第178页。

③　赵力光《新出唐丁元裕墓志研究》,荣新江主编《唐研究》第十九卷,北京:北京大学出版社,2013年,第608—609页。

④　胡可先《出土墓志所载唐诗考述》,《文献》2019年第5期,第121—122页。

⑤　张永华、赵文成、赵君平编《秦晋豫新出墓志蒐佚三编》第2册,北京:国家图书馆出版社,2020年,第468页。

⑥　〔宋〕欧阳修、宋祁撰《新唐书》卷五八《艺文二》,第1456—1457页。

卷。"①王日机所注《史记》及《文选》,《旧唐书·经籍志》及《新唐书·艺文志》均不载,可补其阙。

崔日用:文集六十卷

开元十一年(723)《唐故银青光禄大夫并州大都督府长史摄御史大夫赠吏部尚书齐国公博陵崔公(日用)墓志铭并序》:"有文集六十卷。"②

按:崔日用,《旧唐书》卷九九及《新唐书》卷一二一有传,此不赘。《新唐书·艺文志》著录崔氏《姓苑略》一卷③,然上述崔氏文集却不见载于《旧唐书·经籍志》及《新唐书·艺文志》,可补其阙。《全唐诗》卷一二、卷四六、卷八六九及《全唐文续拾》卷九共收录崔氏诗十三首。今可见之崔氏著述,除诗十三首外,还有近年出土于陕西西安的开元二年《李器及妻燕氏墓志》④及开元六年《韦维及妻王氏墓志》⑤。

韦虔晃:《韦氏官婚谱》十三卷,《宗派图》一卷

开元二十四年(736)《唐故济州长史韦公(虔晃)墓志铭并序》:"公又纂辑本系,撰《韦氏官婚谱》十三卷、《宗派图》一卷,斯亦敦叙之深旨,贻厥之素业也。"⑥

按:韦虔晃,两《唐书》无传,生平事迹仅见此志。据是志可知:韦虔晃,字虔晃,京兆万年人。以挽郎身份入仕。历任雅、阆二州参军及济州长史等职。开元二十三年十月二十二日终于京师永崇里第,春秋八十二,次年正月二日归祔夫人李氏旧茔。作为京兆韦氏的韦虔晃,撰作本系《韦氏官婚谱》及《宗派图》是有其大的时代背景的:"京兆韦氏是中古时期的重要家族,其'本枝百代,衣冠四海,备于载籍',茂牒家声,昭彰不殒。入唐后,家族人物历仕华省,蝉联相袭,傲视关右,世称鼎甲。它在唐代历史中所具有的重要政治、文化地位,以及它对当时所产生的巨大影响使其在整个关陇士族圈中极具代表性。按之以史,我们发现自西汉昭帝以后韦氏家族作为关中大族已逐步发展壮大。汉魏已降,韦氏作为关中'世族''著族'频频见诸史料,其社会地位和文化地位已基本确立。至唐,韦氏家族更是步入了发展的黄金阶段。其九著房,见于两《唐书》记载的人物就有九百余位。他们大都活跃于唐代的政治文化舞台之上,仅出任地方最高行政长官的人数就有百余名,而出任宰相者则高达 20 名,将同

---

① 〔宋〕欧阳修、宋祁撰《新唐书》卷六〇《艺文四》,第 1621—1622 页。
② 毛阳光主编《洛阳流散唐代墓志汇编续集》上册,第 192 页。
③ 〔宋〕欧阳修、宋祁撰《新唐书》卷五八《艺文二》,第 1500 页。
④ 西安市文物稽查队编《西安新获墓志集萃》,北京:文物出版社,2016 年,第 113 页。
⑤ 李明、刘呆运、李举纲主编《长安高阳原新出土隋唐墓志》,北京:文物出版社,2016 年,第 146 页。
⑥ 陕西省考古研究院编《陕西省考古研究院新入藏墓志》,上海:上海古籍出版社,2019 年,第 64 页。

为著族的博陵崔氏、范阳卢氏、赵郡李氏、荥阳郑氏、太原王氏、河东裴氏等压至身后。韦氏家族亦多与皇室通婚,隋时就有王妃3人,至唐则先后有皇后2人,皇妃5人,驸马10余人。此外,京兆韦氏还与山东自诩'势侔皇家'的五姓七族互为婚媾,社会地位之贵几乎无以复加。"①韦氏上揭著述,不见于《旧唐书·经籍志》及《新唐书·艺文志》,今已佚。

沈从道:文集四十卷

天宝四载(745)《唐故中大夫广平郡太守上柱国吴兴沈君(从道)墓志铭并序》:"公辰象丽精,山泽通气。才无所假,识无遗鉴。四典州郡,三游省阁。临事必达,立诚必应。位不充量,天不与年。历官滋多,家无余积。抚育孤稚,犹己所生。词翰若流,诵者盈口。每课最时,及官吏林攒,面书考词,有如宿构。文集卅卷,见行于时。"②

按:沈从道,两《唐书》无传,生平事迹散见于《元和姓纂》卷七及《书史会要》卷五中,然载之未详。沈氏墓志记其生平最详,据是志可知:沈从道,字希言,吴兴乌程人。弱冠即进士及第,释褐绛州翼城县主簿。后历官扬州江都县丞及广平郡太守等。天宝元年(742)九月七日终于巩县私第,春秋八十一,天宝四载七月十七日与夫人虞氏合葬于河南府北二十里邙山之阳。沈氏文集四十卷,《旧唐书·经籍志》及《新唐书·艺文志》未有载录,今已佚。

严涌:"治国之书"二卷

天宝七载(748)《大唐南阳张氏故严君(涌)墓志铭并序》:"严君不书名不书字,涌为严君讳也。……开元中中身之初,家人劝仕,曰:'我有仕材无仕命,不可。'又劝之,曰:'汝曹恐吾坠先子之业耶。'于是撰治国之书,两卷既成,奏之阙下。朝奏而暮令中使李恩达,及门慰问之。数日,诏以闻罢。严君曰:此非命也乎？吾告尔□□。遂居白屋而不窥轩冕,体素履而不出户庭。"③

按:严涌,两《唐书》无传,生平仅见此志。"操行甚高,德义可法,学师黄老,志比巢由。……家产不满十金,僮仆不过百指。有田数亩,有宅一区,田非负郭,宅乃近市。然而不伋伋,不遑遑,常晏如也"。天宝七载十月八日卒于洛阳,同月十二日葬。遵其遗志,祔于洛阳龙门乡北原夫人席氏旧茔。由于严氏"学师黄老……遗书在箧黄与老",故其所撰"治国之书"可能会贯彻黄老的治国思想。此书,《旧唐书·经籍志》及《新唐书·艺文志》皆不载,今已佚。

彭仲甫:注《道德经》

天宝十三载(754)《唐故太子校书郎陇西彭公讳仲甫墓志铭并序》:"〔君〕

---

①　王伟《唐代京兆韦氏家族与文学研究》,北京:北京大学出版社,2015年,第5—6页。
②　毛阳光主编《洛阳流散唐代墓志汇编续集》中册,第328页。
③　洛阳市文物考古研究院编《洛阳市文物考古研究院藏石集粹·墓志篇》,第182页。

少而缵经，强志默识。文史足用，时罕及之。不自异于时人，故沉滞丘壑卅余载。亦尝随计吏诣阙，因近臣献书，直道难容，退藏于密。家素贫窭，力耕养亲。啜菽饮水，怡怡如也。居易俟命，久无宦情。侍黄门侍郎陈公深知于君，奇其操行，乃使谓之曰：'怀宝迷邦，何自负于圣日；见善未举，实有亏于知音。'君乃拂衣而起，弹冠求达。以开元廿九年十一月廿六日上注《道德经》，恩敕拜校书，非本志也。"①

按：彭仲甫，两《唐书》无传，生平具此志。据是志可知：彭仲甫，曾任太子校书郎。"雅爱静默，尤好玄言，易象道书，皆特为之传解。奥理□义，焕然可观，晏象坚白，不能遏也"。天宝十二载（753）十一月十日卒，时年五十三，天宝十三载二月六日与夫人王氏和祔于洛阳龙门乡北原。李唐皇室视道教始祖老子为祖先，以圣裔自居，对道教尊崇有加，以之为国教。在此背景下，唐代注《道德经》的风气浓厚，唐玄宗更亲自为之。《新唐书·艺文志》所载唐代《道德经》注本及撰者有："傅弈注《老子》二卷，杨上善注《老子道德经》二卷……辟闾仁谞注《老子》二卷……玄宗注《道德经》二卷又《疏》八卷，卢藏用注《老子》二卷……邢南和注《老子》，冯朝隐注《老子》，白履忠注《老子》，尹知章注《老子》，傅弈《老子音义》，陆德明《老子疏》十五卷，陈庭玉《老子疏》，陆希声《道德经传》四卷，吴善经注《道德经》二卷，成玄英注《老子道德经》二卷……孙思邈注《老子》。"②彭仲甫所注《道德经》，不见于《旧唐书·经籍志》及《新唐书·艺文志》，可补其阙。

薛邕：《去思颂》

大历十一年（776）《唐故朝议郎检校尚书工部员外郎兼潞州大都督府司马赐绯鱼袋河东裴公（士安）墓志铭》："善政理术，刊在《去思颂》，其文即河东薛邕之词也。"③

按：薛邕，两《唐书》无传，生平事迹散见于《旧唐书·代宗纪》、《新唐书·宰相世系三下》、《资治通鉴》"德宗建中元年"条、常衮《授薛邕礼部侍郎制》、崔巨《大唐宣州刺史薛公去思碑》、《刘宾客嘉话录》、《唐摭言》卷一四等相关记载中。崔巨《大唐宣州刺史薛公去思碑》大致交代了薛邕的仕历情况："公字冲昧。殷相仲虺之洪族，唐相元超之曾孙，陈留太守兼采访使江童之仲子。地列钟鼎，门传冠盖。文藻咈煜于一时，名声震动乎千载。……明明天子，降鉴群方。诏谓薛公，茂学雕章，孝悌忠良。累践柱史，累登台郎。司言中书，掌礼太常。四典岁举，撷其众芳。三执邦宪，振其宏纲。铨综九流，九流既臧。镇抚

① 毛阳光主编《洛阳流散唐代墓志汇编续集》中册，第 380 页。
② 〔宋〕欧阳修、宋祁撰《新唐书》卷五九《艺文三》，第 1516—1518 页。
③ 毛阳光主编《洛阳流散唐代墓志汇编续集》中册，第 430 页。

三州,三州既康。迁尔管辖,于此文昌。公拜稽首,归于咸阳。"①薛邕著述,《旧唐书·经籍志》及《新唐书·艺文志》未有著录,《全唐文》卷三三五收其文两篇,《去思颂》未在其中,《全唐文》相关补遗之作亦未见收录,当已佚。

温逊:《词林》三十卷

长庆三年(823)《大唐故至德县令太原温公(逊)墓志铭并序》:"著《词林》卅卷。"②

按:温逊,两《唐书》无传,生平事迹散见于《新唐书》卷七二中《宰相世系二中》及《新唐书》卷九一《温大雅传》后,然失之简略。其生平事迹,此志载之较详,据此可知:温逊,字隐之,太原祁人。曾任池州至德县令。元和十五年(820)卒,享年五十四,长庆三年(823)正月二十八日葬于河南府河清县亲仁乡先茔之北原。温氏《词林》属于总集,《新唐书》卷六〇《艺文四·总集类》收录的唐人编纂的总集有许敬宗《文馆词林》一千卷、张楚金《翰苑》三十卷、徐坚《文府》二十卷、李吉甫《古今文集略》二十卷等。温氏《词林》不见于《旧唐书·经籍志》及《新唐书·艺文志》,可补其阙。

斑图源:"章句七言五言表疏"四十余卷

咸通八年(867)《大唐故朝散大夫守河中少尹扶风斑府君(图源)墓铭自述》:"我有文可以类集。并章句、七言、五言、表疏,不啻冊卷,亦不负于平生矣。"③

按:斑图源,两《唐书》无传,生平事迹仅见此志。据是志可知:斑图源,字义符,扶风安陵人。开成五年(840)四十一岁时进士及第,《登科记考补正》"开成五年庚申"条进士科无此人,可补其阙。自进士及第释褐郑州原武县尉至迁唐州河中少尹,一生凡九任。咸通八年五月十二日终于河中府,享年六十八。葬期、葬地不详,然是志2013年春出土于河南洛阳,故葬地应在今洛阳某地。斑氏著述,《旧唐书·经籍志》及《新唐书·艺文志》不见载,今已佚。

本文依据新近出版的六部墓志集所收录的唐人墓志,共新辑唐人著述22种,并对每种新辑著述及其撰者略作考证。进入21世纪以来,由于疯狂的盗掘及各地如火如荼的基建,唐人墓志大量出土。"气贺泽保规2017年出版的《新编唐代墓志所在总合目录》是该书的第四版,《目录》1997年初版收录唐代墓志5482方,随着唐代墓志的大量刊布,先后在2004年、2009年、2017年出版了增订本,其中2017年版收录资料截至2015年末,计有唐代墓志12043余

① 〔清〕董诰等编《全唐文》卷九九〇《大唐宣州刺史薛公去思碑》,北京:中华书局,1983年,第10253—10254页。

② 毛阳光主编《洛阳流散唐代墓志汇编续集》下册,北京:国家图书馆出版社,2018年,第604页。

③ 张永华、赵文成、赵君平编《秦晋豫新出墓志蒐佚三编》第4册,第1102页。

方。即在过去的二十年中,我们所见唐代墓志的总量增加了一倍有余,超过了之前一千余年的总和。"①据笔者统计,2016 年以来出版的收录唐人墓志的墓志集有二十余种之多,所收唐人墓志大半未见著录。由于篇幅所限,本文将辑考唐人著述的资料范围限定在了 2018 年至 2020 年这 3 年出版的墓志集中唐人墓志比较集中的《洛阳流散唐代墓志汇编续集》等 6 部墓志集上。除此之外,2021 年以前及 2021 年以来出版的墓志集收录的唐人墓志中也有一些唐人著述未见著录,笔者拟另文专题探讨。同时,笔者今后将会密切关注新出唐人墓志的信息,以便第一时间了解其有无未见著录的唐人著述,假以时日,集腋成裘,笔者将会再文专题探讨。

---

① 仇鹿鸣《十余年来中古墓志整理与刊布情况述评》,包伟民、刘后滨主编《唐宋历史评论》第 4 辑,北京:社会科学文献出版社,2018 年,第 4—5 页。

《宋史》列传人名勘误

孙利政[*]

【内容提要】《宋史》由于成书仓促等原因，错谬较多，颇受非议。历代学者在《宋史》校勘上已取得较丰富的成果。然校书如扫尘，本文通过版本比勘及史源、同源文献的查考，对《宋史》列传具有较强固定性和唯一性的40个人名异文提出讨论，考订讹误。

【关键词】《宋史》 列传 人名 校勘

《宋史》是"二十四史"中篇幅最大的一部书，由于成书仓促等原因，错谬颇多，受到批评和非议也最多。历代学者在《宋史》文字校勘上取得了较为丰富的成果，如在版本方面，中华书局点校本《宋史》校勘精审，是当今最权威和通行的《宋史》版本。在专著方面，代表性论著有顾吉辰《宋史比事质疑》和《宋史考证》，订正了《宋史》大量文字及史实讹误。对于专有名词而言，如人名，因其具有较强的固定性和唯一性，当其与史源文献或同源文献存在异文时，通常必有一误。汪圣铎、李德辉等学者撰有专文订正《宋史》的人名讹误。[①] 然校书如扫尘，今通过版本比勘及史源、同源文献的查考，对《宋史》列传40个人名提出讨论，按《宋史》卷次先后为序，考订讹误，非敢必是，聊作引玉之资。

1. 陈从龙——陈从信

《宗室·魏王延美传》："（太平兴国）七年三月，或告秦王廷美骄恣，将有阴谋窃发。上不忍暴其事，遂罢廷美开封尹，授西京留守……左卫将

---

* 本文作者为泰州学院人文学院讲师。

① 汪圣铎《〈宋史〉人名补校》，《文献》2000年第4期，第241—250页。汪文后有增订，收入氏著《宋代历史文献研究》，保定：河北大学出版社，2016年，第299—335页。李德辉《〈宋史·艺文志〉人名订误》，《古文献整理与研究》第六辑，南京：凤凰出版社，2022年3月，第336—354页。又俞如云编《宋史人名索引》（上海：上海古籍出版社，1992年）虽名"索引"，对于人名有讹误者匡谬纠讹，或予归并，或后标"见某人"等。此外陈乐素《宋史艺文志考证》（广州：广东人民出版社，2002年）、高纪春《〈宋史·本纪〉考证》（保定：河北大学出版社，2000年）、王珂《〈宋史·艺文志·类事类〉研究》（杭州：浙江大学出版社，2015年）、顾宏义《宋史·艺文志》系列考证论文、查雪巾《〈宋史·艺文志〉考校》（南京大学2020年博士学位论文）等亦有较多校勘《宋史》人名的文字。

军、枢密承旨陈从龙为左卫将军,皇城使刘知信为右卫将军,弓箭库使惠延真为商州长史,禁军列校皇甫继明责为汝州马步军都指挥使,定人王荣为濮州教练使,皆坐交通廷美及受其燕犒也。"①

按:陈从龙,当作"陈从信"。《续资治通鉴长编》载:"(太平兴国七年四月)乙丑,左卫将军、枢密承旨陈从信罢为左卫将军,皇城使刘知信为右卫将军……定人王荣责为濮州教练使,皆坐交通秦王廷美及受其私犒故也。"②《宋史·陈从信传》云:"太平兴国三年,改左卫将军,复为枢密都承旨。太宗征并汾,以为大内副部署。七年,坐秦王廷美事,以本官罢。"③又《太宗纪》载"(太平兴国五年十一月)丙午,以秦王廷美为东京留守,王仁赡为大内都部署,陈从信副之"④,即陈氏"交通廷美"之证。

2. 李汉斌——李汉赟

《宗室·商王元份传》:"元份宽厚,言动中礼,标望伟如,娶崇仪使李汉斌之女。李悍妒惨酷,宫中女婢小不如意,必加鞭杖,或致死。"⑤

按:李汉斌,当作"李汉赟"。《续资治通鉴长编》载:"初,郓王元份娶崇仪使李汉赟之女,性悍妒惨酷,宫中女使小不如意,必加鞭挞,或有死者。"⑥又载:"(咸平四年闰十二月庚寅)西京左藏库副使李汉赟等往西路发仓廪,赈流民,以便宜从事。汉赟,汉琼弟也。"⑦《宋会要辑稿·职官五二》《食货五七》《食货六八》三载咸平四年(1001)闰十二月赈灾事,均称作"西京左藏库使李汉赟"⑧。《宋史·李汉琼传》云:"(汉琼)弟汉赟、汉彬。太平兴国初,汉赟补供奉官,尝监高阳关、平戎军,乘传衢、婺二州,捕剧贼程白眉数十人,悉歼焉。累仕崇仪使、知宁州,大中祥符七年卒。"⑨是《宋史》"斌"为"赟"字讹坏无疑。

3. 朱国宾——朱国宝

《宗室·赵子砥传》:"子砥,艺祖后令琦之子也。仕至鸿胪丞。北迁

① 〔元〕脱脱等《宋史》卷二四四,北京:中华书局,1985年,第8666—8667页。
② 〔宋〕李焘《续资治通鉴长编》卷二三,北京:中华书局,2004年,第516页。
③ 《宋史》卷二七六,第9404页。
④ 《宋史》卷四,第65页。
⑤ 《宋史》卷二四五,第8699页。
⑥ 《续资治通鉴长编》卷六一,第1359页。
⑦ 《续资治通鉴长编》卷五〇,第1102页。
⑧ 〔清〕徐松辑,刘琳等校点《宋会要辑稿》,上海:上海古籍出版社,2014年,第4449、7327、7959页。
⑨ 《宋史》卷二六〇,第9020页。

至燕山,久之,欲遁归,乃遣其徒<u>朱国宾</u>、王孝安至中京,求得上皇宸翰,怀之以归。"①

按:朱国宾,明北京国子监本、清武英殿本作"朱国宝",疑是。《三朝北盟会编》引赵子砥《燕云录》称"子砥急要潜出归朝,誓不久处虏廷,乃阴结燕人旧归朝官忠翊郎、亳州兵马监押朱国宝,承信郎、亳州指挥使王孝安二人至中京,伺候二圣动静,恭请道君宸翰,密数金人虚实,揣求探报,知其情状"②,可证。

4. 刘一正——刘一止

《公主·秦国康司懿长公主传》:"(绍兴)八年再入见,留官中三日。……时赵鼎当国,方论群臣绍述之奸,颇抑正夫。鼎去位,正夫始得开府之命。给事中<u>刘一正</u>言其非旧制,恐援例者多。乃诏:'哲宗惟正夫为近亲,余人毋得援例。'"③

按:刘一正,当作"刘一止"。考《建炎以来系年要录》载:

(绍兴九年十一月)癸巳,检校少保昭化军节度使充醴泉观使驸马都尉潘正夫开府仪同三司。初,孟忠厚之守镇江也,给事中刘一止言:"后族业文如忠厚,不可多得。但此例一开,有出忠厚下者,何以御之?"至是又论正夫除拜非旧典,乞特降处分,后人毋得援例。自今除授有非旧制,并令给舍台谏论驳。乃诏:"哲宗皇帝、昭慈圣献皇后惟正夫、忠厚为近亲,余毋得援例。"④

所述较《宋史》为详。韩元吉《阁学刘公(一止)行状》载:"(绍兴九年)九月,迁给事中,仍兼侍讲……孟忠厚乞试河南一郡,公奏:'后族业文如忠厚,不可多得,此例一开,有出忠厚下者何以御之?'"⑤《宋史·刘一止传》亦称其绍兴中"迁给事中……孟忠厚乞试郡,一止言:'后族业文如忠厚虽可为郡,他日有援例者,何以却之?'"⑥据刘一止《苕溪集》所载告词,知其除给事中在绍兴九年(1139)九月十四日,同年十二月二十九日被罢⑦。一止从弟名宁止,《宋史》附

①《宋史》卷二四七,第 8745 页。

②〔宋〕徐梦莘《三朝北盟会编》卷九八,上海:上海古籍出版社,2019 年,第 723 页。

③《宋史》卷二四八,第 8782 页。

④〔宋〕李心传《建炎以来系年要录》卷一三三,北京:中华书局,1988 年,第 2137 页。

⑤〔宋〕刘一止撰,龚景兴、蔡一平点校《刘一止集》卷五四,杭州:浙江古籍出版社,2012 年,第 568 页。

⑥《宋史》卷三七八,第 11674 页。

⑦《刘一止集》卷五五,第 580 页。

一止传①,亦可证此"正"为"止"字形误。

5.杨昭勖——杨绍勖

《李洪信传》:"初,杨邠以元从功臣为方镇者不谙政务,令三司择军将分补诸镇都押牙、孔目官,或恃以朝选,藩帅难制。洪信闻内难,即召马步军都校聂召,奉国军校杨德、王建、黄全武、杨进、翟本,右牙都校任温、武德,护圣都校康审澄及判官路涛、掌书记张洞、都押牙<u>杨昭勖</u>、孔目官魏守恭,悉杀之,诬奏谋逆。"②

按:杨昭勖,疑当作"杨绍勖"。《旧五代史·汉书五·隐帝纪下》载:"(乾祐三年十二月丁酉)陕州李洪信奏,马步都指挥使聂召、奉国指挥使杨德、护圣指挥使康审澄等,与节度使判官路涛、掌书记张洞、都押衙杨绍勖等,同情谋叛,并杀之。惟康审澄夜中放火斩关,奔归京师。初,朝议以诸道方镇皆是勋臣,不谙政理,其都押衙孔目官,令三司军将内选才补之,藩帅不悦,故洪信因朝廷多故,诬奏加害焉。"③《册府元龟·将帅部·专杀》亦称"都押衙杨绍勖"④,据此疑《宋史》"昭"为"绍"字形误。

6.冯绍又——冯绍文

《王全斌传》:"俄虎捷指挥使吕翰为主将所不礼,因杀知嘉州客省使武怀节、战棹都监刘汉卿,与师雄党刘泽合,众至五万,逐普州刺史刘楚信,杀通判刘沂及虎捷都校<u>冯绍。又</u>果州指挥使宋德威杀知州八作使王永昌及通判刘涣、都监郑光弼,遂州牙校王可璙率州民为乱。"⑤

按:"冯绍"下"又"乃"文"字形误。《续资治通鉴长编》载:"未几,虎捷指挥使吕翰怨其帅不礼,率部下兵叛于嘉州,横冲指挥使吴瑰、虎捷水军校孙进等皆应之,杀知州客省使武怀节、战棹都监刘汉卿,遂与全师雄伪所署将刘泽合势,众至五万,逐普州刺史刘楚信,杀通判刘沂。果州军校宋德威、虎捷指挥使冯绍文亦杀知州八作使王永图、通判刘涣、都监郑元弼;而遂州牙将王可僚又劫州民为乱。"⑥《名臣碑传琬琰之集》引《实录·王中书全斌传》:"俄虎捷指挥

---

① 《宋史》卷三七八,第11675—11676页。
② 《宋史》卷二五二,第8853—8854页。
③ 〔宋〕薛居正等《旧五代史》卷一〇三,北京:中华书局,1976年,第1376页。
④ 〔宋〕王钦若等《册府元龟》卷四四九,南京:凤凰出版社,2006年,第5061页。
⑤ 《宋史》卷二五五,第8922页。
⑥ 《续资治通鉴长编》卷六,第162页。

使吕翰为主将不礼……逐普州刺史刘楚信,杀通判刘沂。及虎捷都校冯绍文、果州指挥使宋德威杀知州八作使王永昌、通判涣、都监郑光弼,遂州牙校王可璙率州民为乱。"①二书载虎捷都校("都校"又称"都指挥使")冯氏名均作"绍文",当属可信。《宋史》史源即本《实录》,传抄"冯绍文"讹作"冯绍又",遂使句读亦误。

7. 刘琮——刘综

《李继和传》:"继和上言:……臣虑议者以调发刍粮扰民为言,则此军所费,止出四州,地里非遥,输送甚易。又刘琮方兴屯田,屯田若成,积中有备,则四州税物,亦不须得。"②

按:刘琮,当作"刘综"。《续资治通鉴长编》载真宗咸平四年十二月乙卯李继和上疏,此句作"又刘综方为屯田"③,本月壬戌又载"陕西转运使、太常博士刘综等"请于镇戎军置屯田奏疏④。《宋会要辑稿·食货》两载此疏,均称"陕西转运使刘综"⑤。《宋史·食货志》节引此疏,亦称"陕西转运使刘综"⑥,又《刘综传》称"(咸平)四年,又献议于镇戎军置屯田务"⑦,足证"琮"乃"综"之误字。

8. 孙义——孙议

《李谦溥传》:"会隰州刺史孙义卒,时世宗亲征淮南,谦溥谓节帅杨廷璋曰:'大宁,咽喉要地,不可阙守。且车驾出征,若俟报,则孤城陷矣。'廷璋即署谦溥权隰州事。"⑧

按:孙义,当作"孙议"。《宋史·杨廷璋传》载此事称"会隰州刺史孙议卒,廷璋遣监军李谦溥领州事"⑨,二者显系一人,"义""议"当有一误。考《资治通鉴》载:"(周世宗显德五年正月)丙子,建雄节度使真定杨廷璋奏败北汉兵于隰州城下。时隰州刺史孙议暴卒,廷璋谓都监、闲厩使李谦溥曰:'今大驾南征,

① 〔宋〕杜大珪《名臣碑传琬琰之集》下卷一,宋刻本。
② 《宋史》卷二五七,第8971页。
③ 《续资治通鉴长编》卷五〇,第1091页。
④ 《续资治通鉴长编》卷五〇,第1093—1094页。
⑤ 《宋会要辑稿》,第6029、7632页。
⑥ 《宋史》卷一九六,第4265页。
⑦ 《宋史》卷二七七,第9432页。
⑧ 《宋史》卷二七三,第9337页。
⑨ 《宋史》卷二五五,第8904页。

泽州无守将,河东必生心;若奏请待报,则孤城危矣。'即牒谦溥权隰州事。"①据此当以"孙议"为是。

9. 慕容超、慕容福起——慕容福超

　　《马仁瑀传》:"(太平兴国)四年,车驾征太原,命仁瑀与成州刺史慕容超、飞龙使白重贵、八作使李继昇分兵攻城。"②

　　《外戚·杜审进传》:"(太平兴国)四年,上亲征河东,审进与岚州团练使周承晋、德州刺史孙方进、成州刺史慕容福起皆上言愿率所部击太原。上以审进者年,不许。"③

　　按:"慕容超""慕容福起"皆为"慕容福超"脱误。《宋会要辑稿·兵七》载:"(太平兴国四年四月)二十七日,夜漏未尽,又幸连城诸洞,命瀛州防御使马仁瑀、成州刺史慕容福超、飞龙使白重贵、八作使李继昇分道率卒攻城。"④《玉海》亦载:"(太平兴国四年四月)二十七日,命马仁瑀、慕容福超、白重贵、李继昇等分道攻城,帝自草诏赐继元。"⑤又刘跂《夫人李氏墓志铭》载:"夫人年十九,嫁为居士慕容君讳宗古之妻。居士曾祖福超,以战功显于祖宗朝,终成州团练使。"⑥宋代团练使官阶高于刺史,则系慕容福超因功迁升。

10. 李仁祐——李神祐

　　《王文宝传》:"(太平兴国)二年,京西转运使程能议开新河,自襄、汉至京师,引白河水注焉,以通湘、潭之漕。诏发唐、邓、汝、颍、许、蔡、陈、郑丁夫数万赴其役,又发诸州兵万人助之。命文宝与六宅使李继隆、作坊副使李仁祐、刘承珪分往护作。"⑦

　　按:李仁祐,当作"李神祐"。《续资治通鉴长编》载:"(太平兴国三年正月甲午)京西转运使程能献议,请自南阳下向口置堰,回白河水入石塘、沙河,合蔡河,达于京师,以通襄、潭之漕。上壮其言而听之。戊戌,诏发唐、邓、汝、颍、许、蔡、陈、郑丁夫及诸州兵凡数万人,以弓箭库使阳武王文宝、六宅使李继隆、

　①　〔宋〕司马光撰,〔元〕胡三省音注《资治通鉴》卷二九四,北京:中华书局,1956年,第9579页。
　②　《宋史》卷二七三,第9346页。
　③　《宋史》卷四六三,第13537页。
　④　《宋会要辑稿》,第8736页。
　⑤　〔宋〕王应麟《玉海》卷一九三,凤凰:江苏古籍出版社,上海:上海书店,1988年,第3530页。
　⑥　〔宋〕刘跂《学易集》卷八,《景印文渊阁四库全书》,第1121册,第616页。
　⑦　《宋史》卷二七四,第9361页。

内作坊副使李神祐、刘承珪等护其役。"①《宋史·河渠志》文同②。又《宋会要辑稿·方域一七》载:"太宗太平兴国三年正月,诏弓箭库使王文宝、六宅使李继隆、作坊副使李神祐、刘承珪往京西,分护南路新河之役。"③《宋史·李继隆传》亦载:"太平兴国二年,改六宅使。尝诏与王文宝、李神祐、刘承珪同护浚京西河。"④李神祐,《宋史·宦者》有传⑤。

11.张斌——张赟

《慎从吉传》:"有咸平县民张斌妻卢氏,诉侄质被酒诟悖。张素豪族,质本养子,而证左明白,质贿于吏。"⑥

按:张斌,疑当作"张赟"。《续资治通鉴长编》载:"(大中祥符九年三月壬子)初,咸平县民张赟妻卢诉侄质被酒诟悖。张,豪族也,质本养子,而证左明白,质纳贿胥吏。"⑦《宋会要辑稿·刑法四》载此事亦作"张赟"⑧,据此疑《宋史》"斌"为"赟"之坏字。

12.刘承德——刘承颜

《郭劝传》:"马季良自贬所求致仕,朝廷从之。劝言:'致仕所以待贤者,岂负罪贬黜之人可得,请追还敕诰。'又言:'发运使刘承德献轮扇浴器,大率以媚上也。请付外毁,以戒邪佞。'"⑨

按:刘承德,疑当作"刘承颜"。《续资治通鉴长编》载:"(景祐元年六月庚子)淮南制置发运使刘承颜献轮扇浴器,同知谏院郭劝言:'此非所宜献,承颜欲以此媚上尔。乞付外毁弃,以戒邪佞。'"⑩《宋会要辑稿·食货四一》载:"(景祐元年)六月十六日,起居舍人、知谏院郭劝言:'江淮发运使刘承颜进轮扇浴器,乞宣示百官毁掷,诞布中外,不得以此进献。'"⑪又《长编》载天圣七年

---

① 《续资治通鉴长编》卷一九,第420页。
② 《宋史》卷九四,第2345页。
③ 《宋会要辑稿》,第9611页。
④ 《宋史》卷二五七,第8964页。
⑤ 《宋史》卷四六六,第13606—13607页。
⑥ 《宋史》卷二七七,第9446页。
⑦ 《续资治通鉴长编》卷八六,第1976页。
⑧ 《宋会要辑稿》,第8483页。
⑨ 《宋史》卷二九七,第9893页。
⑩ 《续资治通鉴长编》卷一一四,第2678—2679页。
⑪ 《宋会要辑稿》,第6928页。

（1029）二月事称"淮南江浙荆湖制置发运使、六宅使、康州刺史刘承颜知处州"①，亦其证。

13. 程公珣——程珦

《司马旦传》："旦生于丙午，与文彦博、程公珣、席汝言为同年会，赋诗绘像，世以为盛事，比唐九老。"②

按：程公珣，当作"程珦"。"程公珣"事迹史籍无载。考文彦博《奉陪伯温中散程、伯康朝议司马、君从大夫席于所居小园作同甲会》诗云："四人三百十二岁，况是同生丙午年。招得梁园同赋客，合成商岭采芝仙。清谈亹亹风盈席，素发飘飘雪满肩。此会从来诚未有，洛中应作画图传。"③考文氏所记"同甲会"（即《宋史》"同年会"）之"伯温中散程"指程珦。范纯仁《上文潞公同甲会》诗题下注称"潞公、程珦中散、席汝言司封、司马旦太中各年七十八"，诗云："四公眉寿复均年，此会前修未省传。"④程珦之子程颐《先公大中家传》亦载："先公大中讳珦，字伯温。旧名温，字君玉，既登朝，改后名。景德三年丙午正月二十三日，生于京师泰宁坊赐第。……晚与文潞公、席君从、司马伯康为同甲会，洛中图画，传为盛事。……以年及七十，乞致仕。……两经南郊恩，以子叙，迁中散大夫中大夫。今上即位，覃恩，迁太中大夫，累封永年县开国伯，食邑九百户，勋上柱国。元祐五年正月十三日，以疾终于西京国子监公舍。先居暖室，病革，命迁正寝，享年八十有五。"⑤疑此文所据史源文献或本作"程公珦"三字，"公"乃尊称，后人不察，传写又误"珦"为"珣"。

14. 郑天监——郑天益

《徐的传》："徐的字公准，建州建安人。擢进士第，补钦州军事推官。钦土烦郁，人多死瘴疠。的见转运使郑天监，请曰：'徙州濒水可无患，请转而上闻。'从之，天监因奏留的使办役。"⑥

按：郑天监，当作"郑天益"。《续资治通鉴长编》天圣元年（1023）四月载此事称"钦州深在山谷间，土烦郁，人多死瘴毒，推官建安徐的献策于转运使，请

---

① 《续资治通鉴长编》卷一〇七，第2497页。
② 《宋史》卷二九八，第9906页。
③ 〔宋〕文彦博撰，申利校注《文彦博集校注》卷七，北京：中华书局，2016年，第425页。
④ 〔宋〕范纯仁《范忠宣公文集》卷四，《宋集珍本丛刊》，第15册，北京：线装书局，2004年，第398页。
⑤ 〔宋〕程颢、〔宋〕程颐撰，王孝鱼点校《二程集》卷一二，北京：中华书局，2004年，第646—652页。
⑥ 《宋史》卷三〇〇，第9968页。

徙濑水,转运使以闻,且留的再任办役"①,唯未载转运使之名。《[嘉靖]钦州志·祠庙》载天圣元年万人俊《新修钦州城记》云:"旧郡水土不利,朝野具闻……昨本路转运使、司封员外郎郑天益提辖之暇,经度海隅之地,抗疏封章,上闻宸聪。……桂林监护上阁宋侃、漕输郑天益,暨郡守符侍禁朱正用、佐幕徐的共宣厥谋,伻集其事。"②又《名宦·徐的传》亦载:"钦土烦郁,人多死于瘴疠。的请徙州治濑水可无患,转运使郑天益为奏闻,从之。因留的使办役。"③《宋史·萧注传》载萧注上疏称"往天圣中,郑天益为转运使,尝责其擅赋云河洞"④,即此人。据此"监"当为"益"字之误。

15. 刘寻——刘彝

> 《陈襄传》:"襄莅官所至,必务兴学校。平居存心以讲求民间利病为急。既亡,友人刘寻视其箧,得手书累数十幅,盈纸细书,大抵皆民事也。"⑤

按:刘寻,当作"刘彝"。考宋刻本陈襄《古灵先生文集》卷末载元丰八年(1085)"友人刘彝撰"《先生祠堂记》云:"(陈襄)生平讲求万民利害,虽非其职,必录于篇。……既亡,彝检其手书,议及民政,讲求治道,或以相授,或以相咨,凡百余本,或累至十幅,盈纸细书,讲论得失,则其以天下为己忧也。"⑥刘彝字执中,福州闽县人,庆历六年(1046)进士,官至都水监丞,《宋史》有传⑦。《古灵先生文集》载《与两浙安抚陈舍人书》称:"有颍州司法参军刘彝者,其人长于才而笃于义,其政与学皆通达于体要。……彝、(陈)烈、(郑)穆,某之友人也。"⑧又载律诗《赠剡县过勔秘丞》"家贫因客冗"下自注:"时刘彝、郑穆尽寄居剡学。"⑨叶祖洽《先生行状》称陈襄"妹长适前祠部郎中直史馆刘彝,次适进士倪天隐,次适司封员外郎集贤校理郑穆,皆当世有闻者"⑩,陈襄门生孙觉《先生墓志铭》亦载:"郑穆、刘彝,皆其女弟之婿。"⑪则刘彝不仅是陈襄朋友,也是其妹

---

①　《续资治通鉴长编》卷一〇〇,第 2322 页。

②　〔明〕林希元纂修《钦州志》卷六,明嘉靖十八年(1539)刻本。

③　《钦州志》卷八,明嘉靖十八年刻本。

④　《宋史》卷三三四,第 10733 页。

⑤　《宋史》卷三二一,第 10421 页。

⑥　〔宋〕陈襄《古灵先生文集》卷末,《四库提要著录丛书》,集部第 236 册,北京:北京出版社,2010年,第 232 页。

⑦　《宋史》卷三三四,第 10729 页。

⑧　《古灵先生文集》卷七,第 61 页。

⑨　《古灵先生文集》卷四,第 44 页。

⑩　《古灵先生文集》卷末,第 225 页。

⑪　《古灵先生文集》卷末,第 228 页。

婿。刘彝《先生祠堂记》当即《宋史·陈襄传》史源文献之一,可证"寻(尋)"为"彝"字形误。

16. 闻人若挫——闻人若拙

《侍其曙传》:"鄂州男子闻人若挫,告其徒永兴民李琰将作乱,命曙同度支判官李应机往按之。至则设方略,捕琰党三十余人,皆伏法。"[1]

按:闻人若挫,当作"闻人若拙"。《续资治通鉴长编》载:"(景德三年二月)癸未,武昌县民闻人若拙遣其甥韩宁伐登闻鼓,告永兴民李琬结党三十余人,谋杀官吏据城叛。诏度支判官李应机、合门祗候侍其旭乘传按问,并其党皆伏诛。"[2]"武昌"即鄂州属县,"李琬"即"李琰"[3]。又《续资治通鉴长编》载:"(大中祥符六年正月辛酉)邵州阙守臣,转运司遣潭州监税闻人若拙权领州事。上以若拙顷与李琰等谋叛,因告变授官,遽使亲民,俗何由劝,罢之,用澧州驻泊都监史方知邵州。"[4]《宋会要辑稿·职官四七》亦载:"(大中祥符六年)六年正月,以澧州驻泊都监史方知邵州。先是,邵州阙知州,转运使遣潭州盐税闻人若拙权领州事,帝以若拙顷与李琰等同谋叛,因告变受官,付以亲民,何以劝俗,故以方代之。"[5]是《宋史》"挫"为"拙"字形误亦明。

17. 刘斐——刘棐

《李纲传》:"绍兴二年,(李纲)除观文殿学士、湖广宣抚使兼知潭州。……上言:'荆湖,国之上流,其地数千里,诸葛亮谓之用武之国。今朝廷保有东南,控驭西北。如鼎、澧、岳、鄂若荆南一带,皆当屯宿重兵,倚为形势,使四川之号令可通,而襄、汉之声援可接,乃有恢复中原之渐。'议未及行,而谏官徐俯、刘斐劾纲,罢为提举西京崇福宫。"[6]

按:刘斐,当作"刘棐"。《建炎以来系年要录》载:"(辛巳)荆湖、广东宣抚使李纲止充湖南安抚使,湖北、广东并还所部。自分镇以来,前执政为帅者,例充安抚大使,至是右司谏刘棐屡言纲跛扈。吕颐浩将罢纲,故帅衔比江东、西

[1] 《宋史》卷三二六,第 10535 页。
[2] 《续资治通鉴长编》卷六二,第 1387 页。
[3] 文渊阁《四库全书》本《续资治通鉴长编》作"李琰",中华书局点校本所据清光绪七年(1881)浙江书局刊本作"李琬",乃避清仁宗讳改。
[4] 《续资治通鉴长编》卷八〇,第 1387 页。
[5] 《宋会要辑稿》,第 4267 页。
[6] 《宋史》卷三五九,第 11261 页。

减大字。"①又载"初,(李)纲为宣抚使,请择人摄所部守贰,理为资考。朝廷从之。又乞所差权官到任,其吏部先差下人,虽到更不放上,内有材能之人,别行辟置。刘棐为右司谏,言此乃藩镇跋扈之渐"云云。②《中兴小纪》亦载:"右谏议大夫徐俯、右司谏刘棐言湖南安抚使李纲慢君父、轻朝廷,及改制书等罪。甲午,诏纲提举崇福宫。棐,宋城人也。"③《宋史·奸臣·秦桧传》称"(吕)颐浩寻以黄龟年为殿中侍御史,刘棐为右司谏,盖将逐桧"④,即此人。

18. 李彦光——李彦先

　　《范宗尹传》:"宗尹奏以京畿东西、淮南、湖北地并分为镇,授诸将,以镇抚使为名;军兴,听便宜从事。然李成、薛庆、孔彦舟、桑仲辈起于群盗,翟兴、刘位土豪,李彦光、郭仲威皆溃将,多不能守其地。宗尹请有司讨论崇、观以来滥赏,修书、营缮、应奉、开河、免夫、狱空之类,皆厘正之。"⑤

　　按:李彦光,当作"李彦先"。宋高宗时镇抚使无"李彦光"之名,而有海州淮阳军镇抚使"李彦先"。《宋史·高宗纪》载:"(建炎四年五月)乙丑,升高邮军为承州。以翟兴、赵立、刘位、赵霖、李成、吴翊、李彦先、薛庆并为镇抚使。……(九月)戊辰,赵延寿焚郓州。金人陷楚州,镇抚使李彦先来救,兵败死之。"⑥又《忠义·赵立传》载:"(张俊)乃命刘光世督淮南诸镇救楚。东海李彦先首以兵至淮河,扼不得进;高邮薛庆至扬州,转战被执死;光世将王德至承州,下不用命;扬州郭仲威按兵天长,阴怀顾望,独海陵岳飞仅能为援,而众寡不敌。"⑦《宋会要辑稿·职官四二》详载镇抚使名单云:"(建炎四年五月)二十四日,诏以翟兴为河南府孟汝唐州镇抚使,兼知河南府;赵立为楚泗州涟水军镇抚使,兼知楚州;薛庆为承州天长军镇抚使,兼知承州;刘位为滁濠州镇抚使,兼知滁州;赵霖为和州无为军镇抚使,兼知和州;吴翊为光黄州镇抚使,兼知光州;李成为舒蕲州镇抚使,兼知舒州;李彦先为海州淮阳军镇抚使,兼知海州。"⑧可证《宋史》"光"为"先"字形误。

　　①　《建炎以来系年要录》卷五八,第 1011 页。
　　②　《建炎以来系年要录》卷六一,第 1047—1048 页。
　　③　〔宋〕熊克撰,顾吉辰、郭群一点校《中兴小纪》卷一三,福州:福建人民出版社,1985 年,第 169 页。
　　④　《宋史》卷四七三,第 13750 页。
　　⑤　《宋史》卷三六二,第 11325 页。
　　⑥　《宋史》卷二六,第 478、482 页。
　　⑦　《宋史》卷四四八,第 13215 页。
　　⑧　《宋会要辑稿》,第 4108 页。

19. 王仲闵——王仲闳

《李光传》："(李光)又言：'朱勔托应奉胁制州县，田园第宅，富拟王室。乞择清强官置司，追摄勔父子及奉承监司、守令，如胡直孺、卢宗原、陆寘、王仲闵、赵霖、宋晦等，根勘驱磨，计资没入，其强夺编户产业者还之。'"①

按：《历代名臣奏议》载李光论朱勔剳子，称勔"将东南财用，假托应奉胁制州县，尽入私家……勔在东南为害日久，田园第宅，富拟王室"，"欲望陛下择有风力清强官，就两浙近便处置司追摄勔父子并其侄汝翼、汝贤等，及自来专一应副，尝为监司守令，力能刻剥生民，助其凶焰，除徐铸、王汝明、蒋彝已死亡外，今新除工部尚书胡直孺，前发运使卢宗原、陆寘，前两浙提刑王仲闳、胡邃，前两浙提举常平赵霖，前知平江府应安道，通判陆棠、许操，司录周杞，前知常熟县宋晦，前知秀州华亭县黄昌衡，淮南运使余赒，前知秀州朱审言，并诸司吏人已未出职，并乞勾赴所司，一就根勘驱磨自来应副过钱物，计其家赀，尽行籍没。内有百姓田产，元系强夺侵占者，据契拨还"②。《宋史》此文史源即李光疏剳，而原文作"王仲闳"。考李光《论制国用疏》亦云："东南财赋尽于朱勔……自徐铸、蒋彝为常平司官……胡直孺、卢宗原为发运使，王仲闳、胡邃为提点刑狱，宋晦为香盐官，刘寄、吕岊、毛孝立为盐司属官，天下财赋尽归权幸之家。"③《宋会要辑稿·职官六九》载："三月一日，两浙提刑王仲闳、淮南转运使俞赒、知秀州周审言落职，前发运判官陆寘、两浙提刑胡邃、平江府通判许操、司录周杞、知常熟县宋晦并送吏部。以言者论朱勔父子肆行奸恶，仲闳等刻剥民力，助其凶焰，乞行穷治，重赐黜责，故有是命。"④此载"俞赒""周审言"二人姓名与李光疏有异，当别有史源，而王氏名则亦作"仲闳"。又《宋史·佞幸·朱勔传》称勔党羽"徐铸、应安道、王仲闳等济其恶，竭县官经常以为奉"⑤，足证《宋史》"闵"乃"闳"字之误。

20. 宝真——真宝

《朱弁传》："(弁)及归，述北方所见闻忠臣义士朱昭、史抗、张忠辅、高景平、孙益、孙谷、傅伟文、李舟、五台僧宝真、妇人丁氏、晏氏、小校阎进、

---

① 《宋史》卷三六三，第 11337 页。
② 〔明〕黄淮、〔明〕杨士奇编《历代名臣奏议》卷一八二，上海：上海古籍出版社，1989 年，第 2385 页。
③ 《历代名臣奏议》卷二七〇，第 3529 页。
④ 《宋会要辑稿》，第 4908 页。
⑤ 《宋史》卷四七〇，第 13684 页。

朱勔等死节事状,请加褒录以劝来者。"①

按:宝真,当作"真宝"。朱弁《上朱昭等忠義奏疏》载:

真宝,代州五台山僧正,赐紫。大师忘其姓氏及师号。学佛,能外死生,威武莫能屈也。知贼势益张,与其徒为武备中山。孝慈渊圣皇帝时,召对便殿,眷赉隆渥。真宝还山,聚兵助讨贼。代不守,虏兵大索至台下,真宝拒之,杀伤甚众。虏援大至,焚荡殿宇,俘掠遁逃,下令生致真宝,盖义之,而不欲杀也。真宝既至,抗词无挠。虏酋遣知代州刘驹百方诱之,不听,且曰:"吾法中有口回之罪。我既许大宋皇帝以死矣,岂妄言邪?"临刑怡然委顺,北人嗟异,闻者动色。②

《宋史·忠义传·真宝传》文同③。朱弁侄孙朱熹《奉使直秘阁朱公(弁)行状》称弁"述北方所见闻忠臣义士朱昭、史抗、张忠辅、高景平、孙益、孙谷、五台僧真宝、丁氏、晏氏女、阎进、朱勔等死节事状,及故官属姓名以进,请加褒录,以劝来者"④,当即《宋史·朱弁传》史源文献之一。检《建炎以来系年要录》叙朱弁奏疏事亦误作"宝真"⑤,盖《宋史》此文所据国史文字已误倒其名。

21. 丁仲宁——丁仲京

《陈桷传》:"(绍兴十一年)桷等议以国本未立,宜厚其礼以系天下望,乃以《皇子出合礼例》上之,或以为太重。诏以不详具典故,专任己意,怀奸附丽,与吏部尚书吴表臣、礼部尚书苏符、郎官方云翼丁仲宁、太常属王普苏籍并罢。"⑥

按:丁仲宁,当作"丁仲京"。《建炎以来朝野杂记》引《日历》:"初,吏、礼部之讨论也,吏部尚书吴表臣、礼部尚书苏符并兼翊善,与礼部侍郎陈桷、员外郎方云翼、太常丞丁仲京、博士王普、主簿苏籍同奏,与秦桧意异。己丑,诏表臣等讨论典礼,并不详具祖宗故事,专任己意,怀奸附丽,并放罢。"⑦又李氏《建炎以来系年要录》亦载:"(绍兴十二年二月己丑)吏部尚书兼资善堂翊善吴表臣、权吏部尚书兼资善堂翊善苏符、权礼部侍郎陈桷、郎官方云翼、太常丞丁仲京、

① 《宋史》卷三七三,第 11553 页。
② 〔明〕程敏政辑,何庆善、于石点校《新安文献志》卷四,合肥:黄山书社,2004 年,第 150 页。
③ 《宋史》卷四五五,第 13382 页。
④ 〔宋〕朱熹《晦庵先生朱文公文集》卷九八,《朱子全书》,第 25 册,第 4556 页。
⑤ 《建炎以来系年要录》卷一四九,第 2406 页。
⑥ 《宋史》卷三七七,第 11653 页。
⑦ 〔宋〕李心传《建炎以来朝野杂记》乙集卷一,北京:中华书局,2000 年,第 502 页。

博士王普、主簿苏籍并罢。坐讨论典礼,并不详具祖宗故事,专任己意,怀奸附丽故也。"①《永乐大典》引宋佚名《绍兴正论》载:"籍,字季文,赠资政殿学士。轼幼子过之子也。绍兴十年九月,以右承事郎为太常寺主簿,填复置阙。初建国公既开资善堂,而崇国公璩寻赴资善听读。已而建国封普安郡王,命有司讨论典礼。十二年二月,有旨吴表臣、苏符、陈槱、方云翼、丁仲京、王普、苏籍坐不详具祖宗典故,专任己意,怀奸附丽,并罢。"②所记绍兴间诸人论礼放罢事同,唯称丁氏"郎官""太常丞"有别,或为兼官,可证此文"宁"当为"京"字之误。

22. 林光辅——林光朝

《龚茂良传》:"谢廓然赐出身,除殿中侍御史,廓然附曾觌者也。中书舍人林光辅缴奏,不书黄,遂补外。"③

按:林光辅,当作"林光朝"。《宋史·儒林·林光朝传》载:"(淳熙)四年,帝幸国子监,命讲《中庸》,帝大称善,面赐金紫;不数日,除中书舍人。是时,吏部郎谢廓然由曾觌荐,赐出身,除殿中侍御史,命从中出。光朝愕曰:'是轻台谏、羞科目也。'立封还词头。天子度光朝决不奉诏,改授工部侍郎,不拜,遂以集英殿修撰出知婺州。"④检林光朝《艾轩集》载《缴奏谢廓然赐出身除殿中侍御史词头》⑤,即《宋史》所称"缴奏"。又《艾轩集》附录牟子才《谥议》称:"淳熙四年,(林光朝)为中书舍人。五月,谢廓然赐出身,除殿中侍御史。命从中出,公疑之,不肯书黄。以为科目太泛,名器太轻,非所以开张正涂,诱来谠论。天子知公决不奉诏,改授工部侍郎,不拜而去。"⑥马天骥《覆谥议》亦云:"有谢姓者赐出身,除殿中侍御史。命自中出,公骇然曰:'是轻台谏、羞科目也。'即以词头封还。天子度公决不奉诏,改授工部侍郎,不拜而去。"⑦是《宋史》"林光辅"为"林光朝"之误亦明。

23. 李仁广——李世广

《丘崈传》:"(吴)挺死,崈即奏'乞选他将代之,仍置副帅,别差兴州守臣,并利州西路帅司归兴元,以杀其权。挺长子曦勿令奔丧,起复知和州,

① 《建炎以来系年要录》卷一四四,第2314页。
② 〔明〕解缙等《永乐大典》卷二四〇一,北京:中华书局,1986年,第1100—1101页。
③ 《宋史》卷三八五,第11845页。
④ 《宋史》卷四三三,第12862页。
⑤ 〔宋〕林光朝《艾轩集》卷二,《景印文渊阁四库全书》,第1142册,第565—566页。
⑥ 《艾轩集》卷一〇,第662页。
⑦ 同上书,第663页。

属总领杨辅就近节制诸军,檄利路提刑杨虞仲往摄兴州'。朝廷命张诏代挺,以李仁广副之,遂革世将之患。"①

按:李仁广,疑当作"李世广"。《宋史·光宗纪》载:"(绍熙四年五月)壬辰,太尉、利州安抚使吴挺卒。四川制置使丘崈承制以总领财赋杨辅权安抚使,命统制官李世广权管其军。"②叶适《运使直阁郎中王公(闻礼)墓志铭》载:"吴挺死,属光宗不豫,久未遣代。或谓吴氏世扞蜀,故名吴家军,当暂置其子弟以俟命,不然变生。既而累摄事者至军亦皆死,蜀人允惧。独公持不可,复选李世广摄。又半载,朝廷始用张诏而以李为副,众乃定。"③《宋宰辅编年录》亦载:"上命荆、鄂都统张诏代(吴)挺,又命权军事李世广副之。"④皆其证。

24. 李仁——李敦仁

《陈敏传》:"陈敏字元功,赣之石城人。父皓,有才武,建炎末,以破赣贼李仁功,补官至承信郎。"

按:李仁,当作"李敦仁"。《永乐大典》载胡铨《陈大夫(皓)墓志铭》云:"建炎末,宁都恶少李敦仁乘罅谋不轨,旬浃聚群不逞,余数万,首罤石城。大夫以数百人辂战,不敌,退保,官吏悉遁。贼遂破赣诸邑……遂往敛、建募兵。至长汀,会下河巡检刘仅与破贼计。复还,召父老谕以祸福,不数日,得乡兵数千,推仅统率,己副之,屯于河之南。贼易我,遣其弟世昌兵二万冲河南……时敏年才十八,揭戈骋马突入贼,大夫怜其幼,呼救不能止,遂与俱夺合击,俘数千人……监司郡将列奏,授承信郎、石城武尉。"⑤《宋会要辑稿》亦载:"建炎四年十二月十五日,虔化县贼人李敦仁并弟世雄等,聚本县六乡,集兵数万,在地名罗源作过,诈作本路提刑兵级,破石城县,占洪州靖安县……(绍兴元年)五月十三日,江西提刑司遣发巡检刘仅往汀州、建昌军南丰县,纠集枪杖手首领陈皓等进兵掩杀,收复石城县。刘仅斫到李世昌首级,杀死贼将李国臣等以万数,生擒赖方等三百余人,夺到骡马、器械不计其数。首领陈皓补进武校尉,就差虔州石城县尉巡检,刘仅先次转两官。"⑥又《宋史·高宗纪》载李氏叛乱事颇悉,均作"李敦仁"⑦。唯《五行志》称"(绍兴二年)江西盗李仁入境,焚其邑",点

① 《宋史》卷三九八,第12111—12112页。
② 《宋史》卷三六,第705页。
③ 〔宋〕叶适《叶适集》卷一七,北京:中华书局,2010年,第323页。
④ 〔宋〕徐自明撰,王瑞来校补《宋宰辅编年录校补》卷二〇,北京:中华书局,1986年,第1336页。
⑤ 《永乐大典》卷三一四九,第1920—1921页。
⑥ 《宋会要辑稿》,第8809页。
⑦ 《宋史》卷二六、二七,第483—496页。

校本已据《宋史·高宗纪》《建炎以来系年要录》《文献通考·物异考》等校补"敦"字①。

25. 谢达——谢逵

《刘汉弼传》："（刘汉弼）累章言金渊、郑起潜、陈一荐、谢达、韩祥、濮斗南、王德明，皆畴昔托身私门，为之腹心，盘据要路，公论之所切齿者。……汉弼之没也，太学生蔡德润等百七十有三人伏阙上书以为暴卒，而程公许著《汉弼墓铭》，亦与徐元杰并言，其旨微矣。"②

按：谢达，当作"谢逵"。程公许《宋户部侍郎刘忠公（汉弼）墓志铭》载："公自入台，累章劾奏同签书枢密院金渊、兵部尚书兼直学士院郑起潜、宗正少卿兼检正舍人院陈一荐、司农卿谢逵、起居舍人韩祥、新知泉州濮斗南、步帅王德明，皆畴昔托身私门，为之腹心，盘踞要路，公论之所切齿者。"③《宋史》下文称"程公许著《汉弼墓铭》，亦与徐元杰并言"，检其《墓志铭》原文云："方赖公一振起之，俄感末疾，明年正月三日，遽以遗奏闻。上震悼，士大夫相顾骇愕。二月朔旦，丞相杜范始自天台来朝，扶病治事。四月二十日，亦以薨闻。五月二十九日，起居舍人徐元杰无疾暴亡。三君子忠鲠端亮，上所注意，不五月相踵沦谢。世故之不可料若此，岂气运消长，天实为之？抑人事与天理不相为谋而然耶？"④是《墓志铭》即《宋史·刘汉弼传》史源文献之一。《宋史·郑采传》载采上疏亦称"比刘汉弼劾奏司农卿谢逵"⑤，与《墓志铭》所载"司农卿谢逵"正合，亦证《宋史》"达"乃"逵"之形误。

26. 黄荣——黄荦

《袁韶传》："嘉泰中，（袁韶）为吴江丞。苏师旦恃韩侂胄威福，挠役法，提举常平黄荣檄韶核田以定役。师旦密谕意言：'吴江多姻党，傥相容，当荐为京朝官。'韶不听。是岁更定户籍，承徭赋，皆师旦党，师旦讽言者将论去。荣亟以是事自于朝，且荐之。"⑥

---

① 《宋史》卷六六，第 1458 页。
② 《宋史》卷四〇六，第 12276—12277 页。
③ 曾枣庄、刘琳主编《全宋文》卷七三四〇，上海：上海辞书出版社，合肥：安徽教育出版社，2006 年，第 320 册，第 98 页。
④ 《全宋文》卷七三四〇，第 96 页。
⑤ 《宋史》卷四二〇，第 12570 页。
⑥ 《宋史》卷四一五，第 12451 页。

按：黄荣,当作"黄莘"。袁韶曾孙袁桷《书黄彦章诗编后》载："桷来京师,遇黄生景章于旅次,问其谱别,于太史为七世,而尚书公叔敖之所自出。……念嘉泰间,尚书之孙莘为常平使者于吴,曾大父枢密越公丞邑吴江,檄定理役。时苏师且骤幸显,独绝请托,无隐,使者大喜,得刻于朝而改邑焉。"①袁桷所纂《延祐四明志·先贤·人物考》载袁韶传亦云："嘉泰中,为吴江丞。苏师且恃韩侂胄威福,挠里中役法,黄公莘为常平使者,檄公核田以定役。苏密谕意言：'吴江多姻党,倘相容,当荐为京朝官。'公不听。是岁更定户籍,承徭赋者,皆苏党,苏讽言者将论去。黄公亟以是事白于朝,且荐之。"②又袁燮《秘阁修撰黄公(莘)行状》载："大父讳叔敖……力请补外,除浙西提举常平茶盐事。"③可证《宋史》两"荣"字当系"莘"字之误。

27. 胡安定——胡安之

　　《谢方叔传》："请行限田,请录朱熹门人胡安定、吕焘、蔡模,诏皆从之。"④

　　按：胡安定,当作"胡安之"。《宋史·理宗纪》载："(淳祐六年四月)戊寅,诏：'朱熹门人胡安之、吕焘、蔡模并迪功郎,本州州学教授。给札录其著述,并条具所欲言者以闻。'"⑤蔡杭《久轩公集》载《荐象山书院阳饶二堂长章》亦云："欲乞照朱文公门第胡安之、吕焘、蔡模例。"⑥考胡安之字叔器,周敦颐文集卷首有绍定元年(1228)"萍乡胡安之叔器"序,自称"愚窃诵先师文公之言"⑦,《朱子语类》中多载朱熹与胡叔器问答语。又《宋史·程公许传》称"(程公许)葺张栻书院,聘宿儒胡安之为诸生讲说"⑧,即此人。

28. 林测祖——林则祖

　　《陈宜中传》："宜中与黄镛、刘黻、林测祖、陈宗、曾唯六人上书攻之。"⑨

　　① 〔元〕袁桷撰,杨亮校注《袁桷集校注》卷四八,北京：中华书局,2012年,第2125页。
　　② 〔元〕马泽修,〔元〕袁桷纂《延祐四明志》卷五,《宋元方志丛刊》,第6册,第6207页。
　　③ 〔宋〕袁燮《絜斋集》卷一四,《景印文渊阁四库全书》,第1157册,第190—193页。
　　④ 《宋史》卷四一七,第12511页。
　　⑤ 《宋史》卷四三,第835页。
　　⑥ 〔明〕蔡有鹍辑,〔清〕蔡重增辑《蔡氏九儒书》卷八,《四库全书存目丛书》,集部第346册,第831页。
　　⑦ 〔宋〕周敦颐撰,梁绍辉等点校《周敦颐集》卷八,长沙：岳麓书社,2007年,第177页。
　　⑧ 《宋史》卷四一五,第12456页。
　　⑨ 《宋史》卷四一八,第12529页。

按：林测祖，当作"林则祖"。《宋史·丁大全传》："太学生陈宗、刘黻、黄镛、曾唯、陈宜中、林则祖等六人，伏阙上书讼大全。"①周密《齐东野语》："开庆间，丁大全用事，以法绳多士，陈宜中与权、刘黻声伯、黄镛器之、林则祖兴周、曾唯师孔、陈宗正学亦以上书得谪，号六君子。"②又《癸辛杂识》"开庆六士"条载六人名同③。林氏字兴周，与名"则祖"语义相关。

29. 马镐——马缟

《儒林·田敏传》："奉诏与太常卿刘岳、博士段颙、路航、李居浣、陈观等删定唐郑余庆《书仪》，又诏与马镐等同校《九经》。"④

按：马镐，当作"马缟"。《五代会要》载："后唐长兴三年正月，太常卿刘岳奏：先奉敕删定郑余庆《书仪》者，臣与太子宾客马缟、太常博士段颙、田敏、路航、李居浣、太常丞陈观等，同共详定其书，送纳中书门下。"⑤又载："后唐长兴三年二月，中书门下奏：请依石经文字，刻《九经》印版。……其年四月，敕差太子宾客马缟、太常丞陈观、太常博士段颙、路航、尚书屯田员外郎田敏充详勘官。"⑥马缟，《五代史》有传⑦，撰有《中华古今注》传世，《宋史·艺文志》已著录⑧。

30. 杨子训——杨训

《忠义·高谈传》："高谈字景遂，邵武光泽人。绍定二年，旁郡盗作，诸子请避之，谈曰：'昔杨子训问避寇于胡文定公，语之曰："往岁盗起燕山，则河北、关中可避；入关，则淮南、汉南可避；今惟二广，宁保其无寇乎？吾惟存心以听命尔。"小子识之，此格言也。'"⑨

按："杨子训"三字有误。魏了翁《处士高君（谈）墓志铭》载："按纶之状曰：先君姓高，讳谈，字景遂，光泽县璜溪人。绍定二年，临汀、建泰诸县盗起弗戢，

---

① 《宋史》卷四七四，第 13778 页。

② 〔宋〕周密撰，张茂鹏点校《齐东野语》卷二○，北京：中华书局，1983 年，第 370 页。

③ 〔宋〕周密撰，吴企明点校《癸辛杂识》，北京：中华书局，1988 年，第 135 页。

④ 《宋史》卷四三一，第 12818 页。

⑤ 〔宋〕王溥《五代会要》卷一六，北京：中华书局，1998 年，第 206 页。

⑥ 《五代会要》卷八，第 96 页。

⑦ 《旧五代史》卷七一，第 942 页；〔宋〕欧阳修撰，〔宋〕徐无党注《新五代史》卷五五，北京：中华书局，1974 年，第 633—635 页。

⑧ 《宋史》卷二○五，第 5210 页。

⑨ 《宋史》卷四五三，第 13337 页。

流毒邻邑,诸子请避之,先君曰:'昔杨川子训问避寇,胡文定公语之曰:"往岁盗起燕山,则河北、关中可避;入关,则淮南、汉南可避。今惟二广,宁保其无寇乎? 吾惟存心以听命尔。"小子识之,此格言也。'"①此当《宋史》史源文献。检《中兴小纪》载:"时群盗蜂起,右文殿修撰胡安国一日谓其门人杨训者曰:'昔寇起燕山则关中、河北可避;及入关河,则淮南、汉南可避;今至湖外惟二广尔,又焉保二广之无寇也? 至此可谓穷矣,只得存心以听命。'训问曰:'存心如何?'安国曰:'行善而莫为恶耳。'"②吕祖谦《少仪外传》载:"杨训问胡文定先生:'避寇诸事如意否?'先生曰:'不惟避寇,应人切不得望要事事足意,得常有些不足处便好。人家才事事足意,便恰有不好事出。'"③考杨训字子川,胡安国(谥文定)子胡寅有《挽杨子川》④,胡宏有《祭杨子川文》⑤可证。是魏了翁《墓志铭》"杨川子训"实为"杨子川训"误倒,史官不察,或误脱"川"字,或误读"杨川"为名,而称其字作"杨子训"。

31. 潘达——潘逵

《孝义·申世宁传》:"申世宁,信州铅山人。绍兴六年,潘达兵袭铅山,父愈年七十,未及出户遇贼,贼意其有藏金,欲杀之。世宁年未冠,亟引颈愿代父死,贼感其孝,两全之。"⑥

按:潘达,当作"潘逵"。《高宗纪》载:"(绍兴元年)秋七月乙未朔,以马友权荆湖东路副总管,趣讨孔彦舟。统制潘逵、后军将胡江等叛,破玉山、弋阳、永丰三县,遣枢密院准备将领徐文讨之。"⑦《建炎以来系年要录》亦载:"(绍兴元年六月壬午)刘光世遣统制官右武大夫康州防御使潘逵以所部三千人戍饶州。……其后军胡江等千余人作乱。掠玉山、永丰二县。进犯衢州之江山。诏枢密院准备将领徐文自临安往讨之。时江之党又犯弋阳。……会吕颐浩已遣统制官阎皋追击叛党……(八月辛巳)会江东统制官阎皋招降潘逵所部叛兵。"⑧《申世宁传》所称绍兴潘氏兵乱当即指潘逵叛乱事。考《(嘉靖)铅山县志·宫室》"申孝子"条载:"孝子名世宁,字伯安,居邑之通利坊。绍兴六年,潘

---

①　〔宋〕魏了翁撰,张京华校点《渠阳集》卷一六,长沙:岳麓书社,2012年,第248页。
②　《中兴小纪》卷一一,第140页。
③　〔宋〕吕祖谦《少仪外传》卷上,载陈金生、梁运华点校《吕祖谦全集》,杭州:浙江古籍出版社,2017年,第27页。
④　〔宋〕胡寅撰,尹文汉点校《斐然集》卷二七,长沙:岳麓书社,2009年,第582页。
⑤　〔宋〕胡宏撰,吴仁华点校《胡宏集》,北京:中华书局,1987年,第197页。
⑥　《宋史》卷四五六,第13413页。
⑦　《宋史》卷二六,第489页。
⑧　《建炎以来系年要录》卷四五,第815、834页。

遝寇兵袭邑，父逾年高，未及出户，贼擒之。意其人物轩昂为富人，有金宝瘗藏，欲杀之。孝子年未冠，亟引颈愿代父死。贼感其孝，两全之。"①此叙申世宁事颇有溢出《宋史》者，当别有史源，亦称贼为"潘遝"。又同卷"傅长者"条亦载"长者名缜，字子玉，居邑之东洋。……绍兴初，潘遝寇兵焚掠至其家，三举火不然，首领后至，曰：'是傅长者家。'袤举火者缄其门而去。"②皆可证《宋史》"达"乃"遝"字形误。

32. 董皆——董偕

《列女·朱娥传》："朱娥者，越州上虞朱回女也。母早亡，养于祖媪。娥十岁，里中朱颜与媪竞，持刀欲杀媪，一家惊溃，独娥号呼突前，拥蔽其媪，手挽颜衣，以身下坠颜刀，曰：'宁杀我，毋杀媪也。'媪以娥故得脱。娥连被数十刀，犹手挽颜衣不释，颜忿恚，断其喉以死。事闻，赐其家粟帛。其后，会稽令董皆为娥立像于曹娥庙，岁时配享焉。"③

按：董皆，当作"董偕"。《续资治通鉴长编》载此事同，云："会稽令董偕为朱立像于曹娥庙。"④王十朋《会稽三赋·会稽风俗赋》"贤哉二娥"周世则注引《国史》亦作"董偕"⑤，可证《宋史》"皆"当为"偕"字之误。

33. 李士渔——李士涣、吕坯——吕岯

《杨戬传》："京西提举官及京东州县吏刘寄、任辉彦、李士渔、王浒、毛孝立、王随、江惇、吕坯、钱械、宋宪皆助（李）彦为虐，如奴事主，民不胜忿痛。"⑥

按：李士渔，疑当作"李士涣"；吕坯，疑当作"吕岯"。史籍所载李彦帮凶名单，《宋会要辑稿·职官六九》载"（靖康元年七月二十六日）前京东转运副使王子献、前知淄州毛孝立、前东平通判吕岯、前京西转运使任彦辉、前提举常平李端愿、刘寄，并令吏部直注远小监当。以言者论其奴事李彦，奸蠹害民，虽已落职送部，止退居乡里，不肯赴调故也。……（八月）八日，知叶城县王浒勒停，鲁

---

① 〔明〕费寀纂修《铅山县志》卷七，明嘉靖刻本。
② 《铅山县志》卷七，明嘉靖刻本。
③ 《宋史》卷四六〇，第13478页。
④ 《续资治通鉴长编》卷二〇四，第4954页。
⑤ 〔宋〕王十朋撰，〔宋〕周世则，〔宋〕史铸注《会稽三赋》，《四库提要著录丛书》，史部第252册，第131页。
⑥ 《宋史》卷四六八，第13664—13665页。

山县李士涣、中都县丞王随、广济河都大輦运江惇、济州通判钱械、汝州通判宋宪，并送吏部，与远小监当。以臣僚论其诌附朱勔、李彦，供其役使故也。十一日，刘寄、任彦辉、吕岍、毛孝立、李士涣、王随、江惇、钱械、宋宪、王子献，各更追两官……以臣僚论其皆朱勔党与，前责尚轻故也"①，《靖康要录》载其事同，此二人作"李士涣""吕岍"②，洪迈《容斋续笔》亦载："杨戬、李彦创汝州西城所，任辉彦、李士涣、王浒、毛孝立之徒，亦助之发物供奉，大抵类（朱）勔，而又有甚焉者。"③李光《论制国用札子》《论王子献等札子》《再论王子献等札子》数载吕氏名作"吕岍"④。据此疑《宋史》"李士渔""吕坯"分别为"李士涣""吕岍"之误。

34. 陆达——陆逵

　　《奸臣·贾似道传》："似道虽深居，凡台谏弹劾、诸司荐辟及京尹、畿漕一切事，不关白不敢行。李芾、文天祥、陈文龙、<u>陆达</u>、杜渊、张仲微、谢章辈，小忤意辄斥，重则屏弃之，终身不录。一时正人端士，为似道破坏殆尽。"⑤

　　按：陆达，疑当作"陆逵"。《宋史·食货志》载："咸淳三年，京师籴贵，勒平江、嘉兴上户运米入京，鞭笞囚系，死于非命者十七八。太常寺簿陆逵谓：买田本以免和籴，今勒其运米，害甚于前。（贾）似道怒，出逵知台州，未至，怖死。"⑥《齐东野语》亦载此事，云："当是时人不敢言而敢怨，南康江天锡以入奏而罢言职，教授谢枋得以发策而遭贬斥，大社令杜渊、太常簿陆逵、国子簿谢章，皆于论对及之，或逐去，或补外。"⑦刘克庄有《陆逵武博》⑧，似即此人。

35. 温嵩——温嵩

　　《蛮夷·西南溪峒诸蛮传》："元祐初，诸蛮复叛，朝廷方务休息，痛惩邀功生事，广西张整、融州<u>温嵩</u>坐擅杀蛮人，皆置之罪。"⑨

　　① 《宋会要辑稿》，第4911—4912页。
　　② 〔宋〕汪藻撰，王智勇笺注《建康要录笺注》卷九、卷一〇，成都：四川大学出版社，2008年，第964、1015页。
　　③ 〔宋〕洪迈撰，孔凡礼点校《容斋续笔》卷一五，北京：中华书局，2005年，第399页。
　　④ 〔宋〕李光《庄简集》卷八、卷九，《景印文渊阁四库全书》，第1128册，第515、526—527页。
　　⑤ 《宋史》卷四七四，第13783页。
　　⑥ 《宋史》卷一七三，第4195页。
　　⑦ 〔宋〕周密撰，张茂鹏点校《齐东野语》卷一七，北京：中华书局，1983年，第316页。
　　⑧ 〔宋〕刘克庄撰，辛更儒笺校《刘克庄集笺校》卷六三，北京：中华书局，2011年，第2986页。
　　⑨ 《宋史》卷四九三，第14181页。

按：温嵩，疑当作"温暠"。《续资治通鉴长编》载："（元祐三年七月丙辰）皇城使、汉州刺史、广西路钤辖张整，内殿承制、合门祗候、知融州温暠，各降三官，张整就添差监江州税，温暠就差监歙州茶盐酒税。……整、暠坐擅斩蛮人杨进新等十有九人。"①《宋会要辑稿·职官六六》《蕃夷五》两载此事，均称"内殿承制、合门祗候、知融州温暠，各降三官"②。刘攽《彭城集》所载温氏降官制亦作"温暠"③。曾巩有《温暠知钦州制》④，似即此人。

36. 唐义——唐义问

《蛮夷·西南溪峒诸蛮传》："元祐二年，改诚州为渠阳军，罢两州兵马及守御民丁。有杨晟台者，乘间寇文村堡，知渠阳军胡田措置亡术，蛮结西融州蛮寨粟仁催，往来两路为民患，调兵屯渠阳至万人，湖南亦增屯兵应援，三路俱惊。朝廷方务省事，议废堡寨，彻戍守，而以其地予蛮，乃诏湖北转运副使李茂直招抚，又遣唐义同措置边事讨之。"⑤

按："唐义同"三字乃"唐义问"之误。《续资治通鉴长编》载："（元祐五年）刘挚自叙其本末云：'渠阳旧属溪猺，熙宁、元丰间取其地，自是蛮酋岁出侵扰。元祐三年（原注：元祐三年当作二年，事在七月辛酉。）议者争言欲弃其地，朝廷重其事，故废诚州为军，余裁废有差。而侵啮出没犹不已，乃以知荆南唐义问为转运使，专措置之，驻于黔阳县。"⑥其时苏辙上《论渠阳蛮事劄子》《再论渠阳边事劄子》《三论渠阳边事劄子》等札，极论唐义问"处置渠阳寨夷人事""无益有损"，举荐谢麟以代唐⑦。《宋史·唐义问传》载："元祐中，起知齐州，提点京东刑狱、河北转运副使。……加集贤修撰，帅荆南，请废渠阳诸寨。蛮杨晟秀断之以叛，即拜湖北转运使，讨降之，复寨为州。"⑧又《余卞传》载："及蛮叛，断渠阳道，扼官军不得进，卞适使湖北，帅唐义问即授卞节制诸将。阴选死士三千人，夜衔枚绕出贼背，伐山开道，漏未尽数刻，入渠阳。黎明整众出，贼大骇，尽锐来战，奋击大破之。鼓行度险，贼七遇七败，斩首数千级，蛮遂降。寻有诏

① 《续资治通鉴长编》卷四一二，第10026页。
② 《宋会要辑稿》，第4846、9893页。
③ 〔宋〕刘攽撰，逯铭昕点校《彭城集》卷二三，济南：齐鲁书社，2018年，第666页。
④ 〔宋〕曾巩撰，陈杏珍、晁继周点校《曾巩集》卷二二，北京：中华书局，1984年，第351页。
⑤ 《宋史》卷四九四，第14198页。
⑥ 《续资治通鉴长编》卷四五三，第10859页。
⑦ 〔宋〕苏辙撰，陈宏天、高秀芳点校《苏辙集》卷四四，北京：中华书局，1990年，第781—783、798页。
⑧ 《宋史》卷三一六，第10331—10332页。

废渠阳军为寨,尽拔居人护出之。"①史传所载"杨晟台""杨晟秀"稍异,然显为一事,可证《宋史》"乂同"乃"乂问"之讹,遂使句读亦误。

37. 孙固——孙构、弁简——牟简

　　《蛮夷·威茂渝州蛮传》:"治平中,熟夷李光吉、梁秀等三族据其地,各有众数千家。……远近患之。熙宁三年,转运使孙固、判官张诜使兵马使冯仪、弁简、杜安行图之(渝州蛮),以祸福开谕,因进兵,复宾化寨,平荡三族。"②

　　按:孙固,当作"孙构";弁简,疑当作"牟简"。检《宋史·孙固传》,未载其任转运使、平渝州蛮事。③考《续资治通鉴长编》载:"(熙宁四年正月乙未)渝州南川县巡检、供奉官李宗闵,都监司指使、散直李庆等,领兵遇夷贼李光吉等于木蓝寨沙溪界,皆死之。诏孙构等处置妥帖,无致滋张,渐为边患。……先是,南川、巴县熟夷李光吉、王衮、梁承秀三族,各有地客数千家……远近患之。转运判官张诜建议请诛之,诏遣权度支判官孙构为转运使与诜共议。时熙宁三年二月也。构、诜密以方略授兵马使冯仪、牟简、杜安行使图光吉等,且于缘边州县储军需以待,事闻报可。"④《宋史·孙构传》载:"(构)迁度支判官。夔州部夷梁承秀、李光吉、王衮导生獠入寇,转运判官张诜请诛之。选构为使,倍道之官,至则遣渝州豪杜安行募千人往袭,自督官军及黔中兵击其后,斩承秀,入讨二族,火其居。"⑤又《神宗纪》载:"(熙宁四年正月)乙未,渝州夷贼李光吉叛,巡检李宗闵等战死,命夔州路转运使孙构讨平之。"⑥是讨平渝州蛮的渝州转运使为孙构无疑。又《太平治迹统类》载此事略同,所记三位兵马使作"冯仪、牟简、杜安行"⑦,与《续资治通鉴长编》同,据此疑《宋史》"弁"为"牟"字形误。

---

①　《宋史》卷三三三,第 10715 页。
②　《宋史》卷四九六,第 14240 页。
③　《宋史》卷三四一,第 10874—10877 页。
④　《续资治通鉴长编》卷二一九,第 5322 页。
⑤　《宋史》卷三三一,第 10648 页。
⑥　《宋史》卷一五,第 278 页。
⑦　〔宋〕彭百川《太平治迹统类》卷一七,《景印文渊阁四库全书》,第 408 册,第 439 页。

萧穆《旧书所见录》的文献学价值*

赵　嘉　梁健康**

【内容提要】《旧书所见录》，现存二册，是萧穆所作的一部日记体古籍经眼录。这部目录篇幅不大，亦非全稿，但萧氏在其中详细记录了与之交往密切的藏书家赵元益等人的部分藏书，特别是完整抄录了两篇今日罕见的黄丕烈题跋。另外，这部目录还保留了丰富的书人书事资料，如赵元益与陆心源、蔡氏兄弟的藏书交往，莫友芝《宋元旧书经眼录》的成书细节等，为梳理、研究当时藏书史事，提供了重要的资料依据，值得关注。

【关键词】萧穆　赵元益　黄丕烈　陆心源　古籍版本图录

萧穆(1835—1904)字敬孚，安徽桐城人，一生主要从事读书、校书、藏书，曾在上海江南机器局翻译馆译书。萧氏故后，由友人出资刻印《敬孚类稿》，其余著述则未出版，如杂抄、尺牍等存安徽省博物馆；《敬孚类稿》稿本、《敬孚日记》《敬孚尺牍》稿本则藏上海图书馆①。除此之外，南京图书馆藏有萧穆手稿《旧书所见录》二册(以下简称"《旧录》")，被影印收入《南京图书馆藏稀见书目书志丛刊》(第44册)。

一　《旧书所见录》概述

《旧录》存两册，两册封面未标号排序，影印本第一册封面题签"萧敬孚手稿 旧书所见录"，第二册无题签，封面写"旧书所见录"。从笔迹上看，第二册封面题字与《旧录》正文笔迹相同，当为萧氏手笔，手稿写在无格纸上。

《旧录》影印本第一册开篇以"十六日，静涵示无注本《资治通鉴》卷十四至十五一册"起，至第二册以所记《山海经》终，并非全本。该书共著录宋、元、明、

* 本文为2019年河北省社科基金一般项目"保定莲池书院旧藏古籍研究"(项目号 HB19TQ010)阶段性成果。

** 赵嘉，国家图书馆在职博士后，河北大学文学院副教授。梁健康，自由学者。

① 按，关于萧穆遗存著述保存情况，分别来自《敬孚类稿》的前言(《敬孚类稿》，合肥：黄山书社，1992年，第1—11页)以及朱荣琴《关于萧穆稿本〈敬孚类稿〉〈敬孚尺牍〉及〈敬孚遗稿〉》(《图书馆杂志》，1987年第1期，第55—56页)。

清刻本及抄本古籍130多部,近3万字。书中记录的几乎都是萧穆所经眼的古籍,以日期开头,按时间排列(时间不连续,有间隔),只有几处记录的是书画艺术作品和一则琐事见闻,因此《旧录》可以看成是一部日记体的古籍经眼录。

《旧录》中所著录的古籍详略不同,详则记录书中藏印、题跋及萧氏认为重要的篇目等内容,略则简记书名版本,整体上与传统版本目录无二。

(一)《旧录》与《敬孚日记》的异同

《敬孚日记》,稿本,记事起自咸丰十年(1860)元日,讫于光绪三十年(1904)七月初四日,中缺光绪二十八年(1902)日记,共72册①。《日记》多载读书、校书、撰文之事。上文说到,《旧录》是一部日记体的古籍经眼录,二书在形式上相同,但二者亦有区别和联系。

第一,二者侧重不同。

《日记》篇幅庞大、内容丰富,虽亦记录了萧氏所经眼的古籍,但往往将书籍的版本信息记于他处。如萧穆在《日记》里记录癸酉年(1873)三月五日经眼《周易参义》《孔氏家语》《集韵》三书,言"录其格式及前后题跋三页半",未在日记中记录以上三书的版本信息②。《旧录》虽然只存残稿两册,却几乎全部都是记录萧氏所经眼古籍的版本信息,而且多与《日记》所记者相呼应。由此可知,《旧录》或是萧氏当时特意撰写之稿,独立于《日记》,二者侧重不同。

第二,二者互不可缺。

《旧录》本身只有二册,又残缺不全,只保留了萧氏经眼的部分古籍,价值在于著录古籍的版本信息详尽,同时还保留了一些不见于《日记》中的古籍;缺憾在于数量不多,且零散。只有通过利用《日记》,借助其中记录的日期、书籍,结合《旧录》,才能挖掘出丰富的文献学价值。二者互不可缺。

另外,萧穆在《日记》中还提到了其另写有《杂记》一种,似乎也是记录古籍版本信息的著述。如萧穆在《日记》里记录癸酉年(1873)三月十日记录"取《四库书目》参阅郭思《林泉高致》及朱彧《萍州可谈》,二书佳否另详《杂记》"。③《旧录》中虽收录了《林泉高致》《萍州可谈》,但只是记录行款序跋等版本信息,并无主观优劣评价,可知萧氏《杂记》另有所记。前人言及安徽博物馆藏有萧穆杂抄,不知其中是否存有《杂记》。

---

① 《上海图书馆藏稿钞本日记丛刊提要》,北京:国家图书馆出版社,2018年,第106页。按,《上海图书馆藏稿钞本日记丛刊》影印《敬孚日记》,收入第29—39册。

② 萧穆《敬孚日记》,《上海图书馆藏稿钞本日记丛刊》第31册,北京:国家图书馆出版社,2017年,第196页。

③ 《敬孚日记》,《上海图书馆藏稿钞本日记丛刊》第31册,第199页。

(二)《旧录》记录经眼古籍的时间

现存《旧录》只残留两册,在影印时分作两册排列,第一册开卷便已残缺,无年月,以"十六日,静涵示无注本《资治通鉴》卷十四"起,此后该册中时有空白页出现,前后文字多不连缀,偶有年月日出现;第二册文字记录连贯,中间无空白页,偶有年月日出现。结合《日记》和《旧录》对相同书籍的记录,我们梳理出《旧录》记录经眼古籍的时间。

影印本第一册的时间

影印本的第一册和第二册在时间顺序上是颠倒的,即影印本的第二册在撰写时间上先于影印本第一册。第一册所录内容是经人拼凑而成一册,在时间上大体上是1876年、1877年以及1880年,大约共著录三十余部古籍,观书地点在上海。

影印本第二册的时间

影印本第二册保存较为完整,前后连贯,与《日记》呼应明显,时间是1874年的三月至五月,大约共著录九十余部古籍,观书地点在上海、苏州。

综合以上对两册稿本记录经眼古籍时间的推断,可知影印本排列的两册顺序与撰写时间顺序不一致,在撰写时间顺序上,影印本的第一册应作第二册。惟有明确《旧录》两册在撰写时间上的先后顺序,才能为接下来的藏书史事梳理提供时间上的依据。

二　《旧书所见录》中的藏书家赵元益

萧穆在《旧录》中所记录的古籍,大部分都是其他藏书家的藏书,而赵元益则是其中占比最高的一位。

赵元益(1840—1902)字袁甫,号静涵,新阳(今江苏昆山)人。少丧父,随母亲在无锡荡口外家生活,与江标为表兄弟,舅氏为当地著名藏书家华翼纶[①]。同治八年(1869),赵元益在上海江南机器制造局翻译馆译书,赵氏精通医学,嗜古籍,藏书丰富。萧穆在《日记》中记录两人相识的时间在癸酉年(1873)正月十八日[②]。

后世对于赵元益藏书事迹的了解主要是来自其子赵诒琛在《峭帆楼善本书目》序中的介绍:

---

① 按,关于赵元益、江标以及华氏三家的关系,详见凤凰出版社7月14日2020年第49期公众号文章《江标与华氏关系述略》,http://mp. weixin. qq. com/s/P3LaNRPqZKdRc4T3kzt6vg,2024年2月21日。

② 《敬孚日记》,《上海图书馆藏稿钞本日记丛刊》第31册,第12页。

先君子生长于金匮荡口镇华氏外家，华氏富收藏，凡书籍、字画、古玩之属靡不精美。先君子自幼习见习闻，亦笃好焉。咸丰庚申，苏、常陷于粤匪，故家珍异辇至荡口避难，先君子年方及壮，尽力购求，宋、元、明、国初刻本及名人手钞书册约数百种。同光间渐被藏书家购去，或以他物互易，旧钞《徐骑省集》亦为陆氏取去，而赠先君子严修能草书手卷，此为余所知。所存亦仅矣。①

由以上引文可知，赵元益曾在天平天国战争期间购得藏书故家所藏珍贵古籍数百种，但在之后的同光年间又大多卖出。此后，赵诒琛虽然在其父去世后在上海建峭帆楼以藏书，但书楼毁于癸丑战火，藏书尽毁。

赵元益藏书鼎盛之时赵诒琛尚在幼年，待到诒琛编写《峭帆楼善本书目》时，其父已经去世，其家所藏善本也早已流散，故该目所记之书"名人题跋及收藏图章则不能详也"②，说明其可依据的资料非常有限。该书目属于简目，著录项为书名、卷数、撰注者、版本，共收录古籍218部，鲜有珍异之本，难以窥见赵氏往日藏书之盛，而萧穆《旧录》则在一定程度上弥补了这一遗憾。

萧穆《旧录》所记其经眼赵氏藏书的时间是1874年、1876年、1877年以及1880年，二人在这一时间段内都供职于机器局译书馆，属同事关系，又均爱好古籍。《峭帆楼善本书目》共著录古籍218部，《旧录》共著录赵元益所藏古籍46部，前者与后者著录相同者共16部；后者虽然在数量上不及前者丰富，但在版本珍稀程度上却高于前者，也正因此，这些古籍后被赵氏售出，即赵诒琛所谓"同光间渐被藏书家购去"者（详见表1、2）。以下举例说明《旧录》中所记赵氏所藏珍稀版本。

(一)黄丕烈旧藏本

《旧录》共著录有黄丕烈旧藏本凡十二种，其中《仙都志》《琴清阁书目》两种只提及书名、版本，相对简略，现将其余十种详细说明并作考订。

(1)旧钞《抱朴子》

有旧抄《抱朴子》八册，乃黄荛圃物，有"吴岫小印""黄荛圃手校"方印、"曾藏汪阆源家"长方印。其首尾两跋过录之：

(一)嘉庆辛酉冬，闲居无事，借袁氏贞节堂藏本道藏《淮南子》校，始知道藏较宋本虽逊，然胜于他本为多。因思《抱朴子》家无宋本，即世行本亦未闻有宋刻，遂借袁氏道藏本手校于吴岫所藏旧钞本上。旧钞行款悉

① 赵诒琛《赵氏图书馆藏书目录》，《中国著名藏书家书目汇编·近代卷》，第26册，北京：商务印书馆，2005年，第539页。
② 赵诒琛《赵氏图书馆藏书目录》，第540页。

同,每半叶为道藏本一叶。惟讹谬不少,旧有红笔校改,未必尽与道藏合,且有脱叶三。涧蘋为余依鲁藩本补一叶,仍未知脱尚有二。倘不经余重校,何知讹谬脱落有如是耶。始信书非手校,究不可信也。荛圃校讫记。

此黄氏朱笔书于原本前,凡半页,共十行。穆记。

(二)十月十九日,闻阊门文秀堂书坊买得故家旧书一单,急同西席顾涧蘋往观。主人邀涧蘋与余登楼观之,皆无甚罕秘者。惟《抱朴子》一书尚是旧钞,且见卷末有"吴岫"小方印及"姑苏吴岫尘外轩读一过"小长方印,知卷中点阅,亦系方山笔,洵旧本也。问其直,索青蚨三金,遂手携以归。余家子书多善本,惟《抱朴子》无之。向在都中见明鲁藩本《内篇》二十卷,《外篇》五十卷,后为陶五柳主人买归。属涧蘋校其翻刻明乌程卢氏本。涧蘋复借金阊袁氏所藏道藏本,为之校勘。涧蘋尝谓余曰,道藏本为最胜,此外无复有善本矣。今因得此,遂从涧蘋借鲁藩本相对,虽行款不同,而大段无异,间有一二处与鲁藩本异者,却与道藏本合,则钞先于刻明甚。且鲁藩本刻于嘉靖乙丑,而余藏《李文饶集》为嘉靖时人沈与文所藏,有云"壬戌五月借方山吴上舍本校勘",则吴方山正嘉靖时人,而鲁藩虽同在嘉靖时,其所记甲子较后于壬戌三年,此本不更在先耶?爱珍之,以与诸子善本并藏焉。嘉庆丁巳十一月三日冬至前一夕,读未见书斋主人黄丕烈书。

此黄跋在第八本末,凡十四行,小楷秀润可爱。穆记。

(三)是日辰刻无云而雷声在西北,有如鸣鼓,不知是何祥也。书以纪异。此两行黄书于本跋页末跋前,跋中空五行。

(四)又末卷后有黄氏朱笔两行,云:用中统十年十一月十一日刻道藏本手校一过。丕烈。[1]

萧穆所抄录黄跋前两则在此后的《皕宋楼藏书志》《荛圃藏书题识》中均已收录。[2] 旧钞本《抱朴子》现存日本静嘉堂文库,《静嘉堂秘籍志》著录[3]。但萧穆所记此书黄跋与后人所整理之黄跋在顺序和内容上不同。

顺序上,萧穆所录黄跋第一则是《皕宋楼藏书志》中的第二则;萧穆所录黄跋第二则是《皕宋楼藏书志》中的第一则。

内容上,较前人所辑录多第三、第四两则。

(2)郑桐庵《易经》《文稿》

此皆其草稿,时有涂改,须得一细心人抄一清本,乃能验其得失也。

---

① 〔清〕萧穆《旧书所见录》,第 44 册,北京:国家图书馆出版社,2017 年,第 119—122 页。

② 〔清〕陆心源《皕宋楼藏书志》,北京:中华书局,1990 年,第 749 页。〔清〕黄丕烈著,屠友祥校注《荛圃藏书题识》,上海:上海远东出版社,1999 年,第 481—482 页。

③ 〔日〕河田罴撰,杜泽逊等点校《静嘉堂秘籍志》,上海:上海古籍出版社,2016 年,第 1189—1190 页。

此末有诗稿数首,共一片。又前见有《文稿》一册,亦是草稿难辨,亦其传否之所系也。此本有"郑敷教"及"士敬"二印章,盖即桐庵名字也。又此稿只自《咸》至《未济上》,前后俱无,乃是不全之书。①

赵元益另收藏有《郑桐庵笔记》,萧氏之后在《敬孚类稿》中对此书又有进一步补充:

> 新阳赵君持示《郑桐庵笔记》一册,凡六十余条,旧为吴门黄荛圃得其旧钞于海宁陈仲鱼处,云遭剜损,倩人重钞以藏者。②

又,江标在《日记》中曾记录赵氏所藏郑氏文稿,(光绪十二年〈1886〉三月十三日):

> 复至翻译楼见静涵师,小谭,见《郑桐庵文集》手稿、荛翁手抄《松崖笔记》等书。③

另外,叶昌炽在《缘督庐日记》中也记录其在光绪十二年三月初二日接到江标寄来的一份售书单,其中就有郑氏《文集》一册,有黄丕烈题跋④。

赵氏当时藏有郑桐庵《易经》《文稿》两部分,其中《文稿》自赵氏之后不知所踪;《易经》则曾转归蒋汝藻密韵楼,王国维所编《传书堂藏书志》著录有郑氏《易经》:

周易广义残稿不分卷　手稿本
[明郑敷教撰]

王苇卿手跋:右郑桐庵《易经广义》手稿,戊寅秋得之星谿赵氏。府志称桐庵著述甚富,尤深于《易》,即谓是书也。桐庵说《易》大氐宗宋儒义理,此册存《咸》至《未济》,《上经》及《系辞》以下并佚。士礼居旧藏,卷首楬橥审是荛翁所书。桐庵当胜国之季,与杨维斗、张天如齐名,鼎革后隐居不出,文章风节,照灼前古。二百年来留此片羽,殆有真灵护持者耶。赵氏尚有《桐庵古文》一册,熊鱼山评点,值昂未敢问津也。光绪己卯竹醉日,晚学王颂卿记。下有"咈卿翰墨"一印。

右残稿前后缺,存《易下经》自《咸》至《未济》三十二卦注。无书题及撰人名氏,惟书中有"郑敷教印""敷教之印""士敬荥阳"诸印,知为有明遗老郑桐庵先生手稿也。先生字士敬,吴县人,崇祯庚午举人,在复社与张天如、杨维斗齐名,国变后家居教授终其身,徐俟斋先生其弟子也。先生

① 《旧书所见录》,第132页。
② 《敬孚类稿》,第145页。
③ 〔清〕江标著,黄郑整理《江标日记》,南京,凤凰出版社,2019年,第160页。("十三日"条)
④ 〔清〕叶昌炽著,王立民点校《缘督庐日记》,长春,吉林文史出版社,2011年,第477页。

有《周易广义》四卷,此为初稿,尚未分卷。旧为黄荛圃、蒋芗生、王莘卿藏书,有荛翁题签。前后有"陈兆嘉印""鸣九""兆嘉""陈子鸣九""长洲蒋凤藻印信""长寿""秦汉十印斋藏""蒋香生鉴赏"诸印。①

《传书堂藏书志》在著录此书版本信息时,所提及的一处递藏顺序有误,正确的顺序应该是王莘卿(王颂蔚字莘卿)在前,蒋芗生(蒋凤藻字芗生)在后,且在二人之间尚有周星诒被遗漏。依据如下。

王颂蔚在其所撰《古书经眼录》中记录此本:

> 《周易广义》一册,……戊寅(1878)秋得是书于赵茂才静涵处。……卷中有"荥阳""敷教之印""士敬"诸印记。②

可知,王氏是从赵元益处购得此本。是书后又归周星诒,周氏《书钞阁行箧书目》著录此本:"郑桐庵《易经广义》,手稿,一本,钞本。"③

周氏藏书后多被蒋凤藻购得,《易经广义》即为其中之一,蒋氏《十印斋书目》著录,且有蒋氏藏印④。周氏虽曾收藏此书,但因其未曾钤印、题跋,故其递藏信息易被遗漏。

又,王国维在致罗振玉手札亦提及此本:

> 又有郑桐庵先生《周易广义》手稿,存下经卅二卦。不分卷,无书题,但有"郑敷教印""士敬""荥阳"诸印,行草书,极似朱子《论语集注》稿,《四库》存目中有此书四卷,殆有刻本欤。⑤

总之,此书自黄丕烈之后,递经赵元益、王蔚颂、周星诒、蒋凤藻、蒋汝藻收藏,其中赵氏和周氏因未在书中钤印、题跋,在《传书堂藏书志》梳理递藏源流时被遗漏。此本归蒋汝藻后,又被其售予涵芬楼,见《涵芬楼所收蒋氏密韵楼藏书目录》,此后便不知所踪。⑥。

---

①　王国维撰,《传书堂藏书志》,上海:上海古籍出版社,2014 年,第 8 页。

②　〔清〕王蔚颂《古书经眼录》(《清代诗文集汇编》本),第 767 册,上海:上海古籍出版社,2010 年,第 174 页。

③　〔清〕周星诒《书钞阁行箧书目》(《中国著名藏书家书目汇刊》本),近代第 9 册,北京:商务印书馆,2005 年,第 243 页。

④　〔清〕蒋凤藻《十印斋书目》,稿本,国家图书馆(索书号 12590)。

⑤　王国维著,《王国维全集》,第 15 册,杭州:浙江教育出版社,2010 年,第 502 页。

⑥　按,黄裳先生在《古籍稿钞校本经眼录:来燕榭书跋题记》中记录了其所收藏的《郑桐庵笔记》士礼居本,有昔日藏家王季烈题跋,其中有"此《郑桐庵笔记》一卷,荛圃先生钞自海宁陈氏。光绪初年赵静涵丈让归先君子",可知赵元益还曾藏有黄丕烈钞本《郑桐庵笔记》。北京:中华书局,2013 年,第 74 页。《涵芬楼所收蒋氏密韵楼藏书目录》,今藏上海图书馆(索书号:T4166)。此后与涵芬楼相关的书目再未见著录此本。

(3)《五行类事占》

　　(钞本)上有"秀水朱氏潜采堂图书",乃朱竹垞家藏,前二本面乃竹
　　垞分书,末有黄荛圃手跋。又有汪士钟藏书印章。

　　　嘉庆辛酉秋,坊间收得汪秀峰家书,内为《五行类事占》三册。因忆
　　《读书敏求记》曾有是书,归检之,卷数却合,知为旧本,且卷中有"秀水朱
　　氏潜采堂图书",又知为竹垞藏本。第一、二册部面上犹为竹垞手书,洵可
　　宝也。第三册部面既失,册尾多破损痕,字间有伤残者,命工重加补缀,俟
　　觅善本足之。其纸皆明代嘉靖时册籍,纸背间可辨识,盖犹是嘉靖年间人
　　所钞也。荛圃黄丕烈。①

　　此后《皕宋楼藏书志》《荛圃藏书题识》均收录此本中的黄跋②。是书今藏
日本静嘉堂文库,《静嘉堂秘籍志》著录,但未言及有汪士钟藏书印③。

(4)《思陵录》

　　(钞本)上下二卷,上卷起淳熙丁未止戊申;下卷起戊申止己酉。此亦
　　士礼居藏本,末有跋六七行云:

　　　校周益公全集及此种,因忆藏书有钞本,无周某集卷第几字样,或出
　　于专本,遂取此本雠于所校本上,用朱笔,故此本间有朱笔抹者,皆因彼以
　　知此之误也。用"」"者,据彼所有以知此所脱也。不尽据彼校此者,留此
　　本面目尔。壬申四月朔,复翁识。④

　　此后《皕宋楼藏书志》《荛圃藏书题识》均已收录此本中的黄跋⑤。是书今
藏日本静嘉堂文库,《静嘉堂秘籍志》著录⑥。

(5)《履斋先生遗集》

　　(旧钞本)宋左丞相许国公宣城吴潜撰。此本皆诗余,前有"叶树廉"
　　"石君"二印章,又有"平江黄氏图书",末跋云:

　　　癸酉夏日,五柳书居以钞本宋词四种示余。余以其皆重本,故未留。
　　越日思之,书不厌复,为有异处也,遂复问之,索直三番。余因携归,出此
　　《日湖渔唱》一种以校,却有一二佳字,误者亦未免,悉标诸行间。书经绣
　　谷插架。绣谷者,西泠吴氏也。吴君名焯,字尺凫,盖藏书家。今其书皆

①　《旧书所见录》,第133—134页。
②　《皕宋楼藏书志》,第565页。《荛圃藏书题识》,第293页。
③　《静嘉堂秘籍志》,第921页。
④　《旧书所见录》,第135—136页。
⑤　《皕宋楼藏书志》,第271页。《荛圃藏书题识》,第93页。
⑥　《静嘉堂秘籍志》,第634页。

散矣。表之以著雪泥鸿爪云尔。七月初四伏日挥汗识。复翁。

　　吴履斋词　月有红笔校"日"字湖渔唱　陈允平　吴绣谷本校，朱笔照原题。

　　此本书上面题，因附著之。①

此后《皕宋楼藏书志》《荛圃藏书题识》均已收录此本中的黄跋。② 此书与《日湖渔唱》合抄一本，今藏日本静嘉堂文库，《静嘉堂秘籍志》著录③。

（6）《棠湖诗稿》

　　（影宋钞本）相台岳珂肃之。此本只官词一百首，皆七言绝句，旧为汲古阁藏本，纸墨极工，后归士礼居藏，均有印记。末有跋云：

　　嘉庆乙丑冬，钱唐何君梦华访余，出其友所藏宋刻《棠湖官词》示余，因素知余有毛钞影宋本也。宋刻果出毛氏，上有"宋本""甲"两图记，余皆子晋名号章，无他人印记。纸黄色，阔连，系竹料。首标"棠湖诗稿"四字，下有墨钉，板心第曰棠湖一、棠湖二，不标官词，疑当日宋刻中一种，故不标官词。第三十末句"捷书清曙入行宫"，"曙"阙笔作"曙"（案阙末笔一横）。第三十八首句云"外庭公事近今稀"，"今"误字作"金"有红笔校"今"。凡遇缺文，作墨钉。兹毛钞板心添入"官词"字，"曙"不讳"曙"（案阙末笔一横），"今"不仍"金"，俱非其旧矣。始叹书必宋刻乃佳，此论甚确，否则汲古如毛氏而一经影写，已多歧异，何论书经三写者平。天下书安能尽得宋刻，即有矣，未必尽能见书福如余，而或得之，或不能得而见之，俾得考其同异，岂不大幸。因记数语于此。十二月初五日，严寒闭户，拥炉炙砚书。荛翁。④

此后《荛圃藏书题识》已收录此本中的黄跋⑤。是书今藏国家图书馆（索书号 15052），为邓邦述旧藏，《瘦寒山房鬻存善本书目》著录，原跋丢失，邓邦述重新补抄⑥。

（7）《耿庵诗稿真迹》

　　（手稿）一册，内书金俊明手稿。此亦黄氏所藏，前有题识两段云：

　　（一）余于昔贤手迹多所珍惜，而就中能识其真伪者，尤以孝章先生为最切，以所藏多其手迹也。此册出吴中毛意香家，意香工书法，于名人翰

---

①　《旧书所见录》，第149—150页。

②　书名《日湖渔唱》，《皕宋楼藏书志》，第1020页。《荛圃藏书题识》，第845页。

③　《静嘉堂秘籍志》，地2058—2059页。

④　《旧书所见录》，第150—152页。

⑤　《荛圃藏书题识》，第660页。

⑥　邓邦述撰，金晓东整理《寒瘦山房鬻存善本书目》，上海：上海古籍出版社，2020年，第277页。

墨时获藏弆，介裱工某示余，索值三番，余嫌其太昂，越岁未决，今日某又来索此，卒以孝章手迹故，如数易之。孝章诗已有刻本，而取校殊不同，虽非全本，亦足珍也。辛未三月廿有四日，雨窗记。复翁。

（二）吾乡鼯湖山旁，有凤巢，幽旷境也，孝章先生有"凤巢"一印，不知即其地名否？卷中有《登马叔明巢阁》《登巢居》《还宿半巢》《叔明招宿巢阁》《巢宿将曙》诸诗，不知即凤巢否？抑别有巢居、巢阁之名也。近日吴巢松买此山，招懒庵长老居此，同人赋诗纪事，为考旧闻，而旁及此凤巢图记，以见诗人栖息之地，令人称道弗衰者如此，究不知其是此山与否也。庚辰中秋前六日偶记。①

此后《荛圃藏书题识》《标点善本题跋集录》均已收录此本中的黄跋②。此本今藏台北"国家图书馆"（索书号 13203），有蒋凤藻藏书印。

(8)《虎丘山志》

此本未见前人详细记录，故引《旧录》全文：

（明刻本）首题：郡人王宾撰，乡贡进士邑后学茹昂重辑，致安仁县事邑人解缙书，知长洲县事孝感刘辉入梓。卷首有州人王宾序，又有成化丙午甲子赐进士出身承德郎兵部武库清吏司主事郡人徐原序。版式长七寸，每半页宽四寸六分，每半页九行，每行十八字。末本后又有成化丙午九月孝感刘辉后序。六十页，惟首本旁书"卷一"字样。无卷数，今装五册，每页有衬纸，另一册目录，曰山、曰泉、曰石、曰寺、曰殿阁、曰亭台、曰冢墓、曰庙、曰名公祠、曰庵院、曰溪塘、曰土产、曰异僧、曰名僧、曰异人、曰名人、曰名贤、曰异迹、曰异闻、曰杂志、曰文辞、曰书翰、曰绘塑，凡二十一类为一册，第二册，五十七页，为《虎丘志总集》所载昔人记文并碑者二三十首；第三册，五十页，乃载唐宋人诗；第四册，四十四册，载元人诗；第五册，五十页，载皇明诗。此亦黄荛圃旧藏，云二册，盖旧装也。中间缺页十数，未抄补。末有黄氏手跋并录之。此虽明版，脱误颇多，均非佳制，穆记。③

萧氏所录黄跋，为迄今所见最全者，前人著述中曾引用部分（加线者）④：

此成化刻本《虎丘山志》，二册，余向得诸萃古斋主人钱听默处者也。

①　《旧书所见录》，第 153—155 页。

②　《荛圃藏书题识》中题名作《金孝章诗稿不分卷》，第 769 页。《标点善本题跋集录》，"国立中央图书馆"，1992 年，第 642 页。

③　《旧书所见录》，第 223—224 页。

④　徐雁平《书估与清帝国的书籍流转》（《古典文献研究》第十六辑，南京：凤凰出版社，2013，第 147 页、第 151 页）辑录有此书部分黄跋文字，并注"黄丕烈《虎丘山志》题跋，南京图书馆沈燮元先生 2012 年 8 月 2 日提供"。

听默为书林巨擘，其所见闻较为广博。余初买书时，即从伊斋头讨论古书源流。听默亦娓娓言之不倦，故数余年来称莫逆焉，所居在虎丘，故每遇古书，必钤小印一方于尾，曰"白堤钱听默经眼"。《四库》搜访遗书时，曾为钜公某延入书局，故《天禄琳琅》中亦载其姓字，亦可为荣矣。今秋公老病终，其子乞余文祭之。余与听默交最善，故不敢以不文辞。念听默交游最广，近如兰陵孙伯渊，其一也。因借名于孙公，其中有云"肖然灵光，摧颓何速，衰飒白堤，萧疏黄菊"，不胜室迩人遐之感。今日为其吊奠之期，怆然于怀，爰检箧中所藏是书，聊志数语以存梗概。盖听默为虎丘山人，是书又为其所遗，倘后日重修山志，搜辑旧闻如听默者，乃真其中处士，可留一小传，俾知书林中正不乏人。至于喜吟咏，善诙谐，又在可风可雅之间，自在众口，余不多赘云。壬戌十月十日，挑灯书于太白楼下之西厢。黄丕烈。①

此本曾藏于涵芬楼，见于《涵芬楼原存善本草目》，但不见于《涵芬楼烬余书录》，当毁于战火②。

(9)《东国史略》

（钞本）六卷，共二册，乃善耕顾氏抄藏本。每半页十行，每行二十字，上册八十一页，下册一百零二页。又前有黄丕烈补抄小字二页，后有跋一页，今录其跋，各本后又有"顾肇声读书记"印章，又有"曾藏汪阆源处"印章、"养拙庵"印章，黄丕烈朱、墨校本。

此钞本《东国史略》六卷，善耕顾氏书也。蛀蚀损字虽黏补，无可填字。适吴谢堂氏书散出，余拣其尤者二种，此书却与焉。因用朱笔照本校其异，以墨笔填其蠹痕，工未毕辄止。以书非所急，且校雠颇难，贮诸箧中久矣。日来昼长无事，时扰倦魔，偶取出毕之。吴本首有赵清常跋，谓录于燕京冯沧洲仲缨家，必是旧本。今校其字于顾本上，此又可以顾本参吴本，取未尽善处也。嘉庆癸酉五月廿有三日，黄丕烈书。时身衣薄绵，几忘为夏至节，故能烧烛挥毫，不致蚊蚋交集。并记。③

此后《荛圃藏书题识》已收录此本中的黄跋④。是书今藏国家图书馆（索书号04490）。

(10)《山水诀》《林泉高致》

此本曾经赵元益收藏，后转赠蔡氏兄弟，未见前人详细记录，故引《旧录》

---

① 《旧书所见录》，第224—226页。
② 按，1951年排印本《涵芬楼烬余书录》后附《涵芬楼原存善本草目》，《明清以来公藏书目汇刊》，第27册，北京：北京图书馆出版社，2008年，第854页。
③ 《旧书所见录》，第226—228页。
④ 《荛圃藏书题识》，第148页。

全文：

> （明钞本）《山水决》并《林泉高致》，共一册，为吴文定公家藏，有吴宽丛书堂印章二方，又为毛氏汲古阁所藏，有毛氏父子印章。此郭氏《林泉高致》一卷，前载《山水诀》两篇，洪谷子荆浩《山水赋》一篇，共四页，每页廿四行，每行十九、二十、二十一、三不等，《林泉高致》二十二页，行款皆同。《四库》本乃据范氏天一阁藏本。谨案，《四库书目》所收与此似有同异，姑置勿论，今录黄丕烈手跋存览：

> 郭思《林泉高致》一卷，见《读书敏求记》。余藏此册久矣，却忘其所自，大约东城顾氏书耳。书系旧钞，且有吴宽丛书堂印，为明代物无疑，至毛藏已在后矣。顷师德堂收得试饮堂零种，亦有此书，末有正德人跋，无藏书人家印记，辨其装潢当是述古堂物，想即《敏求记》中所载本也，书系抄本，不无歧异。取旧藏者勘之，互有得失，未敢擅改，拟并储之，但坊友视此等物为奇货，虽叠经收藏家检阅而来去不知，一入余手，复重视之乎？壬午秋荛夫。

> 中秋六日，于午后过师德堂，与主人定此交易，此书遂为余有，即所谓正德人跋本也。余之必欲并储者，取其可互校，三孙妇李慧生素善写生，当进之以山水，苟取此书而熟观之，心领神会，无有不进乎道者？盖求之有余师矣。镐孙喜书学，据此本写一副，复取正德人跋本参之，不可相观而善乎？越二日为秋分，前一日荛夫又记。时秋暑如虎，呲呲逼人，又为木犀蒸第二次，想作中秋桂催开计矣。[①]

萧穆所录黄丕烈题跋二则，此前未见他人辑录，为迄今仅见，此书今藏何处亦不知晓。萧氏在解题末有按语：

> 按，此本静涵前赠孙峰，今从伊转借来也。又正德人跋本今已在孙峰处，他时更借合抄，亦佳事，未知有此幸会否？（同治甲戌年三月）十一日，穆记。[②]

孙峰是蔡廷相的字，蔡廷相、蔡廷桢兄弟二人是清代中后期的藏书家，被称为"荡口蔡氏""金匮蔡氏""张塘蔡氏""梁溪蔡氏"等，其藏书处为"醉经轩"，所藏多宋元本及黄丕烈旧藏本[③]。而"正德人跋本"后归蒋凤藻、翁斌孙、翁之熹，今藏国家图书馆（索书号 18025）。

---

①　《旧书所见录》，第 229—231 页。

②　同上书，第 231—232 页。

③　按，李健《清藏书家蔡廷相、蔡廷桢生平及藏书考》对蔡氏兄弟藏书相关事迹多有介绍。《新世纪图书馆》2022 年第 3 期，第 82—89 页。

以上所举十种赵氏藏书,皆为黄丕烈旧藏,多存黄氏题跋,特别是《虎丘山志》之黄跋前人所录不全,《山水诀》《林泉高致》之黄跋更是未见前人抄录,可见赵氏藏书之精良。

以上黄氏旧藏中,《抱朴子》《五行类事占》《思陵录》《履斋先生遗集》后归陆心源所有,《皕宋楼藏书志》《静嘉堂秘籍志》均有著录,这些古籍今藏日本静嘉堂文库;《棠湖诗稿》曾经邓邦述所有,今藏国家图书馆,《寒瘦山房鬻存善本书目》著录。然而以上目录均未提及曾经赵元益收藏,这似乎与赵氏鲜在藏书上钤盖藏书印记有关,这些珍贵古籍虽曾经其收藏,但因缺少其藏印,致使我们今日在依据书中钤印梳理递藏源流时将其遗漏,而《旧录》则在递藏环节上起到了关键的补充作用。

(二)赵元益的藏书往来

萧穆在《旧录》中不仅记录了赵元益的部分藏书,也在记录藏书时提到了部分与之有藏书往来的藏书家,再结合记录赵氏藏书递藏的史料,可以在一定程度上梳理出与其藏书往来较为重要的两位藏书家。

(1)陆心源

陆心源与赵元益生活在同一时期,虽然陆氏在《皕宋楼藏书志》中著录有赵元益旧藏之书,但并未在解题提及这些书来自赵氏(《仪顾堂题跋》《仪顾堂续跋》《仪顾堂集》亦未提及)。据不完全统计,《旧录》中提及的赵元益藏书中有九种后归陆心源(具体书目详见本文附表)。又,赵元益收藏有黄丕烈百宋一廛宋刻本《史载之方》,虽未见著录于《旧录》,但确曾为萧穆所经眼,今静嘉堂所公布此书电子版本中卷末有"敬孚鉴赏"之印,即为明证。今以此本为例说明二人在藏书上有直接往来。

赵诒琛在《峭帆楼善本书目》中著录有此书钞本,注有:

> 先君子钞录士礼居藏北宋本,北宋本后归吴兴陆氏,刻入《十万卷楼丛书》中。①

赵元益得此宋本于庚申乱后,《吹网录》卷五《史载之方题跋》云:"庚申(咸丰十年,1860)变后,汪氏藏书未售者不暇携出,尽被人攫去。《史载之方》流至荡口,为赵某以洋饼二易得。"②后为章绶衔经眼,所见该本电子版卷末有章绶衔跋云:

> 甲子(同治三年,1864)仲春,避迹海上,静涵尊兄出示展阅。

---

① 《赵氏图书馆藏书目录》,第553页。
② 〔清〕叶廷琯撰,黄永年点校《吹网录》,沈阳:辽宁教育出版社,1998年,第114页。

此本后归陆心源,见于《皕宋楼藏书志》卷四十四[①],再归日本静嘉堂文库,见于《静嘉堂秘籍志》卷七[②]。叶昌炽则在《缘督庐日记》中记录了此本自赵氏转归陆氏:

> (1886)建霞(江标)又云昆山赵君静涵名元益,亦华氏甥,有《史载之方》宋本售于皕宋楼。[③]

通过以上几则材料,可知陆氏是直接从赵氏手中购得宋本《史载之方》的。另外,我们在萧穆的《日记》中,也找到了关于赵、陆二人直接往来的记录:

> (丁丑)二月三日,湖州陆存斋来访,静涵同陪,谈话良久,并阅静涵诸书,良久乃去。[④]

丁丑是1877年,这是《日记》中最早记录赵、陆二人往来的记录,而《旧录》中所记录的几部后归陆氏所有的藏书,经眼时间也在1876和1877年。因此可以推测,萧穆在《旧录》中所记其他归于陆氏的赵氏旧藏,可能都是二人直接交易的。

(2)蔡廷相、蔡廷桢二兄弟

此前已有研究揭示出蔡氏兄弟藏书多精品,并根据现有资料辑得蔡氏旧藏35种,其中多有宋元刻本和黄丕烈旧藏,同时制表列出详细的递藏信息。[⑤]

萧穆在《旧录》中不仅直接记录了赵元益和蔡氏兄弟的藏书交往,而且也进一步补充了蔡氏兄弟往日藏书的细节。

《旧录》中所记《游志续编》《读书敏求记》《山水诀》并《林泉高致》三书,记录了赵元益与蔡氏兄弟借书与赠书的细节。

《游志续编》

《旧录》在著录《游志续编》时,还抄录了赵元益的题跋,说明此本由来:

> 此书钱磬室手钞元本,兵燹后为张塘蔡氏所得,庚午(1870)之秋偶过其斋,借归,托长洲朱兼三兄录副本,阅月而毕,重对一过,并录黄复翁之跋于右。同治辛未(1871)仲冬静涵识。[⑥]

赵诒琛所编《峭帆楼善本书目》亦著录此传抄本,后小注云:

> 磬室钞本盖为先君子所得,录出副本,余年尚幼不知原本为何人购

---

①　《皕宋楼藏书志》,第506页。
②　《静嘉堂秘籍志》,第183页。
③　《缘督庐日记》,第468页。
④　《敬孚日记》,第32册,第187页。
⑤　李健《清藏书家蔡廷相、蔡廷桢生平及藏书考》。
⑥　《旧书所见录》,第212页。

去。光绪丙戌先君子即用新钞本付刻,癸丑一役板已失去,余欲重刻未果,曷胜叹息。近闻常州陶氏已据磬室钞本寿诸梨枣,厥价奇昂,未能购也。①

从萧穆所录赵元益题跋可知,原书实为蔡氏兄弟所藏,赵氏借抄录副并未购得,此可纠正赵诒琛的说法。

《读书敏求记》

　　此书乃静涵于同治戊辰(1868)初夏借张塘蔡氏所藏黄荛圃手校本照录者也。②

《山水决》并《林泉高致》

　　按,此本静涵前赠孙峰,今从伊转借来也。又正德人跋本今已在孙峰处,他时更借合抄,亦佳事,未知有此幸会否?③

由以上《旧录》所记内容,可知赵元益与蔡氏兄弟在藏书上有直接往来,为此前研究所未及。

从目前现有的资料看,蔡氏兄弟和赵元益的藏书都有一个共同的特点,即多汪士钟旧藏,而汪氏所藏中又多有黄丕烈藏书,故二家所得黄跋本较多。上文所见蔡、赵二家藏书交往亦与此相关,或二家购入汪氏藏书的时间、背景相近,为我们研究汪士钟藏书的流散提供了新的参考。

以上从《旧录》中所记赵元益藏书、往来两方面对其藏书家的身份加以概述,这些内容在赵诒琛《峭帆楼善本书目》未能细致体现,诸多内容赖《旧录》得以保存,特别是还辑录了此前不全的黄跋一篇,未见前人记录的黄跋一篇。

三　《旧录》所记其他书人书事

《旧录》还分散琐碎地记录了一些书籍,其中亦多有与当时书人书事相关者,今举其中两例说明。

(一)陆心源《湖州丛书》中所收严元照著作与严氏手稿

《湖州丛书》是陆心源收集清代湖州学者徐养原、严元照、杨凤苞、施国祁四人著作的丛书,刻于光绪年间,其中严元照四种:《尔雅匡名》《娱亲雅言》《悔庵学文》《柯家山馆遗诗》,前两种为考据学专著,后两种为诗文集。陆氏在《湖

---

① 《赵氏图书馆藏书目录》,第550页。
② 《旧书所见》,第215页。
③ 同上书,第229页。

州丛书》中并没有说明刊刻严元照著作的序跋,亦未提及具体的刊刻时间。虽然赵诒琛在《峭帆楼善本书目》序中言陆心源曾用严氏草书手卷换取其父赵元益所藏旧钞本《徐骑省集》,但《峭帆楼善本书目》中已无严氏手稿。萧穆在《旧录》中记录了其所经眼的严元照手稿:

> 严修能先生手稿,一册,嘉庆时丙寅至己巳,诗二百一首。
>
> 严诗有刻本,此乃其手书,小楷颇秀韵,未知已在刻本之列否。旧为所藏,另有题手书残叶诗并序。余已抄附《蕙榜杂记》之后,记此以俟觅刻本验之。又严氏所藏宋元旧板书今不能悉记,今此诗稿有题何三元锡访书图。①(笔者按,萧氏以下抄录严元照《题何三访书图》,见于《柯家山馆遗诗·卷二》,不赘录。)

萧氏所记有三点值得注意,一是手稿是严氏诗的一部分,这部分诗作于嘉庆丙寅至己巳;二是萧氏经眼此稿时严氏之诗已有刻本,其余著述尚未刊刻;三是并没有写出此稿旧藏家为谁,作空缺。

萧氏在《日记》中记录了严元照另一部分手稿,还提到了藏家:

> (丁丑)三月十一日,将严氏杂记所余七条抄毕,此书共一百条,乃静涵于甲子(1864)秋借湖州章紫伯所藏严修能手抄本照录者也。因其纪事及考订经史疑义大半可取,乃照录之。②

萧穆在此处说明所抄为严氏杂记,且有"纪事及考订经史疑义"者,已不是诗稿。

章紫伯(1804—1875),即章绶衔,字紫伯,归安人。平生好藏书画,与陆心源同乡,二人相差三十岁,但志趣相同,为忘年交③。《旧录》和《日记》均记录了严元照手稿,但是区别在于一为诗集稿本,一为过录杂记本,两部分后都收入陆氏《湖州丛书》④。

又,严元照最早的诗集刻本是嘉庆二十二年(1817)的《柯家山馆遗诗》,此集目录的第一卷是丙寅至丁卯,第二卷是戊辰,第三卷是己巳至庚午,可知《旧录》中萧氏所见稿本为此集的前第一卷、第二卷及第三卷的一部分。如果当时陆心源《湖州丛书》本的严氏诗文集已经刊行,萧氏不会只言"严诗有刻本",萧氏记录经眼此稿本的时间是丁丑年(1877)七月十二日,则可知《湖州丛书》本的严氏诗文集应不会早于此时刊行。

---

① 《旧书所见录》,第155页。
② 《敬孚日记》,第32册,第206页。
③ 刘荣华《翰墨情缘 百年流芳:陆心源与章紫伯的书画收藏与鉴赏》一文对二人交往有所介绍。《收藏家》,2012年第8期,第24—30页。
④ 按,陆心源藏有严氏《娱亲雅言》手稿,《静嘉堂秘籍志》著录,第172页。

　　另外，萧穆还随手抄录了一些严元照手稿中的诗，有些与《柯家山馆遗诗》刻本内容不同，详列于下：

　　（1）卷二，《南屏九曜峰下谒苍水先生墓昔年曾与海宁钱三处士馥过此今处士下世已三十年矣》

　　最后两句，稿本作：凄断峰前路，斜阳笛又残。刻本作：悽断峰前路，斜阳一笛残。

　　（2）卷二，《题慧云寺水星阁宋张功父玉照堂故地也时杨三凤苞寓此》

　　第一首第三句，稿本作：张家先有王孙在。刻本作：多情先有张公子。①

（二）莫友芝《宋元旧本书经眼录》的成书细节

　　张剑先生《〈宋元旧本书经眼录〉探疑》一文对莫氏《宋元旧本书经眼录》的书名、成书过程及刊刻时间、刻本系统及校勘加以探讨②。文中在"书名探疑"一节中，提及台湾地区"国家图书馆"藏有两册莫绳孙整理过的《宋元旧本书经眼录》残本，书名题作"郘亭所见书略"。台湾地区《"国家图书馆"善本书志初稿·丛书部·郘亭所见书略》著录此本，并质疑书名为莫绳孙改篡③。

　　我们发现，萧穆在《旧录》也著录了《郘亭所见书略》一书，是在1874年访问刘履芬时所见：

> 　　又泖翁（刘履芬字泖生，萧穆称其为"泖翁"）以抄本莫偲翁《郘亭所见书略》一册，凡三卷，附录一卷，见示。盖偲翁以生平所见奇书秘本、旧版、旧抄，各记其款式及所优处，可以参校诸本者，随时手录。今其次君仲武（莫绳孙）——录出，寄托泖翁校刊。余粗阅一过，可与钱警石先生《曝书杂记》并传，乃《爱日精庐藏书志》之流亚也。④

　　以上引文说明萧穆在1874年见到了一部与《宋元旧本书经眼录》关系密切的书目，该书目名为《郘亭所见书略》，卷数上与《宋元旧本书经眼录》定本不同（刻本正文三卷、附录两卷），由莫绳孙整录出，目的是寄送给同好友人校刊。该书与台图所藏当为同一种，而台图所藏两册残本中贴有许多浮签，多记校改意见，有唐翰题、王颂蔚校改题识，这也与《旧录》中所记莫绳孙寄此书目给刘

---

　　① 按，此诗在嘉庆二十二年《柯家山馆遗诗》刻本第二卷的第五、第六两叶，此后《湖州丛书》本刻有此集，但排叶似有误。《续修四库全书》所影印《湖州丛书》本中《柯家山馆遗诗》第二卷之第五、第六叶乃《柯家山馆词》第二卷之第五、第六叶，故无此诗；而《柯家山馆词》第二卷第五第六叶为正确词集内容，可知《续修四库全书》本缺少两叶诗。《清代诗文集汇编》所影印《湖州丛书》本中之《柯家山馆遗诗》《柯家山馆词》，诗集第二卷之第五、第六叶与词集第二卷之第五、第六叶互相错置，但内容完整无缺。

　　② 张剑《〈宋元旧本书经眼录〉探疑》，《中国典籍与文化》，2007年第4期，第71—74页。

　　③ 台图"古籍与特藏文献资源"网站可见此书电子版（索书号503 15361—0015）。

　　④ 《旧书所见录》，第261页。

履芬的目的一致。

另外,萧穆在《日记》中又记录了关于莫氏书目的后续记录:

> (丁丑)三月十六日,莫仲武送新刻《宋元旧本书经眼录》一部。①

此时已是 1877 年,为光绪三年,"新刻"一词说明此目刊成当在本年,为《〈宋元旧本书经眼录〉探疑》一文对于此目刻本刊成时间"至少在光绪元年或之后"提供了佐证。

今国家图书馆藏有莫友芝生前所题"宋元旧本书经眼录"的稿本,说明该书命名在莫友芝生前即已确定②。《郘亭所见书略》是莫绳孙专门整理出来供同好友人修改完善其父莫友芝《宋元旧本书经眼录》而作的,因此将此书理解为对修改稿阶段工作本的命名或更合理。《旧录》中的这一记录,为我们研究莫友芝《宋元旧本书经眼录》的成书细节提供了新的线索和角度。

总之,萧穆的《旧书所见录》虽然属于篇幅不大的残稿,但记录了与文献学研究相关的丰富资料,其中涉及的同光时期的藏书和藏书家故事,多为此前其他研究资料所未及。对《旧书所见录》的研究,不仅是对萧穆本人文献学活动的再认识,也是对当时诸如赵元益等藏书家藏书活动的进一步了解补充,为清末文献学的相关研究提供了新的线索和资料。如能结合《敬孚日记》以及其他萧穆稿本著述加以研究利用,当有更大收获。

表 1 　《旧录》影印本第一册所记赵元益藏书　时间 1876 年、1877 年、1880 年
按:"版本情况"一项内容节录自《旧录》原文,如有补充,加注说明。

序号	时间	书名	版本情况	《峭帆楼善本书目》是否著录
1	丙子(1876 年)二月十六日③	《资治通鉴》	卷十四至十五一册,盖南宋版也。每半页十一行,行二十一字。版式直七寸五分,横一尺宋尺,字画精审明晰,可贵之。有严蔚印章。注:宋本,残,后归陆心源,《静嘉堂秘籍志》著录,今藏日本静嘉堂。	否

① 《敬孚日记》,第 32 册,第 209 页。
② 此本今藏国家图书馆,索书号 13028,中华古籍资源库收录。
③ 按,此处据《敬孚日记》所载,第 32 册,第 23、24 页。

续表

序号	时间	书名	版本情况	《峭帆楼善本书目》是否著录
2	同上	《通鉴纪事本末》	乃小字本,每半页十三行,行二十四字,版式直七寸五分,横一尺一寸六分宋尺,玩其纸色及印工,似明初印本。今存五十一本,缺二十九本,上有汪士钟藏书印章,又有吴江徐氏记事印。注:宋本,后归陆心源,《皕宋楼藏书志》《静嘉堂秘籍志》著录,今藏日本静嘉堂。	否
3	同上	《西山先生真文忠公读书记》	乃明时所印旧版,每半页九行,行十六字,小字双行二十四字,版式直八寸三分,横一尺一寸六分宋尺,上有汪士钟藏书印章。	否
4	清明日(1876年三月十日)①	《皇明大政纂要》	明人抄本十二巨册,凡二十五,起于太祖高皇帝洪武元年戊申春正月乙亥,终于世宗嘉靖四十五年十二月及明年正月上尊谥及庙号。此书每半页二十四行,每行二十四字,空一格,每行二十三字,蓝丝格式,直八寸二分,横一尺六分,统纸本高一尺,横六寸三分。均工部营造尺,又十二册共厚八寸。尚缺二十六卷以下。	否
5	丁丑春(《抱朴子》至《严修能先生手稿》经眼时间在1877年三月至七月)	《抱朴子》	旧抄,乃黄荛圃物,有"吴岫小印"、"黄荛圃手校"方印,"曾藏汪阆源家"长方印。注:后归陆心源,《皕宋楼藏书志》《静嘉堂秘籍志》著录,今藏日本静嘉堂。	否
6	同上	《墨子》	四本,乃毕刻(注:清毕沅),系海盐陈德大容斋临顾千里校本,末有顾氏二记及陈跋三行。	否

----

① 此处据《敬孚日记》所载,第33册,第33页。

续表

序号	时间	书名	版本情况	《峭帆楼善本书目》是否著录
7	不详	《唐文粹》	当是元刻本,二十本,每半页十四行,每行二十五字,每卷前题曰"重校正唐文粹",字画颇工整,颇多脱误,实非善本。	是
8	同上	《花间集》	旧为孙渊如观察藏本,此本前应有欧阳炯序,为书贾佚去,或是明人翻刊宋本。	否
9	同上	《乖崖先生文集》	十二卷,附录一卷,共两册,乃青芝手抄(注:张位)。	否
10	七月十二日①	郑桐庵《易经》(含《文稿》)	手稿一册,此末有诗稿数首,共一片。又前见有文稿一册,亦是草稿难辨,亦其传否之所系也。此本有"郑敷教"及"士敬"二印章,盖即桐庵名字也。又此稿只自《咸》至《未济上》,前后俱无,乃是不全之书。注:萧穆所见是郑氏笔记手稿,曾经黄丕烈收藏。其中《周易》部分被蒋汝藻收藏,《传书堂藏书志》著录;赵诒琛在1918年重刊《重编桐庵文稿》,原稿毁于癸丑战火。	是
11	同上	《五行类事占》	七卷,共三册。上有"秀水朱氏潜采堂图书",乃朱竹垞家藏,前二本面乃竹垞分书,末有黄荛圃手跋。又有汪士钟藏书印章。注:后归陆心源,《皕宋楼藏书志》《静嘉堂秘籍志》著录,今藏日本静嘉堂。	否
12	同上	《范文正公遗迹》	元版,一册,前后无序跋,不知何处所刊,首曰山东遗迹,次吴中遗迹,次西夏堡斋遗迹,次洛阳遗迹并志,旧为孙氏星衍家藏,上有题签及诸印章。	是

---

① 据《敬孚日记》本年该日所记,萧穆归还以前所借之书,同时又新见赵氏藏书若干种,自《抱朴子》至郑桐庵手稿皆在《日记》中该年三、四月记录,自郑桐庵手稿以下有见于该年三月者,如严修能手稿(三月十一日)(第32册,第206页);亦有书名未见于《日记》中者,如《五行类事占》等。可知此处萧氏所记在时间上并不准确,但均在该年内。

续表

序号	时间	书名	版本情况	《峭帆楼善本书目》是否著录
13	同上	《思陵录》	抄本,一册,上下二卷,上卷起淳熙丁未止戊申;下卷起戊申止己酉。此亦士礼居藏本,末有跋。注:后归陆心源,《皕宋楼藏书志》《静嘉堂秘籍志》著录,今藏日本静嘉堂。	否
14	同上	《辛巳泣蕲录》	旧钞本,一册,此乃毛氏汲古阁旧藏,上有毛氏诸印章。	是
15	同上	《茅山志》	明板,一册,前半查小印,又有丛书楼印章。	否
16	同上	《仙都志》	钞本,一册,旧为黄尧圃藏,有印章二。	否
17	同上	《法显传》	钞本,一册,此孙氏星衍藏本,有印章二,末有"嘉庆戊辰三月二十二日孙仲璠阅"分书一行。	是
18	同上	《乐府古题要解》	钞本,上下二卷,有孙星衍跋。注:后归陆心源,《皕宋楼藏书志》《静嘉堂秘籍志》著录,今藏日本静嘉堂。	否
19	同上	《吕和叔文集》	校钞本,一册,十卷,朱笔批校,周锡瓒跋。注:此本今藏南京图书馆。	否
20	同上①	《方是闲居士小稿》	影元本,二册,上下两卷,汲古阁旧藏,严元照跋。注:此本今藏国家图书馆。	否
21	同上	《诗苑众芳》	钞本,一册。有沈岩题跋一则。注:后归陆心源,《皕宋楼藏书志》《静嘉堂秘籍志》著录,今藏日本静嘉堂。	否
22	同上	《履斋先生遗集》	钞本,一册,黄丕烈旧藏,有跋。注:后归陆心源,《皕宋楼藏书志》《静嘉堂秘籍志》著录,今藏日本静嘉堂。	否

① 《敬孚类稿》亦著录此本,时间为七月十四日辰刻。第185页。

续表

序号	时间	书名	版本情况	《峭帆楼善本书目》是否著录
23	同上	《棠湖诗稿》	影宋钞本,一册,黄丕烈旧藏,有跋。 注:后归邓邦述,《寒瘦山房鬻存善本书目》著录,今藏国家图书馆(原跋丢失,邓氏重补)。	否
24	同上	《耿庵诗稿真迹》	明写本,一册,有黄丕烈题跋。 注:后归蒋凤藻,今藏台北"国家图书馆"。	否
25	同上	《严修能先生手稿》	清写本,一册。	否
26	辛巳(1881)十一月	《乖崖集》	钞本,二册。孙星衍旧藏,有孙氏跋。 注:今藏浙江大学图书馆。①	是

表 2　《旧录》影印本第二册所记赵元益藏书　时间 1874 年

按:"版本情况"一项内容节录自《旧录》原文,如有补充,加注说明。

序号	时间	书名	版本情况	《峭帆楼善本书目》是否著录
1	(1874)三月初一日②	《周易参义》	元本,一册,残本。	否
2	甲戌年(1874)三月初五日	《集韵》	宋本,段玉裁手校本,五册,曹寅旧藏。 注:实为校宋本,底本为曹寅刻本。后归陆心源,《皕宋楼藏书志》《静嘉堂秘籍志》著录,今藏日本静嘉堂。	否
3	同上	《嵇中散集》	明仿宋刻,十卷,一册,黄省曾旧藏。	是

---

① 许菊芳《浙江大学图书馆藏宋人别集藏书题跋辑释》著录此本及题跋,《文献》2011 年第 2 期,第 91—95 页。

② 《敬孚日记》,第 31 册,196 页。

续表

序号	时间	书名	版本情况	《峭帆楼善本书目》是否著录
4	同上	《昌黎先生集考异》	十卷,二册,清刻本。	否
5	同上	《李文公集》	十八卷,共四册,汲古阁刊本,静涵临无名氏校本,有赵元益跋。	是
6	同上	《孙可之文集》	十卷,一册,明刻本,有赵元益跋。	是
7	同上	《游志续编》	赵氏过录钞本,一册,有黄丕烈题跋。注:此过录本所据底本后经周叔弢收藏,今藏国家图书馆。	是
8	同上	《游志前编序》	钞本,残。	否
9	同上	《亭林余集》	钞本,一册。	是
10	同上	《读书敏求记》	四卷,二册,赵元益过录张塘蔡氏藏黄丕烈校本。	是
11	三月初六日	《集篆古文韵海》	钞本,五卷,二册,孙渊如旧藏。	是
12	同上	《虎丘山志》	明版,黄丕烈旧藏,有黄丕烈题跋。注:此书见于《涵芬楼原存善本草目》,未见于《涵芬楼烬余书录》,当毁于战火。萧穆抄录之黄跋为迄今最为完整者。	是
13	同上	《东国史略》	钞本,六卷,共二册,顾肇声、黄丕烈、汪士钟旧藏,有黄跋。注:此本今藏国家图书馆。	否
14	同上	《汲古阁珍藏秘本书目》《季沧苇藏书目》	士礼居刊本,二卷、共一册。	否

续表

序号	时间	书名	版本情况	《峭帆楼善本书目》是否著录
15	同上	《琴清阁书目》	钞本,一册。 注:此本今藏复旦大学图书馆。	否
16	同上	《艺芸书舍宋元本书》	钞本,一册。	否
17	同上	《爱日精庐藏书志》	清刻本,四十卷。	否
18	三月初十日	《山水决》《林泉高致》	合一册,明抄本,有黄丕烈题跋。原为赵元益所藏,后赠送张塘蔡氏,萧穆所见本为赵氏从蔡氏借来者。 注:萧穆抄录黄跋,迄今未见他处辑录。	是,但解题中未言有黄丕烈题跋。
19	同上	《萍洲可谈》	抄本,三卷,共一册。徐乾学、汪士钟旧藏。 注:此本今藏台北"故宫博物院"。	是
20	同上	《惠松崖文钞》	清写本,一册,不分卷。	否

新见四篇拟《永乐大典》副本进书表*

高树伟　项　旋**

【内容提要】　历代官修书,多存进书表,进书表所记修书缘起、编纂过程、参与人员等,通常对研究这部书极具参考价值。《永乐大典》录副收尾之际,负责重录工作的徐阶等人,曾以"进《永乐大典》表"为题,考选中书舍人、馆课翰林院庶吉士,故留有多篇拟作。唐文灿、沈鲤、林偕春、陈经邦四篇拟表,即在此背景下撰成。本文梳理四人生平,结合明代中书舍人考选、庶吉士馆课制度,还原了四篇拟表的撰写背景和撰写时间:唐《表》作于嘉靖四十四年,为考选中书舍人之作,沈、林、陈三《表》,为隆庆元年翰林院馆课拟作。唐文灿与沈、林、陈所属机构不同,对《大典》相关知识掌握略异,研究四篇拟表的背景、时间与内容,对理解《大典》相关问题多有助益。

【关键词】　《永乐大典》　进书表　中书舍人　馆课　庶吉士

一　引　言

"表"在古代文书中应用较广,臣向君上书,请劝、陈乞、进献、推荐等多用表文。进书表即其中的一类,即臣子向皇帝进献书籍所附的表文,间以陈情。表之体,汉晋多用散文,唐宋惯用四六,明代徐师曾总结为三体(古体、唐体、宋体)。① 明清时期,《永乐大典》(下称《大典》)、《四库全书》的进书表,其体均为四六。明永乐六年(1408)十二月,《大典》修成进呈,姚广孝即有《进〈永乐大

——————

　　* 本文为 2021 年度国家社会科学基金特别委托项目"《永乐大典》综合研究、复原"(项目号 21@ZH046)阶段性成果,由国家资助博士后人员计划(GZB20230036)资助。

　　** 高树伟,北京大学中国古文献研究中心、中国语言文学系博雅博士后。项旋,北京师范大学历史学院副教授。本文先后承北京大学中文系李更、叶晔两位老师赐正,尤其是提示把握四篇进书表的拟作性质,对完善本文发挥了关键作用。北京师范大学张升教授、北京大学历史学系李新峰教授对本文修订也有贡献,谨此致谢。

　　① 〔明〕徐师曾撰,罗根泽点校《文体明辨序说》,北京:人民文学出版社,1998 年,第 122 页。赵兵兵《〈进四库全书表〉及其笺注二种之研究》,山东大学硕士学位论文(2018)。

典〉表》，见载于《大典》卷首。① 此《表》对《大典》纂修缘起、收书范围等多有记述，为研究《大典》提供了重要参考。

明嘉靖四十四年（1565），处理《大典》重录总裁官徐阶考选内阁中书供事，其中一项即以拟《大典》副本进书表命题。同年六月，改乙丑科二甲、三甲进士陈经邦等二十八人为庶吉士，送翰林院读书。② 隆庆帝登基后，时任《大典》重录总校官的陈以勤、秦鸣雷等，受命兼任翰林院教习，又曾于隆庆元年《大典》录副收尾之际，以进《大典》表为题馆课庶吉士，留有多篇拟表。

明代庶吉士制度肇始于洪武十八年（1385），其名取意《尚书》"庶常吉士"，目的在为国家持续培养后备高级文官。永乐年间对考选庶吉士有所规范，并定考选人数为二十八员，以应二十八宿，庶吉士的晋升渠道大致有选馆、教习、散馆三个阶段。所谓馆课，即"秘馆训习士日课"。③ 庶吉士所作馆课文字，涉及诏、诰、赋、颂、疏、议、叙、记等体裁。④ 时政类翰林院馆课大都需结合时事，用意于解决具体问题，因此疏、议之类，其内容多"涉及朝廷事务的方方面面，现实针对性很强，甚至不少就出于阁臣借谋于庶吉士者"，目的是提升其公文写作、处理时政的能力。⑤

清乾隆年间"四库全书馆"修书，禁毁了不少馆课文献。⑥ 因馆课文字多是庶吉士精心结撰，兼具学术、政治等多方面价值，庶吉士编纂文集时，时常将这些文字收入其中。⑦ 据《中国古籍总目》集部的统计，有 7175 部明人别集存世，⑧多数散于各地公藏，翻检不易，以往研究者均不曾留意《大典》副本尚有多篇进书表存世，故未及细究。

经仔细爬梳，共找到四篇拟《大典》副本进书表，这四篇拟表，一篇见于《皇明馆课》，三篇见于明人别集。分别为：唐文灿《拟重写〈永乐大典〉成进呈表》、

①　姚《表》位于《御制〈永乐大典〉序》后、《〈永乐大典〉凡例》前。《〈永乐大典〉目录》，第 1 册，中国国家图书馆藏清姚元之抄本，索书号：02837。《连筠簃丛书》本《进〈永乐大典〉表》则在《凡例》之后，北京：中华书局，1980 年，第 5 页。

②　〔明〕张溶、徐阶等修《明世宗实录》卷五四七，台北："中央研究院"历史语言研究所校印，1965 年，第 8836 页。

③　〔明〕王锡爵增订，沈一贯参订《增订国朝馆课经世宏辞》卷首，沈一贯《增订馆课叙》，《明代馆课汇编》，第 1 册，北京：北京燕山出版社，2019 年，第 9 页。

④　学界对明代庶吉士制度研究较多，本文主要参考郭培贵《明代各科庶吉士数量、姓名、甲第、地理分布及其特点考述》，《文史》2007 年第 1 辑。郭培贵、刘明鑫《明代的庶吉士教习官》，《安徽师范大学学报（人文社会科学版）》2015 年第 3 期。叶晔《明代中央文官制度与文学》，杭州：浙江大学出版社，2011 年。张婷婷《明代翰林馆课卷研究》，南开大学博士学位论文，2014 年。

⑤　金生杨《明代馆课汇编》总序，第 1 册，第 14 页。

⑥　张婷婷《明代翰林馆课卷研究》，第 30—33 页。

⑦　金生杨《明代馆课汇编》总序，第 18 页。

⑧　左东岭《明代诗文集珍本丛刊》序言，《明代诗文集珍本丛刊》，北京：国家图书馆出版社，2019 年，第 1 册，第 1、2 页。

沈鲤《拟进〈永乐大典〉表》及林偕春《恭进〈永乐大典〉表》、陈经邦《拟进重修〈永乐大典〉表》(下称唐《表》、沈《表》、林《表》、陈《表》)。① 下文即结合明代翰林院馆课制度,考订四《表》作者生平、撰写时间及所用典故,以明晰其价值。

二　四篇拟表的作者及其撰写时间

《大典》仅有永乐年间所修正本及嘉靖年间所抄副本两部,②新发现的四篇拟表均是为副本而作。《大典》副本抄录未及完工,嘉靖帝即于嘉靖四十五年十二月十四日驾崩,副本也未及进呈。十二天后,隆庆帝即位,新见四篇拟表即在此时段相继完成。现存《〈永乐大典〉目录》,有中国国家图书馆藏姚元之抄本及《连筠簃丛书》刻本(无《〈永乐大典〉韵总歌括》及《韵总》),据《大典》副本目录抄出,尤其是抄本,应比较忠实地保存了副本原件的样貌。

《大典》正文前,有《御制〈永乐大典〉序》《进〈永乐大典〉表》《〈永乐大典〉凡例》《〈永乐大典〉韵总歌括》《〈永乐大典〉韵总》《〈永乐大典〉目录》六部分。③ 此前,研究者多将此六部分归入《目录》中。但从内容层面看,作为《大典》的组成部分,《御制〈永乐大典〉序》《进〈永乐大典〉表》等六项,均为独立存在,且《韵总》收字与《目录》并不相符。④ 从形式层面看,据乾隆元年十一月"收到书目档"称《韵总》一套(计二本)",⑤及翁方纲校阅札记,⑥《歌括》《韵总》总计一函(二册),《目录》六十卷,总计六十册(十册一函)。故《御制〈永乐大典〉序》《进〈永乐大典〉表》《〈永乐大典〉凡例》,原应与《目录》连抄在首册中。⑦ 傅增湘《藏园群书经眼录》中著录有《御制校〈永乐大典〉诗并纪事》一册,清红格抄本,上有许乃济题识。嘉庆二十年(1815),此书为许氏与清秘堂诸友"取首册倩供事抄出",抄本包括乾隆癸巳御制诗八韵、御制序、《进〈永乐大典〉表》、《凡例》二

---

① 张升教授曾据唐《表》考订《大典》副本是"用布把书册包裹得很严密"的套装。张升《〈永乐大典〉流传与辑佚新考》,北京:社会科学文献出版社,2019年,第9页。

② 《四库全书总目》中《永乐大典》提要,误认为《永乐大典》在嘉靖年间曾重抄了正、副二本。〔清〕永瑢等撰《四库全书总目》卷一三七,北京:中华书局,1965年,第1165页。《大典》明嘉靖年间重录一部,尽管此前已有研究者考证,但仍有些特殊的材料影响了当代学者的判断,故再为澄清。参见高树伟、张鸿鸣《罗振玉藏〈永乐大典〉残帙辨伪》,《历史文献研究》第45辑。

③ 据中国国家图书馆藏姚元之抄本,书衣未见题签,开章即《御制〈永乐大典〉序》。

④ 丁治民、汪亮娟《宇内孤本〈永乐大典韵总歌括〉名实关系考论》,《辞书研究》2019年第5期。

⑤ 方苏生《清内阁库贮旧档辑刊》,第2编,北京:国立北平故宫博物院文献馆,1935年,第4册,第98a叶。

⑥ 〔清〕翁方纲《翁方纲纂四库提要稿》,上海:上海科学技术文献出版社,2000年,第13册,第1140页。

⑦ 董岑仕《〈永乐大典〉之〈崇文总目〉〈四库阙书〉考:兼论〈永乐大典〉中四十二卷书目汇编》,《古典文献研究》第二十一辑下卷,2018年。

十则，①同样未见《大典》副本进书表。

除了唐文灿考选中书舍人所拟表文，林偕春、沈鲤、陈经邦所撰三篇进书表的发现，让我们转而聚焦嘉靖乙丑科陈经邦等二十八名庶吉士。明嘉靖四十四年四月，嘉靖皇帝陆续任命时参与抄录《大典》的秦鸣雷、陈以勤为教习庶吉士。② 此时，《大典》副本抄录已近收尾，秦鸣雷等人曾以"进《永乐大典》表"为题馆课庶吉士。据嘉靖四十四年徐阶为庶吉士所拟《规条·示乙丑庶吉士》，对庶吉士作文、考试等情形有大略规定，要读《文章正宗》、《唐音》、李杜诗，以法其体制，并听翰林院先生每天授书。且要教习每月出题六道，文三篇、诗三首，月末进呈文稿。初二日、十六日，还须各赴内阁考试一次。③

陈经邦、林偕春、沈鲤三人拟写《大典》副本进书表的时间，可据他们的授官时间作出推断。《明穆宗实录》载：

> （隆庆元年三月）授翰林院庶吉士陈经邦、陈懿德、周子义、戴洵为编修，张秩、许国、林偕春、高启愚、陈思育、成宪、沈鲤、沈渊为检讨……④

隆庆元年三月，陈经邦、林偕春、沈鲤等人被授予翰林院编修、检讨等职，这是他们作为庶吉士应馆课拟写进书表的时间下限。下文即分别考订四篇拟表的作者、撰写时间。

（一）唐文灿《拟重写〈永乐大典〉成进呈表》（《鉴江集·初集》卷首"试吏文稿"）

嘉靖　年（题下小注）
嘉靖某年某月某日具官臣某等奉命重写《永乐大典》成，谨进呈者。

伏以道隆继述，琅函传金匮之珍；义重表章，彤管缀青编之富。幸告成于翻校，谨斋戒以奉将。仰副圣怀，冒尘清览，臣等诚惶诚恐、稽首顿首上言：窃惟文字肇兴，鲁开八索、九丘之典；史官继设，特掌三皇五帝之书。圣谟固有足征，王制犹为未备。迨传汉世，雅尚艺文。若麟殿、若兰台，内禁之储藏惟谨；曰石渠、曰延阁，诸司之典守亦严。但博士间或至于失官，固刘歆竟不免于遗议。乃如缮写之法，莫若开元之时。监内聚书，每选工书之世胄；院中给笔，兼颁濡笔之墨丸。仅数传而安史纵横，致四库之简编残缺。宋朝会

---

① 此书为1941年11月6日傅增湘在翰文斋潘祖荫遗书中所见。傅增湘《藏园群书经眼录》卷一〇，北京：中华书局，1983年，第855页。

② 〔明〕张溶、徐阶等修《明世宗实录》卷五五七、五五八，嘉靖四十四年八月丁丑、嘉靖四十五年四月丙寅、癸酉，嘉靖四十五年五月丙午，第8954、8956、8972页。

③ 〔明〕徐阶《世经堂集》，《明别集丛刊》，第2辑，第43册，合肥：黄山书社，2016年，第493页。

④ 〔明〕张居正等修《明穆宗实录》卷六，第160页。

曝之制,虽颇周详;馆阁校雠之功,终嫌疏略。《太平御览》旋散逸而鲜有存,《文苑英华》多舛讹而不可读。必圣人乃能以有作,惟孝者斯善于继成。

　　恭惟皇帝陛下道法兼该,心思曲尽。继先图治,宣创垂之烈于重光;稽古右文,裕闻见之资于大备。尝建戚而藏史册,并录经书;乃置笥以贮典坟,旁收传记。犹虑分储之未广,方期嗣续之有加。追惟《永乐大典》之书,肇自成祖文皇帝之制,编摩依乎诗韵,晓譬假于画图。裒集奇书,无复遗书可购;珍藏善本,何须异本是求。遂兴抄录之怀,载发縢緘之畜。开兹十馆,日分侍从以研磨;假尔数年,时遣辅臣而督视。执艺选青衿之隽,寻行披黄卷之华。官惟备而事惟繁,不止周旋夫十吏;命用申而书用识,非徒细写乎五经。既施墨笔以誊事文,复取丹朱以辨句读。对窗点校,防互牙温燠之讹音;抚案铺舒,订鱼鲁陶阴之疑字。涓流各效于积累,渊海随成于会归。自天文地理以至草木昆虫,囊括两间之众理;合御制圣经而与史编子集,网罗千载之群书。采声歌不弃乎风谣,陈教术无遗乎释老。工技之方毕载,见小道之可观;稗官之说其存,知迩言之当察。韵之纲,凡七十有六,偶符七候旋转之图;册之目,则一万有千,适当万物生成之数。牙签玉轴,装饰何多;锦帕缇巾,函封尤密。先必献诸枫陛,以备重瞳乙夜之观;且将纳在芸台,以充副本别编之积。后先卷帙,映奎壁而标垂;左右图书,环宸居而拱向。册府盈如仙府,虽富公之建于府学者,莫能载焉;书山峻似道山,即李氏之藏于山房者,未足容也。

　　凡此人文之丕阐,实惟祖武之克绳。美既彰而盛因以传,昭哉嗣服;事虽述而功倍于作,展也大成。臣等滥列章缝,粗攻铅椠。识惭刘向,辄奏校书之篇条;学谢张观,漫呈崇文之总目。虽画芦易免于错误,顾扫叶尚恐其遗忘。幸承睿旨以对扬,获就完编而进御。伏愿懋遵圣典,弘运神谋,见天下之赜而功收一原,保日中之宜而治洽八叶。天所覆地所载,万方嘉靖乐雍熙;日之恒月之升,一统大明传悠久。臣无任瞻天仰圣、激切屏营之至,谨以重写《永乐大典》随表上进以闻。

　　按唐文灿(1525—1603),字若素,号鉴江,明福建铜山所(今东山县铜陵镇)人。先世为莆田人,明初调卫漳州,隶籍镇海卫铜山所,十三童试辄冠郡庠,十六科试第一,二十五岁登乡榜,徙居郡中。嘉靖四十四年,试中书第一。隆庆二年(1568)援例得试礼部,成进士,转授行人。不久即迁工部漕运员外郎,后升任广西按察使,颇有政声。[①] 著有《鉴江集》。其集有明万历刻本及清

---

　　① 〔清〕陈振藻纂辑《(乾隆)铜山志》卷七,《中国地方志集成》(福建府志辑 31),上海:上海书店出版社,2000 年,第 354 页。徐炳文修,郑丰稔纂《(民国)云霄县志》,郑州:中州古籍出版社,2006 年,第233 页。

康熙刻本传世,①康熙刻本即康熙二十六年(1687)唐文灿曾孙唐察辑刻。②
《鉴江集·初集》"试吏文稿"所收拟文两篇,目录中作"吏试稿",下有小字注云
"计二则,考选中书第一",分别为《拟汉令两千石修职诏》《拟重写〈永乐大典〉
成进呈表》。"试吏文稿"为嘉靖四十四年唐文灿所拟,用以考选中书舍人。
《吏部职掌》"制诰房官"记载了此次考选情形:

> 一、制敕、诰敕房内阁查缺,题行本部,查访科目出身官员及进士并中
> 书舍人、四夷馆等衙门相应官内,有文学优长兼精书翰及性行谨恪者考
> 选。……
> 一、嘉靖四十四年,大学士徐题将下第告选举人于内考选三、四员供
> 事。该本部考选,得正卷唐文灿等四卷、备卷四卷进呈,其取中合授试中
> 书舍人,许令会试一次。奉圣旨:"正卷依拟用。"③

据《明史·职官志》:"内阁诰敕房舍人,掌书办文官诰敕,番译敕书,并外
国文书、揭帖,兵部纪功,勘合底部。制敕房舍人,掌书办制敕、诏书、诰命、册
表、宝文、玉牒、讲章、碑额、题奏、揭帖一应机密文书,各王府敕符底簿。"④中书
舍人一般从进士、举人、监生内考选,制敕、诰敕两房舍人,皆以举人、监生、儒
士相兼取用,⑤从七品,其地位稍亚于进士中书,草拟"册表"即其职事之一。嘉
靖四十四年的这次考选,为《大典》录副总裁徐阶命题,所得正卷唐文灿等四
卷,其奉圣旨拟录用,与其集"试吏文稿"下所注"考选中书第一"合榫。

据唐察序称,"(唐文灿)乙丑试中书第一,值内阁撰文,时申瑶泉(1535—
1614,名时行)、余同麓(1526—1584,名有丁)及大座师李石麓(1510—1584,名
春芳)诸公莫不共相叹赏,以为眉山复出也。凡册诰敕命鸿章巨笔皆委重焉,
禁垣清切,虽际仓急,濡毫立就,典雅精核,同舍相视莫及"。⑥ 值得注意的是,
唐文灿的座师即时任重录《大典》副总裁官的李春芳,此次考选又是《大典》录
副总裁徐阶命题,且唐文灿试中书第一。

(二)沈鲤《拟进〈永乐大典〉表》(沈鲤《亦玉堂稿》卷七)

> 伏以文谟启后,垂燕翼于遗编;尧德膺图,缵鸿猷于往训。成先皇可

① 美国普林斯顿大学东亚馆藏明万历刻本,索书号:PL2698.T28 K62s。
② 〔明〕唐文灿《鉴江集》卷首,唐察《遗稿纪略》,《明别集丛刊》,第3辑,第32册,合肥:黄山书社,
2016年,第10,11页。下引唐文灿《鉴江集》,皆据此本。
③ 〔明〕吏部编修《吏部职掌》,明万历刻本,哈佛大学燕京图书馆藏,索书号:990077711970203941,
第24,25叶。
④ 〔清〕张廷玉等撰《明史》卷七四,北京:中华书局,1974年,第1808页。
⑤ 〔明〕李东阳等撰、申时行等重修《大明会典》卷五,第1册,扬州:广陵书社,2007年,第103页。
⑥ 〔明〕唐文灿《鉴江集》,第10页。

大之业，为昭代不刊之规。叙述甫成，对扬莫既。谨齐心而进御，爰稽首以扬言。窃惟天地之经，以继存为大；帝王之学，与韦布不同。故欲考古以证今，必由洽闻而博物。恭维成祖文皇帝崇儒重道，稽古右文，发天禄石室之藏，开金马玉堂之署。凡典籍所载，悉萃编摩；从宇宙以来，尽入纪录。群分类聚，如江海之会百川；提领挈纲，若乾坤之括庶类。功成四载之后，卷溢二万有奇。允谓全书，称名大典。顾简帙浩汗，刊布未遑；而岁月滋多，修辑宜重。属先皇之有命，付臣等以重编。正其温婳之疑，订厥豕鱼之谬。既拂尘而扫叶，亦革故以图新。方怀献曝之忱，遽轸遗弓之痛。时如有待，道岂无传。兹盖伏遇皇帝陛下，受命溥将，配天广大。维人维后，应五百载之昌期；作君作师，会千万年之景运。访予落止，绍陟降于家庭；肆其靖之，殚缉熙于夙夜。懋昭汤敬，焕有尧文。而是典告成之余，适大宝初登之候。上副延纳，少裨日月之明；下代苕茏，用补涓埃之报。数年铅椠，一旦遭逢。价重儒林，辉腾简册。西昆东观，光连奎壁之墟；锦轴牙签，彩映云霞之色。丕哉承显，永矣孝思。累朝之述作同光，三圣之授守一道。于今为盛，振古稀闻。臣等识小瓮天，才专袜线。集众芳之佩，敢自附于良工；纫千掖之裳，诚有愧于国手。祗输忠赤，欲信汗青。伏愿能自得师，与治同道。闻亦式，谏亦入，迈周文有造之风；明庶物，察人伦，成虞舜无为之治。

　　按沈鲤（1531—1615），字仲化，号龙江，归德人。嘉靖四十四年进士，选翰林院庶吉士，隆庆元年三月授翰林院检讨。[1] 万历十年（1582）任侍讲学士，掌院事，改侍读学士。历官《会典》副总裁、礼部尚书少保兼太子太保、文渊阁大学士。享年八十五岁。谥文端。[2] 著有《亦玉堂稿》十卷及《续稿》八卷。生平具《明史》本传。据《四库提要》称，其集"明末版毁不存""康熙庚午刘榛裒辑残阙所重刊"。[3] 实《亦玉堂稿》及《续稿》现仍有明万历刻本存世，《明别集丛刊》第三辑即影印北京大学图书馆藏明万历刻本。卷首有其门生王象乾《沈文端公〈亦玉堂稿〉序》，分箴、疏、记、表、序、铭、传等体。[4]《续稿》八卷，王象乾叙称"取笥中所藏先生稿，雠对是正，刻成而纪之……"[5] 仅此本录存沈《表》。

　　《亦玉堂集》目录卷七"进〈永乐大典〉表"下有"馆课"二字，知此篇为沈氏任翰林院庶吉士期间接受馆师教习的作业。沈《表》有"成先皇可大之业，为昭

①　〔明〕张居正等修《明穆宗实录》卷六，第160页。
②　〔清〕张廷玉等撰《明史》卷二一七，第5733页。
③　〔清〕永瑢等撰《四库全书总目》卷一七二，《亦玉堂稿》提要，北京：中华书局，1965年，第1511页。
④　〔明〕沈鲤《亦玉堂稿》，第283—192页。
⑤　〔明〕林偕春《亦玉堂续稿》卷首，中国国家图书馆藏，索书号：T03827。

代不刊之规"及"属先皇之有命,付臣等以重编……方怀献曝之忧,遽轸遗弓之痛。……兹盖伏遇皇帝陛下,受命溥将,配天广大",两及"先皇",又有"而是典告成之余,适大宝初登之候"。据此知,沈《表》作于隆庆帝即位以后,且不晚于隆庆元年三月。①

(三)林偕春《恭进〈永乐大典〉表》(《云山居士集》卷七)

伏以经纬昭于天地,垂万年文献之征;述作备于圣神,成两朝谟烈之盛。彤庭首进,青简增光。顾百代遗文,得此未免失彼;而九流杂见,殊途何以同归? 必有右文之君,始克大成之集。仰惟成祖,佑我后人。谓简帙浩繁,遍观莫殚其蕴;命儒臣纂辑,一览庶见其全。搜竭茧丝,载穷牛栋。譬诸天包万锡,匪昭昭以为多;如彼海纳众流,虽涓涓而必受。盖有博学之士,未之或窥;自求遗书以来,未尝见此。第牙签数万卷,珍藏或溢于文昭;而上下二百年,掌故仅闻于册府。自非重录,讵免遗亡。先帝主善为师,与治同道。念成祖远稽博取,既成昭代之文;惟上天笃佑垂仁,实简熙朝之典。欲图永示,须及今修。开史馆以缮书,分儒臣而校阅。鲁鱼亥豕,详辨白璧之瑕;璀璨珠玑,光动青藜之照。贯固仍旧,帙则维新。聚万古之微言,历五年而竣事。方期上献,少裨大观。不幸龙驭遽升,龟呈莫及。问察虚于侧席,哀痛寄于遗文。方策具存,运会有待。

兹盖伏遇我皇帝陛下,神明天纵,学问日新。缵承十叶之洪基,应时得统;光昭列圣之令德,发政施仁。礼乐章程,咸因事而改正;军民利病,悉以次而罢行。允大有为之君,诚不世出之主。奎文焜耀,竹汗鲜明。属当讲学之辰,载进多闻之典。置诸尊阁,永作麟台之秘藏;畜以前言,何须虎观之同异。楚倚相夙称能读,仅止三五八九之间;韩宣子旧有所观,奚翅什伯千万之际。二后之会精丕著,九重之明见攸资。臣等料理成书,无能加于润色;整齐故事,庶以拟诸形容。少殚校雠之微劳,上答简在之隆意。伏愿始终典学,惟得意以忘言;精一执中,期自博而归约。溯祖考之遗意于简帙之外,渊乎道统之传;扩日月之贞明于照临之中,焕乎文思之治。

按林偕春(1537—1604),字孚元,号警庸、云山居士,福建云霄人。明嘉靖四十四年进士,改庶吉士,隆庆元年三月授检讨,②曾参与纂修肃、穆二朝《实录》,历官翰林院编修、两浙学政、湖广参政等职。以文章气节为时所重。著有

---

① 沈鲤于隆庆元年三月授翰林院检讨,他以庶吉士身份参与馆课、拟表,必在此之前。
② 〔明〕张居正等修《明穆宗实录》卷六,第160页。

《云山居士集》八卷。① 林氏勤于著述,于翰林院任史职时,常神疲案牍,多有词章。《云山居士集》刻本流传较少,其弟林弘春于万历三十四年"搜诸荒筐所遗""参以传儿所抄,副平日所诵记,前后凑集""详加检阅,文以汇而集,集以时而次……编辑成书,厘为八卷,付诸剞劂",编成《云山居士集》。② 清末,此刻本流传已稀。光绪十五年(1889),进士张纲在张履庵家藏抄本的基础上,编辑成今所见光绪十四年重刻本,流传稍广。③ 民国以后,几经兵燹,历经"文革",已流传极少。

今所见《云山居士集》,为 1986 年修复云山书院林太史墓董事会影印光绪十五年重刻本。按其集例,分馆集(自隆庆丁卯以前至嘉靖乙丑登第后集)、京集(自隆庆戊辰年至万历乙亥年中间告归回京集)、家集(自万历丙子至癸未春夏间又自戊子至癸卯终集)、宦集(自浙学历虔南荆西二任集)四例。文集有表、疏、议、赋(以上卷一)、颂、论、考、记、引、传(以上卷二),书(以上卷三)、启、行状、志铭、祭文、文疏(以上卷四)。五言古风、五言排律、五言律、五言绝句、七言古风、七言律、七言绝句、歌、杂咏、补遗(以上卷五)。卷一收表四篇,分别为《拟群臣贺圣母皇太后表》(京集)、《恭进〈永乐大典〉表》(馆集)、《进〈承天大志〉表》(馆集)、《贺册立皇太子表》(京集)。据第一册卷端总目,"文集"二字下有双行小注"遵依旧本,体裁遗失,俟查续刻"。

《云山居士集》目录卷一"拟永乐大典表"下有"馆集"二字,按目录后所附集例,馆集为嘉靖八年林氏登第后至隆庆元年之间所撰。据林《表》"方期上献,少裨大观。不幸龙驭遽升,龟呈莫及。问察虚于侧席,哀痛寄于遗文。方策具存,运会有待"及"先帝主善为师,与治同道",可见林氏作此表时,嘉靖帝业已去世。又云"兹盖伏遇我皇帝陛下……",知撰此表时隆庆帝已登基。由上文所考,林《表》作于隆庆帝即位以后,且不晚于隆庆元年三月。④

(四)陈经邦《拟进重修〈永乐大典〉表》(《皇明馆课》卷七)

伏以文谟启后,瑶编特焕乎鸿裁;武孝光前,宝典益章于善述。爰备九重之览,实更两圣之勤。册府生荣,词林侈盛。臣等诚惶诚恐,稽首顿首,上言窃惟圣人垂教,书契肇兴,天子考文,简编斯重。六籍之源流既远,百家之枝叶弥繁。七略九流,篇帙渐成于充栋;五车十乘,探求每苦于

① 〔明〕林偕春《云山居士集》卷首,黄凤翔《林偕春墓志》,清光绪重刻本影印本,自藏本。〔清〕张廷玉等撰《明史》卷九九,第 2485 页。

② 〔明〕林偕春《云山居士集》卷首,林弘春《家伯子〈云山居士集〉序》,第 1 册,第 12 叶。

③ 〔明〕林偕春《云山居士集》卷首,《〈云山居士集〉誊印前言》。

④ 沈鲤、林偕春同于隆庆元年三月授翰林院检讨,他们以庶吉士身份参与馆课、拟表,必在此之前。

望洋。汉京夸两阁之储，徒克秘藏；宋家重三馆之积，仅多虚名。当文皇在御之初，正圣学日新之始。谓帝王之建事必贵多闻，面人主之观书尤先知要。玉篇著矣，惜采掇之多遗；韵府昭然，病网罗之未广。咨群才而更辑，开列局以分摹。其法虽仿于二书，其事务包乎百代。圣经良史之所载，固已兼收；怪录稗官之所谈，亦令毕采。盖自河洛之后，文明尽聚于兹编；而穷宇宙之间，细大靡捐于一物。再经纂录，执简者几。仙驭未告成功，兹盖恭遇皇帝陛下，乃圣乃神，克明克类。乾始利天下，肇龙飞虎变之祥；丰亨宜日中，际马负龟呈之盛。遂使祖宗之述作，适供朝夕之披陈。事岂偶逢，时如有待。臣等瓮鸡小见，管豹微明。学愧更生，谬荷校书之任；才非刘晏，叨陪正字之班。目涉书林，辨沿讹于亥豕；身临笔阵，听竞巧之春蚕。粗竭忠勤，曷酬眷命，捧芸编而增悚，瞻枫陛以怀就。伏愿思孝奉先，游神稽古。德是师善是，主益收商宗协一之功；日斯就月斯，将永励周后缉熙之志。臣等无任瞻仰圣激切屏营之至。

按陈经邦（1537—1615），字公望，号肃庵，福建莆田人。嘉靖四十四年进士，选庶吉士，隆庆元年三月授编修，[①]官至礼部尚书。曾于东宫充讲诗官，复充经筵，每进讲，条理明晰、吐音洪亮，神宗改容听之，呼为白面先生。此后，与辅臣言路议异，乞疏归。林居三十年，享年七十九岁。[②]著有《陈文恪公遗稿》，编有《皇明馆课》。《皇明馆课》五十二卷，万历刻本，美国国会图书馆藏，卷端有顾尔行序、凡例、庶吉士科名、目录。据顾尔行序及凡例，此书为陈经邦、沈自邠、顾尔行自嘉靖四十四年至万历二十年八科馆课卷中所选，汇辑为五十二卷，原装二十八册，以角、亢、氐、房、心等二十八宿命名。

《皇明馆课》卷七收有陈经邦《拟进重修〈永乐大典〉表》，结合此书所收范围，且其中有"当文皇在御之初"及"仙驭未告成功，兹盖恭遇皇帝陛下"，此篇与以上沈、林二表应作于隆庆帝即位后的同一次馆课，且不晚于隆庆元年三月。[③]

三　四篇拟表的内容

《大典》自嘉靖四十一年八月重录，嘉靖四十四年，重录总裁徐阶为内阁制敕、诰敕两房考选供事时，即以"进《永乐大典》表"为题，唐文灿以《拟重写〈永乐大典〉成进呈表》等两文考选中书第一。嘉靖皇帝驾崩后，时任重录总校官

---

①　〔明〕张居正等修《明穆宗实录》卷六，第 160 页。

②　〔清〕郝玉麟等监修，谢道承等编纂《（乾隆）福建通志》卷四四，《景印文渊阁四库全书》本，第519 页。

③　陈经邦于隆庆元年三月授编修，他作为庶吉士参与馆课、拟表，必在此之前。

的陈以勤、秦鸣雷兼任翰林院教习,负责庶吉士馆课,每月出题命各庶吉士拟文。由馆课制度考量沈、林、陈《表》生成过程、背景,将之与其他文献相互参证,可知三《表》为反映《大典》录副收尾阶段比较直接的材料,它直接体现了当时内阁、翰林院的信息沟通情况:大学士、教习一方面在处理《大典》重录相关工作,一方面兼顾培养选拔高级文官。考选、馆课的命题,也是基于大致相同的知识背景,以此考核、选拔人才。

关于《大典》副本录副时的抄写情况,当时制定了严格的制度:

> 收掌官会同催攒官,每馆置簿一扇,按日登记各官生所写书叶。除题奉钦依每日须写三叶、每人须足五千叶外,其论叶数,须以实写之字扣算,凡图画等项不许概作叶数混开。如遇差错,发与另写,不拘一次二次,只算一叶。其论行数,双行小字只随大字作一行计算。如官生混报,罪坐官生;收掌、催攒官纵容作弊,罪坐各官。[1]

具体至抄写校对事宜,也有相应规定,设有专门的校书官从事此事,“每日所写《大典》书叶,须逐一校对,遇有差错,即发与另写”。“于翰林春坊官内选举勤慎精敏者数员,分理其事”,且“于堂上官内推举二员总理其事,各书职名于卷末,以便查考”。[2] 核《大典》副本残卷每册末署名页即有“重录总校官”“分校官”诸衔名。

重录《大典》工作在即将结束时,唐《表》对具体修纂过程也有所记录。“开兹十馆,日分侍从以研磨;假尔数年,时遣辅臣而督视。执艺选青衿之隽,寻行披黄卷之华。官惟备而事惟繁,不止周旋夫十吏;命用申而书用识,非徒细写乎五经”等句,可与徐阶三篇《处理重录〈大典〉奏》参互证明,由此可以较细致地还原重录《大典》时的场景及流程,曾在朝门东西廊下专门开有十馆,因当时两房官人少,又有年龄较大者,故敕令吏、礼二部广收善写之人糊名考试,并进呈请皇帝裁定,以遴选抄录之人。且事繁冗,各部门为此各自调度协调:内务府钦天监择吉日开馆、司礼监奏请调阅《大典》流程、御用监拨画匠、惜薪司及工部供碳、吏部刑部等协调纸笔器用各项事宜。[3]

《大典》副本抄录完成的时间,一般认为是在隆庆元年四月。[4] 主要依据是

---

① 〔明〕徐阶《世经堂集》卷六,第 151 页。

② 同上书,第 149 页。

③ 〔明〕徐阶《世经堂集》卷六,第 149—151 页。《大典》重抄过程,此前研究者也多有讨论,三《表》为认识重抄细节提供了更为具体的材料。相关讨论参见张忱石《〈永乐大典〉史话》,北京:国家图书馆出版社,2014 年,第 11—13 页。顾力仁《永乐大典及其辑佚书研究》,台北:文史哲出版社,第 156、157 页。

④ 张忱石《〈永乐大典〉史话》,第 12 页。顾力仁《〈永乐大典〉及其辑佚书研究》,第 169 页。张升《〈永乐大典〉流传与辑佚研究》,第 55 页。史广超《〈永乐大典〉辑佚述稿》,郑州:中州古籍出版社,2009 年,第 2 页。

《明穆宗实录》,隆庆元年四月十五日,"以重录《永乐大典》成,加少师兼太子太师吏部尚书建极殿大学士徐阶正一品俸……"①上文考订林、沈、陈三人授职翰林院编修或翰林院检讨的时间均为隆庆元年三月,三人拟写《大典》副本进书表均在此之前,《大典》录副在隆庆元年三月应已近尾声。此外,从进书表的内容也可以推判《大典》录副竣工的时间。《大典》录副从开馆至竣工的时间跨度,林《表》"历五年而竣事"是举其成数。从嘉靖四十一年八月十三日嘉靖帝诏重录《大典》计,至隆庆元年四月十五日隆庆帝赏赐重录《大典》者止,实不足五年。沈《表》"方怀献曝之忧,遽轸遗弓之痛""而是典告成之余,适大宝初登之候",林《表》"方期上献,少裨大观。不幸龙驭遽升,龟呈莫及"。沈《表》"方怀献曝之忧,遽轸遗弓之痛","遗弓"典出《史记》"孝武本纪"及"封禅书",谓黄帝采首山铜,于荆山下铸鼎。鼎既成,有龙垂胡须下迎黄帝。余小臣不得上,持拔龙须,黄帝之弓坠落。②"遗弓"婉言嘉靖皇帝驾崩。陈《表》"仙驭未告成功,兹盖恭遇皇帝陛下"也是此意。《大典》副本抄成时间应与隆庆帝登基时间相去不远,录副完成时间应不会迟至隆庆元年四月。

　　关于《大典》的编纂方式、内容结构,陈《表》有"《玉篇》著矣,惜采掇之多遗;《韵府》昭然,病网罗之未广。咨群才而更辑,开列局以分摹。其法虽仿于二书,其事务包乎百代",指出《大典》为仿《玉篇》《韵府群玉》体例编纂。《玉篇》《韵府》两句互文,笼统解说《永乐大典》用韵统字、用字系事的体例。此前,研究者仅注意到解缙奏疏中提及永乐帝喜读《韵府群玉》《回溪史韵》二书,对《大典》受《韵府群玉》的直接影响并不明晰,取《大典》残卷核对《韵府群玉》,发现《大典》在具体事目框架、次序,乃至具体引文内容上,确有不少直接承袭自《韵府群玉》。

　　唐《表》"犹虑分储之未广,方期嗣续之有加",明言正副二本分储。③ 林《表》也曾记述副本抄成后的存储状况,即"置诸尊阁,永作麟台之秘藏;畜以前言,何须虎观之同异"。林氏回忆此前嘉靖帝对《大典》录副情况的关心("问察虚于侧席,哀痛寄于遗文");最后,林氏感慨典籍(指《大典》)俱在,等待时机,将来定会发挥其作用("方策具存,运会有待")。沈《表》末有"西昆东观,光连奎壁之墟;锦轴牙签,彩映云霞之色"句,西昆为西方昆仑群玉之山,相传是古代帝王藏书之所,典出《穆天子传》《山海经》。东观,也指宫中藏书之处。北周

---

　　①　〔明〕张居正等修《明穆宗实录》卷七,第1567页。奖赏诸臣是为录副完成之仪式,重录总校官陈、王二人于隆庆元年于四月出馆,档案所记,也应是仪式结束之后。

　　②　〔汉〕司马迁《史记》卷一二、二八,北京:中华书局,1982年,第468、1394页。

　　③　不管此处是铺陈录副分储的初衷,还是实写正副二本的实际存储,均体现了庶吉士对正副本存储情形的认识。

庾信《皇夏乐》有"南宫学已开,东观书还聚"①句。"奎壁"指二十八星宿中的奎宿与壁宿,旧说此二宿主文运,常以之喻文苑。此处连用"西昆""东观"及"奎壁"典故,也让人联想及《大典》正、副二本分储的问题。

四《表》除了颂圣之辞,虚浮用典,也有些并不贴近实际情况的铺陈。如上文所引陈《表》指出《大典》编纂方法仿《玉篇》,而《大典》编纂具体以《洪武正韵》为纲。另,唐《表》"韵之纲,凡七十有六,偶符七候旋转之图",称《大典》纲有七十六韵。据宁忌浮研究,《大典》所依为八十韵本《洪武正韵》,而非七十六韵本。②诸如此类,反映出当时庶吉士对《大典》各自掌握情况不一。因此,翰林院庶吉士馆课文字,如进书表,虽记录了一些史实,但也有此类偏离实际情况之处,使用这类文献时,仍应尽力与其他材料相互参证。

四　余论

明嘉靖、隆庆年间,因《大典》重录进入收尾阶段,阁臣考选中书舍人、翰林院教习馆课以"进《永乐大典》表"为题,命诸人拟作。新见唐、沈、林、陈四篇拟《大典》副本进书表。其中,唐《表》为嘉靖四十四年考选中书舍人之作,相较沈、林、陈三《表》,内容更为丰富。明嘉靖四十四年,徐阶即以此命题,也从侧面反映了《大典》录副的进度。沈、林、陈均为嘉靖乙丑科进士,分列二甲、三甲,随后馆选庶吉士,在大学士徐阶拟定的《规条》下,每月须由翰林院教习命题馆课,时嘉靖皇帝驾崩、隆庆帝即位,《大典》录副已近尾声。负责重录《大典》的秦鸣雷、陈以勤等兼任翰林院教习,又以"进《永乐大典》表"为题馆试庶吉士,留下三篇拟《表》。结合中书舍人阁试、庶吉士制度,研究四《表》内容,可以确认,于重录《大典》一事而言,阁臣、翰林院教习、庶吉士之间的关系较为密切,三者在翰林院搭建起了一个信息交流的特殊环境。因《大典》重录即将结束,阁臣、教习均以此为题考选中书舍人、馆课庶吉士。尽管四《表》内容多为颂圣,但由于考选中书舍人、翰林院馆课对他们各自仕途而言十分重要,为深思熟虑之作,故四《表》仍为《大典》研究提供了相对丰富的材料。当然,其中也有不少铺陈典故、偏离事实的表述,在利用翰林院馆课卷中进书表这类文献时要更为审慎,尽力搜集同次馆课中其他庶吉士的同题馆课文字,互为参照,辨其是非。明代翰林院馆课卷的文献价值,仍有待充分揭示。

---

① 逯钦立辑校《先秦汉魏晋南北朝诗》"北周诗"卷五,北京:中华书局,1983年,第2425页。
② 宁忌浮《〈洪武正韵〉研究》,上海:上海辞书出版社,2003年,第14页。

附录:嘉靖四十四年乙丑科二十八名庶吉士

嘉靖四十四年乙丑科二十八名庶吉士

序	姓名	生卒年	籍贯	著作
1	陈经邦	1537—1615	福建莆田	《皇明馆课》(辑)《焦山诗》《陈文恪公遗稿》
2	王嘉言		北直东光	
3	李存文		南直泰州	
4	周子义	1529—1586	南直无锡	《国朝故实》《日录见闻》《交翠轩佚稿》①《毄语》《中书直阁记》
5	陈懿德	1527—1604	南直华亭	
6	韩楫		山西蒲州千户所	
7	陈行健		浙江乌程	
8	何洛文		河南信阳州	
9	戴洵		浙江奉化	
10	吴学诗		江西上高	
11	沈鲤	1531—1615	浙江归德卫	《亦玉堂稿》《亦玉堂续稿》
12	张秩	？—1574	江西安福	
13	杨允中		北直遵化	
14	钟继英		广东东莞	
15	林偕春	1537—1604	福建漳浦	《云山居士集》
16	管大勋		浙江鄞县	
17	王玺		江西南丰	
18	沈渊	1535—1577	山东新城	《中秘稿》
19	王弘诲	1545—1615	广东定安	《天池草》《尚友堂稿》《尚友堂集》
20	许国	？—1596	南直歙县	《许文穆公集》
21	王湘		山东济宁卫	
22	李良臣		贵州普安卫	

---

①　〔明〕周子义《交翠轩佚稿》,日本国立公文书馆藏(索书号:集050—0011)。承日本学习院大学杨俊豪兄代为翻检,此集未收进书表。

序	姓名	生卒年	籍贯	著作
23	成　宪		北直蓟州卫	
24	高启愚		四川铜梁	
25	杨一桂		江西南昌	
26	陈思育		湖广武陵	
27	严用和		浙江杭州前卫	
28	麻永吉		陕西庆阳卫右所	

《新平妖传》撰作年代十札

林 嵩[*]

【内容提要】 《新平妖传》中提到的"混元老祖""忠靖冠""折叠扇(川扇)""炮茶""契丹靫子""攒盒""棉布""廿一史"等物事或名词,都是明代才开始出现(或盛行)的。这不仅足以说明《新平妖传》之撰作年代,也体现出《新平妖传》在明代日常社会生活方面的研究价值。

【关键词】 新平妖传　三遂平妖传　冯梦龙

初刻于明泰昌元年(1620)的《新平妖传》,是冯梦龙在罗贯中《三遂平妖传》的基础上增补而成的。20世纪80年代,欧阳健曾提出截然相反的"假说",认为署题冯梦龙的《新平妖传》实为罗贯中之原作,而《三遂平妖传》却是从《新平妖传》删改而来的,是冯梦龙通同书贾所伪造之"古本"。[①]其实,要厘清这一问题,可以有很多方法;大体而言,不外"内证"与"外证"二途。所谓"内证",可从语法、词汇、俗字、方言等不同角度入手,从文本内部离析出的新旧本的叠加关系,以证明存在冯梦龙增补之事实;所谓"外证",则着眼于《新平妖传》所反映之明代社会生活特征,推断此书不可能出于时代更早的罗贯中之手。

中日韩学者近四十年来陆续发表的相关研究文章,已足以推翻欧阳健的"假说"。其中绝大部分学者采用了"内证法"[②];采用"外证法"的不多,段春旭

---

　*　作者系北京大学中国古文献研究中心研究员、中国语言文学系长聘副教授。

　①　欧阳健《〈三遂平妖传〉原本考辨》,《中华文史论丛》1985年第3辑(总第三十五辑),上海:上海古籍出版社,1985年,第149—165页。

　②　如:[日]地藏堂贞二《明代の南方语(Ⅰ)——〈平妖传〉の言语》,《北陆大学外国语学部纪要》第2号,1993年,第95—106页;徐朔方《〈平妖传〉的版本以及〈水浒传〉原本七十回说辨正》,徐朔方《小说考信编》,上海:上海古籍出版社,1997年,第142—150页;程毅中《从语言风格看〈三遂平妖传〉确为旧本》,《中华文史论丛》第五十五辑,上海:上海古籍出版社,1996年,第291—296页;朴明真《〈平妖传〉二十回本与四十回本的先后问题》,《明清小说研究》2001年第4期,第192—203页;佐藤晴彦《『三遂平妖傳』は何時出版されたか?——文字表記からのアプローチ》,《神户外大论丛》53卷1号,2002年,第1—16页;程毅中《再谈二十回本〈三遂平妖传〉》,《文学遗产》2004年第6期,第111—116页;林嵩《〈平妖传〉版本考》,《中国典籍与文化》2005年第2期,第25—33页;林嵩《〈平妖传〉异体字与版本研究丛札——兼谈古籍整理研究中的异体字问题》,《文献》2012年第4期,第31—39页;林莹《〈平妖传〉二十回本与四十回本关系再探——以俗字、语法与插图为中心》,《北京大学中国古文献研究中心集刊》(转下页)

《〈平妖传〉散论》是其代表（以下简称"段文"）①。段文的第一部分"版本问题"，分别从"书中所涉及的明代服饰""书中所涉及的明代文化、政治、及风俗"与"书中的宗教思想"等三个层面论证了《新平妖传》具有鲜明的明代色彩，甚至有些地方反映的是明代中叶的生活。

段文的总体思路与结论是科学而可靠的，但个别论据的说服力稍嫌不足。如"明代服饰"部分所举的忠靖冠、折叠扇、弓鞋、假髻这四项，前两项可为"铁证"（下文将展开讨论）；后两项系采用《中国民俗辞典》之说，认为"弓鞋"是明代女鞋之名，戴假髻虽始于魏晋，但迟至明代方成为流行之风俗——这两个小结论的严谨度不够。如宋代罗烨《醉翁谈录》所引《花判踏莎行》："凤髻堆鸦，香酥莹腻，雨中花占街前地。弓鞋湿透立多时，无人为问深深意。"②从这阕词看，"戴髻""弓鞋"在宋代都已出现了。且《三遂平妖传》中也有"女人家须是鞋弓袜小"的说法③。

下文拟沿着"外证法"的思路，在《新平妖传》中更细致地搜寻具有典型明代特征的物事、观念与语汇。这十条证据除前两条之外，余皆前人所未提及者，不仅足以证明《新平妖传》之撰作年代，同时也能体现《新平妖传》在明代日常社会生活方面的研究价值。

一　"混元老祖"始于明代白莲教

> • 舍人道："闻得这玉箧是天庭法宝，有三不开：无混元老祖法旨不开，无九天玄女娘娘法旨不开，无玉帝法旨不开。你这毛畜，如何开得？"④

"混元老祖"是明末红阳教（又称混元教）供奉之最高神，明以前之载籍中皆不见其名。红阳教之创教人韩太湖，生于隆庆四年（1570），万历二十二年（1594）悟道，次年进京传教。时值明神宗崇道，韩太湖又在京结交太监，得其庇护。段春旭已指出，"无为教、弘阳教的兴盛都是从结交近侍阉宦开始的。宦官，是这些宗教中特殊而又很重要的一批信徒"，《新平妖传》中冲霄处士张鸾

（接上页）第十五辑，北京：北京大学出版社，2016 年，第 253—269 页；林嵩《〈新平妖传〉吴语拾零及其作者考辨》，《北京大学中国古文献研究中心集刊》第十八辑，北京：北京大学出版社，2019 年，第 218—235 页。

①　段春旭《〈平妖传〉散论》，《明清小说研究》1999 年第 2 期，第 161—174 页。

②　〔宋〕罗烨《新编醉翁谈录》庚集卷二《张魁以词判妓状》，第 56 页，沈阳：辽宁教育出版社，1998 年。

③　《三遂平妖传》第五回，第 118 页，《天理图书馆善本丛书汉籍之部》第十二卷，东京：八木书店，1981 年。

④　《新平妖传》第二回，《冯梦龙全集》16，上海：上海古籍出版社，1993 年，第 30 页。（据日本内阁文库藏"墨憨斋本"影印）

是"天阉"之人,且与雷太监关系密切,也反映出当时宦官阶层对无为教、弘阳教的影响。①无为教、弘阳教都是白莲教的支派。《新平妖传》一书带有白莲教的鲜明印记,这是显而易见的;如第七回中,老狐精圣姑姑被杨巡检夫妇错认为"活佛",原本有眉批云:"白莲教祸始,大率如此。"②

二　"忠靖冠"创于明嘉靖年间

　　·随后杨巡简出来,头戴金线忠靖冠……③

　　忠靖冠,又作"忠静冠",是明嘉靖年间钦定的一种官帽。《明史·舆服志》云:"按忠静冠,仿古玄冠,冠匡如制,以乌纱冒之,两山俱列于后。冠顶仍方中微起,三梁各压以金线,边以金缘之。四品以下去金缘,以浅色丝线。"④《三才图会》中亦载其形制:"有梁,随品官之大小为多寡,两旁暨后以金线屈曲为文。此卿大夫之章,非士人之服也。嘉靖初更定服色,遂有限制。"并附有图示(如下)。⑤

三　"川扇"盛于明代

　　·走不多步,恰好见个扇铺。那时折叠扇还未兴,铺中卖的是五般扇子……⑥

　　①　段春旭《〈平妖传〉散论》,《明清小说研究》1999 年第 2 期,第 164 页。
　　②　《新平妖传》第七回,《冯梦龙全集》16,第 173 页。
　　③　同上书,第 159—160 页。
　　④　《明史》卷六七《舆服三》,北京:中华书局,1974 年,第 1639 页。
　　⑤　〔明〕王圻、王思义辑《三才图会》卷一《衣服》,明万历三十五年刻本。
　　⑥　《新平妖传》第十一回,《冯梦龙全集》16,第 310 页。

• （杨巡检）身穿暗花绢道袍，脚踹乌靴，手执一柄川扇。①

折扇最初是从日本（或高丽）传入中国的。据载，北宋熙宁末年，在开封的相国寺前，有售卖"日本国扇"的，是一种琴漆柄、鸦青纸的折扇，又名"旋风扇"，画有平远山水，但"索价绝高"，后再往访觅，已不复得见。又，北宋朝，"太宗每当暑月，御书团扇，赐馆阁学士"。② 可见北宋时折扇虽已传入中国，但相当罕见，且价格高昂。宋初皇帝御赐臣下的扇子，也是团扇。

折扇在中国民间盛行，始于明永乐（1403—1424）之后；《新平妖传》中谓"那时折叠扇还未兴"，显系明代人之声口。陆容《菽园杂记》云："折叠扇一名撒扇，盖收则折叠，用则撒开。或写作'箑'者，非是，'箑'即团扇也。团扇可以遮面，故又谓之'便面'，观前人题咏及图画中可见已。闻撒扇自宋时已有之。或云始永乐中，因朝鲜国进松扇，上喜其卷舒之便，命工如式为之。南方女人皆用团扇，惟妓女用撒扇。近年良家女妇亦有用撒扇者，此亦可见风俗日趋于薄也。"③ 陆容为成化二年（1466）进士，太仓（今江苏）人。在陆容的观念中，南方人在早些时候仍用团扇较多，用折扇者为妓女；不过到成化年间时，折扇已相当普遍。沈德符《万历野获编·折扇》亦云："今聚骨扇一名折叠扇，一名聚头扇，京师人谓之撒扇。闻自永乐间外国入贡始有之。今日本国所用乌木柄、泥金面者，颇精丽，亦本朝始通中华。此其贡物中之一也。"④

自永乐以后，因宫廷所尚，由朝鲜、日本等国所贡之折扇，逐渐流行于民间。当时国内制作的折扇，以吴、蜀两地最负盛名；尤其是四川所出的"聚骨扇"乃系贡品，"其精雅则宜士人，其华灿则宜艳女"，为士庶所通用。据《万历野获编·四川贡扇》记载，明代四川每年所贡"川扇"多达一万一千五百四十柄；嘉靖三十年（1551）时，又追加二千一百；嘉靖四十三年（1564）起，每年又加造小型川扇八百柄，供赏赐妃嫔。⑤

四 "炮茶"始于明代

• 正思想间，只见那人自家拿个托盘，盘中放着两碗炮茶，放在桌上……⑥

① 《新平妖传》第七回，《冯梦龙全集》16，第160页。
② 〔宋〕江少虞《宋朝事实类苑》卷六十《风俗杂志》、卷二四《衣冠盛事》，上海：上海古籍出版社，1981年，第801、301页。
③ 〔明〕陆容《菽园杂记》卷五，北京：中华书局，1985，第一册，第47—48页。
④ 〔明〕沈德符《万历野获编》卷二六《玩具》，北京：中华书局，1959年，第663页。
⑤ 《万历野获编》卷二六《玩具》，第663页。
⑥ 《新平妖传》第十一回，《冯梦龙全集》16，第314页。

这一回写的是蛋子和尚买扇子时，店主人招呼他："请坐，某去泼杯茶与长老吃。"随后便端出两碗"炮茶"。所谓"泼茶"或"炮茶"，即今之"泡茶"，如钱谦益《谢于昭远寄庙后茶次东坡和钱安道韵》有"活火新泉沸石铫，泼触乳花发香性"之句①，描写滚水泼入杯中之际，泛起乳末与茶香。这是明清以来才流行的相对简便的饮茶方式。《三遂平妖传》中不见"泡茶"的说法，而用了六次"点茶"②。"点茶"是起于晚唐、盛行于宋代的烹茶法。据蔡襄之《茶录》，"点茶"的具体方法，先需"熁盏"，避免因茶盏太冷致茶不浮；随后取研细的茶末一钱投于盏中，先注入少量沸水，调制均匀；而后继续添注沸水，同时"环回击拂"，以"着盏无水痕为绝佳"。③

五　宋代媒人皆二人同行

> • 当直的去不多时，叫得两个媒人，一个唤做张三嫂，一个唤做李四嫂。④
>
> • 李四嫂谢了唐员外出来，一路上欢欢喜喜，也打帐瞒过了快嘴张三嫂，明日独自个去做这头媒人。⑤

胡员外寻媒议亲，《三遂平妖传》中只说是找了张三嫂、李四嫂两个媒人来，这两个媒人的关系是互相配合协作。《新平妖传》中则赋予了两个媒人以不同的性格特征，一个是"快嘴张三嫂"，另一个则是"老实李四嫂"，且两个媒人在起初时，各自都想瞒过对方，独得花红谢礼。张三嫂牵线的是张员外之子，李四嫂撮合的是唐员外之子，因为都没介绍成，后来二人才又转向合作。

两个媒人之间如果不是合作而是竞争关系，那么一次找来两个媒人，极容易出现"一个闺女许两家"的尴尬局面，反而带来麻烦。从逻辑上说，这是没有必要的。胡员外又为什么要同时找两个媒人呢？按《东京梦华录·娶妇》："其媒人有数等：上等戴盖头，着紫背子，说官亲宫院恩泽；中等戴冠子，黄包髻，背子，或只系裙，手把青凉伞儿。皆两人同行。"⑥原来，说媒时"两人同行"，在宋代是行业性的规定。既然是规定，两个媒人必须拴在一块儿，自然不会互相拆

---

① 〔清〕钱谦益《初学集》卷四，《四部丛刊》影崇祯十六年刊本。

② 《三遂平妖传》第四回、第六回、第七回、第十一回、第十三回，《天理图书馆善本丛书汉籍之部》第十二卷，东京：八木书店，1981年，第84、120、121、163、260、343页。

③ 〔宋〕蔡襄《茶录》上篇《论茶》，《全宋文》第47册，上海：上海辞书出版社、合肥：安徽教育出版社，2006年，第209页。

④ 《三遂平妖传》第四回，第84页。

⑤ 《新平妖传》第二十二回，《冯梦龙全集·16》，第652页。

⑥ 〔宋〕孟元老撰，邓之诚注《东京梦华录注》卷五《娶妇》，第144页，北京：中华书局，1982.

台。《三遂平妖传》与《新平妖传》不同的艺术处理方式,自表面看来是文学水平的高下之别,内里实暗含时代性之差异。

六 宋人无称契丹为"鞑子"者

• 题起那话,还是祥符元年的时节,真宗皇帝恼那契丹鞑子欺慢中国。①

• 那厮道:"小娘子,好交(教)你得知:一个月前,这里捉了(鞑子国里)两个细作,官府行文书下来,客店里不许容单身的人。我和你都讨不得房儿。"②

宋人专称蒙古为"鞑",如南宋赵珙撰《蒙鞑备录》、彭大雅撰《黑鞑事略》,南宋遗民郑思肖《心史》中称蒙古军为"鞑兵""鞑贼"等;但宋人无称契丹、女真为"鞑"者。

到了明代,李贤修纂的《一统志》对"鞑靼"之沿革,叙述得不甚准确:"北胡种落不一,历代名称各异。夏曰獯鬻,周曰猃狁,秦汉皆曰匈奴,唐曰突厥,宋曰契丹。自汉以来,匈奴颇盛,后稍弱,而乌桓兴。汉末,鲜卑灭乌桓,尽有其地。后魏时蠕蠕独强,与魏为敌。蠕蠕灭,而突厥起,尽有西北地。唐贞观中,李靖灭之。五代及宋,契丹复盛。别部小者曰蒙古,曰泰赤乌,曰塔塔儿,曰克列,各据分地。既而蒙古兼并有之,遂入中国,代宋称号曰元,十四传后,天命归于本朝,元帝遁于朔漠……"③这段话罗列了历史上曾对中原王朝产生威胁的北方少数民族。志书一方面指出这些民族"种落不一",另方面又用了"沿革"这样的词汇,极易使人误认为匈奴—突厥—契丹—蒙古等都是同一系的民族,从而造成了一定程度的混乱④。于是乎,"鞑子"在明代便成了北方少数民族之泛称。在明代的戏曲、小说中,不仅契丹,女真也可称"鞑子"。如《牡丹亭》第四十七出:"你俺两人作这大贼,全仗金鞑子威势。"⑤《喻世明言·单符郎全州佳偶》:"却说邢知县到了邓州顺阳县,未及半载,值金鞑子分道入寇。"⑥

---

① 《新平妖传》第十四回,《冯梦龙全集》16,第434页。

② 《三遂平妖传》第五回,第123—124页;《新平妖传》第二四回,《冯梦龙全集》16,第705页。按:括弧中为《新平妖传》之文字。

③ 〔明〕李贤《大明一统志》卷九十《外夷》,明弘治十八年建阳慎独斋刻本。

④ 如《新刻按鉴编纂开辟衍绎通俗志传》卷六中以双行小字解释"鬼方"一词曰:"按《一统志》云:北胡种落不一,历代名称各异。夏曰獯鬻,商曰鬼方,周曰猃狁,秦汉皆曰匈奴,又曰单于,晋曰鲜卑,唐曰突厥,宋曰契丹,今曰鞑靼;总皆蛮夷种类也。"(明崇祯间麟瑞堂刊本)按:"单于"乃匈奴头领之号,非族名,可见明代普通著书者民族与地理知识之贫乏。

⑤ 《牡丹亭》,北京:人民文学出版社,1963年,第255页。

⑥ 《喻世明言》卷十七,北京:中华书局,2014年,第254—255页。

七 "攒盒"兴于明代隆庆年间

• 到筵席散了,众宾作别而去。院君在房中另整个攒盒,请员外吃三杯贺喜。①

攒盒是明代出现的一种漆制的食物盛器,可分格放置菜肴、点心,便于外出时携带。冯梦龙《山歌·攒盒》:"结识私情好像攒盒能,逢着酒荡紧随身。就是一碟两碟略尝滋味自有多少个趣,你没要快儿头摵动子弗留停。"②生动描写了攒盒的特点。据明代范濂《云间据目钞》记载:"设席用攒盒始于隆庆,滥于万历。初止士宦用之,近年即仆夫、龟子皆用攒盒饮酒游山。郡城内外始有装攒盒店,而答应官府,反称便矣。"③就我们目前检索的情况看④,明代之前的文献中,的确未见"攒盒"之名,证实了范濂的说法。

八 "瓷枕"明代不易得且多作明器

• 陈善把眼睛抹一抹,噗了一口唾,叫声"见鬼",莫非永儿已死,方才精魂出现么?这泥做的枕儿,分明不是阳间用的,欲待抛弃了,又想道:"他特地寄与爹妈,再三叮嘱,难道是鬼话?我也莫管他真假,便捎去问个信儿,怕他怎地!"⑤

胡永儿逃离东京之前,偶遇塾师陈善,并托陈善将名为"九天游仙枕"的瓷枕带给父母。瓷枕在宋人日常生活中习见,如张耒《谢黄师是惠碧瓷枕》诗:"巩人作枕坚且青,故人赠我消炎蒸。持之入室凉风生,脑寒发冷泥丸惊。"⑥明代高濂的《遵生八笺》记载:"枕制不一,即石枕,虽宋磁白定居多。有尸枕,亦旧窑者,长可一尺,古墓中得之,甚不可用。有特烧为枕者,长可二尺五寸、阔六七寸者。有东青磁锦上花者,有划花定者,有孩儿捧荷偃卧、用花卷叶为枕者。此制精绝,皆余所目击,南方一时不可得也。"⑦这说明瓷枕对明代南方人而言,已是"一时不可得"的稀罕物件。而长一尺的小型瓷枕,明代人更认为是专作明器的,称为"寿枕"或"尸枕"。

---

① 《新平妖传》第十六回,《冯梦龙全集》16,第484页。
② 〔明〕冯梦龙《山歌》卷六《咏物四句》,南京:江苏古籍出版社,2000年,第66页。
③ 〔明〕范濂《云间据目钞》卷二《风俗》,清同治光绪间上海《申报馆丛书》本。
④ 据北京爱如生数字化技术研究中心所开发之"中国基本古籍库"(8.0版)。
⑤ 《新平妖传》第二三回,《冯梦龙全集》16,第690页。
⑥ 〔宋〕张耒《柯山集》卷十二,北京:中华书局,1990年,第207页。
⑦ 〔明〕高濂《遵生八笺》卷八《起居安乐笺》,上册,杭州:浙江古籍出版社,2019年,第345页。

九　"棉布"至明代在全国普及

　　• 分付军中画匠将棉布画成狮子图形三百具,限十日内报完。①

　　棉花是通过丝绸之路传入中国的外来物种,宋以前称之为"木绵"或"吉贝"(巴利文 Karpai 之音译),棉布或称"白叠布"。反映在文字上,"棉"字是后起的,宋以前只用"绵"。宋代袁文《瓮牖闲评》曰:"白叠,布也,只合作此'叠'字,今字书又出一'氎'字,为白氎也;木绵,亦布也,只合作此'绵'字,今字书又出一棉字,为木棉也:二者皆非也。推其类而求之,字如此者甚多。《左氏传正义》云:'字者孳乳而生。'既有此叠字,遂生此氎字;既有此绵字,遂生此棉字。其孳乳岂谓此耶!"②《三遂平妖传》中便不见"棉"字,只用"绵",如"那纸马通身雪白,如绵做的一般"。(此句在《新平妖传》中作:"那纸马立起身来,尾摇一摇,头摆一摆,变成通身雪练般一匹白马。")③

　　南宋遗民胡三省在其《资治通鉴音注》中提到了"木绵",且引用了宋人方勺《泊宅编》中的记载:"木绵,江南多有之,以春三三月之晦下子种之。既生,须一月三薅其四旁;失时不薅,则为草所荒秽,辄萎死。入夏渐茂,至秋生黄花结实。及熟时,其皮四裂,其中绽出如绵。土人以铁铤碾去其核,取如绵者,以竹为小弓,长尺四五寸许,牵弦以弹绵,令其匀细。卷为小筒,就车纺之,自然抽绪,如缲丝状,不劳纽绩,织以为布。自闽、广来者,尤为丽密。方勺曰:闽、广多种木绵,树高七八尺,叶如柞,结实如大菱而色青,秋深即开露,白绵茸然。土人摘取,去壳,以铁杖捍尽黑子,徐以小弓弹令纷起,然后纺绩为布,名曰吉贝;今所货木绵,特其细紧者耳。当以花多为胜,横数之得百二十花,此最上品。海南蛮人织为巾,上出细字杂花卉,尤工巧,即古所谓白叠巾。"④据"胡注"所言,当时"木绵"主要在闽、广等地种植。

　　而从元朝初年王祯的《农书•木棉序》来看,从元代开始,棉布已有明显的北进趋势:"夫木绵,产自海南,诸种艺制作之法,骎骎北来。江淮川蜀,既获其利。至南北混一之后,商贩于北,服被渐广,名曰吉布,又曰棉布。"⑤在棉布推广过程中起重要作用的是松江人(今上海松江)黄道婆。元末明初陶宗仪的《南村辍耕录》云:"闽广多种木绵,纺绩为布,名曰吉贝。松江府东去五十里

　　①　《新平妖传》第三四回,《冯梦龙全集》16,第 966 页。
　　②　〔宋〕袁文《瓮牖闲评》卷四,北京:中华书局,2007 年,第 69 页。
　　③　《三遂平妖传》第十回,第 229 页;《新平妖传》第二八回,《冯梦龙全集》16,第 797 页。
　　④　《资治通鉴》卷一五九"梁武帝大同十一年",第 11 册,北京:中华书局,1959 年,第 4934 页;所引"方勺曰"一段,见方勺《泊宅编》卷三。
　　⑤　〔元〕王祯《农书》卷二十一,第四册,北京:中华书局,1985 年,第 507 页。

许,曰乌泥泾,其地土田硗瘠,民食不给,因谋树艺,以资生业,遂觅种于彼。初无踏车椎弓之制,率用手剖去子,线弦竹弧置按间,振掉成剂,厥功甚艰。国初时,有一姬名黄道婆者,自崖州来,乃教以做造捍弹纺织之具,至于错纱、配色、综线、挈花,各有其法,以故织成被褥、带帨,其上折枝、团凤、棋局字样,粲然若写。人既受教,竞相作为,转货他郡,家既就殷。未几,姬卒,莫不感恩洒泣而共葬之,又为立祠,岁时享之。越三十年,祠毁。乡人赵愚轩重立,今祠复毁,无人为之创建。道婆之名日渐泯灭无闻矣。"①由于黄道婆从海南崖州带回了比较先进的棉纺技术,才使松江的棉布得以"转货他郡",实现商业化。

考虑到棉布不仅有益国计民生,更是战略性物资,朱元璋在建政之初就不遗余力地奖倡植棉,且对不种者实行惩罚。据《实录》记载:乙巳年六月乙卯(吴元年,即元至正二十七年,1367)下令:"凡农民田亩,五亩至十亩者,栽桑、麻、木棉各半亩,十亩以上倍之。其田多者,率以是差。有司亲临督劝,惰不如令者,有罚。不种桑,出绢一匹;不种麻及木棉,便出麻布、棉布各一匹。"洪武二十七年(1394),"又令益种棉花,率蠲其税,岁终具数以闻"②。棉布在全国范围普及,并成为寻常物事,正是在明代之后。《新平妖传》中,用画了狮子图形的棉布来伪装战马,可见棉布已相当便宜易得,这当是明代以后才可能出现的情形。

十 "廿一史"形成于明代

· 那人说出姓名来,真个百家小说未见其名,廿一史中从无此事。③

"廿一史"也是明朝才有的概念。宋元人只言"十七史",具体指《史记》《汉书》《三国志》《后汉书》《晋书》《南宋书》《南齐书》《梁书》《陈书》《魏书》《北齐书》《周书》《隋书》《南史》《北史》《新唐书》《新五代史》等十七部纪传体正史,也用作古代史籍之泛称,如文天祥应答元孛罗丞相,便有"一部十七史从何处说起"之语④。明代时,在"十七史"的基础上,增加《宋史》《辽史》《金史》《元史》,方形成"廿一史"。

---

① 〔元〕陶宗仪《南村辍耕录》卷二十四《黄道婆》,北京:中华书局,1959年,第297页。
② 〔清〕顾炎武《日知录之余》卷四《栽桑枣》,黄汝成集释《日知录集释》,长沙:岳麓书社,1994,第1251页。
③ 《新平妖传》第三十七回,《冯梦龙全集》16,第1052页。
④ 《文山集》卷十七《宋少保右丞相兼枢密使信国公文山先生纪年录》,《四部丛刊》影明刊本。

论顺治康熙间西安大兴善寺临济
宗佛教法系及其影响

崔 凤*

【内容提要】 西安大兴善寺是公认的密宗祖庭。通过对清代《重修大兴
善寺碑记》《重修隋唐敕建大兴善禅寺来源记》《大清陕西省南门外重刻笑
祖塔院反本寻源归复临济正宗碑记》碑刻及禅师语录等传世文献的考察,
发现顺治康熙间西安大兴善寺佛教法系为临济宗天童系,林野通奇法嗣
云峨喜公师徒四人和双桂禅系易庵印禅师师徒三人交互担任住持职务。
大兴善寺临济宗天童系住持与僧俗两类人交往,形成"四川、河南→陕
西→宁夏、山西"较为固定的传法路径,对清代临济宗传播产生深远影响,
同时也使西安成为传法路径中的关捩和枢纽。
【关键词】 大兴善寺 临济宗天童系 谱系 交游 路径

大兴善寺为汉传"佛教八宗"之一——密宗祖庭,但从中唐至清代该寺均
为南宗禅传法道场。当前学界对宋元明清时期大兴善寺的相关研究甚少,只
是在追溯大兴善寺历史时偶尔提及禅宗的影响,如周玉茹《密宗祖庭大兴善
寺》一文提到:"宋代,大兴善寺先后住锡多位著名禅师,禅风盛行。明清两代,
大兴善寺经历多次重修扩建,仍以禅宗为主。"①邵颖涛《密宗思想与文化》一书
中提到大兴善寺"明成祖永乐年间,云峰禅师居大兴善寺,修造了殿堂和钟楼,
在这里开始弘扬禅宗法门"②。王宝成主编的《大兴善寺》在"唐之后大兴善寺
的住持"一节中对宋至清代的大兴善寺八位住持做了简要介绍,包括宋至明的
崇辩禅师、德满禅师、云峰禅师,以及清代初期的麸斋、云峨禅师、憨休禅师、参约
法师、海文和尚。然而上述论述尚缺乏全面性与系统性,对这些住持的考述较为
粗略,甚至误将一人拆分为两人,住持传法情况、宗统字辈、法统谱系、相互关系
更未涉及。本文利用清代大兴善寺相关碑刻及传世文献,重点探求顺治康熙间
大兴善寺历代住持传法谱系,并结合住持交游活动、传法路径探讨其影响。

---

* 本文作者为西北大学文学院博士。
① 周玉茹《密宗祖庭大兴善寺》,《中国社会科学报》,2014年2月19日,第A07版。
② 邵颖涛《密宗思想与文化》,北京:宗教文化出版社,2020年,第152页。

一　顺治康熙间大兴善寺临济宗传法谱系考

现存西安碑刻中关于顺治康熙间大兴善寺历代住持记载比较详细,如《重修大兴善寺碑记》记载:"迨我朝定鼎,有云峨和尚卓锡此寺,大阐宗风……又有易庵禅师、林我禅师、愚参禅师接武赓续……参约禅师不忝憨休乾公为其父、云峨喜公为其祖……"①现根据碑刻,顺治康熙间大兴善寺住持可考的共有七位,按照其任职先后顺序为:云峨喜公、斌雅禅师、易庵禅师、林我鉴禅师、愚参禅师、憨休乾、参约禅师。这七位住持均属临济宗天童系,本文按照传法谱系将其分为两支:云峨喜公一支、易庵印禅师一支,并探求这两支僧人之间的相互关系及交互担任大兴善寺住持的缘由。

(一)云峨喜公一支宗统字辈及法统谱系

清代西安碑刻中的《大清陕西省南门外重刻笑祖塔院反本寻源归复临济正宗碑记》对于大兴善寺临济宗法派有所追溯,"今而述古,于是商诸宗派,从兹绪复真传。庶几源远而流自长,支清而宗得正也。谨陈其事如左:'祖道戒定宗,方广证圆通,行超明实际,了达悟真空。'右乃传碧峰金禅师派下祖定禅师,入闽住雪峰寺,另立一支,从'祖'字起二十字,并非临济正宗衍出。及至幻有传祖下杰出天童悟、磬山修二支,用起'圆'字,以延至今日。"②指出临济宗天童系谱系自"圆通"下以"行超明实际,了达悟真空"为宗统字辈,大兴善寺云峨喜公一支即是按照这个字辈衍出的:

密云(圆)悟——林野(通)奇——云峨(行)喜——斌雅(超)鉴

正好符合"圆通行超"的传法脉络。上述碑石立于咸丰元年(1851),撰写者自称"钦命管理僧录司事务正堂万善殿住持传临济正宗第三十七世了信撰"③,按照密云圆悟为临济宗三十代,到"了"字辈正好为三十七代。可见到咸丰年间,大兴善寺应该还是临济宗天童系的传法道场。

大兴善寺云峨喜公一支法统谱系如下:

---

① 北京图书馆金石组编《北京图书馆藏中国历代石刻拓本汇编》第66册,郑州:中州古籍出版社,1989年,第88页。

② 北京图书馆金石组编《北京图书馆藏中国历代石刻拓本汇编》第82册,第18页。

③ 同上。

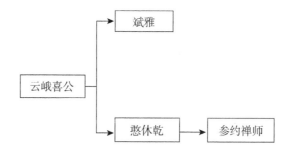

云峨喜公为大鉴下三十六世,临济宗三十二代。自顺治十七年(1660)起云峨喜公一支云峨喜、斌雅师徒相继为大兴善寺住持,中断二十二年之后,自康熙二十三年(1684)起云峨喜公弟子憨休乾、再传弟子参约禅师师徒两代继任为住持。以下对顺治康熙间大兴善寺云峨喜公一支各位住持任职时间、传法谱系、任职情况等分别进行考述:

1. 云峨喜公:顺治十七年(1660)—顺治十八年(1661)任大兴善寺住持。

云峨喜公(1613—1676),即僧人行喜,字云峨,参林野通奇。由于受临济宗及云峨禅师名气的影响,云峨喜公被邀到大兴善寺任住持,"通如监寺,志慕宗乘,会众遣风穴,敦请云峨禅师住持"①。《长安佛教研究丛书·大兴善寺》中《大兴善寺大事年表》:"公元 1648 年,清顺治五年,云峨禅师为住持,大振宗风,号为中兴。"②大兴善寺在明清易代之际被毁,从记载可看出云峨喜公是清代大兴善寺复兴的关键人物,对于清代大兴善寺的佛教派系及传法谱系有奠基之功。只是云峨禅师任大兴善寺住持时间有误。《云峨喜禅师语录·行实》"至丁亥五月十七日侍师游山至文词庄……越明年,往麟湖栖真省觐本师,谢院务,俾典藏钥。顺治己丑九月十六日……"③丁亥为顺治四年,"明年"即顺治五年,云峨喜公在浙江天台通玄寺,并未前往陕西。云峨喜公当于顺治十七年九月入大兴善寺为住持,而非顺治五年,据《云峨喜禅师语录·住长安大兴善寺语录》记载:"师在汝州风穴受请。于顺治十七年庚子九月十五日进院,至山门。"④《憨休禅师语录》序中也有记载:"庚子岁,风穴云峨老人始卓杖入关,开堂振响,秦之缁素……"⑤云峨喜禅师离任当在顺治十八年八、九月之间。《重修隋唐敕建大兴善禅寺来源记》,"敦请云峨禅师住持。缁素景仰,风移俗易。

① 北京图书馆金石组编《北京图书馆藏中国历代石刻拓本汇编》第 62 册,第 18 页。
② 王亚荣编著《大兴善寺》,西安:三秦出版社,1986 年,第 186 页。
③ 〔清〕云峨行喜撰,智恒等编《云峨喜禅师语录》,《禅宗全书》第 77 册,台北:文殊出版社,1988 年,第 245—246 页。
④ 〔清〕云峨行喜撰,智恒等编《云峨喜禅师语录》,《禅宗全书》第 77 册,第 205 页。
⑤ 〔清〕继尧等编《憨休禅师语录》,《嘉兴藏》第 37 册 B383,CBETA 电子佛典集成,2014 年,第 5 页。

将期年,而众以风穴虚席,强归其庐"①,不足一年而归。云峨喜公在长安大兴善寺最后一次开堂说法是在中元日,即七月十五,回到汝州风穴后第一次开堂说法是在"佛成道日",即腊八,也符合其于顺治十八年八、九月之间离任的考证。虽然云峨喜公担任住持不足一年,却留有法嗣斌雅禅师继任大兴善寺住持。

2. 斌雅禅师:顺治十八年(1661)—康熙元年(1662)任大兴善寺住持

斌雅禅师,即清僧超鉴,字斌雅,参云峨喜得法。《重修隋唐敕建大兴善禅寺来源记》:云峨喜禅师离开大兴善寺后"令法嗣斌雅首座继席,甫两月,旋赴渭上"②。斌雅禅师继任大兴善住持当在顺治十八年年末至康熙元年之间。《斌雅禅师语录》记载:"康熙壬寅春,渭南绅衿缁素从兴善请师住灵台寺。"③可知,斌雅禅师于康熙元年春应渭南士绅、僧俗之请离开大兴善寺到渭南灵台寺任住持。

3. 憨休乾:康熙二十三年(1684)—康熙二十七年(1688)任大兴善寺住持。

憨休乾,参风穴云峨和尚,蒙记莂,《正源略集》记载:"云峨喜禅师法嗣(三人):西安兴福憨休乾禅师。"④《重修大兴善寺碑记》记载:"今上二十三年,岁在甲子,有憨休和尚自中州新蔡请至。住持八载,重修大殿山门,逸老东归风穴。"⑤"今上"指康熙,甲子年即康熙二十三年。憨休乾担任大兴善寺住持始于康熙二十三年,在大兴善寺双桂一系愚参禅师之后。"住持八载",八年后当为康熙三十一年。然而《憨休禅师语录·住汝州风穴白云禅寺语录》中记载:"康熙丁卯,师在长安大兴善寺,受河南汝州明使君罗公大美、贰牧罗公守疆、签判王公国璜暨缙绅文学及本山耆德了悟从智缁素等书币,请住风穴白云禅寺。于戊辰十月廿二日进院。"⑥戊辰年即康熙二十七年,憨休乾于康熙二十七年东归河南汝州风穴寺。《风穴续志》中卷四《憨休如乾禅师》也有记载:"值风穴虚席,戊辰秋,州牧罗公迎公至汝。"⑦可见,憨休乾确于康熙二十七年离开大兴善寺,入风穴担任住持,《重修大兴善寺碑记》记载"住持八载"有讹误。憨休乾之后其法嗣参约禅师继任大兴善寺住持。

4. 参约禅师:康熙二十七年(1688)—康熙四十五年(1706,上限)任大兴善寺住持。

参约禅师,"释参约,又作参约恭法师,亦有史书记作'约恭法师'。清康熙

---

①　北京图书馆金石组编《北京图书馆藏中国历代石刻拓本汇编》第 62 册,第 18 页。

②　同上。

③　〔清〕斌雅鉴撰,海岳等编《斌雅鉴禅师语录》,《禅宗全书》第 76 册,台北:文殊出版社,1988 年,第 437 页。

④　〔清〕达珍编《正源略集并补遗》,《禅宗全书》第 28 册,台北:文殊出版社,1988 年,第 367 页。

⑤　北京图书馆金石组编《北京图书馆藏中国历代石刻拓本汇编》第 66 册,第 88 页。

⑥　〔清〕继尧等编《憨休禅师语录》,第 46 页。

⑦　〔清〕屈启贤《风穴续志》卷四,清乾隆刻本,第 3 页 a 版。

时期大兴善寺僧人,生卒年不详"①。康熙四十五年由鄂海撰文的《重修大兴善寺碑记》记载:

> 绅士缁素敦请参约和尚继斯席焉。每见其殿宇倾颓之甚,乃发此兴葺修举之心。适有川陕总督笔帖式平公安纳乐施……参约禅师不忝憨休乾公为其父、云峨喜公为其祖,□代相承,而寝昌寝盛。②

据上述"参约禅师不忝憨休乾公为其父、云峨喜公为其祖",可知参约禅师当是憨休乾弟子无误。参约禅师住持大兴善寺上限为康熙二十七年,而且,他是与平安纳发起清代大兴善寺第二次大规模重修工程的住持。至于何时离任,无法确定具体时间。康熙四十五年《重修大兴善寺碑记》碑末记载立碑者有"□仪住持海文暨□廊□序"③,"释海文,清康熙时期大兴善寺僧人、住持,约恭法师弟子,生卒年不详"④。记载错误,混淆了海文、参约之间的关系,海文、参约本非两人,海文和尚即参约禅师,为同一人。《憨休和尚敲空遗响》中憨休乾在《参约字序》中说到"海文禅人来请字,余以参约字之"⑤。可知海文和尚,字参约,至少在康熙四十五年仍是大兴善寺住持。

(二)易庵印禅师一支宗统字辈及法统谱系

顺治康熙间大兴善寺易庵印禅师一支传法谱系如下:

易庵印禅师 → 林我鉴 → 愚参禅师

大兴善寺易庵印禅师一支,其法系传自破山海明。破山海明是密云圆悟的弟子,为大鉴下三十五世,临济宗三十一代;易庵印禅师为大鉴下三十六世,临济宗三十二代。破山海明禅师开创双桂禅系另演四十字谱系,"万峰法派:海印发光,悟真永昌。寂常心性,戒定慧香。佛身克果,祖道联芳。双桂荣野,一苇度江。禅观固远,五计攸长"⑥。破山(海)明—易庵(印)师,符合"海印发光"的宗统字辈。此后,易庵印禅师、林我鉴、愚参禅师师徒三代相继为大兴善寺住持。以下对易庵印禅师一支法统谱系进行考述:

① 王宝成主编《大兴善寺》,西安:西北大学出版社,2021 年,第 149 页。
② 北京图书馆金石组编《北京图书馆藏中国历代石刻拓本汇编》第 66 册,第 88 页。
③ 同上。
④ 王宝成主编《大兴善寺》,第 149 页。
⑤ 〔清〕僧如乾撰,张恂辑《憨休和尚敲空遗响》,《四库全书存目丛书补编》第 10 册,济南:齐鲁书社,2001 年,第 13 页。
⑥ 熊少华编《破山禅师法书》,重庆:重庆出版社,2014 年,第 24 页。

1. 易庵印禅师：康熙四年(1665)—康熙十一年(1672)任大兴善寺住持。

易庵禅师，字易庵，号印师，蒙破山海明记莂，为大鉴下第三十六世。《重修隋唐敕建大兴善禅寺来源记》中记载：

> 辛丑秋，山野挂锡阁后，时林我鉴公、雪兆性公都监院事，勉支宝坊，与超凡知事布金坠、砌玉阶，且拟同山主酌广三门，以古小方丈为祖堂，恢弘先制，敪振祖庭……传曹溪正脉第三十六世成都易庵丘印师敬撰并书。[①]

撰写者即是易庵禅师，易庵禅师并非直接受邀入大兴善寺担任住持，而是于顺治十八年以游僧身份至大兴善寺挂单。立碑的时间是康熙癸卯，即康熙二年，在此次修葺大兴善寺的活动中并未提及大兴善寺住持，组织者是寺院中的监院、知事等，易庵禅师也并未自称"住持"，可见在康熙二年易庵禅师仍未担任大兴善寺住持。但是在《林我禅师行实》中有记载：

> 丁未春，忽泾阳、高陵、三原乡绅缁素具启礼，不辞千里远过茶芽设斋，坚请者三，辞不获免。栱杖旋秦，住铁佛崇文塔寺三载。时先老人主兴善将五秋，明春欲往天童扫塔，嘱山僧继席两月，宁夏镇台桑暨绅衿请住宁夏海宝塔寺。未三载，先师圆寂涿州……壬子春，方拽杖兴善，与先师建塔院。[②]

"丁未"是康熙六年，林我禅师住崇文塔寺三载，是为康熙九年，至此时，易庵禅师担任住持将满五年，可见，易庵禅师开始担任大兴善寺住持的时间是康熙四年。易庵禅师担任兴善寺住持一直至其圆寂。康熙九年后林我禅师住宁夏海宝塔寺"未三载"，为康熙十一年，正是"壬子"年。这一年正好是易庵禅师圆寂及其法嗣林我鉴禅师开始担任大兴善寺住持的时间。

2. 林我鉴禅师：康熙十一年(1672)—康熙十八年(1679)任大兴善寺住持。

林我禅师(1612—1679)，名鉴，依易庵印师受法。《林我禅师行实》：

> 崇祯十七年蜀中大乱……始得入秦，住南安贵清、天水清凉。历终南一带山居十余载。戊申夏，闻风穴云峨和尚应长安大兴善寺请，遂束装参见。入室问答机缘，详载《风穴录》中。命补知藏职。[③]

"戊申"为康熙七年，时间有误，如前所述云峨喜公应大兴善寺之请在顺治十七年。且林我鉴禅师于崇祯十七年(1644年)入陕，先住南安、天水，又终南

---

① 北京图书馆金石组编《北京图书馆藏中国历代石刻拓本汇编》第 62 册，第 18 页。

② 〔清〕林我鉴撰，海兹等录《林我禅师语录》，《禅宗全书》第 70 册，台北：文殊出版社，1988 年，第300 页。

③ 同上书，第 299 页。

"山居十余载",若是康熙七年(1668),当为廿余载。林我鉴禅师当于顺治末往大兴善寺投奔云峨喜公,于云峨喜公任住持时担任大兴善寺知藏一职。《重修隋唐敕建大兴善禅寺来源记》:"辛丑(顺治十八年)秋,山野挂锡阁后,时林我鉴公、雪兆性公都监院事。"①林我鉴禅师于云峨喜公离任后仍一度担任大兴善寺职务。林我鉴禅师开始担任大兴善寺住持是在康熙十一年,《林我禅师语录》"住长安大兴善禅寺,康熙十一年十月十五日进院……"②明确记载了主持大兴善寺的时间。《林我禅师塔铭》:"因易庵老人圆寂,始卓锡兴善,营建师塔,主持法事,大振宗风,于今八载矣。"③塔铭撰写于康熙十八年,康熙十八年林我鉴禅师圆寂,"于今八载矣",可知其自康熙十一年返回大兴善寺至逝世时康熙十八年一直担任住持。之后是其法嗣愚参禅师继任大兴善寺住持。

3.愚参禅师:康熙十八年(1679)—康熙二十三年(1684)任大兴善寺住持。

愚参禅师,得法于林我鉴,为大鉴下第三十八世。《双桂禅灯录》:"林我鉴法嗣:愚参禅师。"④《憨休和尚敲空遗响》尺牍中有《与愚参珍侄禅师》,故知愚参禅师名为珍。"又有易庵禅师、林我禅师、愚参禅师接武赓续。"⑤据《重修大兴善寺碑记》叙述,愚参禅师任职当在林我禅师之后、憨休乾禅师之前。

(三)云峨喜公、易庵印禅师两支关系及交互担任大兴善寺住持缘由考

从现存碑刻文献看,清代大兴善寺历任住持均属于临济宗,具体而言,都属于临济宗的天童系,天童系是清代前期临济宗的代表。大兴善寺住持一职在顺治康熙间为天童系僧人所连任,第一任住持云峨喜公与第二任斌雅禅师为师徒传承,第三任住持易庵印禅师、第四任住持林我鉴禅师、第五任住持愚参禅师为师徒传承,第六任住持憨休乾、第七任住持参约禅师之间均为师徒传承。而第二任斌雅禅师与第三任易庵印禅师,第五任愚参禅师与第六任憨休乾之间却并非师徒传承的关系。经研究发现大兴善寺天童系僧人为两支法嗣交互担任住持。

① 北京图书馆金石组编《北京图书馆藏中国历代石刻拓本汇编》第62册,第18页。
② 〔清〕林我鉴撰,海兹等录《林我禅师语录》,《禅宗全书》第70册,第276页。
③ 同上书,第301页。
④ 释身振《双桂禅灯录》,济南:山东画报出版社,2015年,第289页。
⑤ 北京图书馆金石组编《北京图书馆藏中国历代石刻拓本汇编》第66册,第88页。

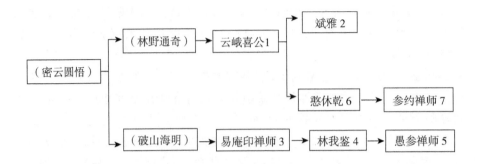

云峨喜公一支与易庵印禅师一支二者同出于密云圆悟,易庵印禅师、云峨喜公二人均是密云圆悟的徒孙,这两支法嗣彼此之间关系密切。云峨喜禅师为林野通奇法嗣,《云峨喜禅师语录》题辞者为法叔破山海明,破山在此题辞中交代其与云峨喜关系:"云峨喜公,蜀人也。始从老僧棒头喝下,深中此毒……幸吾弟林野劈头痛与一剂消道解毒汤……"①"老僧"是破山海明自称,云峨喜公在拜师林野通奇之前,多次向破山海明问禅。这在云峨喜公《行实》中也有所记载,"即崇祯辛未(四年)岁也……有法嗣破山和尚,现住万峰,门庭孤峻。余闻之喜悦,即中叶焚香,遥礼默祷,早见为幸"②。之后叙述其追随破山海明多次问答棒喝之语,这些均表明在遇到林野通奇之前,破山海明曾多次助其开悟参禅,关系不可谓不密切。再如林我鉴,虽为易庵法嗣,其实,慕名前去大兴善寺参云峨喜公远在识得易庵之前,"戊申(康熙七年)夏,闻风穴云峨和尚应长安请,遂束装参见。入室问答机缘,详载《风穴录》中……命补知藏职……秋初,先老人易庵和尚自双桂拽杖来秦,寓兴善……"③可见,林我鉴在继席易庵之前,在云峨喜为住持时,不仅曾受云峨喜公棒喝,而且被任命为大兴善寺知藏。又如憨休乾与双桂禅系一系的愚参禅师多有书信往来,《憨休和尚敲空遗响》尺牍中有《与愚参珍侄禅师》《复兴善愚参珍侄禅师》等书信,憨休乾称愚参禅师为"贤契"。

大兴善寺住持这种两支法嗣交互继任的方式在禅宗寺院中也比较常见,如《禅宗师承记》中绘有西天目山禅源寺略系图,最明显的是晦石超琦弟子澹如明永一系与松溪明寿一系两支均担任禅源寺住持,且两支为交互担任。常州天宁寺亦是如此,雪岩悟洁弟子普能真嵩一系与定念真禅一系均担任天宁寺住持,且两支为交互担任。可见,大兴善寺住持担任方式也是符合禅宗住持任职方式的。大兴善寺住持呈现两支交互担任的主要原因在于康熙、乾隆年

---

① 〔清〕云峨行喜撰,智恒等编《云峨喜禅师语录》,《禅宗全书》第77册,第163页。

② 同上书,第244页。

③ 〔清〕林我鉴撰,海兹等录《林我禅师语录》,《禅宗全书》第70册,第299—300页。

间大兴善寺住持以游僧为主，籍贯为陕西的僧人比较少。对于游僧及其弟子的依托，造成断层的出现与两支的相互交叉。七位住持中除愚参、参约两位籍贯不明外，均从外地受邀而来。云峨喜公由于受天童系及云峨禅师名气的影响，被邀到大兴善寺任住持并说法，离任后，令弟子斌雅继任住持之位。斌雅禅师因传法离开大兴善寺后，易庵禅师来到大兴善寺，离任后令弟子林我鉴继任主持，林我鉴离任后令弟子愚参再任住持，后继无人。故而再请憨休乾公接任大兴善寺住持，之后憨休乾弟子参约和尚担任大兴善寺住持。

二　大兴善寺临济宗住持住锡期间的交游

　　大兴善寺临济宗住持一方面修建寺院、开堂聚徒，与僧人居士一起参禅论道、积累功德、自度度人，以求成佛，为当时僧人居士所瞩目；另一方面重视与官府、文人士绅的关系，各级官吏的支持使他们获得传法的合法地位并形成较强的社会影响力。

（一）与僧人居士交往

　　弘扬佛法本就是僧人肩负的最重要使命，也是古代寺院的职责之一，清初大兴善寺诸位住持亦是如此，致力于弘扬佛法，与僧人居士的交往也多以此为目的。

　　大兴善寺住持在任职期间与各地禅师参禅辩法，《云峨喜公语录》"赞偈"部分《幻有老和尚》《密云老和尚》《林野老和尚》《崇祯庚辰春江安次破山老人题蟠龙寺韵》四首分别指幻有正传、密云圆悟、林野通奇、破山海明。密云圆悟乃幻有正传法嗣，破山海明为其法叔。大兴善寺住持均与临济宗自身师承一支交往密切，其交往随着临济宗住持的游迹而遍布各地。《赠别悦可兄住广化》一诗中悦可为林野奇禅师法嗣，临济宗南岳下第三十五世传人，住持余杭广化寺。大兴善寺住持的交往并不局限于自身师承，林我鉴禅师在《住长安大兴善寺》中有一则说法"灵源紫谷和尚请上堂"①，曹洞宗第三十世灵源紫谷和尚自"甲辰（康熙三年）秋，度关入秦"②后，便一直在陕西传法修行，先后主持咸阳慈惠禅院、泾阳观音禅院、长安荐福院，后仍隐于灵源。灵源紫谷和尚不仅与林我鉴禅师参禅辩法，而且与憨休乾和尚也甚为熟识，有书信往来，如憨休乾有《与灵源紫谷和尚》："俟雪开山径，自当作不请友也。附《风穴志宾草》二

　　①　〔清〕林我鉴撰，海兹等录《林我禅师语录》，《禅宗全书》第70册，第279页。
　　②　〔清〕僧如乾撰，张恂辑《憨休和尚敲空遗响》，《四库全书存目丛书补编》第10册，第23页。

册,照入不赘。"①二人相互拜访,互赠书籍。憨休乾还为紫谷和尚撰写塔铭《灵源紫谷和尚寿塔铭序》。又如《与关内众居士》:"引领西望,不无怅然。近来饘粥稍健,只是人事训繁,不审何日得于终南深处缚个茅棚,支折脚铛子,煮和罗饭,作休老计也。"②日常生活琐事娓娓道来,将自身感受与内心想法剖铺开来,足见与关内居士情义深厚才能如此表白心迹。

又如云峨喜《示郧阳南明上人》:"自出秦关学老成,蒲团久恋楚云深。为怜道大同今古,万行庄严佛祖心。"③向湖北郧阳南明上人述说思念之情,表明自己学佛求道的决心胜过一切。《示交口玄宗上人》:"随机且作小方便,六字弥陀接上根。"④向临潼交口的玄宗上人传授自修参禅的方法,称念六字弥陀名号,就能领悟最上乘的佛法。《次复罗山尚居士原韵》:"书债酬完可罢参,风云撩起卧龙憨。胸中有义文千箧,眼底无私佛一龛。妙道虚玄唯自得,大功不幸倩谁勘。将来坐听盐梅诏,回顾山堂蘸齿酸。"⑤云峨喜公熟习音韵,对于河南罗山尚居士的赠诗依原韵唱和。称赞尚居士在参禅悟道上的成果,得"妙道虚玄"之旨,但更希望居士能整治国政,有益于江山社稷,成济世之志。

而斌雅和尚《宁夏众居士》:"十数年,还思棒头痛处,可谓道愈远而信愈笃,诚不虚矣……郭真吾拂袖西归,老僧闻知嗟叹不已。众道友当念光阴倏忽,时势逼人,大家猛著精彩,踏步向前……"⑥对宁夏众居士颇有夸赞,与他们共同缅怀道友,勉励其参禅开悟,早得大道。

(二)与文人绅士交往

大兴善寺临济宗住持兼具多方面文化修养,与文人士绅往来密切,凭借自己的戒行修为和积极入世的大乘佛教思想影响文人士绅,赢得他们的尊重。这些士绅,活动于官府与寺庙、儒家与佛教之间,成为佛教的有力外援。大兴善寺临济宗住持既引导士绅参与佛教活动,又参与士绅的文学活动,写诗作文,酬唱应答。

1. 佛教活动

《广戒经》《莲花经》等佛经都承认修建经堂寺庙能获得无量功德,大兴善寺住持致力于支持包括大兴寺善在内寺庙的修建工程,同样,他们以因果报应、功德报应的概念来劝说人们捐助佛教工程。士绅阶层因其文化素养高且

---

① 〔清〕僧如乾撰,张恂辑《憨休和尚蔽空遗响》,《四库全书存目丛书补编》第 10 册,第 56 页。

② 同上书,第 66 页。

③ 〔清〕云峨行喜撰,智恒等编《云峨喜禅师语录》,《禅宗全书》第 77 册,第 237 页。

④ 同上。

⑤ 同上书,第 234 页。

⑥ 〔清〕斌雅鉴撰,海岳等编《斌雅鉴禅师语录》,《禅宗全书》第 76 册,第 464 页。

财力雄厚,故成为了化缘的主要对象。如憨休乾和尚在任大兴善寺住持期间,为重修大兴善寺募捐撰写了两份募缘疏。《兴善寺募修山门疏》:"何惜铢两百千,施舍福田无问。绅衿士庶,涓流肯助,管教平地涌出楼台……"①《兴善寺募修疏》:"恭持短疏,敬为申告宰官居士、善信檀那,共发菩提,襄成盛事。功德岂容思议,福利不可称量……"②均以士绅作为首要的劝募对象。

大兴善寺住持与陕西当地士绅多有交往,如憨休乾和尚与西安董府尊(或称董太尊)交往甚深,颇多书信往来。《与西安董府尊》:

> 客冬驾临,睹废叹息,鼎谕补修。彼时虽唯唯应命,尚图后举。不忆昨日大雪,东北又颓一角,此去风雪日甚,倘或梁倾柱卧,愈难补葺……虑所费浩繁,虽护法布金有任,然分人以善,贤圣所嘉,福庇黔黎,亦国政之先务也。愚意欲假众缘以弘大善,敢乞护法雕龙之才,题辞册首,庶十方信成而功德立就,肯濡墨一扫,则兴善之佛殿未成,而护法天官之宝殿已早成矣。是祷。③

"太尊""府尊"是清代对知府的尊称,据《西安府志·职官志》清朝"西安府知府"条下只有一位董姓知府,"董绍孔:镶白旗汉军,康熙二十年任"④。下一任知府彭腾翮于康熙二十九年任职。董绍孔任职时间与憨休乾担任大兴善寺住持时间大致相近,故很有可能就是信中这位董府尊。憨休乾和尚在书信中将佛教的兴盛与"福庇黔黎"的国政相关联,据此拉近佛教与士绅之间的距离,激起士绅普遍的社会责任感。且请求董府尊进行文学捐赠,将劝募文写在寺院捐助的小册子上,借董府尊之名吸引士绅捐赠,地方长官撰写的劝募文必然能在说服士绅捐赠方面做出很大贡献。

大兴善寺临济宗住持除向士绅化缘外,还把士绅作为宣扬佛教的主要对象之一。《云峨喜公语录》有一首《次原韵贺定州王刺史》:"加秩两千弘善政,抟风九万仗金仙……指日紫宸飞凤诏,传灯增照有生缘。"⑤将河北定州王刺史加官晋秩归因于佛光普照,受身转世,勉励其弘扬善政,也使更多信徒相信佛教的因果循环。《斌雅禅师语录》中有记载,"丙辰十月十五日,山西阳城侍御卫公淡足谐众绅衿,请师住开明寺"⑥。卫淡足是山西阳城邑绅,致力于地方文化建设,为满足当地宗教需求,曾请斌雅禅师入驻开明寺开堂说法。

---

① 〔清〕僧如乾撰,张恂辑《憨休和尚敲空遗响》,《四库全书存目丛书补编》第10册,第41—42页。
② 同上书,第43页。
③ 同上书,第82页。
④ 〔清〕舒其绅修,严长明纂《(乾隆)西安府志》,《中国地方志集成·陕西府县志辑》第1册,成都:巴蜀书社,1992年,第293页。
⑤ 〔清〕云峨行喜撰,智恒等编《云峨喜禅师语录》,《禅宗全书》第77册,第233页。
⑥ 〔清〕斌雅鉴撰,海岳等编《斌雅鉴禅师语录》,《禅宗全书》第76册,第450页。

2.文学活动

顺治康熙间大兴善寺住持有比较高的文化修养,故除佛教活动外,还经常参与文人士绅的文学活动。云峨喜公在西安任住持时间比较短,却仍与当地士绅有所交往。如《复长安黄文学韵》:"乾坤输我三秦乐,青眼频看世谛忙。"①还有《寿西安杨府尊》《赠西安许粮台升云南总宪》《西安董太尊偕咸长两邑侯过访》《寿长安郭乾一明府》等等。

憨休乾和尚曾在华州参与当地文人创办的诗社"怀雅社",与士人写诗作文,探讨诗歌的写法。如《与华州怀雅社诸公》作诗赏雪,颇有雅兴:

> 甲寅冬,晤众护法于西郊之映雪堂,数载积愫,未摅万一,而暮色促人归去。念别以来,指又三屈矣。烽烟日作,音问少通。每于风晨月夕,遥望少华,惟有驰想耳。料个人中,虽处尘劳烈焰中,自有一段木雪襟怀,超出乎世外也。向有俚言,今已灾木,便附两册,供诸公一笑,幸勿投之水火。倘社中近有新裁,不妨远一寄我。②

他与陕西当地士绅多有交往,其诗文集《憨休和尚敲空遗响》每卷均有"关中张恂稚恭编阅"字样。张恂是明末清初陕西泾阳士绅,《江南通志》《清画家诗史》称其善书画、刻印,书法二王,有《百渠记》。《国朝先正事略》记载"恂,字稚恭,一字壶山。以进士为江南推官。善画,落笔片纸值千钱,与三李、豹人、黄湄辈还往酬答,而名稍后"③。憨休和尚在诗文集中多次谈到与张恂交游,《书翰汇集序》中记载:"余壬子春入关时……一日过泾阳,访义真友人于嘉庆寺,适遇稚恭张老先生,一见如旧识,已遂成莫逆……侍僧集其与余往来书问,汇而成帖,请序其首。"④康熙十一年两人在泾阳嘉庆寺初遇,一见如故。《寻义真兄于嘉庆寺因晤张稚恭中翰》:"公案掀翻闲瓦砾,清谈喜晤接簪缨。已知宾主机先契,莲社相看续旧盟。"⑤谈佛论理,颇为契合,互相引为知己,"掀翻""喜晤"将二人初遇时的喜悦之情及惺惺相惜之意表现得淋漓尽致。《与张稚恭》(其一):"拙思一册,录尘郢削,间有可裁者,祈不吝绳墨;其不可者,去之。幸无结喜欢缘,而令我心眯也。借骊珠一耀,顽石顿令生辉矣。"⑥请张稚恭改诗、选诗。《与张稚恭》(其三)以《越僧诗》以诗意换画的故事,向张稚恭求画,画的内容就在于对诗意的表达。"不慧近日获茧纸一幅,依模脱埏,不能作越僧诗,

① 〔清〕云峨行喜撰,智恒等编《云峨喜禅师语录》,《禅宗全书》第77册,第233页。
② 〔清〕僧如乾撰,张恂辑《憨休和尚敲空遗响》,《四库全书存目丛书补编》第10册,第59页。
③ 〔清〕李元度纂,易孟醇校点《国朝先正事略》(二),长沙:岳麓书社,2008年,第1155页。
④ 〔清〕僧如乾撰,张恂辑《憨休和尚敲空遗响》,《四库全书存目丛书补编》第10册,第15页。
⑤ 同上书,第129页。
⑥ 同上书,第58页。

得随意挥洒,幸矣。"①憨休和尚与张稚恭多酬唱之作,《奉酬张稚恭中翰次原韵》"闻桂那堪询太守,虚怀但愿识荆州"②,将张稚恭作比韩荆州,既是对张稚恭声名远扬的夸赞,也是模拟李白的仰慕之情。除此之外还有《甲寅孟冬余往风穴省觐本师张稚恭中翰以诗饯别次韵》《张稚恭以泾水歌见贻次韵》《张稚恭之松陵以诗寄别次韵》等等,内容涉及贺寿、送别、怀人等生活的方方面面,足见二人交往之深。

三 清初大兴善寺住持在传法路径中的作用——沟通南北

大兴善寺最早可追溯至西晋时期的"遵善寺",在隋代处于"国寺"地位,唐时"开元三大士"善无畏、金刚智、不空在大兴善寺翻译密籍,创立唐密,大兴善寺成为国家译经中心和密宗祖庭。大兴善寺的历史地位及其作为西安宗教中心之一,使其成为佛法的输入与输出地。"清代佛教宗派主要有禅宗、净土、天台、华严、律宗、法相等。其中禅宗最为兴盛,净土为各宗共同信仰,其他则相对微弱。禅宗又以临济天童、盘山二系与曹洞的寿昌与云门二支较为繁盛。"③清世祖曾多次召临济宗僧人入京说法,包括憨璞性聪、玉琳通琇、茚溪行森以及天童系的木陈道忞,"道忞继密云主持天童,应召入京说法,受清世祖礼遇"④。"通琇弟子茚溪行森和道忞的弟子旅庵本月、山晓本晰相随入,也各助传教……"⑤帝王对临济宗禅僧的礼遇亲善,促进了清初临济宗的繁荣,故大兴善寺佛法输入为当时最为兴盛的临济宗天童系。大兴善寺临济宗天童系僧人在顺治康熙间形成一条较为固定的传法路径,并在这条联结四川与西北的路径中发挥着南法北传的重要作用。大兴善寺是这条路径中沟通南北的重要枢纽。下面以大兴善寺住持的传法轨迹为例,说明这一点。

云峨喜公传法轨迹:

四川资阳→安徽霍丘大别山普济寺(1650)→河南光山县普福禅院(1651)→河南罗山县国祥山龙池禅寺(1652)→河南汝州风穴禅寺(1656)→陕西西安大兴善寺(1660)→河南汝州风穴禅寺(1660)

林我鉴禅师传法轨迹与之相似:

四川阆中→南阳淅川县岜峇山法海寺(1665)→关中泾阳崇文塔铁佛

① 〔清〕僧如乾撰,张恂辑《憨休和尚敝空遗响》,《四库全书存目丛书补编》第10册,第59页。
② 同上书,第130页。
③ 邱高兴《清代禅宗隆兴》,沈阳:辽宁人民出版社,1997年,第3页。
④ 鉴印《临济宗研究》,北京:宗教文化出版社,2016年,第136页。
⑤ 鉴印《临济宗研究》,第135页。

禅寺(1666)→宁夏海宝塔寺(1668)→陕西西安大兴善禅寺(1672)

斌雅禅师传法轨迹亦相似:

四川梓州→河南南阳淅川县岸峦山法海寺(1657)→陕西西安大兴善寺→临潼交口龙华寺(1659)→陕西西安大兴善寺(1661)→渭南灵台寺(1662)→蒲邑封村寺(1663)→宁夏海宝寺、汉中西乡洪崖寺等(1664—1675)→山西阳城开明寺(1676)→宁夏福宁寺(1676)

综上所述,大兴善寺临济宗住持传法路径大致吻合,即:四川、河南→陕西→宁夏、山西。陕西在清初临济宗由南至北传法史上具有枢纽的作用,由四川、河南北传西安,西安对于陕西其他府州县以及周围省份均具有辐射意义。大兴善寺临济宗天童一系僧人的籍贯、来处是其佛法输入的重要反映,而其去处则是对佛法传播的重要反映。下表是对大兴善寺住持籍贯、来处、去处的统计(表1):

表 1

僧人	易庵禅师	林我鉴禅师	云峨喜公	憨休乾	斌雅
籍贯	四川资阳	四川阆中	四川资阳	西蜀龙安	四川梓州
来处	四川梁山	四川阆中	河南汝州	河南新蔡	河南南阳
去处		宁夏	河南汝州		陕西渭南

1. 佛法输入

清代大兴善寺七位住持中除愚参、参约两位籍贯不明外,其余籍贯均为四川,形成这种特征的原因主要是巴蜀地区禅宗发展兴盛。"不管是在开宗立派,还是传承祖灯上面,巴蜀地区都作为禅宗的重要阵地,以其杰出的僧俗人才及其修行智慧等推动了禅宗的历史性发展。"[①]明末清初破山海明在四川传法三十多年,扭转义学之风,重振禅学,广收弟子,影响深远。陈垣在《明季滇黔佛教考》中也说:"《黔南会灯录》所载之黔僧,蜀人居十之七八,不独黔南然,不独禅宗然。"[②]顺治康熙间大兴善寺临济宗住持多为蜀籍就是这种情况的反映。易庵禅师曾在四川双桂堂随破山海明学禅,云峨喜公披剃、法号均是在四川完成的,林我鉴禅师在入陕之前也在四川学禅,可见无论程度如何,清初大兴善寺临济宗住持都曾受到蜀地禅宗的影响。

顺治康熙间大兴善寺住持来处为四川、河南两地,这其实与大兴善寺僧人

---

① 〔清〕丈雪通醉编,吴华、杨合林点校《锦江禅灯》,长沙:岳麓书社,2019年,导读第3页。

② 陈垣《明季滇黔佛教考》,石家庄:河北教育出版社,2000年,第266页。

分为云峨喜公一支与双桂禅系易庵禅师一支有很大关系。双桂法派由西南佛教禅宗祖庭双桂堂而得名,易庵禅师为破山海明弟子,在双桂堂受法。云峨喜为浙江天台林野通奇弟子,但云峨喜公的一个重要传法之地就是河南风穴,"云峨喜禅师是风穴寺复兴的关键人物",①据《风穴志略》记载其曾两次受邀至风穴寺,一次是顺治十三年(1656)受范承祖之请,一次是康熙十年(1671年)应汝州高太守之请复归风穴。"师道高气平,雅善接引,以故门下多高足,付法者若斌雅鉴、冲涵恒、彝峰一、绛山华、段峰真、雪兆性、沧涵彻、竺文宪、憨休乾、虎堂福,皆表表于时云。"②云峨喜公弟子是在河南受的法,也曾多在河南各地传法。

2. 佛法输出

西安在清代为西北重镇,是西北地区的政治、经济、文化中心,陕西各府州县以及周围省份一直处于西安府影响之下。大兴善寺在佛法兴盛之后,开始向外输出。陕西其他府县,宁夏、山西等地的民众均对宗教文化需求比较高,大兴善寺住持常被宁夏、陕西其他府县士绅邀请前去说法。

斌雅鉴禅师一生致力于传法,任大兴善寺住持后曾先后被请去西安府临潼、渭南、蒲邑等地说法,"顺治己亥秋,渭南、临潼两邑绅衿缁素从兴善请师住临潼交口龙华寺。于庚子春,两邑缁素请上堂"③,"康熙壬寅春,渭南绅衿缁素从兴善请师住灵台寺,于十月初三进院"④,"康熙癸卯春,西安府蒲邑绅衿耆旧从灵台请师住封村寺,二月初二进院"⑤;还曾受邀前去汉中府等地主持传法,"汉中西乡绅衿杨克生率众请师住洪崖,上堂"⑥。

除陕西外,四川、河南、宁夏、山西等多个省份也均有其传法轨迹。尤其是在宁夏,斌雅禅师不仅在宁夏多次开堂说法,还培养出了宁夏本地禅师。仇文军《清代宁夏高僧考述》一文中探讨了清代宁夏籍或游宁夏的七位高僧,斌雅禅师、灵芝禅师、慧光禅师、正觉润光泽禅师、林我禅师、文玺禅师、香岩洗心水禅师。斌雅禅师从陕西传法到宁夏,在陕西、宁夏、山西三地巡回传法。灵芝禅师乃斌雅禅师在宁夏的受法弟子。"斌雅尚师,系出梓州章氏。后解脱俗缘,能接灵济正派,至宁夏说法于福宁寺,望重一时……灵芝禅师,名秀,宁夏人。凤慧颖悟,幼时出家,经典偈颂,俱如凤记。后于福宁寺,值斌雅尚师典偈

———————————

①　周荣《明清易代之际的禅宗祖庭复兴与地方秩序重建——以汝州风穴寺为例》,《人文论丛》,2013 年第 32 期,第 325 页。

②　〔清〕任枫纂《风穴志略》,郑州:中州古籍出版社,2017 年,第 723 页。

③　〔清〕斌雅鉴撰,海岳等编《斌雅鉴禅师语录》,《禅宗全书》第 76 册,第 434 页。

④　同上书,第 437 页。

⑤　同上书,第 438 页。

⑥　同上书,第 449 页。

方丈,蓦然有契,亲承蒟记。上人示寂,遂主教福宁寺。"①灵芝禅师长期在宁夏传法,对宁夏禅宗产生了深远的影响。香岩洗心水禅师受正觉润光嘱托,去南方参学,"直造长安,首参兴善寺荐福,次谒风穴,又参金粟。解制后,至楚地。……历豫章、吴越一带丛林"②。大兴善寺成为其向南参学的第一站,他又通过这条传法路径,到河南等地求法。再如林我鉴禅师,与其他住持不同,他先是在大兴善寺参禅,蒙易庵禅师记蒟,历主南阳法海寺、泾阳铁佛崇文塔寺、宁夏海宝塔寺等之后,回到大兴善寺担任住持。其受法主要是在西安大兴善寺完成的,法成之后到河南、宁夏传法。西安在这条传法路径上沟通南北,促进西北地区的佛教发展与南北佛教交流。这也是西安作为临济宗传法路径中南北枢纽地位的体现。

四　余论

　　大兴善寺被尊为密宗祖庭,然而,晚唐以来密宗衰落,大兴善寺主要成为禅宗道场,特别是清顺治康熙以来临济宗的传承,使得大兴善寺成为临济宗天童系的道场。《重修大兴善寺碑记》:"唐有惟宽禅师、惟政禅师……阐扬宗教,始成法席……"③惟宽禅师、惟政禅师,均是洪州禅马祖道一弟子。宋明时期禅宗在大兴善寺均有所发展,《大兴善寺》:"公元1174年,南宋淳熙元年,崇辩禅师为寺内住持……公元1403—1424,明永乐年间,云峰禅师住持寺务。后修造殿堂,广弘禅风。"④崇辩禅师属于禅宗云门一派,云峰禅师也弘扬禅宗。顺治康熙间大兴善寺住持在陕西从事多方面的活动,以佛教活动为主,和参与佛事活动的陕西境内僧人居士及士绅均有所交往。这些活动,扩大了临济宗天童系在陕西的影响。顺治康熙间大兴善寺临济宗天童一系僧人形成较为固定的传法路径:四川、河南→陕西→宁夏、山西,大兴善寺是临济宗传往西北的桥头堡,具有沟通南北的重要作用。

---

　　① 〔清〕杨浣雨纂,〔清〕张金城修,陈明猷点校《(乾隆)宁夏府志》,宁夏:宁夏人民出版社,1992年,第589页。

　　② 〔清〕照水说,实云、海清等编《香岩洗水心禅师语录》,《嘉兴大藏经》第39册,台北:新文丰出版社,1987年,第723页。

　　③ 北京图书馆金石组编《北京图书馆藏中国历代石刻拓本汇编》第66册,第88页。

　　④ 王亚荣编著《大兴善寺》,第185页。

明支遁诗文集辑本出处考论[*]

邵颖涛[**]

【内容提要】 支遁诗文集亡佚已久，明人始致力辑补，今存嘉靖间杨仪七桧山房校钞本《支遁集》二卷、皇甫涍辑刻本《支道林集》一卷，并由此衍生出两种版本体系。明钞本、明刻本的内容皆辑自佛教大藏经，参校二本及所见历代大藏经的文字考述：钞本文字接近《碛砂藏》《洪武南藏》《永乐南藏》一脉，实出于《永乐南藏》；刻本辑自《永乐北藏》。明钞本、刻本的校者与刻者皆是吴郡士人，且在钞本问世时皆于京师担任礼部员外郎，他们藉地缘牵绊、仕宦经历、人际网络、文化记忆而推动支遁诗文集的生成与传播。钞本由常熟人杨仪校订，但其所校的辑本或出自吴县黄省曾之手；而刻本则由长洲皇甫涍辑补而成，因所据《永乐北藏》"清白显朗"的缘故而修改了不少错讹之处。

【关键词】 杨仪七桧山房校钞本 皇甫涍辑刻本 支遁诗文 大藏经

东晋名僧支遁的诗文集在明代产生了两个版本系列：明嘉靖十四年（1535）杨仪七桧山房钞本《支遁集》，二卷；明嘉靖十九年皇甫涍辑刻本《支道林集》，一卷。由杨氏七桧山房钞本衍生出明末冯彦渊钞本、清《宛委别藏》本、清《邵武徐氏丛书》本、僧寒石刻本等；自皇甫涍刻本则衍生出明末吴家骐刻本。这两个版本及其承传情况业已引起学界注意，袁子微《支遁集六种版本考述》（《广西师范大学学报（哲学社会科学版）》2013年第6期）、张富春《支遁诗文辑本考》（《清华大学学报（哲学社会科学版）》2014年第4期）、王京州《〈支遁集〉版本叙录》（《古籍整理研究学刊》2014年第4期）、刘明《支遁集成书及版本考论》（《图书馆研究与工作》2017第8期）等论文皆对支遁诗文集的版本流传问题进行了较深入的探讨。明钞本《支遁集》、明刻本《支道林集》皆是后人辑自佛教大藏经的辑本，但它们所据为哪部大藏经及彼此存在的联系如何尚未引起学界的关注。有鉴于此，下文以明支遁诗文集两个版本系统的源头为中

---

* 本文为国家社科基金项目《日传汉文〈大藏经〉禅宗典籍序跋整理研究》（项目号 21BZJ036）阶段性成果。

** 本文作者为西北大学文学院副教授，文学博士。

心,探究它们所依据的底本及明代大藏经承传问题。

一　明钞本、明刻本辑自大藏经校勘释例

明杨氏七桧山房钞本(简称明钞本)、皇甫涍刻本(简称明刻本)所辑支遁诗文作品同出佛教大藏经,其中的十八首诗辑自《广弘明集》卷三十,十三篇赞辑自《广弘明集》卷十五,《还东山上书》(钞本题作《上皇帝书》)《座右铭》两篇辑自《高僧传》卷四。此外,刻本多出的《与桓玄论州符求沙门名籍书》一文辑自《弘明集》卷十二。《广弘明集》《高僧传》《弘明集》皆被收入历代大藏经之中,而钞本、刻本则利用不同的大藏经,故拟参校存世的明末之前诸藏经将其异文胪列如下[①]。

(一)明钞、刻本与大藏经的异文举隅

明钞本与刻本同出吴中文士之手,它们具有相近的宗教文化氛围与佛经传播空间,此二本与历代大藏经间的异文潜隐着明人对不同大藏经的取舍态度,可藉文献构建与明人经典信仰相对话的契机。钞本、刻本文字相同而与大藏经产生的主要异文可述列如下:

　　1.钞本《四月八日赞佛诗一首》、刻本《四月八日赞佛诗四首》其一"玄根泯灵府"中"泯",嘉、汪、承本同;崇、丽、溪、金、碛、福、普、洪、南、北本作"民"。

　　2.同上诗其一"迹随因溜浪"中"溜",崇、溪、碛、洪、南、北、嘉、汪、承本同;福、普本作"僧";丽本作"儥";金本作"质"。

　　3.钞、刻本《咏怀诗五首》其一"中路高韵溢"中"溢",他本同;嘉、汪、承本作"益"。

　　①　本文所据大藏经版本为:日本宫内厅藏福州东禅寺《崇宁万寿大藏》第5067册《弘明集》卷十二、第5102册《弘明集》卷三十,简称崇本(它与开元寺《毗卢大藏》合称为"福州藏");韩国高丽南禅寺藏《高丽藏》k1704《高僧传》、k1081《广弘明集》、k1080《弘明集》,简称丽本;国家图书馆藏《思溪藏》第4417册《高僧传》、第4485册《弘明集》、第4506册与第4517册《广弘明集》,简称溪本;国家图书馆藏《赵城金藏》本《广弘明集》第23册与《高僧传》,简称金本;线装书局2005年影印宋元版《碛砂藏》第98册《高僧传》、第101册《弘明集》、第102册《广弘明集》,简称碛本;四川佛教协会1999年出版《洪武南藏》第173册《广弘明集》、第167册《高僧传》,简称洪本;山东省图书馆藏《永乐南藏》,简称南本;线装书局2000年影印故宫博物馆藏《永乐北藏》第147册《高僧传》、第139册《广弘明集》、第137册《弘明集》;国家图书馆藏《径山藏》本《高僧传》,日本东京大学藏《嘉兴藏》第180帙第2册《广弘明集》卷十六、卷三十九,简称嘉本;四部丛刊影印明万历十四年(1586)汪道昆刻本《广弘明集》,简称汪本;日本内阁文库藏承应三年(1654)《广弘明集》卷三十九,简称承本。《资福藏》《普宁藏》的异文参见《大正藏》校勘记,分别简称福本、普本。此外,上海图书馆藏明嘉靖十四年(1535)杨氏七桧山房钞本《支遁集》,简称钞本;国家图书馆藏明嘉靖十九年(1540)皇甫涍本《支道林集》,简称刻本。

4. 同上诗其三"缥瞥邻人象"中"人"，他本同；嘉、汪、承本作"大"。

5. 同上诗其五"生途虽十三"中"途"，溪、碛、洪、南、北、嘉、汪、承本同；崇、福、普本作"徒"；丽、金本作"塗"。

6. 钞、刻本《咏禅思道人》"求参焉于衡枙"中"枙"，溪、碛、洪、南、北本同；崇、金、福、普本作"扼"；丽、嘉、汪、承本作"轭"。

7. 钞、刻本《座右铭》"徇赴钦渴"中"徇"，碛、溪、洪、南、北本及日本京都大学藏元本《高僧传》同；福、普、嘉本作"狥"；丽、金本作"殉"。

8. 钞本《上皇帝书》、刻本《还东山上书》"清风既劭"中"劭"，溪、碛、洪、南、北、嘉本及日本京都大学藏元本《高僧传》同；福、普本作"邠"；丽、金本作"邵"。

9. 同上文"王者非负丘而不踵"中"负"，溪、碛、洪、南、北及日本京都大学藏元本《高僧传》同；福、普、嘉本作"员"；丽、金本作"圆"。

10. 同上文"进退惟谷"中"谷"，丽、金本同；碛本作"各"、北本作"刟"；溪、福、普、洪、南、嘉本作"谷"。按：溪、洪、南本"谷"字中"卜"部较小，而碛本"卜"部近乎脱落，疑明钞本、刻本误以"各"为"谷"。

11. 钞、刻本《释迦文佛像赞（并序）》"脱皇储之重任"中"任"，碛、普、洪、南、北、嘉本同；崇、溪、福本作"宝位"；丽、金本作"宝"。

12. 同上文"班卉匡居"中"班"，崇、溪、福本同；丽、金、碛、普、洪、南、北、嘉本作"斑"。

13. 同上文"太和拟而称邵圆"中"邵圆"，崇、溪、碛、福、普、洪、南、北、嘉本同；丽本作"劭员"；金本作"劭负"。

14. 钞、刻本《法作菩萨不二入菩萨赞》，北、嘉本同；崇本作《法作菩萨赞》；碛、溪、福、普、洪、南本作《法作菩萨赞》《不二入菩萨赞》；丽、金本作《不二入菩萨赞》《法作菩萨赞》。

兹如上述，明钞本、刻本与《高丽藏》《赵城金藏》（由《高丽藏》所衍生的《中华藏》《大正藏》《频伽藏》《缩刻藏》情况相同）文字基本相牾（11 次），亦与《崇宁万寿藏》（吻合 5 次，相异 5 次）、《资福藏》（相异 10 次）、《普宁藏》（相异 10 次）多有差异，从其版本渊源来看，钞、刻本所据的底本更接近于《思溪藏》《碛砂藏》《洪武南藏》《永乐北藏》《永乐南藏》（吻合次数超过 10 次）。《高丽藏》《赵城金藏》皆出北宋《开宝藏》，明钞本、刻本没有利用此版本系统，这一藏经版本系统在明嘉靖时并未成为佛教经典的主要通行版本。而宋《资福藏》、元《普宁藏》实际都源出宋《崇宁万寿藏》[①]，这三部大藏经也没有成为钞本与刻本依赖

---

① 何梅《历代汉文大藏经目录新考》，北京：社会科学文献出版社，2014 年，第 1553 页。

的对象,因为钞本、刻本更喜好利用具有时代特征的大藏经,而其后的《嘉兴藏》及汪道昆刻本《广弘明集》等亦延续这个倾向。

事实上,由《崇宁万寿藏》还衍生出了宋《思溪藏》、宋《碛砂藏》、明《洪武南藏》、明《永乐南藏》、明《永乐北藏》、明《嘉兴藏》,它们的文本却与明钞本、刻本较为接近。如果从刊刻时间来看,晚出的万历时《嘉兴藏》之《广弘明集》及万历十四年(1586)汪道昆刻本《广弘明集》、日本承应三年本《广弘明集》系出同源,三本的文字大致相同,所出注语的位置、内容一致,故它们应与此前行世的明钞本、刻本同出一源,而其源头当在宋《思溪藏》《碛砂藏》及明《洪武南藏》《永乐南藏》《永乐北藏》,这是自《崇宁万寿藏》衍生却又变化不少且特征昭著的明代大藏经系列。细究《嘉兴藏》、汪道昆本、承应本在注文中提及的异文多有特殊处,且上列"泯""益""轭"三字皆与大藏经有别,这似乎能说明明人编书时曾参考别的版本,并未固守一部大藏经。而就明钞本、刻本而言,它们并未脱离明代大藏经的流传境况,似乎取用可以找到的便捷版本,未曾刻意去查询宋元流传的大藏经。

(二)明钞本、刻本异文及其所出之大藏经考释

自上得悉明钞本、刻本的源头当在《思溪藏》《碛砂藏》《洪武南藏》《永乐南藏》《永乐北藏》,那么两本究竟出自哪部大藏经? 下文详列两本间的异文,以期溯源它们所依据的大藏经。

1. 钞本《四月八日赞佛诗》及《咏八日诗三首》(含"大块挥冥枢""真人播神化""缅哉玄古思"三首),崇、丽、溪、金、碛、福、普、洪、南本诗题同而下署"东晋沃州(金、丽本作"洲")山沙门支道林";刻本《四月八日赞佛诗四首》分其一(三春迭云谢)、其二(大块挥冥枢)、其三(真人播神化)、其四(缅哉玄古思),北本题作《四月八日赞佛等诗(共一十八首)》下列四首诗,嘉、汪、承本题作《四月八日赞佛诗四首》下署"释道林",后又录《咏八日诗三首》。

2. 钞本《四月八日赞佛诗一首》"今和揔八音",崇、溪、金、碛、洪、南本作"含和揔八音";刻本《四月八日赞佛诗四首》其一作"含和總八音",丽、福、普、北、嘉、汪、承本同。

3. 钞本《五月长斋诗》"亹亹羅摩虛"中"羅",碛、洪、南本同;刻本作"維",崇、丽、溪、金、福、普、北、嘉、汪、承本等同。

4. 同上诗,钞本"绝致由近藏"中"藏",碛、洪、南、嘉、汪、承本同;刻本作"臧",崇、丽、溪、金、福、普、北本同。

5. 钞本《土山会集诗三首并序》;刻本拟题《八关斋诗三首》,福、普、北、嘉、汪、承本题作《八关斋诗三首(并序)》,崇本诗、序分作《八关斋诗

序》《八关斋诗三首》,丽、溪、金、碛、洪、南本作《八关斋诗并序》《八关斋诗三首》。

6.钞本《咏怀诗五首》其一"苟简为我养"中"苟",崇、丽、金本同;刻本作"荀",溪、碛、福、普、洪、南、北、嘉、汪、承本同。

7.同上诗其二,钞本"萧萧柱下回"中"回",崇、溪、洪本作"回";刻本作"迥",丽、金、碛、福、普、南、北、嘉、汪、承本同。

8.同上诗其三,钞本"仿佛岩阶仰"中"阶";刻本作"埘",崇、溪、碛、洪、南、北、嘉、汪、承本同;丽、金、福、普本作"碏"。

9.同上诗其四,钞本"惔怕为无德"中"惔怕"下小字注"一作澹泊",嘉、汪、承本同且有相同注语,崇、丽、溪、金、碛、福、普、洪、南本作"惔怕";刻本作"憺怕",北本同。

10.钞本《述怀诗二首》其一"萧萧猗明翮"中"猗",碛、南本同,嘉、汪、承本作"猗(一作椅)";刻本作"椅",崇、丽、金、溪、福、普、洪、北本同。

11.钞本《咏大德诗》"挥戈在神往"中"在",碛、南本"任"形近"在",嘉、汪、承作"在(一作任)";刻本作"任",崇、丽、溪、金、福、普、洪、北本等同。

12.同上诗,钞本"寄旅海驱乡"中"驱",崇、溪、碛、福、普、洪、南本同;刻本作"沤",北、嘉、汪、承本同;丽、金本作"躯"。

13.钞本《咏禅思道人》"承蜩累危九"中"九",溪、碛、金、普、洪、南本同;刻本作"丸",崇、丽、福、北、嘉、汪、承本同。

14.钞本《咏利城山居》"动求目方智"中"目",丽、溪、金、碛、洪、南、汪本作"目";刻本题作《咏山居》作"自",崇、福、普、北、嘉、承本同。

15.同上诗,钞本"峻无单豹代"中"代",崇、福本同;刻本作"伐",丽、溪、金、碛、普、洪、南、北、汪、承本同。

16.钞本"长啸归林领,萧洒任陶钧"中"领",崇、碛、溪、福、普、洪、南本同;刻本作"岭",丽、金、北、嘉、汪、承本同。"钧",丽、金本作"均"。

17.钞本《上皇帝书》"若然者太山不淫"中"淫",丽、金、嘉本同;刻本《还东山上书》作"媱",溪、碛、福、普、洪、南、北本作"婬"。

据上异文而论,钞本、刻本确与《崇宁藏》《高丽藏》《赵城金藏》《资福藏》《普宁藏》存有迥然差别,尤其是与《高丽藏》《赵城金藏》文字多有抵牾之处,如"碏""躯""均"三字皆不同于二藏;而上述诸藏经游离于两本间而没有形成稳定的模式,故参考前文明钞、刻本与大藏经的异文对校结果,洵可排除明钞、刻本出自上述大藏经的可能性。《思溪藏》同样游离在两本间,与钞本相同9次、与刻本相同8次,基本可以判断它并非钞本、刻本所依据的大藏经。

钞本、刻本与《碛砂藏》《洪武南藏》《永乐南藏》《永乐北藏》大致相类,唯有个别地方存在不同,故钞本、刻本的底本当出自上列诸藏之中,即出于宋福州崇宁大藏经系列衍生的版本。虽然钞本、刻本内容辑自《广弘明集》《高僧传》两书,而《广弘明集》《高僧传》亦有可能会以单集的形式刊行于世。然而,由不同大藏经系统分出的单本佛教典籍往往因所出不同而异文颇多,可是钞本、刻本的异文情况较为明晰:钞本所辑的《广弘明集》《高僧传》皆属于同一部大藏经,刻本所辑的《广弘明集》《高僧传》属于另一部大藏经,两本所用《广弘明集》《高僧传》底本的文字较为明确、前后保持一致,并不存在因拼接自不同大藏经承传版本而引发前后矛盾的现象,也就是说钞本、刻本所征采的《广弘明集》《高僧传》两书皆属于同一系统的大藏经版本,并非随意翻查《广弘明集》《高僧传》的单行本典籍以辑录成书。钞本、刻本中《广弘明集》《高僧传》所用底本皆分别指向同一部大藏经,故而判断它们是从整部大藏经中搜辑而成,并非采自不同版本系统的单本典籍。为了探明钞本、刻本的出处,根据上文所列十七条异文,可将钞本、刻本间的异文与各部大藏经的吻合次数列表如下(表1,笔者未见《崇宁藏》之《高僧传》,故《崇宁藏》在表格中的出现频率仅有 15 次;亦有大藏经在个别异文上既不同于钞本,亦不同于刻本,故其在表格中出现总数并非 17 次)。

表 1 明钞本、刻本异文与大藏经吻合频率表

	崇本	丽本	溪本	金本	碛本	福本	普本	洪本	南本	北本	嘉本
钞本	7	5	6	6	10	5	5	9	10	0	5
刻本	8	12	10	10	6	12	12	7	6	17	11

细考钞本、刻本的异文及篇目名称:尽管钞本与《洪武南藏》尚存 8 次差异,与《永乐南藏》《碛砂藏》皆有 7 次差异,但这些差异的产生不乏事出有因,如“今”为“含”形讹,“階”是“堦”本字,“淫”是“婬”本字,故钞本文字实际上很接近《碛砂藏》《洪武南藏》《永乐南藏》,当与三部藏经有密切之版本关联。至少在异文上,很难断定钞本以三部中的哪一部大藏经为底本。此外,明永乐末年杭州曾刻印大藏经《武林藏》(今仅残存 17 卷,为 9 种经籍的零散卷册),此藏经近似南宋刻本《碛砂藏》,但此经刻成的时间较晚,李圆净《历代汉文大藏经概述》认为该经是在嘉靖间才刻成[①],且其本身尚存疑问,故不予讨论。

刻本的底本极易推断:它与《永乐北藏》的文字高度吻合,像诗题《四月八日赞佛诗四首》(据支遁诗集中拟题的特征判断,“四首”“其一”“其二”等当是辑者所增添)及“憺怕为无德”“寄旅海沤乡”“长啸归林岭”皆是《永乐北藏》的

---

① 李圆净《历代汉文大藏经概述》,南行学社编印《南行》,1948 年,第 13 页。

特有之处,而刻本其他异文也与《永乐北藏》基本一致,故刻本所据的底本必是《永乐北藏》。

(三)参校大藏经所见明钞本、刻本的讹误

既然确定明钞本源自《碛砂藏》《洪武南藏》《永乐南藏》,即可参校大藏经的文字以校核明钞本及由其衍生的明末冯彦渊钞本、清刘喜海味经书屋钞本、清《宛委别藏》本、清僧寒石刻本、清《邵武徐氏丛书》本等版本[①]之讹误,亦可藉助异文而考察诸版本演变的文化历程。

1.《咏怀诗五首》其一"苟简为我养"中"苟",崇、丽、金本作"苟",他本皆作"苟"。按:据上推断钞本未曾参照崇、丽、金本,故疑钞本系列中的"苟"或为"苟"形讹。

2.同上诗其二"机忘映清渠"中"机",明刻本及诸藏经作"几"。

3.《述怀诗二首》其一"自肩栖南嵋"中"自",明刻本及诸藏经作"息"。

3.同上诗其二"穷理增灵新"中"新",明刻本及诸藏经作"薪"。

4.《土山会集诗三首并序》据诗序"以十月二十二日,集同意者在吴县土山墓下"拟题,明刻本及诸藏经多作《八关斋诗三首》,洪、南本分作《八关斋诗序》《八关斋诗三首》。按:钞本在诗文题目上并未遵循大藏经,常有意自诗文内容而重新拟题,故此首诗题与《咏利城山居一首》《上皇帝书》皆属此例。

5.同上诗其三"从容退相逸"中"相",明刻本及诸藏经作"想"。

6.《咏利城山居一首》,明刻本及溪、碛、南、北本题作《咏山居一首》;丽、金本作《咏山居》。"卷笔华藏纷雾"作"笔华"("华"字旁有符号似指删除),明刻本及诸藏经作"华"。

7.《咏禅思道人》"空洞浪七住"中"洞",明刻本及诸藏经作"同"。按:本句崇本作"空同泯□住",丽、金本作"空同泯七住"。

8.《四月八日赞佛诗》"令和总八音"中的"令"字,明刻本及诸藏经皆作"含"。按:"含和"意指蕴含温暖之气,与下句"吐纳流芬馨"之"吐纳"皆指气体,其意当是,而"令"为"含"之形讹。

9.《五月长斋诗》"炎精育冲气"中"冲",明刻本及诸藏经皆作"仲"。

10.同上诗,钞本、冯本、徐本、宛本作"略微容简",刘本作"略徽容简",明刻本及诸藏经《广弘明集》皆作"略略微容简",盖钞本等脱"略"字。

11.《上皇帝书》,诸藏经中《高僧传》无题,明刻本据《高僧传》"乃还东

---

① 有关明钞本衍生的版本情况可参阅王京州《〈支遁集〉版本叙录》、刘明《支遁集成书及版本考论》等。明钞本及其子本间的异文,亦可参阅张富春《支遁集校注》,成都:巴蜀书社,2014 年。

山上书告辞曰"而拟题作《还东山上书》。该文"愿陛下齐龄二仪",明刻本及诸藏经等作"上愿陛下齐龄二仪"。按:该文末尾部分有"上愿陛下特蒙放遣",句式相同。

12.《闲首菩萨赞》冯本、徐本作"空同何所贵,所贵在恬愉",清宛本作"空同何所贵,□□乃恬愉",刘本作"空同何所贵,所贵乃恬愉"。明刻本、诸藏经作"空同何所贵,无贵乃恬愉"。按:金本题作《首闲菩萨赞》。

比对大藏经及明刻本,可发现钞本存在明显的错讹,其错讹似乎多为抄录不谨所致的形讹或疏漏。钞本抄写时对大藏经中之原著题目进行修订,如《咏利城山居一首》《土山会集诗三首并序》皆有别于大藏经中拟题,但这并非钞本独创,汪道昆本《广弘明集》亦拟题作《咏利城山居》,故不排除它们接受了同一《广弘明集》版本启示的可能。钞本也对同题多首诗歌以其一、其二、其三等方式予以区分,这种操作影响了明刻本。

明刻本的错误处相对较少,比照《永乐北藏》及诸藏可列如下:

1.《八关斋诗三首》其一"三界赞清攸"中"攸",北本作"依",明钞本及他藏作"休"。按:疑刻本由北本"依"形讹作"攸"。

2.《咏怀诗五首》其三"神蔬含润长"中"蔬";明钞本及崇、丽、金、溪、碛、洪、南、北、嘉、承本作"踈",福、普、汪本作"疎"。

3.《咏山居》"玉洁箕岩下"中"箕",明钞本及诸藏经作"其"。按:"箕"为"其"异体字。

4.《座右铭》"勿议勿思",诸藏经及明钞本、刘本、宛本、徐刻本皆作"勿思勿议"。按:诸藏经所引《高僧传》卷四皆作"勿思勿议";考此篇为四言铭文,"思"与上句"移""知""离""知""疵"等皆可列入"平水韵:四支(平)",而"议"不协,故明刻本改移"思""议"顺序,而梅鼎祚《释文纪》卷七亦袭此说。

5.《阿弥陀佛像赞(并序)》"俗与风清"中"与",福、普、碛、南、北藏经本及明钞本、清钞本、清宛本、清刻本、邵武刻本皆作"兴"。按:丽、金本及梅鼎祚《释文纪》卷七作"与",刻本或参校而改。

6.《不眴菩萨赞》"何以虚静闲"中"闲",诸藏经《高僧传》卷四作"间",钞本系列皆作"间",金本作"聞"。

明刻本没有明钞本中的错讹,在文字上较为精准。明刻本比明钞本多辑一篇《与桓玄论求沙门名籍书》。然此篇汤用彤先生根据隆安三年支遁已死而判断此为伪作[1],此说已取得学术界认同,故不予讨论。

① 汤用彤《汉魏两晋南北朝佛教史》,北京:北京大学出版社,1997年,第247页。

二　明钞本及刻本的辑者与辑录渊源考论

虽从异文上难以判断明钞本所据是《碛砂藏》《洪武南藏》《永乐南藏》中的哪一部，但若置身明人的大藏经流通境况中，则易于接近问题的关捩。有明一代，宋元大藏经确有留存，但明钞本、刻本的实际情况显然是有意忽略明前的大藏经。李富华、何梅认为"《碛砂藏》的宋代刻板是依据《圆觉藏》，而元代刻板则是依据《普宁藏》"①，然而参照前文校核结果，明钞本的文字显然与宋版《圆觉藏》(《思溪藏》)、元版《普宁藏》缺少关联性，如果硬将《碛砂藏》与明钞本相联系，那么钞本依据的可能是明代补刻《碛砂藏》，这个版本会濡染明代藏经的特质。即使是明补刻本《碛砂藏》也依然在民间流通有限，且所藏经书也多有残缺。永乐年间杭州高丽慧因华严讲寺沙弥(鲍)善恢曾募缘补刻《碛砂藏》，他介绍彼时的《碛砂藏》传承情况，"尝睹本寺藏经函内少欠数多，遂往碛砂、妙严二刹补印藏典，全其品章。因见彼寺经板年深岁久，朽烂缺欠者多，发心备板，化募众缘，命工刊雕完就，使大藏流通，令正法久住"。②基于宋藏颇多残缺且取阅不便的缘故，当时天下通行的主要是《永乐南藏》《永乐北藏》，故冯梦祯有云："迨国朝，仅有两京之板，而诸方之板尽废。"③如果不独考虑《碛砂藏》流通受限的要素，还能发现明代士人翻阅藏经时似乎更喜欢本朝的刻经，此非单纯的宗教信仰问题而更多出于政治意识下的荣誉感，那么明钞本的辑者自然首选本朝刻印的大藏经。更关键的是，还得考虑现有影印《碛砂藏》是否匹配明刻《碛砂藏》的要素，我们所依据的线装书局影印宋元《碛砂藏》并非真的是影印宋元版本，其底本陕西图书馆藏明印本《碛砂藏》本身残缺不全，如民国三时学会出版的《影印宋碛砂藏经》恰好缺少《高僧传》卷四、《广弘明集》卷三十，故线装书局影印时配补他本，即"其余为《永乐南藏》本"④，也就是说和支遁诗文关涉的部分恰好配补的是《永乐南藏》本。故此，明钞本依据的只会是《洪武南藏》《永乐南藏》，而非真正的《碛砂藏》。

接着要排除的是毁于回禄之灾的《洪武南藏》，学者们经过翔实考证：《洪武南藏》"版片于永乐六年(1408)与寺院一起被火烧毁"⑤而后世极难窥觑(目

① 李富华、何梅《汉文佛教大藏经研究》，北京：宗教文化出版社，2003年，第281页。
② 李际宁《〈金藏〉新资料考》，《藏外佛教文献》第三辑，北京：宗教文化出版社，1997年，第448页。
③ 《径山志》卷五《刻大藏缘起》，杜洁祥主编、高志彬解题《中国佛寺史志汇刊》，台北：明文书局，1980年，第1辑第31册，第435页。
④ 李富华、何梅《汉文佛教大藏经研究》，第253页。
⑤ [日]野泽佳美、绥远《明初的两部南藏——再论从〈洪武南藏〉到〈永乐南藏〉》，《藏外佛教文献》第一辑，北京：宗教文化出版社，1995年，第444页。

前唯一保留印本发现于四川省崇州市上古寺),故钞本利用的便只剩下《永乐南藏》了。明钞本与刻本选择《永乐南藏》《永乐北藏》具有时代使然的因素,释道开《募刻大藏文》曾介绍明代大藏经的传播情况,"太祖高皇帝既刻全藏于金陵,太宗文皇帝复镂善梓于北平,盖圣人弘法之愿,惟期于普,故大藏行世之刻,不厌于再也。后浙之武林,仰承德风,更造方册,历岁既久,其刻遂湮。今宇内所行,惟南北两藏;北藏既在法宫,请施非易;南藏虽行诸郡,印造犹艰,僻壤幽岩,何以取办? ……尝以宋刻校兹二刻,鲁鱼之讹互有,潦崔之舛递彰"①。由于《永乐南藏》《永乐北藏》在当时盛行一时,故明钞本与刻本顺势分别利用了这两部大藏经。钞本经过杨仪的校核,却依然出现诸多错讹,并不能简单地将原因归结为辑者、校者的疏误,因为此亦不乏《永乐南藏》本身的因素。两部大藏经存在错讹的现象固然难免,但南藏呈现的问题要比北藏严重得多,"自元迄明,南都藏板印造者多,已模糊不甚清白矣,且岁久腐朽;燕京板虽完壮,字画清白显朗,以在禁中,印造苟非奏请,不敢擅便"②。学者们业已关注《永乐南藏》"经版藏于南京报恩寺,允许各大名山寺院及私人请印,后经多年刷印,版片损坏严重,多次补版"③。在反复刊印过程中,这部藏经错讹频出,故有云:"南版印造虽易而讹谬颇多,愈改愈甚,几不成读。"(冯梦祯《刻大藏缘起》)④《永乐南藏》与《永乐北藏》版本本身存在的特质,导致了明钞本错讹要多于明刻本。明钞本辑者所见的《永乐南藏》本身就存在些许文字模糊难辨的缺憾,故辑者只好以讹传讹,以致出现如今钞本错讹较多的局面。

刘明认为"皇甫涍本与杨氏抄本是辑自相同典籍重编支遁集,由于采取了不同的校订方式而形成的两种文本谱系"⑤,钞本与刻本两种文本谱系的建立还基于它们源自不同大藏经版本的缘故。来自《永乐南藏》的明钞本与依据《永乐北藏》的明刻本,因出于版本体系间的差异,很容易让人想到两本毫无关联。自此却引出一个值得思索的话题,传统文献的异文对校所传递的信息是否与文本本身隐含的内涵相对等,或者说确定版本后是否意味着研究就能彻底明了。"文献的生产创作同样要经历一系列的程序与过程,对这个过程了解得越清晰,对文献的理解便能越深入"⑥,因此需要进入文本分析与经典传承语

---

① 《径山志》卷五《募刻大藏文》,杜洁祥主编、高志彬解题《中国佛寺史志汇刊》,第1辑第31册,第431页。

② 〔明〕释真可《紫柏老人集》卷十三《刻缘起》,《卍续藏经》第73册,第253页上。

③ 杨芬《佛典重现　宝藏增辉——北京大学图书馆藏〈永乐北藏〉述略》,《大学图书馆学报》,2016年第4期,第83页。

④ 《径山志》卷五《刻大藏缘起》,杜洁祥主编、高志彬解题《中国佛寺史志汇刊》,第1辑第31册,第435页。

⑤ 刘明《支遁集成书及版本考论》,《图书馆研究与工作》,2017第8期,第87页。

⑥ 冯国栋《"活的"文献:古典文献学新探》,《中国社会科学》,2020年第11期,第57页。

境中，探究文献产生过程中会发生的联系，即透过不同版本大藏经的表层现象而去寻求隐藏的更复杂的信息。

先从明钞本的辑者问题切入。明钞本版心刻"嘉靖乙未七桧山房"，上海图书馆藏本钤印有"'杨氏梦羽''华阴世家''又玄子''五川居士''礼部员外郎吴郡杨仪校'，又有汪士钟'曾藏汪阆源家'，潘介祉'潘菽坡图书印''潘氏桐西书屋印'，莫棠'独山莫氏收藏经籍记''莫氏秘籍''莫棠楚生父印'"①。钞本中的七桧山房、杨氏梦羽、五川居士、礼部员外郎吴郡杨仪等信息皆指向同一人：杨仪，字梦羽，号五川，常熟人，嘉靖十四年乙未（1535）时任礼部精膳司员外郎。钞本末有莫棠序跋，"此明嘉靖中吴郡杨仪抄本……然则此盖吴下最古最著之抄本也"②，知"杨仪校"《支遁集》。已有的线索只能说明杨仪校核过这本《支遁集》且亲自抄录，并不代表它是由杨仪亲自从佛藏中辑录而成。杨仪校抄《支遁集》的时候，正处于仕途稳定上升期，在京公务繁冗，很难有精力、有机缘去翻查盛行南方的《永乐南藏》等藏经以裒辑支集。

纵使杨仪有机会接触到《永乐南藏》，也不意味着他便借鉴《永乐南藏》以抄录所需的资料。杨仪本人性喜搜集古虞地相关藏书，"山人杨仪字梦羽，少读书七桧山房，凡所闻见事文属虞者，辄手录之……虞名数易，今日常熟矣"（《新刊七桧山人古虞文录序》）③。他在明嘉靖十六年（1537）春二月辑有《古虞文录》一书，该书卷下恰好收录了支遁《咏利城山居》一诗。比照国图藏清钞本《古虞文录·咏利城山居》与上图藏明钞本《支遁集·咏利城山居》，二者的文字存在明显的差异：《古》作"动求自方智"，《支》作"动求目方智"；《古》作"卷华藏纷雾"，《支》作"卷笔华（"华"字旁有符号似指删除）藏纷雾"；《古》作"峻无单豹伐"，《支》作"峻无单豹代"；《古》作"长啸归林岭，潇洒任陶钧"，《支》作"长啸归林领，萧洒任陶钧"。两书出现的异文恰好说明它们利用了不同的大藏经，亦暗示大藏经的流通地域会影响到明人辑录文献的具体文字。如前校勘与上文所考，钞本《支遁集》"目""领""萧"三字皆同于《永乐南藏》等（"代"字可能是形讹，"卷笔藏纷雾"中"笔"为衍字）；而《古虞文录》"自""岭""潇"不同于《永乐南藏》等，其中的"自""伐""岭"三字完全吻合《永乐北藏》（详见上文述列），这些明证昭示着流通皇城的《永乐北藏》为身在京师的杨仪辑录工作提供了便利。如果杨仪曾辑录过《支遁集》，他在两年后很可能袭用己作，也就是像钞本一样同样采用以《永乐南藏》为底本的《咏利城山居》，但《古虞文录》显然没有借鉴明钞本《支遁集》的文字，反而另起炉灶，依照《永乐北藏》来重新辑录支遁

---

① 　沈津《书城挹翠录》，上海：上海社会科学院出版社，1996年，第159页。
② 　〔晋〕释支遁撰，莫棠跋，傅增湘跋《支遁集》，上海图书馆藏明嘉靖十四年（1535）杨仪七桧山房钞本，第1页。
③ 　〔明〕杨仪《古虞文录》，中国国家图书馆藏清钞本乾隆五十年（1785）刻本，第2页上。

诗篇《咏利城山居》,这反映杨仪两年前所校之支遁诗文集来自他人的辑本,而非他本人自佛教大藏经中采辑而成。

无独有偶,明刻本的辑者皇甫涍是在北方完成支遁集的辑录工作,他利用的同样是《永乐北藏》,《永乐北藏》已影响到活跃在北方的士人群体辑书事业;与此相应,《永乐南藏》或许更可能影响到江南的辑书工作。皇甫涍,字子安,号少玄,长洲(今苏州)人,他在吴中盛名远播,与其兄皇甫冲及弟皇甫汸、皇甫濂并称皇甫四杰。皇甫涍《支道林集序》对辑录刊刻支集一事记载甚明,"往岁获觏支篇,时复兴咏,自得于怀,并拾遗文附为一集,刊示同好"①。从序文来看,皇甫涍曾阅读过支道林的诗文残集,因对此情有所钟而重新搜辑并增补遗文,并于嘉靖十九年(1540)刊刻行世,即今存明嘉靖皇甫涍校刻本《支道林集》。嘉靖十九年五月十日,皇甫涍的父亲皇甫录辞世。皇甫涍丁忧,却未立刻辞官归乡,而是游走豫、冀以赴王事,"予以孟冬治逋于卫墟,作《小征赋》"②。此年秋天,则如《支道林集序》所言"庚子之秋,予既淹迹魏墟,旋迈江渚,徜徉西山。乃眷考卜,颇悦幽人之辞而玩焉"③。身遭丧父之痛的皇甫涍,沉浸于幽居隐逸之辈的文学阅读中,遂起意辑录支遁的诗文。而北方恰是《永乐北藏》流通之地,这部大藏经的初刻本在北京开雕完工后,遂被朝廷下赐到各地寺院,它具有官方化的色彩和权威性,是当时京城附近乃至全国寺院公认的大藏经。滞留北地的皇甫涍,自然选择这部大藏经来搜辑支遁遗文,遂成《支道林集》。

明钞本、刻本支遁诗文集看似分成两种文本谱系,却依然存在蛛丝马迹的关系,而这恰是探究钞本辑录者身份的线索。首先,明代支遁诗文集的重新辑录是由吴地文士所发起的一场支遁文学记忆复兴活动,具有鲜明的地域化色彩。支遁曾栖居苏州西郊支硎山,其个人化的气质神韵吸引着无数知识分子,而吴中士人乃由支遁精神风范而沟通地域荣耀感,将支遁相关事物视作吴中文化标识,故有言:"天下之名郡言姑苏,古来之名僧言支遁。以名郡之地,有名僧之踪,复表伽蓝,绰为胜概。"(钱俨《碑铭》)④吴中文士纷纷撰诗讴歌支遁,皇甫涍曾赋诗《寻支山作》,黄省曾亦有诗《泊舟支硎经灵岩游赤山夜珠坞二首》,杨仪亦在诗中提及支公,他们的诗文中留有相同的文化记忆。正是出自共同地域文化经验的刺激,促成了支遁诗钞本、刻本的产生,而已知的支遁诗

---

① 〔明〕皇甫涍《支道林集序》,释支遁撰《支道林集》,中国国家图书馆藏明皇甫涍嘉靖十九年刻本,第1页上。

② 〔明〕皇甫涍《皇甫少玄集》卷一《小征赋》,明嘉靖刻本,第7页下。

③ 〔明〕皇甫涍《支道林集序》,释支遁撰《支道林集》,中国国家图书馆藏明皇甫涍嘉靖十九年刻本,第1页上。

④ 〔明〕王鏊纂《(正德)姑苏志》卷二九,明正德元年(1506)刻本,第62页上。

文集版本皆与苏州存有密切的渊源:杨仪、皇甫涍本身都是苏州士人,而此后的叶奕钞本、冯彦渊钞本、毛扆汲古阁钞本、僧寒石刻本、蒋清翊《支遁集补遗》等,皆属于吴地地域文化圈的产物。

其次,明钞本校者杨仪与明刻本辑者皇甫涍在钞本成书之时同任礼部员外郎,在吴中地缘文化政坛同僚身份的助引下,他们极易产生讨论相同文学话题的交集。杨仪校抄《支遁集》的嘉靖十四年,时任礼部精膳司员外郎,至次年五月"升为四川按察司佥事"①。而皇甫涍嘉靖十一年(1532)壬辰科考取二甲第五十七名进士②,一直在京任职③,"初授工部虞衡司主事,寻改礼部精膳司"(《皇甫君墓志铭》)④。在嘉靖十四年(1535)明钞本《支遁集》问世时,皇甫涍担任礼部仪制员外郎,与杨仪恰好同为礼部同僚。在同乡、同官的相同背景下,两人多有交往,杨仪曾有诗《送皇甫子安奉使南还》以赠皇甫涍,诗云:"鼎湖龙远故宫闲,王气依然万岁山。路出帝乡亲舍近,礼崇陵寝圣心关。天边过雨云犹湿,江山经秋草未班。遥羡书成玄晏健,一庭仙桂共承岭。"⑤同在京城,两人每日入朝又同赴礼部,他们的交往要比普通的同乡更为便捷,且拥有部分相互重合的人际网络。

再次,明钞本的诗文数量与皇甫涍所见的辑本诗文数量相似,二者应属同一辑本。皇甫涍在辑刻《支道林集》前,曾接触过支遁诗文的一个辑本,即序文所述"往岁获觌支篇",而他在所见辑本篇什基础上又搜集拾遗而附为一集。皇甫涍刻本收录支遁诗八题十八首、文十六篇,要比他所见的辑本在文作上有所增补;明钞本比皇甫涍刻本缺少《与桓玄论求沙门名籍书》一篇,此钞本在时间、地域、篇目上皆符合皇甫涍所见辑本的特征,故今存明钞本所用的辑本当为皇甫涍昔日所见的辑本。

最后,杨仪与皇甫涍皆与曾辑录支遁集的黄省曾有关联,有机会目睹黄省曾所辑支道林文集。吴中名士黄省曾曾辑刻书籍颇夥,曾有鉴支集不存,遂自内典中搜辑支遁作品,其《支道林文集序》记:"仆是流观内典,辑萃高文,托慕切而词组皆珍,抱味谐而诵言若晤,譬之囊看少玉,疑临昆圃之华;勺挹蹄涔,宛得全溟之势。则安般四注,漆旨千言,皆可该妙于此集矣。序而藏之,以

---

① 《大明世宗肃皇帝实录》卷一八七,台北"中央研究院"历史语言研究所影印原北平图书馆所藏红格本,1962年,第3955页。

② 《嘉靖十一年进士登科录》,龚延明主编、邱进春点校《登科录》(中),宁波:宁波出版社,2016年,第477页。

③ 汪惠民《皇甫四杰研究》,上海师范大学硕士学位论文,2010年,第71页。

④ 〔明〕文征明《甫田集》卷三三《皇甫君墓志铭》,清乾隆文渊阁四库全书钞内府藏本,第2页。

⑤ 〔明〕杨仪《杨梦羽南宫小集》,《明别集丛刊》,合肥:黄山书社影印清抄本,2016年,第2辑第47册,第234页。

传好者。"①黄氏所辑的支遁文集曾"以传好者",自然包括与他有交集的杨仪、皇甫涍。皇甫涍的母亲黄氏是黄省曾的姑母,故黄省曾是皇甫涍舅家表兄②;杨仪与黄省曾的兄长黄鲁曾同为正德十一年(1516)丙子科乡试举人,此榜黄鲁曾高中第三,杨仪排名八十二③。黄省曾有诗《东皋草堂为倪令赋一首》"骀荡溢兰泽,流芳转碧林"④,诗中的东皋草堂并非万历时瞿汝说所筑草堂,当与黄省曾的隐居之地有关。而杨仪曾有诗《黄山人东皋草堂》云:"家住虞山西复西,杖藜舒啸过芳溪。蕙兰香满秋九畹,禾黍云来春一犁。"⑤诗题中的黄山人应指五岳山人黄省曾,其诗乃酬赠黄氏之作。杨仪、黄省曾、皇甫涍皆是吴郡名士,他们相同的地缘关系有助于相关书籍之流通。黄省曾所刻印、辑校之图书,多为吴中文人所青睐,一经刻行,常能得以迅速流通。黄省曾辑录支遁作品"以传好者",可能像往常一样赠送给表弟皇甫涍,在相同的交际网中,这部辑本在限定的范围内得以流传,而同任礼部员外郎且具同乡之谊的皇甫涍与杨仪亦便有了得窥黄省曾辑本《支遁集》的契机。地域文化、相近志趣、支遁神韵等诸种因素滋益了杨仪重校辑本的心思,他遂于嘉靖十四年钞校支集以应和黄氏。

在杨仪钞本出现之前,可考的支遁诗文集辑本只有吴郡都穆钞本、黄省曾辑本。张富春认为"二卷本《支遁集》,以都穆藏明钞本为早"⑥,都穆藏本曾为清末蒋清翊收藏,"余家藏明人钞本,尾有'都穆藏书'朱印,仅二卷,凡诗文三十二首,似出后人钞辑。读挈经室《四库未收书目提要》,又校吾郡支硎山寺刊本,其卷目皆与家藏本相符,知支公集存世者只有此本"⑦。然杨仪钞本有诗十八首、文五篇,凡诗文三十三篇,并不符合都穆藏本的"三十二首";且都穆早在嘉靖四年(1525)辞世,其家藏本当出现很早而非新出,这部吴地都家藏本较难成为触动远在京城杨仪校抄支集的契机。若此诸因,杨仪见到的辑本应是与黄省曾有关的辑本。

如果依照钞本"嘉靖乙未七桧山房"的信息推测,钞本所据的支遁诗文集

---

①　〔明〕黄省曾《五岳山人集》卷二四《支道林文集序》,中国国家图书馆藏明刻本,第15页下—第16页上。

②　《嘉靖十一年进士登科录》记皇甫涍母亲为黄氏,而黄省曾与皇甫冲、涍、汸、濂兄弟为中表兄弟,皇甫汸《五岳黄山人集序》文称:"余与山人有中表之戚,号为相知。"见皇甫汸《皇甫司勋集》卷三六《五岳黄山人集序》,中国国家图书馆藏明万历二年(1574)刻本,第11页下。

③　《正德十一年应天府乡试录》,明正德刻本,第16页上、第20页下。

④　〔明〕黄省曾《五岳山人集》卷十四《东皋草堂为倪令赋一首》,中国国家图书馆藏明刻本,第20页上。

⑤　〔明〕杨仪《杨梦羽南宫小集》,《明别集丛刊》第2辑第47册,第241页。

⑥　张富春《支遁诗文辑本考》,《清华大学学报(哲学社会科学版)》,2014年第4期,第148页。

⑦　〔清〕蒋清翊《支遁集补遗跋》,〔晋〕释支遁撰《支遁集》附《支遁集补遗》,清光绪十年(1884)邵武徐氏刻本,第12页上。

辑本当在嘉靖十三四年间完成。考察黄省曾的人生历程,这个时间段适逢黄省曾亲近佛道的思想转变期。嘉靖十一年(1532)春,黄省曾与表弟皇甫涍一同在京参加会试,黄省曾落榜沮归,返家时又恰值妻子俞氏辞世周年忌日。科场失利、爱妻早逝等一系列现实问题刺激年过四旬的黄省曾进入了一个情感的抑郁期,他的心志逐渐发生了变化。此时,自我的意识迅速苏醒,昔日访仙慕隐的念头再次萌发,黄省曾遂醉心释道,与终南道士结交,辑《高士传》,撰《列仙传序》,亦结交缁流,游览寺院。他数次前往南京报恩寺礼佛,写下《四月八日报恩讲寺斋会一首》《报恩寺一首》。而报恩寺恰藏有《永乐南藏》,并以此为传播中心而流通四方,距离四百余里的苏州正在其辐射范围内,今苏州西园寺即藏有《永乐南藏》。黄省曾辑录支集时,可能顺势利用《永乐南藏》,但这个辑本显然并未像以往的书籍一样刻印刊行,仅以钞本形式传于友朋间。至嘉靖十九年(1540),黄省曾患病辞世,他所辑录的支集渐寂然不传。

　　概之,明代支遁诗文集的钞本、刻本皆出于嘉靖间吴士之手,两本间又有一定的关联。吴中黄省曾依藉地缘优势而从《永乐南藏》中搜辑支遁作品,该辑本传播后吸引同郡乡党的关注,遂经过杨仪的校钞,得传于世;黄省曾的表弟皇甫涍有可能曾接触黄氏辑本,几年后因遭父丧而通过阅读佛典以寻求心灵安慰,乃于北方得缘瞻观《永乐北藏》,遂以《永乐北藏》为底本而再辑支集,遂有皇甫涍刻本得以行世。明钞本、刻本所辑支遁的作品数量大致相同,惜钞本因为所据《永乐南藏》藏本本身的缺憾而错讹稍多,但钞本或因早出的缘故而滋乳不少子本并广为传播,这或许是散逸的支遁诗文集之幸事。

梅尧臣《书窜》诗辨伪[*]

梅尧臣《书窜》诗辨伪[*]

梅尧臣《书窜》诗辨伪[*]

朱新亮[**]

【内容提要】 《书窜》叙写皇祐三年唐介疏奏弹劾文彦博之事,是一首褒贬鲜明的政治诗歌。宋代以来已有学者怀疑《书窜》为伪诗,然朱东润校注《梅尧臣集编年校注》载有《书窜》,《全宋诗·梅尧臣诗》袭之。从文献著录来看,《书窜》仅见于残宋本而不见诸明清刊本,当为绍兴本或以前所刊刻,文献源头应出自魏泰《东轩笔录》。魏泰是宋人眼中的作伪惯犯,源于其书的《书窜》自然难以采信。从作品文本来看,《书窜》指名道姓攻讦他人与梅尧臣写作特征殊为不类;字句有明显拟杜痕迹,似作于江西诗派兴起后;诗歌冗滥、过于直致,整体艺术水准欠佳。通过魏泰作伪习惯、《书窜》文献著录、《书窜》文本与梅尧臣诗艺比较等三方面考辨,可认定《书窜》为魏泰伪作而非梅尧臣作品。

【关键词】 梅尧臣 《书窜》 辨伪

作为研究北宋梅尧臣诗歌的重要参考资料,朱东润校注《梅尧臣集编年校注》(以下简称《编年校注》)载有《书窜》,北京大学古文献研究所编《全宋诗》所收《梅尧臣诗》袭之。不少学者视其为梅尧臣热心政治、正义感强的诗歌代表作,如朱东润认为此乃梅尧臣三次政治斗争的最后一次,是其"爱国家,爱人民""敢于斗争,勇于斗争"[①]的具体表现;莫砺锋亦视其为梅尧臣歌咏朝政大事之代表作,指出这些诗歌确实不似王维、韦应物诗风那般平淡。[②] 其实,宋代以来已有学者怀疑《书窜》为伪诗,而今学者述及时却并未考辨真伪就径直采信,因此,这类论述从文献源头上就存在疑义。基于此,《书窜》文献辨伪就比较重要,以下从其文献著录、文学风格等方面考辨此诗真伪。

---

* 本文为 2020 年陕西省社会科学基金项目(项目号 2020H024);四川省社会科学重点研究基地美学与美育研究中心资助科研项目"梅尧臣诗歌美学研究"(项目号 22Y001);四川师范大学"中华文化与西南区域文明互动研究中心"资助项目"梅尧臣诗选注"(项目号 HDZX202204);四川省社会科学重点研究基地四川思想家研究中心资助项目"苏轼仕隐思想研究"(项目号 SXJZX2022—005)阶段性成果。

** 本文作者为四川师范大学四川文化教育高等研究院副研究员。

① 〔宋〕梅尧臣著,朱东润编年校注《梅尧臣集编年校注》,上海:上海古籍出版社,2006年,第12页。

② 《论梅尧臣诗的平淡风格》,莫砺锋《唐宋诗歌论集》,南京:凤凰出版社,2007年,第226页。

一　《书窜》的诗歌内容与政治背景

作为一首政治性极强的叙事诗歌,《书窜》的效仿对象是杜甫《北征》,它与《北征》同样采择五古体式,然《北征》侧重表达北征路上的见闻感想,寄寓了忧国忧民的情思、中兴国家的希望。《书窜》则侧重客观记录整个政治事件的来龙去脉,抒情色彩不如《北征》浓烈,全诗如下:

> 皇祐辛卯冬,十月十九日,御史唐子方,危言初造膝。曰朝有巨奸,臣介所愤嫉,愿条一二事,臣职非妄率。巨奸丞相博,邪行世莫匹。曩时守成都,委曲媚贵昵,银珰插左貂,穷腊使驰驲。邦媛将侈夸,中金贵十镒,为言寄使君,奇纹织纤密。遂倾西蜀巧,日夜急鞭抶,红经纬金缕,排科斗八七。比比双莲花,筹灯戴心出,几日成几端,持行如鬼疾。明年观上元,被服稳贤质,灿然惊上目,遽尔有薄诘。既闻所从来,佞对似未失,且云虔至尊,于妾岂能必!遂回天子颜,百事容丐乞。臣今得粗陈,狡狯彼非一,偷威与卖利,次第推甲乙,是惟阴猾雄,仁断宜勇黜。必欲致太平,在列无如弼,弼亦昧平生,况臣不阿屈。臣言天下言,臣身宁自恤!君傍有侧目,暗哑横诋叱,指言为罔上,废汝还蓬荜。是时白此心,尚不避斧锧,虽令御魑魅,甘且同饴蜜。既其弗可惧,复以强辞窒,帝声亦大厉,论奏不及毕。介也容甚闲,猛士胆为栗,立贬岭外春,速欲为异物。外内官怡怡,陛下何未悉,即敢救者谁,裹执左史笔,谓此觉不容,盛美有所咈。平明中执法,怀疏又坚述,介言或似狂,百岂无一实?恐伤四海和,幸勿苦苍卒。亟许迁英山,衢路犹嗟咄。翌日宣白麻,称快颇盈溢。阿附连谏官,去若坏絮虱,其间因获利,窃笑等蚌鹬。英州五千里,瘦马行駃騄,毒蛇喷晓雾,昼与岚气没。妻孥不同途,风浪过蛟窟,存亡未可知,雨馆愁伤骨。饥仆时后先,随猿拾橡栗,越林多蔽天,黄甘杂丹橘。万室通酿酤,抚远亡禁律,醉去不须钱,醒来弄琴瑟。山水仍怪奇,已可销忧郁,莫作楚大夫,怀沙自沉汩。西汉梅子真,去为吴市卒。为卒且不惭,况兹别乘佚。①

这首诗叙写北宋仁宗皇祐三年(1051)唐介上疏弹劾文彦博之事。从"曩时守成都"起记载唐介奏陈文彦博献灯笼锦给张贵妃的历史故实,从"臣今得粗陈"起叙述唐介弹劾言辞与推荐富弼代替文彦博出任宰相的献策建议,以及朝廷大臣的横加诋叱、唐介的肝胆剖白、宋仁宗的声色俱厉、蔡襄的挺身相救、唐介贬谪英州的政治结局。整首诗围绕唐介疏文内容展开故事情节,记录了

---

① 〔宋〕梅尧臣著,朱东润编年校注《梅尧臣集编年校注》卷二一《书窜》,第580页。

当时轰动朝野的政治事件。《续资治通鉴长编》对此事记载甚详：

> 于是劾宰相文彦博："专权任私，挟邪为党。知益州日，作间金奇锦，因中人入献官掖，缘此擢为执政。及恩州平贼，幸会明镐成功，遂叨宰相。昨除张尧佐宣徽、节度使，臣累论奏，面奉德音，谓是中书进拟，以此知非陛下本意。盖彦博奸谋迎合，显用尧佐，阴结贵妃，外陷陛下有私于后宫之名，内实自为谋身之计。"又言："彦博向求外任，谏官吴奎与彦博相为表里，言彦博有才，国家倚赖，未可罢去。自彦博独专大政，凡所除授，多非公议，恩赏之出，皆有夤缘。自三司、开封、谏官、法寺、两制、三馆、诸司要职，皆出其门，更相援引，借助声势，欲威福一出于己，使人不敢议其过恶。乞斥罢彦博，以富弼代之。臣与弼亦昧平生，非敢私也。"上怒甚，却其奏不视，且言将加贬窜。介徐读毕，曰："臣忠义愤激，虽鼎镬不避，敢辞贬窜。"上于座急召二府，示以奏曰："介言他事乃可，至谓彦博因贵妃得执政，此何言也。"介面质彦博曰："彦博宜自省，即有之，不可隐于上前。"彦博拜谢不已。枢密副使梁适叱介下殿，介辞益坚，立殿上不去，上令送御史台劾介。既下殿，彦博再拜言："台官言事，职也，愿不加罪。"不许，乃召当制舍人即殿庐草制而责之。时上怒不可测，群臣莫敢谏，右正言、直史馆、同修起居注蔡襄独进言，介诚狂直，然容受尽言，帝王盛德也，必望矜贷之。翼日，己亥，中丞王举正复上疏言责介太重。上亦中悔，恐内外惊疑，遂敕朝堂告谕百官，改介英州别驾，复取其奏以入。遣中使护送介至英州，且戒必全之，无令道死。而介之直声，自是闻天下。介，江陵人也。①

此事起源于宋仁宗宠爱张贵妃，进而除授其伯父张尧佐宣徽、节度、景灵、群牧四使，唐介、包拯等百官留班据理力争，卒夺其宣徽、景灵二使。后复除宣徽使、知河阳，唐介独争之，宋仁宗告其除授乃中书所为，唐介于是弹劾宰相文彦博曲意媚上，知益州时向张贵妃进献灯笼锦之事。宋仁宗愤怒于唐介"谓彦博因贵妃得执政"，间接影射自己为政昏聩，意图将其重惩远贬，经蔡襄等人回护驰救而卒谪英州，文彦博亦以此事"罢为吏部尚书、观文殿大学士、知许州"。李焘《续资治通鉴长编》补充了一些笔记小说的相关记载：

> 或言张尧佐，彦博父客也。彦博知益州贵妃有力焉，因风彦博织灯笼锦以进。贵妃服之，上惊顾曰："何从得此？"妃正色曰："文彦博所织也。彦博与妾父有旧，然妾乌能使之，特以陛下故尔。"上悦，自是意属彦博。及为参知政事，明镐讨王则未克，上甚忧之，语妃曰："大臣无一人为国了事者，日日上殿何益。"妃密令人语彦博。翼日，彦博入对，乞身往破贼，上

---

① 〔宋〕李焘《续资治通鉴长编》卷一百七一，北京：中华书局，2004年，第4113—4114页。

大喜。彦博至恩州十数日，贼果平，即军中拜相。议者谓彦博因镐以成功，其得相由妃力也。介既用是深诋彦博，虽坐远贬，彦博亦出。其事之有无，卒莫辨云。①

这段材料将灯笼锦、文彦博破贼等历史事件予以详细还原，李焘虽记录此事，亦称无法甄辨真伪，所谓"其事之有无，卒莫辨云"。从其小注"自张尧佐为彦博父客至彦博因明镐有功，皆据《碧云騢》"，可知此段史料源于《碧云騢》。李焘又补充《邵氏闻见录》的相关记载：

按《邵氏见闻录》云：仁宗尝幸贵妃阁，见定州红瓷器，怪问曰："安得此？"妃以王拱辰所献为对。帝怒曰："戒汝勿通臣像馈遗，不听何也？"因击碎之。妃愧谢，良久乃已。妃又尝侍上元宴于端门，服所谓灯笼锦者，帝亦怪问，妃曰："文彦博以陛下眷妾，故有是献。"上终不乐。其后唐介弹彦博，介虽以对上失礼远责，彦博亦出守，上盖两罢之也。或云：灯笼锦，乃彦博夫人遗妃，彦博不知也。介章及梅尧臣《书窜》诗过矣！②

在《碧云騢》《邵氏闻见录》这两段笔记材料里，张贵妃与宋仁宗的对话、情态皆非常活现、逼真，使我们对唐介疏文的弹劾内容有更清晰的深层理解。《编年校注》所出《书窜》校记云：

李焘《续资治通鉴长编》卷一七一记灯笼锦事云："或云灯笼锦乃彦博夫人遗妃，彦博不知也。介章及梅尧臣《书窜》诗，过矣。"李焘亦谓此诗出于尧臣，可证。③

《编年校注》根据上述材料指出"李焘亦谓此诗出于尧臣"，作为支撑自己观点的他人旁证，但其实是断句错误所致，核检《邵氏闻见录》，其原文云：

或云灯笼锦者，潞公夫人遗张贵妃，公不知也。唐公之章与梅圣俞《书窜》之诗，过矣。呜呼，仁宗宠遇贵妃先于六官，其责以正礼尚如此，可谓圣矣！④

可见，"介章及梅尧臣《书窜》诗，过矣"是《邵氏闻见录》作者的评论，并非李焘对此政治事件的史家评断。李焘仅采录笔记小说以使内容充实、经过清晰，他对该事的褒贬、采信态度并未流露。因此，李焘并未指认梅尧臣作过《书窜》一诗，《编年校注》认为李焘指认梅尧臣作《书窜》的观点是错误的。

---

① 〔宋〕李焘《续资治通鉴长编》卷一百七十一，第 4115 页。
② 同上书，第 4115—4116 页。
③ 〔宋〕梅尧臣著，朱东润编年校注《梅尧臣集编年校注》卷二一，第 581 页。
④ 〔宋〕邵博撰，刘德权、李剑雄点校《邵氏闻见录》卷二，北京：中华书局，1983 年，第 13 页。

二　《书窜》的著录情况与文献追索

《书窜》真伪情况究竟如何,我们可从其著录情况和文献追索入手,从文献记载上考证其真伪。

首先,在现今流传的宋元明清所刻文集中,《书窜》仅见于残宋本《宛陵集》,明清刊本皆不著录此诗。残宋本《宛陵集·书窜》后刻有小方框,框内小字3行,云:

> 魏泰作《碧云䩅》,诋诸巨公,托名圣俞。其《东轩笔录》全载此《书窜》诗,以为圣俞作此,不敢示人,欧阳公编其集削去,人少知者。则知亦魏泰所作无疑,今复见于此,盖后人误入耳。①

这段文字指出魏泰不仅托名梅尧臣作《碧云䩅》,更托其名作《书窜》诗,此处刊刻乃后人误入。那么,此段文字究竟是何时所加呢?这就需要了解残宋本的版本源流。《宛陵集》共有三个北宋刊本:四十卷本、《梅圣俞外集》十卷本、北宋后期钱塘刊本,但皆已亡佚,无从得见。南宋绍兴十年(1140),宛陵郡守汪伯彦刻梅尧臣集并序,是为绍兴本。嘉定十六年(1223)至十七年(1224)重修绍兴本,即为嘉定本。嘉定本存卷十三至卷十八,卷三十七至卷六十,是今存最古版本和唯一宋本,又称残宋本。残宋本收录绍兴本汪伯彦后序,云“梅圣俞诗集自遭兵火,残编断简,靡有全者,幸郡教官有善本”②,可证其集由于宋室南渡毁于兵火,绍兴本乃据宛陵郡教官藏北宋善本而刻,保留了北宋本《宛陵集》的基本内容。残宋本《书窜》小框字迹见图1。

按理说,这段文字既可能是绍兴本所刊,也可能是嘉定重修本所刊。但仔细分辨,可以看见正文字体与小框内字体不一样,正文字体有书法味道,比较舒展。小框内文字则比较方板。小框周边完整,基本上无断裂,而小框右边相邻的原版竖格线多处断裂,说明原版时间较长。小框左边相近的一行“十九日”,“十”字断裂,上下断开一条缝,这条缝对着小框内“亦”字,“亦”字就没有断裂。可见,原版应该是绍兴刻板,小框文字是嘉定修版时补刻进去的。因此,我们可以判定《书窜》应在绍兴十年甚至此前就已窜入《宛陵集》,嘉定十七年重修时发现此诗不该收录进去,遂于题后予以小字说明。明正统本不再载录此诗,并非因此诗被视作伪诗,而是从宋刊本到明刊本之间存在删削本,以至用三十卷残宋本与正统本对勘,正统本就少了一百篇诗歌,而《书窜》正列其中。

---

① 《宛陵先生文集》卷十三,残宋本。
② 《宛陵先生文集》卷六十,残宋本。

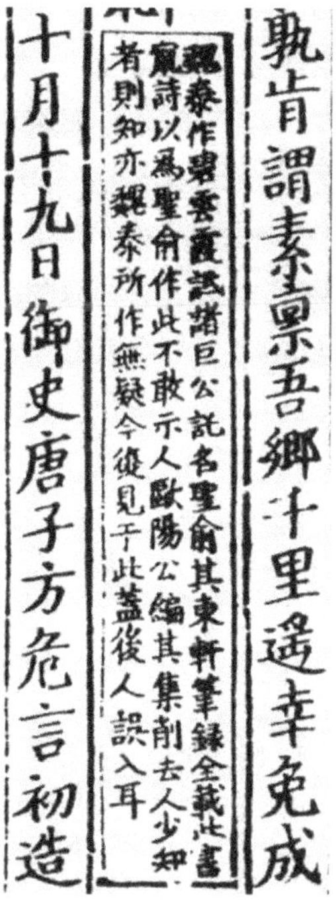
孰肯謂素累吾鄉千里遥幸免成
魏泰作碧雲騢詆諸臣公託名聖俞其東軒筆録全載此書
窜詩以爲聖俞作此不敢示人歐陽公編其集削去人少知
者則知亦魏泰所作無疑今復見于此蓋後人誤入耳
十月十九日御史唐子方危言初造

图1 《书窜》小注 残宋本

随着残宋本《宛陵集》的发现，民国藏书家们最先开始辑录此诗。傅增湘《宋本宛陵先生文集跋》云："庚午秋，访书日本，于东京内野五郎三家忽睹宋刻，洵海内之奇书，传世之孤籍。惊喜叹赏，生平未见，私意欲得传校以归，顾缟纻甫通，主人似秘惜异常，只私记其行格于册而已。其后闻涵芬楼展转殷勤，竟得摄取影本，私心为之大慰，而询其刊行之期，则渺不知何日。因驰书菊生前辈，乞先以稿本见示，旋以二巨册邮致，展卷疾读，如逢故人。因取明刻校之，文字异同固不必言，而今本佚收之诗乃至一百篇。其最著者，如《东轩笔录》所记之《书窜》诗乃赫然具在。余乃尽取佚诗，别写成册，补入明本之后，世之嗜梅诗者，或以先睹为快耳。"①后又有夏敬观、吕贞白、吴庠等人相继抄录残宋本溢出诗歌，吴庠所录手抄本跋云："陆氏皕宋楼所藏宋椠《梅宛陵集》，残存第十三卷至第十八卷，又自第三十七卷至第六十卷。后归日本静嘉文库。张菊生先生摄影以来，拟付影印，未果。夏吷庵借校徐七来刊本，计溢出古近体诗九十首，吕贞白有抄本，特录副以赠，可感也。戊寅十一月十三日眉孙记。"②

① 傅增湘《藏园群书题记》卷十三《宋本宛陵先生文集跋》，上海：上海古籍出版社，1989年，第661页。

② 吴庠所录宋本《宛陵先生文集》溢出诗篇手抄本，上海图书馆藏。

从吴庠所录抄本来看,《书窜》诗亦在其中,但这仅表明《书窜》为残宋本溢出诗歌,未能证实他们对此诗真伪的态度。实际上,夏敬观、赵熙原著,曾克耑纂集《梅宛陵诗评注》并未录入《书窜》,似表明夏敬观不认为《书窜》乃梅尧臣作品。因此,实际仅《编年校注》以及《全宋诗》认可《书窜》为梅尧臣作品。综上,从历代《宛陵集》文献著录情况来看,《书窜》仅有残宋本这个单一文献支撑,且宋代刊集时已有注解认为此乃魏泰所作伪诗。《编年校注》收录《书窜》的文献证据并不充足。《全宋诗·梅尧臣诗》底本即用《编年校注》,由朱东润后人按照《全宋诗》体例格式整理,故内容一致。

其次,在宋代笔记小说中,魏泰《东轩笔录》是《书窜》的原始出处,魏泰称“始尧臣作此诗,不敢示人。及欧阳文忠公为编其集,时有嫌避,又削去此诗,是以人少知者,故今尽录焉”①,可见《宛陵集》最早并未收录《书窜》,到北宋后期始见此诗,随后被绍兴本采录进《宛陵集》。从文献源头来看,《书窜》的真正出处就是魏泰《东轩笔录》。

那么,魏泰这条关于《书窜》的旧事记录是否可靠呢? 王铚曾对魏泰其人有过品评:

> 近时襄阳魏泰者,场屋不得志,喜伪作它人著书,如《志怪集》、《括异志》、《倦游录》,尽假名武人张师正,又不能自抑,出其姓名,作《东轩笔录》,皆用私喜怒诬蔑前人,最后作《碧云騢》,假名梅圣俞,毁及范文正公,而天下骇然不服矣。且文正公与欧阳公、梅公立朝同心,讵有异论,特圣俞子孙不耀,故挟之借重以欺世。今录杨辟所作《范仲尹墓志》,庶几知泰乱是非之实至此也。则其他泰所厚诬者,皆迎刃而解,可尽信哉! 仆犹及识泰,知其从来最详,张而明之,使百世之下,文正公不蒙其谬焉。②

这条评论可谓揭了魏泰老底,不仅言其“作《东轩笔录》,皆用私喜怒诬蔑前人”,还揭发其伪作《志怪集》《括异志》《倦游录》《碧云騢》等笔记小说。当世宋人亦多指《碧云騢》乃魏泰托名梅尧臣之作,如陈振孙《直斋书录解题》云:“《碧云騢》一卷,题梅尧臣撰。以厩马为书名,其说曰:‘世以旋毛为丑,此以旋毛为贵,虽贵矣,病可去乎?’其不逊如此。圣俞必不尔也。所记载十余条,公卿多所毁诃,虽范文正亦所不免。或云实魏泰所作,托之圣俞。王性之辨之甚详。而《邵氏闻见后录》乃不然之。”③李焘《续资治通鉴长编》云:“《碧云騢》托

---

① 〔宋〕魏泰撰,李裕民点校《东轩笔录》卷七,北京:中华书局,1983 年,第 81 页。

② 〔宋〕邵博撰,刘德权、李剑雄点校《邵氏闻见后录》卷十六,北京:中华书局,1983 年,第 125 页。

③ 〔宋〕陈振孙撰,徐小蛮、顾美华点校《直斋书录解题》卷十一,上海:上海古籍出版社,2015 年,第 330 页。

名梅尧臣,然非也。"①陈长方《步里客谈》、洪迈《容斋随笔》等皆指《碧云騢》乃魏泰托名梅尧臣之作。魏泰《东轩笔录》具有与《碧云騢》相似的"多所毁讦"特点,如晁公武《郡斋读书志》称"其所是非多不可信。心喜章惇,数称其长,则大概已可见,又多妄诞"②。四库馆臣写该书提要时亦引王铚观点,称"是书宋人无不诋諆之"③,且于他处多次提及魏泰伪作,对魏泰其人、其书皆持严厉批评态度。由此可见,魏泰是众人眼中的作伪惯犯,《东轩笔录》所载《书窜》为梅尧臣作品是很不可信的。

三　《书窜》作品文本与梅尧臣诗歌特征比较

马端临《文献通考》载"其载尧臣作唐介《书窜》诗,则句语狂肆,非若尧臣平时所作简古纯粹,平淡深远"④,从诗歌风格角度考证《书窜》的真伪性质。实际上,细致分析《书窜》的作品文本,比对梅尧臣诗歌的表达方式和艺术风格,亦可证《书窜》为伪诗,以下从三方面予以说明。

(一)指名道姓攻讦他人与梅尧臣写作特征殊为不类。《书窜》开篇云:"皇祐辛卯冬,十月十九日。御史唐子方,危言初造膝。曰朝有巨奸,臣介所愤嫉。愿条一二事,臣职非妄率。巨奸丞相博,邪行世莫匹。曩时守成都,委曲媚贵昵。"这一段提到"御史唐子方""巨奸丞相博"两个人名,唐子方即以"直声动天下"的唐介,丞相博即文彦博。这种指斥人名的写作方式与梅尧臣惯于比兴怨刺的创作方式迥不相侔。梅尧臣与范仲淹交恶是众所周知之事,我们从梅尧臣、范仲淹交恶事件所作诗歌可见其涉及争端时的言说方式,《灵乌赋》《灵乌后赋》《谕乌》等诗皆为范仲淹而发,以《谕乌》为例:

> 百鸟共戴凤,惟欲凤德昌。愿凤得其辅,咨尔孰可当。百鸟告尔间,
> 惟乌最灵长。乃呼乌与鹊,将政庶鸟康。乌时来佐凤,署置且非良。咸用
> 所附己,欲同助翱翔。以燕代鸿雁,传书识暄凉;鹈鸪代鹦鹉,剥舌说语详;
> 秃鸧代老鹤,乘轩事昂藏;野鹑代雄鸡,爪嘴称擅场;雀豹代雕鹗,搏击肃
> 秋霜;蝙蝠尝入幕,捕蚊夜何忙;老鸱啄臭腐,盘飞使游扬;鸺鹠与枭鵩,待
> 以为非常。一朝百鸟厌,谲乌出远方。乌伎亦止此,不敢恋凤傍。养子颇
> 似父,又贪噪豺狼,为鸟鸟不伏,兽肯为尔戕。莫如且敛翮,休用苦不量,

①　〔宋〕李焘《续资治通鉴长编》卷一百五十一,第 3684 页。
②　〔宋〕晁公武撰,孙猛校证《郡斋读书志校注》卷十三,上海:上海古籍出版社,1990 年,第 587 页。
③　〔清〕永瑢等撰《四库全书总目》卷一百四十,北京:中华书局,1965 年,第 1193 页。
④　〔宋〕马端临《文献通考》卷二百十七,北京:中华书局,2011 年,第 6052 页。

古凶岂自了,人事亦交相。①

全诗通篇皆用凤、乌、鹊、燕、鸿雁、鹘鸽、鹦鹉、秃鸧、老鹤、野鹑、雄鸡、雀豸、雕鹗、蝙蝠、老鸱、鸺鹠、枭鹏、豺狼等动物来比拟、指象范仲淹及其同党,将自己的政治态度巧妙寓含其中,可谓婉而多讽、不伤直致。又如《彼驾吟》:

> 断木喙虽长,不啄柏与松,松柏本坚直,中心无蠹虫。广庭木云美,不与松柏比,臃肿质性虚,枸蝎招猛嘴。主人赫然怒,我爱尔何毁,弹射出穷山,群鸟亦相喜。啁啾弄好音,自谓得天理,哀哉彼驾禽,吻血徒为尔。鹰鹯不博击,狐兔纵横起,况兹树腹恦,力去宜滨死。②

松、柏、广庭木、驾、群鸟、鹰鹯、狐兔皆各有所指、各有寓意。这种以动植物比譬、隐喻政治对象和政局乱象的写作手法,就是梅尧臣诗歌怨刺他人的典型风格。梅诗还有一种写法,如"大第未尝身一至,人猜巧宦我应非"(《寄汶上》),"诽诃猬毛起,度量牛鼎函,人情何多嫉,机巧久已谙"(《依韵解中道如晦调》),"昔予在京师,多为人所诋"(《前以诗答韩三子华后得其简因叙下情》),皆以"人"作为对诽谤之人的模糊概指。虽不免"谁能事州郡,鸡狗徒聒耳"的愤慨之语,"曩者忤贵势,悔说乌鸟灵"的羞恨之意,却终究没有直斥名字的写作先例。因此,从《书审》直斥唐介、文彦博姓名可知此诗并非梅尧臣作品。

(二)诗中有明显拟杜痕迹,似作于江西诗派兴起后。《书审》语言文字确实模拟了梅尧臣诗歌的常用表达方式,如《书审》诗名源自梅尧臣《书哀》一诗,又如"曰朝有巨奸,臣介所愤嫉,愿条一二事,臣职非妄率。巨奸丞相博,邪行世莫匹,曩时守成都,委曲媚贵昵","曰""匹""曩"等字皆为梅尧臣诗所习用,"曰"字如"曰我见犹怜,何况是老奴"(《桓妒妻》),"曰我非亲旧,曰我非门生"(《次韵答黄介夫七十韵》),"曰予当是时,为之肠九回"(《和江邻几见寄》);"匹"字如"朱金待金构,荣美安与匹"(《李少傅郑圃佚老亭》),"兹道日未埋,可与古为匹"(《别后寄永叔》),"何为爱此花,曾非桃杏匹"(《送晋原乔主簿》);"曩"字如"曩为众所惜,今复人共伤"(《哭尹子渐》),"曩者初见君,同来许昌幕"(《送徐州签判李廷评》),"曩者忤贵势,悔说乌鸟灵"(《次韵答黄介夫七十韵》)。《书审》修辞方式亦多承自梅尧臣诗歌,如"臣言天下言,臣身宁自恤"的排比方式,"在列无如弼,弼亦昧平生""西汉梅子真,去为吴市卒,为卒且不惭,况兹别乘佚"的顶针方式,皆是梅尧臣诗歌标志性的艺术技巧。

然而,《书审》模拟杜甫诗的痕迹也非常明显,根据这点,反而可证实其为江西诗派兴起后出现的伪诗作品。《书审》"皇祐辛卯冬,十月十九日,御史唐

---

① 〔宋〕梅尧臣著,朱东润编年校注《梅尧臣集编年校注》卷十五《谕乌》,第291页。

② 〔宋〕梅尧臣著,朱东润编年校注《梅尧臣集编年校注》卷六《彼驾吟》,第91页。

子方,危言初造膝"拟自杜甫《北征》"皇帝二载秋,闰八月初吉,杜子将北征,苍茫问家室";"饥仆时后先,随猿拾橡栗"拟自《北征》"我行已水滨,我仆犹木末",《乾元中寓居同谷县,作歌七首》"岁拾橡栗随狙公,天寒日暮山谷里",这些模拟、糅合现象说明作者写《书窜》时受杜甫诗歌影响较深,而魏泰生活于宋神宗、哲宗、徽宗年代,与宗尚杜甫的江西诗派宗师黄庭坚有所交游,故其很可能受江西诗派宗杜观念的文学沾溉。反观梅尧臣所处的宋仁宗时期,宗杜甫者尚稀,检之梅尧臣集亦可发现其诗受杜甫影响的文学迹象非常轻微,不太可能创作出这样规行矩步、痕迹显露的长篇诗歌。

(三)诗歌冗滥、过于直致,整体艺术水准欠佳。《书窜》的艺术风格亦存在许多可疑之处:一是十分冗滥。关于灯笼锦事,《书窜》写了一大段:"曩时守成都,委曲媚贵昵,银珰插左貂,穷腊使驰驲。邦媛将侈夸,中金贵十镒,为言寄使君,奇纹织纤密。遂倾西蜀巧,日夜急鞭捶,红经纬金缕,排枓斗八七。比比双莲花,篝灯戴心出,几日成几端,持行如鬼疾。明年观上元,被服稳贤质,灿然惊上目,遽尔有薄诘。既闻所从来,佞对似未失,且云虔至尊,于妾岂能必!遂回天子颜,百事容丐乞。"将事情发生原委、经过描述详尽,不能抓住重点,不善剪裁诗料,以至絮絮叨叨、滔滔不尽。后面一大段不仅写唐介直言不讳、不恤自身的政争言论,还写当庭臣子的横加诋叱、宋仁宗的声色俱厉、内外官员的各色表现,事无巨细皆采纳成文,虽然原委周详,却显得冗滥不堪。二是词不达意。如"邦媛将侈夸""且云虔至尊,于妾岂能必""既其弗可惧,复以强辞窒""即敢救者谁,襄执左史笔""翌日宣白麻,称快颇盈溢"等诗句颇乏锻炼、词不达意,与梅尧臣诗歌遣词造句的文字功底相去甚远。三是过于直致。如"臣今得粗陈,狡狯彼非一,偷威与卖利,次第推甲乙,是惟阴猾雄,仁断宜勇黜",以"狡狯""阴猾""偷威""卖利"之类词汇堆叠,不仅伤于直致,而且重复、板滞。再如"巨奸""佞对""君傍有侧目,喑哑横诋叱,指言为冈上,废汝还蓬荜"等词语、诗句皆过于直接,与梅尧臣诗歌风格迥然异趣。可举梅尧臣《闻进士贩茶》为对比,这首诗写进士贪利贩茶被捕获、行鞭笞的故事:

> 山园茶盛四五月,江南窃贩如豺狼,顽凶少壮冒岭险,夜行作队如刀枪。浮浪书生亦贪利,史笥经箱为盗囊,津头吏卒虽捕获,官司直惜儒衣裳。却来城中谈孔孟,言语便欲非尧汤,三日夏雨刺昏垫,五日炎热讥旱伤。百端得钱事酒肴,屋里饿妇无糇粮,一身沟壑乃自取,将相贤科何尔当。①

这首诗的篇幅并不算长,但经由诗人精心提炼,进士贩茶的原委经过就清

---

① 〔宋〕梅尧臣著,朱东润编年校注《梅尧臣集编年校注》卷二十五《闻进士贩茶》,第790页。

晰呈现于前。他以"浮浪书生亦贪利,史筒经箱为盗囊"概括了进士贩茶事件,以"却来城中谈孔孟,言语便欲非尧汤"写其另一副嘴脸,以"百端得钱事酒炙,屋里饿妇无糇粮"写其厚己薄人举动,在对比中凸显进士受笞乃其咎由自取。此诗行文简练、层次丰富,与拖沓冗长的《书窜》风格大相径庭。

　　以上从魏泰作伪习惯、《书窜》文献著录、作品文本与梅尧臣诗歌特征比较等三方面对《书窜》真伪性质予以细致考辨,基本能够认定《书窜》为魏泰伪作而非梅尧臣诗歌作品。《书窜》不见于最初的《宛陵集》,而是后人在绍兴年间或以前从《东轩笔录》采择进《宛陵集》。《编年校注》的相关著录、论述是不可靠的,《全宋诗·梅尧臣诗》袭之亦误。

《新编通用启札截江网》所见宋人佚诗考论

于涵煦*

【内容提要】 熊晦仲《新编通用启札截江网》是现存最完整的早期日用交际类书,具有极高的辑佚价值。陆心源编纂《宋诗纪事补遗》时曾利用此书,但辑佚不够全面。本文主要依据日本静嘉堂文库藏宋刻《新编通用启札截江网》,考察其收录宋诗的情况,探讨阙署、异说等相关问题的由来及潜在规律,在此基础上辑录未见于《全宋诗》的佚诗,订正已收诗的讹误。

【关键词】 《新编通用启札截江网》 《全宋诗》 宋诗 辑佚 考论

《新编通用启札截江网》(以下简称《截江网》)十集六十八卷,宋熊晦仲编,南宋建阳坊刻本。原为陆心源皕宋楼旧藏,光绪三十三年(1907)售于静嘉堂文库,今藏日本静嘉堂,是现存最完整的早期日用交际类书。此书半叶十四行,行二十三字,双行小字同,黑口,双鱼尾。卷首有陈元善己未序,此"己未"目前通常认为即理宗开庆元年(1259)。陈元善序载其得名之由曰:"然临渊羡鱼不如结网,此'截江网'之所由设欤?所谓'截江网'者,取一网打尽之义云尔。"可见"截江网"之名相当于"大全"。宋元明时期以"截江网"为名的类书有很多,除《新编通用启札截江网》外,尚有《群书会元截江网》《伤寒证脉药截江网》等。"截江网"盖当时习语,用作书名以标榜其全无遗漏,这些书在内容上并无相承之处。但《截江网》与稍后的启札类日用类书如《新编事文类聚启札云锦》《新编事文类聚翰墨全书》等,内容往往有雷同之处,有辗转相袭的嫌疑,而这些晚出日用类书的编刊不如《截江网》精细,文字错讹较多,且往往可借《截江网》进行订正。因此,作为现存最早的启札类日用类书,《截江网》的文献价值极高。

一 《截江网》录诗与前人辑佚情况

作为启札类日用类书,《截江网》汇集各种婚丧节庆、日常交往的典故辞藻、诗章和书信。全书十集,内容分门如下:甲集八卷:书翰换易门、换易活套

---

* 本文作者为北京大学中国古文献研究中心、北京大学中文系硕士研究生。

门、文物门、艺术门;乙集八卷:饮馔门、珍异门、饯别门、送谢门;丙集八卷:婚姻门、游赏门、花果门,丁集八卷:庆诞门、荣达门;戊集八卷:仕宦门;己集六卷:仕宦门;庚集六卷;庆寿门;辛集六卷;庆寿门;壬集五卷:丧葬门、丧礼门、祭享门、慰礼门、荐拔门;癸集五卷;僧道门、题化门。各门下面通常是先列"事实",再列启札全文,再列书信活套,最后选取当时流传的文章、诗、词等作为参考。

《截江网》长期秘藏静嘉堂,不易为人所见。此外仅国家图书馆藏有《截江网》元代补刻后印本[①],存庚集部分,《全宋诗》编纂时曾加以辑佚。今静嘉堂藏宋元版古籍已经公布,我们得以见到《截江网》全书,发现其中尚有许多不见于《全宋文》《全宋诗》和《全宋词》的佚作。

《截江网》曾藏于陆心源之手,陆氏在编《宋诗纪事补遗》时,即大量采用了《截江网》的材料。据陆心源统计,《截江网》中所载至少有二百二十二家宋人诗集已经不传:"宋人诗集之不传者,如丁黼、黄定、朱湛卢、翁溪园、黄顺之、江万里、戴植、哀长吉、吴申、黄革、余日华、李石才、丁持正、朱子厚、徐霖、杨长孺、胡德芳、张南卿、周申、赵福元、祝穆、卓田、欧阳光祖、牛子苍、程东湾、任希夷、罗子衍、张家瑞、刘枢、张薄、陈浚、王容、钟将之、尹德邻、刘光祖、黄竹坡、罗永年、梁大年、阮文卿、李居厚、刘浩、范一飞、吴申甫、陈梦协、叶实夫、叶寞、黄埒、刘阆风、叶巽斋、刘子寰、史千、刘省斋、富伟、萧崱、包日斋、萧仲昺、林横舟、林子晦、张仲殊、余去非、严敦常、张进彦、翁九方、徐逢年、刘子实、潜放、熊伯诗、谢勉仲、李子清、吴季子、王大烈、高子芳、熊太经、陈克、王绍、程节、杨补之、李肯堂、范炎、程正同、戴翼、陈士豪、赵汝恂、石麟、章斯才、李仲元、郑硕、支子蒙、程宣子、刘镇、熊竹里、江成叔、刘常轩、程光远、龚九万、苏南疆、熊克、杨炎正、林观过、傅逯、傅㑒、傅大询、熊德修、熊以宁、吴景仲、周丙、丘大发、孙德之、宋壶山、苏囿山、徐清叟、游慈、谭去疾、张橚、刘仲行、张无隅、叶梦鼎、林霆龙、僧不轻、陈郁、黄少师女、吴氏、左瀛、翁甫、宋涣、赵愚斋、彭止、刘恭甫、黄元寿、张申子、王桂、陈鞸、叶明、马子严、王伯丈、李遇、严少鲁、黄宙、李梅礀、赵善得、张幼杰、丘骈、陈炜、刘石庵、邓晖老、魏顺之、丁几仲、莫养正、吕季已、施子中、游穉仙、刘涧谷、林骊、欧世昌、祝洙、钱之纪、赵必愿、陶璇、赵绾夫、江仲容、储用、盛勋、商飞卿、张汝明、陈应行、刘渭、董洪、汪立中、翟公英、方云翼、朱廷瑞、陈晋卿、杨申、徐子元、李显卿、辛椡、厉模、陈谠、余崇龟、王九万、方信孺、李桂、潘子高、陈子文、刘韬仲、应镛、黄涛、吴淇、韩补、高吉、邢凯、赵恬斋、萧仲才、章立庵、郑觉斋、黄鲁安、刘炜、叔林、宋伟、于定国、游清夫、刘

① 《截江网》版本情况可参佘筠珺《静嘉堂所藏〈新编通用启札截江网〉之版本考订及其宋词辑录情况》,《古典文献研究》第二十二辑上卷,南京;凤凰出版社,2020年,第131页。

崇卿、孟点、朱南疆、危科、牟子才、张实甫、丁仁、吴顺之、李寅仲、方味道、汪相如、李敬则、游志甫、王其、吴同山、赵孟僖、赵灌园、陈若水、曾寓轩、吴势卿、张辑之类,今皆不传,可藉是以得其梗概。"①

据佘筠珺研究,"陆心源补自《截江网》之诗人诗作,远甚于跋语所列之人,如黄维之《寿益垣丙午中元日生》、曾有光《赠画山水陈兄》等诗人诗作,皆不在《仪顾堂续跋》所列举的两百多人名单中"②。但考察之后笔者发现,一方面《宋诗纪事补遗》收录了一些上述名单之外的诗人,而另一方面陆氏也未将其所列的两百多人全部补入《宋诗纪事补遗》中,如傅大询、叶梦鼎、马子严等诗人均未收录。此外,名单中过半数的诗人《截江网》仅录其文章或词作,未录诗作。陆心源的统计很可能是信手抄录《截江网》中诗词文作者姓名,仅考察其别集是否传世,并未确定《截江网》中是否收录其诗作。因此这一统计并不准确、完整,其辑佚亦不全面,《截江网》所录宋诗尚待全面辑佚。但辑佚正确与否也涉及《截江网》收录宋诗体例的问题。下面从三个方面对《截江网》收录宋诗情况及其对辑佚的影响进行讨论。

(一)编次与署名及其对辑佚的影响

《截江网》诗歌编次较有规律,通常先按主题分类,每类之中先列古体诗,再列近体诗,最后为词③。但署名方式比较混乱,有署人名的,如"卓田""杨炎正"等;有署姓+字的,如"黄冕仲""杨廷秀"等;有署姓+号的,如"洪平斋""杨诚斋"等;有单署字或号的,如"攻媿""梅亭""平斋"等;有署姓+官职的,如"厉寺正""牟国史";有署姓+官职+名的,如"潘司户放""王正字迈"。同一作者署名亦不统一,如刘克庄,即有"刘克庄""刘潜夫""刘后村"等多种署名方式;方岳,有"方巨山"④"方秋崖""秋崖"等多种署名方式;王迈,有"王迈""王正字迈"等署名方式;李刘,有"李刘""李梅亭""梅亭"等署名方式。除署人名之外,《截江网》中偶见署"前人"者,即此诗作者与前诗作者相同。但在其他体裁的部分,也有一些"前人"之前作无署名的情况,如丙集卷二《清平乐·贺人娶宗女》署"前人",但之前三首词均无署名,可能是这几首词来源不同,重新拼凑组合,未改原署名的缘故。

---

① 〔清〕陆心源著,冯惠民整理《仪顾堂书目题跋汇编·仪顾堂续跋》卷十一《宋椠启札截江网跋》,北京:中华书局,2009年9月,第402—403页。

② 佘筠珺《静嘉堂所藏〈新编通用启札截江网〉之版本考订及其宋词辑录情况》,《古典文献研究》第二十二辑上卷,第129页。

③ 这一体例未能贯彻全书,如丁集卷八"贺送功名诗什"中近体诗部分即插入古体诗混合编排,但紧随其后的"庆贺功名诗什"编次又是严格先古体诗后近体诗。很可能编者有分体编排的自觉,但因来源复杂等原因,未能完全贯彻。

④ 亦有脱"山"字作"方巨"的情况。

署名方式的混乱导致后人辑佚时出现了由于字号相同而误辑的情况。宋人字号多有相同,如蔡元定与真德秀同号西山,蔡沈与苏元老同号九峰。若署名时仅署字号,未署姓名,则容易混淆,造成误辑。如:

《截江网》甲集卷六有《赠抚琴刘伯华》和《赠棋士兼相》两首诗,署"九峰",《翰墨全书》壬集卷八亦收此二诗,同署"九峰"①。明蔡有鹍编《蔡氏九儒书》时据《翰墨全书》将这两首诗收入蔡沈名下②,陆心源编《宋诗纪事补遗》时据《截江网》将这两首诗收入苏元老名下③,《全宋诗》因之重出于蔡沈和苏元老名下。《分门纂类唐宋时贤千家诗选》(下简称《千家诗选》④)卷一七亦收录《赠抚琴刘伯华》,无诗题,署"蔡仲默"⑤,则其为蔡沈诗可能性较大,同卷同署"九峰"的《赠棋士兼相》亦应为蔡沈诗,陆心源辑佚时因字号误辑。

因字号相同而混淆作者的情况在《截江网》收录的宋诗中不多见,但到后世启札类日用类书中,辗转抄袭时署名越来越从简,脱落姓氏仅剩字号的情况越来越多,可能造成的讹误也逐渐增多。如辛集卷四《律诗·寿文公》署"卓稼翁",即卓田,此诗又见《稼轩集抄存》,题《寿朱晦翁》;亦见影印《诗渊》册六,题《寿朱文公》,署辛弃疾。《稼轩集抄存》为清人辑录,其内容来源未必可靠。究其歧误由来,盖因"稼轩""稼翁"字号相近而混。虽目前证据难以确定此诗究竟为何人作,但《截江网》为目前所见最早出处,很可能本为卓田作,流传中"卓稼翁"之"卓"字脱落,后人不察,归于以"稼"为号最有名之辛弃疾名下。

(二)阙署诗作者归属及其对辑佚的影响

《截江网》中有相当数量的诗作未署作者姓名。经过与其他文献比对,可以发现这些阙署并无规律。大部分阙署诗作者无考。在作者可考的阙署诗中,有些与前诗作者相同,如丙集卷六《金陵怀古》署"方秋崖",后《和晦庵武夷棹歌十首》署"前人",之后《雨花台》《凤凰台》《白鹭亭》三诗均无署名,但皆为方岳作,见《秋崖先生小稿》卷一七。这样的情况比较少见,在《截江网》中仅有六处,其中四处为方岳诗,一处为李刘诗,一处为洪咨夔诗。值得注意的是,四处方岳阙署诗至少连续两首为方岳作,而且其中三处前后均署"方巨山"或"秋崖"。方岳诗署名的独特性或许因为其有单独的文献来源,也可能是方岳诗保

---

①　〔元〕刘应李编《新编事文类聚翰墨全书》壬集卷八,国家图书馆藏明初刻本。后引《翰墨全书》皆此版本,不再一一注明。

②　〔明〕蔡有鹍编《蔡氏九儒书》卷六《九峰公集》,清同治七年盱南蔡氏三余书屋刻本。

③　〔清〕陆心源编《宋诗纪事补遗》卷三二,清光绪刻本。

④　此书旧题刘克庄编,因而历代多简称为《后村千家诗》,然实为书坊伪托之作,故本文叙述时简称为《千家诗选》,但涉及《全宋诗》等原书引用时即简称《后村千家诗》者,一仍其旧。

⑤　传为:刘克庄编集,李更、陈新校证《分门纂类唐宋时贤千家诗选校证》,北京:人民文学出版社,2002年,第416页。

存较多,相对易于查核的缘故。但大部分作者可考的阙署诗作者与前诗不同,如乙集卷四《桂大监惠酒米炭》署"方秋崖",后《谢袁侍郎送盆栀奉亲》《谢人画貂蝉喜神见惠》均未署名。此二诗为楼钥诗,分别见《攻媿先生文集》卷八和卷一〇。因此对于承前省略作者姓名情况较多的方岳诗,也不能断定其后所有的阙署诗均为承前省略作者姓名。经统计,《截江网》中阙署诗作者与前诗作者不同的情况约有二十余处,且不乏连续两首阙署诗作者不同的情况。如乙集卷四《送包释可帅司幕》和《送翁巴陵》,二诗相连且均未署名,前者为翁卷诗,见《苇碧轩诗集》,后者为徐玑诗,见《永嘉四灵集·二薇亭诗集》卷上。

陆心源《宋诗纪事补遗》等书在利用《截江网》辑佚时,往往将阙署诗归入前一首诗作者的名下,由此导致了一些错误。《全宋诗》编纂时未能得见《截江网》,只能转引《宋诗纪事补遗》等书,从而沿袭了错误,导致诗作的重收误收。这些转引的诗中,阙署诗署前诗作者名的情况较多,但未必皆为误署,此类情况作者可考、确为误署的共有九例。六例为《全宋诗》沿袭《宋诗纪事补遗》之误,酌举两例说明①,三例为《全宋诗》据他书误收,但可据《截江网》考证的同类错误。

1. 方岳诗误为卓田诗

《截江网》乙集卷三有《和姚监丞斩鲙》二首,未署作者:

和姚监丞斩鲙

冰盘飞缕落芳馨,雪色微红糁玉霙。唤起笭箵十年梦,诗肠手截鹭波清。

旋捣金虀捣玉葱,半盂膏酒洗冬烘。吴中风物今犹尔,说与厨人宁舍熊。

前载《谢惠白鹭》,亦未署作者,再前一首为《送山药署与友人》,署卓稼翁,即卓田。《宋诗纪事补遗》卷六二据《截江网》录这两首诗,将其归入卓田名下②,《全宋诗》册五五卷二八八八页三四四三七据《宋诗纪事补遗》亦将其收入卓田名下。这两首诗又见《秋崖先生小稿》卷七,题为《次韵姚监丞斩鲙》③,《全宋诗》册六一卷三一九六页三八二九九方岳名下据此收。可见这两首诗应为方岳诗,《宋诗纪事补遗》辑佚时误辑。

2. 次韵陈韡诗误为陈韡诗

《截江网》丙集卷六有陈韡《游武夷作》与次韵、和韵诗:

---

① 其余各例参见《〈全宋诗〉杂考(八)》,北京大学中国古文献研究中心编《北京大学中国古文献研究中心集刊》第二十六辑,北京:北京大学出版社,2023年,第171—187页。

② 〔清〕陆心源编《宋诗纪事补遗》卷六二,清光绪刻本。

③ 〔宋〕方岳《秋崖先生小稿》卷七,明嘉靖五年方谦刻本。

游武夷作 　　　　　　　　　　 陈抑斋

闻风元不隔扃扉，桑柘松筠匝匝围。溪贯一原藏曲折，山罗万象欲腾飞。仙坛起雾成丹灶，玉女披霞作彩衣。寂寂幔亭天籁息，笙箫疑向夜深归。

次韵

来为群元扣右扉，香生琼宇碧油围。前驺所过风俱静，幽鸟不惊云与飞。清啸一山旋暮角，和蒸九曲未秋衣。胜游英概真奇遇，卷入豪端放棹归。

和韵 　　　　　　　　　　 游受斋

阎阖俄闻扣玉扉，山祇水若拥重围。未教竹杖为龙去，且伴芝车控鹤飞。王子前呵九曲坂，浮丘左挹五云衣。生平不负编书学，未见黄公一谢归。

《宋诗纪事补遗》卷六二据《截江网》录《游武夷作》和《次韵》，皆收入陈辇名下[1]。《全宋诗》册五六卷二九五七页三五二二五据《宋诗纪事补遗》亦将其收入陈辇名下。但这组诗中《和韵》非陈辇作，这组诗之后又有陈辇《武夷筑精舍》和游九功、叶明和诗。则《次韵》很可能并非陈辇所作，《宋诗纪事补遗》辑佚时误辑。

3. 张耒诗误为李刘诗

《截江网》庚集卷四有《寿帅阃》，未署作者：

寿帅阃

盛德元勋绝等伦，麟符虎节冠宗臣。灵椿上古身千岁，一柱明堂力万钧。伐叛豹韬威尚凛，刊名金鼎铸来新。风谣四海占贤相，笑咏三川是主人。万里山河供概气，九秋雕鹗入精神。光华稷契无穷誉，强健乔松不老身。坐镇熊罴瞻绣衮，燕居松鹤伴纶巾。只应便是神仙事，万丈蓬莱却未真。

此诗前载《律诗寿泸帅杨尚书》，署李梅亭。影印《诗渊》册六页四五四〇有李刘诗：

寿帅阃

盛德元勋绝等伦，麟符虎节冠宗臣。大椿上古身千岁，一柱明堂力万钧。坐镇熊罴瞻绣衮，燕居松鹤伴纶巾。只应便是神仙事，万丈蓬莱却未真。

---

① 〔清〕陆心源编《宋诗纪事补遗》卷六二，清光绪刻本。

《全宋诗》册五六卷二九四八页三五一三一据《诗渊》将此诗收入李刘名下。此诗又见《柯山集》卷一九,题《上文潞公生日》①,《全宋诗》册二〇卷一一七一页一三二三〇据《柯山集》将之收入张耒名下,可知其为张耒诗,《诗渊》或其来源文献的编者误将《截江网》或同源文献中此诗作者误署为前诗作者致误。

4. 释大末诗误为王迈诗

元刘应李《新编事文类聚翰墨全书》丙集卷三有《刘氏内政及二宠同孕》:

刘氏内政及二宠同孕

　　中秋过后才十日,广寒侍人遭谴谪。堕在人间富贵家,依前不离姮娥侧。刘郎风流世所无,醉中饮啖无精粗。三胎闻已俱孕秀,次第门外连悬弧。老子释氏亲抱送,想应屡入维熊梦。我今预作弄璋书,君须早办汤饼供。

未署作者,前载《古风》,署王迈。《全宋诗》册五七卷三〇〇六页三五七九七据《新编事文类聚翰墨全书》将其收入王迈名下。此诗又见《截江网》丁集卷二,未署作者,小序云"刘直阁内政及二宠同孕,当筵索诗,有诗僧大末者即席赋古风云"。则其为释大末诗,释大末生平不详,王迈名下当删归存目。

5. 刘仙伦诗误为王迈诗

《新编事文类聚翰墨全书》丁集卷一有《乔松歌寿经干》:

乔松歌寿经干

　　华阳有乔松,直干千丈强。盘根据厚土,劲直凌秋霜。不知种者谁,拱把由羲皇。不受秦人封,铁立心慨慷。下有青牛蹲,中有琥珀藏。长恐蛟龙姿,夜逐雷雨翔。我愿为胎仙,高风下相羊。共此清与高,保此坚与刚。共闻尧舜君,至治垂衣裳。玉帛交万国,朝觐开明堂。我愿为榱桷,翼松为栋梁。斫此冰雪根,绘画施青黄。万古永不朽,长久天日光。

未署作者,且为"通用"小类之首,前一类最后一首诗为《律诗寿陈侍郎》,署王迈。《全宋诗》册五七卷三〇〇六页三五七九七据《翰墨全书》将其收入王迈名下。此诗又见《截江网》辛集卷五②,题《乔松歌以乔松为王干寿》,署"招山",即刘仙伦。故此诗应为刘仙伦诗,王迈名下应删归存目。

　　因此,《截江网》中阙署诗承前省略作者姓名的情况较少,且集中于个别诗人诗作,并不构成体例。虽不能完全排除,谨慎起见,本文在辑佚时,将无其他

----

① 〔宋〕张耒《柯山集》卷一九,清武英殿聚珍版丛书本。
② 亦见《截江网》辛集卷六,题《乔松歌寿经干》,无署名。

证据的阙署诗均归为无名氏所作。

从可考作者情况来看,《截江网》所录诗歌的作者群体以南宋福建及邻近地区诗人为主,偶有北宋诗作,但未见前代诗。况且《截江网》中所录诗作多为日常交际应酬之作,格调不高,前代诗人此类诗作留存至南宋又被特地编入日用类书的可能性不大。由此,我们基本可以认定,《截江网》中阙署作者的诗作也应为宋诗。

(三)作品归属异说

经与其他文献比对,《截江网》中收录宋诗的作者题署仅个别篇目有出入。

乙集卷六《送人赴举》,署"黄少师女",此诗又见朱淑真《新注朱淑真断肠诗集》后集卷七,题《送人赴试礼部》。朱淑真诗集的真伪目前尚无定论,此诗归属亦难确定。

庚集卷四《律诗·庆韩侍郎》,署"刘招山",即刘仙伦,此诗又见影印《诗渊》册六,题《寿侍郎》,署"刘子寰"。《诗渊》误署情况屡见不鲜,未可依《诗渊》遽定此诗为刘子寰诗,其归属难以确定。

辛集卷二《古风·寿王舍人》,署"招山",此诗又见王庭珪《庐溪文集》卷六,题《王舍人生辰作》,《庐溪文集》系门人所编之传世文集,故此应为王庭珪诗。

辛集卷四《律诗·寿文公》,已见前文。

除以上四诗外,其余见于他书的诗作,作者题署均与他书相同。可见《截江网》作者题署总体比较可靠。

宋代文学作品的流传情况十分复杂,以《截江网》为代表的日用类书在其流传过程中起到了重要作用,甚至深刻影响了总集的编纂。李更先生早已指出,《千家诗选》后集的"门类组织明显带有实用手册的特征,与元代《古今事文类聚翰墨全书》、《联新事备诗学大成》等一些备交际应酬之需的实用性诗文类编有惊人的相似"[1]。而据笔者考察,《千家诗选》的"庆寿门"与《截江网》有明显的同源关系。在后代,日用类书更是辑佚之渊薮,明代蔡有鹍辑《蔡氏九儒书》时即利用了《翰墨全书》中的材料。从前述"张耒诗误为李刘诗"中亦可看出《截江网》与《诗渊》的密切联系。日用类书内容进入集部文献,展现了宋元之际文化下移时不同文化层次的碰撞与融合。

日用类书的参与,使得文学文本流传过程出现了新的问题。日用类书的编者采录诗词,其目的并不是为作者保存诗词,而是为读者提供某些场景下的

---

[1]　李更、陈新校证《分门纂类唐宋时贤千家诗选校证》,第881页。

应用范本,至于范本作者是谁,并不重要。因此,《截江网》等日用类书署名大量脱落的情况是可以理解的。但集部文献编者却按照其原有的整理范式对待日用类书,将日用类书随意脱落署名解读为承前省略署名,不免会出现误收他人作品等情况。而日用类书粗制滥造、辗转相袭的特点,让利用晚期日用类书编辑的集部文献文本情况更加混乱。因此,从源头梳理文本变异之由对集部文献的正本清源有着重大意义。作为现存最完整的早期日用交际类书,《截江网》可以为我们提供这类变异较早的形态证据。宋诗在《截江网》中只占一小部分,相信综合考察《截江网》中诗、词、文的流传变异情况,会揭示出更多宋元以降类书、总集流传中的典型现象。

二　《全宋诗》辑补与订误

据笔者统计,《截江网》共收宋诗 831 首,涉及诗人一百余家。其中《全宋诗》未收录的共 316 首,包括已收诗人的佚诗 32 家 76 首,未收诗人 13 家 37 首,无名氏 203 首。同时,亦可据《截江网》订正《全宋诗》所收诗作文字讹误 13 处[①]。详情如下[②]:

(一)《全宋诗》已收诗人之佚诗

1. 强至(1 首)

律诗寿太宰[③]

南宫才气旧无双,几百年来谶合江。相印恳辞青琐闼,守符分拥碧油幢。星槎稳上神仙路,衮秀荣归父母邦。诞月喜逢琴瑟共,齐眉偕老福俱庞。

(《截江网》辛集卷四)

按:此诗为组诗其二,未署作者。其一又见《全宋诗》册十卷五九七页七〇一九强至《代上余太宰生辰》,出《祠部集》卷九,故此诗亦应为强至所作。强至,字几圣,杭州(今属浙江)人,有《祠部集》四十卷,已佚,清四库馆臣据《永乐大典》辑为三十五卷。强至诗,《全宋诗》册十卷五八七至五九八据本集及《山游唱和诗》《海棠谱》《永乐大典》编为十二卷。

[①]　其中 3 处附于佚诗之后,未单列。

[②]　《截江网》中所收宋诗偶有误字,

[③]　《截江网》中许多诗题格式为大字题诗体,如"律诗""古风"等,小字题诗题,如此处"寿太宰"。本文录诗题时保留原貌。

2. 黄裳(2首)

题端溪图

余家有此图,笔画精妙,云间一线曰新州路,荒远之意。

云间一线新州路,多少忠贤去复回。绍述不关荒瘴事,肯同时相杀英才。

端溪去国五千里,更问新州半月程。不是一心图报主,行人到此若为情。

(《截江网》甲集卷六)

按:此诗署"黄冕仲"。黄裳,字冕仲,延平(今福建南平)人,有《演山先生文集》六十卷。黄裳诗,《全宋诗》册一六卷九三五至九四七据本集及《绍熙云间志》《能改斋漫录》《类编长安志》《永乐大典》等编为十三卷。

3. 刘仲行(1首)

送笋与晦翁

珍重林中玉版师,深藏高节未参差。先生乐道虽忘味,敢荐岁时冰雪姿。

(《截江网》乙集卷三)

按:此诗署"刘仲行"。刘仲行诗,《全宋诗》册三四卷一九二三据《宋诗纪事补遗》引《截江网》录一首。

4. 韩元吉(3首)

寿诗

邓州花烛、金华松石枕、双林饭石数珠为子云寿。

红点冰条绿玉裁,百花洲畔菊潭隈。中边有蜜光千丈,照尽河沙见劫灰。

右邓州花烛

老松阅世几千年,蜕骨依然亦解仙。断取青黄聊作枕,不妨时一梦钧天。

右金华松石枕

大士伊蒲一饭余,空山不积强成珠。试拈百八聊千转,能比先生寿量无。

右双林饭石数珠
(以上《截江网》辛集卷五)

按：以上署"韩元吉"。韩元吉，字无咎，号南涧翁，祖籍开封雍丘（今河南杞县），有《南涧甲乙稿》七十卷，已佚，清四库馆臣据《永乐大典》辑为二十二卷。韩元吉诗，《全宋诗》册三八卷二〇九三至二〇九八据本集及《两宋名贤小集》等编为六卷。

5. 李长庚（1首）

古风谢惠茶

焦坑奇茗初发源，妙绝正自东坡传。平生于此兴不浅，窳寐思之多历年。每翻故纸一大嚼，想见佳处如流涎。南安先生好事者，多暇呼我烹茶烟。披肠并与孤闷破，入口顿觉沉疴痊。庄周无复梦胡蝶，相如觉欲成癯仙。眼穿未睹谏议面，心病若有陆羽颠。分甘敢望三百片，活水须求第一泉。虽无明珠买娉婷，当唤焦青竹里煎。

《截江网》乙集卷三

按：此诗署"李子西"。《全宋诗》册三八卷二一二七页二四〇四二有李长庚，字子西，宁远人，高宗绍兴二十四年进士，有《冰壶集》，已佚。此李子西当为李长庚。《全宋诗》册七二卷三七八一页四五六三七有李子西，录诗一首，题《送白鱼》，出《宋诗纪事补遗》转引《截江网》。核《截江网》，《送白鱼》正在此诗之后，未署作者。《截江网》中阙署诗未必与前诗作者相同。故李子西其人当删，其诗当转为无名氏诗。

6. 傅大询（7首）

赠琴士柯清卿

爱山随处白云深，一寸肝肠几古今。踪迹双溪三尺剑，声名四海一张琴。不弹司马愁边曲，直到渊明解处心。我幸过门无俗客，老来亦欲听清音。

赠王卜者

白鹭洲前螺子川，风流王氏晋相传。窗间文字三更雪，掌上星辰万里天。一日严君开卜肆，几人杜老问行年。丈夫有志宁家卧，我亦东游欲买船。

赠陈河图

无心出岫一孤云，落魄江湖自在身。掌上图书出河洛，胸中天地运星辰。麻衣道者今犹古，康节先生后有人。知我柴门傍古道，他时相访莫辞频。

（以上《截江网》甲集卷六）

古意寿母

葛仙洞口起云烟,人为寿母歌金船。杨花春风五十日,蟠桃甲子三千年。雁序无人在白屋,凤雏有子学青钱。会有金冠昭华发,北堂不负人间缘。

(《截江网》辛集卷一)

律诗寿梁宰

天地祥开贤间生,桃花浪暖柳风轻。争先一日月既望,向后千年河更清。海面瀛洲三月近,江头野水几舟横。紫荷时得平安信,剩想河阳醉寿觥。

律诗寿知县

令尹帘垂白昼长,东风随意上琴堂。蟾开昨夜桂初满,莺唤晚春花更香。天上有亲持紫橐,壶中不老泛金觞。济川已属苍生望,早向江头作巨航。

(以上《截江网》辛集卷二)

律诗寿友人又迁居

与君相契往相连,却忆生朝作贺篇。九月从来才二日,三秋此去更千年。始知江上新华屋,却是人间小洞天。不待重阳先办酒,歌欢应是醉中仙。

(《截江网》辛集卷四)

按:以上除《赠琴士柯清卿》外均署"铃冈"(《赠琴士柯清卿》署"铃冈",当是形近而误)。傅大询,字公谋,分宜(今属江西)人。分宜有铃冈,因以自号。《截江网》中署"铃冈"诗共九首,其中三首《全宋诗》据《新编事文类聚翰墨全书》收入傅大询名下。故此处亦将署"铃冈"诗归入傅大询名下。傅大询诗,《全宋诗》册四六卷二四六六据《鹤林玉露》《新编事文类聚翰墨全书》和《新编排韵增广事类氏族大全》录十首。

7. 曾丰(1首)

律诗寿沈提刑

仲春风雨十尧夔,嵩岳尼丘并效灵。喜得东阳瘦诗客,辄从南极老人星。江西绣斧今风采,浙右貂蝉旧典刑。天遣庭椿伴公老,四时叶与鬓长青。

(《截江网》庚集卷五)

按:此诗署"曾樽斋"。曾丰,字幼度,号樽斋,乐安(今属江西)人,有《樽斋先生缘督集》四十卷,已佚,今存清抄本四十卷,似为宋本之旧。曾丰诗,《全宋诗》册四八卷二五九六至二六一〇据本集及《后村千家诗》《截江网》《永乐大典》编为十五卷。"撙"与"樽"二字形近易讹。

8. 马子严(2首)

咏麻沙镇定山得要阁

青山画阁云生足,万象森罗快心目。溪南日暮烟霭生,水墨画图横一幅。主人饮罢兴未休,夜深更欲秉烛游。碧山绿树忽卷去,千家灯火明朱楼。

(《截江网》丙集卷六)

挽即庵僧

只履西归久,谁人挽得回。雨随花泪溅,风逐薤声哀。新塔依山院,员光照夜台。一春多少恨,长不见愁来。

(《截江网》癸集卷一)

按:以上署"马古洲"。马子严,字庄父,号古洲,建安(今福建建瓯)人。马子严诗,《全宋诗》册五〇卷二六五〇据《诗人玉屑》《(弘治)衢州府志》《铅书》等录诗五首。

9. 翁卷(1首)

送僧往四明

一心修净法,几岁远人群。白日多翻偈,生平不茹荤。磬敲孤嶂月,瓶汲满溪云。此别缘何事,寻师向海垠。

(《截江网》乙集卷六)

按:此诗署"翁西岩"。翁卷,字续古,一字灵舒,乐清(今属浙江)人,有《西岩集》《苇碧轩集》。翁卷诗,《全宋诗》册五〇卷二六七三至二六七四据《苇碧轩集》《西岩集》《诗渊》等辑编为二卷。

10. 张镃(1首)

赠琴士萧长卿

七尺寒桐焦半尾,疏星荧荧发宫社。采芝归来夜语深,商皓千年魂不死。忽将一曲寄秋声,寒泉飒飒风泠泠。老夫伤离不堪听,起来山月横中庭。始知人心内所感,朱丝岂得为凄惨。要须先遣心中事,无为弹神劝古初。

(《截江网》甲集卷六)

按:此诗署"约斋"。张镃,字功甫,又字时可,号约斋居士,祖籍成纪(今甘肃天水），有《南湖集》二十五卷，已佚，清四库馆臣据《永乐大典》辑为十卷。张镃诗，《全宋诗》册五〇卷二六八一至二六九〇据本集及《洞霄诗集》《永乐大典》《武林梵志》《宋诗纪事》等编为十卷。

11. 任希夷（1首）

寿诗贺丞相（其四）

庙堂祈祷极精诚，为是春来未快晴。甫近佳辰新霁色，都城歌管不停声。

（《截江网》辛集卷一）

按：此诗署"任斯庵"。任希夷，字伯起，号斯庵，有《斯庵集》，已佚。任希夷诗，《全宋诗》册五一卷二七二七据《锦绣万花谷》《全芳备祖》《景定建康志》等编为一卷。此诗为组诗其四，前三首《全宋诗》册五一卷二七二七页三二一〇〇已收，出影印《诗渊》册六页四四九八。《全宋诗》册五九卷三〇八六页三六八一四收刘子寰《寿史相》两首，出影印《诗渊》册六页四五〇九，为这组诗其一、其三。这两首诗应皆为任希夷作，刘子寰名下当删。《全宋诗》册五一任希夷《寿丞相》（"春到三旬物物鲜"）第三句中的"生中旦"，当据《截江网》改为"生申旦"。

12. 尹直卿（2首）

赠谈命罗子经

奇中当为术者魁，人如罗隐与林开。芬香一丈云台锦，引得青蚨塞屋来。

十分闲冷十分贫，须发年来并似银。岂有溪翁如此老，问人犹要作官人。

（《截江网》甲集卷六）

律诗贺人生孙

真长相次寿冰衔，举主趋炎送两缄。窦桂今来元是五，王槐他日定成三。箕裘非特传郎罢，衣钵尤期继木庵。膝下所悭文度耳，归来已自捧奇男。

（《截江网》丁集卷二）

按：以上署"尹直卿"。尹直卿诗，《全宋诗》册五三卷二八〇二据《截江网》《新编事文类聚翰墨大全》《诗渊》录七首。

13. 游九功(3 首)

和韵(陈韡《游武夷作》)

阊阖俄闻扣玉扉，山祇水若拥重围。未教竹杖为龙去，且伴芝车控鹤飞。王子前呵九曲坂，浮丘左挹五云衣。生平不负编书学，未见黄公一谢归。

和(陈韡《武夷筑精舍》)

山空木老白云居，邂逅元戎欲结庐。台铉今方虚左席，隐屏但可入新图。遥知清露鹤嘹唳，还想斜阳鸦毕逋。廊庙忧民心素切，未应所乐在江湖。

游鹿门山

翠峰十里竞嶙峋，败屋三间住野人。霭霭白云门掩昼，阴阴绿树鸟鸣春。荒凉谁与论遗事，笑傲吾能任此身。为爱山中尚淳朴，随人飞雉欲相亲。

(以上《截江网》丙集卷六)

按：以上一、三两首署"游受斋"，第二首署"游侍郎勉之"。游九功，字勉之，一字禹成，号受斋，建阳(今属福建)人。游九功诗，《全宋诗》册五三卷二八〇三据《全芳备祖》《诗家鼎脔》《截江网》录六首。

14. 戴复古(1 首)

赵绣使到庐陵二绝作先状

野客随群迓绣衣，霁虹亭上立多时。座中忽遇神仙尉，诵得先生快阁诗。

清风凛凛自惊人，照映江山王节新。昨夜酒边开口笑，庐陵草木自回春。

(《截江网》己集卷六)

按：以上署"戴石屏"。戴复古，字式之，黄岩(今属浙江)人，居南塘石屏山，因号石屏，有《石屏诗集》。戴复古诗，《全宋诗》册五四卷二八一三至二八二〇据本集及《南宋群贤小集》《两宋名贤小集》《全芳备祖》《后村千家诗》等编为八卷。

15. 高翥(1 首)

谢人惠书籍

曾问韦编策重勋，群书分选张吾军。标题济楚令心赏，字画分明慰眼

昏。插架有时防鼠啮，藏家无力买香熏。不如随处堆床几，检阅时时似
对君。

（《截江网》乙集卷四）

按：此诗署"高九万"。高翥，字九万，号菊涧，余姚（今属浙江）人，有《菊涧
集》二十卷，已佚。清康熙时高士奇辑为《信天巢遗稿》。高翥诗，《全宋诗》册
五五卷二八五八至二八五九据《南宋六十家小集·菊涧小集》《中兴群公吟稿》
《咸淳临安志》《后村诗话》《全芳备祖》《信天巢遗稿》等辑为两卷。

16. 朱复之（1 首）

赠黄五星

儿时得岁意欣荣，年去年来恰未灵。今日始知司命者，能为尔福是
刚心。

（《截江网》甲集卷六）

按：此诗署"朱湛卢"，系两首组诗。《全宋诗》册五五卷二八八九页三四四
五三朱复之名下据《宋诗纪事补遗》引《截江网》仅收第二首，此诗当补。

17. 洪咨夔（1 首）

古风寿向宰

人间秋光七月九，万里新凉到槐柳。琴堂先生廊庙姿，今日生朝客江
右。一曲清歌酒百杯，醉把西风开笑口。海山云净碧天高，老人一星在
南斗。

（《截江网》辛集卷三）

按：此诗署"平斋"。洪咨夔，字舜俞，号平斋，於潜（今属浙江）人，有《平斋
文集》三十二卷。洪咨夔诗，《全宋诗》册五五卷二八九○至二八九七据本集及
《新编事文类聚翰墨全书》《古今事文类聚》《诗渊》等编为八卷。《截江网》所录
诗中署"平斋"者凡四见，除此诗外，庚集卷六有《律诗子庆父寿》，署"平斋"，《平
斋文集》卷八有载；辛集卷六有《古风寿郑制置》《罗浮高寿崔制置》，皆署"平斋"，
《平斋文集》卷四有载。故此"平斋"应为洪咨夔。

18. 李刘（3 首）

律诗寿丘漕使

金天玉露浴长庚，此际来骑海上鲸。劲气全如秋色劲，生时长带月华
生。汉庭献纳催班近，周旬迢逮报政成。世典枢机余事耳，伯禽召虎是
功名。

古风寿泸帅杨尚书

秋月璇玑正，清商玉宇新。地灵炳江汉，天藻掞峨岷。馥坠荑三英，辉余桂半轮。极星高出丙，崧岳挺生申。抱负元超世，飞鹏早绝尘。剽缨登上国，缓步立通津。八座文昌贵，三阶武帐亲。人知赉弼审，帝拟用贤真。沫若开藩屏，羌夔藉抚循。从容辞禁橐，谈笑岸纶巾。五月劳呼渡，七年勤教民。久传飞凤诏，径趣秉鸿钧。得意荐词赋，文然赞辅臣。长杨谁并驾，全富世潜珍。永结胸中鉴，阳和脚底春。来年揆初度，宣劝辂王人。

（《截江网》辛集卷三）

古风寿太守

挟甲下元后，先庚大雪前。九天元降圣，同日更生贤。真宰恩袍旧，良臣谏笏传。庚寅揆皇鉴，己卯契清躔。卦演六十四，爻重万一千。东归思献纳，西顾倚蕃宣。锦帐高郎省，奎图重使权。仍兼分阃寄，即劳出车还。福禄朋三寿，恩荣岁九迁。参同提祖印，绿发映貂蝉。

（《截江网》辛集卷四）

按：以上署"梅亭"。李刘，字公甫，号梅亭，崇仁（今属江西）人，有《诗文类稿》《续类稿》，均已佚。李刘诗，《全宋诗》册五六卷二九四八据《全芳备祖》《前贤小集拾遗》等编为一卷。

19. 王大烈（1首）

律诗三首贺生次子其三

继踵生儿榖与难，妙龄对此喜如何。剩将风雨养龙角，个是龙泉与太阿。

（《截江网》丁集卷二）

按：此诗署"王大烈"。王大烈，晋江（今福建泉州）人。王大烈诗，《全宋诗》册五六卷二五九八据《新编事文类聚翰墨全书》《宋诗纪事补遗》录十首。此诗为组诗其三，其一、二《全宋诗》王大烈名下已据《新编事文类聚翰墨全书》收。

20. 王迈（13首）

西山古风寿真西山，以得大坚固力为韵

得大坚固力五字乃先生梦中得之，遂以名其堂。学易斋、共极堂、毋自欺斋、常惺惺堂、大坚固堂皆所居匾额也。

学易斋

《全宋诗》已收,略。

共极堂

煌煌天极宫,列宿之所会。惟君有常舍,紫宸耿华盖。先生义爱君,凛然持大诚。事君如事父,在外如在内。气集义以生,浩然至刚大。恳恻乎忠诚,从容乎进退。所以共极堂,端与宸居对。南极秋轮明,眉寿宜千岁。

毋自欺堂

阉茂之九月,翼星辉亘天。惟翼以配礼,嘉会合生贤。文公生庚戌,秋季月正园。先生同岁支,生在三日前。确守文公学,持敬金石坚。透了诚意关,夕惕犹干干。所以毋自欺,泰宇光灿然。久之内丹热,寿应翼星躔。

常惺惺堂

《全宋诗》已收,略。

大坚固堂

同上。

(《截江网》辛集卷六)

古乐府寿谭帅

古者爱恶悲欢莫不有词,始于人声而流于乐府。乐府者,盖古诗之类也。其颂美讥刺,一皆不离乎正,故君子有取焉,诚异后世淫哇之作矣。今谨采民之所以祈向某官之意,别为乐府五篇,悉依仿古词而为之节奏。一曰别楚,愿公无久于楚也。二曰朝阙,愿公即应召而遄归也。三曰听麻,愿公无置周而早正台司也。四曰作霖,愿公任传说之责而苏涸瘵也。五曰难老,愿公克臻上寿而为国之元老也。凡是五者,斯民爱我公而祝之词也。

别楚

方步花砖侍香案,吏禀口占愁脱腕。忽闻荆楚寇抢攘,暂屈长沙为屏翰。豺虎群空兵马洗,瑞气潜随和气起。斯民鼓舞沸谣歌,声满湘山与湘水。政成人道似龚黄,村村春雨人农桑。玺书频下卷已厚,乌用稽留天一方。便可促装辞屈贾,膏吾车兮秣吾马。凭谁为揭德政碑,要使清风袭来者。湘中父老子汝言,不用卧辙仍攀辕。放他姚宋去当国,斗米只消三四钱。

朝阙

暂别苏天向荆楚,忽焉已再罹寒暑。即看命驾随诏归,九万雄风鹏翼举。乃心魏阙身江湖,几度梦魂游禁御。而今趋阙其何如,为国尽忠深自

许。金猊喷香雉扇开，一声清跸从天来。民间利病有封事，大奏天颜应
为回。

听麻

揽衣骑马听朝鸡，宫漏穿花出尚迟。千官云集待漏院，拂晓金门双启
扉。锦衣卫士催班紧，会弁如星联玉笋。陛前设位人听麻，鸿胪传声前导
引。山呼拜舞瞻天光，中使押赴三槐堂。原公大展经纶手，坐令四海如
尧汤。

作霖

天宇无风日如毁，望望膏腴槁将死。浓云忽载雨如倾，一夜青青苗尽
起。如公真是傅岩人，能将膏泽润斯民。月离于毕滂沱矣，洗濯蛊弊今
俱新。

难老

我公名姓缀仙班，谒来游戏居尘寰。蓬莱回首懒归去，意要看尽人间
山。漆眸丹脸鬓垂绿，提麈谈玄手如玉。东方曼倩喜蟠桃，三番徒得蟠桃
熟。金鼎光摇参斗横，小有还丹异香馥。奊谿熊经与鸟伸，始健筋骸聪耳
目。从他日月跳丸疾，世上百年应瞬息。春秋合数万六千，未许庄椿可侪
匹。朝廷政自尊耆旧，整顿乾坤烦老手。竟须拈取一瓣香，再拜前为我
公寿。

（以上《截江网》辛集卷六）

然庵偈

凤山舍田西峰，作记以诏来者。然庵主此席，直为定光传此心灯。然
之为名，盖取然义。暇①日余与凤山来游，然庵请偈，为作一转语。

佛祖然何灯，光明常不死。个中一灯然，直下千灯起。西峰大丛林，
定光常隐几。此灯悬虚空，霜月映寒水。然庵又然之，只此一灯是。英檀
曾凤山，前身转大士。时时为添油，照透佛骨髓。金粟遍大千，见者皆
欢喜。

题僧悟寺

来参禅悟髓中禅，境界分明小梵天。树杪云生山下雨，竹筒水是岭腰
泉。采薪蒸酒共新酣，摘菜烧薤办晚馔。清净暂除烦恼障，此身恨未脱
尘缘。

（《截江网》癸集卷一）

赠广宁院僧了心

余抵庐陵，需良日方礼上，借寓芙蓉山广宁院。见门贴"白居"二字，

---

① 原作"叚"，笔误径改。

问僧了心,了心曰:"无颗粒,所仰给只靠施者转紧那王藏,及乞灵仰山祠以活之,不给则户收饭盂以续食。"遂赠以四诗。

山刹骈头几苾刍,光尘和合孰贤愚。白居安得米堪数,赤立从来锥也无。谩作痴蝇攒故纸,休思落雁供空厨。紧那王与仰山老,为尔多方撰饭盂。

倦游未便坐寒厅,且作芙蓉旦过僧。恰是夏初来结夏,不妨灯下阅传灯。尔经果解通三昧,我字安能正一朋。读了刘郎轮藏记,小参却许此人曾。

饮我山中茶一瓯,我能饶舌略相酬。参禅不惮芦穿膝,说法须教石点头。关捩玲珑无物碍,神通广大与天游。那时应记王员外,曾为灵师三日留。

狭路相逢笑口开,前身似谒祖师来。明知日上炊羊胛,不若夜深煨芋魁。尘里绝怜无雪窦,梦中时喜访黄梅。玄深理窟何穷尽,归日从头说一回。

(《截江网》癸集卷一)

按:以上除《题僧悟寺》与《然庵偈》相连,署"前人",《赠广宁院僧了心》署"王正字迈"外均署"王迈"。王迈,字实之,一作贯之,号臞轩,仙游(今属福建)人,理宗端平二年(1235)为秘书省正字,有《臞轩集》二十卷,已佚,清四库馆臣据《永乐大典》等辑为十六卷。王迈诗,《全宋诗》册五七卷三〇〇二至三〇〇六据本集及《后村千家诗》《新编事文类聚翰墨全书》《永乐大典》《诗渊》等编为五卷。《西山古风》中,《学易斋》《坚固堂》和《常惺惺室》三诗已见《全宋诗》册五七卷三〇〇二页三五七二一、三五七二二,《共极堂》《毋自欺堂》未收当补。

21. 王伯大(1 首)

题梅福炼丹①台

谩向南昌觅隐仙,谁知结屋此山巅。读书堂下三更月,烧药炉中几度烟。鸾影已随天上去,虹光空眩世间传。嫉邪一疏吾能抗,隐世高名愧独贤。

按:此诗出《截江网》丙集卷六,署"王留畊"。王伯大,字幼学,号留耕,福州长溪(今福建霞浦)人。王伯大诗,《全宋诗》册五七卷三〇〇八据《石屏诗集》《梅磵诗话》《诗家鼎脔》录四首。《千家诗选》卷二一"隐逸"收此诗,无题,

---

① 原作"舟",笔误径改。

署"王伯大"①。《宋诗纪事》卷七〇据《后村千家诗》录此诗,题为《梅坛》,署"王坚",或厉氏所见为别本《后村千家诗》。今见《截江网》所录诗题,方知"梅坛"何指。

22. 徐清叟(1首)

赠僧德绍

底事诗僧太瘦何,江湖十载倦奔波。定应贾岛逢韩尹,宁有参寥欠老坡。传法子须庐行者,忧时我亦病维摩,把茅盖顶浑闲事,争似千峰阁上歌。

得明珠二百颗,顾为骤富之诗僧;祝大椿八千年,永作太平之宰相。金汤佛法,康福生灵。大书灿星斗之辉光,喜气觉山林之飞动。过如解王,胜若留衣。内刻于心,使终身而佩服;外刊诸梓,耸后代之观瞻。宝祐甲寅正月上元日,门下诗僧德绍跋。

按:此诗出《截江网》癸集卷一,署"徐意一"。徐清叟,字真翁,号意一②,浦城(今属福建)人。徐清叟诗,《全宋诗》册五七卷三〇〇九据《咸淳临安志》《豹隐纪谈》等录七首。

23. 刘克庄(5首)

赠写神潘肖岩

潘子毫端阅贵人,今朝忽漫写予真。月中瘦影拈来似,雪里吟肩看得亲。合与老庄分半席,又疑郊岛是前身。王侯臭腐诗无恙,一任人嘲骨相贫。

(《截江网》甲集卷六)

送吴郎中赴阙

万里青云发轫初,汉廷吹老几吹嘘。身为天下无双士,手校人间未见书。宣室受厘思贾谊,甘泉视草要相如。郎曹不是留公处,拭目金銮有诏除。

(《截江网》乙集卷六)

寿诗寿叶倅武子

雨后溪山绝点尘,万家灯火祝司辰。异哉砾石流金际,见此光风霁月人。当日忠言裨府主,三家阴德在州民。议郎博士犹多阙,只恐催归诏

---

① 李更、陈新校证《分门纂类唐宋时贤千家诗选校证》,第505页。

② 《全宋诗》卷三〇〇九、《全宋文》卷七四二〇均误称清叟兄荣叟号意一,号意一者实为清叟,参见〔宋〕陈景沂撰,方健校证《全芳备祖·茶》,郑州:中州古籍出版社,2015年,第579—580页。

墨新。

　　过江人物萃樵川,往往龙翔与凤掀。在昔大庭推贾谊,至今太学说何
蕃。但看半刺来侯国,绝胜三书守相门。尚有平生经济蕴,不应袖手便
忘言。

(《截江网》庚集卷五)

律诗寿黄丞母

　　千挺琅玕绕画墙,安舆奉母学潘郎。榆疆绚彩明南极,萱草先春秀北
堂。云帔缓拖苍玉带,蓝袍稳捧紫霞觞。阿戎从此登台省,上国荣封姓
字香。

(《截江网》庚集卷六)

　　按:《赠写神潘肖岩》署"刘后村",《送吴郎中赴阙》《律诗寿黄丞母》署"刘克
庄",《寿诗寿叶倅武子》署"刘潜夫"。刘克庄,字潜夫,号后村,莆田(今属福建)
人,有《后村居士大全集》二百卷。刘克庄诗,《全宋诗》册五八卷三〇三三至三
〇八一据本集及《后村千家诗》《诗人玉屑》《全芳备祖》等编为四十九卷。

24. 刘子寰(1首)

寿诗庆赵帅

　　参横斗转五更寒,春入黄堂酒盏宽。幕客更赓千岁颂,家人争荐五
辛盘。

　　明年今日寿君王,身在红云紫极傍。禁钥未开先得漏,朝班不动首
称觞。

(《截江网》辛集卷一)

　　按:以上未署作者。《全宋诗》册五九卷三〇八六页三六八一四收刘子寰
《寿赵守》,与本组诗其一相同,略有异文,"更赓"作"更赛","争荐"作"羊荐",
出影印《诗渊》册六页四六五一。则知第二首亦为刘子寰诗,当补。第一首异
文应据《截江网》改。刘子寰,字圻父,建阳(今福建建瓯)人,有《篁嵊集》,已
佚。刘子寰诗,《全宋诗》册五九卷三〇八六据《全芳备祖》《诗渊》等编为一卷。

25. 厉寺正(3首)

劝农即事二首

　　弄晴天气到青原,一树苍官独守关。岩石嶙峋自奇怪,溪流清驶更潺
湲。山房藏帙休夸李,字刻丰碑且说颜。正似冷泉亭上看,凭栏忘倦欲
忘还。

　　谩整双旌出劝耕,斯行端不为春行。知时好雨秧针秀,破暖轻风麦浪

生。犬卧浓阴无旧警，燕寻故垒有新声。尔来气候占多吉，但愿丰登庆治平。

阅武喜晴

乞得龙天三日晴，貔貅增气晓笳鸣。旌旗影上光风艳，金鼓声中号令明。田里熙熙鸿雁集，江淮处处燧烟清。莫嫌积潦妨戎事，端的天河洗甲兵。

（《截江网》己集卷六）

按：以上署"厉寺正"。厉寺正，姓名不详，《全宋诗》册六〇卷三一六五据《截江网》录诗十二首。

26. 方岳(3 首)

擘蟹四言

明月满江，秋风满航。菰菜初叶，芦花半霜。公子玉质金相，惠而好我，挽予醉乡。嚼雪两螯，漱露一筋。是以亦足，我乐未央，悲秋则那敢，问鸣榔。

（《截江网》乙集卷三）

白鹿书堂

山晚无从识晦翁，枌榆同社有遗风。少年山长盟犹在，终欲分予一亩宫。

（《截江网》丙集卷六）

送别郑司理

戍楼云带角声寒，肯裹青衫对鹖冠。我辈人今多寂寞，世间事亦转艰难。相思寄驿梅堪折，共喜逾淮橘尚酸。曾识秋崖蓑笠否，过家烦一问平安。

（《截江网》己集卷六）

按：以上署"方巨山"。方岳，字巨山，号秋崖，祁门（今属安徽）人，有《秋崖先生小稿》。方岳诗，《全宋诗》册六一卷三一九〇至三二二五据《秋崖先生小稿》《秋崖集》与《后村千家诗》《全芳备祖》等编为三十六卷。

27. 常挺(6 首)

律诗贺冯兄生子

自昔中元宰辅生，今逾七日产真英。若非瑞应庚星梦，便是祥开昴宿精。头玉硗硗知异相，掌珠得得后诸兄。他年勋业堪先卜，继取马凉天下名。

律诗贺人生孙

某兹审鲤庭著瑞,熊梦呈祥。益增祖德之隆,茂衍孙枝之庆。某叨居邻里,喜倍等伦。谨撰小诗,敬申贺臆。仰祈电盼,无任冰竞。

活人阴骘著朱门,德茂根深叶自繁。月地早培丹桂子,云阶新毓一兰孙。硗硗头角惊凡目,衮衮公侯继此言。好事从今重叠见,秋风又化北溟鲲。

(以上《截江网》丁集卷二)

律诗寿幕官

胸蟠万卷笔如椽,崧岳何时产大贤。五应莘宾当忧月,三余冀英正尧天。丹枝早折蟾宫桂,绿水行依幕府莲。廊庙大才难小用,出扶宗社万斯年。

律诗寿尊长

老成乡里共推贤,八十华堂展寿筵。明日始临天贶节,今朝先出地行仙。蟠桃熟待三千岁,铜狄摩看五百年。一子四孙称寿乐,斑斓彩服戏庭前。

(以上《截江网》辛集卷三)

律诗寿察推

南极星辉翼与箕,照君门左六弧垂。从知嵩岳储神日,正在文殊出世时。泛绿依红姑小试,登金上玉已先期。我今准拟诗千首,留取年年上玉卮。

(《截江网》辛集卷四)

古风寿妇人有五子

太元夫人降勾曲,此际生辰庆贤淑。四德俱全世所无,姓名已在长生箓。芬芳五子皆芝兰,称觞戏舞衣斑斓。且看连枝折丹桂,一门盛事追燕山。

(《截江网》辛集卷五)

按:以上署"东轩"。常挺,字方叔,号东轩,连江(今属福建)人。常挺诗,《全宋诗》册六三卷三三〇四据《新编事文类聚翰墨全书》《蔡氏九儒书》《宋诗纪事补遗》录四首。《截江网》署"东轩"者凡七见,除以上六首外,尚有辛集卷三《律诗先生贺东道》。《宋诗纪事补遗》卷六九据《截江网》将此诗收入常挺名下,故其余署"东轩"者,亦暂归常挺名下。

28.叶梦鼎(1首)

送徐殿院回乡

人言去国钓时名,公去那胜爱国情。骢马固知多侧目,台乌宁忍噤无声。强随祖道攀疏广,犹望中朝驻汲生。归访武夷春未晚,卷舒半看白云轻。

(《截江网》乙集卷六)

按:此诗署"叶梦鼎"。叶梦鼎,字镇之,宁海(今属浙江)人。叶梦鼎诗,《全宋诗》册六五卷三四三三据《翰苑新书》《(弘治)抚州府志》等录六首。

29. 阮秀实(3首)

长篇寿林仓使

尧律正仲夏,楚节前三日。岩岩衡岳开,隐隐寿星出。此时瞻虎节,正尔系麟绂。使华暂持斧,家学凤簪笔。谅从此初度,即可复旧物。片言祝公寿,天命在勤恤。方今民瘝深,未见国脉实。奈何州县间,操切用一律。人心苟不固,何以固王室。吾君自成康,吾相亦召毕。桑土急绸缪,薪寝莫安佚。劳还有神告,此义当第一。帝业等山河,公归作周匹。

古风寿运使

蕤宾之月南讹平,纯坤初六万物成。天生贤者载厚德,不特光大仍含弘。少年闻道接诸老,山立扬休贯华皓。郎潜数月即翩然,清庙无人识周宝。雍容两绾竹使符,便合归侍承明庐。江东湖南再持节,无乃四牡长驰驱。离骚草木香未歇,况有文清旧车辙。湘民稽首七十年,重见魏谟有风烈。令行庭户入湖山,澄清九郡谈笑间。老郎不作近名计,但欲田里皆相安。今夕何夕佳气葱,使星正在寿星中。功名富贵君自有,祝公寿过文清公。

古风寿林史君

重午又八日,使君庆生申。时光正流畅,物态俱精神。宝篆昼日永,朱弦南风薰。绮罗竞华丽,珠玉争清新。一祝使君贵,门拥十朱轮。一祝使君寿,年逾八千春。使君乃谦谢,斯民方苦辛。宽刑洗仇叹,发粟苏饥贫。适遇地天泰,变化云雷屯。民间倘获饱,席上斯为珍。生朝一瓣香,持以归高真。

(以上《截江网》辛集卷三)

按:以上署"梅峰"。阮秀实,号梅峰,兴化军(今福建莆田)人,其诗《全宋诗》册六六卷三四七六据《随隐漫录》录二首。

30. 谢枋得(2首)

赠画士刘信可四绝(其三、其四)

刮目相期子墨卿,六年重见艺尤精。玄圭乞我知何用,聊向人间纪姓名。

因君重忆梅斋老，宿草经春几许深。斗酒只鸡它日恨，临风于邑泪沾襟。

（《截江网》甲集卷六）

按：这组诗共四首，未署作者姓名。《全宋诗》册六六卷三四七七页四一四〇二收谢枋得《赠画士刘信可二首》，出《叠山集》卷一，与这组诗前两首完全相同，故可据补后两首。谢枋得，字君直，弋阳（今属江西）人，有《叠山集》。谢枋得诗，《全宋诗》册六六卷三四七七至三四八〇据本集及《诗林广记》《隐居通议》等编为四卷。

31. 李轼（1首）

赠画士三绝（其一）

蒙面空山辞帝诏，图形杰阁美臣功。他年穷达都难料，谩付如今一幅中。

（《截江网》甲集卷六）

按：这组诗共三首，未署作者姓名。《全宋诗》册七二卷三七五七页四五三零五收李轼《赠写神者》，出《新编事文类聚翰墨大全》壬集，与这组诗后两首几乎完全相同，故可据补第一首。第二首《全宋诗》作"丁宁骨骼从渠湾"，不合格律，当从《截江网》改为"丁宁骨骼从渠瘦"。李轼诗，《全宋诗》册七二卷三七五七据《新编事文类聚翰墨大全》《宋诗纪事》录三首。

32. 翁溪园（1首）

风云庆会歌寿刘袁州

十二月初五日

某恭审某官玉燕储祥，绫麟纪旦。矧华封祝圣，适当节启于天基；而嵩岳降神，兹喜佑生于贤佐。相望恰周于一月，嘉逢实应于千龄。穹礴赞休，里闾称庆。某久窃龙门之庇，倍深燕厦之私。揆成风云庆会之歌，仰祝冈阜无穷之算。自惭芜语，难联千轴之章；阻侍贺樽，第跂三台之望。冰怀凛惧，电瞩为荣。

闰逢岁子修陬寅，五冀献瑞韶华新。瑶光贯月枢绕电，会稽龙邸生圣人。上天佑之锡贤佐，嵩岳是岁重生申。昂星钟灵耀芒芴，平山孕秀高嶙峋。嘉平之月日方五，祥开集凤云缤之。造物于此有深意，生朝相望惟三旬。年年天基方启节，贺樽移寿公生辰。不我先兮不我后，千龄庆会真君臣。伟哉贤侯器业远，堂堂绿鬓纤朝绅。箕裘云庄声愈大，源派紫阳流未

泯。文章织成锦绣段，问学磨出金玉纯　　春风一团聚和气，秋天万里横精
神。桃李余阴在古刿，入簜鸳鹭飞云津。　　离珠藏府斡心计，坐使梯航来浙
闽。才名赫赫播中外，广堂问计争咨询。　　督幕屈公望莲府，晃旒重遣皇华
駉。大羊腥膻污河洛，烽火警夜狼烟晨。　　草青狡兔守巢穴，枣红哨马嘶风
尘。运筹帷幄倚公重，笑语坐分丞相茵。　　胸中十万富甲兵，千里决胜皇威
信。胡维胆落闻草里，议欲称藩未贡珍。　　捷书日报奏旋凯，锋车夜到催移
轮。主人东归被衮绣，公还玉笋班紫宸。　　报功方进丞大匠，锐意省告娱双
亲。九重徇请姑外试，特畀能轼临宜春。　　东湖风俗扑且愿，活乎行挈登台
民。葵瓜催熟办竹马，稚耋翘首龚黄循。　　锦衣暂还彩衣戏，山堂绿对双灵
椿。万石尊君喜开颜，佩符相映两玉麟。　　一门百笏夸盛事，鹓雏挺挺皆珉
珣。新来恰长三珠树，公侯积庆歌诜诜。　　翠玉名园敞青在，德星相聚荀与
陈。满堂称觞作公寿，眉春酒似宜春醇。　　梅花坡下跨苍鹿，逍遥鹤氅华阳
巾。只应神仙在平地，阆苑蓬莱都未真。　　日边侧耳传好语，坐席未暖颁丝
纶。风云庆会本不偶，自此契合攀龙鳞。　　汉高燕绾亦同岁，宜其佐举鸿毛
秦。生辰有赐侈鞍马，国朝旧典行重遵。　　再拜作歌颂公寿，明年又颂西
湖滨。

（《截江网》庚集卷五）

按：此诗署"翁溪园"。翁溪园诗，《全宋诗》册七二卷三七八一据《宋诗纪
事补遗》引《截江网》录七首。

（二）可据《截江网》校补、校改文字

1. 原诗源自《截江网》

《全宋诗》编纂时仅能见到国图藏元代后印本《截江网》，该本字迹漫漶，许
多文字难以辨识。静嘉堂藏本《截江网》为早印本，文字清晰，故可据静嘉堂本
校补、校改《全宋诗》中由国图本字迹不清而导致的错误。此外，《全宋诗》有给
转引诗作另拟新题的情况，今可见原出处，亦应校改。

（1）《全宋诗》册五九卷三〇八六页三六八〇七收刘子寰《贺郑枢齐》，出元
《新编通用启札截江网》卷四。

按：核静嘉堂藏本《截江网》庚集卷四，此诗题作"贺郑枢密"，可据改。

（2）《全宋诗》册五〇卷二六七六页三一四五五收赵孟僖《庆侍郎》，出元
《新编通用启札截江网》卷四，其二末句作"子孙显达福累□"。

按：核静嘉堂藏本《截江网》庚集卷四，其二末句作"子孙显达福累累"，可
据补。

（3）《全宋诗》册六四卷三三五〇页四〇〇四一收周应合《庆南楼居士》，出宋①《新编通用启札截江网》卷六，其一末句作"袖里新诗再办□"。

按：核静嘉堂藏本《截江网》庚集卷六，其一末句作"袖里新诗再办千"，可据补。

（4）《全宋诗》册七二页卷三七八一四五六三五收萧仲才《送县宰赴召》，出《宋诗纪事补遗》卷八八引《截江网》。

按：此诗见《截江网》已集卷六，题为《百姓送知县美任》，《宋诗纪事补遗》同，《全宋诗》另拟新题，故诗题应改为《百姓送知县美任》。又，萧仲才无小传，考《（嘉靖）江西通志》卷二六，可据补：萧仲才为泰和（今属江西）人，嘉泰元年（一二〇一）吉州解试中举。

（5）《全宋诗》册五五卷二八七〇页三四二六七收阮文卿《寿赵仙尉》，出清郑杰《闽诗录》丙集卷一二引《截江网》，其中一句作"扫除膻秽□神京"。

按：此诗见《截江网》辛集卷四，对应句作"扫除膻秽复神京"，可据补。

2. 原诗出自他书

（1）《全宋诗》册五九卷三〇八六页三六八一四收刘子寰《寿张仓》，出影印《诗渊》册六页四五八一，末句作"紫诏催□人秉钧"。

按：此诗见《截江网》辛集卷一，末句作"紫诏催班入秉钧"，可据补。

（2）《全宋诗》册五七卷三〇〇七页三五八一六收陈郁《寿史相》，出影印《诗渊》册六页四五〇九，颔联出句作"勋业已追□伊佐"。

按：此诗见《截江网》辛集卷一，颔联出句作"勋业已追伊尹任"，可据改。

（3）《全宋诗》册四七卷二五四九页二九五六〇收楼钥《寿戴君》，出影印《诗渊》册六页四五七五，首句作"人日过，四日中"。

按：此诗见《截江网》辛集卷一，首句作"人日方过四日中"，可据改。

（4）《全宋诗》册五九卷三一〇一页三七〇二〇收刘克逊《寿泉使》，出影印《诗渊》册六页四五八二，末句作"愿公难老过□期"。

按：此诗见《截江网》辛集卷一，末句作"愿公难老过期颐"，可据改。

（5）《全宋诗》册四八页三〇〇一五收辛弃疾《寿赵守》，出影印《诗渊》册六页四五六一，尾联出句作"且共剪圭旧约"，注云"此句原夺一字"。

按：此诗见《截江网》辛集卷三，尾联出句作"且与剪圭偿旧约"，可据改。

---

①　原文如此，《全宋诗》注出处时，对《截江网》时代认定不一。

(三)《全宋诗》未收诗人之诗作

1. 南溪(1首)

赠画梅者

西湖无人逃禅死,冷药寒梢今有几。是谁招此冰雪魂,眼中新有子张子。南枝北枝春未回,一枝如何特地开。天公也不知消息,为问花从底处来。

(《截江网》甲集卷六)

按:此诗署"南溪",南溪生平不详。《新编事文类聚翰墨全书》壬集卷八亦有诗署"南溪",不见于《全宋诗》。《翰墨全书》与《截江网》渊源较深,此二南溪或为一人,故录《翰墨全书》中南溪诗备考。

赠墨工彭云翼

旧传坡法有潘衡,今见专门说老彭。点染云涛烦兔颖,发挥精彩谢陶泓。春蛇秋蚓君何笑,蛋眶银钩我自惊。寄语交游当亟聘,毋令索价重连城。

赠刻图书曹童

手出方圆样样奇,也应专技不缘师。卞和若进荆山玉,急着芒鞋见李斯。

寸木能将百样镌,子从何处得心传。自惭朴野无人问,谩聘文房觑简师。

2. 何待制(3首)

赠医道刘浩然

起死丹砂九转红,道家医药不言功。黄庭内景身参透,也识他人肺腑中。

(《截江网》甲集卷六)

送灵寿杖与二叔

弊宗前辈零落,惟七叔、八叔二老人如鲁灵光岿然独存,逾六十稳步如飞。拟诘朝趁此霜明侍嵩山之行,各献灵寿杖,小诗偕遣。

当年汉殿扶丞相孔光也,今日嵩山伴老人。试问两枝灵寿杖,到头荣辱为谁观。

(《截江网》乙集卷四)

送二管赴秋试

二管笔力春初回,芽蘖蓊蔚根毵毿。见根知花花欲开,更着雨露滋栽培。大管肤腴饱兼该,小管深眇工剪裁。壁梭昨夜惊风雷,束书惭忙趁秋槐。联翩高飞万人见,云间双雕同一箭。

(《截江网》乙集卷六)

按:以上署"何待制"。何待制生平不详,疑为何琬。《送灵寿杖与二叔》言曾与二叔登嵩山,则应为北宋人。又有诗《送二管赴秋试》。《方舆胜览》卷三〇载:"皇朝管师复自号白云先生。又弟师常齐名,号'二管'。"[1]管师复,龙泉(今属浙江)人,陈襄门人,《全宋诗》册一四卷八四一页九七五四录其诗、句各一首。何琬亦为处州龙泉人,仁宗皇祐五年(1053)进士,徽宗崇宁二年(1103)除龙图阁直学士,《全宋诗》册一一卷六一八页七三四五录其诗一首。何琬虽无曾官待制的记载,但其与二管同乡,时代亦相近,又曾为龙图阁直学士,或为直学士之前曾官待制。因证据不足,姑且存疑。

3. 程正同(2首)

赠棋士兼易卜

棋逢敌手难藏幸,卦欲知人要识机。二者虽然非共贯,一心若定自同归。王春昔日韩陵谏,幼度当年别墅围。设使刘君居左右,必能相与话几微。

一枰蛮触心持胜,八卦蓍龟智不劳。顾我亡庸盲术数,喜君有得异朋曹。人情相卜忘言妙,世事如棋不着高。役已灵人多事在,请看庄子善藏刀。

(以上《截江网》甲集卷六)

按:以上署"程正同",生平不详。据宋华岳《翠微南征录》卷六《西爽》题注知其为小湖(今属福建省南平市建阳区)人,与华岳有交游。此人并诗《宋诗纪事补遗》卷八五已据《截江网》收录,然《全宋诗》失收。

4. 百兰(1首)

古凤父子相继入国学并迁居

乃翁学成事高尚,国子先生不能强。十年家山味道腴,颇闻首善生尘埃。勋华继出公论明,乃翁挟册游宸京。凤无凡毛底速肖,阿毂又作惊人鸣。来从荐书未可意,戏从乃翁谩游艺。青钱万选不浪言,穿杨直似樗蒲

---

① 〔宋〕祝穆撰,〔宋〕祝洙增订,施和金点校《方舆胜览》,北京:中华书局,2003年,第540页。

耳。向来六馆一何蕃,只今薤盐当家餐。须知许事最难处,两世国士青云间。归来家人竞罗拜,燕雀欢腾惊湫隘。岂无厦屋托帡幪,定国门间欠高大。乃翁颔头挥梓人,大宋细楠俱横陈。规模状伟出胸次,翚飞万龙森鳞鳞。却从闲关着健笔,挽取勋名互奇特。丹青画作父子图,带袍靴笏衬横乌。此时卜筑相掩映,真成屋好人亦称。

(《截江网》丁集卷八)

按:此诗署"百兰",姓名不详。

5. 松坡(1首)

律诗贺人母受庆恩

重闱庆事寿齐天,锡类恩颁遍幅员。为喜新年高九十,肯辞荣路远三千。百年甘旨星霜久,五色丝纶雨露鲜。更祝慈龄似西母,共看海水变桑田。

(《截江网》丁集卷八)

按:此诗署"松坡",姓名不详。宋代号松坡者甚多,如盛世忠有《松坡摘稿》,京镗晚号松坡居士,难以断定此松坡为何人。

6. 陈奏院(2首)

和(江万里《劝农》)

年来兵饷瘠吾农,年丰亦歉几曾丰。量沙不给千艘运,无药堪医万户穷。胜似刻能围夜雨,秧含针欲点春风。调亭玉烛脱和气,造化全归方寸中。

麦毯桑枝尉藉农,天留贤守作时丰。心为十雨五风兆,春到千山万水穷。家有办香如畏垒,人安本业即齿风。清标不但今难继,父老推求千载中。

(《截江网》己集卷六)

按:此诗署"陈奏院",姓名不详。此诗所和之《劝农》为江万里所作,则约与江万里同时。

7. 铃阁(1首)

律诗庆太守

灯火烘春一夜前,乾坤为国间生贤。虎符今日二千石,凤历当时五百年。富贵欲留尘外事,光阴无尽洞中天。已开学士登瀛路,尚有功名未了缘。

(《截江网》庚集卷五)

按:此诗署"铃阁",生平不详,或为"铃冈"之误。

8.刘迈(1首)

律诗寿太尉

独秉戎符扈帝庭,玉关柝静昼长扃。名驰西域无双将,位应东藩第四星。军幄深沉藏豹略,酒尊间①暖照蛇形。金莲认得巢龟客,岁岁飘香祝寿龄。

(《截江网》庚集卷五)

按:此诗署"刘迈",生平不详。

8.柘山(1首)

寿诗寿刘直阁四十九

风暄日丽百花晴,还是长庚初度辰。养浩堂中增气象,盘湖椿桂长精神。已知福寿绵千载,要觅勋名压万人。来岁恰当年五十,此身富贵又重新。

(《截江网》辛集卷一)

按:此诗署"柘山"。柘山姓名不详。此诗又见《千家诗选》后集卷四②,署刘招山,即刘仙伦。则"柘"或为"招"之误。

9.陈濬(2首)

律诗贺刘总卿

东风未放百花开,和气先钟命世才。君遣星郎作星使,天教元日作元台。客随柏叶杯中醉,人向桃花洞里来。道骨仙风自难老,行看云气近蓬莱。

恰是三阳交泰时,博炉香杂瑞烟飞。人间首占元正节,天上分平婺女辉。寿酒每随椒酒献,绣衣行换衮衣归。传闻已有灵台奏,星使南来近紫薇。

(《截江网》辛集卷一)

按:以上署"陈濬"。陈濬生平不详。《至顺镇江志》卷一八有陈浚,景祐元年登进士第。《(弘治)八闽通志》卷四七有淳祐某年特奏名陈濬,卷五〇有熙宁六年进士陈濬,未知孰是。考虑到《截江网》中作者的时空分布,淳祐特奏名

---

① 原文如此。
② 传为:刘克庄编集,李更、陈新校证《分门纂类唐宋时贤千家诗选校证》,第690页。

陈濬可能性较大。

10. 兰塾(1首)

律诗寿留守

恰则炎威到一旬,当年神岳降生申。文章韩柳堪为辈,政事龚黄可比伦。暂屈北门司锁钥,即归西掖掌丝纶,长生自有神仙诀,何必区区颂大椿。

(《截江网》辛集卷三)

按:此诗署"兰塾",兰塾姓名不详。此诗又见《千家诗选》后集卷四①,署"戴石屏",影印《诗渊》册六亦作"宋戴石屏"。兰塾或为戴复古之别称,或另有其人,待考。

11. 鹭洲(3首)

访法会上人

白莲社里多相识,今日欣逢白足师。出语不闻蔬笋气,谈禅常带葛藤辞。踏翻庾岭凭双脚,把断曹溪贬两眉。喝里杖头多转语,个中消息只师知。

浮生偷得一朝闲,曳杖来登灵鹫山。翠竹黄花俱般若,铁牛水牯总清闲。拨灰弄火当思话,拔楔抽钉要透关。我若君民事都了,与师诗酒恣回还。

送方师远游

愧坐幽窗冷似水,忽闻剥啄水云僧。盖头要觅三间屋,入手聊携九节藤。假合此身非我有,远游是处记吾曾。若为更索儒家句,儒道中庸不可能。

(《截江网》癸集卷一)

按:以上署"鹭洲",鹭洲姓名不详。

12. 刘仙伦(12首)

古风寿总卿

岁钥昨夜换,春意来无边。九关夜半开,杂佩鸣玉朝群仙。霓裳羽仗不知数,鸾凤飞舞何翩翩。一仙骑鹤下金阙,知是此日生真贤。春风作和气,银海光烂然。颙昂圭璋姿满腹,精神全殊科异等。身自取亨涂,要路

---

①　李更、陈新《分门纂类唐宋时贤千家诗选校证》,第695页。

早着鞭。向来剖符作辅郡，次翁治行人皆传。入为望郎应列宿，含香屡到君王前。乘轺将漕江之西，遗爱今尚留民编。诏归领袖宰相属，分画机务劳周旋。定国作廷尉，见谓民不冤。董饷来秦淮，舳舻相接连。边城喜卧鼓，塞月明娟娟。向来古战场，桑柘生寒烟。四方馈不入私家，举以养士人称廉。垂弧况复在元朔，九衢箫鼓先喧磌。华灯照夜举春酒，西官果熟荐豆笾。已闻凤诏从天下，持橐定自跻甘泉。广闻八荒作寿域，万类一一归陶甄。河阳桃李已生意，共沾雨露齐椿年。

古风寿李帅

麟经书正甫三日，将星夜照细柳营。营中嘈嘈闻好语，知是豪杰为时生。向来乃翁勇盖代，一剑自可当长城。元勋大书在竹帛，宜亦有子如西平。公今崇诗仍阅礼，胸中自有十万兵。分屯建邺在玉帐，江淮草木知威名。皇家玉帛交万国，时清不勒燕然铭。平戎有策不获用，相叹髀肉今皆生。君王鼓鼙冬冬听，伫看芝检生王庭。自合卫宸极，筑坛授钺专玉征。千秋殿岩辅明主，貂蝉两鬓长青青。

律诗寿太师

节近中和隔两辰，相门今复庆生申。致君事业光前烈，举世安危系此身。明主一心资仲父，凌烟千古见勋臣。南园自有神仙窟，剩种蟠桃莫计春。

律诗寿赵守

中和节候景舒迟，端的东皇着意时。未放浮花兼浪蕊，先生玉叶与金枝。十年出守龙门化，千里维城虎节持。能救饥民三十万，良哉不负上心知。

（以上《截江网》辛集卷一）

律诗寿彭簿

燕集兰亭又一旬，寿筵开处集簪绅。函关道上看聃叟，南极官中见老人。县古官清多暇日，花明柳暗恰深春。寿觞莫惜厌厌醉，回施恩波与邑民。

古风寿韩勉叔

四月朔日天朦胧，高堂诞生一世雄。昌黎先生乃其宗，平生大节孝与忠。五车文字罗心胸，双手更挽两石弓。胶西海道多奇功，誓与此水俱朝东。十年西土从雍公，葛强意与山简同。向来屡入明光宫，天颜为喜春生容。赐金增秩恩逾丰，许以擢用眷益隆。袖中有策堪平戎，他年要铭鼎与钟。晦勇于怯如昏聋，世上儿子谁知公。公如千古涧底松，肯与桃李争春风。古来仁者寿无穷，公心可与天地通。

律诗寿陈榷

夏气清和玉烛调,熏弦风奏入虞韶。十分卿月临清夜,百里郎星降紫霄。驯雉暂劳师帅职,飞凫行觐圣明朝。侍杯何以为公寿,千岁灵龟七叶貂。

（以上《截江网》辛集卷二）

律诗寿张中书

箕英秋风动一英,紫垣占象泰阶明。夜来天上中元会,今日人间宰辅生。周室衮衣须大手,南朝琼简着佳名。赤松曾授长生诀,永矢忠嘉佐太平。

古风寿饶广文

金神按节初秋天,天开圣代多生贤。益公生日正中元,莱公生日中元前。天与吾皇扶社稷,过了中元才十日,又生夫子来人间。踵接两公相继出,江西文物说临川。鸿儒巨公相后先。年来人物最鼎盛,先生高揖魁星躔。先生有道继周孔,先生有名过贾马。紫薇青琐平步间,小屈冷官到茨野。昴星入梦岳降神,牛耳斯文来现身。好风飘爽动秀明,自注:楼名。荷香暗度秋凉新。小儒旦书望山斗,无物以为先生寿。寿星台星两相辉,文衡愿作钧衡手。

（以上《截江网》辛集卷三）

律诗寿陈宗丞

二九佳期处处逢,颍川当此独占熊。融成骨气秋无俗,降作精神岳有功。喜席正随朱席上,寿杯长与菊杯同。更看莆水台躔动,不独襄阳有秀公。自注:陈秀公同日生。

古风代寿徐渊子

良月甫告朔,文星焕英躔。上天佑皇家,生此间世贤。胸蟠万卷书,落笔生云烟。汉科早得隽,青云恣腾掀。宰邑继山谷,诗寄白鸥边。承流剖竹符,示罚施蒲鞭。南宫为望郎,含香佩兰荃。晓班立玉陛,夜直随金莲。精忠可贯日,谠论能回天。一朝谏用兵,违时去翩翩。却以挥翰手,孤骞载书船。史有直臣传,家无买山钱。云生海漫漫,雨过竹涓涓。天风吹绣衣,忽堕崆峒前。平反狱无囚,圜扉草芊芊。郁孤唤东坡,细和八境篇。行看紫泥诏,持橐归甘泉。登庸正辅弼,绿发冠貂蝉。块北播洪钧,万物归陶甄。摩挲大椿树,春秋八千年。

古风代寿韩平原

良月八日夜未央,清都绛阙鸾凤翔。上天眷佑知有在,王门复见生真王。巍巍忠献勋盖世,手扶二帝开明堂。皇家历数赖长远,七书钟鼎明煌煌。惟王克振祖风烈,身长玉立如珪璋。忠肝义胆本世济,高文大笔龙豹

章。早岁赖王作霖雨,巨川赖王作舟航。器重万牛挽不前,奋然王以独力
扛。向来一语安社稷,惠此中国绥四方。两宫欢洽百度举,人心既乐天降
康。九穗之祥见丰谷,九茎之秀呈斋房。四郊无警边卧鼓,恩威罩及氐与
羌。分茅列土庆方衍,貂蝉百世应相望。黄河如带山若砥,福禄与国俱无
疆。西国蟠桃秀三熟,治世寿域开八荒。醉翁草茅亦生意,共沾雨露同
芬芳。

(以上《截江网》辛集卷四)

按:刘仙伦,一名儗,字叔儗,号招山,庐陵(今江西吉安)人,《全宋诗》失
收。《〈全宋诗〉补正》项目已据《宋百家诗存》补收。《截江网》中刘仙伦诗共 18
首,其中乙集卷四《送钟馗与秦先之》、庚集卷五《碧瑶洞天歌代寿赵守》(二首)、
辛集卷三《律诗寿赵太守》、辛集卷四《律诗寿赵守》《律诗寿游祭院》6 首已补,这里
不重复列出。

13. 无名氏(203 首)

《截江网》佚诗中,无署名诗共 203 首,根据前述《截江网》收录诗作作者情
况,这些无名氏诗极可能均为宋诗。限于篇幅,本文仅录诗题和首句①。

甲集卷五 1 首:《谢人惠笔》(书窗一见眼能明)。

甲集卷六 17 首:《赠琴师兼医三绝(三首)》(弹琴至乐皆由己、多诵方书胜
诵经、嫉邪愤世气常粗)、《赠写神人绝句》(丹青老手妙通神)、《题草虫图》(穷
年风寒楚江渚)、《戊辰题寄颜》(嵚崎骨相不堪贫)、《戊寅又题》(身在形骸
外)②、《赠医士》(子业非三世)、《赠医者潘南运》(骑省风流桃李春)、《谢散郎谈
命》(末技分千门)、《赠说命江生》(倾盖相逢语笑新)、《赠星命方宣教》(自笑中
年以数奇)、《赠天台罗星翁》(星翁妙谈天)、《赠谈命吴可父》(坡老贻诗谢晋
臣)、《赠术士(二首)》(驾垣勋局四个字、要说清官莫说贫)、《赠星命横笛山人》
(横笛山人颠复狂)。

甲集卷八 1 首:《谢郑文载惠竹鹤篆二刻》(名山韬至宝)。

乙集卷三 1 首:《送笋干与人》(篝龙就脯谁能忍)。

乙集卷四 6 首:《送古剑与人》(东越老翁新发硎)、《谢惠毛竹杖》(不惜仙
山碧玉枝)、《谢梅福山道人惠鹤膝竹杖》(野客穿林剪翠筠)、《谢人送笔十枝》
(铁砚心虽壮)、《三物赠金陵安老》(钵盂古衲及蒲团)、《咏猿》(生长梗楠紫翠
间)。

乙集卷六 17 首:《迎姚签招安补寇回》(开元宰相有贤孙)、《迎诸军出成

---

① 为简明计,"诗体＋诗题"格式的诗题除个别不常见者外,不再保留诗体部分。

② 此诗《翰墨全书》壬集卷七列于王迈诗后,署"前人"。《截江网》此诗后有《跋尾》一则,作者自
言戊辰(宁宗嘉定元年)四十六岁,则不应为王迈。

回》(三百貔貅出戍归)、《迎赵太守起复》(三千士庶对章上)、《送友人渡海》(相聚几相别)、《送友人往白鹿书院》(一笑挑包便欲东)、《送二杨赴秋试》(快踏槐黄过赣江)、《送友人赴省》(少日宾兴并献贤)、《送友人赴省》(粉梅驿畔数枝寒)、《送提举江古心》(一自公来白鹭洲)、《送提举叶西涧(二首)》[①](贤哉仓使守螺川、泉深西涧来泓澄)、《送提举叶西涧》(多少邦君镇吾郡)、《送判官之任》(小雨留连梅子黄)、《送李帅参赴成都》(锦里繁雄冠四川)、《送黄教授(二首)》(泮水文风振、侍教迟诸子)、《送主簿赴赣任》(郁孤千古势崔嵬)。

丙集卷二 8 首:《贺新婚》(春归有约在江梅)、《贺新婚》(霜铺梅粉斗鲜妍)、《贺新婚》(梅梢点点作春媒)、《贺友人新婚并迁居》(朦胧瑞气匝庭闱)、《贺人再婚》(怪他暖气盎春天)、《贺人新婚》(堂前佳妇与佳儿)、《贺同庚友人新娶》(晓来搔首披衣起)、《贺人新婚》(水沉烟袅烛摇红)。

丙集卷六 17 首:《题独秀峰》(不学修眉与翠屏)、《游凤山》(白衣来谒白衣仙)、《题彭家店》(新笋成竿苗刺针)、《游西宫》(一片闲云覆石坛)、《揖翠亭》(小山遥拱众山亲)、《环翠亭》(高尚方图养遁颜)、《东斋》(颇爱墙东一亩宽)、《耕读亭》(日照西山牛出栏)、《题经训堂》(太平万世为谁开)、《题爱莲亭》(一川云锦露才干)、《题臞斋》(满面春风满腹书)、《题郁孤台》(郁孤台上醉双眸)、《题退庵》(拄杖拗折)、《坡头检校春色》(试上坡头检校春)、《花朝可眺亭口号》(一径交横总是花)、《花朝携酒遗蜕亭》(鸥夷载酒赴花盟)、《绿净亭观月》(望舒推月落清池)。

丁集卷二 8 首:《贺人生子》(腊前瑞雪穿庭树)、《古意贺人生子》(小春时节天垂幕)、《贺生子》(天上斗建巳)、《贺友人生子》(方解征鞍悼远行)、《撷句贺人双生》(天上碧桃双结子)、《贺人生孙》(欣逢盛世喜来新)、《贺黄倅生孙》(武夷钟秀产英贤)、《贺人生甥》(飞舄华宗一散仙)。

丁集卷八 34 首:《贺人发举》(古人年才十六七)、《贺人发举姓蒋》(一诏兴贤下綍纶)、《贺人发举》(簪缨流派齿兰溪)、《贺余日卿发举》(捷书一阅喜津津)、《贺人中漕举》(梓里欢声匝地来)、《送赴省》(英声藉藉早横飞)、《送赴省》(高卧文山二十秋)、《送赴省》(江空岁华晚)、《送人赴上庠》(东风吹绿赴征衣)、《送人赴上庠》(山川孕秀到延州)、《送人赴上庠》(作赋家声压士流)、《送人赴上庠》(送君鼓箧试贤关)、《送人赴上庠》(不随学子赴春官)、《送人赴上庠》(圆桥亿万选英贤)、《送人赴上庠》(索笑梅花问去程)、《送人赴上庠》(竹马追随老弟兄)、《贺升上舍》(文篆乡评擅二难)、《贺朱履常升上舍》(如椽彩笔妙通神)、《送人归郴杨赴举》(郴杨螺浦两天涯)、《送人入白鹿书院》(一笑挑包便

---

① 诗末注云"时召为司业"。按,叶梦鼎号西涧,考《宋史》本传,叶梦鼎由江西提举常平兼知吉州召为国子司业当在淳祐十一年至宝祐元年(1251—1253)间。

欲东)、《贺中上庠其家世医》(公家种德在肘后)、《四谢行》(潇洒东山谢安石)、《贺人以武换文》(先生投鞭欲青东)、《贺刘氏登第》(河间秀孕尚书质)、《贺作状元》(今闻喧腾宇宙间)、《贺作状元》(翰墨尘生三十春)、《贺作状元》(霹雳雷轰二月春)、《贺状元榜眼同乡》(遍阅登科记上名)、《贺恩科状元》(万乘君王御集英)、《贺重试及第》(一枝丹桂两回春)、《贺人及第》(蔼闻声誉播乡关)、《贺人及第(二首)》(大厦元来须异材、江波冉冉碧于天)、《贺兄弟登科》(去年鹗表君魁荐)。

庚集卷四 7 首:《柏梁篇寿周益公,指黄庭内景经语》(三元中气是中元)、《庆真侍郎》(天寿斯文脉)、《寿卫舍人》(前年奉公觞)、《寿林正言》(柄山岹峣柱倚天)、《寿苏监丞》(凤历新开叶半千)、《寿制干曹侍郎》(新春霜霁开梅蕊)、《寿李制置》(苍龙左角为天田)。

庚集卷五 11 首:《寿刘宪使(二首)》(金箓家学接东平、三峨争睹瑞光新)、《寿张仓使》(天遣英贤侍玉皇)、《寿陈仓使》(使星昨夜现南方)、《寿婺州赵守(三首)》(秋溢银潢万宇清、平生富贵有谁哉、简淡详明政有声)、《寿王尉》(子乔驾鹤久登天)、《寿陈尉》(东君付与十分春)、《寿诚斋先生》(桂花摇香白银阙)、《贺周贺州主管华山云台观以此为寿》(妙年早是分符竹)。

庚集卷六 1 首:《寿长老》(年年此日喜重重)。

辛集卷一 15 首:《庆枢使五十》(崧岳重生甫及春)、《寿侍郎八十》(自古人言七十稀)、《庆一百岁》(晚景一官天下有)、《寿朱侍郎》(彩胜相随柏叶铭)、《寿同知》(孟陬之月书王春)、《寿侍郎》(整顿乾坤得巨臣)、《寿吴守(二首)》(广寒宫殿五云边、贵专五马羡人生)、《寿老人》(四叶冀留孟月春)、《寿泉守》(初春只欠两辰全)、《寿宜人》(人道花朝二月天)、《律诗》(八叶冀开对日华)、《寿友人》(二月莺花二六辰)、《寿老诸》(锦溪年年花为城)、《寿巨济》(昨日花朝正艳阳)。

辛集卷二 9 首:《寿何子应》(重三节后逾八辰)、《寿刘我》(刘郎身到桃源来)、《寿董簿(二首)》(江上清和四月天、尧砌初开两荚蓂)、《贺友人陈守》(天佑皇家岳降申)、《长篇寿太守》(岂不见汉于公)、《寿郑府教》(前身人道是东华)、《贺林贡元》(圆顶双胡碧眼人)、《寿□守》(上界群仙集会辰)。

辛集卷三 21 首:《寿太守》(长庚昴宿耀天关)、《寿通判》(星火方中月下弦)、《寿丘漕》(天遣浮丘侍玉皇)、《庆王漕》(秀气萃临川)、《寿丞相》(皇朝诞节纪坤成)、《寿黄御史》(更迟十日早秋来)、《寿察推》(当年周分五星联)、《寿女人(二首)》(蓬岛瑶池别有天、倒指新秋七日前)、《庆张仓使(二首)》(三光五岳异灵钟、五日秋来景象幽)、《古风》(西风剪剪月沉钩)、《寿袁提举》(人物中兴第一流)、《长生风月歌寿丞相》(年年秋风生桂枝)、《寿周益公》(莱公楼阁无处起)、《寿宰公》(刚认熊罴梦未真)、《寿刘舍人》(去年今辰居禁城)、《庆傅宪

（四首）》（凉秋涉仲琯、行行避骢马、皇皇遣周使、金风力乍劲）。

　　辛集卷四 8 首：《寿刘守》（琅玕披腹扣天阍）、《寿十八兄》（佳梦曾占鹫在庭）、《寿屏山刘枢孙》（气转小春才十日）、《甥庆妗婆》（当年飞下蕊宫仙）、《庆提刑》（小阳春动严风冽）、《寿友人》（青女嫦娥作下元）、《寿官员》（风吹仙梦到江南）、《寿丞相子》（阳回嶰管叶周正）。

　　辛集卷五 12 首：《贺王宪（五首）》（隆冬徙季月、公才应时出、孤卿棘位峻、皇皇遣周使、腊寒渐舒柳）、《寿太师》（南有壶山压七闽）、《庆赵丞（五首）》（亭亭如盖色清幽、色苍貌古似龙形、杖头轻卷匪凡文、九宫八卦体俱全、随行随坐老人边）、《竹梅行寿万竹庄罗先生》（先生屋上万竿竹）。

　　辛集卷六 2 首：《双麟歌寿龙图》（玉皇殿上双麒麟）、《蓬莱行寿高龙学》（东方云海光溟蒙）。

　　癸集卷一 6 首：《吊芙蓉院医僧》（前生本净名）、《绝句》（炼得身形似鹤形）、《道人欲陪堂上寺主》（礼塔幸留衣钵余）、《别西庵一老》（儒家淡泊不易崒）、《怀瑛上人》（意匠经营笔有神）、《壁上画弥勒生芝状如弥勒题诗打碎》（芝菌本是无情物）。

　　癸集卷三 1 首：《挽李道士》（偃月仙翁羽化初）。

宦游与小集：日藏明刊孤本
袁中道《新安集》考论*

邢云龙**

【内容提要】 日本国立公文书馆藏明刊孤本《新安集》，是目前所知袁中道唯一存世的小集，自江户时代辗转流藏于红叶山文库后，鲜为外界知悉。通过寻绎该书编纂体例及内容，可觇其与《珂雪斋前集》《珂雪斋集选》关联紧密，其中保存的多篇佚文具有重要的学术价值。览考《新安集》还可获晓，袁中道赴任、履职徽州府期间，宦游倘佯山水胜概、题赠酬唱活动频繁，不仅积极融入地方生活和社交网络，促进公安派在后期仍跨区域扩散而保持容纳和更新；而且其晚年文化心态与审美旨趣趋于内省改观，表现在理论批评与文学创作方面亦躬行履践。

【关键词】 《新安集》 小集 袁中道 公安派 "一官一集"

袁中道(1570—1626)，字冲修、小修，号上生居士、凫隐居士等。万历四十四年(1616)进士，翌年，授徽州府教授。与其伯兄宗道、仲兄宏道并称"公安三袁"，反对复古模拟，标举"性灵"独创，公安派成为万历以来沾溉深远的文学流派。尤其在袁宏道逝世之后，袁中道成为弘扬公安派诗学、修正末流疏失的旗帜性人物①。袁中道一生著述颇多②，早年即已刻印《南游稿》《小修诗》《渔阳集》《筼筜集》等小集，可惜后皆散佚不存。任职徽州府教授期间，他着手编订个人著述，此后相继锓梓两种全集(《珂雪斋前集》《珂雪斋集选》)；《新安集》大抵也是编印于这一期间，而日藏《新安集》的发现填补了其著述刊行流传过程

---

　* 本文为国家社会科学基金重大项目"日韩所藏中国古逸文献整理与研究"(项目号 20&ZD273)阶段性成果。

　** 本文作者为南京大学文学院中国古代文学专业 2020 级博士研究生。

　① ［日］入矢义高《公安から竟陵へ：袁小修を中心として》，《东方学报》(第 25 册)，1954 年，第305—330 页。

　② 有关袁中道著述情况，参见［日］入矢义高《公安三袁著作表》(《支那学》十卷一期，弘文堂书房，1940 年，第 167—168 页)、吴武雄《公安派及其著述考》(东海大学 1981 年硕士学位论文)、戴红贤《袁中道早期诗集〈南游稿〉〈小修诗〉考论》(《武汉大学学报(人文科学版)》2010 年第 5 期，第582—588 页)。

中缺失的一环。

20 世纪 80 年代末，钱伯城先生据《珂雪斋近集》《珂雪斋前集》《珂雪斋集选》《珂雪斋外集》(《游居柿录》)等①，编辑点校合成《珂雪斋集》，为研究袁中道生平、思想及公安派文学提供了一定的便利。然而该整理本并未利用《新安集》，殊为缺憾。此后，黄仁生先生在访学日本期间注意到《新安集》并撰写提要②，近来研究者大多由此引录③。由于此前国内学界较难获见《新安集》全貌，相关研究者也未重视，其价值没有得到充分发掘。鉴于此，笔者拟对《新安集》版本、成书及编排情况详作考辨，将其置于袁中道著作刊行的时间脉络之中，揭示该集承载的地域属性以及折射的历史语境，并对其学术价值稍作探析，以求教于海内博雅方家。

一　袁中道存世唯一小集：《新安集》版本及其载录情况

笔者寓目之《新安集》，不分卷，共二册，日本国立公文书馆藏④，索书号"集039－0001"。封面一书签墨笔题书名"新安集""乾"，稍下偏左记"共二册"；封面二书签墨笔题"新安集""坤"。"坤"字册较"乾"字册略厚。

全书无序言、跋语、目录、牌记。书体 27.2 厘米×16.0 厘米，版框 21.5 厘米×13.3 厘米。正文字体为万历以后通行之瘦长型匠体字。每半叶九行，行十八字，有界栏。注文小字双行，版心白口，上黑鱼尾，四周单边。版心最上方镌书名"新安集"三字，鱼尾稍下方题卷数，多数仅题"卷之□"。"乾"字册前 26 叶版心书口有叶次，收录诗歌，共 97 首；后 23 叶版心书口无叶次，收录序、记，共 10 篇。"坤"字册版心书口皆无叶次，共计 71 叶，收录序、祭文、记、考、程策、行状、墓志铭等，共 17 篇。正文除诗歌之外，二册版心书口下方最底端（偏左或偏右）多以小字题有每篇叶次计数，如《灵岩记》依次题"灵一""灵二"，《采石度岁记》依次题"石一""石二"。

"乾"字册首叶第一行顶格题"新安集"，第二行、第三行均低九格题署"公安凫隐袁中道著/门人如晦程明哲校"，首叶版心底端偏右镌"黄应义刻"四字。以上关于校者、刻工的题署，蕴含了与袁中道密切相关的学术信息，现逐一探

---

①　〔明〕袁中道著，钱伯城点校《珂雪斋集》，上海：上海古籍出版社，1989 年，第 15—17 页。

②　黄仁生《日本现藏稀见元明文集考证与提要》，长沙：岳麓书社，2004 年，第 350—351 页。

③　参见傅璇琮主编《中国古代诗文名著提要·明清卷》(石家庄：河北教育出版社，2009 年，第 163 页)、《续修四库全书总目提要》编纂委员会《续修四库全书总目提要》集部(上海：上海古籍出版社，2014 年，第 106 页)。国立公文书馆所藏《新安集》已影印辑入《域外汉籍珍本文库》第五辑集部第 24 册(重庆：西南师范大学出版社、北京：人民出版社，2011 年)。

④　日本国立公文书馆网址：https://www.digital.archives.go.jp，提供阅读之便，谨致谢忱！2024 年 3 月 1 日。

考并揭示如下：

（一）关于校者"门人如晦程明哲"

程明哲（1584—1645），字如晦，歙县（今安徽黄山）人，撰有《考工记纂注》二卷，成书于万历四十一年（1613），《四库全书总目》卷二十三著录。① 其弟程明善（1590—1656，字若水，号挹玄道人）曾偶然发现《大唐开元占经》明钞本，"因布施装金而得此书于古佛腹中"②，程明哲于万历戊午（1618）作《大唐开元占经跋》叙述原委，使得这一重要文献得以在明末之后重现光辉，有学者推证"程氏兄弟为普通士人，各有著述，且居于徽州，不仅富于藏书、抄书，可能还刻过书籍"③。上海图书馆藏有康熙十二年刊本《槐塘程氏（显承堂）重续宗谱》（存卷首、卷一、四至二十，索书号 911074—79）④，其中记录程氏兄弟家世渊源和生平行实，《宗谱》称明哲"博学多才，新辨辞给，所著诗文，脍炙人口"，惜其诗文今已不存。

万历四十六年（1618），袁中道在新安梓行《珂雪斋前集》二十四卷，该集各卷卷首叶多署校订者姓名，也有部分卷首叶空阙。笔者检视《珂雪斋前集》全部卷帙，其中卷十四首叶第二行、第三行均低九格题署"公安凫隐袁中道著/门人如晦程明哲校"。⑤ 由此可见，袁中道履任徽州府教授期间，程明哲作为门人而多次襄助校订文集，二人之师生关系可见一斑。

两人关系之密切，袁中道诗文中亦有揭示。袁中道在新安曾应程明哲之邀，与门生、友人登临霞山，作有《秋日同程彦之、程如晦、汪惟修往游霞山》一诗⑥。有关此次游赏出行活动，其日记《游居柿录》卷十三中亦有详细记录："程如晦邀游霞山，至南门以舟往。登岸，步过紫阳山，听鱼梁水声甚厉，望之如积雪，上沸可里许。至紫阳桥，甚整丽，左右不用栏，俱以石砌，精工坚密，非新安物力不能有也。又里许为霞山，以山色似霞，故名。"⑦袁中道赋诗歌咏并纪录其事，应邀与好友游览徽州附近山川胜概，所见所闻令人目不暇接、惊叹不已，故而盛赞道"新安千古胜"。歙县程明哲作为袁中道此时的"门人"，正表明了

① 〔清〕永瑢等撰《四库全书总目》卷二三，北京：中华书局，1965 年，第 184 页。

② 〔明〕程明善《〈大唐开元占经〉跋》，〔唐〕瞿昙悉达《大唐开元占经》，国家图书馆藏明钞本。

③ 赵益、刘仁《〈开元占经〉版本谱系考》，《古典文献研究》第十九辑上卷，南京：凤凰出版社，2016 年，第 224 页。

④ 此谱已电子化线上公开，参见上海图书馆藏家谱网站来源：https://jiapu.library.sh.cn/#/jiapu;STJP002439，2024 年 3 月 1 日。

⑤ 〔明〕袁中道《珂雪斋前集》，沈乃文主编《明别集丛刊》第四辑第 75 册，合肥：黄山书社，2015 年，第 349 页。

⑥ 〔明〕袁中道著，钱伯城点校《珂雪斋集》，第 410 页。

⑦ 同上书，第 1412 页。

公安派后期跨区域扩散而带来的容纳与更新。在新安梓刻的《珂雪斋前集》《珂雪斋集选》，每卷卷首皆列校者，其中多为友人或门生等，可供佐证。

（二）关于刻工"黄应义"

明中叶以来，徽州地区以盛产徽墨、歙砚和木材而饮誉禹域，刻书事业异常发达，新安与金陵、吴兴并称"剞劂之精者，不下宋版"①。当地一些民营出版活动世代赓续，其中尤以虬川黄氏刻工最为著名，有"徽刻之精在于黄"的美誉。

黄应义（1593—?），字季迪，黄鋑四子，歙县虬村人，虬川黄氏第二十六世刻工。万历三十九年（1611），歙令刘伸刻唐顺之撰、姚文蔚编《右编补》十卷，黄应义即主要刻工之一。而黄应义的刻书事业②，延续至天启年间仍在进行，天启四年（1624），戴东旻纂修的《（天启）歙县志》三十六卷正是由其参与镌刻。

袁中道任职期间与刻工黄应义有过多次交集，而这一时期袁中道也着手董理旧作以待锓梓。万历四十六年（1618），在梓刻《珂雪斋前集》之前，袁中道曾向友人刘玄度感叹："念天下奇绝之工，毋如新安，偶有阙即投牒求之。"③重阳节后终于付梓刻成，遂称"《珂雪斋近集》（按："近"似为"前"之误，指《珂雪斋前集》）已刻成，凡二十四卷，刻工颇精"④，其中"刻工颇精"，称扬的就是黄应义超绝的雕镌技艺。笔者查考得知，现存《珂雪斋前集》卷之一、卷之二和卷之三的首叶版心叶次稍下偏右处，正镌有"黄应义刻"四字。此外，结合比勘《新安集》和《珂雪斋前集》相关卷帙的基本形态，二者除纸张颜色略有不同之外，其余版式、形制和字体等颇为相似。

值得一提的是，袁中道曾在市面上睹见一些托名仲兄袁宏道的赝书，于是筹划为之重新编印文集，又考虑到"先是家有刻不精，吴刻精而不备"，故而"予校新安，始取家集，字栉句比"⑤。万历四十七年（1619），在新安最终印成《袁中郎先生全集》二十三卷。该全集（2函共13册）今仅庋存于北京大学图书馆（典藏号：SB/810.6/4333），卷首版心下书口即镌有"新安黄应义刻"，王重民称赞其"剞劂极精"⑥。综上，以黄应义为代表的新安刻工，为袁氏兄弟（尤其是袁中

---

① 〔明〕谢肇淛《五杂组》，上海：上海书店出版社，2001年，第266页。

② 关于黄应义的刻书活动，参看瞿冕良编著《中国古籍版刻辞典》（苏州：苏州大学出版社，2009年，第776页）、李国庆编《明代刊工姓名全录》（上海：上海古籍出版社，2014年，第244页）、徐学林编《徽州刻书史长编（第八卷）》（合肥：安徽教育出版社，2014年，第3945页）。

③ 〔明〕袁中道著，钱伯城点校《珂雪斋集》，第496页。

④ 同上书，第1413页。

⑤ 袁中道《袁中郎先生全集序》，〔明〕袁宏道著，钱伯城笺校《袁宏道集笺校》，上海：上海古籍出版社，2008年，第1711页。

⑥ 王重民《中国善本书提要》，上海：上海古籍出版社，1983年，第656页。

道)文集及其公安派文学的传播作出了一定贡献。

有关《新安集》的载录情况,笔者检读袁中道现存所有著述内容,并未寻获到相关确切信息,遍查国内各大图书馆及馆藏书目、相关数据库等,未见此书踪影;而明清时期公私藏书目录也皆未著录,罕有流传,可见在国内散佚已久。至于《新安集》何时以及藉由何种途径流入日本,尚难确考,但现存馆藏地鉴定《新安集》"簿册情报"为:"著者:袁中道〔明〕;数量:2册;书志事项:刊本,明;旧藏者:红叶山文库。"①《内阁文库汉籍分类目录》记载:"《新安集》,明袁中道,明刊,枫(红叶山文库)。"②循此线索稽考得知,江户幕府元治元年(1864)开始编纂的《元治增补御书籍目录》集部"别集类"记载:"《新安集》,无卷数,二册。"③东北大学狩野文库藏《御文库目录》"明历三丁酉年(1657)"购书簿中也记载"《新安集》二本"④,二者相沿记录的应即国立公文书馆所藏之本。笔者目之所及,相关书目对此亦有所著录,山根幸夫编目整理日藏明人文集,所著《增订日本现存明人文集目录》记载:"《新安集》不分卷,2册,明刊。"⑤20世纪末及新世纪以来,严绍璗先生对日藏汉籍进行全方位普查,《日藏汉籍善本书录》著录:"《新安集》不分卷,〔明〕袁中道撰,明刊本,共二册,内阁文库藏本,原枫山官库等旧藏。"⑥此外,《中国古籍总目》"集部"亦记录:"《新安集》不分卷,明袁中道撰,明刻本,日本内阁。"⑦综合推知,江户前期,《新安集》由中土辗转流藏于日本红叶山文库。⑧该本极有可能是天壤间孤本,洵足珍贵。

①　"红叶山文库"(红叶山の御文库)又称"枫山官库",其前身为"富士见亭文库",由日本德川幕府大将军德川家康于庆长二年(1597)创建。宽永十六年(1639),迁至江户城红叶山麓,故名。该文库在明治年间历经大学、太史局等机构管辖,此后汇集各官厅之旧藏,蔚为可观。明治十八年(1885),废太政官而创内阁制度,文库也改称为"内阁文库"。昭和四十六年(1971),日本"国立公文书馆"建立,"内阁文库"被纳入成为其部门之一。参见[日]福井保《红叶山文库:江户幕府の参考图书馆》(乡学舍,1980年)。

②　[日]内阁文库编《内阁文库汉籍分类目录》,东京:内阁文库,1956年,第365页。

③　参见[日]小川武彦、金井康彦编《德川幕府藏书目》第3卷(ゆまに書房1985年影印版,第390页)、[日]住吉朋彦《〈元治增补御书籍目录〉翻印と解题(上)》(《斯道文库论集》第五十六辑,2022年,第278页)。

④　[日]大庭脩《東北大學狩野文庫架藏の御文庫目録》,《关西大学东西学术研究所纪要》第3辑,1970年,第79页。

⑤　[日]山根幸夫编《增订日本现存明人文集目录》,东京:东京女子大学东洋史研究室,1973年,第5页。

⑥　严绍璗《日藏汉籍善本书录》,北京:中华书局,2007年,第1779页。

⑦　《中国古籍总目》编纂委员会编《中国古籍总目》集部,北京:中华书局,2012年,第902页。

⑧　江户前期,德川家族与中国仍保持贸易往来,并且以搜购、庋藏中国古籍著称。《新安集》极有可能是通过书籍贸易东传至日本。

二　编纂成书蠡测：《新安集》和《珂雪斋前集》《珂雪斋集选》之关联

　　如前所言，《新安集》不分卷，二册篇幅体量不大；而正文除诗歌外，每篇文章并未"行行相连"，均以新的半叶重新椠刻，且部分卷叶较为漫漶。这种情况或表明，《新安集》作为成书时间较短而编纂结集的小集，其性质很可能带有初印"试刻"的特征。一方面，用以局部定向或特定指向的流通（赠予友朋）①，有利于作者文名的传播与扩大；另一方面，其目的或许是出于适时补充全集以保存完整性，抑或是仅加以整理而留待将来续编文集以供参考。因此，小集往往遗存了作家某一时期和某一阶段所创作的诗文原始面貌②，具有较高的学术价值。

　　由于《新安集》没有内封牌记，也没有序跋或题识文字等确切信息，故其刊刻时间未能确考。但是，通过考察刻工黄应义的刻书活动年代以及校者程明哲的生活行实，大致可以推定《新安集》的刊刻年代是万历末期或稍后。另外在上述情况下，依据古籍版本鉴定的常规方法，我们还可以从文本内部出发，并结合比照袁中道相关著作刊行实例而进行间接之推断。

　　《新安集》"乾"字册末四叶载录有一篇完整的《珂雪斋前集自序》，该序尾并未题记所撰时间，而《珂雪斋前集》载袁中道《自序》末题记所云："万历戊午五月午日，凫隐居士袁中道书于新安郡校之卧雪斋。"③据此至少可以推知，《新安集》应当是晚行于《珂雪斋前集》，即至早是在万历戊午（1618）之后。又据袁中道《〈珂雪斋集选〉序》记录：

> 予诗文若干卷，外集若干卷，刻于新安。后官太学博士，携之而北。及改南仪曹，遂留京师。已付友人汪惟修南归舟中，不意行至河西务，偶有火变，板遂毁。……天启二年重九日，凫隐袁中道撰。④

由序末题记可知，《珂雪斋集选》应当刊行于天启二年（1622），而此前刻于新安的"诗文若干卷"，实际指的是刻于万历戊午的《珂雪斋前集》二十四卷。不料"偶遇火变"，竟致《珂雪斋前集》书版毁坏，相关著述内容有所散佚，故而好友

---

① 袁中道致友人书信中，如《答董思白太史》"拙诗一册、旧刻二种请教"（《珂雪斋前集》卷二二）、《答夏道甫》"拙诗一册"（《珂雪斋前集》卷二三）、《答王章甫》"新刻诗二卷，附寄览"（《珂雪斋前集》卷二三）等，是为佐证。

② 蒋寅先生较早指出"小集是文学史和作家研究最重要的材料之一""小集保留了作品的原始身份"，参见蒋寅《略谈清人别集的文献价值》，《清史研究》2010 年第 3 期，第 132—137 页。

③ 〔明〕袁中道著，钱伯城点校《珂雪斋集》，第 1413 页。

④ 〔明〕袁中道《珂雪斋集选》，上海图书馆藏明天启二年（1622）刊本，卷首。

汪惟修等人重新帮忙并鋟刻了"予（袁中道）所选诗若干卷"的《珂雪斋集选》。在此之前，《新安集》或已印行面世。

虽然《新安集》并未署明确刊刻时间，但所收内容与《珂雪斋前集》《珂雪斋集选》关联密切，其创作时间范围亦基本固定。因此，关于《新安集》的编纂成书情况，或可由此寻绎相关线索。为便于梳理和比较，现将《新安集》所收诗歌篇目胪列如次：

> 《将赴新安任，出都门》《雄县道中》《过郾州城》《白沟河》《德州张民部钟石署中，同马远之分韵。予曾访旧友刘元定饮此》《马郡伯北海招饮泛舟》《马郡伯遗予墨竹》《趵突泉，兼呈大中丞李梦白、直指毕东郊二先生四首》《千佛寺（寺前正对华不注）》《灵岩》《登岱宗（十首）》《登岱还，東州守侯佩之》《文宇王孙园同少府龚我醒、司理吕豫石见所贞白隔岁预作上元之宴，即席赋》《题会稽女子诗后（三首）》《峄山（二首）》《邮亭见亡友白尔亭壁间诗感赋》《全椒道中》《香泉》《采石》《采石阻风》《姑熟溪》《雨泊采石（二首）》《除日采石阻风，兼柬曹元甫》《采石岁暮即事（二首）》《戊午元日采石舟中试笔，时值大雪》《雪中登峨眉亭》《雪中读夏濮山先生诗有作》《峨眉亭怀曹元甫》《雪霁放舟东下（二首）》《上元日李大中丞顺衡席上听新声赋赠》《扬州早发》《广陵重会吴季美，值其五旬初度，赋此赠之》《送方子公儿子思纯》《芜湖早发入新安》《由芜湖入新安道上杂韵（四首）》《初至新安，李谛星招饮泛舟，同王孝廉稗吕、程茂才孔达》《潘景升招饮山寺，即席赋》《王稗吕招饮泛舟河西，同谛星》《汪侨孙园中看桃花，同郝公琰、谢禹仲》《闻王稗吕携二妙游如意诸寺，赋寄》《首夏买舟邀夏濮山明府泛河西，并游太平寺，雨中有述》《梧桐洞小饮》《落石，赴丁贞白招，同丁孺三、孔达、惟修》《同张令君芝亭社兄泛舟话旧》《齐云》《饮丁孺三碧霄楼，同程试可》《郑村访秦京兄（二首）》《汪长驭师挚园》《步至王将军园》《初度，同秦京及诸公泛舟二首》《夏令君元配胡孺人挽章四首》《绩溪道上》《夏日同汤祭酒霍林、同年詹翀南、潘景升、孙晋仲兄弟游敬亭山》《詹日至、刘旭招饮澄江亭，即席赋（二首）》《赴句曲送校士》《游三茅山》《毕东郊见召郊园，有述（二首）》《秋日同程彦之、程如晦、汪惟修往游霞山》《邀王先民、彦之宝相寺食斋有述》《同先民、彦之宝相寺食斋，便往聂仙墓》《宛陵哭林兵宪樗朋先生》《黄山（四首）》《同诸公至曹元甫郊园》《游水西寺》《寿虞大椿翁七十》。

细检以上所列篇目，可知所录序次与《珂雪斋前集》《珂雪斋集选》一致，这与袁中道在编定文集时所严格采用的"分体按年"方法息息相关。《珂雪斋前集》卷八所收诗歌，截止为万历四十六年所作的《送方子公儿子思纯》；而《珂雪斋集选》卷七在此基础上有所删润增订，其中增添诗歌部分正是万历四十六年及之后的作品，《新安集》收录的绝大部分诗歌也保存在《珂雪斋集选》之中（漏收1首）。然而，《珂雪斋集选》中的《午日汶溪观竞渡，大会松萝社诸君子二律，用真韵》《登齐山》等诗作，均为袁中道万历四十六年在新安所作，但《新安集》并未收录。故综合来看，亦可知《新安集》是在《珂雪斋集选》之前刊行。

综观袁中道《新安集》所录诗歌序次及体例，由此可以大致推定其编纂成书的时间，范围是起于万历四十五年（1617）十月袁中道出都门（北京）赴新安途中游历（如《将赴新任，出都门》《雄县道中》《过郑州城》等），迄于万历四十六年（1618）十月底所作（如《游水西寺》《寿虞大椿翁七十》等）。另外，通过查验并核实，可知《新安集》所收文章也均是在上述期间所作。综上所论，《新安集》刊刻的时间上限应是在万历四十六（1618）年十月之后，时间下限应为天启二年（1622）九月之前①，其卷次尚未编定，最初可能只是作为初印"试刻"印行，故而印本数量极少。

三　刻本风行与"文本流动"：《新安集》之文献价值

一般来说，"文本的流动"（"文本的不稳定性"）较多发生在"写钞本时代"，因为这一时期文本的留存较"刻本时代"更为困难，补笔、删略、改笔、缀合等方式累加挤压源初文本的传播空间，如果不经甄别，很难判断一个文本究竟是原生的还是衍生的②，甚至关乎文本的可信度。③ 迨至宋代以降的"刻本时代"，出版业快速发展并走向成熟，尤其晚明时期印刷业兴盛繁荣，文献保存臻于系统完善。宏观来看，这一时期古典文学文本总体趋至凝定状态。④ 但是，如若放置于微观情况下，"刻本时代"具体的诗文集在刊刻面世之前往往经过修订、刊补、改写等，刊刻之后亦有可能再通过翻刻、递修等进一步重塑，遂使特定的文本"流动性"状态在实际传播过程中始终存在。

通过前文考察，我们大致厘清了袁中道著述刊行的时间脉络：《珂雪斋前集》（刻于1618年重阳节前后）→《新安集》（刻于1618年10月底—1622年9

① 黄仁生先生认为《新安集》"刊行于万历四十七年（1619），且国内散佚已久，普天下仅内阁文库存此孤本"，不知所论何据，兹录待考，参见黄仁生《日本现藏稀见元明文集考证与提要》，第351页。
② 程苏东《写钞本时代异质性文本的发现与研究》，《北京大学学报（哲学社会科学版）》2016年第2期，第148—157页。
③ 关于写钞本时代文本的"稳定性"等相关议题，参看刘跃进《中国早期文献稳定性与可信度的矛盾问题》，《复旦学报（社会科学版）》2016年第1期，第1—4页。
④ 叶晔《明代：古典文学的文本凝定及其意义》，《中国社会科学》2020年第2期，第157—178页。

月之间)→《珂雪斋集选》(刻于 1622 年 9 月前后)①,另外还有此前印行的《珂雪斋近集》(刻于 1615 年－1618 年之间)②。袁中道文集在短短几年之内屡次付梓刊刻,诗文创作的累积增殖、作者主观的删润增饰、校订人员的变换更新、雕版刻工的异同等因素,势必造成若干文字脱漏、增衍、改写和讹误,故而其版本与文本样态一直存在局部改动与塑造,文本内容俨然呈现"流动"变化的状态。《新安集》文本样态较为特殊,然而因多方面因素,竟致这部文集流传不广,殊乏所知。值得注意的是,《新安集》在袁中道著述刊行脉络中充当了过渡连结的一环,与其他文本比勘异同和有无,会发现其背后蕴含的文献价值。

据笔者统计,《新安集》与《珂雪斋前集》重合 52 首诗歌、6 篇文章,《新安集》与《珂雪斋集选》重合 96 首诗歌、23 篇文章。仔细对校并考察重合内容可知,一方面,《新安集》具有一定的校勘价值。《珂雪斋前集》卷八和《珂雪斋集选》卷七皆录有《采石(二首)》,而这两首诗在《新安集》中则题为《采石》《采石阻风》;《珂雪斋前集》卷八、《珂雪斋集选》卷七皆载有《雪中读夏濮山歙浦诗有作》,而这首诗在《新安集》中则题为《雪中读夏濮山先生诗有作》,等等。刊刻于天启二年(1622)的《珂雪斋集选》,虽经袁中道甄选手订,堪称详赡完备之本,但是不难发现作者对此前诗文内容进行了局部整理,而与此相关的痕迹在《新安集》中则有所保留。《珂雪斋前集》卷八、《新安集》均载有《广陵重会吴季美,值其五旬初度,赋此增之》,而这首诗不见于《珂雪斋集选》。且《新安集》与《珂雪斋集选》重合的诗、文,存有不少字词差异以及篇目和序次上的异同,故前者所录之文本样态实际保存了一定初貌。

另一方面,《新安集》具有重要的辑佚价值,该集保存了四篇重要佚文。《新安集》存有两篇题为《郡伯刘公守新安三载报最序》的文章,文末结尾分别署有"六邑征""七学征",这两篇均不见于《珂雪斋前集》,而《珂雪斋集选》只留存了其中的一篇("七学征")。《新安集》还保存《秦京文集序》《吴母汪硕人行状》《慈竹汪公行状》等三篇文章,不见于其他任何刊本,尤其值得关注。其中,《吴母汪硕人行状》是袁中道为新安吴允中之母所撰写的行状,末署"戊午四月初七日,暂厝舡山之原谨状",佐证了《新安集》成书于万历戊午之后;《慈竹汪公行状》是袁中道为歙县汪待政所撰写的行状,有助于我们了解其人其事以及明末新安的士人风尚。《秦京文集序》是袁中道为挚友秦京文集所撰,其内容颇具学术价值,今不惮烦琐,迻录如下并稍作探考:

---

① 今存《珂雪斋集选》至少有两种版本系统,其中一版卷首载有李维桢《珂雪斋集序》,可知其间亦经翻刻或递修。

② 明末书林唐国达刊刻的袁中道《珂雪斋近集》十卷,该本篇幅远远不及《珂雪斋前集》《珂雪斋集选》,且刊刻年月不详,但所收诗文内容系年大抵为万历三十六年(1608)至万历四十三年(1615)。

　　予至新安，客以竿牍至者踵相接，多以病谢。独秦子京至，予倒屣迎之，馆之首蓿斋中①，晤言穷日夜不厌。客曰："诸客至者，公虽不慢之，然亦未常亲之，而独加意京者，何也？"予曰："此吾故人也。当万历庚子，予游长安，晤京于黄平倩太史邸中，其后屡见之于岳石梁、米仲诏席上，已结人外之契，及平倩乞假归，同京游中州诸山，将挟之访予兄弟，而会京以他事去。今年见于新安，相别近二十年矣。取平倩所赠遗诗卷读之，彼此不觉泪下。夫平倩之友即予友也，况京与予素相契合者，予安得不重之。"客曰："如以故言，则客之为故者亦多矣，而独重一京何也？"予曰："为其才也。往平倩语予曰：'后辈如秦京诗，学杜极有法。'予取读之，果然。前同年李元镇出京牍数纸，字法奕奕神令，并出簏上诗数章，绝去模拟之习，甚灵甚活，较前作又大变矣。夫诗文之变前辈也，实海内之才人相与通其穷而共变之者也，非一人之力也。即七子中如元美先生，其后已不能持而变矣，其续集非乎？顾前之当变者，以其板执而浮也。后之人变其浮而得俚易，变其浮而得纤巧，变其浮而得枯寂，皆非善变者也。近日遍读京诗，真所谓本之以性灵，裁之以法律，真可谓善变者，才士也。夫才者，天地之宝藏而一朝之眉目也，敢不重乎？"客曰："如以才言，即不必皆胜京之才而不可□非才也，而独重京又何也？"曰："予为其行也。今有士于此，才者吾重之，不才者吾亦重之，则才者去而不才者争至矣。有才于此，才有行者吾重之，才而无行者吾亦重之，则才而有行者去，而才而无行者争至矣。夫使予与不才者处，不过益予之固陋耳。而与无行者处，且将日远贤士、亲匪人，捐德污名而不自觉，可不谨哉！予向者见京有游侠少年之习，今亦扫地尽矣。静者，隐之体也；清者，隐之骨也；俭者，隐之城也；慎者，隐之卫也。京志祈向于此，而心力足以副之。家居村野，绝迹城市，有田百亩，有园百笏，栽花药叶，教养子孙，他年以隐德享隐福者，非京而谁，此才士之有行者也。夫才之有行，如花卉之有根实也，如波澜之源委也，敢不重乎！"客唯唯称善而退。会京持其生平诗文示予，曰："我两人皆二毛矣！谁相知订吾文者，其为我一言以弁。"予曰："以君之才，固他年《文苑传》中人也；以君之行，又他年《隐逸传》中人也。此自能不朽者，而何藉予言。独予于此梓中郎先生集，并已俚语，皆京苦心点定。予虽不文，义不容辞也。"遂取其与客语者，书之以为序云。②

秦京，事见《广舆记》《（顺治）汝阳县志》《明史》《（嘉庆）大清一统志》《中州人物

---

　　① 按："首蓿"乃刻印之误，应作"苜蓿"。旧时教官清苦，以苜蓿为蔬，因用以形容教官或学馆之生活。
　　② 〔明〕袁中道《新安集》，日本国立公文书馆藏明刊本。以下凡引据于此，不一一出注。

考》等,所载生平事迹各有详略。揆诸可知,秦京,名镐,汝阳人,一说汝南人。性至孝,绝意仕进,肆力于古诗辞,以诗名,与张民表、阮汉闻友善,并以旷达称,时号"天中三君子"。奚囊布袍,历览名胜,年八十二卒,著有《头责斋集》八卷、《鬐园销夏录》四卷。《列朝诗集》《静志居诗话》《千顷堂书目》《传是楼书目》记录秦京著述,可知清时仍有流传,今皆散佚不存。《列朝诗集》《明诗综》《四朝诗》等存其诗十余首,其中以七绝《冬夜见新月》最为知名。

　　事实上,秦京与袁中道交往甚早、渊源有自,万历二十五年(1597)冬至三十年(1602),"公安三袁"在北京城西崇国寺蒲桃园结"蒲桃社",一时参与者尤多,影响甚广。秦京作为其中一员多次参与社集,饮觞赋诗,论学谈禅,袁中道有《午日同钟樊桐、黄慎轩、方子公、秦京、伯修、中郎崇国寺葡萄林分韵得扫字》记录是时社集活动。袁中道还作有《同臧顾渚、谢在杭、秦京避暑天宁寺树下(三首)》《黄慎轩置酒西直门溪上,招秦京、夹山舅两兄弟有述》《元定斋中别秦京诸君子》等诗,可证与秦京交谊匪浅。

　　钱谦益《列朝诗集》记载袁中道曾为秦镐《头责斋诗》作序[1],朱彝尊《静志居诗话》等亦有记载[2],上引《秦京文集序》或即指此。从该序中也可窥见二人的交游原委情况。袁中道有感于与秦京相别近二十年后,观其所作较前又有变化,"绝去模拟之习,甚灵甚活",进而呼吁"诗文之变前辈"是"海内之才人""共变之"责任。又举例指出王世贞"其后已不能持而变矣",后学者亦未能踵继,而仅得"俚易""纤巧""枯寂"之浮象;此次遍读秦京之诗,赞赏其为"善变""有行"的真正才士,并进一步标举"本之以性灵,裁之以法律"的诗学纲领。新安期间,袁中道与秦京"晤言穷日夜不厌",其间还作《郑村访秦京兄(二首)》《初度,同秦京及诸公泛舟(二首)》等,叙旧话今、泛舟游赏,试看《郑村访秦京兄(其二)》诗云:

　　　　十里新篁路,残莺尚可闻。溪回如导我,山转忽逢君。抚景思随会,
　　　　临文忆子云。旧交惟尔在,若为久离群。

"忽"字凸显了作者访遇时的惊喜,此诗以"新篁路""残莺""溪回""山转"等不染俗尘之意象,恰可证明秦京"家居村野,绝迹城市"的幽僻隔世生活环境,而"旧交惟尔在,若为久离群"则是故友相逢不愿离舍的真挚表述。值得注意的是,秦京此时还参与帮助校订《珂雪斋前集》《袁中郎先生全集》,这也证实了袁中道为何"倒屣迎之(秦京)"并有"野鹤在鸡群"之赞叹。

　　总而言之,正因为有《新安集》的存在,才能够对现存袁中道其他著述中

---

　　① 〔明〕钱谦益著,许逸民、林淑敏点校《列朝诗集》"丁集"卷一六,北京:中华书局,2007年,第5943页。

　　② 〔清〕朱彝尊著,黄君坦校点《静志居诗话》卷一八,北京:人民文学出版社,1990年,第548页。

的相关诗文进行尽可能地还原与校勘；集中保存的四篇佚文具有很高的文献价值，为研究袁中道及其交游情况、相关人物事迹提供了文献材料。与全集本的《珂雪斋前集》《珂雪斋集选》相比，若想细致探考袁中道赴任、履职徽州府期间的生活事迹和交游活动等，小集之《新安集》无疑是更加坚实可靠的文献来源。

四　"一官一集"：《新安集》之文学与文化价值

　　根据《新安集》成书、刊行时间以及收录内容的范围，可知该书应是袁中道生前亲自编定印行。黄仁生曾揭示《新安集》"所录诗文皆为其任徽州府学教授时所作"①，应当指的是该书"一官一集"的形式特征。而"所谓'一官一集'，指的是做官的诗人，每做一官就编撰一部作品集，多数是以自编或近乎自编的形式编成的"②，这类结集编纂之模型，实际肇端于南朝梁代王筠"自撰其文章，以一官为一集"③，符合"写钞本时代"背景下文人对作品的实时整理与分帙保存，但彼时社会尚未普及流行。直至宋代（尤其是南宋），文人编撰"一官一集""一地一集"的例子不胜枚举，盖已成为一时风气。④ 此后小集印行相沿不绝，而这皆与刻本时代出版业的兴盛繁荣、技术的持续进步、文人著作权意识的自觉与高涨等不无关联。

　　前文已言，袁中道在新安期间不仅编印了《珂雪斋前集》，还帮仲兄袁宏道厘定重编《袁中郎先生全集》。袁宏道生前即已编印九种小集，其中"一官一集"式的作品集，就有如任吴门县令时所作的《锦帆集》、复仕京兆时所作的《瓶花斋集》、再补仪曹出使所作的《破研斋集》以及官铨部而典试秦中往返时所作的《华嵩游草》等，这些小集流播影响颇为广泛。徽州府教授是袁中道"得中式捷音"后候选所获的第一任官职，曩昔屡困于场屋而"不堪其苦"，此次遂有"始脱经生之债"的"甚快"之感⑤，故而居官之后编印《新安集》或多或少是受了袁宏道的一定影响。袁中道早年结集印行的《南游稿》《小修诗》《渔阳集》《筑笮集》等皆已散佚，且这些文集虽具备小集规模的形制要求，却没有"官职"的"身份加持"。从这一方面来看，融合"政治""地理""文学"等多种因子的《新安集》，本身就具有多种潜在附属的特殊意义。

---

　　① 黄仁生《日本现藏稀见元明文集考证与提要》，第351页。
　　② ［日］浅见洋二著，金程宇、［日］冈田千穗译《距离与想象：中国诗学的唐宋转型》，上海：上海古籍出版社，2013年，第329页。
　　③ 〔唐〕李延寿《南史》卷二二，北京：中华书局，1975年，第611页。
　　④ 祝尚书《宋人别集叙录》，北京：中华书局，1999年，第1317页。
　　⑤ 〔明〕袁中道著，钱伯城点校《珂雪斋集》，第1359页。

《新安集》分体编次井然,内容分为诗、文两个部分,所收诗歌则是按时间顺序排列,所收文章编排顺序则间有错乱。据笔者初步统计,诗歌按题材来分,其中纪行写景诗 55 首、酬赠应答诗 27 首、记事感怀诗 9 首及其他类型 6 首;按体裁来看,其中五言律诗 58 首、五言绝句 5 首、五言排律 8 首,七言律诗 15 首、七言排律 2 首、七绝 8 首、七古 1 首。文章按类大致可分为:序 13 篇、游记 7 篇、祭文 1 篇、考 1 篇、程策 1 篇、行状 2 篇、墓志铭 2 篇。全部内容可划分为前、后两个创作阶段:赴任途中和到任履职期间。前期内容是离京并取道山东所作,该阶段诗歌创作以纪行写景诗居多,文章以游记散文为主,宦游徜徉山水之间,尽情体验"书债已了,世局可结"①;后期内容则是履职徽州府期间及游览周边景观所作,该阶段诗歌创作以酬赠感怀诗居多,文章以应酬赠答类的序和记为主,论学酬唱频繁并主动投入到地方社会生活当中。总体来看,《新安集》"一官一集"之形式与其"地方书写"、交游活动等内容熔于一炉,具有一定的文学与文化价值,其意义体现于以下几个方面。

首先,《新安集》是一部记录晚明地方书写和士人文化记忆的作品集,地方风土和地理文化亦据此可见一斑。万历四十五年(1617)十月,袁中道出京途经雄县、鄚州城、白沟河等,然后取道东国界(山东)停留多日,游览趵突泉、千佛寺、灵岩洞、岱宗(泰山)、绎(峄)山等,以丰富形象的笔触真实地描写了沿途山水名寺胜概(如《千佛寺》《灵岩》《登岱宗(十首)》《峄山(二首)》等),创作了《趵突泉记》《大明湖记》《灵岩记》《游绎山记》《游岱宗记》等散文。到达新安境内抵至全椒,因为"候凭不至"而决定买舟东下,泊采石、入姑熟,创作多首"采石"主题及景观诗歌(《采石》《采石阻风》《雨泊采石(二首)》《除日采石阻风,兼柬曹元甫》《采石岁暮即事(二首)》《戊午元日采石舟中试笔,时值大雪》等),于是"不若一帆走吴越,从越入新安为便"。紧接着,登峨眉亭、至扬州、途经芜湖并准备由此进入新安。这一阶段主要记录呈现了"线性式"自然地理空间场景,通过水、陆交通线路将沿岸地理景观、山水胜概和寄寓其中的真实情感融为一体。到任徽州府后,袁中道感叹"万山攒簇,一水界练,真烟云国也"②,应邀泛舟、赏桃花、游如意诸寺、泛河西,并游太平寺、敬亭山、三茅山、霞山、黄山和水西寺等,又与友人在山寺、梧桐洞、碧霄楼、澄江亭等地饮觞畅谈,以徽州府为辐射中心,地理空间及景观描写呈现相对的集中性。这一阶段主要描写呈现了"点、面结合式"自然和人文组合空间场景,登览徽州山水及周边自然景观,又与当地或流寓徽州的士人交游酬唱,注重展示地方人文生活面貌,倾情融入地方社会并发挥重要作用。纵观中国文人小集的形成和发展史,《新安

---

①　〔明〕袁中道著,钱伯城点校《珂雪斋集》,第 1071 页。

②　同上书,第 1402 页。

集》虽非明代唯一的"一官一集"式著作，某种程度上却是一部典型的集聚了地方知识和文化景观书写的作品集。

其次，从袁中道在中国文学史上的"定位"、晚明文坛及公安派文学发展来看，《新安集》也值得重视，亟须进一步探讨。袁中道居官前后在思想上进退维谷，表现在文化心态与审美旨趣方面则趋于内省改观，在"吏"与"隐"之间徘徊而心境复归于平和淡泊；反映在诗歌创作方面，则转向含蓄深沉、清空凝练。袁中道多年奔波场屋才换得"卑卑一第"，在此之前兄、父相继去世给他心理带来了巨大冲击，"莫怪荣归翻下泪，可怜不逮白头亲"①，因而对于即将赴任徽州府，他实际并未表现得多么积极。"隐逸"主题频繁被提及，"非官非隐亦疑仙"（《戊午元日采石舟中试笔，时值大雪》）、"到处堪为处士家"（《由芜湖入新安道上杂韵（其三）》）、"烟云归散吏"（《初至新安，李谪星招饮泛舟，同王孝廉穉吕、程茂才孔达》）等。其赴任途中所作《芜湖早发入新安》：

> 岂拟长宦耳生轮，劳尾鱼今暂息鳞。冠带场中为隐士，烟岚国里作官人。和云竹叶阴森路，泛水桃花艳冶春。欲觅渔郎何处是，数家鸡犬隔重津。

在履职之前即已构想"冠带场中为隐士，烟岚国里作官人"，这或是明末时势与作者心态之于文学创作中的映射。正式到任之后，袁中道又目睹府学"寥落萧弊"，遂感慨"韵士处此，于逐队拜跪之外，唯有看山听泉，稍可以自娱"（《赠同寅汪练泉司校武陵序》）。《初度，同秦京及诸公泛舟二首》（其二）诗云：

> 我本无公事，那能不泛船。肯将闲日月，孤却秀山川。戏水生能悦，浮家岁合延。君看鼓楫者，偏得唤长年。

"我本无公事"，遂寄情于泛舟畅饮、赠答酬唱，徜徉于秀丽的徽州山川，"微官半隐"成为袁中道这一时期主要生活状态。《新安集》还保存了大量的纪行写景诗（山水诗）和游记散文，但又与其前期的取径理路存有较大不同。此时袁中道在创作手法上，构思精巧、注重炼意；在题材选择上，则往往选取令人耳目一新的意象，整体构造的意境蕴蓄深沉，言有尽而意无穷。袁中道多采用诗和散文组合书写的形式，如创作的《黄山（四首）》及《游黄山记》，拟人化描写黄山，"游人乍见之，有若山灵遣一使以逆客者"，以别具一格的纪行写景手法刻画出黄山峰峦的神奇秀逸，描绘山川亦有"性灵"之美，"新安山水最盛"藉此充分展现。

再次，袁中道在履职徽州府期间，对诗学理论及文学批评思想也有了进一

---

① 〔明〕袁中道著，钱伯城点校《珂雪斋集》，第 357 页。

步的重新审视。《新安集》存有此时所作的《宋元诗序》《秦京文集序》等文章，其中《秦京文集序》更是新见之重要佚文。袁中道在《宋元诗序》中提倡回归传统，调和诗学取法。他一方面称赞唐诗"彼其抒情绘景，以远为近，以离为合，妙在含裹，不在披露"，"其格高，其气浑，其法严"，学习借鉴唐诗的含蓄蕴藉、浑厚深沉；另一方面，有感于"七子派"一味模拟尊唐的弊端，指出宋元诗"即不得与唐争盛，而其精采不可磨灭之处，自当与唐并存于天地之间"，肯定宋元文人"各出手眼，各为机局，以达其意所欲言，终不肯雷同抄袭，拾他人残唾，死前人语下"，客观辩证地看待明中后期诗学史进程中的论争，调和折中并完善公安派诗学理论。在《秦京文集序》中袁中道主要宣扬"本之以性灵，裁之以法律"，"法律"主要是指对诗歌创作理路的调适和修正，早期推行"不拘格套"虽是通向"变"，但一味沉溺就不免流于"率露""俚俗"，故而应始终以"性灵"为本，同时辅之以正确的"法律"，旨在纠正公安派后辈末流的弊病。其《花雪赋引》又认为："是故性情之发，无所不吐，其势必互异而趋俚。趋于理，又将变矣。作者始不得不以法律救性情之穷。"①所谓"以法律救性情之穷"，正与上序中的观点暗合相通。类似的主张，袁中道在新安所作《珂雪斋前集自序》《中郎先生全集序》等文中，屡有倡言。以上所论，正与袁中道晚年文学思想的转捩相呼应。袁中道在此期间不仅有了更为融通的诗学见解，修正完善了"性灵说"诗学体系；对万历中后期文风嬗递也已有较为显豁的审视，而对于公安派文学发展及晚明文坛来说，他的功劳恰在于对此的修正补偏和调适救弊。

最后，正所谓"新安多旅士"，袁中道凭借其在文坛的一定影响力使得"一时僚友多贤者"，在新安期间"客以竿牍至者踵相接"，与地方文士有集中而密切的诗酒生活和论学交流。相关资料记载虽呈现片段式、轮廓性的特征，《新安集》在篇幅上也远不能与《珂雪斋前集》《珂雪斋集选》相较，但总体上对探讨袁中道仕宦经历和交游情况、公安派群体跨区域扩散和交流等方面，仍具有较大价值。《新安集》作品中呈现出来的地方人际关系和社交网络，特别是袁中道与汪惟修、潘之恒、王穉吕、秦京、刘玄度、程明哲、夏濮山、程彦之和曹元甫等人的密切交游和往来，形塑了地方士人阶层的生活世界和社会关系，对于探讨晚明地方文化、士人生活等外部关联性问题也不无裨益。

---

① 〔明〕袁中道著，钱伯城点校《珂雪斋集》，第459页。案：《花雪赋引》载于《珂雪斋近集》《珂雪斋前集》《珂雪斋集选》，而彼此文本内容之间颇有差异。夷考其实，或许正是袁中道居官期间予以增订修改，由此亦可见其晚年文学思想之转捩。

五　结语

《新安集》所收内容是一段时间内的持续累积保存，袁中道通过实时存录并结撰成"一官一集"式的小集形式予以印行，背后承载了较为强烈的身份认知及地域属性特征。自然生态和地理景观拓宽了袁中道晚年的审美视界，徽州人文和地方环境则陶冶了其生活空间并提供了创作素材和知识资源，促进其创作的文学作品更具生命力和感染力。通过探原背后的历史语境，可以发现袁中道这一阶段不仅在创作实绩上有所突破，还在诗学理论及批评方面躬行履践；置身于晚明文坛场域和士人生活世界，则又可以看出袁中道积极融入地方生活和社交网络，促进公安派群体在后期仍跨区域扩散而保持着容纳更新，形成"泛文化圈"并发挥着一定的社会作用。

本文旨在通过考察《新安集》，为研究袁中道及其公安派文学、探考域外所藏明代别集文献资料，提供一个较为独特的学术个案。《新安集》作为目前所知袁中道存世唯一的小集，其价值仍有待进一步抉发，同时也给我们留下了更多思考及前瞻。首先，据笔者初步调查，如袁宗道、江盈科、陶望龄、黄辉等公安派主要成员，皆未有"一官一集"式的小集传世，因此《新安集》尤显珍贵。研究袁中道及其《新安集》，实则还应当结合参考具有编年"日记体"性质的《游居柿录》，细读文本间的呼应关系，寻绎诗文创作的明确系年，最终建构起作者清晰的"文本世界"。其次，相较于现今学界对袁宏道研究较为充分的情况（如钱伯城笺校《袁宏道集笺校》、周群《袁宏道评传》、任访秋《袁宏道年谱》、沈维藩《袁宏道年谱》等），对袁中道的研究则显得相对薄弱，仍留有很大的学术空间，亟待全面系统地对其诗文进行编年整理和注释笺校。最后，值得注意的是，现今海外所藏明代文学与文献极为丰富（尤以日本所藏居多），对此尚需给予更多的关注。近年来，随着域外汉籍研究兴起以及国家层面的重视推毂，各类文献影印汇刊陆续面世。就明代别集文献而言，就有如"域外汉籍珍本文库"编委会编《日藏明人别集珍本丛刊》（西南师范大学出版社 2017 年版）和《域外汉籍珍本文库》系列（目前已影印出版五辑），以及陈广宏、侯荣川编《日本所藏稀见明人别集汇刊（第一辑）》（广西师范大学出版社 2021 年版）、侯荣川编《日本内阁文库藏稀见明人别集汇刊》（广西师范大学出版社 2021 年版）等，其中多属稀见资料，这是一座丰富的"学术矿藏资源"。亟当投入更多精力对书籍流转与人员交流、"东亚汉文化圈""书籍环流"等视域进行深入探赜。综上，小文谨供抛砖引玉，期冀更多学界同仁共同展拓。

　　[附记]笔者在撰写论文过程中，承蒙南京大学文学院金程宇老师的指导，日本广岛大学陈翀老师赐示相关信息，北京外国语大学中文学院周健强老师亦惠赐相关资料；在修改过程中，又蒙匿名审稿专家提供很多宝贵意见，在此一并致以诚挚感谢！严绍璗先生一直从事东亚文化与文学关系研究，调查、探考日本藏汉籍善本，成就卓著。笔者亦屡获严先生所著《日藏汉籍善本书录》的"指引"和帮助，先生已于2022年8月6日遽归道山，谨以此文沉痛悼念、深切缅怀严先生！

版本与贰臣心事：张缙彦诗集的外与内[*]

黄治国^{**}

【内容提要】 明末兵部尚书张缙彦之《菉居诗集》，存世极罕，长期以来被认定为明崇祯刻本，且归入善本之列。通过文献校勘和考辨，发现该集卷首序文经过改易，《菉居诗集》实为清顺治刻本。它的初刻本刻于明清易代之交，入清后，此集经删改而重刊。张缙彦其他诗集的刊刻，也无不体现出作者组织编排的"匠心"。易代之际集部著述写刻过程及其内容变易，极为复杂，对此需要保持文献学角度的省察。

【关键词】 张缙彦 《菉居诗集》 版本 明清易代

明清易代之际是一个风云变幻的时代，这样的时代产生了众多遭际复杂的人物，张缙彦即是其中比较典型的一位。张缙彦（1599—1670），字濂源，号坦公，又号外方子，河南新乡人。他于崇祯四年（1631）中进士，历任陕西清涧、三原知县，后入京为户部主事，累迁翰林院编修、兵科都给事中。崇祯十六年，在明王朝大厦将倾的关头，居乡守制未满而予以超擢，用为兵部尚书，委之总领戎务的大任，仅过一月而明亡。甲申变后，农民军撤出北京，张缙彦从押解随军的途中逃脱，潜返家乡，集众起事与农民军相抗。后联络福王，得授原官，总督河北、河南、山西三省军务。几乎与此同时，他又纳款清军，但逡巡未降，率众割据于六安州商麻山中，经营诸寨。至顺治三年（1646），江南大定之后，乃降清。

入清后，邸居京师数年，与王铎、刘正宗、薛所蕴等贰臣过从甚密，诗酒唱和，时人有"海内四名公"之称，在顺治初年的京城文坛地位尊崇^①。顺治十年，起用为山东右布政使，寻改浙江左布政使，十五年，擢工部右侍郎。十七年，南

---

* 本文系河南兴文化工程文化研究专项项目"《中州诗征》整理与研究"（项目号 2023XWH280）、信阳师范大学"南湖学者奖励计划"青年项目的阶段性成果。

** 本文作者为信阳师范大学文学院讲师。

① 参见张缙彦《燕笺诗集》卷首王士禛七古《读坦翁先生〈燕笺〉，短歌纪之》，《清代诗文集汇编》第 12 册，上海：上海古籍出版社，2010 年，第 627 页。另外，时人对其诗文评价甚高。张缙彦《域外集》首篇《唐人诗略序》下有姚其章评语云："先生诗文并为一代宗匠。"见张缙彦著，李兴盛校点《宁古塔山水记·域外集》，哈尔滨：黑龙江人民出版社，1984 年，第 36 页。

北党争中的北党党魁刘正宗被劾,张缙彦亦以刊刻《无声戏》二集,自称"不死英雄""煽祸人心"之罪,遭褫职,流徙宁古塔。在戍所,张缙彦与朋辈登山临水、畅游塞外,作《宁古塔山水记》,多记山川名胜与物产风俗,是黑龙江第一部山水专志。他还与流人姚其章、钱威、吴兆骞、钱虞仲、钱方叔、钱丹季结"七子诗会",吟咏不绝,为黑龙江的第一个诗社,对东北地区的文化发展颇有推动。他还将中原地区的农作物种子带入东北,亲教农民耕种技术,有力促进了东北农业的开发。

张缙彦身历两朝,经历可谓相当曲折,尤其关于他在明清鼎革之时的表现,史籍记载纷纭,乃至有抵牾不明之处。如张缙彦在甲申之变中是否开门献城、入清后有无编刊《无声戏》等关系重大的生平事迹,至今仍是悬而未解的疑案。这些疑案的迟迟未解,一部分原因在于明清之际时局动荡,明、清、农民军三方势力,牵扯纠缠,形势过于复杂,文献记载也纷繁复杂、互有歧异;另一部分还在于牵连在这局势中之人,为避祸自保或经营身后声名计,更改文献记载,故布迷阵。

在张缙彦身上,第二种原因即有所体现。现存的张缙彦诗文集,有《菉居诗集》一卷、《徵音诗集》一卷、《归怀诗集》一卷、《燕笺诗集》五卷、《菉居文集》二卷、《依水园文集》前集二卷后集二卷。其中的几部诗集,皆存世极罕。《徵音》《归怀》《燕笺》,原为黄裳先生来燕榭中旧物,现藏上海图书馆。《菉居诗集》则藏于国家图书馆(索书号 A01771),为海内孤本。

一 沿波讨源:《菉居诗集》在书目中的著录情况

黄裳先生喜藏明清易代时书,他曾撰文记录获藏张缙彦这几种诗集的来历。他在《张缙彦集三种》一文中说:"此张坦公诗三种[按,指《徵音》《归怀》《燕笺》三集],顺治刻本,皆撰于甲申以后者。刊刻精雅,……罕秘之至。……余最爱读甲申前后人撰著。……此亦姑苏潘氏所藏,余得其三十余种于吴下,近更收此二三种于海上,皆其残零小册也。"[①]其中所言"姑苏潘氏",即著名藏书家潘景郑先生(名承弼)[②]。既得此三集,黄裳先生复检张缙彦其他集子,他在《不死英雄——关于张缙彦》一文中缕述道:"按《北平图书馆善本书目》有《菉居文集》二卷,《依水园文集》前后集各二卷,皆顺治刻;《北京图书馆目》则有崇祯刻《菉居诗集》一卷,《贩书偶记》著录《菉居文集》二卷,崇祯闽中黄文焕

① 黄裳《清刻本》,南京:江苏古籍出版社,2002 年,第 34 页。

② 《徵音》《归怀》《燕笺》三集,影印收录于《清代诗文集汇编》第 12 册,该册第 620 页刘正宗《题燕笺序》一文篇题下,所钤"黄裳青囊文苑""潘承弼藏书记"两印,清晰可见。

选刻。诸书皆未见。"①今天可以知道，黄裳先生所云未见的诸书，国家图书馆均有收藏，其中尤以《菉居诗集》一卷为仅存的孤笈。

《菉居诗集》至迟在民国二十二年（1933）之前已入藏国立北平图书馆（今国家图书馆前身），赵万里先生民国二十二年所编《国立北平图书馆善本书目》即著录"《菉居诗集》一卷，明张缙彦撰，明崇祯刻本"②。此后该集一直被作为明刻本看待。如1987年出版的《北京图书馆古籍善本书目·集部》清别集类著录"《菉居诗集》一卷，清张缙彦撰，明末刻本，一册"③；《中国古籍善本书目·集部》第11070条著录"《菉居诗集》一卷，清张缙彦撰，明末刻本"④；《清人别集总目》第二卷"张缙彦"条亦著录《菉居诗集》为"明末刻本"⑤。柯愈春先生《清人诗文集总目提要》卷二"燕笺诗集"条下记曰："缙彦先有《菉居诗集》一卷，崇祯间刻，中国国家图书馆藏。"⑥《中国古籍总目·集部》集30213218条亦著录"《菉居诗集》一卷，明崇祯间刻本"⑦。而近年影印出版的《清代诗文集珍本丛刊》，则在《总目·索引·提要》部分，将其著录为"清刻本"⑧。除此目以外，其他诸目皆将《菉居诗集》定为明末刻本，或者点明刊刻于明崇祯间。其鉴定的依据主要是诗集内容，以及卷首的序文。这也是我们鉴定古籍版本的常用之法。

① 黄裳《书林一枝》，太原：山西古籍出版社，1998年，第144—145页。
② 赵万里编《国立北平图书馆善本书目》卷四集部之明别集类，民国二十二年（1933）北平图书馆刻本。今国图所藏《菉居诗集》封面钤有"国立北平图书馆收藏"印鉴。1987年出版的《北京图书馆古籍善本书目》前言介绍北京图书馆建馆以来的六次善本书目编制及出版，其中谈到善本甲库、乙库的筹设："一九三一年，文津街新馆落成，善本藏书已有相当规模，故有设立甲库，别贮精英之议。于是遴选宋元旧刊、明版精刻及传世孤罕者，凡三千七百九十六种，七万八千一百九十九卷，藏于甲库。一九三三年，由赵万里先生撰成专目，名曰《北平图书馆善本书目》，雕版印行。这是北京图书馆编制并正式出版的第三部善本书目。就在筹设善本甲库的同时，又有筹设善本乙库之议。不久便从善本及普通两库之清代刻本、抄本中选出二千余种，加上其后陆续采进的五六百种，……别室庋藏。为区别专藏宋、元、明本的甲库，乃名曰善本乙库。"见《北京图书馆古籍善本书目》前言，北京：书目文献出版社，1987年，第4页。据此，则甲、乙两库的主要分别标准之一即在于善本古籍的刊刻（抄）时代。而《菉居诗集》被看作是明刻本，这可能是它著录于赵万里编《国立北平图书馆善本书目》的主要原因。
③ 北京图书馆编《北京图书馆古籍善本书目·集部》，北京：书目文献出版社，1987年，第2476页。
④ 《中国古籍善本书目》编辑委员会编《中国古籍善本书目·集部》清别集类，上海：上海古籍出版社，1996年，中册第921页。崔建英先生《明别集版本志》是作者参加审校《中国古籍善本书目》明别集类及部分清别集过程中的复阅核校记录的汇辑，书中"附043条"亦著录《菉居诗集》为明末刻本，见该书第800页，北京：中华书局，2006年。
⑤ 李灵年、杨忠主编《清人别集总目》卷二，合肥：安徽教育出版社，2000年，第1195页。
⑥ 柯愈春《清人诗文集总目提要》卷二，北京：北京古籍出版社，2001年，上册第29页。
⑦ 《中国古籍总目》编纂委员会编《中国古籍总目·集部》别集类清代之属，中华书局、上海古籍出版社，2012年，第3册第1026页。
⑧ 陈红彦、谢冬荣、萨仁高娃主编《清代诗文集珍本丛刊·总目·索引·提要》上册，北京：国家图书馆出版社，2017年，第258页。

二　循"实"责"名":《菉居诗集》的内容及命名

崇祯十四年十月,张缙彦父张问仁卒。张缙彦丁忧去职,返回原籍。其《先考别驾公行述》记之甚确:"先府君之弃不孝辈也,于辛巳(崇祯十四年1641)十月之十三日,至三十日而讣达京师,……于次月初九日奉旨得代,即于是日号奔,于二十四日抵家。"①从此时起,开始居乡守制。

张缙彦平生好游,他的家乡在河南新乡县小宋佛村,此地距离辉县苏门山、百泉等名胜近在咫尺,其家居期间尝数度游览。如其《百泉夜游记》云:"余壬午[崇祯十五年(1642)]七月越今年[崇祯十六年癸未(1643)]三月,游百泉者七。"②《马顾公泉颂序》亦记曰:"百门片碧,自宋元以来,名人巨公磨砻无余地。岁壬午,余数游其上。"③《菉居诗集》一卷,分五律、七律、五古、七古、五绝、七绝、赋、铭八体。其中写到登临苏门、百泉等地的诗作比比皆是,如五律《百门泉》《入苏门》《啸台次黄慎轩韵》《苏门山求仙人迹不获,同马顾公、王芝房、家侄蝶龛》《百门泉偕顾公、又玄和尚》《宿百门听泉》《自汲赴共城山行》(辉县古称共城),五古《苏门山怀古》等。

而这个时候,张缙彦的好友王铎亦在丁忧期间。王铎崇祯十三年九月受命为南京礼部尚书,暂返家乡孟津(今河南洛阳),其父母于崇祯十三年冬、十四年春相继病故,于是辞官服丧,又因洛阳福藩此时被农民军攻破,乃流寓怀庆(今河南沁阳一带),复走新乡,继而南下,避乱南京、苏州等地。张缙彦《王觉斯先生传》中曾谈及王铎流寓怀庆、新乡的这段历程:"未几,父母继卒,先生衰绖居罩怀,值河南大寇攻掠城邑,杀守吏,孟津且破,围汴梁七越月,决黄河水灌城,贼耽窥渡。先生曰:'时尚可为乎!'乃走新乡入孟庄,登耘斗山,欲偕布衣朱五溪、郭漱六终隐焉。名其山曰遁山。未几,以马夫人病,南行至下邳古城。"④崇祯十六年癸未(1643),王铎携家人北返,因孟津田园已毁,寓居新乡辉县。其《孟庄寄书洞语》即云:"癸未秋,予避寇乱,居苏门山南十里村,曰孟庄。"⑤张缙彦的《王觉斯先生〈遁山文集〉跋》亦有记曰:"先生自吴归,避乱共城,爱北山隩衍,因家焉,题之曰遁山。……愚从先生游共山者数四,亦援笔以识其尾。"⑥在《菉居诗集》中就有多处写及二人在新乡的交游。

---

①　〔清〕张缙彦《依水园文集》前集卷二,《清代诗文集汇编》第13册,第81页。
②　〔清〕张缙彦《依水园文集》前集卷一,《清代诗文集汇编》第13册,第33页。
③　同上书,第45页。
④　〔清〕张缙彦《依水园文集》后集卷二,《清代诗文集汇编》第13册,第177页。
⑤　〔清〕王铎《拟山园选集》卷二十,《清代诗文集汇编》第6册,第626页。
⑥　〔清〕张缙彦《依水园文集》前集卷二,《清代诗文集汇编》第13册,第61页。

如五律《同觉斯先生宿泉左庄》《依水园夜》（诗题下自注："时读礼同觉斯先生。"）《送觉斯先生江南》《觉斯先生归共山》等。可见，不管是写及苏门山水还是与王铎的交游，《菉居》一集所收诗大部分作于明亡之前、张缙彦居乡守制期间①。

诗集起名"菉居"，当然是因此集属居家读礼时所作。古人服丧要求寝苦枕块。菉居，既指枕藉于草垫之上，又符合当时其在野生活，借指寓居草野，远离庙堂。不过，取名"菉居"，还有另外一层意义。《诗经·卫风·淇奥》有云"瞻彼淇奥，绿竹猗猗"，以咏淇水之畔的绿竹。淇水，发源于山西省陵川县的方脑岭棋子山，流经河南辉县、浚县，汇入卫河。新乡，正在卫河之滨。卫河，因源于春秋时卫地得名，流经河南东北部的新乡、鹤壁、安阳、濮阳等地，沿途接纳淇河、安阳河等，至天津入海河。张缙彦居乡时所筑依水园即在卫河岸边。《（乾隆）新乡县志》云："依水园，一名一水园，张大司空缙彦别墅，去城数舍，滨卫河岸。"②张缙彦《依水园记》开篇即述园之位置曰："百泉胜绝，群水自孙台、邵窝迥然标空，……余既而厌喧，乃循泉源之尾，得之卫水隩，其汇数顷。"③是居地与《淇奥》所咏颇相切也。

关于"菉"字，《毛诗正义》引《草木疏》曰："菉似竹，高五六尺，淇水侧人谓之菉竹。"④而《菉居诗集》正有咏竹诗《绿坛八首》，其序云："莲花泉左，有竹一区，溪之南，有竹数亩。当吾门者，邻氏竹横二里许。东出，又竹大如椽千万条，余坐卧瞻眺，栉沐饮啖，无非竹者。阴森爽寂，顿若吾身为此君所化。"是以，张缙彦居所是置身竹林的，可谓与竹朝夕相对。盖"菉居"，即竹居也。综上观之，诗集起名"菉居"，既为表达自己丁忧期间身处草野，又以家乡地理位置之故，暗引《淇奥》诗意，同时又切合了家居之实地环境。

如此，则从《菉居诗集》的"名"与"实"两方面来看，它似乎确为明本了。

三　文本的陷阱：序文改易的蛛丝马迹

接下来要看诗集卷首的序文。国图藏《菉居诗集》扉页有牌记，书"菉居诗

---

① 集中五律《登榆林雄石峡偕家侄蝶龛》《宽州野望》、七古《秦中张烈妇》三首，以及"铭"部分所收之《钟铭》，显作于张缙彦为陕西清涧（宽州即清涧县）、三原令时。五律《官山道中荒城》《密云望雨》，亦不作于居乡期间。不过，此类作品甚少。

② 〔清〕赵开元修，畅俊纂《（乾隆）新乡县志》卷二十《名迹》，影印清乾隆十二年（1747）石印本，《中国方志丛书》华北地方第472号，台北：成文出版社，1976年，第3册第698页。

③ 〔清〕张缙彦《依水园文集》前集卷一，《清代诗文集汇编》第13册，第32页。

④ 〔汉〕毛亨传，郑玄笺，〔唐〕孔颖达疏《毛诗正义》卷三，《十三经注疏》（标点本）之三，北京：北京大学出版社，2000年，第254页。

集,张坦公先生著,本衙藏板",显示此为张缙彦家刻本。卷首有三篇序文,作者分别为王铎、黄文焕、方拱乾。这三篇序文是暗藏玄机的。

王铎《菉居诗集序》亦收录于其《拟山园选集》(文集,共八十一卷。王铎另有同名诗集七十五卷,本文所涉《拟山园选集》均指文集,以下不再注明)卷二十九,题作"张坦公文集序"。通过对勘,可以发现,两序虽文字大部分相同,但亦有微妙的改动。现将改动部分揭出如下:

《张坦公文集序》首句:"苟可善仕,于书有不暇者,能不訾诗与古文辞者乎?而左司马坦公则不然。"[1]《菉居诗集序》删掉了"左司马"三字。

"今多事,牙孽未殄,皇帝念之,特陟以左司马。其精以默沃乾元,出其绪,将见扫清魁蟊,蝎蜂自息。"[2]在《菉居诗集序》中,此二句完全被删。紧承此二句的"且摛明雅,播管弦,奏之郊庙得人,襄治天子开熙运,垂遐嘏,道所来也。然则坦公何由而知其可以致此耶?"在《菉居诗集序》中"襄治天子"被改为"襄治天之"。"然则坦公何由而知其可以致此耶"[3],则删掉了"何由而知其可以致此耶"几字,直接下文"平日于书皇皇不暇"。

"今坦公治兵矣,肴于经,藏于道,皇帝不日大蒐四隅,贡琛王会……"[4]在《菉居诗集序》中,"今坦公治兵矣"改为"今坦公论兵矣"。"皇帝不日大蒐四隅"中"皇帝"二字被删,"不日大蒐四隅"被改为"异日春蒐秋狝"。

可以看出,改动的主要目标是那些可以透露诗集作者身份、时事背景之类的文字。尤其遇到后者,往往果断直接删除。"今多事,牙孽未殄,皇帝念之,特陟以左司马。其精以默沃乾元,出其绪,将见扫清魁蟊,蝎蜂自息"一句,是指明末崇祯帝擢用张缙彦为兵部左侍郎,冀图扭转危局。"牙孽""魁蟊""蝎蜂"云云,即指农民军和关外清兵。

如果联系张缙彦的仕宦经历,会对这种改动的意图看得更加清楚。张缙彦是在崇祯十六年居乡丁忧期间被任命为兵部左侍郎的,不数日,又擢兵部尚书。谈迁《国榷》载之甚详:

> (癸未崇祯十六年)十月,……乙丑,闻建虏屯山海关外,总督王永吉趋山海永平,发内帑金八万,户部金十万资饷。余应桂为兵部右侍郎,张缙彦为左侍郎添设,徐启元为右佥都御史,……
>
> (十月)庚寅,兵科都给事中张缙彦为兵部尚书,余应桂仍以兵部右侍

---

① 〔清〕王铎《拟山园选集》卷二十九,《清代诗文集汇编》第7册,第13页。
② 同上书,第13页。
③ 同上书,第13页。
④ 同上书,第14页。

郎兼右佥都御史总督陕西三边军务。①

王铎为之作《贺张坦公擢兵部尚书序》云："兵部尚书张公之将脂辖也，盖十六年之冬。"②张缙彦《胡母太安人墓志铭》亦云："癸未之冬，贼渡蒲坂〔按，今山西永济〕，召不孝治兵，与母诀。"③同时，他也在文章中多次提到自己在守制未满之时突膺戎务之命。如《先考别驾公暨母合葬述略》开头即道："先君卒于辛巳十月，甫襄葬事，不孝于衰绖中起官枢部，服阕受事，羽书交驰。"④《亡室王孺人行状》云："不肖衰绖中强起治兵，羽檄日数驰，单骑北上。未数日，贼骑已薄河北，所在大乱，京师震。"⑤

现在可以知道王铎《张坦公文集序》的时代背景了：张缙彦是在内外交困、兵势危急的关头，于丁忧期间火速受召入京总领戎事。序中"牙蘖未殄""扫清魕蟒"诸如此类的文辞，其所指也就不言而喻了。王铎正是在崇祯十六年张缙彦被命为兵部左侍郎后、尚未擢兵部尚书前，为张缙彦作的序。而且两人在那一时段均居于新乡，过从甚密，《菉居诗集》所收诗亦是王铎为之选定的⑥。

再看第二篇序文，作者是明末诗人、学者黄文焕。黄文焕，生于明万历二十三年乙未（1595），字维章，一字坤五，号鲲庵、憨斋，福建永福（今福建省永泰县）人。天启五年乙丑（1625）进士，官至翰林院编修、左春坊左中允。曾与黄道周、叶廷秀诸君子登台讲学，声气相应。崇祯十三年庚辰（1640），黄道周以论劾朝中重臣杨嗣昌、陈新甲，获罪逮问，文焕亦因牵连同下刑部狱，其自称为"钩党之祸"。释狱后，流寓淮安，后卜居南京。入清曾经洪承畴举荐，未应。康熙三年甲辰（1664）卒于浙中。

黄文焕一生著述甚丰，但多毁于火，存世者仅《陶诗析义》《楚辞听直》《诗经考》《诗经娜嫚体注》等，诗文集今未见传，是以此序弥足珍贵。不过，《菉居

---

① 〔明〕谈迁著，张宗祥校点《国榷》卷九十九，北京：中华书局，1958 年，第 6 册第 5994、第 6000 页。按，王铎《拟山园选集》卷三十二《贺张坦公陟兵部左侍郎序》云："天子践祚之十五年，北兵入寇东南，至淮徐王家营，进趣利，守官不能御。天子旰食日戒，谕诸守臣无状，兵部尚书慈溪冯公，以公沉毅首推毂焉。天子喜，嘉公平日言中利病，遂陟公兵部左侍郎，克期令入襄军。"（《清代诗文集汇编》第 7 册，第 44 页）张升先生《王铎年谱》、薛龙春先生《王铎年谱长编》均据此认为张缙彦升兵部左侍郎在崇祯十五年，并认为王铎为《菉居诗集》作序即在此年（《王铎年谱》，上海：上海书画出版社，2007 年，第 132 页；《王铎年谱长编》，北京：中华书局，2020 年，第 764 页），不确。据张缙彦《百泉夜游记》《苏门社稿序》等文可知其崇祯十五年并未离开新乡。而王铎在崇祯十六年自吴归，避乱河南辉县。二人因得常相过从。张缙彦被任为兵部左侍郎并不在崇祯十五年，而在十六年。笔者另撰有《张缙彦编年事辑》，对此有相关考辨。

② 〔清〕王铎《拟山园选集》卷三十二，《清代诗文集汇编》第 7 册，第 46 页。

③ 〔清〕张缙彦《依水园文集》前集卷一，《清代诗文集汇编》第 13 册，第 77 页。

④ 同上书，第 172 页。

⑤ 同上书，第 174 页。

⑥ 国图藏《菉居诗集》卷端署："河北张缙彦坦公著，盟津觉斯先生定。"

诗集》卷首的这篇序文也是经过改动的,非其原貌。在《(乾隆)新乡县志》的艺文志部分能看到它的另一种版本:

世代相压,轩归前,轻归后,百事胥然。吾罔敢轻前人,而为后人宽,弗轩之,繇挈时综势,艰百倍前,向令移后人以立往代,纵每事全轩,未堪臂攘,亦何遽黜魂全轻哉? 溯昔肇十有二,虚称耳,统辞耳。其所实辖,视今文物广狭奚似。疆狭务简,则蠵少,疆辽务丛,则蠵多。取后邦制,较昔邦制,而谓二帝再生,不益增其病怀,吾弗信也。习文不复返质,习奢不复返俭,习浇不复返淳,每陷愈下,欲令不相耀以和其心,安瘠土以生其善,杳乎扶树之末从焉,则后之民风又视昔之民风艰矣。戎事底春秋,锋镝犹未惨,彼此进退依判于车战,不闻上首功以数万计,孙子津津火攻,只属束蕴,炮铳神器,一切未兴,迨后而毒械百出,彼此相当,即起古良将,谁其敢曰:吾志易逞者。诗文小技耳,堕地在历代后,欲独创一别体、一异句,前之人固已先得,我同而我失其独矣。在彼出之,莫非创;在我出之,莫非袭。来历何处,肖似何代? 众人之所誉,志士之所愤也。此四者,民风、诗文以日失前而艰,邦制、戎事又以日倍前而艰。

坦公年翁所与余扬挖玉署、同怀浩忾者,何限既身,不属坐论足,不履行间,三忾非所尸也,循规月课,商振艰于诗文,庶几曰:吾守其一,自有肩其三者。继而圣主四顾枢垣之长,特简坦公以纠正宰执,核兵机,苏氓困,俾弃其一,务肩其三。又继而余缘钩党去国,不获守其一;坦公亦以读礼归庐,不复肩其三。鳞羽久隔,邮简忽忽来,则坦公寄余诗文曰:吾未能弃其一也,其为我删定之。嗟夫! 岁月几何,时务日异,国急矣! 谁能为圣主肩三者,而吾乃闲商于守其一。然则见坦公之诗文,追溯往忾,何忍思,何忍读也。不忍思而思,不忍读而读,味其文,巍巍然八大家之裁;味其诗,沨沨乎原本盛唐。国家之气运,以坦公诗文之气运卜之,玉者犹玉,酒者犹酒,汔可鸠乎! 再出肩三,即从闲商守一操券,吾藉以无忾矣。[1]

黄文焕与张缙彦同于崇祯十一年戊寅(1638)入职翰林院[2],是以黄文焕在序中称与张缙彦"扬挖玉署"。当时二人慨于时世,在邦制、戎事、民风、诗文四者中,选择以"振艰于诗文"自期。其后二人分道,崇祯十二年张缙彦被任以兵科

---

①　赵开元修,畅俊纂《(乾隆)新乡县志》卷二十二《艺文》,影印清乾隆十二年(1747)石印本,《中国方志丛书》华北地方第472号,台北:成文出版社,1976年,第3册第802—803页。

②　孙承泽《春明梦余录》卷二十五《戊寅考选纪》:"至戊寅四月二十八日,上召在京候考及已推部属各官俱来中左门。……五月初十日,上亲定曾就义、黄文焕、黄奇遇、张缙彦、李士淳、汪伟、虞国镇、余象贤、马刚中、朱天麟等为翰林编检官。"见〔清〕孙承泽著,王剑英点校《春明梦余录》,北京:北京古籍出版社,1992年,上册第409—410页。

都给事中①，是所谓"肩三者"，而黄文焕以黄道周案牵连于崇祯十四年下狱②，是所谓"不获守其一"。张缙彦则于同年十一月丁忧返里③，是所谓"不复肩其三"。张缙彦读礼期间寄其诗文求序，这篇序即为应此而作。

按，文中"继而圣主四顾枢垣之长"，在国图藏《菉居诗集》卷首被改为："继而枢垣乏长"。原文中"谁能为圣主肩三者"，在国图藏《菉居诗集》卷首被改为"谁能肩三者"。都去掉了"圣主"二字。原文中"国家之气运，以坦公诗文之气运卜之"，被改为"以坦公之诗文卜之"，去掉了"国家之气运"。这篇序文后半是以诗文之气运来隐喻国家之气运的。从序文中所述来看，当张缙彦寄信给黄文焕称未能忘怀其一（指诗文创作）时，黄文焕云"嗟夫！岁月几何，时务日异，国急矣。谁能为圣主肩三者，而吾乃闲商于守其一"，大意是慨叹当国家存亡之秋，我们还在这商量诗文之道，谁能为国负重，勇挑重担？这里含有明末臣子的无奈心理。后面接着勉为其难言之曰，坦公的诗文是如此宏大昌盛，从其诗文之气运来看，国家的气运尚未断绝，是可以复振的。序中删去了这类有关国家气运的表述。

国图藏《菉居诗集》黄文焕序，文末署有"癸未夏五年弟黄文焕拜题"。此序去掉了忌讳字眼，至于"癸未夏五"之未除，则是因一时间署款，不触及根本，是以未去。但这一时间署款却恰恰为我们了解此序作年，提供了准确的坐标，即崇祯十六年，再结合《(乾隆)新乡县志》中所收黄文焕原序，两相对照，正可说明，《菉居诗集》在刊刻时删去了违碍字眼，这是它入清后刊刻的证据。

为何《(乾隆)新乡县志》所收此序未删去"圣主""国家之气运"等字呢？笔者认为，序末没有标明时间的"癸未夏五"，所以，"圣主""国家之气运"等完全可以被理解为指的是清朝。而在国图藏《菉居诗集》卷首黄文焕序末有"癸未夏五"，则须删掉"圣主""国家之气运"等字样。也许《(乾隆)新乡县志》在过录此序时并未探寻序末的"癸未夏五"所指，是以没有对此序内文进行删改，属于无意而为。而国图藏《菉居诗集》在刊刻时，必然是由张缙彦主持或经眼的（《菉居诗集》牌记刻"本衙藏板"），他当然是懂得其含义的，那么"圣主"字样和

---

①　〔明〕谈迁《国榷》卷九十七："(己卯崇祯十二年)正月……丙子，兵科给事中沈迅荐张缙彦、任濬、黄奇遇、涂必泓、张若麒，于是翰林院检讨张缙彦改兵科都给事中。"见谈迁著，张宗祥校点《国榷》，第 6 册第 5829 页。

②　文秉撰《烈皇小识》卷七："(崇祯)十四年辛巳，逮江西巡抚解学龙、布政司都事黄道周下镇抚司究问。……俱遣缇骑逮下诏狱，鞫讯同党姓名。道周供出编修黄文焕、吏部主事陈天定、工部司务董养河及从父共四人，俱下刑部狱。"见〔明〕文秉《烈皇小识》卷七，上海：上海书店，1982 年，第 186 页。

③　张缙彦《先考别驾公行述》："先府君之弃不孝辈也，于辛巳〔崇祯十四年 1641〕十月之十三日，至三十日而讣达京师，……次月初九日奉旨得代，即于是日号奔，于二十四日抵家。"见《依水园文集》前集卷二，《清代诗文集汇编》第 13 册，第 81 页。

"癸未夏五",两者不能共存,于是删"圣主"字样,而存"癸未夏五"①。

前述存于王铎《拟山园选集》中的《张坦公文集序》,没有明确的时间所指,阅者难详其所涉时事,《拟山园选集》刊者(王铎之弟王镛、王鑨,清顺治刻本)对之把控、删改亦并不严格,《张坦公文集序》得以存留那些隐含时事背景的文字。而《菉居诗集》将卷首王铎序、黄文焕序均予改易,正反映出张缙彦刊刻自己诗集时的着意为之。

四 书运与世运:《菉居诗集》刊刻时间的延宕

如果说前面王铎、黄文焕二序经过了改易,在版本鉴辨时难以提供有效信息的话,那么第三篇序中则略露出一鳞半爪,借以管窥,可进一步印证《菉居诗集》并非明末刻本。

第三篇序为明末清初著名诗人方拱乾所作。方拱乾(1596—1666),字肃之,号坦庵,安徽桐城人。崇祯元年(1628)成进士,明末官至詹事府少詹事。李自成攻克北京,方拱乾为农民军所俘。清军入关,大顺军西走,方拱乾趁乱逃出,寓居南京。顺治十一年(1654)被清廷起用为内翰林秘书院侍讲。十三年,升詹事府右少詹事。十四年,江南科场案发生,受第五子方章钺牵连入狱,次年被判全家流徙宁古塔。十八年,赦归故里。晚年贫困潦倒,客死扬州。方拱乾生平著述多种,亡佚过甚,仅存诗集《何陋居集》《苏庵集》两种②,文集不传。《菉居诗集》卷首此序亦较稀见,现将之节录如下:

> 坦公以名进士为循良令异等,读中秘书,未几而陟谏垣,又未几而陟

---

① 笔者在此文写定之后,通过申请复制,获观国图善本阅览室藏张缙彦《菉居文集》二卷(据著录,为清顺治刻本,索书号01416。按,书前依次有黄文焕、方拱乾、韩诗三人之序,黄、方二序即国图藏《菉居诗集》卷首之序。韩诗之序则与《清代诗文集汇编》第12册所收《归怀诗集》卷首韩诗之《归怀序》大体相同,而无"及应召而来,燕邸三载,恳期归葬,黄冠故里,苦雨凄风,形为咏叹,曰《归怀》"这一反映张缙彦降清后事迹的文字。又,此集所收文章多作于明末;据其中的《讨贼檄文》可知,刊刻在甲申之后,据《亡妻王安人墓志铭》,此集文章的时间下限为顺治二年;故此集当为易代之交张缙彦尚未降清前所刻。集中文字后被删改编入《依水园文集》前集。为避繁琐枝蔓,此处不再展开详细考辨),卷首序言第一篇赫然即为黄文焕之序,文字与《(乾隆)新乡县志》所载一致,唯有序末署款时间为"崇祯癸未夏五"。较之国图藏《菉居诗集》卷首黄文焕序,时间署款多了"崇祯"二字。益可见《菉居诗集》在刊刻时的主观删改。笔者未将此序出处更易为《菉居文集》,考虑到《菉居文集》传世极罕,国内仅国家图书馆、新乡图书馆有藏;而《(乾隆)新乡县志》已收入《中国方志丛书》《(中国地方志集成)河南府县志辑第12册亦收录),化身千百,颇便阅览。另外,据此亦可见,方志聚合了大量本地作家诗文集之序跋,可作为材料来源与考证途径之一,必要时起到辅助作用。至于《菉居文集》与《菉居诗集》的关系,以及二书入清后刊刻的文字改易问题,情况复杂,笔者拟另撰专文论述。

② 柯愈春著《清人诗文集总目提要》上册第21页"《何陋居集》"条称,方氏尚有《蔓堂集》四卷,藏日本内阁文库。李灵年、杨忠主编《清人别集总目》第一卷第238页"方拱乾"条,名下亦有此集。按,《蔓堂集》并非方拱乾作品,撰者为释净斯,全名《百愚禅师蔓堂集》,经方拱乾选阅。

大司马，凡所为皆极难耳。尔时海内是何如？时虽余接席冰衔，亦未敢轻以诗文事测公。今年夏，公乃自集诗文若干卷，遣门人刘东表属余叙。予始得而尽读之。嗟乎！公于诗文何其深，又何其兼乎！诗必敦乎理以为志。汉魏之元音，理胜也，齐梁以降，则漓理而谋声，靡靡之骧厥志矣。公抗志幽探，既丽以则，复典而风，既戛戛乎金华，复悠然而传泉石。……余生平守一编，今日者犹然冰衔之步趋公，转恨铜龙马首未馨，周旋至今日，而乃以诗文名公也。

方氏在序中交代了作序缘起，所云"今年夏"，在序中并无时间参照，无法判断其具体年代。但另外一个关涉时间的词汇"尔时"，却透露作序之"今年夏"与前面所述张缙彦"未几而陟谏垣，又未几而陟大司马"的时代并不相同。那么"今年夏"到底何指呢？我们需要联系张缙彦的另一篇文章来看。

张缙彦被判流徙宁古塔后，于顺治十八年辛丑（1661）春出关，方拱乾则于该年十月接到赦还之信。两人在塞外颇多交游。张缙彦《游宁古台记》记曰："岁辛丑，余初迁塞外，与方詹事坦庵父子游。坦庵，故余友也。至则朝夕相对，欢若一家云。"①在方拱乾父子遇赦将归时，张缙彦曾为方拱乾第三子方育盛（字与三）所作诗集《其旋草》撰序，序中有云："忆乙酉春［按，顺治二年1645］，坦庵先生曾为余序诗，曰：'诗必敦乎理以为志。汉魏之元音，理胜也，齐梁以降，则漓理而谋声，靡靡之骧厥志矣。'……"②《其旋草序》所引方拱乾文字正与《菉居诗集》卷首方拱乾序文一致。可见，此序作于顺治二年③，这应即"今年夏"之所指。

行文至此，我们似乎有理由相信张缙彦的《菉居诗集》刊刻于清顺治二年了。但是，《菉居诗集》卷首还有署名于重寅的《读菉居诗》一文：

从来文家快境，必有水淡山苍、花酣月大之致，方称绝胜。论诗亦然。如先生《菉居集》中"月魂兼去雁，山意带平村""涧声远若接，林气淡还生"诸佳句，即起王、孟、钱、刘于今日，亦应以折。昔曾读阎审今《义史》，见先生忠肝义胆，可矢天地、质鬼神，不觉匣中之青萍欲啸。而《菉居集》复驾青莲、玉局而上之，气节、文章，吾师实兼之矣。谨评。锦川门人于重寅拜记。

---

① 〔清〕张缙彦著，李兴盛校点《宁古塔山水记·域外集》，第46页。

② 同上书，第37—38页。

③ 《其旋草序》末云："汉槎吴子已序于左，今为与三氏之请，念坦庵先生序余诗于十年前，安可以辞？故为说诗者如此。"若据此，联系方拱乾序作于顺治二年，则《其旋草序》作于顺治十二年。其时张缙彦、方氏父子尚未流放塞外，与《其旋草序》中所言"余又幸于戍所从两君子后，又得交与三氏"不侔。此处"十年"盖为泛指。

下钤"于重寅印""明湖渔隐"二印。与前面三篇序文作者不同的是,该文的作者于重寅,声名不彰。现在可以考知的是,他是山东青城人,顺治辛卯科(顺治八年 1651)举人、己亥科(顺治十六年 1659)进士①。此文中,于重寅尊张缙彦为师,以门人自称,并不是一般意义上文人的谦抑或攀附之辞。张缙彦顺治十年至十一年任山东右布政使,任上颇重文教,作育人才。十一年,他在济南募资主持修建白雪书院,并立白雪大社,选诸生课文。

大明湖畔,原有明代"后七子"领袖李攀龙读书楼白雪楼,万历中山东按察使叶梦熊复建之于趵突泉旁;趵突泉东,原有万历年间山东巡盐御史毕懋康所建历山书院;至顺治时代,皆已倾圮或颓败不堪。张缙彦重修了历山书院,同时翻建书院附近的白雪楼,历山书院随之更名白雪书院。其《募建白雪楼引》云:"余考郡志,趵突泉左有历山书院,……今为营卒土人杂处,楹柱仅存,于是改建白雪楼于院后,……且复以谋之学使者,取郡国名士,……第其文而甲乙之,暇则驴背敲诗,登高作赋,以继于鳞先生之志。……初建议于客秋,时新抚台耿公为左辖,慷慨捐俸以二百余金,于今年二月经始。"②张缙彦还撰写了《白雪大社约》:"今抚台耿公捐俸金属本司改建沧溟先生白雪楼于趵突之左,高槛连云,疏棂挹翠,遂复书院旧址,一堂二庑,悉讫于成。督学戴公以前茅士移送本司,约社课文,又为备馆谷之资。……谨与诸生共誓之。凡前次课文,至下会出序,仍呈抚台及移学道知会,量有作兴,以示鼓舞,文之佳者,另为选梓。"③他的另一位门人卢绋亦有《题李沧溟先生白雪楼》诗,诗前小序记曰:"访白雪楼故址在济南城内大明湖雪花桥傍,久颓废不存矣。后人因构楼于趵突泉南,名白雪书院,又复颓废。岁甲午,中州张坦公先生来任东藩,更新旧制,始集多士,课艺其中,嘱余为之评骘,甚盛意也。"④

于重寅应在此时结识张缙彦并师事之。关于二人交往的具体时间,现在尚无明确的文献记载。不过张缙彦一生中仅有这一时间段在山东,且他并未担任过乡试考官之类的职务,所以,于重寅师事张缙彦的机缘应该就是张缙彦在济南的集士课艺活动。而这种例子在张缙彦身上并非个案。

清初著名诗人王士祯亦曾执贽张缙彦门下。在《燕笺诗集》的卷首,有王士祯所作七古《读坦翁先生〈燕笺〉,短歌纪之》:

> 新乡司马真人龙,挥毫落纸如飘风,安丘相公志复同,龙吟鸾答相赠

---

① 〔清〕方凤修、戴文炽纂《(乾隆)青城县志》卷六《选举志》,影印乾隆二十四年(1759)刻本,《中国地方志集成》山东府县志辑第 29 册,南京:凤凰出版社,2004 年,第 338、336 页。
② 〔清〕张缙彦《依水园文集》后集卷二,《清代诗文集汇编》第 13 册,第 182—183 页。
③ 同上书,第 183—184 页。
④ 〔清〕卢绋《四照堂诗集》卷六,《清代诗文集汇编》第 19 册,第 490 页。

呓。一时文苑推两雄，八骏腾踏凡马空。百弩射潮江海东，文城百尺屹高塘，尔乃破坚直造如临冲。孟津学士人伦宗（觉斯先生），今日杜陵推薛公（行屋先生）。登坛左右挽桃苅，旌旗壁垒何熊熊。和歌击筑渐离市，壮气欲开滹沱冰。渔阳上谷寒正急，高秋笔墨相凭凌。蚕丛鸟道不知几千里，凿山巨手今五丁。中原从此有正始，纷纷江黄弦顿何敢附宗盟。薛公玉堂安丘相，司马分陕临东封。独有孟津骑龙天上去，莲花玉女常相从。旧日蓟门高会殊寂寞，萧条长乐闻疏钟。司马语此意慷慨，嗟予小子真凡庸。泰山拔地青万仞，区区何足知云亭。幸兹一卷冰雪怀袖中，聪明欲尽神相通。

　　门人王士禛沐手具草。①

这是王士禛一首早年作品，写作时间大致在顺治十一年②。清初京师诗坛的宗主是王铎（字觉斯，河南孟津人）、刘正宗（字宪石，山东安丘人）、薛所蕴（号行屋，河南孟县人），号为京师"三大家"，他们与张缙彦为好友，互相之间交游甚密。王士禛其时尚未出仕，家居读书，师事张缙彦，对这几人仰若高山③。另外，清初黄传祖编《扶轮广集》补遗卷，收录了王士禛的《怀坦公师》组诗八首，是为送张缙彦离山东赴任浙江右布政使而作，亦反映了张缙彦在山东期间，王士禛乃其门下士。其中"数载扶风帐，三秋泳水湄""先贤读书处，白雪正迢迢"云云④，不仅点出其从学于张缙彦，亦说明了读书地点为济南白雪书院。只不过后来张缙彦、刘正宗等遭贬，王士禛成为诗坛的"一代正宗"，绝口不提二人之间的师弟关系⑤，张缙彦在山东这一段兴文重教的往事以及在后来文坛的影响也就鲜为人所知了。于重寅与张缙彦的师生关系亦应作如是观⑥。

　　那么，现在看来，顺治二年也不是《菉居诗集》刊刻的时间，它的刊刻当不

　　①　〔清〕张缙彦《燕笺诗集》卷首，《清代诗文集汇编》第 12 册，第 627 页。
　　②　《燕笺诗集》卷首有刘正宗序、胡世安序、丁耀亢序、王士禛序。刘正宗序末题："顺治癸巳（顺治十年，1653）年家弟安丘刘正宗题。"（623 页）丁耀亢序末署："顺治甲午（顺治十一年，1654）仲春，琅琊治民门下士丁耀亢谨题于稷下趵泉之西。"（626 页）此集应刊刻于顺治十一年左右。
　　③　参见拙文《王士禛集外诗文考略——兼谈其与清初河南诗人的若干交游》，《汉语言文学研究》2017 年第 1 期，第 32 页。
　　④　参见闵丰《王士禛佚诗辑考》，《中国诗学》第十二辑，北京：人民文学出版社，2008 年，第26—27 页。
　　⑤　如闵丰《王士禛佚诗辑考》所述，《怀坦公师》八首，有五首收入《渔洋山人集外诗》，易名为《历下送坦公先生之浙左藩》。而《读坦翁先生〈燕笺〉，短歌纪之》一诗则不见于王士禛的诗文集，成为佚诗。
　　⑥　于重寅所用"明湖渔隐"一印，盖即就学白雪书院时所刻。

早于顺治十一年①。

　　前文已提及,张缙彦离乡赴任兵部尚书在崇祯十六年冬,而他到部莅任,已为崇祯十七年春②。该年三月十九日,李自成大顺军攻克北京,明朝覆亡。张缙彦先为大顺军关押,后乘隙逃出,潜至家乡新乡起事,继而辗转于河南南部、安徽北部山中结寨。顺治三年最终降清。这段时间属明清易代之交,形势陡转急下,干戈扰攘,撰者张缙彦境遇一变再变,由守制居乡到忽蒙超擢,转瞬而明亡,流离间关,转徙四方,依违彷徨于南明与清之间,直至降清。我们猜想,在此期间,《菉居诗集》恐怕是无心且无暇付梓的。也就是说,国图藏《菉居诗集》当不存在一个入清前的刻本。但随着文献的继续发现,这个猜想落空了。

五　不"明"不"清":《菉居诗集》的初刻本

　　国家图书馆藏有两部张缙彦的《菉居文集》。一部著录为"清顺治刻本",藏善本阅览室(索书号01416);一部著录为"静电复制本",藏普通古籍阅览室(索书号76403)。而后者包含两部分,一为张缙彦的奏疏《菉居封事》二卷,一为《菉居诗集》不分卷③。为了区别起见,在本小节中,笔者以戴福士复制本来

---

① 刘洪强先生称"在上海图书馆看到清人张缙彦的几本诗集,有《归怀诗集》《燕笺诗集》《菉居诗集》等,其中《菉居诗集》有丁耀亢写的《菉居诗集·序》……",见《〈续金瓶梅〉中的"王推官"即王渔洋考》,《常熟理工学院学报》2010年第7期,第63页。其论文《〈丁耀亢全集〉补遗》亦辑录了丁氏这篇《菉居诗集叙》,见《德州学院学报》2010年第3期,第35页。此序落款为"顺治甲午仲春琅邪治民门下士丁耀亢谨题于稷下趵泉之西",序中有"先生得假南州之榻,更主齐盟;仍开北海之尊,似游梁苑。趵泉涌而青云飚起,鹊华峙而白雪重新"云云,显系作于张缙彦任职山东时。据此,则《菉居诗集》当刊于顺治十一年左右。但是,此序在《清代诗文集汇编》第12册所收张缙彦诸诗集中,却居于《燕笺诗集》卷首(第625页),文字亦有一处不同,即"乃若汴垒葆颓,方重李纲之望",在刘洪强辑录本中作"乃若楚社将墟,空洒包胥之泪"。因笔者未目验上海图书馆所藏《菉居诗集》,为谨慎起见,此处关于国图藏《菉居诗集》刊刻时间的表述,仅指出其上限。
② 到任具体时间,史料记载不一。大致为两种:一说为崇祯十七年正月初四。谈迁《国榷》卷一百:"(甲申崇祯十七年)正月……癸巳,户部尚书倪元璐等请以浙省乡绅团练乡兵。……兵部尚书张缙彦莅任。"参见谈迁著,张宗祥校点《国榷》,第6册第6013页。一说为崇祯十七年二月初六。张缙彦《请罪奏疏》云:"臣于二月初六日,到兵部任。"参见张缙彦著,王兴亚点校《菉居封事》附录,郑州:中州古籍出版社,1987年,第79页。
③ 国图著录为"据明崇祯间刊本复制",所据以复制的刻本不存于国图。此本卷前空白页有题字:"赠给郑州大学图书馆古籍书室,美国访问教授戴福士84.6.12."另外,《河南省图书馆中文古籍书目(集部)》在别集类明代部分著录有"《菉居文集》奏疏二卷诗集一卷,〔明〕张缙彦撰,1984年据明崇祯十二年刊本复印。……美国戴福士赠"。参见该书,中州古籍出版社,1993年,第78页。戴福士(Roger V. Des Forges),美国汉学家,师从耶鲁大学芮玛丽教授,获博士学位,执教于纽约州立大学布法罗分校历史系,现已荣休。他曾于1983—1984年来华做过为期一年的访问研究。《菉居诗集》的复制本当是此时送藏国图的。

称这部《棻居诗集》，而以顺治刻本来称前面述及的《棻居诗集》（索书号A01771）。

戴福士复制本卷首有王铎的《棻居诗集序》，便是前述《张坦公文集序》，用语不避清廷之忌。其所收诗包含顺治刻本所收诗的绝大部分（仅有三首未包含在内），另较顺治刻本多出二十四题。从多出的这些诗中，很可以看出诗作的时事背景。如《袁石寓饷边》，歌咏的是明兵部尚书袁可立之子袁枢（石寓为其号）。袁可立是明朝后期抗击后金的名臣，袁枢秉承父志，矢志抗清。崇祯十一年戊寅（1638），清军大举侵明，袁枢曾以户部郎中文职亲赴山海关前线督运粮草。此诗收入集中，可见该集诗作最早当推至崇祯十一年。再如《金刚台访胡子延，见其女寨题句，步韵和之，同李月川、黄祥止、刘辰极、家仲兄》四首，显是作于张缙彦在六安一带商麻山中，经营诸寨之时，金刚台即在商麻山中。此诗已被收入汇集其彼时作品的《徽音》一集中，《徽音》集中，在此诗之前，即有《金刚台》一诗，小序描写此地云："元少保于思明据此，常遇春攻之不克，洪武八年始归。山高林密，猎者持数日粮，始能一陟。……旁有孤峰奇秀，少保用以居女。瀑布殷雷，下注为河，多孩儿鱼。山名女寨，女，花姑也。登山者必祀焉。……余经营庐室数百椽，掘地得铜镜、铁炮，犹元时旧物云。"[①]张缙彦也在文集中多次提及金刚台，如《先考别驾公暨母合葬述略》在记述自己新乡起事事迹后，接续道："及栖麻城之金刚台，四面烽火。"[②]《吉端木入监序》云："余妹丈端木……盖甲申之变，躬执鞭弭，与余邀寇于山阳之坂，其时以诸生从者有王启宸、夏时夢辈，而端木先登，后渡黄流入商麻山，登金刚台，越二载，几几废举子业。"[③]很明显，金刚台是张缙彦山中结寨之地。另外，此集后附有阎审今所作组诗《义史十六韵》，最末即叙述到张缙彦受南明弘光帝诏督三省军务为止。

据此可以看出，戴福士复制本依据的刻本《棻居诗集》，其刊刻时间当在甲申之变后，又在顺治三年张缙彦降清前。所以，严格来说，称这个复制本"据明崇祯间刊本复制"是不准确的，称其"据明崇祯十二年刊本复印"更显离谱。同时，因刊刻于明亡后，就称它是清刻本，显然也不太合适。或许，称作"明清易代之交"刊刻才更恰当些。

不过，没有疑问的是，戴福士复制本所据刻本，即是顺治刻本《棻居诗集》的初刻本。张缙彦从中移除了二十四题诗作，又增加了另外三首，并对有些诗作的题名做了更改，这才形成了这部"入清"以后的本子。这种"重刊"当然凝

---

① 〔清〕张缙彦《徽音诗集》，《清代诗文集汇编》第12册，第590页。
② 〔清〕张缙彦《依水园文集》后集卷二，《清代诗文集汇编》第13册，第172页。
③ 〔清〕张缙彦《依水园文集》后集卷一，《清代诗文集汇编》第13册，第133页。

结着刊刻者的主观意志。对此,我们也可以再结合张缙彦"入清"之后的其他几部诗集来看。

六　曲折的"诗可以观":张缙彦其他诗集刊刻时间与内容辨析

我们已经知道,顺治刻本《菉居诗集》是旧本重刊,已经对原刻本进行了"改装易容"。这种重刊时的改易,是张缙彦着意为之的;而他入清后刊刻的其他几部诗集也多少包含着作者一些经营的"匠心"。

《徵音》《燕笺》,其刊刻时间,黄裳先生都将其定于顺治十一年①,这是没有问题的。还有一部《归怀诗集》,卷首黄国琦之跋开头有云:"午春,余滞京师,坦公张先生远致书,杂著之外,并寄示《归怀》诸什,且委弁前。"②此处"午春",显脱一字,结合下文提到张缙彦在山东时事("先生退而定色,淡然远怀,……指趵突泉之新水,……借华不注之孤峰"),此"午春"应为"甲午春(顺治十一年)"。又,此集与《徵音》《燕笺》行款字数均同,应也是刻于同时。

与《菉居诗集》的命名方式一样,这三部诗集之名,也是分别与张缙彦的某段生平经历相应的。"徵音"即古代五声音阶中的徵声,和五行相配,徵属火,音调高亢激越,旋律热烈动荡,张缙彦取之以喻自己两年多来与兵事相关的生活。《徵音诗集》卷端有张缙彦题记曰:"自甲申以后,丙戌以前,流离间关,痛遭贼虐,偶记于衿袂间。迨归命大清,山高海旷,痛定而思,涓滴未答,聊存岁月焉。"③主要内容是记其甲申变后至顺治三年丙戌(1646)两年间,率兵与农民军周旋,直至降清前之事。《归怀诗集》则主要收其返乡(顺治六年,为安葬继母胡氏及妻王氏)路上纪行诗及在京与友人唱酬之作。正如韩诗《归怀序》所云:"及应召而来,燕邸三载,恳期归葬,黄冠故里,苦雨凄风,形为咏叹,曰《归怀》。"④《燕笺诗集》所收则主要为张缙彦在京与朋辈刘正宗、王铎、薛所蕴、丁耀亢、陈之遴、龚鼎孳等往来唱酬之作,一直到其出任山东右布政使之前为止。

可以看出,三部诗集在所反映的内容上,大体是顺序承接关系,同时都刊刻于顺治十一年。我们前面已经得出《菉居诗集》刊刻不早于顺治十一年的结

---

①　黄裳《不死英雄——关于张缙彦》:"此集[按,指《燕笺诗集》]与《徵音诗集》卷尾都有'西湖隐民孙从龙校'或'监梓'一行。行款都是八行十九字,当是同时所刻,是张缙彦官浙江布政使(顺治十一年)时刊于湖上者。"参见黄裳《书林一枝》,第145页。按,张缙彦于顺治十年二月被清廷启用为山东右布政使,次年迁浙江左布政使。

②　〔清〕张缙彦《归怀诗集》卷首,《清代诗文集汇编》第12册,第601页。

③　同上书,第587页。

④　同上书,第598页。

论，二者联系来看，这应不是巧合①，而是因为张缙彦此时生活安定，且有财力，乃刻其诗集，重拾"守其一"的夙志。这与他在山东任上兴文重教的行为亦是相一致的。

而且，如果从这四部诗集具体诗作的内容角度来分析的话，也可以看出，它们不是随写随刊，而是于某一时间，大致按照诗作时间顺序编选后，集中刊刻的。以下聊举数例：

《徵音诗集》中《过睢阳为张百泉表墓》云："岩关潜度原因客，军垒先争岂为名？"自注："百泉从余起义于新乡，歼贼，手刃伪金吾，病死睢阳。"②张一方，大同人，别号百泉③，曾从张缙彦集众新乡，与农民军相抗。张缙彦《秦将军裕嗣义烈碑记》末云："癸巳（顺治十年），余道过睢阳，为张将军一方表墓。"④可证此诗作于顺治十年。进一步说明，《徵音诗集》所收诗并非只是张缙彦流离间关未降清前的作品。

《归怀诗集》中有《送子陶假归展觉斯先生墓》一诗⑤。子陶，乃王铎弟王镰之表字。王铎卒于顺治九年壬辰（1652）。而《燕笺诗集》中有《陆舫和觉斯先生十首》⑥，陆舫，乃丁耀亢寓京师所筑室，张缙彦与王铎常过访赋诗。这说明《归怀诗集》所收作品也并非均属作于《燕笺诗集》之前的。

《燕笺诗集》中有《兰茁亭》一诗，题下自注："宋相国盆中建兰更岁久枯，己丑［顺治六年］积雨，突出红芽异香。公异之，结茅曰：兰茁。此兰也，为王者香。今推以同众，视摩诘磁斗、绮石也，戋戋乎。"⑦宋相国，指宋权，字元平，号雨恭，河南商丘人。明末官至巡抚。入清，官至国史院大学士，加太子太保。此诗为观宋权斋中兰花复生，有感而发。与王铎《枯兰复花图卷》《枯兰复花赋》均为一事而作，作于顺治六年己丑（1649）。可见，《燕笺诗集》中所收诗亦并非均后于《归怀诗集》。

还有一个颇有意味的典型例子，显示张缙彦在刻集时，对作品内容的编排是经过一番斟酌考量的。《燕笺诗集》有《入西曹四首》，题下自注："丁亥三月十七日，邹弁以流言下狱，余并逮。狱具，朝廷宣谕谓：投诚以前，流离殉家，忠臣也，到我国亦当如是。释而不问。其时宣谕诸老，叶马法、党于姜、房海客

①　《菉居诗集》与《徵音》《归怀》《燕笺》三集行款字数不同，疑非一人所刻。笔者推测，因张缙彦在顺治十一年由山东右布政使转任浙江左布政使，后三集刻于杭州，而《菉居诗集》或刻于济南。
②　〔清〕张缙彦《徵音诗集》，《清代诗文集汇编》第12册，第596页。
③　〔清〕张缙彦《两义侠传》："先是，张从予游苏门，见百泉叫快，因自号百泉云。"见《依水园文集》前集卷二，《清代诗文集汇编》13册，第85页。
④　〔清〕张缙彦《依水园文集》后集卷一，《清代诗文集汇编》第13册，第145页。
⑤　〔清〕张缙彦《归怀诗集》，《清代诗文集汇编》第12册，第613页。
⑥　〔清〕张缙彦《燕笺诗集》卷三，《清代诗文集汇编》第12册，第652页。
⑦　〔清〕张缙彦《燕笺诗集》卷二，《清代诗文集汇编》第12册，第643—644页。

也。感圣恩如天,永矢弗谖,遂为此什。"①张缙彦丁亥(顺治四年 1647)在京尝
入狱,作有此诗。如其三云:"不是网罟急,焉知雨露深。狱吏缘何事,不识圣
明心。"其四云:"嘀日当空照,阴山积雾开。始知鸟语误,却放冶长回。"但如果
就此认为张缙彦深感清廷之恩,永志不忘,那就大错特错了。

《徵音诗集》有《城头燕》二首,题下自注:"丁亥三月京中作。"诗云:

> 黄土墙头白项燕,营巢哺子啄泥淀。
> 掠水低飞欲近人,市儿拍手心机变。
> 绳绳小网结游丝,中伏祸机鸟不知。
> 鸟不知,死何辞? 剪翅羁足空尔为。(其一)
>
> 道上行人赎燕归,开笼撒手任飞飞。
> 燕子欢喜我独悲,燕兮燕兮去何之。
> 今日卖燕得钱多,明日贪钱又窥窠。
> 君不见,市儿提笼午门集,端为放燕日夜急。(其二)②

丁亥即顺治四年,张缙彦已降清到京。联系张缙彦所处时世背景,显然此诗明
为写鸟,实为写人。诗写出了仕清的贰臣就像那笼中燕,任人摆布,左手放,右
手又逮了它们;前日放,明日复捕,处境悲惨。张缙彦契友薛所蕴,亦有以鸟比
人之作,写鸟,实写自己③。贰臣在清初的境遇大类如是,不能明言,故常托物
以抒怀。

　　入清之初,清廷对贰臣有防备猜忌之心,对他们的惯用手段是恩威并施,
一打一拉相结合。往往借助官员之间互相倾轧之机,或以莫须有的因由,对这
些降清汉官不断地左手打、右手拉(钱谦益、陈之遴、周亮工等人皆是例子),使
用既逼迫又怀柔的两手政策,借以驯服这些汉人贰臣官员,使他们对清廷感恩
戴德,正如张缙彦诗下小注所言:"感圣恩如天,永矢弗谖。"而这些贰臣亦深明
此理,在言行上小心翼翼,不敢逾矩。张缙彦在《赠王藉茅太史序》中即云:"盖
今日,谈用世,亦难矣。开创旧勋,率自东土疏附诸贤,犹循规矩、察从违,以期
万一有当,稍一龃龉,大者不敢任责,赴社稷之会,小者亦饰过修美,守其职业,
汩没省署,从容岁月而已。"④谈到王铎之子王无咎为何为官非常低调,涉及当

---

① 〔清〕张缙彦《燕笺诗集》卷五,《清代诗文集汇编》第 12 册,第 678—679 页。
② 〔清〕张缙彦《徵音诗集》,《清代诗文集汇编》第 12 册,第 595—596 页。
③ 参见薛所蕴《桴庵诗》卷二《笼中鸟》:"咄嗟汝鸟殆未思,南山张罗罝北施,矰缴匝地弹射奇。
不见鸥鹠鹰鹞当衢立,汝飞何处栖羽翼。"《槜雀吟》:"海上鸥笑槜边雀,与尔踞踏阆栖间,何如丰草长林
恣饮啄。雀闻低头若有思,鸥知其一莫知其二。不见猎人张网新如烟,漠漠空碧遍平田。飞鸟一触肝
脑剖,依槜之雀心忧苦。"《四库全书存目丛书》集部第 197 册,济南:齐鲁书社,1997 年,第 249、255 页。
④ 〔清〕张缙彦《依水园文集》后集卷一,《清代诗文集汇编》第 13 册,第 117 页。

时严苛的政治形势,众人都如履薄冰,噤若寒蝉。

　　两处联系来看,很明显,《入西曹四首》与《城头燕》两首是为同一事而作,即丁亥年自己因流言短暂入狱即又获释的经历。张缙彦将二诗分置两集之中,应是为了避祸自保。若将二诗放在一处,很容易看出张缙彦有不满牢骚的情绪。《入西曹四首》是以颂扬清朝为主的,和《城头燕》二首主要表达不满牢骚之情是不同的;《城头燕》二首可以说是真实情感的曲折流露,《入西曹四首》则是逢场作戏的表面文章。

　　而分置两集的事实再次证明,《篴音诗集》中的诗作并非均早于《燕笺》之前。两诗集是同时而刻。而且,在刻集时,张缙彦对诗作是有一定组织和安排的。

　　这样的写刻方式,就有了刊刻者主动安排、遴选诗集内容,重塑诗人形象的可能。这也就是笔者在前文所说的“故布迷阵”之所指。故布迷阵的目的是重塑形象。即使不能重塑出自己期望的形象,至少也要隐藏或混淆,减少读者直接、清楚地捕捉、把握诗人的生平行事,从而达成负面形象的可能。所以,这就引发一个问题:张缙彦的诗是否可以作为观察其个人生平、心态的参照呢?在张缙彦身上,“诗可以观”的古老命题依然适用,但是需要经由一段颇费工夫的版本考辨、诗篇的重新排列组合,历史的真貌、作者的深衷才得以从文字构建的迷楼中微婉隐曲地显现。诗集的外部形式与诗作反映的内心世界之间,由“外”到“内”,曲槛回环,隔着不小的距离。借助作者诗文解读易代之际的人物时,尤需注意此种曲折的“诗可以观”。

余论:易代之际集部著述的文献学省察

　　“天翻地覆”之类的词汇常被用来形容易代之际,这当然是个很形象的表述。但天地翻覆又远远不能包容涵盖一个具体的人在巨变时代的升沉际遇、转折变迁,以及与此并生的种种复杂事物、现象以及心理。集部著述是作者直接的人生反映或寄托,当然在易代之际,因其人之复杂而亦显复杂。张缙彦的《篴居诗集》及其另外几部诗集的写刻过程分明彰显了这种复杂性。

　　在这种复杂性面前,我们以往的一些文献考察手段可能会失效。一般进行版本鉴定,一个常用的方法是,通过序言中所述及的时代、事件等,联系作者生平,建立时间坐标。而易代之际的集部著述,其序言包括文集本身可能是经过改易的,而其改易的目标正是淡化甚至篡改这种时间坐标。所以,在易代之际的诗文集中,序言有时恰恰难以作为刊刻时间的判定依据。这个时候就要综合多种文献进行校勘,要将文本是否发生改易纳入考量的范围,校勘的价值和意义就凸显出来了。

　　正如"天翻地覆"的宏大叙述不能表现细致入微的复杂变化一样,易代之际的诗文篇章从撰成到结集,再到刊刻面世,其间每个环节,作者看似微细的调度安排都有可能反映着为人所忽略的人物心态、命运和时代变迁。也正是在这个意义上,面对易代之际的集部著述,才尤其要保持文献学角度的警醒,注重文本考察;而这种文本考察,既是研究的成果,亦应作为一种必要的研究视角与方法。

孤本《泊斋别录》作者及其文献价值考论[*]

张明强^{**}

【内容提要】《泊斋别录》清抄本四册,为孤本,此本曾经乾嘉时期海宁藏书家陈鳣庋藏,今存中国科学院图书馆。此种《泊斋别录》卷首署名"古燕独孤微生",学界认定独孤微生实有其人,并推断其生平,多有讹误。经考证,《泊斋别录》所署"古燕独孤微生",实即清初吴农祥,此书编者为吴农祥第四子吴裕。浙江图书馆藏吴农祥《梧园诗文集》稿抄本包括《泊斋别录》抄本二册,亦是孤本,与陈鳣藏本行款一致,则《泊斋别录》原书包括多种文类,今所见乃其一部分,抑或当时未编完。《泊斋别录》是吴农祥的散文别集,与其骈文集《流铅集》并列,有重要的文献价值,主要表现在校勘异文、作品补遗和系年、人物事迹考订、纠正前人之说等方面,能为呈现吴氏文集修改、编定过程提供资料,对了解清代作品创作、修订、结集过程具有重要参考价值。

【关键词】《泊斋别录》 《梧园诗文集》 吴农祥 独孤微生 徐林鸿

《泊斋别录》清抄本四册,此书经乾嘉时期海宁藏书家陈鳣庋藏,今存中国科学院图书馆。《泊斋别录》卷首署"古燕独孤微生稿",经考证,此抄本乃《泊斋别录》的一部分,实际作者是清初吴农祥(1632—1708),编者则为吴农祥第四子吴裕(1665—?)。《泊斋别录》为吴农祥别集。又浙江图书馆藏《梧园诗文集》稿抄本亦有《泊斋别录》二册,清抄本。这六册皆是孤本,具有重要文献价值。

一 孤本《泊斋别录》流传考述

《泊斋别录》,罕见流传,今存单行本仅见一种,堪称孤本,《中国古籍善本

---

  * 本文系国家社科基金项目"中国骈文学通史"(项目号21XZW012)的阶段性成果。

  ** 本文作者为贵州师范大学文学院教授、文学·教育与文化传播研究中心研究员。

书目》(集部)著录云:"《泊斋别录》不分卷,清独孤微生撰,清抄本。"①中国科学院图书馆藏。其后《清人别集总目》和《中国古籍总目》(集部)著录信息同《中国古籍善本书目》。《清人诗文集总目提要》"《泊斋别录》不分卷"条云:"独孤微生撰。微生字泊斋,自署古燕人。此集四册,清抄本,中国科学院图书馆藏。"②查检相关目录专书和藏书单位目录,此《泊斋别录》抄本乃孤本,仅中国科学院图书馆有藏,《四库未收书辑刊》第五辑第 30 册据以影印③。

　　此本共四册,清抄本,目录页钤有两印,其一为"干青寿天直印",另一印模糊。每册首页和尾页有印章,包括"中国科学院图书馆藏""海宁陈鳣观""东方文化事业总委员会所藏图书印"等藏书印,则此书经乾嘉时期浙江海宁藏书家陈鳣(1753—1817)所藏,民国时期曾藏于东方文化事业总委员会,后归中国科学院图书馆。

　　中国科学院图书馆藏《泊斋别录》(以下简称"陈鳣本"),此本版心上方题"泊斋别录",中间题篇名和本篇独立页码。每半页十行,行二十八字④。卷首目录页署"古燕独孤微生稿",其后题"寿文十卷,计九十一首",疑"十"为"上"之讹,实际上目录和正文都不分卷。目录之《诸日如七十寿序》,正文缺,实收寿文(寿序)九十首,全是为男性(包括夫妻双寿)所撰寿序。《清人诗文集总目提要》谓《泊斋别录》:"皆顺治十五年戊戌至康熙四十四年乙酉所作寿序,目载九十一篇,实八十九篇。每篇皆署写作年号。"⑤不确,此本之《张仲隆八十寿序》题下注"丙戌",指康熙四十五年丙戌(1706),则寿序写作时间范围可下至康熙四十五年;此抄本实收九十篇寿文,非八十九篇;《泊斋别录》之《榷使补斋师公寿序》《金华太守张世泽寿序》《吴子屿九十寿序》《陈处士元公六十寿序》《朱士叶六十寿序》等题下未署写作时间,所以也不是每篇都署写作年号。

　　目前所知陈鳣本的版本流传情况有迹可循,但此书仍有诸多疑问需要解决,如卷首所署"古燕独孤微生"是实有其人,还是清代的其他作家? 这部书的编纂情况如何等,都需要做进一步的探讨。

　　①　中国古籍善本书目编辑委员会编《中国古籍善本书目》(集部),上海:上海古籍出版社,1998年,第 983 页。

　　②　柯愈春《清人诗文集总目提要》,北京:北京古籍出版社,2001 年,第 274 页。

　　③　〔清〕独孤微生《泊斋别录》,《四库未收书辑刊》第五辑第 30 册,北京:北京出版社,1998 年。

　　④　此本个别地方每行字数有出入,如《四库未收书辑刊》影印本第 451 页《制台李公寿序(庚申)》第一页下之第二行有二十九字,第 455 页《中丞玉峰赵公寿序(丙寅)》第一页上第七行有二十七字,这是极个别现象,当是抄录者不够严谨所致。本文所引《泊斋别录》"寿文"部分皆据《四库未收书辑刊》第五辑第 30 册影印中国科学院图书馆本。

　　⑤　柯愈春《清人诗文集总目提要》,第 274 页。

二　《泊斋别录》作者实为吴农祥考

陈鳣本卷首署"古燕独孤微生"，那么独孤微生指哪位作家？检《清人室名别称字号索引（增补本）》①，并未载录此字号。前揭柯愈春《清人诗文集总目提要》仅据陈鳣本卷首题署介绍，朱则杰《〈清人诗文集总目提要〉订补——以李楷等十二人为中心》"独孤微生"条②，据陈鳣本之《顾宾容八十寿序》推断独孤微生生于明末天启三年癸亥（1623），这一判断有误，此文又见于《梧园诗文集》稿本第10册，题下注"代毛大可"③，是代毛奇龄而作，所以不能依据文中内容推定作者生年。这也从另一方面说明辨明《泊斋别录》作者对学术研究的重要性。此外其他各种目录书著录和引用该书者都没有深入探究作者问题。《泊斋别录》所署"独孤微生"实为清初吴农祥（1632—1708），独孤微生乃吴农祥别号，理由如下：

第一，浙江图书馆藏吴农祥《梧园诗文集》稿抄本包括《泊斋别录》抄本二册，此抄本为吴农祥所撰，卷首题署、版式、行款与陈鳣本一致，则陈鳣本亦为吴氏所撰。

浙江图书馆藏《梧园诗文集》稿抄本共34册，为孤本，《中国古籍善本书目》（集部）著录："《梧园诗文集》不分卷，清吴农祥撰，稿本，清丁丙跋，吴庆坻跋。"④《浙学未刊稿丛编》第一辑第26—36册据以影印，影印本署吴农祥撰，《泊斋别录》在影印本第32册（以下简称"梧园本"）⑤。《梧园诗文集》第1册卷首有丁丙跋一则，《善本书室藏书志》卷三十七"梧园诗文集二十九册"条有节录，云："原稿本，萧山王小穀藏书。钱塘吴农祥撰。农祥，字庆百，号星叟，一号大涤山樵。……农祥为文章才辨宏博，驰骋百家，……而黄士珣《北隅掌录》称其著作总五百六卷，藏萧山王小穀太史家。同治乙丑从三元坊包叟得集二十九册。……皆未编定之卷，较之原目已少三之二矣。"⑥又卷首扉页吴庆坻跋谓："星叟徵君撰著宏富，……此八千卷楼所藏抄本，为徵君手稿。松存丈《识

---

①　杨廷福、杨同甫编《清人室名别称字号索引（增补本）》，上海：上海古籍出版社，2001年。

②　朱则杰《〈清人诗文集总目提要〉订补——以李楷等十二人为中心》，《厦门广播电视大学学报》2016年第3期，第77—78页。

③　〔清〕吴农祥《梧园诗文集》，《浙学未刊稿丛编》第一辑第29册，北京：国家图书馆出版社，2018年，第223页。

④　中国古籍善本书目编辑委员会编《中国古籍善本书目》（集部），第1012页。

⑤　〔清〕吴农祥《梧园诗文集》，《浙学未刊稿丛编》第一辑第32册，北京：国家图书馆出版社，2018年。

⑥　〔清〕丁丙《善本书室藏书志》，《清人书目题跋丛刊》本，北京：中华书局，1990年，第874页。

语》云：'凡二十九册，盖未经编定之本。'光绪之季，丁氏书归江南图书馆，此本乃复出于金陵市上，孙君康侯得之，比于赵璧之归，亦奇缘也。……庚申初秋吴庆坻。"①后有"暖公"印章一枚。同治乙丑，即同治四年（1865）；庚申初秋，即1920年初秋。王小穀，即王端履，字小穀，藏书家王宗炎之子，萧山人。嘉庆甲戌进士，官翰林院庶吉士。

《梧园诗文集》有"浙江省立图书馆藏书印""赐书堂藏阅书""寿松堂书画记"等藏印，后两印是孙峻（1869—1936）之鉴藏印，峻，字康侯，杭州府仁和县人，乃寿松堂孙氏之后，喜藏书，与丁丙交往密切。孙峻藏书后捐赠浙江省立图书馆，有《杭州孙氏寿松堂捐赠浙江图书馆书目》②，然《梧园诗文集》并未见于此书目录，或经其他途径转入浙江图书馆，或当时漏录。

《梧园诗文集》34册中包括一些增补抄本，就文而言，前17册都属于稿本范围，虽然版式略有不同，多为每半页十行，行二十八字，版心有篇名和每篇页码。《梧园诗文集》稿本第二册《方文虎诗余序（追作）》、第三册《嵇太守淑子诗集序（癸丑）》、第九册《西湖水利考》，文末皆附跋一则，且落款署"男容识"。《梧园诗文集》稿本第十三册《谢李尚书邺园惠历日启（庚申衢州作）》，文后附跋一则，末署"男毅识"。《梧园诗文集》第八册《裘封君诔（代）》《为韩孝廉事与梁明府冶楣书（乙卯）》，第十三册《谢曹耘莲惠砚启（辛卯）》《谢御千惠米启》，文末皆附跋一则，末署"男裕识"。《梧园诗文集》稿本第十三册《谢项眉山学士惠酒启》文末附跋一则，末署"男爽识"。据《梧园诗文集》第十四册吴农祥《冢男容权厝志》《亡妻傅□□权厝志》《四子妇徐氏权厝志（又乙酉）》记载③，吴氏有子九人，四殇，长大成人者五，长子吴容（1658—1688），次子吴毅，四子吴裕（1665—？），五子吴祉，六子吴亮。又《梧园诗文集》稿本第一册《慈竹赋（有序）》云："爰作此赋，并示容毅裕爽亮等。"④则《梧园诗文集》原稿本是吴农祥之子吴容、吴毅、吴裕、吴爽等人共同收集整理而成。

由以上分析可知，《梧园诗文集》由吴容、吴裕等人编成，其后从吴氏后人散出，曾藏于萧山王端履家，同治四年，丁丙从包叟处购得29册稿本，遂入丁氏藏书。后来，孙峻购买于南京市场，今藏浙江图书馆，变为34册，盖孙氏或其他人有所增补，包括稿本和抄本，故称稿抄本更确切。

《梧园诗文集》稿抄本第18册和第19册是《泊斋别录》，第18册目录页署"古燕独孤微生稿"，实收杂文（赋、颂、序、启、记、碑、疏、引、考）51首（有两首目

①　〔清〕吴农祥《梧园诗文集》卷首，《浙学未刊稿丛编》第一辑第26册，第15—16页。

②　浙江省立图书馆编《杭州孙氏寿松堂捐赠浙江图书馆书目》，《清代私家藏书目录题跋丛刊》第1册，北京：国家图书馆出版社，2010年，第605—619页。

③　〔清〕吴农祥《梧园诗文集》，《浙学未刊稿丛编》第一辑第30册，第431—468页。

④　〔清〕吴农祥《梧园诗文集》，《浙学未刊稿丛编》第一辑第26册，第95—96页。

录无,正文有),版心上方题"泊斋别录",中间题篇目和每篇页码。第19册题署同第18册,署名后为"祭文下卷,计三十九首",版心信息与第18册同,惟最下面增此卷统一页码。此本亦每半页十行,行二十八字。两册题名、署名、版式、行款与陈鳣本一致。

从作品本身亦可证这两册为吴农祥所作。梧园本"祭文下卷"《祭陈亲母丁恭人文(乙巳)》云:"嗣后祥归盐官,使女奴入候恭人平善。……祥之母弃祥兄弟也,年止五十有六。……祥之素冠以吊也,将慰观察之腹悲而语叔夏兄弟以节哀也。"又梧园本"杂文"有《重修文昌祠记(癸未)》一文,末署:"康熙癸未三月初一日丰宁坊弟子吴农祥题于奎章阁。"①知这些文章为吴农祥撰。梧园本"杂文"部分共51首,34首又见于《梧园诗文集》,17首为独有,"祭文"部分共39首,25首又见于《梧园诗文集》,14首为独有。梧园本90首作品,59首又见于《梧园诗文集》稿本部分,亦可证。

梧园本和陈鳣本今存寿文(寿主为男性或夫妇)、杂文、祭文下卷(所祭皆女性),皆为文章,从目录标题上看,显然还应包括寿文(寿主为女性)、祭文上卷(所祭为男性)等。故《泊斋别录》原书应包括各种文类,流传过程中有遗失,今所见乃其一部分而已,抑或当时就没有编辑完成。

第二,《泊斋别录》所收作品,大部分见于现存《梧园诗文集》稿本,而《梧园诗文集》稿本为吴农祥所撰,亦可证此书乃吴氏之作。由于《梧园诗文集》仅存一部分(前17册稿本全部为文),《泊斋别录》亦为残本,今就现存部分统计如下:陈鳣本实收寿文90首,73首又见于《梧园诗文集》,17首为独有,由此看来,超八成内容可以互证。

考虑到《梧园诗文集》在流传过程中有所佚失,另外互见的作品可以证明《泊斋别录》的编纂依据《梧园诗文集》稿本,比如陈鳣本之《金华太守张世泽寿序》《周肙翁太翁七十双寿序(庚午)》《兰溪曹君双寿序(壬午)》《周仲韬明府五十寿序(辛未)》等,与《梧园诗文集》稿本所载对应篇目文字比勘,稿本文字涂抹修改甚多,所修改信息皆被《泊斋别录》吸收。

第三,《泊斋别录》抄本有多处自称"祥""农祥"者,可知,这些文章作者即为吴农祥。如陈鳣本第二册所载《毛继斋先生八十寿序(乙巳)》云:"今年乙巳,而毛子尊人继斋先生八十,毛子之友争述先生梗概以寿先生。农祥读之而叹曰。"又《前进士武山钱先生八十寿序(乙卯)》云:"予父执前南昌太守武山钱公,自题梅斋诗数章,命祥属和纸尾。……所与游者张用霖右民、孙宇台治、沈甸华昀、陈际叔廷会,及祥数人而已。……祥不敢为世人语以觞先生,谨再和

---

① 〔清〕吴农祥《梧园诗文集》,《浙学未刊稿丛编》第一辑第32册,第275—277、138页。

梅斋诗八首,并书壬子所和诗于后,以志岁月焉。"①

　　第四,吴农祥所作传记末尾有题"独孤微生曰"的文字,则吴氏自号独孤微生。《梧园诗文集》稿本第11册载吴农祥所撰传记,文末评语题"吴农祥曰""啸台氏曰""野史氏曰",其中《俞元良周宗彝传》,文末题"独孤微生曰"②。日本静嘉堂文库藏有吴农祥《吴莘叟先生集》抄本一册,为归安陆心源十万卷楼旧藏,《静嘉堂秘籍志》卷四十六"吴莘叟集"条云:"清吴农祥撰,不分卷,抄一本。……是本惟抄明末诸人传数十篇耳。"③《吴莘叟先生集》是吴农祥所撰明末人物传记,共26篇,文末评语多题"吴农祥曰",其中《黄阁部道周传(乙丑)》《严阁部起恒传(壬申)》《袁总督继咸传(癸酉)》三篇的文末皆题"独孤微生曰"④,传文末尾某某曰,仿司马迁《史记》体例,乃是自称。同样可证吴农祥又号独孤微生。

　　《泊斋别录》为何署不常见的"独孤微生"呢?抄本一些篇目从《梧园诗文集》稿本中编入时有意将原文之"农祥""祥"等个人真实名字改为"某某""某",以便和卷首署名"独孤微生"不冲突,有意隐去吴农祥个人信息。如陈鳢本第一册载《周月翁太翁七十双寿序(庚午)》云:"戊午之征,己未之试,某某薄劣,亦附名末简。而兄志伊任臣属君为同官,君弟井陉君仲韬,某姻友也。以某曾游宛洛,以屏幛之词征诸草野之子,故不敢辞而为之序。"又第二册《王祉叔七十寿序(戊申)》谓:"先生之季婿景融,某族弟,以某知先生,能言其行事,而以属余。"⑤这两文又见于《梧园诗文集》稿本,前文见第四册,题《寿周月翁太翁七十双寿序(庚午)》,对应文字作:"戊午之征,己未之试,农祥薄劣,亦附名末简。而兄志伊任臣属君为同官,君弟井陉君仲韬,祥姻友也。以祥曾游宛洛,以屏幛之词征诸草野之子,故不敢辞而为之序。"⑥后文见第十册,对应文字作:"先生之季婿景融,祥族弟,以祥知先生,能言其行事,而以属余。"⑦可见《泊斋别录》在编定时有意将稿本中有关吴农祥的信息隐去,这样做的动机是出于体例要求,抑或故意有所遮掩。而前面所言文中仍有吴农祥名字信息者,当是编书时未能删尽之故。

　　① 〔清〕独孤微生《泊斋别录》,《四库未收书辑刊》第五辑第30册,第475、476—477页。
　　② 〔清〕吴农祥《梧园诗文集》,《浙学未刊稿丛编》第一辑第29册,第576页。
　　③ 〔日〕河田罴撰,杜泽逊等点校《静嘉堂秘籍志》,上海:上海古籍出版社,2016年,第1859—1860页。
　　④ 〔清〕吴农祥《吴莘叟先生集》,清抄本,日本静嘉堂文库藏。按,《吴莘叟先生集》所收传记已收入李岩点校《吴星叟明人传稿》,北京:中华书局,2019年。可参看。
　　⑤ 〔清〕独孤微生《泊斋别录》,《四库未收书辑刊》第五辑第30册,第468、488页。
　　⑥ 〔清〕吴农祥《梧园诗文集》,《浙学未刊稿丛编》第一辑第27册,第281页。
　　⑦ 〔清〕吴农祥《梧园诗文集》,《浙学未刊稿丛编》第一辑第29册,第241页。

吴农祥(1632—1708)①,字庆百,一作庆伯,号星叟,又号萧台、啸台、宜斋、大涤山樵。浙江钱塘县人。明右春坊右中允兼翰林院编修吴太冲(1596—1655)②长子。农祥性机敏,一览成诵。幼时为其父同年友马世奇所知,父执郑赓唐(号宝水)、钱喜起(号武山)、朱稷(号白楼)、钱朝彦(号定林)等杭州先达对其赞赏称扬。崇祯十七年(1644),年十三,就馆甥舍傅岩家。康熙十八年(1679)三月,应征参加博学鸿儒科考试,报罢而归。其后曾入浙江总督李之芳幕府等,平生创作大量代作,或为幕主,或为贵人请托而作。康熙十七年,农祥与同时在京的应征名流陈维崧、毛奇龄、吴任臣、王嗣槐、徐林鸿常客冯溥宅,称“佳山堂六子”,又与同里吴任臣称“二吴”。生平事迹参见章抚功《吴庆伯先生行状》、方棻如《吴征君传》以及《鹤征前录》“吴农祥”条③。

吴农祥是清初著名骈文家、词人,著述丰硕,然仅以稿本、抄本流传。嘉道时,钱塘陈文述《南屏怀吴庆百》注云:“庆百,名农祥,著录甚富,今皆不传。闻骈体文旧藏随园,求之不得。”④可见传本之稀。

三 《泊斋别录》编者考

《梧园诗文集》稿本的编者乃吴农祥之子吴容、吴毅、吴裕等,然是未编定之本,依据较严格体例编定的文集则是《泊斋别录》和《流铅集》。那么《泊斋别录》的编选者是谁呢? 此书编者为吴农祥第四子吴裕(1665—?),理由如下:

第一,《梧园诗文集》稿本第9册载《西湖水利考》,文末跋云:“此先生丙申作也。康熙十三年,梁邑侯冶湄聘先生修《钱塘志》,即将此意作西湖本末。意

① 吴农祥生于崇祯五年(1632),卒于康熙四十七年(1708)。章抚功《吴庆伯先生行状》和方棻如《吴征君传》记载明确,本无可辨析者。然陆心源《三续疑年录》卷八载吴农祥生卒年为“生万历三十年壬寅,卒康熙十七年戊午”,注依据为“《集虚斋集》”(《续修四库全书》第517册,上海:上海古籍出版社,2002年,第337页),万历三十年为1602年,康熙十七年为1678年,《集虚斋集》,当为方棻如之文集,方氏《集虚斋学古文》卷十二《吴征君传》,当为陆氏推定生卒年所据,陆氏所言吴农祥生卒年显误。

② 吴太冲生卒年据《梧园诗文集》稿本第12册所载《显妣张淑人行实(丙申)》、第14册所载《明内阁诰敕中书舍人玉涵吴公行状》、第17册载《为先公三十周年斋期疏》,以及《(康熙)钱塘县志》卷二十《吴太冲传》(《中国地方志集成》之《浙江府县志辑》第4册,上海:上海书店,1993年,第403页)推定。吴氏对自己出生时父母的年龄有不同的计算方法,白瑛珠《吴农祥杜诗评点研究》据吴农祥《亡弟文学来庵圹志》所云“先张淑人数举子而殇,在京师生农祥,时先公三十六”,推定生年(河北大学2014年硕士学位论文),不确。

③ 〔清〕章抚功《吴庆伯先生行状》,清芬权抄校本。〔清〕方棻如《集虚斋学古文》卷十二,《清代诗文集汇编》第228册,上海:上海古籍出版社,2010年,第701—702页。〔清〕李集辑,〔清〕李富孙、李遇孙续辑《鹤征前录》,《丛书集成续编》第28册,上海:上海书店出版社,1994年,第763页。

④ 〔清〕陈文述《颐道堂诗选》卷二十一,《续修四库全书》第1505册,上海:上海古籍出版社,2002年,第192页。

虽本此而详略各不同,故两存之。男容识。"①梧园本"杂文"部分亦录此文,文末之跋署"男裕识"。由前面考证可知,《泊斋别录》所据底本为《梧园诗文集》稿本部分,《西湖水利考》在收入《泊斋别录》时将原署名吴容的跋改为吴裕。吴容是吴农祥长子,卒于康熙二十七年(1688),《梧园诗文集》稿本中此文保留吴容跋,但在编辑《泊斋别录》时,吴容已经去世,编者有意将跋的署名由吴容改作吴裕,从这个角度看,《泊斋别录》应由吴裕编定。

第二,现存两部吴农祥成型的文集是《泊斋别录》和《流铅集》,《泊斋别录》收录文章有作于康熙四十六年丁亥(1707)者,如梧园本之《浙江按察使金事分巡温处道张公名宦祠记(丁亥)》。稿本《流铅集》卷六载《玉虚亭建斗阁疏(戊子)》②,作于康熙四十七年(1708)。吴农祥卒于康熙四十七年,《泊斋别录》和《流铅集》所收文章包括其晚年所作,编定于吴氏去世之后。《流铅集》每卷卷首题"明湖吴农祥庆百氏著 清溪方粲如文辀氏定 男裕僧弥校字",可知该书最后由方粲如审定,吴裕校订,是骈文集。现存《泊斋别录》抄本所收文章基本都是散文,是一部散文集,这两部书在编纂时就有分工,亦当是吴裕所辑。

第三,吴农祥卒后,其遗稿由第四子吴裕、吴慎思父子编校保存,故《泊斋别录》亦为吴裕所编。方粲如《吴征君传》谓:"所著古今体诗一百三十四卷,古文一百四十卷,骈俪文四十卷,诗余二十四卷,他杂著又一百六十八卷。子裕、孙慎思编以藏于家,皆杀青,可缮写。"③方粲如与吴农祥有交往,受吴氏赏识,吴编《惊喜集》,选录方氏之弟粲如诗入集。方粲如与吴裕一起编定《流铅集》,则《泊斋别录》亦藏于吴裕家并由吴裕父子编定。

四　《泊斋别录》文献价值述论

《泊斋别录》作为吴农祥流传至今的已编文集,有重要的文献价值,不仅能在校勘、补遗、人物生平事迹考订方面提供基础资料,且能帮助呈现吴氏文集修改、编纂过程,对我们了解清代作品创作、修订、结集过程具有重要参考价值。

首先,《泊斋别录》可提供校勘异文,呈现吴农祥作品的修改编定过程。《梧园诗文集》稿本,第1册至第17册为文的稿本部分,如《梧园诗文集》第1册《射潮赋(壬午)》,文中有"表百川而东逝""夹双螭于雀跃,夹双螭于鸿蒙""注沃焦以苍莽,委沃焦而无晖""技空施于纵送""漫留禹穴,还上胥台;止车析

---

① 〔清〕吴农祥《梧园诗文集》,《浙学未刊稿丛编》第一辑第29册,第70页。

② 〔清〕吴农祥《流铅集》,《清代诗文集汇编》第127册,上海:上海古籍出版社,2010年,第365页。

③ 〔清〕方粲如《集虚斋学古文》,《清代诗文集汇编》第228册,第702页。

木,纳驾胥台"①,梧园本"杂文"亦载此文,对应文字作"表惊川而东逝""夹双螭于雀跃,奔万马于鸿蒙""注沃焦以苍莽,挂旸谷而无晖""技枉施于纵送""漫留禹穴,还上胥台;止车析木,纳驾蓬莱"②,此篇是异文较多者,从改动文字看,《泊斋别录》对底稿进行了优化,对一些对偶失当之处进行了修改。又如《梧园诗文集》稿本第 10 册之《寿兵侍郎杨以斋六十序(代)》之"余乡亲串"③,陈鳣本第三册录此文,题《少司马杨以斋六十寿序(丙寅)》,对应文字作"余乡亲众"④,也是对用词进行优化。《泊斋别录》据《梧园诗文集》稿本编录,虽只是个别文字有修订,然可考察清人作品写作、修订、编纂过程以及详细的修改例子,提供了作品生成的典型案例。

其次,可补《梧园诗文集》稿本的文字脱缺。如《梧园诗文集》稿本第 3 册之《总督郏园李公平闽录序(丁巳○代)》《张中丞勤雨颂序(庚辰○代)》《王宪副德政纪事序(代)》《梁冶湄治要序(代○辛酉九月)》等,都有文字缺失,梧园本"杂文"部分所收相应篇目则保持完好,可为补足脱缺之字。

第三,可为吴农祥作品补遗。现存吴农祥作品绝大部分收录在《梧园诗文集》稿本中,然稿本有所佚失,《泊斋别录》(陈鳣本和梧园本合计)现存 180 篇文章,其中 48 篇为《梧园诗文集》稿本部分和《流铅集》所无,可作为今后编《吴农祥全集》补遗。

第四,《泊斋别录》统一作品体例,某些篇目补出作年,正文中改正文字、补充字号、修改称谓,提供更多可资考证的信息。题下补注作年者,如梧园本"杂文"所录《贺浙江典试觉罗满保序(己卯)》《修仁和学宫启(乙丑)》《赵中丞修学宫记(乙丑)》《修仁和学宫记(乙丑)》《重修文昌祠记(癸未)》等,陈鳣本之《中丞玉峰赵公寿序(丙寅)》《少司马杨以斋六十寿序(丙寅)》《王殿扬六十寿序(己巳)》等,在《梧园诗文集》稿本中题下皆无标注干支纪年的作年信息,补出作年有利于进行作品系年和考订人物生平事迹。

如改正稿本误字者,如《梧园诗文集》稿本第 9 册载《代彭方洲浙江按察使金事分巡温处道张公名宦记》云:"康熙四十八年八月,余奉命督学浙江,考试温处二府。"⑤梧园本"杂文"录此文,题《浙江按察使金事分巡温处道张公名宦祀记(丁亥)》,康熙四十八年,改作"康熙四十六年",是。据《(雍正)浙江通志》卷一二一载,彭始抟(字方洲)在康熙四十五年任浙江提督学政,康熙四十八

① 〔清〕吴农祥《梧园诗文集》,《浙学未刊稿丛编》第一辑第 26 册,第 65—69 页。
② 〔清〕吴农祥《梧园诗文集》,《浙学未刊稿丛编》第一辑第 32 册,第 3—7 页。
③ 〔清〕吴农祥《梧园诗文集》,《浙学未刊稿丛编》第一辑第 29 册,第 311 页。
④ 〔清〕独孤微生《泊斋别录》,《四库未收书辑刊》第五辑第 30 册,第 515 页。
⑤ 〔清〕吴农祥《梧园诗文集》,《浙学未刊稿丛编》第一辑第 29 册,第 9 页。

年,吴垣继任①。

　　《泊斋别录》有补充人物字号者,如陈鳣本载《学士卢君六十寿序(乙亥)》云"我武林景韩卢君",在《梧园诗文集》稿本第 10 册此文题《翰林东阁学士卢君六十寿序(代○乙亥)》,景韩,作"○○"②,补出"景韩"二字很重要,由此可知寿主名字,卢琦,字景韩,钱塘人。据此文推定卢氏生于崇祯九年(1636)。有统一称谓者,如《梧园诗文集》稿本第 16 册载《祭顾母邵夫人文(代邵戒山)》《祭顾母程太夫人》③,又见梧园本,分别题作《祭顾母邵太君文(己巳)》《祭顾母程太君文》,前一篇正文将稿本"夫人"改作"太君"。

　　第五,有助于考证明末清初人物生卒年和相关历史事件。如清初应荐博学鸿儒科的徐林鸿是"佳山堂六子"之一,当时甚负声名,但其生卒年无明确记载,朱彝尊《曝书亭集》卷七十六《征士徐君墓志铭》未言徐氏生卒年④,梧园本有《祭徐母朱太孺人文(庚子)》,此文不见于《梧园诗文集》稿本,其云:"子今壮年,降生壬申;君母己亥,值当五旬。"⑤知徐林鸿生于崇祯五年壬申(1632)。又《梧园诗文集》稿本第 14 册《四子妇徐氏权厝志(又乙酉)》:"盖宝名卒于庚辰。"⑥则徐氏卒于康熙三十九年庚辰。又如仅见于陈鳣本之《宣平李明府寿序(庚戌)》,可证浙江宣平知县偃师人李向芝(字伊湄)生于崇祯四年(1631),《戴奉常型远五十寿序(己酉)》可证戴京曾(字型远)生于泰昌元年(1620),戴氏,钱塘人,顺治十三年担任山东提学使⑦,寿序详叙其生平仕宦,提供诸多史料。

　　吴农祥与郎星等人同纂《文献通考正续合纂》四十四卷,对郎氏较为熟悉。陈鳣本之《郎友月六十寿序(壬午)》有两篇,详细叙述仁和郎星(字友月)的生平事迹,以及明清之际文社情形,展现清初布衣的生活情态,提供清初珍贵史料。《泊斋别录》中有较多为在浙江任职的督抚藩臬等官员祝寿的作品,如两浙总督李之芳、施维翰,浙江巡抚陈秉直、赵士麟等,文中虽以颂扬为主,但也涉及三藩之乱、职官沿革、浙江治理和人物交往的史料。

　　第六,纠正前人之说的疏误。如《清人诗文集总目提要》云:"康熙二十二年所作《两浙总督施公寿序》,则记施琅平定台湾郑氏功绩。"⑧此说不确,陈鳣

　　① 〔清〕嵇曾筠等修《(雍正)浙江通志》,《中国地方志集成》之《省志辑·浙江》第 5 册,南京:凤凰出版社,2010 年,第 531 页。
　　② 〔清〕吴农祥《梧园诗文集》,《浙学未刊稿丛编》第一辑第 29 册,第 353 页。
　　③ 〔清〕吴农祥《梧园诗文集》,《浙学未刊稿丛编》第一辑第 31 册,第 315—324 页。
　　④ 〔清〕朱彝尊著,王利民等校点《曝书亭全集》,长春:吉林文史出版社,2009 年,第 719 页。
　　⑤ 〔清〕吴农祥《梧园诗文集》,《浙学未刊稿丛编》第一辑第 32 册,第 328 页。
　　⑥ 〔清〕吴农祥《梧园诗文集》,《浙学未刊稿丛编》第一辑第 30 册,第 467 页。
　　⑦ 〔清〕杨士骧修《(宣统)山东通志》卷五十一《职官志第四》,《中国地方志集成》之《省志辑·山东》第 4 册,南京:凤凰出版社,2010 年,第 230 页。
　　⑧ 柯愈春《清人诗文集总目提要》,第 274 页。

本所载此文，又见于《梧园诗文集》稿本第 4 册，题《两浙总督施公研斋寿序（癸亥七月）》。施公，指施维翰，字及甫，号研斋，康熙二十二年癸亥（1683）在浙江总督任上①。施琅未曾任浙江总督。又如朱则杰《〈清人诗文集总目提要〉订补——以李楷等十二人为中心》列"独孤微生"条②，将独孤微生作为独立作家，并依据《泊斋别录》中的代作推定生年，亦误。实际上，独孤微生即为吴农祥。

　　《泊斋别录》也有一些缺点，在编纂时大量删去文章的题注信息，特别是许多代作，"代"字删除后，容易给人误导，致使内容难以索解，若据此推定作者生平事迹，则谬误之甚。如《梧园诗文集》稿本第 4 册载《顾太公寿序（代杨自西○壬戌）》《慕榷使寿序（代且庵○辛酉）》，分别代杨雍建、顾豹文而作，在陈鳣本里分别题《顾来阳寿序（壬戌）》和《榷使塞庵慕公寿序（辛酉）》，若单独依据陈鳣本，就不易理解内容所指，更不可据之考订作者生平。

———————————

①　〔清〕嵇曾筠等修《（雍正）浙江通志》，《中国地方志集成》之《省志辑·浙江》第 5 册，第 529 页。
②　朱则杰《〈清人诗文集总目提要〉订补——以李楷等十二人为中心》，第 77—78 页。

清抄本《嚣湖诗集》作者考述

吴雪菡*

【内容提要】 北京大学图书馆藏清抄本《嚣湖诗集》，不署撰人。各家书目著录此书，皆作"佚名"。笔者近于朱珪《武定府知府徐君墓志铭》发现线索，考定《诗集》作者为徐如灏。徐如灏出身清代天津官宦世家，《诗集》对其家世生年、仕宦经历、酬唱交游多有反映，可补史载之阙。徐如灏推崇白居易诗，诗风淡泊平易，用典自然贴切，实与"性灵派"的诗学品味相合。《诗集》前有张问陶题记，与《船山诗草》所收《使事》诗同中有异，值得关注。

【关键词】 《嚣湖诗集》 徐如灏 张问陶 《使事》 性灵派

北京大学图书馆藏《嚣湖诗集》（典藏号：SB/811.175/1302），清抄本，不分卷，一函六册。端楷缮写。半叶八行，行二十字，小字双行同。前有张问陶、蔡之定二题记。此书封面、卷端原未题书名，亦不署撰人。书前扉页及函套上，有今人补题书名"嚣湖诗集"，盖据张问陶题记"丙寅春夏初校嚣湖先生大集"、蔡之定题记"雨窗展读嚣湖五兄诗集率尔有作"[1]等语。然遍检群籍，未见谁人以"嚣湖"为号，故《北京大学图书馆藏古籍善本书目》[2]《清人诗文集总目提要》[3]《中国古籍总目》[4]著录此集，皆作"佚名"。《嚣湖诗集》作者为谁，确系一个疑问。而笔者近于朱珪《武定府知府徐君墓志铭》中发现线索，恰可释此疑窦。试证如下，谨供学界参考。

---

* 本文作者为北京大学中文系中国古典文献学专业博士。

① 蔡之定，字麟昭，号谷山。浙江德清人。乾隆五十八年（1793）进士，官翰林院编修。著有《积谷山人集》（参〔清〕潘衍桐撰，夏勇、熊湘校点《两浙輶轩续录》卷一六，杭州：浙江古籍出版社，2014年，第959页）。蔡之定题记云："故人久不见，夏雨生凉。眷怀书三林，三林道阻长。长君昨至都，却在水一方。案头检诗册，长吟撷兰芳。性情接篇什，忽若在君旁。一尊迟君玉，奇文共校量。雨窗展读嚣湖五兄诗集率尔有作。之定。"小注："公子云家父接运京铜由水路。"题记后钤"蔡氏谷山"朱文方印。

② 北京大学图书馆编《北京大学图书馆藏古籍善本书目》，北京：北京大学出版社，1999年，第494页。

③ 柯愈春撰《清人诗文集总目提要》，北京：北京古籍出版社，2001年，第912页。

④ 中国古籍总目编纂委员会编《中国古籍总目》，北京：中华书局，上海：上海古籍出版社，2009年，集40223799。

一　《鬶湖诗集》作者考

　　《鬶湖诗集》(下文简称《诗集》)蕴含作者相关信息,为考明作者身份提供了线索。谨胪列如下:

　　其一,久居天津。《诗集》有《问乡人》:"遥听乡音识直沽。"又有《自计》:"直沽旧渔父,郁郁志空抱。"金、元时称潞、卫二河会合处为直沽,乃天津聚落最早兴起之地①。可知《诗集》作者长驻天津。

　　其二,父卒年八十。《诗集》有《先大夫即阅世二年矣忌日偕文波展墓不禁怆怀》:"得我生时父四旬,如何恩育岁相因。"小注:"卒年八十。"

　　其三,子名"汇吉""柬理"。《诗集》有《示汇吉》:"就传十年耳,居然不肯嬉。遽堪称令子,差可慰良师。挟策如知兔,着鞭似恐迟。非因多誉癖,属望阿鸿时。"殷殷教子之心,跃然纸上。又有《示男汇吉柬理》《乙巳秋得汇吉育男元杰信喜甚因成长篇以示之》《示孙元杰》等诗。

　　值得注意的是,以上《诗集》反映出的作者信息,皆与朱珪《武定府知府徐君墓志铭》(下文简称《墓志》)墓主徐观孙之儿辈的情状相合。为便讨论,兹将《墓志》相关文本摘录如下:

　　　　君讳观孙,字用宾,号雪崖。徐姓。初自越北迁京师,为宛平人,家于天津……廿七,举雍正乙卯科乡试……(乾隆)四十九年,年七十有七,致仕。明年与千叟宴,拜赐如例。五十三年六月二十七日,寿终于家,年八十。娶陆恭人,继娶赵恭人。子三:如源,河南开封府同知;如灏,以州同借补扬州府经历;汝澜,乾隆庚子科进士。孙八:汇吉、柬理、集冈、荣符、荣辀、枋诏、鳌范、枫蔚……君之子如灏使来告哀,且请为铭。②

　　《墓志》云:"(徐观孙)初自越北迁京师,为宛平人,家于天津。"则徐家久居天津。又云:"(徐观孙)五十三年六月二十七日,寿终于家,年八十。"知徐观孙卒年八十。又云:"(徐观孙)孙八:汇吉、柬理、集冈、荣符、荣辀、枋诏、鳌范、枫蔚。"知徐观孙有孙汇吉、柬理。徐观孙儿辈的情况,与《诗集》作者的情况,一一对应,若合符契。可见《诗集》作者即徐观孙之子。

　　《墓志》云:"子三:如源,河南开封府同知;如灏,以州同借补扬州府经历;汝澜,乾隆庚子科进士。"因此欲考定《诗集》作者为徐氏兄弟,即徐如源、徐如灏、徐汝澜中的哪一位,尚有必要结合三人生平讨论。现梳理三人生平如下:

---

　　① 史为乐主编《中国历史地名大辞典》,北京:中国社会科学出版社,2005 年,第 1482 页。
　　② 〔清〕朱珪《知足斋集・文集》卷四,清嘉庆九年(1804)阮元刻增修本,叶二一 a。

徐如源,字崑来,号阆峰。监生。由川运例捐职。分发河南。历任长葛、唐县知县,补虞城知县。以河工显著,乾隆四十七年(1782)调杞县(在任期间捐俸修文昌阁、奎宿阁、五状元祠、明伦堂)①,再调祥符。后知信阳州,寻补开封府下南河同知。丁父忧归。以积劳病卒,年四十八。清廉多惠政,待士有礼,长于听讼②。传见《(乾隆)杞县志》《(民国)天津县新志》。

徐如灏,贡生。江苏扬州府经历③。乾隆五十一年任宝应知县④,五十五年任赣榆知县⑤;嘉庆六年(1801)以军功升竹溪知县(在任期间重修城池,添建碉楼、谯楼、兵房、鼓楼)⑥,十年升随州知州⑦,十四年任绥猛同知⑧。传见《(同治)竹溪县志》。

徐汝澜,字文波。乾隆四十二年举人,四十五年恩科进士⑨。乾隆六十年署莆田知县⑩;嘉庆四年六月任漳平知县⑪,五年闰四月任南安知县,六年署晋江知县。官至泉州同知。

检阅《鬵湖诗集》作者的仕宦经历,皆与徐如灏相合。《诗集》有《抵宝邑任喜见故人秦前尹忆旧兼宽慰之》《迎请老母至宝应公署》,可见作者曾于宝应任职。又有《首夏食鲥鱼偶兴》:"海上秋曾畜,江东夏又啖。"小注:"向摄赣榆时八月食此。"可见作者曾在赣榆为官。徐氏兄弟三人中,惟有徐如灏曾任宝应知县、赣榆知县。据此可考定《鬵湖诗集》之作者为徐如灏。

徐如灏有《添建碉楼兵房记》《重修城池记》《新建鼓楼记》三篇碑记保存在《(同治)竹溪县志》中,此前从未发现徐如灏有除此三篇碑记以外的其他著作传世。就目前所知,北京大学图书馆藏《鬵湖诗集》是徐如灏传世唯一诗集的唯一版本,具有重要价值。

二 徐如灏的生平事迹

传世史籍对徐如灏生平的记载仅寥寥数语,而《诗集》蕴含了作者丰富的

---

① 〔清〕周玑修,〔清〕朱璘纂《(乾隆)杞县志》卷九,清乾隆五十三年刊本,叶五二b。
② 高凌雯纂修《(民国)天津县新志》卷二一之二,民国二十年(1931)刻本,叶二三b。
③ 高凌雯纂修《(民国)天津县新志》卷二〇之一,叶二一b。
④ 〔清〕孟毓兰修,〔清〕乔载繇纂《(道光)重修宝应县志》卷十,清道光二十年(1840)刻本,叶二〇a。
⑤ 〔清〕王豫熙修,〔清〕张謇纂《(光绪)赣榆县志》卷九,清光绪十四年(1888)刻本,叶二〇b。
⑥ 〔清〕陶寿嵩修,〔清〕杨兆熊纂《(同治)竹溪县志》卷七,清同治六年(1867)刻本,叶一七b。
⑦ 〔清〕文龄修,〔清〕史策先纂《(同治)随州志》卷二〇,清同治八年刻本,叶一一a。
⑧ 〔清〕阮元修,〔清〕陈昌齐等纂《(道光)广东通志》卷四六,清道光二年刻本,叶一〇a。
⑨ 〔清〕沈家本修,〔清〕徐宗亮纂《(光绪)重修天津府志》卷一七,清光绪二十五年刻本,叶四六b。
⑩ 石有纪修,张琴纂《(民国)莆田县志》卷一〇,民国三十四年稿本,叶三七b。
⑪ 〔清〕蒋世钹修,〔清〕林得震纂《(道光)漳平县志》卷六,清道光十年刻本,叶九a。

信息,包括生平事迹、心路历程,实为作者之"生命史"。《嚣湖诗集》中的诗作,按时间顺序编次,共计 957 题 1082 首。开篇为《七十二沽渔人词》,后有《喜雨》《夏晚即景》《秋夜》《冬夜读书》《戊子元旦》,于戊子年(乾隆三十三年,1768)前恰历一度春秋。又《渔》小注:"予于丁亥岁(乾隆三十二年)吟诗即好渔,乃有渔词。""渔词",当指《七十二沽渔人词》。知《诗集》收诗始于乾隆三十二年。诗集末篇为《除夕写怀》:"小院先占春五日。"小注:"嘉平二十六日立春。"检《清实录》,乾隆六十年腊月二十六日立春[1],知《诗集》所收讫于乾隆六十年除夕。透过《嚣湖诗集》,可追寻徐如灏乾隆三十二年到六十年之间的生命痕迹。

(一)家世生年

"嚣湖"实为徐如灏之字,《嚣湖诗集》中有诗《余名偏傍从水义无所本,偶读〈上林赋〉曰:"灏溔潢漾,安翔徐徊,嚣乎滴滴,东注太湖。"因自字曰"嚣湖",庶得水之归也。勉以洁清之义,或不负所命名乎? 率赋二百二十四言以申其旨》。徐如灏的生日是乾隆十二年(1747)六月八日,可据《己酉(乾隆五十四年,1789)诞日自慨》推知:"六月阅八日,逢予初度辰……分阴方猛醒,四十二年人。"元杰为徐如灏之长孙,乃汇吉所出。据《乙巳秋得汇吉育男元杰信喜甚因成长篇以示之》,知元杰生于乾隆五十年(1785)。

《诗集》亦载亲人卒年,《隐恨》:"六度惊残岁,今朝我尚存。"小注:"丁未先大夫长逝,庚戌先兄又逝,今壬子先慈复逝,只隔六年耳。"可知徐观孙卒于乾隆五十二年(1787)、徐如源卒于乾隆五十五年(1790)、徐母卒于乾隆五十七年(1792)。尤其是徐观孙的卒年,较朱珪《墓志》所云乾隆五十三年早一年。《诗集》中有《先大夫即世阅二年矣忌日偕文波展墓不禁怆怀》《释服日扫先大夫墓》二诗,皆作于乾隆五十四年。检《大清律例》:"内外官员例合守制者……俱以闻丧月日为始,不计闰,二十七个月,服满起复。"[2]乾隆五十四年徐如灏既已释服除丧,可证徐观孙卒于乾隆五十二年。朱珪《墓志》云:"君之子如灏使来告哀,且请为铭。"可见丧讯亦通过徐如灏告知朱珪,徐观孙的卒年似当以《诗集》所言之乾隆五十二年为确。

《诗集》中尚有不少亲眷赠答之作,可据以考证徐氏姻亲。如《赠内兄魏子丹之宁河广文任》《寄舅氏赵爱林先生》《赠李表叔筠樯》《与许表叔德之夜话》《村居喜姚妹婿椿浦见访盘桓永夕率赋长句兼以自嘲》《偕袁朴斋妹丈北行即境》等。

① 〔清〕庆桂等纂修《高宗纯皇帝实录》卷一四九三,北京:中华书局,1985 年,第二七册,第 982 页。
② 〔清〕阿桂等纂修,张荣铮等校点《大清律例》卷一七,天津:天津古籍出版社,1993 年,第 294 页。

（二）仕宦经历

有关徐如灏的仕宦经历，此前仅据《（民国）天津县新志》《（同治）竹溪县志》等史料略知大概，而《诗集》多可补充相关信息。以乾隆四十四年为界，可将《诗集》所涉二十八年分成两个阶段：前十二年为未出仕的村居生活，间或随父游宦；后十六年则为出仕后的宦海浮沉。

徐如灏的早期诗作多反映闲适的乡居生活，如《村居》《雏燕》《西园见蝶》。乾隆三十四年，徐如灏随侍其父徐观孙知惠州府①，留下不少反映南游见闻的诗作，如《泊淮安》《望金山寺》《游西湖》《过惠阳书院》《荔枝》。乾隆三十六年，徐如灏陪侍其父在京②。

《诗集》所见徐如灏出仕的十余年，多在江南梗迹蓬飘，正如《雨夜书感》所云："十五年来江上吏。"徐如灏首次出仕是在乾隆四十四年，任震泽县丞。见《睡醒书感》小注："余年三十二出仕。"又《吴江感旧》小注："予初仕时，首署震泽佐令。"旋任阳湖令。《阳湖》："在昔言为戏，从今政可虞。"小注："未出时曾为邑人所侮，乃诒之曰：我必任兹土。今果然矣。"乾隆四十五年至四十八年，徐如灏因公辗转山东、河南③，然仕途并不如意，遂乞假返家。至乾隆五十年复出，奉命疏浚无锡河道④，因河工卓著备受赏识，于乾隆五十一年升宝应令。乾隆五十二年，因父卒，归乡居丧。乾隆五十五年复出，履赣榆任。乾隆五十六年，调任山阳县令⑤。乾隆五十七年，丁母忧，复归乡居丧，直至乾隆六十年。

徐如灏对自己十几年的为官经历亦有总结，《归渔》云："昔予游宦来，年方三十二。今予衔恤归，五十只欠四。一十五年中，引退已三次。"小注："一次归省，两次居忧，计三次。"《让命歌》云："四十六年来，循循误究竟……作吏游江南，四度摄县令。"所谓四度摄县令，当指阳湖令、宝应令、赣榆令、山阳令⑥。

（三）酬唱交游

《客问五十韵》："长年何所嗜，所嗜惟春醒。一饮欢生颊，再饮狂态萌。"徐

---

① 〔清〕刘溎年修，〔清〕邓抡斌纂《（光绪）惠州府志》卷一九，清光绪七年刻本，叶四五 a。《舟次感怀》小注："岁己丑（乾隆三十四年，1769）随先大夫由此之惠州任。"

② 《除夕写怀》小注："予于辛卯（乾隆三十六年，1771）岁除，随侍先大人在都。"

③ 《减春词》小注："故姬钱巧玲，姑苏女也。己亥（乾隆四十四年，1779）冬，余侨仕吴郡，因归余。嗣是苏之齐，自齐寓豫，历庚辛壬癸（庚子、辛丑、壬寅、癸卯）相随左右。"

④ 《哭母书恨》小注："予庚戌（乾隆五十年，1785）奉别赴苏。"

⑤ 《赴山阳任》："治邻旧部才难称，名胜新阶术未详。保障三城推干济，经营五邑愧循良。"小注："（旧部）指宝邑。""淮属六县，山阳乃首邑。"

⑥ 中国第一历史档案馆，档号 16-01-003-000032-0002，题名：为江苏山阳县张三名下无家产是实事等，原纪年：乾隆五十六年，责任者：署江南淮安府山阳县知县徐如灏。亦可证。

如灏生性豪爽，嗜酒好饮，亦喜交游。《诗集》所收也多半为酬唱之作。在隐居沽上和宦游江南的二十八年间，徐如灏结识了一批文人雅士，下文以丁拙渔、储润书为例说明。

1. 丁维时

丁维时，字驭青，号拙渔。浙江嘉善人。藏书万卷，工于书画、篆刻。著有《拙渔诗存》。《晚晴簃诗汇》云："乾隆丁丑（二十二年，1757），高宗南巡，驭青偕兄伯长献赋行在，时有'双丁'之目。"①

丁维时在《诗集》中被称作"拙渔夫子""拙渔师"。徐如灏未出仕时二人已多有切磋，有《春柳步拙渔夫子原韵》。徐如灏出仕后仍屡屡寄赠，向丁维时倾诉为官之不易。如初仕震泽时有《寄拙渔师》："尽道江南风景好，谁知官况也难论。"奉命疏浚无锡河道后又有《寄拙渔师》："悠悠锡山麓，疏浚事欲速。奉檄留河干，五旬空碌碌。"乾隆四十八年徐如灏乞假归里，亦作诗奉赠："小饮但教能破闷，微疴仍未碍承欢。"至乾隆五十年徐如灏复出南下，又作《和拙渔师赠别原韵》："重向万年桥畔过，代寻诗梦付飞鸿。"小注："师曾梦'画鹢排空秋水静'之句，不知所处，余前次吴门，始识为桥上联语也。"足见二人亦师亦友，亲厚非常。

2. 储润书

储润书，字玉琴，江苏宜兴人。诸生。储中子之孙②。工诗词。李兆洛《跋储玉琴遗诗后》盛赞其诗源出清初诸老吴梅村、王士禛、施闰章、查慎行等，"志和音雅，无阐谐叫噪之响。五言古尤工于发端，莽苍雄厚，宜其足以继踵风骚，连镳唐宋矣"③。《清词综补》录其《满庭芳》一首④。

徐如灏与储润书相识于乾隆四十三年，可由《得储玉琴覆书兼惠杜诗情殊绨恋因占三绝以报之》推知，此诗作于乾隆五十九年："十有六年江上友，摒除诗外少赘缘。"乾隆五十七年，徐如灏与储润书会面于返津途中，临别作《赠别玉琴》："何期到处怜孺子，自幸当年遇旅农。"小注："即玉琴别字。"因储润书再三挽留，又作《虹园宴别玉琴仍拟挽留因代札以答其意》："料合有缘应不断，山塘迟待异时游。"惜别依依，可见交情之深。

三　徐如灏的诗学品味

通过分析徐如灏的诗歌创作实践，可从字里行间感知其诗学品味。《蜀湖

---

① 徐世昌《晚晴簃诗汇》卷八七，民国十八年退耕堂刻本，叶一八 a。
② 〔清〕汤大奎撰《炙砚琐谈》卷上，清乾隆五十七年亦有生斋刻本，叶六 b。
③ 〔清〕李兆洛撰《养一斋文集》卷七，清光绪二十四年重刻本，叶九 a。
④ 〔清〕丁绍仪编《清词综补》卷一五，北京：中华书局，1986 年，第 279 页。

诗集》中部分诗论也直观地表达了徐如灏的审美倾向。整体来看,徐如灏的诗风自然平淡,崇尚抒发真情实感,实与"性灵派"的主张相合。

(一)推崇白诗,淡泊平易

《嚣湖诗集》中有《读白诗书憾》云:"诗人最爱是香山。"徐如灏对白居易的诗歌可谓推崇备至,他不仅时常品读白诗,而且评白诗、和白诗,留下了《夜读白香山诗有感》《读白诗后有感而作》《把酒思闲事次香山原韵》《夜泊旅望用香山韵兼赠半峰》《敬述庭训续香山四虽吟》《阻雨读香山江南谪居诗卒感于怀》《四十五用香山韵》等诗作。徐如灏对白诗的欣赏,一方面来自与白居易同样坎坷的仕途经历,《阻雨读香山江南谪居诗卒感于怀》云:"分明客路同遭际,酷似官场亦倡随。"另一方面来自对白居易淡泊平易诗风的由衷感佩,《夜读白香山诗有感》云:"寻常言语偏能隐,淡泊襟怀自有真。"

白居易之诗辞质而径、言直而切、体顺而肆[1],在有意模仿中与无意熏陶下,徐如灏的诗风也趋向平易浅切,明快畅达。如《春燕》:"燕燕羽差池,孤村春不知。尔来何暮也,已过杏花时。"全似娓娓道来,予人直率灵动之感。白居易善于写作《琵琶行》等长篇叙事诗,徐如灏在这方面也积极尝试,如丁父忧时作《客问五十韵》:"有客问予曰,胡为劳其生。初亦不自解,搔首望太清。太清浑沧穆,悠然识此情。少壮负血性,意气殊纵横。每读定远传,心期千古盟。又见弃繻者,因之别离轻。碌碌事奔走,南粤及燕京。"历数四十年来的人生经历,饱含对父亲的追思和对自身的反省。通篇并无生僻艰深的字词,而感情哀婉真挚,令人动容。徐如灏的这种诗歌品味,在其师丁维时处也有体现。丁维时《拙渔诗存》虽不传,但《两浙輏轩录》录存其《柳洲种柳歌》:"柳洲亭畔去来波,浴鹭眠鸥戏水多。分外今年新涨绿,参差万缕映渔蓑。"[2]风格亦是自然流畅,平易通俗。

(二)使事不觉,化典无形

《嚣湖诗集》书前有张问陶题记云:"使事人不觉,居然胜隐侯。书皆随笔化,心直与天谋。钟定千声在,江清万影流。玉壶翻旧调,集腋自成裘。丙寅春夏初校嚣湖先生大集。题句请政,以志欣服。船山张问陶。"(图1)题记后钤有"船山""张问陶印"朱文方印。张问陶,字仲冶,号船山,四川遂宁人。乾隆五十五年(1790)进士。清代著名诗人、诗论家,与袁枚、赵翼合称"性灵派三大

---

① 〔唐〕白居易撰,谢思炜校注《白居易诗集校注》卷三,北京:中华书局,2006 年,第 267 页。
② 〔清〕潘衍桐撰,夏勇、熊湘校点《两浙輏轩续录》卷一六,第 959 页。

家"，著有《船山诗草》①。题记盛赞徐如澍化用典故于无形中，甚至能与沈约相媲美。

张问陶题记之诗又见于《船山诗草》，题为《使事》："使事人不觉，吾思沈隐侯。书皆随笔化，心直与天谋。钟定千声在，江清万影流。莫须矜獭祭，集腋自成裘。"②提出诗歌征引典故应当自然贴切，当如沈约般"用事不使人觉"。"使事不觉"亦被视为张问陶的诗歌特色，如李嗣元《船山诗注序》云："（张问陶诗）深得沈隐侯三易法。故所用典，如水中著盐，饮水不知盐味。"③作为张问陶的论诗名作，《使事》亦被《张问陶诗选注》④等研究著作广泛征引。

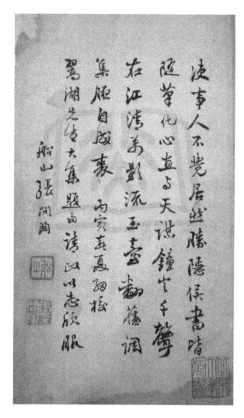

图 1

---

　　① 有关张问陶的研究成果，近年已有多种：胡传淮主编《张问陶研究文集》（北京：中央文献出版社，2009 年），成镜深主编《船山诗草全注》（成都：巴蜀书社，2010 年），胡传淮主编《张问陶家族诗歌选析》（北京：大众文艺出版社，2012 年），胡传淮主编《张问陶研究文集》（北京：团结出版社，2015 年），许隽超、胡传淮主编《张问陶资料汇编》（北京：中华书局，2016 年），郑家治、李咏梅撰《张问陶儒释道思想研究兼与袁枚比较》（成都：巴蜀书社，2020 年）。

　　② 〔清〕张问陶《船山诗草》卷一一，北京：中华书局，1986 年，第 297 页。

　　③ 许隽超、胡传淮编《张问陶资料汇编·序跋提要》，北京：中华书局，2016 年，第 11 页。

　　④ 〔清〕张问陶撰，赵云中注《张问陶诗选注》，成都：四川文艺出版社，1985 年，第 169 页。

值得注意的是,《嚣湖诗集》书前所见张问陶题记之诗,与《船山诗草》所收《使事》同中有异。题记"居然胜隐侯",《使事》作"吾思胜隐侯";题记"玉壶翻旧调",《使事》作"何须矜獭祭"。数字更易,诗义由褒奖沈约转为盛赞徐如灏。检《船山诗草》将《使事》系于乾隆五十九年甲寅(1794)①,而题记作于嘉庆十一年丙寅(1806),则《船山诗草》所收《使事》写作时间更早。题记或许是张问陶修改旧作而成,又或许是后人作伪,有待进一步考证。

不过题记对徐如灏诗"使事不觉"的评价不虚,《嚣湖诗集》确有用典妥帖自然的特点。如《渔家四时乐》:"秋来之乐莫如渔,芦花水浅泛宅居。天际数声欸乃出,西风飒飒雨来初。"化用了李煜"芦花深处泊孤舟"、柳宗元"欸乃一声山水绿"的意境。再如《春暮遣怀》:"幸余归橐谋甘旨,留取空庭曝简编。""因逢好景还思饮,频向桃根索酒钱。"实则使用了陆贾出使南越获赠橐金的典故,又借鉴了唐伯虎"又摘桃花换酒钱"的意象。

(三)渔歌樵唱,隐逸心态

《嚣湖诗集》的突出特色是大量涉及渔父的诗作,如《七十二沽渔人词》《渔家四时乐》《春归沽上与业渔者》《赠捕鱼者》《渔》《归渔》等。《渔》云:"廿二年来志在渔,曾经河上构精庐。"小注:"予于丁亥岁吟诗即好渔,乃有渔词,今经廿二年矣。"丁亥,即乾隆三十二年(1767)。徐如灏虽不事渔业,却始终对渔父身份有种特别的偏好,且尤其喜爱吟咏渔词。如《七十二沽渔人词》所云:不习渔人业,不蓄渔人物。而亦号渔人,但期无所拂。"

徐如灏对渔词的喜爱,大概与他的成长环境和隐逸心态有关。一方面,直沽地区水网密布,渔人尤多,《渔家四时乐》云:"大沽小沽清且直,春涨接天浑一色。"徐如灏在这种环境下成长,自然对渔父印象深刻。悠远的水色,摇曳的渔橹,从此成为他的家园记忆,不时牵动他的乡思离情。《春归沽上与业渔者》:"多惭宦海钓虚声,今日重教水国行。揽棹不须萦别恨,烹鲜还是此中情。"另一方面,渔父远离庙堂,历来在文化上被赋予隐逸的遐思。徐如灏在诗歌中也多次表达对渔父这种隐士形象的倾羡。如《赠鄱阳湖渔人》:"身闲不识官为贵,芦荻花中避晚潮。"《渔家四时乐》:"中有渔人鼓枻歌,尘事嚣烦皆不识。"徐如灏始终在出仕与归隐间纠结,这种矛盾心态在乾隆五十七年母亲离世后抵达顶峰。《归渔》:"江上多波涛,淮流亦泥渍。何如七十沽,远水静如

---

①   上海图书馆藏稿本《京朝集》收录张问陶乾隆五十八年至五十九年于京任翰林院检讨时所作之诗,乃其自编,其中已有《使事》。且首页有张问陶题记:"此卷失去年馀,甲子(嘉庆九年,1804)四月十一日杨冠山自江南来,始云为田桥拣去,旃山在浙江得之,遂交冠山来还。是日灯下记。"(参朱泽宝《张问陶〈京朝集〉》稿本考略,《文献》2017 年第 3 期,第 171—181 页)据此可排除《船山诗草》系年错误的可能性。

织。"面对风高浪急的江水,忆起安详静谧的沽河,四十六岁的徐如灏再度萌生了归隐的想法。

《诗集》中的渔父相关诗作情感饱满,语言清丽,最能体现徐如灏诗吟咏性情的特点。尤以《七十二沽渔人词》为代表:"我自有长纶,不投水之滨。我自有芳饵,不必从涟沦。偶执一竿竹,聊以慰心腹,常携一直钩,稔知鱼性熟。"全篇灵动自然,节奏简洁明快,颇具恬静淡泊的审美意趣。

《嚣湖诗集》所收诗作在乾隆六十年除夕戛然而止,此后徐如灏的心境如何,我们已无从窥探。结合传世史籍来看,之后的十余年间,徐如灏在更加遥远的异乡——广东、湖北,辗转游宦。《自计》:"直沽旧渔父,郁郁志空抱。"也许这位自称"直沽旧渔父"的诗人,终是带着"郁郁志空抱"的遗憾,漂泊一生。

附识:匿名审稿专家为小文提供了宝贵的修改意见,谨致谢忱!

南图藏《芝亭赋草》残本佚篇及相关问题考论*

倪晋波**

【内容提要】 晚清律赋名家孙炳荣的《芝亭赋草》由书商遴选其律赋纂辑而成，以作举子科场试律之用，对研究晚清试律及律赋的传播具有一定价值。《芝亭赋草》目前所见只有南京图书馆所藏道光甲辰年（1844）漱石山房刻本，且已残佚，原目72篇，实存34篇。《赋海大观》收孙氏律赋38篇，与《芝亭赋草》互见存佚。其中，前者保存了后者佚文17篇，后者则有22篇不见于前者；二者合观，可知孙氏律赋存目81篇、全文60篇，足以令其在中国赋学史上留下属于自己的印记。《历代辞赋总汇》据《赋海大观》照录孙赋，未及查考《芝亭赋草》，失载达22篇之多，显示其有可补遗之处。另，杨廷撰所作《芝亭赋草序》并非完全原创，而有近三分之一的文字袭自康、雍年间蒋汾功的《从弟叔塍制举业序》，是暗袭序文的罕有之例。

【关键词】 《芝亭赋草》残本　佚篇　《历代辞赋总汇》　科场试律

　　清代是古典辞赋创作的鼎盛时期。马积高先生在《历代辞赋总汇·前言》中说："至于清代辞赋，我们虽收有作家四千余人，作品近两万首，但清人集部到底有多少，尚无精确统计数字，恐怕还有许多手稿未被发现。故清代可能遗佚较多，且主要是清律赋。但就我们目前的精力、财力和时间，可以说已尽了我们最大的努力。至于更广泛、更深入的辑录，就只好以俟来哲了。"①《历代辞赋总汇》（以下简称《总汇》）是古典辞赋的集成之作，沾溉学界，其泽必远。只是煌煌两千余万字的巨帙，疏失在所难免②，马积高先生的话彰显了前辈学者实事求是的学风，令人感佩。就清代律赋而言，《总汇》所录确有可补遗之处，第22册所收孙炳荣律赋即是例证之一。《总汇》所录孙赋均来自清代光绪年

---

　　* 本文为国家社会科学基金一般项目"清代郡邑诗话研究"（项目号17BZW059）阶段性成果。
　** 本文作者为扬州大学文学院副教授，文学博士。
　　① 马积高《历代辞赋总汇·前言》，长沙：湖南文艺出版社，2014年，第8页。
　　② 侯立兵《〈历代辞赋总汇〉编纂指瑕》，《陕西师范大学学报（哲学社会科学版）》2017年第2期，第154—160页。

间的《赋海大观》。^①其实，孙炳荣有律赋集《芝亭赋草》印行。将以上三集所收孙赋互相比对，不仅可以发现《芝亭赋草》的部分佚篇，也有助于了解孙氏赋作的全貌等问题。

一 南图藏《芝亭赋草》残本概貌

关于《芝亭赋草》，1948 年出版的《江苏省立国学图书馆现存书目》卷十四著录为："《芝亭赋草》残存一卷，清南通孙炳荣，道光刊本。"^②《清人别集总目》著录为："《芝亭赋草》残存一卷，道光刻本（南图）。[附]孙炳荣，南通州人。"^③《清人诗文集总目提要》著录为："《芝亭赋草》残存一卷：孙炳荣撰。炳荣字芝亭，江苏南通州人。此集道光间，南京图书馆藏。"^④《明清以来公藏书目汇刊》著录为："《芝亭赋草》残存一卷。清南通孙炳荣，道光刊本，集五四。"^⑤《中国古籍总目》著录为："《芝亭赋草》残存一卷，清孙炳荣撰，清道光间刻本，南京。"^⑥可见，目前所知的孙炳荣《芝亭赋草》只有一个版本，即清道光甲辰年（1844）刻本，藏于南京图书馆，且为残本。

据笔者查考，南图所藏《芝亭赋草》分为二册，未标次第，均无书签。其中，第一册书名页正中题"芝亭赋草笺注"，其右有"上元马湘帆先生鉴定"，左有"漱石山房藏板"，上有"道光甲辰新镌"字样。目录前有孙炳荣的老师杨廷撰所作的序言，目录首页右下署"南通州孙炳荣芝亭氏著"。版心单鱼尾，亦有"芝亭赋草笺注"字样。沙仁寿《东洲诗话》云："崇川优贡孙芝亭先生炳荣，与余有抚尘之好，所刻《赋草》纵横排宕，夭矫离奇，几家置一编矣。"^⑦可见，《芝亭赋草》在刊刻后颇受欢迎，流布甚广。

据南图藏本《芝亭赋草》目录，该集原分上、下两卷。其中，上卷列赋作 33 篇、下卷 39 篇，共 72 篇。但观其正文，只有 34 篇：上卷为全帙，下卷仅存《张子房圯上受书赋》1 篇，其下皆佚。（详后）这就是所谓"残本"的由来。不过，既

① 马积高主编《历代辞赋总汇》第 22 册，第 23006—23030 页。
② 江苏省立国学图书馆编《江苏省立国学图书馆现存书目》（下），江苏省立国学图书馆发行部，1948 年，第 10 页。
③ 李灵年、杨忠《清人别集总目》（上），合肥：安徽教育出版社，2000 年，第 650 页。
④ 柯愈春《清人诗文集总目提要》（中册），北京：北京古籍出版社，2001 年，第 1143 页。
⑤ 北京图书馆出版社古籍影印室编《明清以来公藏书目汇刊（36）》，北京：北京图书馆出版社，2008 年，第 718 页。
⑥ 中国古籍总目编纂委员会《中国古籍总目·集部 4》，北京：中华书局、上海：上海古籍出版社，2012 年，第 1888 页。
⑦ 〔清〕沙仁寿《东洲诗话》，《益闻录》（第十四册），1892 年总第 1137 号，第 41 页。按："抚尘"，原文讹作"抚麈"。

然南图本《芝亭赋草》下卷尚存 1 篇,上引诸书目皆称其"残存 1 卷",就不是很严谨了。另外,南图本《芝亭赋草》现存两册,并不是依循原书目录所示的上、下卷分割而成。第一册收录《炼石补天赋》至《支云塔赋》,共 15 篇 31 叶;第二册收录《仙砚石赋》至《张子房圯上受书赋》,共 19 篇 44 叶,合计 34 篇 75 叶。两册行款一致,均为半叶 9 行、行 23 字,加上笺注文字,该本现存字数 32000有余。杨廷撰在《芝亭赋草序》中说"甲辰春,坊友裒其律赋一册,丐余言以为前马";又说"兹因坊友之请,爰书以冠其首"。① 可见,《芝亭赋草》原本为一册,南图所藏二册应该是分裂残本后重订而成。《芝亭赋草序》首页右下钤有"江苏省立第一图书馆藏书"篆文朱印。据《南京图书馆志:1907—1995》,南图前身为 1907 年创办的江南图书馆,嗣后多次更名,其中改称江苏省立第一图书馆是在 1919 年,至 1927 年又更名为第四中山大学国学图书馆。② 因此,《芝亭赋草》入藏南图的时间可能在 1919—1927 年之间。当然,也有可能在此前已纳入馆藏而未钤印。至于入藏时是否为残本,在何时、又为何要将仅仅 75 叶的残本再析为二册,暂无可稽。

　　南图残本《芝亭赋草》实为笺注本,故也可称《芝亭赋草笺注》。其笺注体式是文中分段、圈点、旁批,文末依次尾评、题解、词解,少数篇章只有尾评;每篇评解文字都非常简扼。分段以短横线"—"标识于段末左下,并附旁批,如"立论通达""到题劲快"等,多是揭示文法特征。尾评一般一篇一人,个别篇章有两人。题解和词解都只是简单指出文题和关键语词的出处,不予细诠。用语简略、虚笔论气,是南图藏《芝亭赋草》的笺注特色。以下引首篇《炼石补天赋》的相关文字稍作说明。

　　　　切想坚光,不落凡想,末段兴会淋漓,发前人所未发。(月溪)
　　　　下为浊世扫秕糠,汗流籍湜走且僵。(周葵圃)

　　　　题解:《淮南子》:"古者四极未立,天不兼覆。有风女希氏者|五色|以|苍|,断鳌足以立四极。"

　　　　洞天石扇:李白诗:"||||,訇然中开。"
　　　　折柱:《淮南子》:"共工与祝融战,不胜而怒,乃头触不周山,天||。"
　　　　……

　　　　衔石填海:《山海经》:"发鸠之山有鸟焉,文首、白喙、赤足,名曰'精

<hr />

①　〔清〕杨廷撰《芝亭赋草序》,《芝亭赋草》,南图藏清道光甲辰漱石山房刊本,第 3、4 叶。
②　卢子博主编《南京图书馆志(1907—1995)》,南京:南京出版社,1996 年,第 5—6 页。

卫'。是炎帝之少女名女哇,溺于东海,为精卫,常|西山大|以|。"①

上文中的"|"是省写标识,用以替代题解和词解引用中的主题词,也见于他篇。从其所用的《淮南子》《山海经》原文来看,题解和词解的引文省略较多,甚至跨句粘合,比较随意。《炼石补天赋》的两位尾评者中,月溪是何人,无法确知。周葵圃,名丹忱,字怀赤,葵圃是其号,浙江象山人。董沛《周葵圃先生墓志铭》说他"同治四年(1865)三月十二日卒,年七十"②,可知其生年当在嘉庆元年(1796)。周葵圃的尾评除本篇外,还见于《自锄明月种梅花赋》《文信国卖鱼湾渡海赋》《人在镜心赋》《张子房圯上受书赋》,共5篇,为《芝亭赋草》22位笺注者之最。周葵圃与通州士人素有交往,刘觐森《礼堂诗钞》有《送周葵圃北上四首》。③ 事实上,《芝亭赋草》笺注者中,有多位与作者孙炳荣同籍,除了他的老师杨廷撰外,还有保苹庭、顾绮岚、徐树人等。可见,《芝亭赋草》延请笺评者颇为看重其与作者的渊源。从尾评内容看,周葵圃所谓"下为浊世扫秕糠,汗流籍湜走且僵",截录自苏轼《潮州韩文公庙碑》,衡之以孙赋,不无褒扬过实之嫌。通观《芝亭赋草》诸篇旁批和尾评,均为赞颂之词,无一负面评价,且多虚笔论文气,少及其余。如,杨廷撰评《卖剑买牛赋》云:"锦才花笔,剑胆琴心。"④又如,汪子宣所论三赋:《袁安卧雪赋》"风骨俊逸,立意清高"、《杨柳风横弄笛船赋》"徐庾手笔"、《德星聚赋》"气体清华,笔致绵邈"⑤,均就气格立说,却又惜墨如金,不予申论。凡此种种,均凸显《芝亭赋草》笺注的"同人立场"和非学术性期待。

　　杨廷撰在序文中说"坊友裒其律赋",又两次提到"坊友"请其作序,并在序末署名中自称"友人杨廷撰述臣氏"⑥,说明《芝亭赋草》是书商从孙炳荣律赋中选辑而成的。杨廷撰、马湘帆二人均是道光年间的江南名士。⑦ 杨廷撰(1785—1854),字述臣,一字异之,江苏南通州(今南通)人,著有《五峰耆旧集》《五山耆旧今集》《一经堂诗录》《一经堂赋录》等。《总汇》第16册选录了其赋36篇。⑧ 马湘帆即马沅,号韦伯,以字行,江苏上元(今南京)人,道光九年(1829)

① 〔清〕孙炳荣《芝亭赋草》上卷,南图藏清道光甲辰漱石山房刊本,第3叶。
② 〔清〕董沛《周葵圃先生墓志铭》,〔民国〕陈汉章总纂《象山县志》下册,北京:方志出版社,2004年,第1768页。
③ 〔清〕刘觐森《送周葵圃北上四首》,〔清〕王藻辑《崇川各家诗钞汇存补遗》卷五三,南图藏咸丰七年崇川王氏有嘉树轩刊本,第6叶。
④ 〔清〕孙炳荣《芝亭赋草》上卷,第63叶。
⑤ 同上书,第5、17、19叶。
⑥ 〔清〕杨廷撰《芝亭赋草序》,第4叶。
⑦ 鲁小俊《清代书院课艺总集叙录》,武汉:武汉大学出版社,2015年,第404页。
⑧ 马积高主编《历代辞赋总汇》第16册,第15324—15355页。

进士,曾任官户部主事、湖广道监察御史;著有《驻帆阁文钞》《尘定轩诗集》等。马湘帆与梅曾亮、姚莹、龚自珍、潘德舆等人交往密切,名重一时。龚自珍《己亥杂诗》第 122 首并注云:"六朝古黛梦中横,无福秦淮放棹行。想见钟山两才子,词锋落月互纵横。(欲如江宁,不果;亦不得见马湘帆户部、冯晋渔比部两同年消息。)"姚莹称颂其诗谓:"湘帆诗才情艳发,新俊绝伦似杨升庵,而气骨遒健殆欲过之。偶学昌黎,亦皆神似。"①《芝亭赋草》的出版者延请杨廷撰写序并作笺评,固然有师生之谊的考量,但如果将其与集前"上元马湘帆先生鉴定"的特别提示以及集中只褒不贬的笺评特点合而观之,自重其书的意图显而易见。

　　清代科考常科的乡试、会试、殿试一般不考辞赋,但县、府、院试例考辞赋,中进士后的朝考也考辞赋,且以律赋为主。另外,乡试、会试在八股制义之外均有试律(五言八韵诗)一首,其作法与律赋相通,而律赋作法又通于八股。②辞赋取士和科举试律制度遂成为清代辞赋和赋选繁盛的重要原因。《赋海大观》纂成于光绪年间,其编辑者宣称:"自唐宋迄累朝诸大家,并近今各直、省课艺试牍,无论已选未选,概行采入,以期美备。"③遍搜赋文,将各地"课艺试牍"的赋题也辑录入册,显然是因应科考需求。据学者研究,清代试赋的题目,多出自经、史、子、集,可能是其中的任何一句;且赋题或就限韵略示出处,或限韵与题目毫不相干,这对举子来说是极大的挑战。因此,题解、笺注类赋集渐多。乾隆初年,《历代赋汇》颁行后不久,倪一擎即撰成《赋汇题解》十卷;光绪年间,王晓岩撰成《新辑赋汇题注》八卷,其题解的重点是骈赋和律赋。④另外,李元度于同治十年(1871)编成《赋学正鹄》,光绪十一年(1885)上海文昌书局刻印《赋学正鹄集释》,赋文前加尾评、上有眉批、后列题解和词解⑤,笺注格式与南图本《芝亭赋草》类似。总之,南图本《芝亭赋草笺注》是书商出于科举试律的需要编纂成书,而延请师长、名士和同乡题解、笺评,目的是增色自重,这也反映了清代辞赋创作和赋选纂辑的一个重要特点,即出于功利动机和商业诉求,而非文学期许。

　　①　〔清〕龚自珍撰,刘逸生注《龚自珍己亥杂诗》,北京:中华书局,2019 年,第 159、160 页。按:姚莹之语见该诗刘注[五],标点略有不同。

　　②　许结《论清代科制与律赋批评》,徐中玉、郭豫适主编《古代文学理论研究(第二十一辑)》,上海:华东师范大学出版社,2003 年,第 265—281 页。

　　③　〔清〕鸿宝斋主人编《赋海大观·凡例》,影印光绪甲午(1894)鸿宝斋四次重印本,北京:北京图书馆出版社,2007 年,第 1 页。

　　④　詹杭伦《清代律赋新论》,北京:北京燕山出版社,2008 年,第 145—146 页。

　　⑤　〔清〕李元度编,佚名集释《赋学正鹄集释》,南图藏光绪十一年(1885)上海文昌书局刊本。

二 南图藏《芝亭赋草》残本佚篇考略

在《总汇》纂成之前,《赋海大观》是规模最巨的赋体作品集,其中收录清代赋作达 8300 余篇。据研究,该集初印于光绪十四年(1888),其编纂则在此前的十余年间。[①] 也就是说,《赋海大观》后于《芝亭赋草》44 年面世。据笔者统计,《赋海大观》共收录孙炳荣所作律赋 38 篇(含同题和摘句),《总汇》又据《赋海大观》全盘照录,仅个别篇章的先后次序略有不同,同时删减了题解,只在题下保留"以……为韵"字样。如果将两集与南图残本《芝亭赋草》对照,就会发现其篇目有较大出入,互见存佚。为论述之便,先行列表如下(表1):

表 1 南图藏《芝亭赋草》与《赋海大观》《历代辞赋总汇》
所载孙炳荣律赋目次表

	《芝亭赋草》		《赋海大观》	《历代辞赋总汇》
	上卷	下卷		
1	《炼石补天赋》	《张子房圯上受书赋》	《李太白乘舟泛月赋》[②]	《李太白乘舟泛月赋》
2	《袁安卧雪赋》	《经神赋》	《袁安卧雪赋》	《袁安卧雪赋》
3	《李太白乘舟泛月赋》	《然松节读书赋》	《车马湖赋》	《车马湖赋》
4	《月傍关山几处明赋》	《庚子日拜五经赋》	《湖赋》	《湖赋》(摘句)
5	《自锄明月种梅花赋》	《目不窥园赋》	《秋水赋》(其一)	《秋水赋》
6	《云破月来花弄影赋》	《诵诗闻国政赋》	《秋水赋》(其二)	《秋水赋》(摘句)
7	《鸡声茅店月赋》	《吏部文章日月光赋》	《水分咸淡赋》	《水分咸淡赋》
8	《杨柳风横弄笛船赋》	《笔非秋而垂露赋》	《双眼石赋》	《双眼石赋》
9	《德星聚赋》	《论文听琴赋》	《六卿赋诗赋》	《六卿赋诗赋》
10	《农丈人赋》	《农隙以讲武事赋》	《然松节读书赋》	《然松节读书赋》
11	《小春赋》	《李广射石赋》	《然松节读书赋》(摘句)	《然松节读书赋》(摘句)
12	《秋水赋》	《闻鸡起舞赋》	《老见异书眼犹明赋》	《老见异书眼犹明赋》

---

① 张庆利《读赋通识》,北京:中国和平出版社,2014 年,第 254—255 页。

② 〔清〕孙炳荣《李太白乘舟泛月赋》,〔清〕鸿宝斋主人编《赋海大观》第 1 册,第 237 页。表中《赋海大观》所录孙赋均出此本,不详注。其中,同题赋作后的"其一""其二"是笔者所加,以便区别论述。

续表

	《芝亭赋草》		《赋海大观》	《历代辞赋总汇》
	上卷	下卷		
13	《授衣赋》	《壶公卖药赋》	《诵诗闻国政赋》	《诵诗闻国政赋》
14	《五峰削出青芙蓉赋》	《安期炼五石赋》	《龙宾十二赋》（其一）	《龙宾十二赋》
15	《支云塔赋》	《桃花源送渔父赋》	《龙宾十二赋》（其二）	《龙宾十二赋》（摘句）
16	《仙砚石赋》	《庐中人赋》	《安期炼五石赋》	《壶公卖药赋》
17	《发繇亭赋》	《山中宰相赋》	《壶公卖药赋》	《安期炼五石赋》
18	《双眼石赋》	《张志和浮家泛宅赋》	《支云塔赋》	《支云塔赋》
19	《车马湖赋》	《孔子佩象环五寸赋》	《庐中人赋》	《庐中人赋》
20	《岳武穆度军井赋》	《玉卮无当赋》	《苏秦去秦归赋》	《苏秦去秦归赋》（摘句）
21	《水分咸淡赋》	《洗金以盐赋》	《屈原行吟泽畔赋》	《屈原行吟泽畔赋》
22	《文信国卖鱼湾渡海赋》	《濯锦以鱼赋》	《霸陵醉尉呵止李广赋》	《霸陵醉尉呵止李广赋》（摘句）
23	《信及豚鱼赋》	《照乘珠赋》	《洗金以盐赋》	《洗金以盐赋》
24	《煎盐赋》	《龙宾十二赋》	《照乘珠赋》	《照乘珠赋》
25	《如棠观鱼赋》	《焦尾琴赋》	《玉卮无当赋》	《玉卮无当赋》
26	《六卿赋诗赋》	《寒砧赋》	《授衣赋》	《授衣赋》
27	《晋文公受飧返璧赋》	《酒旗赋》	《寒菜一畦赋》	《寒菜一畦赋》
28	《苏武牧羊赋》	《江枫渔火赋》	《鹰化为鸠赋》（其一）	《鹰化为鸠赋》（其一）
29	《卖剑买牛赋》	《枫人赋》	《鹰化为鸠赋》（其二）	《鹰化为鸠赋》（其二）
30	《人在镜心赋》	《冬岭秀孤松赋》	《待燕归来时下帘赋》	《待燕归来时下帘赋》
31	《防意如城赋》	《桃李无言赋》	《鸡声茅店月赋》	《鸡声茅店月赋》
32	《柳汁染衣赋》	《红情绿意赋》	《如棠观鱼赋》	《如棠观鱼赋》

续表

	《芝亭赋草》		《赋海大观》	《历代辞赋总汇》
	上卷	下卷		
33	《玉笋班赋》	《秋菊有佳色赋》	《云破月来花弄影赋》	《秋菊有佳色赋》
34		《寒梅著花未赋》	《寒梅著花未赋》	《寒梅著花未赋》
35		《寒菜一畦赋》	《秋菊有佳色赋》	《云破月来花弄影赋》
36		《冰壶先生赋》	《冬岭秀孤松赋》	《枫人赋》
37		《待燕归来时下帘赋》	《江枫渔火赋》	《江枫渔火赋》
38		《鹰化为鸠赋》	《枫人赋》	《冬岭秀孤松赋》
39		《鲲化为鹏赋》		

　　如前所述,南图藏《芝亭赋草》残本自《张子房圯上受书赋》以下38篇赋作均佚。察之上表,可知其中有17篇尚存于《赋海大观》,即:《然松节读书赋》《诵诗闻国政赋》《壶公卖药赋》《安期炼五石赋》《庐中人赋》《玉卮无当赋》《洗金以盐赋》《照乘珠赋》《龙宾十二赋》《江枫渔火赋》《枫人赋》《冬岭秀孤松赋》《秋菊有佳色赋》《寒梅著花未赋》《寒菜一畦赋》《待燕归来时下帘赋》《鹰化为鸠赋》。换言之,南图藏《芝亭赋草》残本所佚的38篇赋作中,有近半数可以在《赋海大观》中寻见,这不能不说是莫大的惊喜。

　　另一方面,如果以《芝亭赋草》原目72篇反观《赋海大观》,可以发现,前者有43篇未被后者收录,即:《炼石补天赋》《张子房圯上受书赋》《经神赋》《月傍关山几处明赋》《庚子日拜五经赋》《自锄明月种梅花》《目不窥园赋》《吏部文章日月光赋》《杨柳风横弄笛船赋》《笔非秋而垂露赋》《德星聚赋》《论文听琴赋》《农丈人赋》《农隙以讲武事赋》《小春赋》《李广射石赋》《闻鸡起舞赋》《五峰削出青芙蓉赋》《桃花源送渔父赋》《仙砚石赋》《发繇亭赋》《山中宰相赋》《张志和浮家泛宅赋》《孔子佩象环五寸赋》《岳武穆度军井赋》《文信国卖鱼湾渡海赋》《濯锦以鱼赋》《信及豚鱼赋》《煎盐赋》《焦尾琴赋》《寒砧赋》《晋文公受飧返璧赋》《酒旗赋》《苏武牧羊赋》《卖剑买牛赋》《人在镜心赋》《防意如城赋》《桃李无言赋》《柳汁染衣赋》《红情绿意赋》《玉笋班赋》《冰壶先生赋》《鲲化为鹏赋》。《赋海大观》的编印者自称其书"博采广搜,裒成巨集,成词林之妙品、赋学之巨观""得赋二万余首"①,却对早在44年前即已印行的孙赋漏收如此之多,可见

————————

① 〔清〕鸿宝斋主人编《赋海大观·凡例》,第1页。

其搜罗工作尚有粗疏之处,难堪"美备"之誉。事实上,有学者统计,《赋海大观》实际收录赋作12265篇①,与其自称篇目相距甚远。虚辞自炫,主要目的是为了吸引应考的举子,这是坊贾常见的商业操作。问题是,《总汇》收录孙炳荣赋作,完全照搬《赋海大观》,这就造成了明显的遗憾。

如果以南图藏《芝亭赋草》残本34篇对照《赋海大观》,可知其中有22篇之多不见于后者,即:《炼石补天赋》《月傍关山几处明赋》《自锄明月种梅花赋》《杨柳风横弄笛船赋》《德星聚赋》《农丈人赋》《小春赋》《五峰削出青芙蓉赋》《仙砚石赋》《发繇亭赋》《岳武穆度军井赋》《文信国卖鱼湾渡海赋》《信及豚鱼赋》《煎盐赋》《晋文公受飧还璧赋》《苏武牧羊赋》《卖剑买牛赋》《人在镜心赋》《防意如城赋》《柳汁染衣赋》《玉笋班赋》《张子房圯上受书赋》。这表明,《总汇》的编纂者很可能未曾查考南图本《芝亭赋草》;如行之,其所录孙炳荣赋作将比现收的38篇多出22篇,达到60篇。据《历代辞赋总汇·出版说明》,该集所录先秦至清代辞赋的总字数超过2500万字,其中清代部分采自《赋海大观》的就有近400万字②,占全集字数近六分之一,规模如此宏大,不大可能详考每位作者的文集及其版本流传情况,收录有所缺漏,在所难免。

尽管《赋海大观》有所疏漏,但如果以其反观《芝亭赋草》,可以发现后者于孙炳荣律赋也有所未及,包括《湖赋》、《秋水赋》、《然松节读书赋》(摘句)、《老见异书眼犹明赋》、《龙宾十二赋》(其二)、《苏秦去秦归赋》、《屈原行吟泽畔赋》、《霸陵醉尉呵止李广赋》、《鹰化为鸠赋》(其二)9篇赋作③。同时,"摘句""其二"表明孙炳荣的律赋创作存在多篇同题的特点,这也是清人律赋创作中常见的现象。另外,《鹰化为鸠赋》其一、其二均为《赋海大观》所收,而《芝亭赋草》仅收其一,这也证明了上文指出的《芝亭赋草》是孙炳荣律赋选集的观点。

总而言之,目前所见的南图藏《芝亭赋草》残本、《赋海大观》和《总汇》所收的孙炳荣律赋都不完备,如果将它们合而观之,可以发现:孙炳荣律赋存目81篇,包括《芝亭赋草》目录所示的72篇和《赋海大观》录存而《芝亭赋草》未见的9篇;现存全文60篇,包括《芝亭赋草》尚在的34篇、《赋海大观》保存的下卷佚文17篇和《赋海大观》辑载而不见于《芝亭赋草》的9篇。尽管这些可能还不是孙氏创作的全部,但如此数量的律赋也足以令其在中国赋学史上留下自己的印记。

---

① 张庆利《读赋通识》,第255页。
② 马积高主编《历代辞赋总汇·出版说明》,第1页。
③ 《历代辞赋总汇》所录孙炳荣《湖赋》、《秋水赋》(其二)、《龙宾十二赋》(其二)、《苏秦去秦归赋》、《霸陵醉尉呵止李广赋》诸赋,题后均有"摘句"二字,但笔者查考《赋海大观》均未见,不知何据。

三　孙炳荣的生年及其与张謇的交往

《芝亭赋草》的作者，上引诸书录及杨廷撰序，均作"孙炳荣"，未见异辞。然《总汇》注云："孙炳荣，炳一作丙。"①此说恐误。《赋海大观》卷三十《寒梅著花未赋》题下署名"孙丙荣"②。《赋海大观》收录孙赋38篇，唯有此篇署名"孙丙荣"，应该是失校之讹，《总汇》照录其文，未作考论，因袭再误。

关于孙炳荣的生年，柯愈春先生在《清人诗文集总目提要》中，将其列置"生于乾隆四十一年至四五年（1776—1780）"目下，未明所据。笔者翻检清人诗文别集，得见安徽休宁人杨陈复的《杨征君自携续集》。据汪汝伦《诰封通奉大夫孝廉方正杨征君君行赞》记述，杨陈复，字均赞，号生府、春粲、贽生、赘叟等，安徽休宁人，生于乾隆五十九年（1794），卒于光绪九年（1883）。③ 杨集中的诗歌均按写作时间先后编订，且多有作者自注，内中有一首诗并注涉及孙炳荣，即光绪丙子年（1876）条下《读崇川孙芝亭先生炳荣〈芝亭赋草〉》。诗云：

> 七十鸿儒处海滨，绛帷一序契斯人。锦心绣口才无敌，云涌涛驱必有神。采择六朝容映丽，规橅两汉骨嶙峋。传经旧业承家学，不让河南杜子春。

该诗有多处注释，其题下注云："予最爱其《炼石补天》《公子受飨反璧》二赋，……乃仅以丁酉选拔，终其身迄无一遇，白首犹教授生徒，盖南通州州学廪生也。"第二句下注云："先生之师杨述臣先生廷撰亦南通州人。序文不落凡近，谓芝亭有才而志在有用之学，深惜其不遇云。"末句注云："一作'我惭固陋嘲难解'。《赋草》流传自甲辰，道光甲辰至光绪丙子越三十三年，始见斯编，非固陋而何？"题下注的"予"字表明诗注乃杨陈复自作；三处注释述及孙炳荣的身世、师承以及《芝亭赋草》的刊刻时间，均契事实。最值得注意的是该诗首句下的注释："今年七十三岁。"④诗云"七十"，是述其整数以协调诗句；"今年七十三岁"的注解则是明确事实。如此，光绪丙子年孙炳荣73岁，则其生年当在嘉庆九年（1804）。《芝亭赋草》刊刻的道光甲辰年（1844），正值孙氏不惑之年。杨陈复写作该诗时，孙氏尚在人间。可见，孙炳荣一生历嘉庆、道光、咸丰、同治、光绪数朝，是风云变幻的晚清时代的知名赋家。

---

① 马积高主编《历代辞赋总汇》第22册，第23006页。
② 〔清〕鸿宝斋主人编《赋海大观》第八册，第170页。
③ 〔清〕汪汝伦《诰封通奉大夫孝廉方正杨征君君行赞》，〔清〕杨陈复《杨征君自携续集》卷首，《清代诗文集汇编》第588册，上海：上海古籍出版社，2010年，第607—610页。
④ 〔清〕杨陈复《杨征君自携续集》，第685页。

孙炳荣的生平行事,目前所知不多,但有一点值得注意,就是张謇视其为乡邦前辈,曾经拜访过他。《柳西草堂日记》同治十三年(1874)仲春月十四日记载:

> 辰刻起,肯堂来。早餐后至南门祭祖毕,访孙芝亭,从肯堂请见也。至则见于孙家亭上。通人目孙为大痴,坐次词锋风发,肯堂、芝亭互相争讼,余为持平之。留孙处饭,别不谢一言,芝亭甚喜,月下送余与肯堂之东门乃返。①

范当世(1854—1905),清末桐城派后学,原名铸,字无错,号肯堂、伯子,与孙炳荣、张謇一样,均是通州人。张謇生于咸丰三年(1853),仅比范当世大1岁,孙炳荣比他们二人年长50岁左右。时年22岁的张謇也许早就知道这位乡贤,此番"从肯堂请见",应该是首次拜访。从日记的描述看,孙炳荣颇具魏晋之风。一方面,他词锋锐利,与年岁相差五旬的后辈范当世争辩不休,"大痴"之名,洵非虚言;另一方面,他对论辩时居间持平、"别不谢一言"的张謇颇为欣赏,亲自送至东门才返回,颇见奖掖之意。遗憾的是,张謇此后的日记中再未提及孙炳荣,二人的交游看来不多。

四　关于杨廷撰《芝亭赋草序》

古典律赋之作,肇始于南梁而兴盛于唐宋,降及清代,鸿篇巨集,不绝如缕。律赋创作及其选集更因科举试律制度而蔚为大观,相应的律赋批评和赋论也间有所出。孙炳荣作为江南律赋名家,为时所重,书商遴选其赋纂成《芝亭赋草》,以为举子科场试律之津梁。其书笺评者甚多,多以论诗法虚笔诠赋,总体上显示了清思古雅的美学追求。如陈月卿评《小春赋》"松风水月,仙露明珠",江铁生评《授衣赋》"清思浣雪,妙手裁云",王吉人评《柳汁染衣赋》"鸟啭歌来,花浓雪聚"等②。这些品评对于清代律赋理论中的主要内涵,如"宗唐""尊体"等几无涉及,表明《芝亭赋草》的笺注并不着意于赋格、赋论,而是藉名家诠评自重其书。但是,就文本而言,南图所藏《芝亭赋草》却足资对勘,裨补《总汇》等赋集失载之阙,而互相比照中,其残本之憾也补苴近半。

延请名流鉴定、赐序是书坊通例。杨廷撰是通州宿儒,又是孙炳荣的老师,书商请他为《芝亭赋草》作序自在情理之中。杨氏在序中对孙炳荣赞赏有加,谓其"颖悟过人,素磊落,有大志,为文自抒机轴,根情苗言"③。但令人惊讶

---

①　〔清〕张謇《柳西草堂日记》,《张謇全集》(8),上海:上海辞书出版社,2012年,第15页。

②　〔清〕孙炳荣《芝亭赋草》,第23、26、70叶。

③　〔清〕杨廷撰《芝亭赋草序》,第2叶。

的是,笔者在查考有关资料的时候发现,杨序并非完全原创,而有近三分之一的文字袭自康熙、雍正年间蒋汾功所写的《从弟叔塍制举业序》。为直观起见,现将两序相同、近似的文字抄录如下。《芝亭赋草序》:

> 诗有六义,其二曰赋。盖古无赋,赋即诗也。……余少攻举业,喜为诗、古文、词,……稿甫成,辄弃去不复观,于同辈中亦鲜所当意。然每读芝亭作辄心开,默而自惭,环视同辈中亦无能出其右者,假使充其所望,虽古作者亦何以过? 顾芝亭尝谓余:"士生斯世,当为有用人,及其屈抑不能自明,然后立言以贻后世。雕虫篆刻,壮夫不为,扬子云尝悔之。纵其工,绪余耳,不足重。"余为怃然久之。兹因坊友之请,爰书以冠其首。世有同调者其或不以余言为阿所好,且有以知此为绪余所存,如班孟坚之所谓"润色鸿业"、李太白之所谓"光赞盛美"者。胥于是乎觇之,而芝亭之所以负异于众者,固自有在也。道光甲辰春三月友人杨廷撰述臣氏于清茶淡话之斋。①

蒋汾功《从弟涑塍制举业序》:

> 余少攻举业,文甫成,辄弃去不复观,于同辈中亦鲜所当意。然每读涑塍弟文,辄为心掉,默而自惭,环视同辈中亦无能出其右者,世或未之知也。……虽古作者亦何以过? ……然弟每谓余:"士生斯世,当为有用人,及其屈抑不能自明,然后立言以贻后世。制举业者,又其绪余耳,不足重。"余为怃然久之。比录其文示余,因书以冠其首。世有同调者其或不以余言为阿所好,且有以知此为绪余所存,而弟所以负异于众者,亦非世所能知也。时辛未十有二月晦日前三日。②

蒋汾功,生于康熙十一年(1672),字东委,号济航,常州府阳湖人,雍正元年癸卯恩科(1723)进士,著有《读孟居文集》六卷等③,《从弟涑塍制举业序》即出自该集卷三。涑塍是蒋汾功从弟蒋骥的字,骥以《山带阁注楚辞》著称后世。序文写于"辛未十有二月晦日前三日",应该是指乾隆辛未年(1751)。如果是康熙辛未年(1691),蒋汾功时年 20 岁,与序文首句"余少攻举业"云云,似不甚契。再者,蒋骥生于康熙十七年(1678),至康熙辛未年(1691)仅 14 岁,此时即著述制举之书,不甚合理。如此,杨序上距蒋序近 200 年。杨序全文 600 余字,文句雷同或相类于蒋序者近 200 字,实在不可思议。《芝亭赋草序》末钤"南通州杨廷撰述臣莲渚印记"章,故他人冒名伪作的可能性很小。更重要的

---

① 〔清〕杨廷撰《芝亭赋草序》,第 1—4 叶。
② 〔清〕蒋汾功《从弟叔塍制举业序》,《读孟居文集》卷三,《清代诗文集汇编》第 230 册,第 513 页。
③ 柯愈春《清人诗文集总目提要》(上册),第 446 页。

是,杨序引孙炳荣所谓"士生斯世,当为有用人"云云,不仅袒露了积极用世的思想,也表达了对辞赋的轻蔑态度。但是,这些话与蒋序所录蒋骥之言几乎完全相同,那么,孙炳荣究竟有没有说过这样的话就必须存疑,也就无法藉此去讨论孙氏的相关认知了。

　　清人治学严谨,考证之书,片言只语,必标所出。虽然章学诚认为"著作之体"与"考证之体"不同,"援引古义,袭用成文,不标所出,非为掠美,体势有所不暇及也"①,但杨廷撰所引并非"古义",而是前贤序文。历来的抄袭,掠美正文居多,因袭序文则很罕见。杨廷撰是一方名士,为学生赋集作序,却大量暗袭前人之文,如果不是师古心切,那么这种匪夷所思的情况或许只有一种解释:他本来无意为序,但碍于师生之情和"坊友"之请,不能推脱,只好原创、因袭并用,草就成序,因为《芝亭赋草》本身就是供举子试律揣摩之用的,模仿前贤写作序文又有何不可呢?

---

① 〔清〕章学诚著,叶瑛校注《文史通义校注》,北京:中华书局,1985年,第349页。

《惜分阴轩日记》文献价值浅析[*]

付　佳^{**}

【内容提要】　清人楼汝同所撰《惜分阴轩日记》记录了作者近三十年的仕宦、生活情况,约百万字,仅以稿本存世。该日记内容丰富多元、连续完整,在运河河政、捐纳、日常生活、医疗、气候等多方面皆具史料价值,可以为相关研究提供新的材料支撑。

【关键词】　日记　河政　捐纳　日常生活

《惜分阴轩日记》,清楼汝同撰。楼汝同(1858—?),字子乐,浙江杭州人。光绪十一年(1885)以附贡报捐管河通判入仕,至光绪二十七年累迁山东候补道员。《惜分阴轩日记》起于光绪十年,止于宣统三年(1911),记录了作者近三十年的仕途和生活情况,其间鲜有辍笔中断,内容涉及河运、官场、气候、医疗、交通、教育、日常生活等诸多方面,共计约百万字。《惜分阴轩日记》仅以一部稿本存世,藏清华大学图书馆,此前几无人问津,属稀见性文献,至2019年才影印出版,尚未在相关研究中得到利用,文献价值有待发掘。兹就其中有关河政、捐纳、日常生活、医疗及气候等方面的史料价值略作探析。

一

《惜分阴轩日记》内容最富特色之处在于对清末运河河政工作的翔实记载。京杭大运河是中国历史上最重要的水利工程,也是南粮北运的要道。尤其是明清两代,京城极度依赖南方的粮食供给,"廪官饷兵,一切仰给漕粮。是漕粮者,京师之命也"。^① 大运河的漕运通塞直接影响着国家的粮食安全,是为经济、政治之命脉。楼汝同于光绪十一年报捐管河通判,分发东河,在开封需次三年,光绪十四年(1888)实授山东运河道下河通判,光绪二十三年改上河通判,光绪二十五年升运河同知,光绪二十六年一度代理山东运河道员。按照清

---

*　本文为全国高等院校古籍整理研究工作委员会科研项目"《惜分阴轩日记》点校整理"成果之一。

**　本文作者为清华大学图书馆科技史暨古文献研究所馆员。

①　〔清〕陆耀《切问斋文钞》卷十七,乾隆刻本。

代制度,河政官员为朝廷专设,河政系统最高级别为河道总督,督下设道,道下设厅,厅下设汛、闸等。楼汝同所在山东运河道隶属河南山东河道总督(简称东河总督),所任通判、同知皆属河政体系中厅一级,通判秩正六品,同知秩正五品。运河道通判、同知都是亲临一线的官员,负责催趱漕船、闸坝堤岸维修、疏浚河道,并管理下辖汛、闸官吏[①],宗旨是为保证漕运通航。光绪二十七年,朝廷宣布废止漕运,楼汝同之任职正历经了古代运河漕运走向衰亡的这一特殊历史时段。

　　山东是京杭运河流域中通航条件最差的区域,故山东运河道官员的治河任务也是最艰巨的。《惜分阴轩日记》中于公事披载尤详,其中最引人注目的当属对送漕(指运河官吏护送漕船安全渡过辖下河段)经历的逐日完整记载。这些送漕经历发生在作者历任的各级职位上,所辖河段不同,面临的局面各异,日记对中下层河道官员的工作情状作了淋漓尽致的展现。其中尤以光绪二十四年(1898)楼汝同在上河厅任上的送漕经历最为艰险。上河厅辖境在东昌一带,所辖为人工修筑的运河会通河北段,是整条京杭运河的瓶颈所在,沿岸闸坝林立,全靠水利工程调节、输送沿途其他河湖之水作为运河水源。咸丰年间,黄河改道北上,穿运河而过,上河主要依靠北调黄河水浮送漕船,此即水利史上备受争议的"借黄济运"。因为黄河水泥沙量大,"借黄济运"导致泥沙淤积、河床抬高,造成了运河淤塞,而且黄河水量巨大,使得闸坝调节工作难度剧增。若黄河来水过大,运河疏导、排泄不及,河水漫溢,容易导致堤坝决口,引发汛情;若黄河闸坝提前关闭,水源不畅,不及浮送漕船过境,又会导致淤浅。光绪二十四年楼汝同在日记中记述的上河通判任上的送漕经历,可谓清末漕运抢险的典型案例。堤坝决口与漕船淤浅两种险情在该年送漕时均发生了。自该年的六月初起,楼汝同于日记中详细记录了漕船由黄河进入运河,先后遭遇运河决堤、水低搁浅的险情,以及在运河前线送漕的河官指挥疏浚河道、操控闸坝、拖拉漕船,与漕船官协商合作,至六月二十九,才勉力将漕船送出上河厅境。前后历三十日,书写计数千言,不仅充分展现了清末山东运河漕运的艰难,还有作者"余日夕如坐针毡,亦苦矣哉"[②]"此十日来,极生平未历之苦境,心力、财物交尽其瘁矣"[③]等个人的心境体验。

---

　　① 据《清会典》:"凡河务自管河同知以下为专司,知县为兼职,各掌沿河堤堰、坝闸岁修、抢修及挑浚淤浅,引导泉流,并江防、海防各工程。同知、通判总理督率,州同、州判以下分汛防守。"引自〔清〕嵇璜等《皇朝通典》卷三十三,光绪八年浙江书局刊本。

　　② 〔清〕楼汝同《惜分阴轩日记》不分卷,光绪二十四年七月二十六日,《清华大学图书馆藏稿钞本日记丛刊》,北京:国家图书馆出版社,2019年,第6册,第692页。

　　③ 《惜分阴轩日记》光绪二十四年七月二十八日,《清华大学图书馆藏稿钞本日记丛刊》第6册,第694页。

除了送漕，《惜分阴轩日记》中还详细记录了运河的日常检修、维护工作。运河山东段闸坝众多，且淤塞严重，为了使闸门正常启闭、堤埝稳固、河道通畅，每年春夏的河道疏浚、闸坝维修是河道官员的一项例行工作。楼汝同于光绪二十四、二十五年的日记中连续数月记录了河道工程情况，凡人员安排、账目款项、工程进展及质量一一具陈，这也是难得的第一手河政实录资料。同时，楼汝同以十余年运河道仕宦生涯的所见所感，从微观的视角，呈现出清末河政的种种弊端。河道官员专业素质欠缺，态度敷衍，行事以钱财利益为出发点，且与地方官员、漕运官员利益冲突、纷争不断。如前述光绪二十四年上河厅送漕之所以险情迭出，除了河道通航条件恶劣等自然环境所限，行政体制和官员斗争等人为因素亦是重要原因。光绪年间，山东运河处于运河道和山东地方共管的局面，权责不清。据《惜分阴轩日记》所载，当年送漕之际，楼汝同与山东巡抚辖下运工局官员崔绥五互相推诿，双方都不愿多出人力、物力来疏浚河道、引入水源，坐看漕船日益淤浅，因私废公。这亦可为揭示清末河政弊端、解析运河衰落之缘由提供新的材料和思路。

楼汝同于山东运河道任职十三年，《惜分阴轩日记》中与河政工作相关的文字逾十万，涉及运河山东段大部分运道，为我们了解中下层河官的送漕、护漕、水利工程维修等工作提供了一个个翔实而生动的案例。相较史书、政书，《惜分阴轩日记》中所载的事件是完整而连续的，叙述是线性的、动态的，而且有着作者的鲜活态度，展现了具体而充实的历史细节。

二

楼汝同以附贡生捐纳出仕，之后每次升迁皆出于捐纳，故《惜分阴轩日记》中涉及捐纳的内容颇多。以他首次捐官为例，他于光绪十一年三月，筹措白银万两，决定捐朝廷所设"海防新班"出仕。四月，赴京城办理捐纳手续。六月，走完捐纳流程，获得了担任河道通判的候补资格。九月，到开封东河总督处报到。光绪十四年三月，东河总督奏报实授楼汝同山东运河下河通判一职。十四年十一月，到济宁上任履职。即使是耗资巨大，以补缺甚速标榜的"海防新班"捐项，仍历时三年余方获得实际官职。楼汝同在日记中记录了此次捐纳授官的每一个环节，所涉的费用、步骤、手续及相关经手人员都有详细记载，是一个连续的、完整的清代捐纳案例。不仅此次捐纳实官，清末纷繁的捐纳名目如捐升、改捐、分发、指省、翎衔、封典、加级、纪录等，楼汝同都经历过，并于日记中一一载录，可谓将清末的捐纳制度作了一番生动的实例演绎。如光绪二十七年八月，"接阅电抄，谕旨永停捐纳实官，余踌躇再四，自维历官丞倅已十有七年，始膺卓荐，继摄监司，若必恋此同知一缺，势难于停捐后再办过班，且运河各缺难保不议裁并,及今不豫为地,一旦裁缺,将为另补同知,尤无味矣。乃决意捐过道班,指分江苏,取其近家便于祭扫,他非所敢知也。"①由同知捐升道员乃捐升,"指分江苏"即捐纳中的"指省"。

对于清末捐纳"官商合流"的现象,日记中也有体现。由于捐纳程序复杂、花样繁多,一般人难以应对,就出现专门的中介机构(银号、钱庄等)来代理业务。楼汝同初次进京捐"海防新班",日记中写道:"早起访忠甫,晤谈良久,偕往祥和银局,将捐事托罗君俊材办理。午后,复将贡照、官照、履历一并交与罗君,汇款信皮亦交罗俊材,手嘱其代为上兑。"②之后的上兑、印结、验看、领照事宜,皆由祥和银局的店员打理,楼汝同只需付足款项,坐等消息即可,银局会代理完成全套手续。而捐纳、候补过程中,经管部门、人员趁机盘剥,楼汝同所行的每一步都需花钱打点、交易。如他获补东河道通判缺,上任之前赴东河东督衙门禀辞,写道:"岳庆(楼汝同家仆)至院辕将应给各项开发清楚,余带来百五十金,尚差三十余金,只可俟旋省找给。甚矣!浮费之钜也。"③到任山东运河道,又写道:"岳庆以到任开销道辕各丁役及到此布置各物用项账单呈阅,计需百金以外,当即付之。噫!出项如此之多,良足惧耳。"④

除了对捐纳制度、流程和陋规的详尽展现,《惜分阴轩日记》中更值得注意的是楼汝同本人对捐纳的态度,即作为清代奉行捐纳制度的当事人,他是如何看待捐官入仕的。过去对清代捐纳制度的研究中,多指出捐纳者将捐官视作以本逐利的权钱交易,批评捐纳为官者的无能与腐败,而从楼汝同所记来看却不尽然。他在日记中对为官的收入每多抱怨,感叹俸禄微薄、入不敷出,却对获得的头衔和殊荣深感庆幸。他曾两次去京城叩见光绪皇帝,都详述见闻感受,一再表示"叨荷纶音,良深荣幸"⑤。又如他花费数百两,为自己与妻子捐得封诰,写道:"适高秋航孝廉至自京师,带到季卿叔岳手书,并为余请得本身妻室正四品覃恩封典,将诰轴领到交来,因敬谨祗领。于是汝同授为中宪大夫,室人吴氏封为恭人,一介书生,忝叨宠锡,良深荣幸也。"⑥类似的记载在日记还有多处,可见楼汝同更在意的是富贵之"贵"。这一方面是因为他作为官宦世家子弟,想要光耀门楣、延续家族声望;另一方面,出仕为官仍是读书人实

① 《惜分阴轩日记》光绪二十七年八月二日,《清华大学图书馆藏稿钞本日记丛刊》第 7 册,第 584—585 页。

② 《惜分阴轩日记》光绪十一年四月三十日,《清华大学图书馆藏稿钞本日记丛刊》第 2 册,434 页。

③ 《惜分阴轩日记》光绪十四年十月十三日,《清华大学图书馆藏稿钞本日记丛刊》第 4 册,第 28 页。

④ 《惜分阴轩日记》光绪十四年十一月二十七日,《清华大学图书馆藏稿钞本日记丛刊》第 4 册,第 57 页。

⑤ 《惜分阴轩日记》光绪二十三年三月二十七日,《清华大学图书馆藏稿钞本日记丛刊》第 6 册,第 426 页。

⑥ 《惜分阴轩日记》光绪二十一年五月六日,《清华大学图书馆藏稿钞本日记丛刊》第 6 册,第 41 页。

现自我价值、取得社会地位的首选途径。楼汝同在日记也表达这样的心声："余以一官故，奔驰数月，远妻孥而逐风尘，视彼村氓熙熙皞皞、骨肉相依者，孰得孰失，不待智者而已知。窃念人情，居山林辄思轩冕之荣泊乎身，入宦途往往见隐逸而艳羡，亦不知其所以然。第静言思之，读圣贤书，所学何事？夫子一生，惟以仕教人，从未教人隐也，吾侪虽无大学问、大经济，然苟得一官以自效，亦不负读书素志，仕故不为谬也。"①"学而优则仕"的传统主流价值观，是驱使楼汝同这样的读书人捐纳出仕的内在动因，在科举难第的大环境下，捐纳便成为了普遍选择的出仕途径，这也是捐纳制度饱受非议仍得以长盛不衰的原因之一。对于一路靠捐纳得官、升迁，楼汝同偶尔也表现出些许复杂的心态，如他写道："余遂托淡人至豫省顺直善后赈捐局报捐候选道，并捐免离同知本任，即日填给部照收执，共捐库平实银壹千七百金，输之于赈济，固心安理得也。"②他特意写到捐银是用于赈济，可以心安理得地获取相应官职，或许正是通过这样的自我安慰，从而抹去某种心理的羞耻感。伍跃在《中国的捐纳制度与社会》一书中写道："笔者的关心在于，明清时期的中国人是如何观察这一制度，他们在社会中为了自身地位的上升以及为了维持自身地位究竟是如何利用这一制度的。也就是说，分析生活在那一时代的人如何看待捐纳，尝试从他们的角度观察这一臭名昭著的制度，进而探寻该制度虽然受人诟病，但是却一直'顽强地'延续到清朝统治末年的社会原因。"③可见捐纳者的心态也是相关研究着意关注的问题，可惜伍先生并未得见《惜分阴轩日记》，楼汝同所书种种心路历程对于观察清人之于捐纳的态度、分析捐纳的社会需求，能够提供更充分的、直接的且富有新意的材料支撑。

此外，还值得一提的是，在清末废除科举时，楼汝同表现得十分从容、淡定。他在日记里只简单地评说了一句，"数百年之旧例，一旦决然舍去，诚所谓维新之政矣"④。不见任何心里的波澜，并不似当时有些读书人因之遭受毁灭性的打击，如清末山西举人刘大鹏听闻科举制度废除后，在《退想斋日记》中写道"万念俱灰"，并不断向人诉说这是对读书人的一场巨大灾难⑤。或许正是早早通过捐纳出仕，并非寒窗苦读死守科第一条出路，使得科举对自身的绑缚并不那么紧密，故而楼汝同对于废除科举的变故接受起来也较容易，并且很快适

① 《惜分阴轩日记》光绪十年七月九日，《清华大学图书馆藏稿钞本日记丛刊》第2册，第492页。
② 《惜分阴轩日记》光绪二十七年四月二十一日，《清华大学图书馆藏稿钞本日记丛刊》第7册，第535页。
③ 伍跃《中国的捐纳制度与社会》，南京：江苏人民出版社，2013年，第301页。
④ 《惜分阴轩日记》光绪二十四年五月十五日，《清华大学图书馆藏稿钞本日记丛刊》第6册，第662页。
⑤ 参考[英]沈艾娣著，赵妍杰译《梦醒子——一位华北乡居者的人生》，北京：北京大学出版社，2013年，第71页。

应了局势的转变。之后他便让儿子们上新式学堂,并支持他们出国留学。

除了楼汝同个人的仕途之路,《惜分阴轩日记》还描绘了清末官员众生相。一是河政官员群体,上至河道总督,下至胥吏幕僚。光绪年间成孚、吴大澂、许振祎、任道镕等几任东河总督,楼汝同都有直接接触,不仅记录了他们的言行事迹,还对其有所议论。他对几任山东运河道员如耆安、罗锦文、崔永安均颇有微词,多记彼此的利益冲突,足见他与顶头上司的关系一直紧张。同为厅官的龚秉彝(淡人)、查筠(籍青)、姚延寿(眉生)、任来茹(浚声)、文铨(量甫)、管晏(敬伯)、水恩绥(惠轩)、广恩(锡三)等在日记中出场频率最高,他们与楼氏不仅有公事上的交集,也是他生活中的主要交往对象。楼汝同辖下还有汛闸、武备等不入流的官吏,如把总鲍凯臣、马庆澜,汛闸官靳春铭、李庆纶、龚菊人等,日记中对他们的具体工作内容、俸禄、考核、升迁等也有记录。楼汝同任上河通判之后,身边有几位常侍的幕僚,如经营运河工程的宋峙鲁、郑继芬,负责文案的胡聘之、顾翰仙等,能够一定程度反映这些不曾正式入仕的官场边缘人物的生存状态。二是乡邦官员群体,主要是以清末重臣王文韶为核心的杭州官员,如孙宝琦、徐琪、王稚夔、葛昧荃等。王文韶与楼汝同之父为至交,两家过从甚密,《王文韶日记》中也对楼氏父子有所记载。乡邦官员的援引对楼汝同的仕途起到了重要作用,楼汝同的几次升迁、嘉奖都跟王文韶向其上司举荐有直接关系。他也通过王文韶结识了更多的乡邦官员,其中最重要的是孙宝琦。楼氏在济南候补道员,潦倒数年,直到宣统年间孙宝琦出任山东巡抚对其加以提携,境遇才得以改善。

三

大量的日常生活描写是日记文献特出价值所在,《惜分阴轩日记》亦是如此,属于私人、家庭的日常生活占了大半篇幅。日常生活史研究所包含的基本层面如消费活动、交际关系、礼俗观念等[①]在楼汝同笔下都有细致的展现。

不同于一般不过问家庭琐事的官员,楼汝同是直接管理家中账目开销的,也热衷于购物,对物价非常敏感。凡支出花销,如衣物、食品、书籍、字画、古玩、火车票、船票等的价格,轿夫、裁缝、私塾先生、账房、奴仆、裱工、房屋修缮等工钱,以及房屋租售价格、礼金额度等皆一一记录,从他的日记中似可整理出清代普通官僚家庭的日常花销账册和物价清单。日常经济活动中,借贷也是重要组成部分。楼汝同与同僚之间的借贷是十分频繁的,相应而来的就是

---

① 参考常利兵《日常生活研究的理论与方法——对一种社会史研究的再思考》,《山西大学学报(哲学社会科学版)》2009年第2期,第68页。

不断的催讨、索债。同时，也有许多需要周济、打点之处，日记中凡提及亲朋、族人来访、来信多半都为抽丰告贷。交际应酬，是中国古代人情社会得以展开和维持的基础活动，在楼汝同这样的中下层官员群体中显得尤为重要。《惜分阴轩日记》中占据篇幅最多的内容就是交际应酬，只要不是特殊情况如生病、旅途、送殓等，几乎每天都在拜客、待客或聚会饮宴，为此投入了大量的时间、精力和财力。

在日常生活观念上，楼汝同最突出之处在于对礼的坚守。身处中西文化激烈碰撞的时代，楼汝同对西方的技术、事物、制度都能轻松接受，日记中也多记他与洋人互访、吃西餐、发电报、看电影等。但思想上却未见受到西方礼仪文化影响，他一再强调古礼不可废，处处以古礼作为行为准则，遵守奉行。但凡年节、先祖忌辰，他都会一丝不苟地敬谨祭祀，每逢初一、十五的官祭，他也甚少缺席。传统社会的妻妾嫡庶尊卑之道，也在日记中体现得十分明显。日记中有大量关于其妻吴氏的内容，如妻子出门、生病、购物、闲谈等，也毫不讳言自己对妻子的感情，在妻子暂别返乡期间还写了不少寄情诗作。对于年轻时即纳的妾室徐氏，几十年间对其的记录只有进门、生子、侍候等寥寥几条，文字也十分简略。妾生子女的记录也相对少很多，对其重视、珍爱程度也较低。光绪十一年，妻子所生大儿子夭亡，楼汝同深感悲痛，用大量文字表达了自己的伤心和自责。而之后妾生子夭亡，他写道："妾生子阿诜竟于申刻殇去，余尚能达观，内子独哭之恸。"①仅一句话即毕，且只记妻子为此伤怀而一字不提生母妾室的感受，他自己对此也反应冷淡。对于他认为不合礼法的行为，楼汝同也会严肃地批评和抗争。如"有余端伯姬人来谒，内子于客座延见之。闻端伯已于客冬立其姬人为正室，予则服膺古人无以妾为妻之训，仍视作友人之妾可也。"②对于朋友抬妾为妻之举，他认为不合古礼，并不认可。又如"闻今日孝钦显皇后、德宗景皇帝遗诰、遗诏始行颁到，时已逾大丧二十七日，缟素之服早释。迎宣诰诏，例应青长袍褂、冠摘缨顶将事，乃当事传令重服缟素，并欲重行哭临三日之礼。噫！此真骇人听闻矣。余宁违众，不敢从也。午后，至筱虞寓斋小叙。候至傍晚，绍侯、宾谷、佩瑜、迪吉诸人才至，则皆追随中丞服缟素行迎宣诰诏礼者，余决计不与。诸君到后，入座小叙，亥刻散。彼等尚欲明日往行哭临礼，殊可怪耳。"③他认为山东地方要求重服素缟迎光绪、慈禧遗诏不符

---

① 《惜分阴轩日记》光绪二十年六月二十一日，《清华大学图书馆藏稿钞本日记丛刊》第 5 册，第 513 页。

② 《惜分阴轩日记》光绪十七年一月二日，《清华大学图书馆藏稿钞本日记丛刊》第 4 册，第 409—410 页。

③ 《惜分阴轩日记》三十四年十二月八日，《清华大学图书馆藏稿钞本日记丛刊》第 9 册，第 609—610 页。

古礼,不愿屈从,而是力排众议,拒绝参与以示抗议。"嗣闻今晨诸同寅均诣舜皇庙缟素伺候哭临,至则已撤位停止,乃各散去。盖中丞亦自知礼无复行之理,电请江督明示而止,彼等当服余之有定见也。"①第二日当局停止了素缟哭临,楼汝同也认为这是坚守古礼的胜利,对自己的定见表现出欣慰和振奋。

　　生病就医在家庭生活中占据重要位置。病痛是家庭成员面临的最大困境,生病就诊也是日常生活中最令人焦灼、痛苦的经历,楼汝同对自己及家人的病情、就诊情况也多有记述,尤其对第三子及三个女儿从发病、寻医、服药直至去世的过程都有完整的记录。就《惜分阴轩日记》来看,清末民众普遍身体素质低下,楼汝同自己及身边的家人、朋友都在频繁地生病求医,他所记录的大多数人的死亡年龄皆不及六旬。民间的医疗条件也非常落后,中医对诸多病症无能为力,即使楼汝同这样有能力及时寻医就诊的官宦人家,十个孩子中活到成年的也只有三个,其中五个是在十余岁染病而亡。从医学史研究的角度,日记文献的价值在于从患者的角度提供了关于病症、就医习惯和医患关系等信息。② 对于就医,楼汝同一般不会选择职业医师,而是寻找身边兼擅医术的亲朋、同僚等。如他的幕僚顾翰仙、州衙书记张诗岩、同僚吴竹楼的叔父等。病患人家一般也不必每次都向这些"兼职"医者支付定额费用,而是在治疗一段时间或病人康复后奉上谢礼。楼汝同日记中反映出的医患关系也是较为紧张的,病患对医者的选择普遍存在迫切性和焦虑感,对每位医者都不完全信任。他们经常会延请多个医师同时看诊,医师之间所持的意见也常不一致,病患家属不得不自行作出判断。如"内子疾稍间。闻张君梅庵精医术,因延其来诊,据云前服张诗岩所开柴胡、细辛大误,是以疾转加增,不如暂为停药数日,俟前药性过再为徐徐调治,遂依其说,拟停药三数日再看情形可耳。"③且病患及家属对于医药本身也是持怀疑态度的,在就诊吃药的同时还会寻求巫蛊之术的护持,对所谓"仙方"的依赖有时并不亚于医药。如"傍晚回寓,内子呻吟床蓐不已。初更时,又延诗岩来,据云暑邪内伏未净,复用柴胡桂枝汤表散,余疑其说不确,未敢煎服。夜半,祷求吕祖仙水服之,甚觉舒畅,殆默邀神佑欤?"④病患医治无效的情况下,常会责怪医师的无能和误诊,对医师颇有怨言,甚至愤恨。如"病者(指楼汝同第三子楼榕)亦自知不起,促制敛服。晚间,

----

① 《惜分阴轩日记》三十四年十二月九日,《清华大学图书馆藏稿钞本日记丛刊》第 9 册,第 610 页。
② 有别于过去医学史研究围绕医者和医书展开,近年学者也关注患者的就医体验、与医者的互动等,日记文献中的相关记载逐渐得到重视。参考张瑞《晚清日记中的病患体验与医患互动——以病患为中心的研究》,《历史教学》2012 年第 22 期。
③ 《惜分阴轩日记》二十三年六月二十四日,《清华大学图书馆藏稿钞本日记丛刊》第 6 册,第479—480 页。
④ 《惜分阴轩日记》二十三年六月二十三日,《清华大学图书馆藏稿钞本日记丛刊》第 6 册,第479 页。

遍呼父母兄弟姊妹诀别,词意惨不忍闻,并谓我何尝欲去,药误我至此。余闻其语,悔恨无地,为之父者,未能豫为慎医,致杀吾儿,不觉捶胸顿足,泪涌如泉。"这种对医师的信任危机皆是针对中医,对待西医则经历了由疑到信。楼汝同一家是从光绪二十八年(1902)迁至济南后开始接触西医,最初请西医尚有所迟疑,会同时请中医会诊。至光绪三十年(1904)楼汝同后背患痛疽,经西医手术得以痊愈,并在住院期间将大烟也戒除了,开始对西医笃信不疑。"往医院已匝月,剧疾危而复安,且能将烟癖屏绝,实为厚幸,今而复愈服西医矣。且儿孙辈偶尔抱恙,服西药亦都应手,而愈真神乎技也。"①之后他向同僚亲朋推荐西医,并向给他治病的医院年捐十两银子。他的儿子一辈则更偏信西医,如"兆梧(楼汝同第四子)不甚信中医,每有小恙,总主西法为治,辄亦奏效"②。

此外,《惜分阴轩日记》中值得关注的还有气象史料。一般日记皆记每日天气情况,楼汝同记之尤详。他对冷暖感知敏锐,多记一日天气之变,如"三十己卯日,阴。自八月至今,亢旱已久,日间似有欲雪之意,而天气极暖,不似隆冬气候。至日夕,微雨数点,雪仍未降,所谓冬行春令,非好气象也。"③出于河道工作需要,他对晴雨旱涝也十分关注,随时留意降雨对运河水量的影响。如"午后大风雨一阵,傍晚雨止,似有晴意,初更时又复阴雨。甚矣!雨师之作虐也。敬五于下午过谈片刻,云欲报漕船出境禀,交余携至德州代填时日,代为发递,渠盖不往下汛矣。夜间雨复大作,终宵倾泻不止"④。相较其他日记中的泛泛描述,楼汝同对气象的记录也更为精确。他使用了温度计来测量气温,如"十七丙戌日,晴。今日为入冬第一日,大冷,寒暑表至二十度"⑤。对雨量、雪量也有数值呈现。如"二十三丁卯日,阴。自辰至申,雨雪寸余,天气转冷"⑥。可以为气象史的定量研究提供难得的数据。他虽辗转数地,但居住时间不短,日记中所涉之地杭州一年(1884)、开封三年(1885—1887)、济宁十四年(1888—1902)、济南十年(1902—1911),其中对气候变化的持续记录对于研究区域气象史有重要价值。

---

① 《惜分阴轩日记》三十年七月十日,《清华大学图书馆藏稿钞本日记丛刊》第 8 册,第 66 页。
② 《惜分阴轩日记》三十二年四月二十六日,《清华大学图书馆藏稿钞本日记丛刊》第 9 册,第 252 页。
③ 《惜分阴轩日记》二十四年十一月三十日,《清华大学图书馆藏稿钞本日记丛刊》第 7 册,第 53 页。
④ 《惜分阴轩日记》十六年六月四日,《清华大学图书馆藏稿钞本日记丛刊》第 4 册,第 304 页。
⑤ 《惜分阴轩日记》三十一年十一月十七日,《清华大学藏稿钞本日记丛刊》第 9 册,第 165 页。
⑥ 《惜分阴轩日记》二十五十一月二十三日,《清华大学藏稿钞本日记丛刊》第 7 册,第 240 页。

四

　　综上，《惜分阴轩日记》是一部体量庞大、内容丰赡，在多方面具备史料价值的珍稀文献。作者楼汝同的主要身份是一位中下层河官，日记中记载了他十余年运河任职的情况，相关内容长达十几万字，极为具体翔实，目前未见其他日记中有如此大篇幅的运河河政史料。同时，该日记所记时段为光绪后期，正值清代河政与漕运的最后阶段，对于水利史、运河文化、漕运史研究皆具特殊意义。楼汝同以捐纳出仕、升官，日记中对捐纳步骤、费用和经手人员的描写极为细致，且呈现出史书、政书中所缺乏的捐纳者内心观照和自我省视，对于深入研究捐纳制度的盛行原因有重要价值。日记中大量日常生活的记录，不仅是了解清末物价经济、人情交流的一手材料，对于观察中西文明碰撞中普通官员对西方文化的接受层面和程度以及面临社会大变革时期的心态、选择尤具价值。其中关于生病求医、诊疗过程的记录，以患者为中心，反映了当时人身体素质、就医习惯、医疗费用及医患关系，为近年医学史研究的新动向提供了新的材料。其他诸如气象史、交通史、教育史、妇女史等研究亦可从该日记中发掘史料。

征稿启事

一、《北京大学中国古文献研究中心集刊》由教育部人文社会科学重点研究基地北京大学中国古文献研究中心主办,创刊于1999年。举凡古典文献学理论研究、传世文献整理与研究、古文字与出土文献研究、海外汉籍与汉学研究等中国古文献研究相关领域的学术论文,均所欢迎。

二、本刊2008年入选"中文社会科学引文索引"(CSSCI)来源集刊,2022年入选"中国人文社会科学学术集刊AMI综合评价"核心集刊。

三、本刊现为半年刊,分别在5月、11月底截稿。

四、来稿内容必须原创,不存在版权问题,并按本刊"来稿格式"要求撰写。请勿一稿多投。本刊有权对来稿进行删改加工,如不愿删改,请事先声明。

五、本刊实行编辑部三审及专家双向匿名审稿制度,编委会根据评审意见,决定是否采用。本刊审稿周期约为四个月,来稿无论是否被采用,编辑部都将在审稿后通知作者。

六、来稿刊出后,即向作者寄赠样刊两册,并致薄酬。

七、本刊享有已刊文稿的著作财产权和数据加工、电子发行、网络传播权,本刊一次性给付的稿酬中已包含上述授权的使用费。所有署名作者向本刊提交文章发表之行为视为同意上述声明,如有异议,请在来稿中特别注明。

八、本刊目前仅接受电子邮箱投稿,投稿邮箱:gcca@pku.edu.cn。

《北京大学中国古文献研究中心集刊》编辑部地址:

北京市海淀区颐和园路5号　北京大学哲学楼三层,邮编:100871

来稿格式要求如下:

一、文章请用Microsoft Word文档格式。

二、文章一律横排、用通行规范简化字书写和打印。

三、作者姓名置于论文题目下,居中书写。作者工作单位、职称等用"＊"号注释在文章首页下端。

四、每篇文章皆需500字以内"内容提要"以及关键词3—5个。

五、文章各章节或内容层次的序号,一般依一、(一)、1、(1)等顺序表示。

六、文章一律使用新式标点符号。凡书籍、报刊、文章篇名等,均用书名号《》；书名与篇名连用时，中间加间隔号，如《论语·学而》；书名或篇名中又含书名或篇名的，后者加单角括号〈〉，如《〈论语〉新考》。西文书刊名均用斜体，文章名加引号。日文、韩文参考中文样式。

七、正文每段首行缩进 2 字符；文中独立段落的引文，整段左侧缩进 2 字符，引文首尾不加引号，字体变为仿宋体。

八、注释一律采用当页脚注，每页单独编号，注释号码用阿拉伯数字①、②、③……等表示。

九、注释格式与顺序为著者（含整理者、点校者）、书名（章节数）、卷数（章节名）、版本（出版社与出版年月）及页码等。如：〔清〕钱大昕撰、吕友仁校点《潜研堂文集》卷三八《惠先生士奇传》，上海：上海古籍出版社，1989 年，第 687 页。

十、为避免重复，再次征引同一文献时可略去出版社与出版年月，只列著者、书名、卷数、页码即可，但不使用"同上"表述。

十一、每篇稿件字数原则上不超过 3 万字。